COMMENTAIRE
AUX *CATÉGORIES* D'ARISTOTE

BIBLIOTHÈQUE DES TEXTES PHILOSOPHIQUES

Fondateur : Henri GOUHIER — Directeur : Jean-François COURTINE

PORPHYRE

COMMENTAIRE AUX *CATÉGORIES* D'ARISTOTE

Édition critique, traduction française, introduction et notes par

Richard BODÉÜS

Ouvrage publié avec le concours du Centre national du livre

PARIS
LIBRAIRIE PHILOSOPHIQUE J. VRIN
6, Place de la Sorbonne, Ve
2008

Imprimé en France

ISSN 0249-7972

ISBN 978-2-7116-1994-8

www.vrin.fr

INTRODUCTION

Pour l'historien d'aujourd'hui, l'intérêt du *Commentaire aux Catégories d'Aristote par questions et réponses* (*CC*) que l'on doit à Porphyre se trouve rehaussé du fait d'un double naufrage, celui où a sombré la quasi totalité des commentaires consacrés, durant les siècles précédents, à *Catégories* (*C*) par d'autres auteurs anciens, et celui où a également sombré la grosse part des travaux exégétiques entrepris par Porphyre lui-même au cours de sa carrière. Rescapé de ce double naufrage, le *CC* a donc l'heur d'être à la fois le premier exemple conservé des commentaires à *C*[1] et le seul témoin préservé de l'activité exégétique de Porphyre appliquée aux œuvres proprement philosophiques du passé.

I. LE *CC* DANS L'ŒUVRE DE PORPHYRE

Polymathe reconnu par les Anciens, Porphyre fut aussi, on le sait, un polygraphe dont les ouvrages présentaient une extrême variété[2]. Beaucoup de ces ouvrages, en grande partie disparus, avaient la même préoccupation d'expliquer des textes devenus célèbres dès avant son époque[3]. Mal connus

1. Des textes conservés de Plotin et d'un Pseudo-Archytas sont bien entendu antérieurs, mais ne constituent pas à proprement parler des commentaires d'Aristote. Il en sera question plus loin, dans la seconde partie (II) de l'Introduction.

2. Cf. *Souda*, *s.v.* Πορφύριος (notice reproduite dans Bidez [1913], p. 65, 6-7) : Ἔγραψε βιβλία πάμπλειστα, φιλόσοφά τε καὶ ῥητορικὰ καὶ γραμματικά. On lui connaît aujourd'hui, rappelons-le, environ soixante-quinze ouvrages, la plupart disparus : *cf.* Bidez (1913), p. 65-73 et Beutler (1953), col.282 *sq.* Leur catalogue dressé par rubriques, adopté par Smith (1993), est reproduit dans Girgenti (1994), p. 326-333. La rubrique « Aristotelica », dont nous parlerons plus loin et qui inclut un commentaire de Théophraste, comprend une dizaine de titres. Le *CC*, dans cette liste, porte le numéro 2.

3. La distinction entre ces travaux d'exégèse et les autres, cependant, n'est pas nette, dans la mesure où lors même qu'il aborde les grands problèmes de la philosophie, Porphyre arbitre

aujourd'hui pour la plupart[4], ces essais d'exégèse n'étaient probablement pas, pour leur auteur, d'une moindre importance que ses œuvres d'allure plus personnelle[5]. Car Porphyre, à l'instar de ses contemporains, répugnait à une originalité qui n'eût pas pris soin, comme les ouvriers bâtisseurs, d'édifier sur des fondations déjà solidement jetées par les maîtres du passé[6].

I.a. *Aristote intégré au platonisme*

On croit savoir que les nombreux auteurs, spécialement les géants d'autrefois qu'il lisait avec prédilection et croyait devoir commenter (Homère, Platon, Aristote, ...), ne formaient pas, sous son regard, un ensemble disparate, mais, chacun à sa place, entraient dans une vision du réel aux lignes harmonieuses[7]. Ce n'est pas hasarder une hypothèse que d'avancer que la découverte de cette possible harmonie fut, pour Porphyre, le résultat d'une étude patiente consacrée, sous l'influence de Plotin, à celui qui semblait pouvoir en fournir la clef. En effet, son *Histoire de la philosophie*, ouvrage maintenant perdu qui s'achevait avec les pages dévolues à Platon[8], semble laisser deviner qu'aux yeux de Porphyre, il y avait chez les plus vieux poètes, comme Homère, une sorte de Platon anticipé, que

volontiers des querelles anciennes, analyse les positions de ses devanciers et, à l'occasion, tranche explicitement contre l'une d'entre elles; ce qu'indiquent les titres de certains ouvrages perdus : par exemple, *Sur l'âme, contre Boethos* et *Contre Aristote, sur la question de savoir si l'âme est acte* (respectivement, n° 32 et n° 31 Girgenti). Sur ce dernier ouvrage, voir, ci-après, n. 12.

4. En ce compris les « Aristotelica » (hormis l'*Isagôgè*); *cf.* Smith (1987), p. 755 : « Little basic work has been done on Porphyry's Aristotetian commentaries. » Ce jugement, qui reste vrai aujourd'hui, excepte le travail effectué sur les fragments du commentaire à la *Physique* par Romano (1985).

5. Le philosophe reste si bien, chez lui, un exégète que lorsqu'il présente, comme ici (*CC*, p. 55, 10-11), les philosophes comme « les interprètes des choses », plutôt que des textes, Porphyre trahit encore l'importance qu'avait, à ses yeux, le commentaire des œuvres, puisque le philosophe interprète la nature des choses comme il ferait d'un livre à commenter.

6. *Cf.* A. Smith (1987), p. 742 : « That so much of Porphyry's output consisted of commentaries need cause no surprise within the confines of tradition, sometimes remoulding and reshaping it in a way that might almost suggests that they had broken out of it... ».

7. Comme on l'admet aujourd'hui, les travaux compartimentés de l'exégète, au moins à partir de sa rencontre avec Plotin, trahissent en effet une inspiration commune. L'interprétation des poètes par le moyen de l'allégorie est dominée par ce qu'on a appelé « la pensée de l'Un » : *cf.* Beierwaltes (1985), spécialement, p. 109-114. Une interprétation métaphysique des mythes (voir, par exemple, Hadot [1976], p. 81-108) assure ainsi la conciliation de la littérature et de la philosophie. Sur tout ceci, voir Girgenti (1997), p. 27-29.

8. *Cf.* Eunape, *Vies des philosophes et des sophistes*, II, 1. La *Vie de Pythagore*, conservée, semble être un « extrait » de ce grand ouvrage.

l'exégèse allégorique restitue[9], et que Platon lui-même portait à une sorte d'achèvement l'effort de la pensée philosophique, Aristote paraissant, du coup, un Platon en quelque sorte prolongé, peut-être approfondi et complété sur quelques points, peut-être dénaturé sur d'autres.

Les rapports délicats entre la pensée de Platon et celle de son principal disciple, tels qu'ils apparaissaient à Porphyre, ne peuvent avoir été indifférents, cela va sans dire, à l'élaboration de son *CC*. Les témoignages anciens mentionnent, sous son nom, deux ouvrages perdus, aux titres significatifs : *Sur l'écart entre Platon et Aristote, à Chrysaorios* et *Sur l'unité de l'école de Platon et d'Aristote*[10]. Ce sont peut-être d'ailleurs les deux volets d'un seul et même propos[11], mais nous n'en savons rien et, chose très regrettable, nous ignorons tout des jugements précis que Porphyre y exprimait. Hors ce que les titres laissent supputer d'une opinion conciliatrice qui ne niait pas les différences entre les deux penseurs, ni peut-être ne dissimulait, à l'occasion, un parti anti-aristotélicien comme celui qu'avait pris, semble-t-il, un exposé sur la nature de l'âme[12], la seule chose certaine qui se puisse tirer de la mention de pareils titres est que Porphyre avait soigneusement examiné une question cruciale, qui divisait avant lui les platoniciens, et avait probablement arrêté, là-dessus, des positions personnelles. En exposant ces positions, peut-être voulait-il fixer, pour les platoniciens ou d'autres, l'orientation qu'ils devaient adopter dans l'approche d'Aristote; peut-être aussi voulait-il justifier, par l'examen de ses principales sources, son propre système philosophique. Si l'on s'adresse, en effet, à l'ensemble de l'œuvre de Porphyre pour reconstituer ce système et que l'on prend aussi en compte le témoignage de Dexippe, qui concerne directement l'approche de *C*, comme l'a fait P. Hadot[13], l'on peut alors soupçonner que, malgré les

9. Voir, à ce sujet, Sodano (1997), spécialement, p. 9-10, et Segonds (1982), p. 165.

10. Ces témoignages sont redevables, respectivement, à Elias, *In isag.*, 39, 6 et à la *Souda* (*s.v.* Πορφύριος). Le personnage de Chrysaorios est le même sénateur romain auquel s'adresse l'*Isagôgè*, dont il sera question plus loin.

11. Cette hypothèse, avancée par A. Busse dans *Hermes*, 28, 1893, p. 268, n. 1 et par O. Immisch dans *Philologus*, 65, 1906, p. 39, puis simplement signalée par Bidez (1913), p. 68 sous leur autorité, est généralement évoquée depuis, mais à titre d'hypothèse invérifiable.

12. Cet exposé est celui du *Contre Aristote* qu'on a signalé plus haut (n. 3) et qui était peut-être lui-même une section du *Sur l'âme, contre Boethos*, d'après P. Henry (dans *Études Classiques*, 6, 1937, p. 161 *sq.*); suggestion plausible selon Beutler (1953), col.289. On n'en connaît aucun fragment. Le *Contre Boethos* semble surtout avoir critiqué les arguments des péripatéticiens qui mettaient en cause l'immortalité de l'âme. Sur la question, voir, en dernier lieu, Smith (1991), p. 183-186.

13. Hadot (1974), p. 31-47 s'efforce de montrer en gros que, selon Porphyre, Aristote défend, dans la *Métaphysique*, une doctrine compatible avec la seconde hypostase de Plotin. *Cf.* plus généralement, Zambon (2002), p. 43.

obstacles à surmonter dans cette direction, Porphyre s'est employé à explorer toutes les voies possibles conduisant à l'harmonie d'Aristote et de Platon [14].

Pour sa part, le *CC* prend place, parmi de nombreux autres travaux, dans une entreprise d'explication d'Aristote lui-même. Bien qu'on n'en puisse fixer les étapes, cette entreprise, autant que l'on sache, dépasse en envergure ce qu'on avait fait jusque-là dans les milieux de tradition platonicienne. Le cercle de Plotin, où l'on lisait assidûment les textes d'Aristote [15], explique sans doute en grande partie l'intérêt de Porphyre pour ces textes, mais sa décision de leur consacrer, par écrit, des commentaires n'allait peut-être pas sans un intérêt accru, motivé par de nouvelles convictions, propres à ce disciple de Plotin. Quoi qu'il en soit, pour peu que l'on mette généreusement à profit tous les indices qui permettent de le tirer, ce qu'on a fait depuis longtemps, le bilan de l'entreprise est impressionnant [16] :

(1) *Isagôgè*
(2) *In Aristotelis Categorias per interrogationem et responsionem*
(3) *In Aristotelis Categorias ad Gedalium*
(4) *In Aristotelis De interpretatione*
(5) *Introductio in categoricos syllogismos*
(6) *In Aristotelis Refutationes sophisticas*
(7) *In Aristotelis Physicae libros I-IV*

14. La raison qui motivait Porphyre dans la recherche d'une harmonie pourrait se trouver dans les convictions générales qu'a exposées Gerson (2005), p. 5 : « There are (1) doctrines of Aristotle that are basically identical with those of Plato; (2) doctrines of Aristotle that are superficially different owing principally to language, though they rest on principles that are identical with those held by Plato; (3) doctrines of Aristotle that are different from those of Plato, because they rest on an imperfect or incomplete grasp by Aristotle of the correct Platonic principles. »

15. Porphyre, *Vie de Plotin*, 14, 10-18. Pour ce qu'un tel passage laisse deviner d'une exégèse d'Aristote, à la lumière de ses commentateurs, voir Goulet-Gazé (1982), p. 248-250.

16. Voir les listes dressées par Bidez (1913), p. 65-66 et Beutler (1953), col. 282-288. Seuls les ouvrages (1) et (2) sont conservés. Il sera question plus loin de (3). Le titre (4) est expressément mentionné dans Stephanos, *In De Interp.*, *CAG*, XVIII, 3, p. 63, 9-10 et son utilisation par Boèce est certaine, comme l'utilisation de l'ouvrage (5); ce dernier rend douteux l'existence d'un commentaire aux *Premiers Analytiques* et aux *Seconds*. Le titre (6) paraît assuré selon Ebbesen (1976), p. 11, si l'on se fie à trois citations dans *l'Anonymus Aurelianensis* du XIIe siècle. Il a été question, plus haut (n. 4), du titre (7), dont plusieurs fragments subsistent chez Simplicius, Philopon et les Arabes et ont été traduits dans Romano (1985). Le titre (8) correspond aux « scholies » mentionnées dans Simplicius, *In De caelo*, *CAG*, VII, p. 503, 34 et 596, 13; nous n'en connaissons aucun fragment certain, mais il pourrait avoir été utilisé par Dexippe : *cf.* Hadot (1974), p. 39-42. Le (10) est connu seulement grâce aux témoignages arabes, spécialement celui de Miskawaih : *cf.* Walzer (1956), p. 603 *sq.* et Walzer (1966), p. 273-229, qui réunit les principales informations du monde arabe sur l'œuvre de Porphyre en général.

(8) *In Aristotelis Metaphysicae librum Lambda*
(9) *In Aristotelis Ethicorum libros*

Tout le *Corpus Aristotelicum*, certes, n'a pas été commenté, loin de là. Sont notoirement laissés de côté, par exemple, les travaux du naturaliste ou les textes politiques. Mais chaque partie de la philosophie alors reconnue semble avoir été considérée d'une façon ou d'une autre : la logique, la physique et l'éthique. Ce qui pourrait attester l'intérêt de Porphyre pour les détails d'un véritable système. Mais l'importance relative des parties du système n'est peut-être pas sans signification. En dehors de la logique, les œuvres d'Aristote considérées par Porphyre sont plutôt rares et n'ont été commentées, semble-t-il, que très partiellement. Bref, le choix paraît avoir été, dans ces autres secteurs, éminemment sélectif, guidé sans doute par le souci de prendre en compte seulement les morceaux d'intérêt jugé capital. Les œuvres du secteur logique, en revanche, sont plus massivement abordées. Peut-être même, comme on a pu s'en persuader[17], toutes ont-elles été commentées, résumées ou analysées d'une façon ou d'une autre. Ce n'est certainement pas le fruit du hasard.

Deux convictions principales commandent l'attitude de Porphyre à cet égard, que son autorité imposera dans la suite de manière universelle. L'une et l'autre trouvent un écho dans son *CC*. D'une part, Porphyre semble fermement acquis à l'idée des aristotélisants, que partageaient certains médioplatonisants avant lui, et selon laquelle la logique (celle d'Aristote, en l'occurrence) est « l'instrument » de la philosophie, c'est-à-dire son outil formel[18]. On trouve un écho de cette idée ici même, dans le *CC*, où l'auteur reconnaît au traité qu'il commente une priorité absolue dans l'initiation à la philosophie et, partant, son utilité universelle : ce traité, observe-t-il, sert à toutes les parties de la philosophie[19]. Porphyre n'affirme

17. C'est le sentiment de Ebbesen (1976), p. 11, pour qui Porphyre aurait, comme Boèce, écrit sur l'Organon au complet. Mais les indices supposant un commentaire aux *Analytiques* restent faibles et il n'y en a aucun qui suppose un commentaire aux *Topiques*. Cela n'empêche évidemment pas de croire que Porphyre avait acquis une familiarité exceptionnelle avec tous les écrits de l'Organon et pu élaborer, grâce à cela, une logique cohérente : *cf.* Ebbesen (1990), p. 141-142.

18. Sur cette conviction avant Porphyre, voir Gottschalk (1987), p. 1092, 1098 et Bodéüs (2001), p. XVII *sq.* On ne sait pas, notons-le, quelles œuvres exactement pouvait contenir l'Organon aux yeux de Porphyre : les cinq ou six traités « classiques », retenus par Bekker, ou un Organon « long », incluant la *Poétique* et la *Rhétorique*; à ce sujet, voir Barnes (2005), p. 53-54; le passage de *CC*, p. 59, 32-60, 2, qui envisage les travaux d'Aristote sur la langue et le style, ne permet pas de trancher.

19. *CC*, p. 56, 26-31 (et notes *ad loc.*). Porphyre laisse entendre au passage que la priorité de la logique sur la physique repose sur ce genre de considération. Il pourrait s'agir ici de

pas expressément qu'il inaugure la « logique » ou l'« Organon », mais il n'est pas douteux que telle est implicitement sa pensée. Il est difficile de savoir si cette logique était, pour lui, une « partie » intégrante de la philosophie ou seulement une préparation à la philosophie proprement dite[20], mais cela importe peu. La position de Porphyre est, sans cela, assez évidente pour qu'on y reconnaisse l'expression de l'idée selon laquelle, au fond, l'Organon d'Aristote fournit à la philosophie un instrument qui, sans équivalent dans l'œuvre de Platon, peut être incorporé, comme introduction, au parcours initiatique que doit suivre tout philosophe[21].

D'autre part, on sait que les traités logiques d'Aristote que Porphyre a commentés (le *C*, le *De l'interprétation*) ou dont il s'est occupé (les *Analytiques*), formaient une séquence et représentaient, dans l'ordre, les trois étapes successives d'une lecture d'Aristote recommandées depuis longtemps dans l'école péripatéticienne[22]. Une nouvelle fois, Porphyre semble faire sienne, du moins en partie, pareille recommandation. Et c'est la raison pour laquelle il tient pour assuré, nous y reviendrons, que le premier des trois traités expose une théorie des termes simples signifiants[23]. Le deuxième, en effet, passait pour une théorie du jugement ou de la proposition déclarative, dont les termes simples sont constitutifs, et le troisième, pour une théorie du raisonnement démonstratif, dont les propositions, ou prémisses, sont à leur tour constitutives. Sans évoquer nettement la séquence sous forme de programme achevé par l'étude des *Analytiques* (en l'occurrence les *Analytiques premiers*), le *CC* paraît ne pas l'ignorer et fait spécialement état des liens étroits qui unissent *C* et *De l'interprétation*. A cet égard, Porphyre semble même faire preuve d'une opinion remarquablement élaborée, en partie originale peut-être, pour

signaler en outre, de façon discrète, que le traité d'Aristote est spécialement utile à la *Physique*, parce qu'il considère exclusivement ou avant tout les réalités du monde sensible.

20. Girgenti (1997), p. 62 suppose que Porphyre distinguait, dans la philosophie, trois parties (l'éthique, la physique et l'époptique ou métaphysique) et il ajoute : « Seguendo Aristotele, considerava la logica come strumento (*Organon*) di queste tre discipline ». Mais ceci est une hypothèse, sans plus. A notre connaissance, il n'y a pas de texte précis qui expose l'opinion de Porphyre sur la question de savoir si la logique précède la philosophie proprement dite ou bien en constitue la première partie.

21. Il n'y a pas lieu de penser que, parmi les platoniciens, Porphyre fasse preuve, sur ce point, d'une grande originalité, dans la mesure où, avant lui, Numenius d'Apamée et Ammonios Saccas tendaient à regarder la logique (aristotélicienne) comme une propédeutique à la métaphysique platonicienne : *cf.* Waszink (1966), p. 33-83 et Theiler (1966), p. 85-123. Pour le cas d'Alcinoos, voir la seconde partie de l'Introduction.

22. Sur cette conception de l'Organon, voir Bodéüs (2001), p. XVI-XVII et, en dernier lieu, Barnes (2005), p. 52.

23. Cf. *CC*, p. 58, 5-6. Voir, plus loin, notre paragraphe « c. L'interprétation linguistique de *C* ».

justifier ensemble la distinction et la séquence des deux traités, en fonction de leurs propos respectifs. Une certaine conception du langage, celle, en particulier, très célèbre, de la double imposition des noms, dont on ne trouve pas de trace auparavant, permet au commentateur d'assigner principalement à *C* l'étude des noms de première imposition, lesquels signifient la nature des choses, et à *De l'interprétation* (du moins à la section du traité que nous appelons encore « linguistique »), l'étude des noms de seconde imposition, lesquels signifient la nature des mots[24]. Bref, l'importance de la logique aristotélicienne, aux yeux de notre commentateur, s'accompagne, chez lui, de la conscience des exigences précises d'un programme dans l'étude de l'Organon. Cette étude doit suivre un certain ordre.

I.b. *L'introduction à la philosophie et ses caractéristiques*

Nous ne disposons pas cependant d'indices permettant d'avancer que Porphyre aurait appliqué ce genre de programme comme maître d'école, accueillant autour de lui des disciples avec lesquels il aurait lu et pour lesquels il aurait oralement commenté les textes d'Aristote[25]. En tout cas, la rédaction du *CC* ne suppose pas le contexte d'un tel enseignement. Bien que l'auteur, recourant à la fiction, mette en scène un échange imaginaire de questions et de réponses, il donne ainsi à lire un enseignement qu'il ne dispense pas de vive voix. On peut en dire autant de la fameuse « Introduction », c'est-à-dire de l'*Isagôgè*, seul ouvrage conservé de la liste des travaux que nous avons dressée ci-dessus, et dont la tradition scolaire, après Porphyre, s'est emparée pour en recommander l'étude avant celle d'Aristote[26].

24. Cf. *CC*, p. 56, 26 (qui suggère une priorité, d'ordre pédagogique semble-t-il, de *C* par rapport aux *Analytiques* et à *De l'interprétation*); 58, 30-34 (qui affirme que le *De l'interprétation* s'occupe des noms de seconde imposition), et 87, 28-35 (qui explique que la prémisse du raisonnement est constituée de la synthèse des termes simples dont les « catégories » sont les genres). Le deuxième passage laisse comprendre que l'étude du *De l'interprétation* pourrait (devrait ?) suivre l'étude de *C*, mais non qu'elle aurait pour objet les prémisses dont il est question dans le troisième passage. Cette raison est peut-être présente à l'esprit de Porphyre dans l'affirmation du premier passage, si pareille affirmation signifie d'une certaine façon qu'il faut passer par le *De l'interprétation* pour aller de *C* aux (*Premiers*) *Analytiques*. Mais le *CC*, notons-le, ne se réclame pas explicitement de ce genre de programme.

25. *Cf.* Goulet-Gazé (1982), p. 248 : « …même si Porphyre a eu des disciples, rien n'autorise à supposer qu'il dispensait son enseignement dans un cadre présentant des liens directs avec l'école de Plotin. Il a sans doute assumé, comme l'avait fait son maître, une charge d'enseignement à Rome, mais il n'est pas permis d'en dire plus ».

26. L'abondante littérature relative à l'*Isagôgè* est répertoriée dans Girgenti (1994), Index, p. 319. Ajoutez, en dernier lieu, de Libera-Segonds (1998).

Si l'on en croit Elias, le sénateur romain Chrysaorios, auquel est adressé l'*Igagôgè*, aurait réclamé de Porphyre ce genre d'ouvrage, parce que, tombé sur le *C* d'Aristote, il ne pouvait rien y comprendre[27]. Impossible à vérifier, l'anecdote est un peu suspecte. Elle paraît en tout cas inspirée par l'interprétation, semble-t-il abusive, des premiers mots de l'*Isagôgè*, où l'auteur se justifie d'avoir entrepris d'exposer ce qu'est le genre, la différence, l'espèce, le propre et l'accident, du fait que cette connaissance est « nécessaire à l'enseignement des catégories données par Aristote »[28]. On ne peut exclure, certes, que l'ouvrage ait été rédigé sur demande, et Porphyre a certainement jugé que les catégories, entendues comme genres de prédications, sont des choses pour la compréhension desquelles est indispensable une notion claire des « prédicables » ou, comme on dira plus tard, des « voix »[29]. Mais ce n'est pas, semble-t-il, la seule raison qui justifie son entreprise. Celle-ci, dit-il, présente des connaissances utiles aussi « pour donner les définitions et, de façon générale, pour ce qui concerne la division et la démonstration »[30]. Le propos, de l'avis de l'auteur lui-même, apparaît donc plus vaste que celui qui consisterait à éclairer seulement les considérations exposées dans *C*. Si l'*Isagôgè* est destiné à faciliter la lecture de certains textes d'Aristote, les textes concernés sont plus généralement ceux-là dont *C* ouvre la série. Il est vrai, en revanche, que se proposant d'inventorier « ce qu'ont légué les plus anciens philosophes »[31] sur les matières à éclairer, l'*Isagôgè* cherche à éclairer ainsi une matière aristotélicienne : celle des quatre « prédicables », que l'on trouve dans un passage des *Topiques*[32], précédant, là aussi, un bref exposé des « catégories » (« genre de prédications dans lesquelles entrent les quatre [prédicables]

27. Elias, *In Isag.*, p. 39, 6-10. *Cf.* Ammonios, *In Isag.*, p. 22, 13-14.

28. Porphyre, *Isag.*, p. 1, 1-2.

29. L'introduction d'Alain de Libera dans de Libera-Segonds (1998), p. XII-XXVII défend, sur la base de cet argument, une thèse restrictive, selon laquelle l'*Isagôgè* introduirait essentiellement à *C*, son auteur ayant « expliqué le traité d'Aristote par lui-même, en suivant la doctrine péripatéticienne » (p. XXVII).

30. Porphyre, *Isag.*, p. 1, 6-7. Parce que « utile » n'est pas exactement la même chose que « nécessaire », de Libera-Segonds (1998), p. 31, n. 2 observe : « Cette distinction suggère une interprétation du statut de l'*Isagoge*, en tant que «nécessaire» à l'études des *Catégories*, il vient en tête de l'*Organon* : en tant qu'«utile» à la définition, à la division et à la démonstration, il vient «après» l'ensemble de l'*Organon*. » Quel que soit le sens de cette dernière observation, un peu curieuse, elle est l'aveu que l'*Isagôgè* a une ambition qui dépasse l'explication du texte de *C*.

31. Porphyre, *Isag.*, p. 7-8.

32. *Topiques*, I, 5, 101 b 37-102 b 26. Les « prédicables » sont, à cet endroit, la définition, le propre, le genre et l'accident. Sur le remaniement de cette liste par Porphyre, voir Evangeliou (1985), p. 15-34.

mentionnés »[33]). Porphyre en a modifié la liste – négligeant la définition (qui s'opère par le moyen du genre et de la différence), considérant plutôt l'espèce et la différence (celle-ci étant, dans le genre, constitutive de l'espèce) – mais non de façon telle qu'on ne puisse reconnaître dans l'exemple d'Aristote qui, ayant d'abord parlé des prédicables, expose ensuite les genres de prédications, le modèle qui l'a inspiré dans l'invention d'une « introduction » (*Isagôgè*) à placer avant même l'étude des genres de prédications (le *C* d'Aristote lui-même)[34].

Cela dit, si nécessaire qu'il puisse paraître en vue de la lecture de *C*, *l'Isagôgè* est rendu inutile, dans une très large mesure, par l'existence du *CC*. L'on constate en effet que le *CC* ignore l'*Isagôgè*, autant que celui-ci ignore le *CC*. Au gré des passages de *C* qui mentionnent l'un ou l'autre des prédicables ou y font allusion, Porphyre se contente, dans le *CC*, de préciser la notion qu'Aristote a en tête dans ces passages, sans la moindre référence à l'*Isagôgè*, mais en des termes qu'on retrouve, strictement identiques, dans cet ouvrage. Il n'est, pour s'en persuader, qu'à comparer :

à propos de l'accident : *CC*, 74, 22-23 et *Isag.*, 13, 3-5 ;

à propos du genre : *CC*, 82, 6-7 et *Isag.*, 2, 15-16 (et 4, 5-6) ;

à propos des genres suprêmes et des genres subordonnés : *CC*, 83, 19-21 ; 32-34 et *Isag.*, 5, 17-23 ;

à propos de l'espèce : *CC*, 82, 10-11 et *Isag.*, 4, 11-12 ;

à propos de la différence : *CC*, 82, 19-21 et *Isag.*, 11, 7-8 ;

à propos des différences spécifiques et divisives : *CC*, 85, 11-13 et *Isag.*, 10, 1-3,

et à propos du propre : *CC*, 93, 31-94, 3 et *Isag.*, 12, 13-21.

Le lecteur du *CC* se trouve ainsi dispensé par son auteur d'un recours à l'*Isagôgè*. Nous ignorons en fait la chronologie relative des deux ouvrages, mais en toute hypothèse, ce constat reste vrai. Tout ce qu'il est nécessaire de savoir touchant les prédicables pour entendre *C* se trouve scrupuleusement fourni dans le *CC*, sans qu'il soit besoin d'autres considérations. Les enseignements complémentaires éventuellement dispensés par l'*Isagôgè* sont, de ce point de vue, des enseignements superflus. Selon Porphyre, on peut, avec son *CC*, entrer dans la lecture de *C* d'Aristote sans aucun

33. *Topiques*, I, 9, 103 b 20-21. La suite recense les dix catégories.

34. *Cf.* de Libera-Segonds (1998), p. XV, n. 23 : « Le génie de Porphyre est de comprendre qu'il faille intégrer d'emblée certains matériaux des *Topiques* sur le genre, le propre et l'accident à un traitement général des *cinq* prédicables, dont il arrête lui-même la liste à partir de l'ensemble du *corpus* et non à partir des *Topiques*, pour lire correctement les *Catégories* … ».

préalable. Le *CC*, joint au texte qu'il commente, forme une « introduction » à la philosophie qui se suffit à elle-même.

Dans l'esprit de son commentateur, le traité d'Aristote est en effet lui-même de nature introductive. Intimement convaincu de cela, Porphyre, comme l'on sait, soutient que ce traité s'adresse aux débutants[35]. Dans ces conditions, il n'est pas surprenant que le *CC* partage, avec l'*Isagôgè*, les caractéristiques de l'explication adressée aux débutants. Il ne fait pas de doute, par exemple, que la brièveté de son commentaire (le « petit » commentaire par questions et réponses qui nous occupe ici) soit une implication de la conviction qu'on vient de dire et réponde à l'exigence d'éviter au débutant qu'Aristote introduit à la philosophie les longueurs inutiles d'une explication approfondie qui ne serait pas à sa portée. Toute introduction demande la brièveté, par principe. Porphyre s'en fait un devoir quand il annonce son propos au seuil de l'*Isagôgè :* « Je vais tenter de passer [cela] en revue brièvement (διὰ βραχέων) en guise d'introduction. »[36] De même ici, dans le dialogue fictif imaginé par l'auteur du *CC*, un interlocuteur signale-t-il que telle interprétation est exposée par plusieurs savants, soit en long et en large, soit en bref, l'autre le prie de fournir l'explication de celui qui s'exprime « en bref » (διὰ βραχέων)[37].

Dans le même ordre d'idées, Porphyre fait également observer avec insistance que le traité d'Aristote qu'il commente est un traité élémentaire et même « le plus élémentaire qui soit »[38]. Ce n'est pas simplement une autre façon de dire qu'il évite les longueurs. C'est aussi une manière d'indiquer que, sous la forme ramassée qui convient, ce traité expose les composantes de base de la pensée logique d'Aristote, à laquelle il sert d'introduction. De même que les « éléments », les syllabes du mot par exemple, entrent dans la constitution des choses dont ils sont les éléments, de la même façon, les rudiments qu'enseigne le traité de *C* entrent, comme constituants, dans une doctrine précise qui les suppose. Il y a lieu de croire que cette assise élémentaire est ce que le *CC* s'efforce de clarifier, en dégageant du traité d'Aristote, conformément au propos que Porphyre lui assigne, une théorie des genres suprêmes de vocables simples signifiants en tant que tels[39].

Une telle théorie, qui considère les signifiants et laisse de côté les signifiés dans toute la mesure du possible, se situe donc, selon Porphyre,

35. Cf. *CC*, p. 56, 28 et 134, 28.
36. *Isag.*, p. 1, 7-8.
37. *CC*, p. 59, 19.
38. *CC*, p. 56, 28 ; *cf.* p. 58, 19 ; 59, 22 ; 134, 28.
39. Cf. *CC*, p. 58, 4-5 et 19-20.

sur un plan qui, par principe, ignore les perspectives ontologiques. Situées, quant à elles, sur un plan plus profond, ces perspectives sont réservées à une étape ultérieure de l'investigation philosophique. Telle est la conviction dont s'autorise aussi l'auteur de l'*Isagôgè*. On sait en effet que là, d'entrée de jeu, dans le fameux passage qui est à l'origine de la querelle des universaux, Porphyre se refuse à entrer avec son lecteur débutant dans des enquêtes « trop profondes » (βαθυτέρων) et lui demande la faveur de pouvoir s'abstenir de traiter plus avant du statut ontologique des universaux, « parce que ce genre de travail est on ne peut plus profond » (βαθυτάτης)[40]. Il y a là un principe de méthode, qu'implique, selon lui, un exposé introductif de nature avant tout logique. Celui-ci, par principe, doit se maintenir, si l'on ose dire, en surface, évitant les questions difficiles, à la portée seulement du philosophe plus avancé, sinon confirmé. Cette règle d'abstention, motivée par le même genre d'argument, est suivie scrupuleusement dans le *CC*. Non seulement Porphyre y réserve différentes questions qui ne concernent pas directement la logique et prétend qu'Aristote, dans son exposé, fait de même, mais il réclame la licence de procéder ainsi dans les mêmes termes imagés qu'utilise l'*Isagôgè*. Quand le questionneur du dialogue fictif demande à savoir pourquoi, selon Aristote, les universels se disent d'un sujet, alors que les accidents, eux, sont dans un sujet, le maître répondeur réplique alors : « La raison est profonde (βαθὺς) et dépasse ton état [...]; il faut donc laisser cela de côté. »[41] L'on remarquera au passage que de part et d'autre, dans l'*Isagôgè* et dans le *CC*, c'est le même genre de problème difficile qui se trouve écarté, celui qui conduit, dans les profondeurs, à la considération des problèmes de l'ontologie. Tout se passe donc comme si, d'après Porphyre, la philosophie à son début, maintenue au niveau de la logique la plus élémentaire, pouvait négliger de plein droit les questions d'ontologie, en quelque sorte sous-jacentes aux termes simples du langage[42].

Pour juger de tout ceci, bien évidemment, il est regrettable d'avoir perdu cet autre commentaire à *C* que Porphyre avait rédigé à l'intention,

40. *Isag*., p. 1, 8-9 et 13-14.

41. *CC*, p. 75, 26a-29.

42. Cette sorte d'évacuation provisoire contient implicitement la promesse d'envisager plus tard les problèmes ontologiques, car même au stade élémentaire où elle se préoccupe des termes simples, la logique n'est pas tout à fait neutre philosophiquement. C'est même de la solution de ces problèmes que pourrait dépendre l'adoption de la logique aristotélicienne par le platonisme : *cf.* Chiesa (2005), p. 81 *sq.* ; mais le *CC* ne fait que réserver la possibilité de pareille solution.

semble-t-il, d'un certain Gedalios ou qu'il avait dédié à celui-ci[43]. Nous ne connaissons rien de Gedalios et nous savons relativement peu de choses du commentaire auquel son nom se trouve associé[44]. Simplicius nous apprend qu'il comportait sept livres[45]. Il était donc relativement plus long, semble-t-il, que le commentaire conservé[46]. Que l'on sache, il était aussi dépourvu de la forme dialoguée, caractéristique de celui-ci, qui prête au questionneur anonyme certaines interrogations que celui-là, sous forme d'objections, paraît avoir expressément attribuées à des auteurs précis[47]. Moins sommaire, il était donc également, selon toute apparence, moins soucieux d'une certaine pédagogie, attachée à la forme de l'enseignement.

Ce souci, propre au commentaire par questions et réponses, a quelque chose d'inusuel. Porphyre, pour autant, n'a pas démarqué, même de loin, le modèle prestigieux des dialogues platoniciens[48]. Depuis K. Praechter[49], on a pris l'habitude de comparer le petit commentaire à une sorte de « catéchisme » doctrinal, où les questions d'un maître inquisiteur permettent à un disciple instruit d'étaler ses connaissances et au lecteur ignorant, de savoir ce qu'il devrait répondre si on l'interrogeait de la même façon. C'est très vraisemblablement une méprise. L'examen attentif des répliques, d'après les indications des manuscrits, permet d'établir que le questionneur possède en réalité le profil d'un disciple, curieux d'être enseigné, et le répondeur, le profil d'un maître qui enseigne[50]. Les interrogations du premier ne sont pas, en général, de celles qu'on pose pour tester des connaissances (ce ne sont pas des ἀπορίαι comme celles que Socrate affectionnait), mais de celles qu'on adresse au savant pour s'instruire (ce sont des πεύσεις c'est-à-dire des recherches d'informations). Au nom de ses pareils, le questionneur s'adresse à un maître et lui demande : « Enseigne-nous » (δίδαξον ἡμᾶς)[51]. Ingénues ou mal inspirées, ses

43. Les fragments principaux de l'ouvrage ont été recueillis dans Smith (1993), sous le numéro 3 (fr. 45-74, p. 35-59). Leur quasi totalité provient du commentaire de Simplicius.

44. Certains des fragments ont été étudiés dans la thèse inédite de Chase (2000).

45. Simplicius, *In Cat.*, p. 2, 5-7.

46. Il est difficile cependant d'en juger. Si l'on estime que le commentaire de Boèce, en IV livres, reflète à peu près, en longueur, la totalité du *CC* (mutilé) qu'il paraphrase et si la longueur des livres, chez Boèce et chez Porphyre, est sensiblement la même, on peut conjecturer que le grand commentaire perdu était, en volume, environ le double du petit, vraisemblablement moins que cela. Mais c'est une simple conjecture.

47. Voir, à ce sujet, ce que l'on dit plus loin du commentaire de Simplicius et de son parallèle en *CC*, p, 132, 1, dans la partie « Texte » de notre Introduction.

48. Malgré ce qu'affirme hâtivement Evangeliou (1988), p. 2 (n. 10) et 7.

49. Praechter (1909) reproduit dans Sorabji, (1990), p. 35 et 49.

50. Voir, sur tout cela, Bodéüs (2001-a).

51. *CC*, p. 117, 36 ; *cf.* p. 88, 2-3 et 92, 4-5.

questions sont très précisément celles d'un débutant, qui ne connaît pas Aristote ou bien le connaît mal, au travers d'opinions reçues dans un milieu mal informé. Elles ne supposent aucun enseignement préalable et doivent seulement compter, chez le débutant, sur une information partielle ou tendancieuse, qu'il s'agit de rectifier. Il est permis de penser que si le grand commentaire (à Gedalios) n'avait pas la forme du questionnaire, c'est qu'il s'adressait moins aux débutants, un peu déroutés, qu'au genre des savants instruits et donc capables de dérouter les débutants.

Le procédé didactique adopté dans le petit *CC* est plus subtil qu'il n'y paraît à première vue. Lorsqu'on fait rapidement l'inventaire de ses questions, l'on s'aperçoit que les plus significatives sont, pour Porphyre, l'occasion de produire, en réponse, trois genres de choses.

a) Beaucoup de ces questions servent tout simplement à citer Aristote, de façon littérale le plus souvent, et à reproduire, morceaux après morceaux, le texte de *C*. Par extraits successifs, c'est l'ensemble du traité qui se trouve ainsi recopié au fil du dialogue[52]. De tels extraits figuraient probablement dans le grand commentaire (à Gedalios), sous formes de « lemmes », peut-être abrégés (comme chez Simplicius). Ici, dans le petit commentaire, ils sont inextricablement mêlés aux propos du commentateur; la citation, qui n'est pas toujours donnée comme telle, ne se distingue pas des considérations qui précèdent ou qui suivent ou qui parfois s'y intègrent. Du coup, la pensée d'Aristote et l'interprétation de Porphyre qui l'accompagne, fondues dans le même discours, forment aussi un même enseignement. Vu la brièveté du *CC*, comparé au grand commentaire (à Gedalios) et vu la place qu'y occupe le traité d'Aristote, reproduit en extraits ou paraphrasé, on est fondé à croire que la part des remarques originales qui constituent le commentaire lui-même y est sans doute relativement réduite (sauf au début) par rapport à celles que devaient occuper ce genre de remarques dans le grand commentaire perdu. Bref, le *CC* est moins un commentaire qu'une simple présentation de *C*, assortie d'une introduction et étoffée d'observations ponctuelles destinées à en faciliter l'intelligence. Porphyre, du reste, ne s'autorise expressément d'aucun autre traité d'Aristote pour expliquer celui-ci. Au contraire, il invite plutôt à en différer la consultation[53].

52. Ces extraits sont identifiés dans Bodéüs (1997), p. 121-142; *cf.* les « Testimonia » produits dans Bodéüs (2001). Il faut y ajouter les portions de *C* paraphrasées, plutôt que citées de façon strictement littérale ; elles sont signalées, ci-après, dans les notes à la traduction.

53. C'est tout particulièrement vrai pour les questions qui concernent la substance. Porphyre ne laisse pas ignorer à l'occasion ce qu'Aristote dit ailleurs (par exemple, dans la *Métaphysique*), mais ne s'intéresse qu'à ce qu'il dit ici : cf. *CC*, p. 88, 14 *sq.* ; il tâche aussi de

b) Bon nombre de questions posées portent aussi sur la signification de différents termes employés par Aristote. Elles n'ont d'autre but que celui de repérer, éventuellement parmi plusieurs significations possibles d'un même vocable, celle qui s'impose dans le contexte[54]. C'est l'occasion, pour Porphyre, de lever l'obstacle principal auquel le débutant doit faire face dans son apprentissage de la philosophie, en dissipant l'ambiguïté qui s'attache aux mots, surtout ceux d'un philosophe ancien, comme Aristote, chez qui leur usage n'était pas tout à fait l'usage contemporain[55]. Vu le soin que met le maître répondeur dans cette entreprise de clarification, il semble que Porphyre tienne celle-ci pour le premier devoir de l'interprète de *C*. De la vient le caractère dominant du *CC*, axé sur l'explication verbale. Ce genre d'explication, vu sa nécessité, ne pouvait être absent du grand commentaire (à Gedalios) et il y a gros à parier que, sur ce point, les deux commentaires n'offraient aucune différence significative[56]. Même si l'érudition de Porphyre se donnait, là, plus libre cours qu'ici, les explications verbales qu'il fournit ici devaient figurer là, inchangées[57].

c) Plusieurs questions visent encore les thèses défendues par Aristote et leurs arguments. Dans leur majorité, ces questions paraissent cependant d'une portée limitée et demandent surtout à vérifier la cohérence du propos

persuader qu'Aristote n'examine ici que quatre des dix catégories, les autres étant étudiées ailleurs, parce qu'il s'adresse ici à des débutants : cf. *CC*, p. 141, 11 *sq.*

54. En fait, le commentaire répond principalement à l'ambition, il faudrait dire au défi, d'expliciter ou de clarifier les multiples « notions » auxquelles Aristote fait appel dans son ouvrage et qui, le plus souvent, comme les genres catégoriaux, ne se définissent pas selon la règle classique. Ces notions, selon Porphyre, sont simplement décrites et la description, accompagnée d'exemples et, le cas échéant, de précisions concernant le propre, tient lieu de définition (cf. *CC*, p. 127, 11 *sq.*). La difficulté de la tâche s'accroît du fait que ces notions font elles-mêmes appel à des termes ambigus ; ce qui engage le commentateur à de nombreuses précisions supplémentaires. Voir, en particulier, *CC*, p. 55, 3 (à propos de κατηγορία) ; 62, 1 (ὄνομα) ; 62, 7 (μόνον) ; 64, 29 et 101, 25 (λόγος) ; 71, 4 (κατὰ συμπλοκήν) ; 73, 30 (οὐσία, συμβεβηκός, καθόλου, καθ' ἕκαστον) ; 77, 18 (ἐν τινί) ; 80, 5 (καθ' ὑποκειμένου) ; 82, 3 (γένος, εἶδος, διαφορά) ; 83, 13 (οὐσία) ; 93, 29 (ἴδιον) ; 107, 31 (ἀόριστα ποσά) ; 128, 16 (πολλαχῶς λέγεσθαι) ; 133, 12 (μορφή).

55. Voir, par exemple, ce que dit Porphyre de l'usage ancien et, donc, aristotélicien de πτῶσις (*CC*, 69, 25), de ποιόν et de ποιότης (*CC*, p. 127, 11 *sq.*), par opposition à l'usage ultérieur, familier de ses propres lecteurs.

56. C'est pourquoi la plupart des passages du Commentaire de Simplicius (recensés par Smith [1993] comme fragments du Commentaire à Gedalios) sont littéralement très proches du *CC*. Voir, plus loin, la partie « Texte » de notre Introduction.

57. On ne connaît qu'un seul endroit (*CC*, p. 67, 17) où Simplicius (*In Cat.*, p. 33, 15) croit devoir signaler une divergence : le Commentaire à Gedalios n'aurait pas retenu un cas de métaphore enregistré ici. Mais Simplicius laisse comprendre que d'autres détails mineurs n'étaient pas les mêmes d'une œuvre à l'autre ; voir, par exemple, *In Cat.*, p. 34, 11-15.

aristotélicien, plutôt qu'à scruter toutes les implications d'une doctrine[58]. Ce sont des interrogations que Porphyre emprunte parfois (souvent sans le dire, on y reviendra)[59] à des auteurs qui l'ont précédé dans l'interprétation de *C* et dont il ne partage pas le point de vue. Placées dans la bouche du questionneur débutant, elles ont l'allure, mais l'allure seulement, d'objections sérieuses, et par les réponses qu'elles appellent, la vertu de déclasser implicitement et de miner l'autorité des interprètes précédents auxquels Porphyre se réfère. Plusieurs, sinon toutes, apparaissaient, comme des objections sous le nom d'un commentateur plus ancien, dans le grand commentaire (à Gedalios), qui en examinait d'autres, en grand nombre[60]. C'est en effet à cela principalement que le grand commentaire devait sa longueur. Simplicius (ou sa source), qui a pu comparer les deux, textes en main, permet de s'en assurer. Il évoque, d'un côté, le *CC* parmi les travaux qui ne se bornent pas à paraphraser le texte de *C* et s'efforcent aussi de « dévoiler brièvement les notions (ἔννοιαι) » qu'il présente, mais, ajoute-t-il, « elles seulement »[61]. Cette réserve est exagérée, car Porphyre, on vient de le dire, s'y attaque à l'explication et à la défense de plusieurs thèses aristotéliciennes, mais, dans son exagération même, elle témoigne éloquemment de l'impression que devait laisser l'entreprise par comparaison avec celle du grand commentaire (à Gedalios). De ce dernier, Simplicius écrit : « Porphyre, sans ménager sa peine, a exposé une exégèse complète de l'ouvrage, incluant des solutions à toutes les objections [...], où il faisait aussi l'inventaire de beaucoup de doctrines stoïciennes quand elles partagent la même idée. »[62] Cette dernière information mise à part, touchant des doctrines stoïciennes prises en compte par le grand commentaire[63], mais sur lesquelles le *CC* fait silence, le témoignage de Simplicius n'apprend rien, au fond, que nous ne puissions, sans lui, soupçonner. La version « à Gedalios » donnait le sentiment d'être « complète », parce que l'autre version, « par questions et réponses », n'offre qu'une sélection des problèmes qu'elle affrontait.

58. Ces passages sont nombreux, mais d'ordinaire très brefs; voir, en particulier, *CC*, p. 69, 34; 61, 6; 61, 13; 78, 22; 79, 12; 79, 23; 80, 32; 84, 26; 86, 20; 88, 1; 90, 12; 91, 13; 94, 17; 94, 29; 95, 10; 98, 34; 100, 11; 106, 12; 107, 1; 111, 5; 114, 7; 114, 31; 119, 4, 127, 2; 128, 1; 129, 26; 132, 25; 136, 22; 137, 23; ...

59. Voir, plus loin, le paragraphe II « Le *CC* et ses sources ».

60. Celles que l'on devait à Plotin et qu'a pu y considérer Porphyre étaient connues non seulement de Simplicius, mais de Dexippe : *cf.* Hadot (1990), p. 5, n. 15.

61. Simplicius, *In Cat.*, p. 9, 13.

62. *Ibid.*, p. 2, 5-9.

63. Comme cela avait été le cas par Plotin (par exemple, dans *En.*, VI, 1, chap. 25-30).

Malgré quelques « fragments » conservés sous forme de citations ultérieures et dont l'étude systématique reste à faire, la perte du grand commentaire (à Gedalios) rend évidemment impossible à résoudre la question de savoir selon quels critères Porphyre a choisi chacune des apories à traiter dans son petit commentaire, celles-là plutôt que d'autres, traitées dans le grand. Au demeurant, l'on ignore lequel des deux ouvrages a précédé l'autre dans le temps[64] : le petit est peut-être l'abrégé du grand, mis sous forme dialoguée, mais, à l'inverse, celui-ci est peut-être l'amplification de celui-là, dépouillé de l'artifice du dialogue. Toutefois, si Porphyre s'est obligé à être sélectif, on peut faire l'hypothèse que son choix fut en général dicté par les exigences d'une introduction, signalées plus haut, et qu'il n'a retenu, pour son *CC*, que les apories les plus immédiatement en rapport avec l'enseignement « élémentaire », de nature logique (et non ontologique), que, selon lui, le traité d'Aristote lui-même véhicule.

I.c. *L'interprétation linguistique de* C

Mieux que les fragments d'un ouvrage perdu, les pages conservées du *CC* permettent de comprendre l'opération qui permit à Porphyre d'appuyer sur *C* ses éléments de logique. Elle fut réalisée moyennant une interprétation linguistique du propos d'Aristote, elle-même soutenue par une théorie sommaire du langage.

L'interprétation linguistique du propos d'Aristote se fonde sur l'idée que les « catégories » que recense son traité ne sont pas envisagées comme des genres d'êtres, mais comme des genres de mots[65], non pas ceux que le grammairien distingue d'après leur nature ou leur fonction dans la phrase (les mots de seconde imposition, comme Porphyre les appelle), mais ceux qui, en dehors de la phrase, ont la propriété de signifier les choses (les mots de première imposition)[66].

La théorie du langage que Porphyre invoque ainsi suppose, chez l'homme, une capacité sémiotique[67]. Sachant que l'homme qui parle se sert de moyens symboliques[68], en l'occurrence les sons de la voix[69], pour donner un message[70], Porphyre ne s'intéresse ici, comme Aristote, qu'aux

64. Le passage de Simplicius, *In Cat.*, p. 34, 13, tel que corrigé par Kalbfleisch dans ses « Addenda », *CAG*, VIII, exclut toute possibilité de s'en autoriser pour soutenir la postériorité du grand commentaire à Gedalios par rapport à *CC : cf.* Luna (1990), p. 27, n. 60 bis.

65. Cf. *CC*, p. 56, 34-57, 14.

66. Cf. *CC*, p. 57, 20 *sq.*

67. *Cf.* Chiesa (2005), p. 87.

68. Cf. *CC*, 57, 29-30 : Τεθεισῶν δὲ τοῖς πράγμασι συμβολικῶς τινων λέξεων…

69. Cf. *CC*, p. 57, 28-29.

70. Cf. *CC*, p. 57, 11-12 ; 58, 15-16 et 22.

« parties » du discours[71], c'est-à-dire aux paroles « simples »[72], ce que nous pourrions appeler les plus petites unités de sens et qu'il appelle indifféremment « paroles » (φωναί), « noms » (ὀνόματα) ou « mots » (λέξεις) signifiants, d'après l'usage introduit par la seconde imposition des noms[73]. Parmi les sons vocaux proférés par l'homme, ce sont ceux qui, formés d'une syllabe ou de plusieurs liées ensemble, signifient quelque chose, à l'exclusion de tous les autres[74]. A la suite d'Aristote[75], Porphyre tient que ces mots simples signifient sans être pour autant vrais ou faux, à la différence du discours propositionnel (déclaratif) dont ils font partie[76].

Que signifient ces mots? De quoi sont-ils le signe, l'indication, l'annonce? Ce que nous savons par ailleurs de la pensée porphyrienne et des théories ultérieures qu'elle a en partie inspirées permet de répondre que le mot renvoie directement à un concept dans l'âme du locuteur, lequel concept renvoie, à son tour, aux choses extérieures[77]. C'est un jugement qui peut s'autoriser d'Aristote[78]. Mais le *CC* semble ignorer au départ la référence au concept, Porphyre déclarant que les signifiés sont les choses elles-mêmes[79]. On a tenté d'expliquer cette espèce de raccourci de différentes façons, en invoquant par exemple le caractère simplificateur du commentaire, sorte de compendium pour débutants[80]. Mais en réalité, lorsqu'il soutient au départ que les signifiés sont les choses, sans considérer alors les concepts qui, en général, s'interposent entre les mots signifiants et les signifiés ultimes, Porphyre n'a nullement l'intention de simplifier. Il identifie ainsi les signifiés ultimes des mots de première imposition par opposition aux signifiés ultimes des mots de seconde imposition, qui sont, quant à eux, des genres de vocables (noms, verbes, etc.)[81]. Et il ignore si

71. Cf. *CC*, p. 62, 5-6.
72. Cf. *CC*, p. 58, 5.
73. Cf. *CC*, p. 57, 23-24 et 29-30; 62, 28-29; etc.
74. Cf. *CC*, p. 102, 8-9 : βλίτυρι φωνὴ … οὐδὲν … σημαίνει.
75. *C*, 4, 2 a 4-10.
76. Cf. *CC*, p. 87, 6 *sq*.
77. Philopon (*In Cat.*, p. 9, 5) soutient même que, selon Porphyre, seuls les concepts sont considérés par Aristote.
78. Cf. *De l'interprétation*, 16 a 3-8.
79. Cf. *CC*, p. 58, 5-6 (φωνῶν σημαντικῶν ἁπλῶν καθὸ σημαντικαί εἰσι τῶν πραγμάτων); 19-20 (*idem*).
80. *Cf.* Ebbesen (1990), p. 147 : « The preserved commentary on the *Categories* is of decidedly compendious character […] To produce a compendium of a reasonable size he had to sacrifice something, and he chose to sacrifice the concepts. » L'hypothèse est aussi envisagée dans Lloyd (1990), chap. 2 « Porphyrian Semantics », p. 37.; mais l'auteur incline plutôt à voir dans ce silence un signe de l'indépendance de Porphyre par rapport à Aristote, et de l'autonomie de sa logique par rapport à la psychologie.
81. Cf. *CC*, p. 58, 3 : τοὺς τύπους τῆς ποιᾶς λέξεως σημαινούσης.

peu les concepts auxquels renvoient les mots de première imposition dont il s'occupe que dès les premières lignes de son commentaire, il donne à comprendre clairement que la chose inconnue n'a pas de nom. C'est pourquoi, explique Porphyre[82], Aristote se trouve contraint d'inventer des néologismes ou d'attribuer à un mot existant une nouvelle signification pour désigner les choses ignorées du grand nombre et découvertes par lui. Si la chose ignorée n'est pas signifiée, c'est donc que tout signifié est connu et dans ces conditions, le signifié n'est pas directement la chose elle-même, mais la chose telle qu'elle est dans la connaissance, le plus souvent sous forme de concept. L'on pourrait, au besoin, signaler les passages où Porphyre se réfère à « la pensée » que recouvrent les mots simples de toutes catégories (homme, couleur, surface, ...)[83] et rappeler l'importance qu'il attribue au langage silencieux, non exprimé, situé « dans la pensée » et que suppose invariablement toute expression[84].

Ce qui est vrai, c'est que Porphyre ne thématise pas la présence des concepts jusqu'à faire apparaître systématiquement les problèmes qu'elle soulève le cas échéant. Mais le logicien qui commente Aristote avait-il à le faire autrement qu'à l'occasion ? Porphyre observe au passage que tout ce qui peut être signifié se ramène fondamentalement à deux notions contradictoires, celle de substance et celle d'accident, mais qu'on ne peut exprimer sans, en même temps, proférer, soit un universel, soit un particulier[85]. Si bien qu'une seule expression verbale (« l'homme », par exemple) recouvre ensemble deux idées (celle de substance et celle d'universel). Il n'est pas question ici de la substance signifiée comme d'une chose, mais comme d'une « notion »[86]. Pareillement de l'accident[87]. L'un et l'autre sont des concepts universels, comme le sont du reste et l'universel et le particulier, concepts qui s'appliquent en commun, respectivement, à tous les universels et à tous les particuliers. D'où il apparaît que tout ce qui est signifié correspond à un concept universel, sauf les individus particuliers, qui participent cependant du concept de particulier et, soit du concept de substance, soit du concept d'accident. En outre, Porphyre décrit à l'occasion la formation des concepts dans l'intelligence à partir de la sensation : « Les hommes particuliers dans leur ensemble [sont] ce à partir de quoi à été

82. *CC*, p. 55, 8-14.

83. Cf. *CC*, p. 99, 29 (ἐπινοιεῖται ὁ ἄνθρωπος), 31 (τὸ δὲ χρῶμα ᾗ χρῶμα ἐπινοεῖται); 103, 11-12 (ἡ ἐπινοουμένη ἐπιφάνεια), 16-17 ; etc.

84. Cf. *CC*, p. 64, 28-39 ; 101, 26-27 ; 108, 22-23 ; 112, 15-18 ; 115, 24-25.

85. *CC*, p. 71, 28-30. Le commentaire qui suit, d'une longueur inhabituelle (jusque p. 77, 12), correspond aux quelques lignes de *C*, 1 a 20-b 9.

86. *CC*, p. 75, 7 : πῶς οὖν οὐσία ἐπινοεῖται ; *cf.* p. 88, 10-11 : ἔννοιαν δὲ αὐτῆς.

87. Cf. *CC*, p. 72, 18-19 : ἐπινοεῖται τὸ συμβεβηκὸς.

pensé l'homme, attribué en commun, et les animaux particuliers, ce par quoi nous avons pensé l'animal, attribué en commun [...]; à partir de la sensation des particuliers, nous arrivons, par la pensée, à ce qui est commun. »[88] Autrement dit, seuls, les individus particuliers (substances ou accidents), lorsqu'ils ont un nom propre (ce qui est rarement le cas), sont signifiés sans le truchement d'un véritable concept.

Celui-ci, de nature simple, est effacé, dans l'exposé de Porphyre, par l'importance de son équivalent complexe qu'exprime la définition, au moyen du genre et de la différence spécifique. Porphyre assume en effet que « toute chose a un nom et une définition ou une description »[89], car un simple mot et une formule définitionnelle complexe ont exactement le même pouvoir de signifier[90]. Si la chose connue est d'ordre individuel et possède un nom propre, celui-ci a pour équivalent une description, qui tient lieu de définition[91]. Elle est alors dans le cas des genres suprêmes (les catégories), indéfinissables, quant à eux, faute de genre supérieur. Le langage, cependant, parce que l'infinité numérique des réalités individuelles contraint de restreindre son vocabulaire[92], use le plus souvent de noms communs, qui s'appliquent aux espèces et aux genres intermédiaires définissables, c'est-à-dire aux concepts universels de plus ou moins grande extension.

Malgré tout, Porphyre n'oublie pas que l'universel ainsi exprimé par le langage, non seulement est d'ordre conceptuel, mais n'a au fond d'existence que dans les limites de la pensée[93]. Ce jugement est évidemment d'une portée capitale, car il est de nature à faire comprendre que ce genre d'universel, abstrait du sensible qui lui est antérieur, se distingue des Formes intelligibles, réelles et séparées du sensible qui leur est postérieur, comme le soutient Platon[94]. Mais Porphyre n'attire pas expressément l'attention sur l'importance de cette distinction. Car le statut ontologique de l'universel, on l'a dit, n'intéresse pas la logique, encore moins l'exposé d'une logique élémentaire pour débutants. Celle-ci se préoccupe plutôt de l'extension relative des concepts définissables, de la convertibilité du nom et de la définition, de la prédication essentielle ou accidentelle, ... autant de

88. *CC*, p. 90, 33-35 et 91, 1-4.
89. *CC*, p. 60, 15-16; *cf.* p. 60, 21-22; 62, 14; 63, 7-8.
90. Cf. *CC*, p. 63, 11 et 64, 2.
91. Cf. *CC*, p. 64, 9-17.
92. Cf. *CC*, p. 57, 7-11.
93. Cf. *CC*, p. 75, 27-28.
94. Sur la multiplication des universaux dans le moyen platonisme déjà, voir Lloyd (1955-56), p. 60-64.

choses qui ne réclament pas du logicien qu'il sorte du champ étroit où se cantonne Aristote lui-même dans *C*.

Un tel propos, notons-le au passage, n'est pas sans incidence sur les dimensions du commentaire dans ses différentes parties. La pensée de Porphyre est au fond centrée sur les quatre notions qu'on a dites, les notions de particulier, d'universel, de substance et d'accident. De ce fait, le commentateur semble n'avoir que relativement peu de choses à dire de son crû touchant les neuf distinctions catégoriales qu'Aristote oppose à la notion de substance et que lui, Porphyre, ramène à la notion d'accident[95]. Inversement, les brefs propos qu'expose Aristote en introduction à son approche de la notion de substance retiennent infiniment plus son attention, car ces propos sont, pour lui, de nature à fournir les bases d'une théorie logique[96]. Il en résulte un déséquilibre significatif entre l'ampleur du commentaire consacré au début du traité et la relative minceur du commentaire consacré à la suite, ainsi qu'on le voit immédiatement à l'observation de son plan.

C'est évidemment la structure du texte à commenter qui fournit à Porphyre le plan de son commentaire[97]. Celui-ci est en effet un commentaire exhaustif, même s'il est aujourd'hui mutilé[98], et il suit pas à pas l'exposé d'Aristote, du début à la fin. Ce qui est conservé peut donc se découper selon les mêmes six sections que présente l'exposé en question : (1) prolégomènes, (2) de la substance, (3) de la quantité, (4) des relatifs, (5) de la qualité et (6) des autres catégories, le tout étant précédé d'une introduction où Porphyre s'efforce principalement d'établir le « propos » du traité qu'il s'apprête à commenter. Mais il apparaît que, l'introduction mise à part, la longueur du commentaire est variable selon les sections et ne correspond pas proportionnellement à celle que présente le texte d'Aristote

95. À ce propos, voir notre article « Quelques remarques sur la notion d'accident selon Porphyre » (à paraître dans *Porphyre et la tradition des Catégories*, éd. par C. Erisman, Bâle).

96. Sur la nécessité des « antéprédicaments », voir Evangeliou (1988), p. 37.

97. Les principales têtes de chapitres indiquées dans Strange (1992), p. 19-25, correspondent aux sections de la traduction latine de Feliciano (1546). Elles sont d'un intérêt mineur.

98. Aux lacunes qu'on devine dans les parties conservées (*cf.* p. 96, 23 et 129, 18) s'ajoute la perte de la fin du commentaire. Celui-ci se termine de façon abrupte, au milieu d'une phrase et nous n'avons plus la partie qui correspond aux « postprédicaments ». Elle est pourtant annoncée assez clairement p. 60, 9-10 (moins évidemment, p. 118, 1 et 10). Le livre IV (203 C) du Commentaire de Boèce, consacré à cette section du texte, s'autorise expressément de Porphyre : *cf.* Strange (1992), p. 38, n. 29. Simplicius, de son côté, qui renvoie notamment à Porphyre pour l'étude des catégories non examinées par Aristote en *C*, ne signale pas que le petit commentaire aurait omis de considérer la suite du texte. La partie perdue lors de la transmission pourrait, cependant, n'être pas le résultat d'un simple accident et les pages correspondant aux « postpédicaments » pourraient n'avoir pas été recopiées dans le modèle de notre archétype conservé (le manuscrit de Modène), mais il est impossible de vérifier cette hypothèse.

en chacune d'elles[99]. Chaque section peut être évaluée en pourcentage de l'ensemble (mesuré d'après le nombre de lignes dans l'édition Bekker, pour Aristote, et d'après le nombre de lignes de l'édition Busse, pour Porphyre, l'introduction étant exclue) ; voici ce que donne la comparaison :

1) Prolégomènes : 8, 8 % *C* (69 lignes) et 35 % *CC* (1014 lignes) ;
2) De la substance : 25, 8 % *C* (201 lignes) et 14 % *CC* (425 lignes) ;
3) De la quantité : 16, 8 % *C* (131 lignes) et 13 % *CC* (396 lignes) ;
4) Des relatifs : 23, 6 % *C* (184 lignes) et 22 % *CC* (656 lignes) ;
5) De la qualité : 24, 9 % *C* (194 lignes) et 15 % *CC* (456 lignes)[100].

Il saute aux yeux que la section (1), soit le début de *C*, reçoit un commentaire disproportionné. Si l'on ajoute à ce commentaire des prolégomènes l'introduction qui précède (169 lignes dans l'édition Busse), on constate que près de la moitié du *CC* est étranger à l'étude des distinctions catégoriales qu'expose Aristote ! C'est le signe que cette étude est d'un intérêt secondaire aux yeux de Porphyre.

II. Le *CC* et ses sources

Il n'est pas impossible que cette tendance à majorer singulièrement l'intérêt du début de *C* (les antéprédicaments), aux dépens de son analyse des catégories elles-mêmes, soit une tendance antérieure à Porphyre et que celui-ci ait accusé une propension déjà existante parmi les lecteurs d'Aristote. En effet, au moment où écrit Porphyre, il y a des siècles déjà que *C* retient spécialement l'attention des philosophes. Sous la forme de paraphrases, de critiques ou de commentaires proprement dits, de multiples ouvrages, en partie ou en tout, lui avaient été consacrés[101]. La plupart, sinon tous, étaient connus de Porphyre. Mais il est difficile et même, en plusieurs cas, impossible de préciser jusqu'à quel point il s'en est inspiré pour la rédaction de son *CC*, puisque, sauf exception, les ouvrages en question sont aujourd'hui disparus, comme son grand commentaire (à Gedalios), et que, d'autre part, selon une habitude commune aux Anciens, Porphyre est loin de citer tous les auteurs qui lui ont servi de sources. Peut-être même, mais

99. Rappelons toutefois que le *CC* intègre le texte de *C* sous forme de citations. Mais cela est vrai de toutes les sections.

100. Une lacune importante est à signaler dans cette section (p. 129, 18). Le texte de *CC* y était d'une proportion légèrement supérieure.

101. L'importance des travaux consacrés à *C*, parmi les commentaires aux autres ouvrages d'Aristote, peut être appréciée dans Gottschalk (1987), p. 1079-1104 et Moraux I (1973) et II (1984).

ceci est invérifiable, ne mentionne-t-il pas la ou les sources principales dont il a tiré ses idées.

II.a. *Les traditions antérieures*

Si l'on considère les auteurs qu'il mentionne expressément dans quelques rares passages, six noms seulement sortent de l'ombre. D'Andronicos à Herminos et Cornutus, en passant par Boethos, Atticus et Athénodore, aucun n'est un contemporain. Ce sont des « autorités » qui appartiennent au passé, un passé parfois lointain, mentionnées au passage, parce que Porphyre, soit les récuse, soit entend les proposer comme garantes de l'opinion interprétative qu'il défend à cet endroit précis.

Mentionné une seule fois, le célèbre Atticus, médioplatonisant du IIe siècle, hostile à la conciliation de Platon et d'Aristote[102], est pris à partie, d'une manière apparemment gratuite, pour une prétendue confusion, d'ailleurs de détail et sans importance[103]. C'est peut-être un signe, celui de la distance que Porphyre voulait prendre par rapport à un certain courant de pensée, familier des lecteurs auxquels il destine son ouvrage. Le stoïcien L. Aeneus Cornutus (Ier siècle) est lui aussi pris à partie, à deux reprises[104], en même temps que son prédécesseur Athénodore[105], de même obédience stoïcienne, auteur, quant à lui, d'un traité *Sur les catégories contre Aristote*. Porphyre leur reproche plus sérieusement d'avoir pris les distinctions catégoriales pour de simples distinctions grammaticales et d'avoir, partant, contesté le nombre des catégories aristotéliciennes, le désaccord entre eux sur ce point étant, selon Porphyre, l'indice que leurs critiques s'annulent en quelque sorte réciproquement. La référence au stoïcisme est pratiquement inexistante par ailleurs, si l'on excepte la mention de quelques thèses connues, sans rapport direct avec le texte d'Aristote[106], et le *CC* porte peu

102. Son indifférence à l'endroit des catégories est explicitement mentionnée par Eusèbe (*Préparation évangélique*, XV, 4, 19 : « … à quoi bon ces enseignements pour la pensée de Platon ? »). Sur Atticus, voir Whittaker (1994), p. 664-665, Zambon (2002), chap. III « Porphyre et Atticus », spécialement, p. 130 et Moraux II (1984), p. 564-584.

103. *CC*, p. 66, 34 (=Atticus, Fr. 42 a Des Places).

104. *CC*, p. 59, 10 et 86, 10-13. Voir notes *ad locos*. Sur Cornutus, voir Moraux II (1984), p. 592.

105. *CC*, p. 59, 10 et 86, 10-13 et 22. *Cf.* Moraux I (1973), p. 150 et II (1984), p. 585 et Gottschalk (1990), p. 71, n. 88. Ces deux philosophes semblent avoir été impliqués dans une querelle avec Boethos, dont il sera question plus loin, mais les détails et la chronologie de cette querelle nous échappent.

106. Cf. *CC*, p. 119, 34-37 et 137, 29-138, 4.

de traces d'une influence exercée par les stoïciens[107]. Mais le rejet des thèses de Cornutus et d'Athénodore, expressément disqualifiés, n'est pas banal, car il y va du propos même et donc de l'interprétation globale du texte de *C*.

Pour celle-ci, au contraire, Porphyre prétend s'en remettre à l'autorité de Boethos de Sidon (Ier siècle), qu'il évoque avec ferveur[108], et à celle d'Herminos (IIe siècle), dont, chose tout à fait exceptionnelle, il cite le témoignage[109]. Comme l'ont compris ces savants, dit Porphyre, le traité d'Aristote annonce une enquête sur les principales expressions significatives des choses. Vrai ou faux, ce jugement sur l'interprétation de ses prédécesseurs est en soi éloquent. Il ne fait pas de doute que Porphyre recherche et croie pouvoir signaler qu'il possède la caution d'une certaine orthodoxie aristotélicienne, ses garants appartenant à la tradition de l'école. Serait-il fidèle à l'image qu'en donnait la tradition réputée orthodoxe, l'aristotélisme de Porphyre reste évidemment suspect d'un bout à l'autre de son commentaire, mais peu importe : la prétention d'orthodoxie est tout aussi évidente et s'affiche, semble-t-il, aux dépens des courants de pensée extérieurs, stoïcien et même médioplatonicien. Au passage, la mention insolite d'Andronicos de Rhodes (Ier siècle a.C.n.), pour une explication alternative, quoique de détail[110], n'est peut-être pas étrangère à cette prétention, Andronicos pouvant passer pour le fondateur de la tradition exégétique orthodoxe.

Pour le reste, la dette de Porphyre à l'égard de ses prédécesseurs, quoique inavouée, apparaît cependant dans plusieurs passages. On croit pouvoir observer, sans étonnement, qu'il laisse franchement de côté, en les ignorant, certaines objections adressées à Aristote par le même Athénodore dont il récuse l'interprétation globale[111] ; et qu'il adopte, en revanche, volontiers, pour certains détails, la ligne d'interprétation de Boethos, dont il fait l'un de ses garants[112]. Mais ce n'est pas toujours le cas : Porphyre, par

107. Cette influence est perceptible surtout dans l'usage de certains termes du vocabulaire stoïcien ; voir, à ce sujet, les notes *ad CC*, p. 60, 15-16 ; 64, 28-30 ; 102, 8 ; 127, 11-13 ; 135, 1 (influence de Chrysippe ?), 20-31 ; 138, 5.

108. *CC*, p. 59, 17. *Cf.* Simplicius, *In Cat.*, p. 10, 20 ; 11, 23 ; 13, 13 et 41, 28. Sur Boethos, disciple d'Andronicos (dont il sera question plus loin), voir Moraux I (1973), p. 148 *sq.* et Goulet (1994), p. 124-125.

109. *CC*, p. 59, 17-18 ; *cf.* p. 107, 25 *sq.* Sur Herminos, l'un des maîtres, croit-on, d'Alexandre d'Aphrodise, voir Moraux II (1984), p. 361-398.

110. *CC*, p. 125, 12. On croit soupçonner un accord avec les thèses d'Andronicos dans différents autres passages (voir notes *ad* p. 56, 18-19 ; 58, 21-22 ; 107, 35-38, …), mais pas toujours (voir note *ad* p. 59-10).

111. Voir *CC*, p. 104, 4 et 105, 30-33 (avec les notes).

112. Voir *CC*, p. 61, 2 ; 63, 3 et 79, 12-16 (avec les notes).

exemple, n'adopte pas la division que proposait Boethos, semble-t-il, à la suite de Speusippe, pour éclairer le début de *C*[113], il ne retient pas telle correction de texte suggérée par celui-ci dans un autre passage[114], il ne partage pas exactement son jugement selon lequel la substance dont parle Aristote serait la forme immanente[115], ni, selon toute apparence, son opinion touchant la différence spécifique[116], il ignore aussi le détail de ses analyses quand il s'agit de commenter la première définition des relatifs[117] et s'écarte encore de lui quand il s'agit d'apprécier la rigueur de la seconde définition[118]. Porphyre semble plus fidèle à Herminos, si l'on juge par les très rares témoignages qui permettent de s'en faire une idée, jusqu'à préférer, à l'occasion, sa lecture à celle de Boethos[119], mais cela ne l'empêche pas d'ignorer telle difficulté remarquée par lui[120]. Bref, malgré qu'il s'en réclame pour proposer une interprétation générale de *C*, Porphyre ne paraît inféodé à aucun d'eux pour ce qui concerne l'interprétation des détails et, en cela, il conserve, à coup sûr, une large indépendance de jugement.

Il est à peu près impossible de savoir ce qu'il a pu retenir de certains auteurs comme le médioplatonicien Alcinoos ou de l'aristotélisant par excellence qu'était Alexandre d'Aphrodise, en dehors d'une tendance à faire sienne la pensée d'Aristote, chez le premier, et de la conviction, chez le second, que les catégories s'interprètent comme lui, Porphyre, le croit, à la suite de Boethos et d'Herminos[121]. Peut-être a-t-il fait quelques emprunts, sur des points secondaires, au commentaire d'Achaïcos[122]. Il est,

113. Cf. *CC*, p. 60, 21.

114. Cf. *CC*, p. 84, 33-85, 5.

115. Cf. *CC*, p. 18, 17. Pour Porphyre, la substance (même la substance seconde, prédicat commun) est plutôt un composé de matière et de forme ; mais voir p. 91, 2-3.

116. Cf. *CC*, p. 95, 16. Pour Porphyre, la différence n'est pas proprement du côté de l'espèce.

117. Cf. *CC*, p. 111, 38. Porphyre ignore la référence à la définition du Même dans le *Sophiste* de Platon.

118. Cf. *CC*, p. 123, 31-32. Porphyre ne croit pas que cette définition contienne le *definiendum*.

119. Cf. *CC*, p. 64, 25-27. Voir aussi p. 86, 10 et 103, 4 (avec les notes).

120. Cf. *CC*, p. 84, 4-7 (avec la note).

121. Pour Alcinoos, voir Whittaker (1994), p. 112-113 ; Zambon (2002), chap. VI « Porphyre et Alcinoos », et les notes *ad CC*, p. 56, 8 et 28-31 ; 75, 27-28. Pour Alexandre, voir Goulet-Aouad (1994), p. 129-130 (à propos du commentaire perdu à *C*) et les notes *ad CC*, p. 59, 17-18 ; 66, 17-21 ; 78, 7 et 83, 5-7. On soutient généralement que Porphyre s'accorde avec Alexandre pour l'interprétation du propos de *C* (*cf.* Strange [1992], p. 7), parce que Simplicius (*In Cat.*, p. 10, 11-19) produit un témoignage d'Alexandre qu'il emprunte vraisemblablement au grand commentaire (à Gedalios) et qui va exactement dans le même sens que le témoignage d'Herminos.

122. Cf. *CC*, p. 111, 22-23 ; 123, 21-22 et 31-32, avec les notes. Sur Achaïcos, voir Goulet (1994), p. 47-48.

en revanche, à peu près certain qu'il a délibérément rejeté, en taisant son nom, mais en signalant sa position, l'autorité d'Adraste d'Aphrodise, qui persistait à intituler *Avant les lieux* le traité d'Aristote[123]. Et non moins certain qu'il s'est nourrit, le plus souvent pour les réfuter ou les réduire, des objections dirigées contre Aristote par plusieurs autres. C'est le cas d'Achaïcos, dont on vient de parler[124]; c'est le cas du platonicien Eudore d'Alexandrie[125]; c'est le cas surtout de Lucius et Nicostrate, autres platoniciens dont les critiques anti-aristotéliciennes étaient systématiques[126]. Sans compter les passages où il ignore leurs objections pointilleuses comme autant de vétilles dont il ne vaut pas la peine de s'occuper, dans plusieurs autres passages, Porphyre semble avoir trouvé commode de prendre appui sur elles pour exposer une interprétation qui rende compte, sinon de la lettre, du moins de l'esprit des textes aristotéliciens[127]. Même le plan du traité et l'existence des « antéprédicaments » se trouvent ainsi justifiés en réponse à leurs critiques[128]. Cette défense d'Aristote, jusque dans le détail, est évidemment dans la droite ligne de l'orthodoxie dont Porphyre se réclame.

Il est moins difficile, quoique toujours délicat, d'observer et d'apprécier les rapports de notre commentateur avec deux auteurs qu'il ne cite jamais, mais dont les textes sont conservés. Le premier d'entre eux est le Pseudo-Archytas[129]. Faute de référence explicite et de rapprochement évident, l'on n'a pas la preuve que Porphyre lisait les textes de cet auteur[130]. Les indices positifs en ce sens, qui n'apportent pas de certitude, tiennent à la convergence de certaines opinions plutôt générales : une même idée du langage, une même inclination à voir dans les catégories des genres signifiants et, partant, une vision semblable du propos aristotélicien, une même position touchant la priorité de la substance, tenue au reste pour un composé de matière et forme, une même appellation d'« accident » réservée aux

123. Cf. *CC*, p. 56, 18-19. Sur Adraste, voir Moraux II (1984), p. 294-334.

124. *Cf.* note *ad CC*, p. 127, 23-25.

125. *Cf.* notes *ad CC*, p. 100, 11 et 132, 1-2. Sur Eudore, voir Moraux II (1984), p. 509-527.

126. *Cf.* Simplicius, *In Cat.*, p. 1, 19-2, 3. Les travaux des deux personnages sont difficiles à distinguer ; à leur sujet, voir Moraux II (1984), p. 528-563.

127. Voir notes *ad CC*, p. 59, 10 ; 61, 13-16 ; 64, 28-30 ; 84, 4-7 ; 88, 14-15 ; 91, 14-17 ; 104, 1 ; 107, 26-29 ; 118, 8.

128. Voir notes *ad CC*, p. 59, 34-37

129. Son ouvrage (*Sur l'universel*) date vraisemblablement du Iᵉʳ ou du IIᵉ siècle ; *cf.* Moraux II (1984), p. 608.

130. Il semblerait n'avoir été cité explicitement que plus tard, par Jamblique, dans un commentaire perdu qui s'inspirait du grand commentaire à Gedalios : *cf.* Hadot (1990), p. 5, n. 16.

neuf autres genres[131], … Mais Porphyre ne s'accorde pas, dans le détail, avec toutes les thèses du Pseudo-Archytas, loin de là[132]. S'il connaissait son devancier et jugeait pouvoir se rencontrer avec lui sur certains points non négligeables, Porphyre en tout cas ne l'a pas pris pour caution, même pour quelque détail interprétatif, comme l'atteste son silence à l'endroit de son œuvre. Il faut dire que, de dimension modeste comparé au texte de *C*, ces exposés apocryphes ne se donnent pas pour un commentaire de *C*, mais pour une œuvre originale qui l'a précédé et sur laquelle Porphyre pouvait ne pas sentir l'intérêt d'attirer l'attention pour comprendre Aristote[133], d'autant qu'elle est très sommaire.

II.b. *L'influence de Plotin*

Le second auteur dont nous avons les textes est Plotin. Jamais Porphyre ne mentionne le nom de Plotin dans son *CC*, mais l'on sait qu'il connaissait parfaitement ses jugements sur les catégories d'Aristote, puisqu'il avait assisté aux leçons qui constituent aujourd'hui l'*Ennéade* VI avant, semble-t-il, de rédiger son propre commentaire[134]. Mais à première vue, c'est comme si les leçons de Plotin, en bonne partie, avaient en quelque sorte ici laissé son disciple indifférent. Certes, s'il s'agit d'observer quelque thèse générale d'Aristote à l'abri de toute controverse (par exemple que l'être n'est pas un)[135] ou s'il s'agit d'enregistrer quelque donnée plus particulière, même significative (par exemple, le fait que *C* prend seulement en compte certains genres de substances)[136], *a fortiori,* si la particularité est sans grande portée pour l'interprétation globale du texte, Porphyre n'hésite pas, semble-t-il, à se faire l'écho de Plotin, peut-être même à rendre l'écho de son enseignement oral[137]. Mais le plus souvent, Porphyre ignore tout simplement les objections que formule l'*Ennéade* VI (1) contre les thèses

131. Sur tous ces points, voir, respectivement, les notes *ad CC*, p. 55, 10-11 ; 58, 12-13 ; 59, 17-18 ; 88, 5-7 et 14-15 ; 71, 29.

132. Voir en particulier les notes *ad CC*, p. 57, 12 ; 100, 11 et 12-13 ; 105, 30-33 ; 107, 26-29 ; 111, 8 ; 136, 24-27.

133. Ce que feront les néoplatoniciens ultérieurs, convaincus de l'authenticité de l'ouvrage et pour qui Aristote cherchait à se conformer à la pensée d'Archytas de Tarente : *cf.* Simplicius, *In Cat.*, p. 2, 25.

134. Cette hypothèse est en quelque sorte vérifiée par certains passages du *CC* (voir en particulier note *ad* p. 124, 27) qui s'inspirent de Plotin. D'autre part, rappelons-le, le grand commentaire perdu à Gedalios abordait vraisemblablement plusieurs difficultés soulevées par Plotin : *cf.* Hadot (1990), p. 5, n. 15.

135. Cf. *CC*, p. 86, 10-13 et *En.*, VI, 2, 1, 13.

136. Cf. *CC*, p. 91, 14-17 ; 99, 2-3 ; 100, 6-8 et *En.*, VI, 1, 1, 28-30.

137. Cf. *CC*, p. 79, 23-24 ; 100, 10-12 (avec les notes).

exposées dans *C*[138] et prend le parti, sans sourciller, de suivre l'enseignement d'Aristote contre Plotin. En particulier, Porphyre maintient dans son optique la pertinence d'une liste de dix catégories, telle que la présente Aristote[139], sans s'arrêter à l'idée plotinienne que le mouvement pourrait plus légitimement y figurer, ou la localisation et le moment en être exclus[140]. Il n'hésite pas, pour illustrer les relatifs, à prendre des exemples que Plotin conteste expressément[141], ni même à rectifier tel argument sommaire de celui-ci, qui prétendait, par exemple, tirer d'Aristote l'aveu que les qualités sont des équivoques[142]. L'on retire donc de tout cela l'impression qu'il y avait, entre le maître et le disciple, une sérieuse différence de vue dans la façon de comprendre Aristote, car autant Porphyre s'applique à recevoir l'enseignement de *C*, autant Plotin, dans l'*Ennéade* VI, semble s'appliquer à mettre en cause cet enseignement. Et l'on se dit qu'en évitant de prononcer le nom de Plotin, qui engage à une lecture de *C* différente de la sienne et refuse de suivre Aristote là où il semble lui emboîter le pas, Porphyre obéit peut-être à un principe de réserve que pourrait ne pas expliquer le seul fait qu'il s'agit d'un contemporain dont on n'a pas encore le témoignage écrit et que, par fair play, l'on ne compromet pas nommément dans une querelle, à l'occasion d'une œuvre publiée.

Mais plusieurs travaux récents ont montré qu'il convenait de dépasser les premières impressions, trop souvent trompeuses[143]. Lorsqu'il récuse, au départ, l'interprétation selon laquelle *C* aurait pour objectif d'instruire sur les genres de l'être[144], Porphyre, en effet, loin de s'opposer à Plotin, semble au contraire tirer la leçon qu'administre celui-ci dans l'*Ennéade* VI (1) et selon laquelle les distinctions catégoriales d'Aristote ne peuvent correspondre à de tels genres[145]. C'est pourquoi Porphyre convient si aisément que *C* n'a en vue que les objets du monde sensible corruptible et, donc, laisse délibérément de côté les êtres intelligibles où tout platonicien voit évidemment les seules réalités véritables[146]. Non seulement Porphyre accorde cela, mais il signale aussi au passage qu'Aristote défend ailleurs, c'est-à-dire dans la *Métaphysique*, un autre point de vue que celui qu'il

138. Cf. *CC*, p. 78, 7; 97, 5; 104, 4 (avec les notes).
139. Cf. *CC*, p. 86, 31-32.
140. Cf. *CC*, p. 105, 2-4 et 35; 107, 26-29 (avec les notes).
141. Cf. *CC*, p. 118, 11-12 (avec la note).
142. Cf. *CC*, p. 128, 179 (*cf.* p. 124, 27) et *En.*, VI, 1, 10, 4-5.
143. Voir en particulier Strange (1987), p. 955-974; Evangeliou (1988), chap. 6; De Haas (2001), p. 492-526; Zambon (2002), p. 322-331 et Chiesa (2005), p. 81-101.
144. *CC*, p. 56, 18-19 et 28-31.
145. De Haas (2001), p. 499-500 : « Porphyry started where Plotinus left off. »
146. Cf. *CC*, p. 91, 14-17 et 19-27; 99, 2-3; 100, 6-8.

adopte dans *C* et que, par exemple, ce qu'il appelle ici substance première, savoir l'individu sensible, n'est plus là considéré de la même façon[147]. Ce genre d'observation est de nature à évacuer l'illusion de trouver, dans *C*, une quelconque prétention ontologique, comme précisément Plotin s'était ingénié à le montrer dans l'*Ennéade* VI (1), pour ensuite établir – c'est l'objet de l'*Ennéade* VI (2) – que les véritables genres de l'être sont à chercher dans le *Sophiste* de Platon. Porphyre pensait-il qu'à défaut, *C* permet d'établir une ontologie en quelque sorte « régionale »[148], limitée à cette partie du monde sensible de notre expérience immédiate ? Pensait-il qu'Aristote en somme y répertorie, sous le nom de « catégories », les dix genres du devenir, mieux que ne l'avait fait Plotin, cette fois-ci dans l'*Ennéade* VI (3)[149], en récupérant uniquement les quatre premières catégories d'Aristote, jointes au mouvement comme cinquième genre[150] ? Cela même n'est pas tout à fait certain. Il est parfaitement possible que pour lui, comme pour Plotin, les « catégories » d'Aristote n'aient au fond aucune portée ontologique véritable et recense, chacune, des objets sans unité essentielle, mais qui sont désignés de la même façon[151].

Il est délicat d'en juger parce qu'on ne connaît pas clairement quelles étaient les intentions précises de Plotin lorsqu'il s'attaque aux thèses extraites de *C*. Mais au moins voit-on qu'au départ de l'*Ennéade* VI (1), son auteur n'entend pas, comme Porphyre, examiner, même sommairement, quel est le « propos » exact du traité d'Aristote. Ce traité, malgré son importance, n'est d'ailleurs, pour lui, qu'un témoignage parmi d'autres, à considérer dans une enquête qui embrasse, non seulement l'œuvre entière d'Aristote, mais celle de tous les autres philosophes ayant, comme Platon et les stoïciens, rangé les êtres en genres définis[152]. Et s'il se penche en particulier sur *C*, c'est qu'il considère d'emblée que les distinctions catégo-

147. Cf. *CC*, p. 88, 14-15 ; 91, 19-27 ; 97, 5. Sur l'argument de Porphyre selon lequel ce qui est premier pour la perception (la substance composée de forme et de matière) n'est pas naturellement premier, voir Strange (1992), p. 11 et Evangeliou (1988), p. 168.

148. L'expression est de Chiesa (2005), p. 86, qui s'efforce ensuite de montrer en quoi cette ontologie régionale s'incorpore difficilement à une tentative d'harmonisation d'Aristote et de Platon sur le plan métaphysique.

149. Voir, à ce sujet, Rutten (1961), p. 49 *sq.*

150. C'est au fond l'interprétation traditionnelle : *cf.* Barnes (2005), p. 44-48. Evangeliou (1988), p. 177-178 oppose, à cet égard, les positions respectives de Plotin et de Porphyre comme deux tendances du néoplatonisme, l'une, plutôt conservatrice, l'autre, plutôt progressiste, en ceci qu'elle intègre avec moins de réticence Aristote dans une philosophie où la théologie est réservée à Platon et l'exploration du monde sensible abandonnée à son disciple.

151. C'est l'opinion de De Haas (2001), qui précise la notion de « catégorie » chez les deux philosophes (spécialement, p. 507-514 et 520).

152. *En.*, VI, 1, 1, 11.

riales proposées par Aristote, ici comme ailleurs, ont, d'après certains, une véritable portée ontologique. Or cette hypothèse assumée par certains est très précisément celle que Plotin met en cause lorsqu'il demande, sous forme d'alternative : « Doit-on selon leur jugement dire de ces genres qu'ils reçoivent le nom commun d'être ou que ce sont dix catégories ? »[153] D'une certaine façon, la question laisse peut-être même ouverte l'opinion personnelle d'Aristote ; en tout cas, elle oppose l'interprétation ontologique de ses dix genres à l'interprétation selon laquelle ces genres seraient des « catégories », c'est-à-dire autre chose que les genres *de l'être*. Et toutes les critiques que Plotin développe ensuite visent à trancher l'alternative qu'il a formulée en commençant. Elles prétendent montrer que chaque « catégorie », à défaut de l'unité que réclame un genre de l'être, ne possède qu'une unité d'appellation. C'est prononcer de manière tacite que *C* exige nécessairement une autre interprétation que celle, ontologique, qu'assument certains et sans doute la tradition dominante. Plotin conteste en effet que, par exemple, la substance dont parle Aristote soit un genre d'être unique et même que les substances sensibles aient quelque chose de commun, mais il conçoit bien qu'on puisse « parler d'une certaine catégorie » en réunissant tout ce qui est substance[154]. Plus nettement et de façon plus significative, il nie aussi que nombres et grandeurs forment un genre unique, mais il admet parfaitement qu'une « catégorie unique » rassemble les deux[155]. C'est encore ce qu'on infère des conclusions de son analyse des relatifs : impossible de ranger dans un genre unique les choses posées « sous la même catégorie », mais tous les relatifs ramenés à la même « catégorie » sont ainsi ramenés à quelque chose de semblable[156]. Quant à la qualité, Plotin s'autorise de l'affirmation d'Aristote lui-même suivant laquelle « la qualité se range parmi les choses qui se disent de plusieurs façons »[157], comme d'un aveu explicite qu'elles ne forment pas un genre d'être unique[158], mais l'affirmation concomitante que les qualités proprement dites sont ce d'après quoi nous sommes expressément qualifiés[159] lui

153. *En.*, VI, 1, 16-18.

154. *En.*, VI, 1, 3, 1-12 et 19-23.

155. *En.*, VI, 1, 4, 51-52 ; *cf.* 5, 22-26.

156. *En.*, VI, 1, 9, 25-32.

157. *C*, 8, 8 b 25-26.

158. *En.*, VI, 1, 10 4-5 et 21-22. Cette conclusion est corrigée par Porphyre (*CC*, p. 128, 17 ; p. 124, 27) : les qualités ne sont, selon lui, des équivoques que si l'on inclut dans leur nombre les différences spécifiques.

159. *C*, 8, 8 b 25.

permet d'envisager sans réticence qu'on appelle ainsi des choses de même catégorie, qui pourtant n'ont pas la même définition [160].

Ce genre de concessions récurrentes ne semble pas sans importance [161]. Certes, Plotin n'épargne pas, dans ses critiques, une certaine interprétation de *C*, favorisée, semble-t-il, par la tradition. Mais enfin, refusant de suivre lui-même cette tradition et donnant à juger qu'Aristote, sous le nom de « catégories », répertorie autre chose que les genres de l'être, il ouvre en quelque sorte la voie à une lecture non ontologique du texte principal qui expose ce répertoire. Il est donc permis de se demander si Porphyre, averti des jugements de son maître, ne s'est pas simplement avancé dans cette voie désormais ouverte par Plotin lui-même. Tout ce que l'on a vu jusqu'ici, rappelons-le, montre que Porphyre, se consacrant exclusivement au commentaire de *C*, à la différence de Plotin, cherchant à en établir le « propos » en fonction de la place qu'il occupe et donc du rôle qu'il assume dans l'œuvre d'Aristote, insiste avec la dernière vigueur pour que l'on entende ce propos comme étant étranger aux préoccupations de nature ontologique. C'est dire, semble-t-il, que s'il se refuse à critiquer, comme Plotin, certaines propositions de *C* jugées contestables par celui-ci dans leurs implications pour une théorie de l'être, ce n'est pas qu'il les tienne, lui, pour incontestables de ce point de vue, et s'il omet alors de prononcer jusqu'au nom de Plotin, ce n'est pas qu'il veuille taire au passage son opposition à celui-ci, mais, plus vraisemblablement, parce que ses considérations sont tout simplement ici hors propos. Et quand il demande expressément la caution de Boethos et de Herminos, aristotélisants notoires, ce n'est pas pour défendre, sous leur autorité, une théorie des genres de l'être que Plotin aurait minée, mais au contraire, parce que leur hypothèse touchant le propos de *C* est de nature à faire droit d'une certaine façon au jugement de Plotin lui-même, pour qui les prétendus genres de l'être seraient plutôt des « catégories ». Ce terme, en effet, chez Porphyre qui en juge sous l'autorité de Herminos, désigne, on l'a vu, les principales « expressions significatives » qui font, selon lui, l'objet du traité.

On peut comprendre dans ces conditions que rares sont les endroits de son commentaire où Porphyre trouve l'occasion de rejoindre Plotin dans son analyse critique d'Aristote. C'est le contraire qui serait surprenant, dès lors que les points de vue adoptés par les deux lecteurs de *C* sont foncièrement différents. Bref, en « sauvant Aristote » par l'exploitation qu'il fait de *C* pour l'enseignement d'une logique élémentaire, Porphyre récuse

160. *En.*, VI, 1, 10, 31-32.
161. *Cf.* Evangeliou (1988), p. 102-115 et De Haas (2001), p. 508.

infiniment moins les critiques de Plotin qu'il ne les exploite, semble-t-il, habilement.

Nous savons que les exposés destinés à devenir l'*Ennéade* VI ont été communiqués par Plotin, au cours d'entretiens qui ont eu lieu à Rome, peu avant 268[162]. Familier de Plotin depuis plusieurs années, Porphyre se trouvait parmi les disciples du maître qui ont assisté à ces entretiens, mais à cette date de 268, il a quitté Rome, où Plotin devait mourir deux ans plus tard, pour s'installer en Sicile, à Lilybée (actuellement Marsala), chez un certain Probus[163]. C'est là, nous l'avons vu, mais à une date imprécise que nous ignorons, qu'il semble avoir composé l'*Isagôgè*, en réponse à une demande formulée par le sénateur romain Chrysaorios, s'il en croit certains témoignages[164]. Peut-être a-t-il aussi composé le petit commentaire *CC*, par questions et réponses, au même endroit, dans les mêmes années qui ont suivi 268, mais rien ne l'atteste. L'hypothèse, somme toute fragile, repose uniquement sur la parenté des deux ouvrages : ce sont deux introductions à la philosophie, abordée, en ce qui concerne le second, par la lecture commentée d'un texte d'Aristote.

Les rapports entre Plotin et Porphyre, passé le moment de leur séparation, sont obscurs, ainsi que les raisons du séjour de Porphyre en Sicile[165]. Palliant notre ignorance sur tout cela, H.D. Saffrey a risqué plusieurs hypothèses. Les entretiens de Plotin sur les catégories d'Aristote auraient, selon lui, provoqué une « crise ouverte » chez son disciple tenté par la conciliation d'Aristote et de Platon[166]. Toujours selon lui, il faudrait reconnaître les signes de cette crise intellectuelle, camouflée sous les accès de mélancolie que Porphyre invoquera trente ans plus tard pour expliquer son départ pour la Sicile[167]. Dès lors, suggère Saffrey, il convient de supposer que le séjour sicilien a inauguré, dans la carrière philosophique de Porphyre, désormais « en rupture » avec Plotin, une période authentiquement « aristotélicienne », marquée notamment par la production de ses commentaires consacrés à l'œuvre du Stagirite[168].

162. Porphyre signale lui-même (*Vie de Plotin*, 5, 10-58) que les quatre derniers entretiens qu'il a entendu Plotin donner à Rome correspondent, dans l'ordre, à l'*En*. VI, 1-3 (traités 42, 43 et 44) et à l'*En*. III, 7 (traité 45).

163. *Vie de Plotin*, 6, 1-2 et 11, 11-19. On ne connaît rien de ce Probus : *cf.* Brisson (1992), p. 268. L'année de départ correspond à la quinzième année de l'empereur Gallien.

164. *Cf.* ci-dessus, n. 27. On ignore la durée du séjour en Sicile.

165. *Cf.* Bidez (1913), chap. VI « Porphyre en Sicile » et Brisson (1992), p. 25, qui envisage différentes hypothèses, mais conclut : « on ne sait ».

166. Saffrey (1992), p. 44.

167. Saffrey (1992), p. 53. Cf. *Vie de Plotin*, 11, 11-19.

168. Saffrey (1992), p. 42 et 54. L'auteur suppose gratuitement (p. 43) que le *CC* aurait été écrit à l'usage des gens de la maison de Probus.

La première hypothèse repose sur des bases fragiles. Nous ne pouvons savoir dans quelle mesure la tentation conciliatrice de Porphyre nourrissait chez lui, avant les exposés de Plotin, l'illusion de mettre en accord, avec l'ontologie de Platon, ce qu'Aristote soutient dans *C*. Lui prêter, après ces exposés, une désillusion maladive n'est pas seulement gratuit, c'est tenir pour rien les limites dans lesquelles, avec la plus grande sérénité, il s'est effectivement proposé une conciliation et la condition à laquelle, selon lui, l'entreprise était possible. C'est en effet, répétons-le une nouvelle fois, dans le cadre étroit d'une introduction sommaire à la philosophie que Porphyre adopte l'enseignement de *C*, et, donc, à la condition de lire cet ouvrage dans la perspective de cette introduction, comme une analyse logique des principaux termes signifiants, conformément au propos de l'ouvrage.

La deuxième hypothèse, comme nous avons tenté de le montrer ailleurs[169], repose sur une interprétation douteuse de l'explication très tardive que donne Porphyre de son départ pour la Sicile. Si elle est inventée après coup, la mélancolie qu'il allègue et que, dit-il, Plotin lui-même, après l'avoir notée avec perspicacité, lui aurait enjoint d'aller soigner sous des cieux plus cléments, cache moins un inconfort intellectuel inavouable ayant causé la rupture avec un maître décevant[170], qu'elle ne permet, longtemps après la mort de Plotin dont il publie alors les œuvres, d'attribuer à un maître subtil et bienveillant le motif de l'éloignement qui avait fâcheusement valu au disciple de n'être plus là, aux côtés de Plotin, lors de son décès, parce qu'il était malade, comme Platon à la mort de Socrate.

Quant à la troisième hypothèse, elle a peu de fondement sans les deux premières. Sans doute, les commentaires de Porphyre consacrés aux œuvres d'Aristote ont très probablement vu le jour après, plutôt qu'avant 268. Mais nous ignorons précisément à quelles dates. Nous ne savons pas davantage s'ils ont occupé leur auteur de manière exclusive, voire seulement de façon intensive, durant une période déterminée. Et quand cela serait, nous n'avons surtout aucun indice autorisant à soutenir que cette période aurait été, pour Porphyre, un moment où, pour mieux sauver la logique d'Aristote, il aurait renoncé à suivre par ailleurs les grands principes de la philosophie de Platon et de Plotin.

Le témoignage du *CC*, en tous cas, ne donne pas le sentiment d'un auteur disposé à quelque renoncement de ce genre. Là même où, par

169. Bodéüs (2001-b), p. 567-571 et Goulet (1982), p. 443-457.

170. On sait d'ailleurs que Plotin, entre 268 et 270, ne cessa de correspondre avec Porphyre; *cf.* Bidez (1913), p. 53 : « Il lui envoya la suite de ses *Ennéades*, au fur et à mesure qu'il y avait mis la dernière main. »

exemple, il conçoit bien qu'on ne peut suivre Aristote sans péril et paraître tenir pour premiers les individus sensibles, en reléguant comme postérieurs les concepts universels, Porphyre, on l'a vu, conçoit tout aussi clairement, semble-t-il, la distinction qu'on doit faire entre l'universel réel et transcendant (les Idées-Formes) et l'universel abstrait, conceptuel et immanent, dont il est cause en même temps que du sensible[171]. Ce détail n'est pas banal, puisqu'il illustre, avec d'autres, la manière dont, chez Porphyre, l'ambition de proposer une logique inspirée d'Aristote et fidèle à l'enseignement de *C*, jusque dans ses chapitres les plus litigieux, ne pouvait nécessairement le contraindre à sacrifier les grands principes du platonisme. Il est de ceux qui donnent à penser que l'hypothèse d'une période aristotélicienne dans la carrière de Porphyre est improbable, si l'on entend par là une période durant laquelle il aurait, parmi les disciples de Plotin, élaboré une philosophie exigeant une véritable dissidence.

171. *Cf.* Strange (1992), p. 10.

OUVRAGES CITÉS

BARNES J. (2005), « Les catégories et les *Catégories* » dans *Les Catégories et leur histoire*, Textes édités par O. Bruun et L. Corti, 2005, p. 11-80.

BEIERWALTES W. (1985), *Denken des Einen. Studien zum Neoplatonismus und dessen Wirkungsgeschichte*, Francfort-sur-le-Main, 1985.

BEUTLER R. (1953), Art. « Porphyrios » dans *REA*, XXII, 1953, coll. 175-313.

BIDEZ J. (1913), *Vie de Porphyre, le philosophe néoplatonicien*, Gand, 1913 (réimpression, Hildesheim, 1964).

BODÉÜS R. (1997), « Le texte grec des *Catégories* d'Aristote et le témoignage du commentaire de Porphyre » dans *Documenti e studi sulla tradizione filosofica medievale*, 8, 1997, p. 121-141.

– (2001), *Aristote. Catégories*, Texte établi et traduit par R. Bodéüs, Paris, 2001.

– (2001-a), « Les interlocuteurs fictifs dans le commentaire de Porphyre aux *Catégories* d'Aristote. Une mise au point » dans *Revue des Sciences Philosophiques et Théologiques*, 85, 2001, p. 669-678.

– (2001-b), « Plotin a-t-il empêché Porphyre de mourir de mélancolie? » dans *Hermes*, 129, 2001, p. 567-571.

BRISSON L. (1992), « Plotin : une biographie » dans *Porphyre. Vie de Plotin*, t. II, Paris, 1992, p. 1-29.

CHASE M. (2000), Études sur le Commentaire de Porphyre sur les Catégories d'Aristote adressé à Gedalios, Thèse (inédite), Paris, 2000.

CHIESA C. (2005), « Porphyre et le problème de la substance des *Catégories* » dans *Les Catégories et leur histoire* », Textes édités par O. Bruun et L. Corti, Paris, 2005, p. 81-101.

DE HAAS F.A.J. (2001), « Did Plotinus and Porphyry desagree on Aristotle's *Categories*? » dans *Phronesis*, 46, 2001, p. 492-526.

EBBESEN S.E. (1976), « Anonymus Aurelianensis II, Aristotle, Alexander, Porphyry and Boethius. Ancient Scholasticism and 12th century Western Europe » dans *Cahiers de l'Institut du Moyen Âge Grec et Latin*, 16, 1976, p. 1-126.

– (1990), « Porphyry's legacy to logic : a reconstruction » dans Sorabji (éd.), (1990), p. 141-171.

EVANGELIOU C. (1985), « Aristotle's Doctrine of Predicables and Porphyry's Isagoge » dans *Journal of the History of Philosophy*, 23, 1985, p. 15-34.

– (1988), *Aristotle's Categories and Porphyry*, Leyde-New York, 1988.

GERSON L.L.P. (2005), *Aristotle and Other Platonists*, Ithaca-Londres, 2005.

GIRGENTI G. (1994), *Porfirio negli ultimi cinquant'anni. Bibliografia sistematica e ragionata della letteratura primaria e secondaria reguardante il pensiero porfiriano e i suoi influssi storici*, Presentazione di G. Reale, Milan, 1994.

– (1997), *Introduzione a Porfirio*, Rome-Bari, 1997.

GOTTSCHALK H.B. (1987), « Aristotelian Philosophy in the Roman World from the Time of Cicero to the End of the Second century AD » dans *Aufstieg und Niedergang der römischen Welt*, Hrsg. von W. Haase II, 36, 2, Berlin-New

York, 1987, p.1079-1104; étude reprise sous le titre « The earliest aristotelian commentators » dans SORABJI (éd.), (1990), p.55-81.

GOULET R. (1982), « Variations romanesques sur la mélancolie de Porphyre » dans *Hermes*, 110, 1982, p.443-457.

– (1994), Art. « Boethos de Sidon » dans *Dictionnaire des philosophes antiques*, t. II, Paris, 1994.

— et AOUAD M. (1994), Art. « Alexandre d'Aphrodise » dans *Dictionnaire des philosophes antiques*, t. II, Paris, 1994,

GOULET-GAZÉ M.-O. (1982), « L'arrière-plan scolaire de la *Vie de Plotin* » dans *Porphyre. La vie de Plotin*, t. I, Paris, 1982, p. 229 *sq*.

HADOT P. (1974), « L'harmonie des philosophies de Plotin et d'Aristote selon Porphyre dans le Commentaire de Dexippe aux Catégories » dans *Plotino e il Neoplatonismo in Oriente e Occidente*, Atti del Convegno internazionale (Roma, 5-7 ottobre 1970), Rome, 1974, p. 31-47; traduction anglaise dans SORABJI (éd.), (1990), p. 125-140.

– (1976), « Le mythe de Narcisse et son interprétation par Plotin » dans *Nouvelle Revue de Psychoanalyse*, 13, 1976, p. 81 108.

HADOT I. (1990), *Simplicius. Commentaire sur les Catégories*, Traduction commentée sous la direction de Ilsetraut Hadot, Fasc. I, Leyde-New York, 1990.

LLOYD A.C. (1955-1956), « Neoplatonic Logic and Aristotelian Logic » dans *Phronesis*, 1, 1955-56, p. 58-72.

– (1990), *Anatomy of Neoplatonism*, Oxford, 1990.

LUNA C. (1990), Notes à la traduction de Philippe Hoffmann dans Hadot (1990).

LIBERA A. de, A. Ph. SEGONDS (1998), *Porphyre. Isagoge, Texte grec, Translatio Boethii*, Traduction par A. de Libera et A. Ph. Segonds, Introduction et notes par A. de Libera, Paris, 1998.

MORAUX P., I (1973) et II (1984), *Der Aristotelismus bei den Griechen*, 2 vol., Berlin, 1973 et 1984.

PRAECHTER K. (1909), « Die griechischen Aristoteleskommentare » dans *Byzantinische Zeitschrift*, 18, 1909, p. 516-538; traduction anglaise dans SORABJI (éd.), (1990), p. 31-54.

ROMANO F. (1985), *Porfirio e la fisica aristotelica*. In appendice la traduzione dei frammenti e delle testimonianze del *Commento alla Fisica*, Catane, 1985.

RUTTEN Ch. (1961), *Les catégories du monde sensible dans les* Ennéades *de Plotin*, Liège, 1961.

SAFFREY H.D. (1992), « Pourquoi Porphyre a-t-il édité Plotin ? Une réponse provisoire » dans *Porphyre. Vie de Plotin*, t. II, Paris, 1992, p. 31-64.

SEGONDS A.Ph. (1982), « Les fragments de l'Histoire de la philosophie » Appendice à *Porphyre. Vie de Pythagore, Lettre à Marcella*, Texte établi et traduit par E. Des Places, Paris, 1982.

SMITH A. (1987), « Porphyrian Studies since 1913 » dans *Aufstieg und Niedergang der römischen Welt*, Hrsg. von W. Haase, II, 36, 2, Berlin-New York, 1987, p.717-773.

– (1993), *Porphyrius. Fragmenta*, Edidit A. Smith, Fragmenta arabica S. Wasserstein interpretante, Stuttgart-Leipzig, 1993.

SODANO A.R. (1997), *Porfirio. Storia della philosofia (Frammenti)*, Introduzione, traduzione, commento e note di A.R. Sodano, Impostazione editoriale de G. Girgenti, Testo greco-arabo a fronte, Milan, 1997.

SORABJI R. (éd.) (1990), *Aristotle transformed. The ancient commentators and their influence*, ed. by R. Sorabji, Londres, 1990.

STRANGE S.K. (1987), « Plotinus, Porphyry and the Neoplatonic Interpretation of the *Categories* » dans *Aufstieg und Niedergang der römischen Welt*, Hrsg. von W. Haase, II, 36, 2, Berlin-New York, 1987, p. 955-974.

– (1992), *Porphyry. On Aristotle's Categories*, translated by S.K. Strange, Ithaca-New York, 1992.

THEILER W. (1966), « Ammonios und Porphyrios » dans *Porphyre*, Entretiens sur l'Antiquité Classique, t. XII, Vandœuvres-Genève, 1966, p. 85-123.

WALZER R. (1956), « Some Aspects of Miskawaih's Tahdhîb al-Akhlâq » dans *Studi orientalistici in onore di Giorgio Levi della Vida*, t. II, Rome, 1956, p.603-621.

– (1966), « Porphyry and the Arabic Tradition » dans *Porphyre*, Entretiens sur l'Antiquité Classique, t. XII, Vandœuvres-Genève, 1966, p. 273-299.

WASZING J.H.W. (1966), « Porphyrios und Numenios » dans *Porphyre*, Entretiens sur l'Antiquité Classique, t. XII, Vandœuvres-Genève, 1966, p. 33-83.

WHITTAKER J. (1994), Art. « Alcinoos (92) » et « Atticus (507) » dans *Dictionnaire des philosophes antiques,* t. I, Paris, 1994, respectivement, p. 112-113 et p. 664-665.

ZAMBON M. (2002), *Porphyre et le moyen platonisme*, Paris, 2002.

TEXTE GREC

1. Tradition directe

Si l'on en croit les indications d'A. Wartelle, le texte de Porphyre serait transmis par une douzaine de manuscrits[1]. En vérité, nous ne disposons que de cinq témoins[2]. Ce sont, par ordre chronologique :

1. le *Mutinensis* α.w.2.1. (69 II.C.2), ff° 136° *sq.*, fin du XIIIe siècle au plus tôt (n° 1036 Wartelle) ;

1. A. Wartelle, *Inventaire des manuscrits grecs d'Aristote et de ses commentateurs. Contribution à l'histoire du texte d'Aristote*, Paris, 1963, p. 195.

2. L'*Ottobanianus gr.*302 de la Bibliothèque Vaticane (n° 1915 Wartelle) contient en fait le texte des *Catégories* d'Aristote, non celui de son commentaire par Porphyre. Les deux mss. de la Bibliothèque Synodale du Musée Historique de Moscou (cod. 233 = n° 1090 Wartelle et cod. 326 = n° 1901 [en réalité, n° 1091 Wartelle) contiennent, le premier, un fragment de l'*Isagôgè* (*CAG*, IV, 1, p. 1, 11-19, 3) et, le second, un fragment apocryphe qu'on trouve aussi dans le *Monacensis* 222, ff° 241-242 (n° 1122 Wartelle), le *Basileensis* F.II.21, ff° 324 et 326 (n° 265 Wartelle) et le *Scorialensis* Φ. III.10, f° 252 (n° 456 Wartelle). Ces quatre *codices* reproduisent en effet un bref exposé intitulé Πορφυρίου εἰς τὰς δέκα κατηγορίας, que l'on doit à un savant byzantin anonyme; publié par A. Busse (*CAG*, IV, 1, p. XI-XII, d'après le *Monacensis* 222) et traduit par A. Gongavinus Graviensis (en note à son *Aristoxenis Harm. Elem.*, Venise, 1562, p. 162-165), cet exposé cherche à démontrer que *Catégories* porte sur les choses; voir, à ce sujet, la notice au *Basileensis* F.II.21 dans P. Moraux, *Aristoteles Graecus : die griechischen Manuskripte des Aristoteles*, t. I, Berlin, 1976, p. 28. Quant au cod. K 61 (Spyridon 1328 = n° 265 Wartelle), signalé comme appartenant à la Bibliothèque de la Grande Laure (Athos), il semble avoir disparu ! Étant allé sur place, en novembre 1999, grâce à une subvention de l'Alexander S. Onassis Public Benefit Foundation, je n'ai réussi à trouver personne en mesure d'en redécouvrir la trace et malgré l'assistance du Dr K. Sismanidis (Thessalonique), mes démarches sont restées sans résultat quand il s'est agi de convaincre le Père Nokodemos, Bibliothécaire, d'enquêter à son sujet. Il n'en existe pas de photocopie microfilmée à l'Aristoteles Archiv de la Freie Universität de Berlin. D'après la description qu'en donne l'ancien catalogue (exemplaire consulté à la Bibliothèque de l'École Française d'Athènes), ce mss. du XVIIe siècle contenait une Πορφυρίου Λογική débutant par un Ὑπόμνημα εἰς τὰς Ἀριστοτέλους κατηγορίας (ff° 1-137 ?) ; il était l'œuvre et la possession

2. le *Venetus Marcianus gr.* Z. 234 (coll. 667), ff° 1-79, XVe siècle (n° 2135 Wartelle);

3. le *Florentianus Laurentianus gr.* 71, 30, ff° 1-89, XVe siècle (n° 505 Wartelle);

4. le *Parisinus gr.* 1943, ff° 54^v^-94^v^, première moitié du XVIe siècle (n° 1429 Wartelle); et

5. le *Scorialensis gr.* y.I.10, ff° 1-69^v^, moitié du XVIe siècle (n° 462 Wartelle).

Ces témoins, d'une importance très inégale, ne sont pas indépendants et la tradition directe repose toute entière sur le plus ancien d'entre eux, qu'il faut sommairement décrire.

1.1. *Le manuscrit de Modène*

Produit dans une officine inconnue à la fin du XIIIe siècle (peut-être au début du XIVe), ce manuscrit, si l'on en croit une ancienne notice du Père G. Gabardi[3], fut la propriété de la famille Rizzi, puis de l'humaniste Georgio Valla, dont la bibliothèque fut achetée en 1500 par Alberto Pio, prince de Carpi[4]. Quand les manuscrits grecs de ce dernier furent acquis par le duc Alphonse II d'Este, il fut intégré à la bibliothèque ducale de Ferrare, elle-même transférée à Modène par César d'Este, en 1598.

C'est, par son contenu[5], un document précieux : il est le seul témoin à nous avoir aussi conservé le texte du Commentaire d'Olympiodore aux *Catégories* d'Aristote. C'est donc un manuscrit connu[6].

du Hierodiakonos Joannikios de la région de Saïda. Le texte de Porphyre qu'il offrait n'était vraisemblablement pas indépendant des autres témoins dont nous allons parler et, vu sa date, il pourrait même avoir compté au nombre des copies d'éditions antérieures dont parle en général S. Y. Rudberg (« Les manuscrits à contenu profane du Mont Athos » dans *Eranos*, 54, 1956, p. 174-185), l'*editio princeps* de notre commentaire datant du siècle précédent.

3. *Catalogo dei manoscritti greci ragionato* [de la Bibliothèque d'Este, à Modène], inédit de 1767-1768, dont il est question dans la chronique, elle aussi inédite, de Antonio Lombardi, *Storia della biblioteca Estense della sua origine fino all'anno* [1847, date de la mort de Lombardi], p. 18 et 45.

4. *Cf.* D. Fava, *Le Bibliotece Estense nel suo sviluppo storico*, Modène, 1925, p. 152. La plus ancienne marque de propriété du ms. semble avoir disparu lorsqu'il fut recouvert à neuf au moment de la direction de G. Taraboschi; *cf.* les remarques de A. Busse, empruntées à B. Keil, dans *CAG*, IV, 1, p. LIV.

5. Il est, pour le reste, sans valeur. Lombardi (*Storia* [ouvrage cité], p. 24) atteste, par exemple, qu'il ne faisait pas partie du lot des soixante-dix mss. de prix qui furent enlevés à Modène, au profit de la BN de France, et dont F. Monge dressa le catalogue en 1796, sur ordre des Commissaires du Directoire près de l'Armée d'Italie. Ces mss. « volés », sauf quatre, furent ensuite restitués.

6. C'est un ms. de papier, de 19×25 cm (format actuel), où chaque page présente vingt-deux lignes d'écriture; *cf.* Ch. Samberger, *Catalogi codicum Graecorum qui in minoribus*

La collation que nous avons effectuée par autopsie révèle que le texte de Porphyre y a été transcrit par deux mains différentes, que signalent deux formes d'écriture tout à fait distinctes, mais contemporaines. La première main (que l'on peut sigler **M**) est responsable du gros du travail ; la seconde (que l'on peut sigler **M°**), beaucoup moins cursive et plus soigneuse, est en fait celle qui a copié, dans la première partie du codex, le Commentaire d'Olympiodore ; elle relaie la précédente pour deux brèves sections, aux ff° 152r-154r (de la p. 74, 13 : τὸ ἐν ὑποκειμένῳ... à la p. 77, 2 : ... ὑπεδείξαμεν) et aux ff° 157r-158r (de la p. 80, 8 : καὶ ὁ ἄνθρωπος... à la p. 81, 31 : ... τῶν ὑποκάτω)[7].

Les deux scribes ont très visiblement travaillé sur un même modèle perdu, dont il est difficile de se faire une idée précise, mais où le texte avait probablement déjà souffert de la transmision.

Deux sortes d'indices le suggèrent. Plusieurs passages transcrits par **M** ne sont visiblement pas à leur place :

– p. 72, 35-73, 2 (τὴν δὲ διαίρεσιν – τοῦ συμβεβηκότος) ;
– p. 78, 22-79, 11 (Ἐπεὶ τοίνυν – ὡς ἀπεδείχθη) ;
– p. 84, 28-29 (οὐ γὰρ ὅσαι – καὶ τοῦ ὀρνέου) ;
– p. 96, 23-28 (ἔτι τὸ συνωνύμως – τοῦτο ἴδιον αὐτῆς) ;
– p. 112, 5-6 (Ἑξῆς δὲ – ἕτερον ἔχει) ;
– p. 113, 11 (θετοῦ γὰρ – ἂν εἴη).

Tous ces passages (sauf le deuxième) avaient été vraisemblablement copiés dans les marges d'un ancien témoin après avoir été omis dans le texte. Peut-être faut-il imputer à **M** de les avoir réintégrés au mauvais endroit, mais peut-être aussi étaient-ils déjà, pour une part, réintégrés fautivement dans son modèle. Le deuxième passage correspond, lui, à un feuillet probablement détaché, puis réintroduit à une place qui n'était pas la sienne dans le codex ainsi mutilé[8], ce codex étant soit le modèle de **M**, soit un ancêtre plus lointain.

D'autre part, le texte de Porphyre présente des lacunes dont il appert, pour certaines, qu'elles ont échappé à **M**, qui transcrit en continu un texte

bibliothecis Italicis asservantur in duo volumina collati et novissimis additamentis aucti, volumen primum accuravit Ch. Samberger, indicem adiecit D. Raffin, Leipzig, 1965, p. 431 (qui reproduit la notice de V. Puntoni, *Indice dei codici Greci della Biblioteca Estense di Modena*, Bologne, 1896) et E. Gammilscheg, « Supplementum Mutinense » dans *Scrittura e civiltà*, 2, 1978, p. 232.

7. Le fait que les deux écritures figurent respectivement au recto et au verso d'un même feuillet interdit de voir dans les passages redevables à **M°** des réfections d'un texte perdu de **M**.

8. Ainsi que l'observe S.K. Strange (*Porphyry. On Aristotle's Categories*, Ithaca-New York, 1990, p. 102), « The misplaced passage probably represents the length of a manuscript page at some stage in the transmission of the text ».

inintelligible, comme s'il reproduisait fidèlement un passage simplement corrompu; c'est visiblement le cas, p. 129, 17 (où, entre ποιότης et τοῦ πυκτύειν, font défaut la fin du commentaire relatif au premier genre de qualité et le début du commentaire relatif au deuxième genre).

D'autres indices (la fantaisie des esprits et des accents, l'absence quasi totale d'iotas souscrits ou adscrits, la tendance à écrire en continu des mots distincts, particulièrement les prépositions et leurs régimes, plusieurs mauvaises coupures, des confusions de lettres)[9], … donnent à penser que ce modèle était, sinon en onciale, du moins proche de l'onciale, et ne séparait ni n'accentuait les mots du texte.

Quoi qu'il en soit, la transcription de **M** (et, dans une moindre mesure, celle de **M°**) souffre de très nombreux vices qui s'ajoutent aux imperfections du modèle.

Bien que le scribe utilise peu d'abréviations usuelles (sauf vers la fin, à partir du f° 194 [=p. 130]), il emploie de fâcheuses apocopes : par exemples, p. 55, 11 (δεηθεν$^{τ'}$); 66, 11 (ὀνόμα$^{τ'}$); 69, 15 (του$^{τ'}$); 71, 25 (ταῦ$^{τ'}$); 74, 2 (συν$^{θε'}$); 82, 10 (ἀποδίδον$^{τ'}$); 85, 4 (αὐ$^{τ'}$); 91, 14 (κυριωτα$^{τ'}$); 93, 10 (ὑποκειμν$^{ε'}$); 93, 30 (ὑπόγρα$^{ψ'}$); 103, 11 (σώμα$^{τ'}$ σωμ$^{τ'}$); 117, 24 (οὔ$^{τ'}$),[10] …

En plus des bévues déjà notées (dans l'accentuation, la coupure des mots, etc.), l'orthographe fautive de groupes consonantiques (δραγμή pour δραχμή, par exemple, p. 65, 5, 6 et 7 ; ou κέχρος pour κέγχρος, en 109, 2, 3 et 8), le redoublement indû de consonnes simples (βαλλανεῖον pour βαλανεῖον, p. 62, 25; θάττερον pour θάτερον deux fois, p. 84, 1; ἀπώλλωλε pour ἀπώλωλε, p. 104, 17;…) ou la simplification de consonnes géminées (ἀγγέλουσιν [etc.] pour ἀγγέλλουσιν, p. 58, 23, 24 et 26; παραγγέλων pour παραγγέλλων, p. 64, 9; γενητικαὶ pour γεννητικαὶ, p. 85, 19; σφάλονται pour σφάλλονται, p. 86, 29; ἐρέθη pour ἐρρέθη, p. 97, 3; ἀπολύμενα pour ἀπολλύμενα, p. 104, 21;…), le scribe abonde en confusions de sons vocaliques, ce qui parfois n'est pas sans conséquences pour le sens du texte. Ainsi lit-on :

– ω pour ο : p. 72, 23 et très souvent (τῶ pour τὸ); 79, 16 (ὧν pour ὃν); 92, 19 (ὁμοιώτητα pour ὁμοιότ.); 93, 6 (κοινώτερον pour κοινότ.); 128, 11 et 12 (ὡρισμὸς pour ὁρ.); 133, 31 et 135, 11 (παρωνομάζεται/-ονται pour παρον.); 142, 11 (ἐοικῶς pour ἐοικός), …

– ou, inversément, d'innombrables fois τὸ pour τῶ et ο pour ω, p. 56, 28 (στοιχειοδέστατον pour στοιχειωδ.); 68, 1 (ὁρίσατο pour ὡρίσατο); 86,

9. Nous ne noterons ces bévues dans l'apparat critique que si elles prêtent à confusion ; ce qui est, hélas !, souvent le cas.

10. Les numéraux cardinaux sont, eux, indiqués par de simples lettres-symboles (β', ε', etc.).

22 (Στοικὸς pour Στωϊκὸς); 91, 6 et 10 (κατονομασμέναι/ –σθησαν pour κατωνομ.); 96, 7 et 35 (ἀφορισμένῳ pour ἀφωρ.); 101, 26 (σιωπόντων pour σιωπῶντ.); 111, 28 (Πλατονικὴ pour Πλατωνικὴ); 126, 5-6 (ὁρισμένος pour ὡρισμένως); 128, 13 (γνοριμωτέρου pour γνωρ.); 133, 24 (κοινοειδῆ pour κωνοειδῆ), …

Et, résultats multiples de l'iotacisme :

– ει pour η, p. 59, 19 (εἰρεῖσθαι pour εἰρῆσ.); 79, 19 (συμβαίνει pour –βαίνῃ); 80, 30 et 81, 6 (κατηγορεῖται pour –όρηται); 82, 26 (ὑπάρχει pour –άρχῃ); 85, 30 (χρεῖσθαι pour χρῆσ.); 104, 14 (λείπει pour λείπῃ); 113, 18 et 142, 2 (καθεῖσθαι pour καθῆσ.), …

– ει pour ι, p. 60, 13 (συστοιχείας pour –χίας); 63, 3 (ὑγειὴς pour ὑγιὴς); 64, 6 et 28; 116, 6 et 33; 122, 9 (ὑγειῶς pour ὑγιῶς); 65, 27 (εἰδὼν pour ἰδὼν); 66, 14 (ὑγειαζόμενος pour ὑγιαζ.); 79, 16 et 20 (ἀπολειπεῖν/ –λειπὼν pour –λιπεῖν/ –λιπὼν), …

– ει pour οι, p. 140, 14 (εἴπει pour εἴποι);

– ει pour ε, p. 71, 24 (ποτεί pour ποτὲ);

– η pour ει, p. 92, 1 (εἴδη pour εἴδει); 96, 31 (Σωκράτη pour –κράτει); 105, 37 (κατείληκται pour –λεκται); 120, 19 (ἐκλείψης pour –ψεις); 124, 2 (ἀλήπτως pour ἀλείπτως); 133, 30 (ἀποφαίνη pour –φαίνει), …

– η pour οι, p. 102, 17 (πάθη pour πάθοι);

– η pour ι, p. 59, 21 (γενηκωτάτων pour γενικ.); 87, 29 (πρότασης pour πρότασις); 97, 28 (Ἤθάκη pour Ἰθάκη); 99, 26 et 27 (φρόνημος/ –μοι pour φρόνιμος/ –μοι); 107, 25 et 29 (Ἑρμῆνος pour Ἑρμῖνος); 110, 8 (ἀφορῆσαι pour ἀφορῖσαι); 134, 8 (κήσηρες pour κίσηρεις); 139, 1 (εὑρήσκειν pour εὑρίσ.), …

– ι pour οι, p. 62, 32; 64, 10, 11 et 12 (Ἰλέως pour Ὀϊλέως);

– ι pour ει, p. 67, 8 (ὑπώρϊα pour ὑπώρεια); 83, 32 (ἰδικωτάτου pour εἰδικ.); 85, 15 (ἰδοποίησαν pour εἰδοπ.); 87, 5 et 25 (Λυκίω pour Λυκείῳ); 91, 3 (οἱονὶ pour οἱονεὶ); 126, 7, 27 et 28 (ἴσεται pour εἴσεται); 140, 6 (ἰδικαὶ pour εἰδικαὶ), …

– ι pour ε, p. 79, 33 (ἐπισημήνατο pour ἐπεσ.);

– ι pour η, p. 116, 12 (σφικῶν pour σφηκῶν); 138, 17-18 (ἑτερομικοὺς pour –μήκους), …

– ε pour αι, p. 117, 18 (περιερεθῆ pour –αιρεθῆ);

– αι pour ε, p. 95, 22 et 29 (ποιότηταις pour –τητες); 109, 19 (Ἀθήναζαι pour –ναζε); 120, 6 et 8 (διαισιαίου pour διεσ.); 134, 11 (ὑπερέχειναι pour ἔχειν τε), …

– et οι pour υ, p. 131, 28 et 34 (οἰνοφλοιγία pour –φλυγία), …

Nous n'avons pas signalé ces incorrections comme variantes fautives dans l'apparat critique de notre édition, sauf lorsqu'elles risquent d'entraîner quelque ambiguïté pour le sens.

La tradition avait introduit dans le texte de Porphyre certains sous-titres, plus ou moins bienvenus, qu'a notés **M** sans doute d'après son modèle [11]. En revanche, celui-ci n'avait probablement pas signalé les changements d'interlocuteurs et, sauf exceptions rarissimes (là où, par exemple, un nouveau paragraphe commence en retrait), **M** ne les signale pas non plus [12]. Il a noté en toutes lettres ἀπόκρισις (p. 55, 8) quand, pour la première fois, le texte présente la réponse à une question, mais c'est l'unique occurrence.

Peu soigneux, comme on l'a vu, le scribe est tout de même revenu à l'occasion sur le texte qu'il copiait pour corriger l'une ou l'autre des nombreuses erreurs qu'il avait commises lors de la transcription. Ces rares interventions, que l'on identifie par le sigle **M¹**, sont le plus souvent des signes d'exponctuation qui servent à biffer des lettres ou des mots étourdiment écrits, tels que des dittographies [13].

Une première main étrangère d'une fine écriture à l'encre claire [14] (sigle **M²**) est intervenue peu après le moment de la copie. Elle n'a guère amélioré le texte que par quelques corrections conjecturales, sans l'utilisation d'un autre modèle. On lui doit surtout de brèves indications marginales et interlinéaires de nature à indiquer, principalement au début du commentaire, ce qui est une « question » et ce qui est une « réponse » [15].

Témoin isolé d'une piètre qualité, le manuscrit de Modène s'est, de plus, détérioré matériellement de façon dramatique au fil du temps. Rien ne lui a été épargné : tâché, déchiré, rongé par les blattes et l'humidité [16], il est bientôt devenu illisible ou presque en de très nombreux endroits et certains

11. Le premier de ces sous-titres, ajouté par le scribe lui-même, se trouve p. 68, 4, après ὅρον, où il écrit περὶ συνωνύμων. Nous n'avons reproduit aucun de ces ajouts dans le texte que nous éditions.

12. Un signe diacritique (le point [.] ou deux points [:]) est utilisé à cet effet dans la section due à **M⁰**. On ne sait si c'est une habitude de son modèle, qu'il aurait adoptée ; c'est plus vraisemblablement une initiative personnelle, que **M** n'a pas prise.

13. *Cf.* notre apparat critique aux p. 56, 26 ; 58, 21 ; 60, 9 ; 61, 10 ; 63, 7 ; 64, 11 ; 69, 19 ; 70, 2, 22 27 ; 73, 32 ; etc.

14. La distinction des différentes mains n'est plus aujourd'hui possible partout, étant donné la détérioration grave du document. Nous avons donc chaque fois attribué à **Mˣ** l'intervention d'une main que nous hésitons à identifier.

15. Ces indications sont systématiques jusqu'à la p. 63, 24.

16. « Codex situ corruptus, lacer, sordidus, tineis blattisque erosus » (Samberger, *Catalogi*, déjà cité, p. 431). C'est alors, sans doute au XIVᵉ siècle, qu'il a perdu ses derniers cahiers contenant la fin du commentaire. L'humidité qui a rongé le pourtour des feuillets s'est étendue sur presque toute la page, à partir du fº 188, et rend le texte en grande partie illisible.

feuillets sont en lambeaux. C'est en partie l'effet d'une consultation fréquente. De nouvelles mains, tardives, qui témoignent de son utilisation jusqu'à la Renaissance, ont introduit de nombreuses scholies marginales au commentaire. L'une de ces mains, que l'on sigle **M**^{3}, s'est efforcée aussi de corriger par endroits le texte fautif, mais toujours sans l'utilisation d'un autre modèle, par simple conjecture ; et elle s'est appliquée, surtout dans la seconde partie, la plus détériorée, à rendre lisibles plusieurs mots ou passages pratiquement oblitérés, en repassant à l'encre noire chaque lettre des mots ou passages en question.

Il n'est pas toujours possible de distinguer sûrement les différentes mains qui sont intervenues sur le texte. Le sigle **M**^{x} désigne une main inidentifiable.

L'état du manuscrit était proche de la ruine au début du XXe siècle. Une mesure de sauvetage, sous la forme d'une restauration avec nouvelle reliure, fut entreprise en 1960. Ce n'est pas sans inconvénient : la gaze de protection qui emprisonne aujourd'hui plusieurs feuillets fragiles rend plus difficile encore le déchiffrement de certains passages et même impossible la lecture de certains autres, définitivement enveloppés dans des plis [17].

La mauvaise fortune qui nous a privés de tout autre témoin indépendant du commentaire de Porphyre a donc fait aussi que le seul témoin conservé soit non seulement de médiocre qualité, mais d'une utilisation aujourd'hui malaisée, voire impossible en de nombreux passages. La bonne fortune cependant nous vaut de disposer de quatre apographes qui remédient partiellement à ce dernier inconvénient.

1.2. *Les apographes*

Que les autres témoins soient copiés sur le manuscrit de Modène ou dépendent indirectement de lui, c'est une évidence qui s'observe aux espaces laissés en blanc dans leurs textes respectifs. Ces espaces correspondent à certains mots ou bouts de phrases devenus illisibles ou presque, sinon disparus dans le *Mutinensis* déjà détérioré au moment où a été faite la première copie [18]. Ainsi, par exemple, à partir du f° 170^{r} de **M**, n'ont pas été recopiés :

17. Sont dans le cas les passages suivants : p. 97, 15-18 (οὐδὲ^{2} – ἄλλου) ; 120, 21-22 (ἐπιστήμη δὲ – τὸ ἐπιστητόν) ; 128, 28 (ἓν μὲν) ; 129, 16 (οὐ μὴν τῷ) ; 131, 13-14 (ψυχῆς πάθους) ; 134, 7 (μεταξὺ), 136, 24-25 (τὴν ἀδικίαν), 26-27 (προσαγορεύειν – στερήσεις), 29 (οὐδαμῶς – προσαγορεύειν) ; 137, 27 (καὶ ἄνεσιν), 29-30 (καὶ τοὺς – ποιοὺς) ; 141, 14 (ἐν τοῖς – φθορας).

18. La longueur des lacunes n'est pas mesurable quand a disparu la partie du feuillet du *Mutinensis* où figuraient les lettres ou les mots omis ; la longueur des « blancs » laissés par le copiste dans les apographes n'est presque jamais indicative à cet égard.

– p. 96, 36-97, 2 : deux lignes d'écriture entre μᾶλλον et φαίη ;
– p. 97, 23-24 : deux lignes entre τίνας et τὰς γενικάς ;
– p. 126, 23 : quelques lettres avant δὴ ;
– p. 126, 24 : cinq ou six mots entre οὖν et οὐσία ;
– p. 128, 1-5 : les cinq dernières lignes du f° 192ᵛ ;
– p. 128, 25-26 : quelques mots entre εἴδη et ὅτι ;
– p. 129, 14 : quelques lettres après μέλι [2] ;
– p. 129, 17 : trois quarts de ligne avant τοῦ πυκτεύειν ;
– p. 130, 10 : quelques lettres avant τρίτον ;
– p. 131, 18 : une demi-ligne après λαμβάνειν ;
– p. 131, 19 : deux ou trois mots après εἴη ;
– p. 131, 20 : sept ou huit lettres entre ὀργίζεσθαι et καὶ ;
– p. 133, 6 : huit ou neuf lettres après ἀνάγονται ;
– p. 133, 12 : huit ou neuf lettres après ἀλλὰ ;
– p. 134, 32 : quatre ou cinq lettres entre δὲ et τὰ ;
– p. 134, 33 : une douzaine de lettres, …
– Et les « blancs » se multiplient dans la suite : p. 135, 5, 8, 15, 23; 136, 1, 2, 4, 6, 8, 12, 28; 137, 5, 7, 15, 17, 27, 28, 30; 138, 1, 2; 139, 1, 3, 7-8, 14, 15, 24, 25; 140, 2, 7, 9, 10-11, 12, 15; 141, 12; 142, 14[19].

Que les mêmes lacunes de transcription se retrouvent dans les quatre témoins suggère qu'un seul d'entre eux a été copié sur le manuscrit de Modène et qu'il a ensuite servi de source unique aux autres, directement ou indirectement; il est en effet difficile d'imaginer que les auteurs de quatre copies indépendantes auraient échoué à lire et résolu de ne pas transcrire exactement les mêmes portions du texte[20]. Nous en aurons la confirmation tout à l'heure.

Nous pensons que le seul manuscrit directement copié sur le *Mutinensis* est l'un des deux témoins datant du XVᵉ siècle, savoir le manuscrit de Venise.

1.2.1. Le *Marcianus gr.* 234

Ce manuscrit, copié, semble-t-il, par Démétrius Trivolis, fut la propriété du cardinal Bessarion[21]. La copie possède évidemment une

19. Ils sont généralement indiqués dans notre apparat critique avec la mention « om. et lac. ind. A ».

20. Surtout qu'une partie des mots non transcrits est parfois lisible dans le *Mutinensis*, même aujourd'hui.

21. *Cf.* E. Mioni, *Codices Graeci manuscripti Bibliothecae divi Marci Venetiarum*, vol. I *Thesaurus antiquus*, Rome, 1981, p. 347-348. La copie pourrait avoir été effectuée sur la demande de Alde Manuce qui, après son arrivée à Venise, fut prié par son ami Niccolo Leoniceno de Ferrare de faire copier certains mss. de G. Valla (*cf.* M. Lowry, *Le monde d'Alde*

qualité que l'original n'avait pas : la clarté. L'on comprendrait donc bien que, dans la mesure où elle devint disponible, ce fut sur elle, plutôt que sur le *Mutinensis* détérioré, que furent ensuite réalisés les autres apographes. Quoi qu'il en soit, le fait est là.

On en possède un indice probant. Négligence ou difficulté de lire son modèle, Démétrius Trivolis s'est rendu coupable de plusieurs fautes, notamment de très nombreuses petites omissions, mais aussi des omissions plus longues et très significatives. Ainsi, le *Marcianus* (siglé **A**), ne contient pas les passages suivants, pourtant parfaitement lisibles dans **M** :

– p. 60, 8-9 : τινὰ δὲ – παράδοσιν ;
– p. 65, 19 : διελόντι – διανοίας ;
– p. 68, 3 : καὶ – ὅρον ;
– p. 73, 33-34 : τοῦ δὲ – εἶναι ;
– p. 77, 4 : τοῦ καθόλου – ὥσπερ ;
– p. 79, 36-37 : λείπεται – ἐδίδαξεν ;
– p. 80, 3 : τί οὖν – εἶναι ;
– p. 92, 4 : τὰ γένη – εἴδη ;
– p. 93, 1-2 : διὰ τί – τὸ γένος ;
– p. 104, 22-23 : καὶ ἐπὶ – οὐκ ἔχει ;
– p. 115, 19 : τί ἐστι – λέγεσθαι ;
– p. 122, 7 : τὸ γὰρ – οὐσία ;
– p. 124, 10-11 : ἔστιν οὖν – ὄψεως et
– p. 130, 21-22 : καὶ στρυφνὸς – λέγεται.

La plupart de ces omissions s'expliquent indubitablement par un « saut du même au même » et sont dues par conséquent à l'inadvertance. Or toutes se retrouvent, à la lettre près, dans les trois autres apographes, signe que ces derniers dépendent de **A**, non de **M**.

Malgré ses imperfections, malgré le fait qu'elle ne transcrit pas, mais laisse en blanc une série impressionnante de mots ou de phrases illisibles ou peu lisibles dans **M**, la copie de Venise n'est pas sans intérêt, ni sans valeur. D'abord et avant tout, elle permet de déchiffrer quantité d'autres mots ou passages aujourd'hui disparus ou invisibles dans **M**, soit que l'encre ait pâli dans ce vieux témoin, jusqu'à l'effacement, soit qu'un lambeau de feuillet en ait été arraché, soit pour toute autre raison, alors que son texte, plus complet, était plus facilement déchiffrable sous les yeux du lecteur au XVe siècle. Plusieurs lectures douteuses dans **M** sont, de plus, éclairées et souvent garanties par leur transcription parfaitement nette dans **A**.

Manuce : imprimeurs, hommes d'affaires et intellectuels dans la vie de la Renaissance, traduit de l'anglais par Sheila Mooney et François Dupuigrenet Desrousilles, Paris, 1989, p. 192).

D'un autre côté, lorsqu'il y a divergence entre **M** et **A**, il faut distinguer dans **A** ce qui paraît une erreur de transcription et ce qui semble plutôt une correction de **M** par **A**. Le départ n'est pas, bien entendu, toujours obvie entre les deux. Mais la médiocre qualité du modèle (sa piètre orthographe, etc.), dont nous avons parlé, a visiblement engagé l'auteur de la copie à discrètement rectifier certaines erreurs jugées manifestes, plutôt qu'à les reproduire fidèlement. À titre indicatif, voici, sur une dizaine de pages, comment on peut hypothétiquement répartir, entre erreurs et corrections, les modifications que présente **A** par rapport à **M**[22] :

	Leçons de **M**	Variantes de **A**	
		Erreurs (?)	Corrections (?)
p. 55,11	δεηθεν$^{\tau}$		δεηθέντων
p. 55,20	προσηγόρευσεν	προσαγόρευσεν	
p. 56,4	ἀκαλῆφαι	ἀκαλύφαι	
p. 57,5	ἢ		ᾗ
p. 57,14	τῶν ὄντων		τοῦ ὄντος
p. 57,25	κύωνα		κύκλον
p. 57,32	κέκληκεν	κέκληκα	
p. 57,32, 33	τοιαύτας		τοιάσδε
p. 58,30	διῆλεν		δίηλθεν
p. 58,31	δύο	om.	
p. 58,34	ἢ		ἣ
p. 59,21	πρώτων		πρῶτον
p. 60,3	ποιεῖ		ποιοῖ
p. 60,8-9	τινὰ—παράδοσιν	om.	
p. 60,13	ἄλλα	om.	
p. 60,17	ὁ	om.	
p. 60,29	ἐπεὶδ' ἂν		ἐπειδ' ἂν
p. 60,31	ὅτἂν		ὅσ' ἂν
p. 60,38	δὲ	om.	?
p. 61,8	κοινωνô μόνου		κοινωνοῦν μόνον
p. 61,9	κοινωνοῦντα		κοινωνοῦντος
p. 61,28	ἀριστοτέλης		ἀρ. ὁρίζεται
p. 61,29-30	κατὰ τοὔνομα	κατ' οὔνομα	
p. 61,32	συνδέσμοι		συνδέσμοις
p. 61,35	ἔφη ὧν ὄνομα	ὧν ὄν. ἔφη	

22. On ne signale pas ici les erreurs commises par le copiste (**A**), mais qu'il a réparées, sinon sur le champ, du moins après relecture (**A**[1]).

	Leçons de **M**	Variantes de **A**	
		Erreurs (?)	Corrections (?)
p. 62,1	ὀνοματικὸν		ὀνομαστικὸν
p. 62,3	ὁμωνυμ´		ὁμωνυμία
p. 62,10	ἔχειν		ἔχει
p. 62,23	ἵππος		ἵππος καὶ
p. 62,31	ἀδιαιρέτου		ἀδιαιρέτως
p. 63,3	ἄλλος		ἄλλως
p. 63,4	ἀποδιδότω συζύγως ἔχον	 συζύγω 	ἀπεδίδοτο ἔχων
p. 63,7	εἶναι		πρὸς εἶναι
p. 63,11	ἰσοδυναμοῦντος	ἰσοδυναμοοῦτος	
p. 63,15	ἂν		εἰ
p. 63,17	μέν τι οὐκέτι		μέντοι ? οὐκέτι δὲ
p. 63,20	ὀφείλου		ὀφείλουσι
p. 63,21	τίς		τί
p. 63,22	ἐκεῖνος		ἐκεῖνο
p. 63,25	τοῦτ´		τοῦτο
p. 63,26	ἀληθὲς	ἀλληθὲς	
p. 63,27	οὐσία ἐστὶν	οὐσία ?	
p. 63,29	ἄνθρωπός ἐστιν		ἄνθρωπος
p. 64,6 et 24	ὑγίως	ὑγείως	
p. 64,12	θέλω		θέλων
p. 64,18	ὀνόμασας		ὠνόμασας
p. 64,19-20	ἀποδιδοὺς		ἀποδοὺς ?
p. 64,20	ἀμφοτέρους καὶ	ἀμφότεροι om.	
p. 64,21	ἀποδιδοίησαν		ἀποδιδοίης ἂν
p. 64,23	τοῦ	om.	
p. 64,25	ἀπέδειξας	ἀπέδωκας	

Bien que la répartition soit hypothétique, il ne fait pas de doute que les erreurs de transcriptions, quoique fréquentes (comme les omissions), soient beaucoup moins nombreuses que les leçons introduites délibérément pour corriger un texte qui en avait besoin. Le copiste qui, un peu par nécessité, s'est ainsi improvisé philologue, a évidemment pris des risques et ce qu'il faut bien appeler ses conjectures ne sont pas toujours recevables. C'est donc un texte partiellement amélioré qu'il a transmis, mais aussi partiellement corrompu par sa faute, tel qu'il n'était évidemment plus possible à ceux qui le recopièrent à leur tour de le critiquer sans la consultation de **M**.

On peut par ailleurs juger un peu de la qualité de son travail dans les passages de lecture difficile que présente le *Mutinensis,* en le comparant aux retouches effectuées par la seconde main étrangère (**M**[3]) qui a repassé ensuite à l'encre noire les mots pâlis. Car ces retouches ont été apportées après la copie que l'on trouve dans le manuscrit de Venise. Elles concernent principalement les p. 111-113, 120-122 et 124, où plus d'une centaine de courts passages ont l'avantage d'avoir bénéficié de l'intervention de **M**[3]. Dans la grosse majorité des cas, on trouve le même texte transcrit dans **A**.

Ce constat rassurant souffre les exceptions que voici :

	M[3]	**A**
p. 111,7	ἡ	om.
p. 111,10	ἅπερ	ὅπερ
p. 111,11	ἐπίγαγεν	om.
p. 111,13	καὶ τὸ	om.
p. 111,18	τὴν δὲ	τὴν μὲν
p. 111,20	λέγεται	λέγονται
p. 112,6	ἔχει	om.
p. 111,32	λέγω	λέγει
p. 112,29	ἐπιστήσει	ἐπιστήμη
p. 113,11	θετοῦ	θέσεως
p. 113,23	τῷ	τὸ
p. 120,26	ἆρα οὖ	om.
p. 120,35	τοῦ	om.
p. 121,18	λευκὸν	om.
p. 121,24	οἷον ἀνωτάτω	om. om.
p. 122,7	τὸ γὰρ	om.
p. 122,13	τὰς	τῆς
p. 122,21	οὐ	μὴ
p. 122,23	τινα	om.
p. 124,6	λέγομεν	ἔστι μὲν
p. 124,9	ἀκούσῃ	om.
p. 124,11-12	καθὸ… εἶναι	om.

Les omissions de **A** laissent souvent deviner que le scribe a éprouvé là une difficulté, jugée insurmontable, de déchiffrement; ce qui permet de supposer que dans les cas où il a transcrit autre chose que ce qu'on lit grâce à

M³, il l'a fait par conjecture (comme peut-être dans bien d'autres passages que M³ n'a pas retouchés). La faiblesse des conjectures hasardées ici est patente. Mais il faut faire des réserves. En 112, 29, ἐπιστήμη n'est probablement pas la lecture hypothétique d'un mot presque effacé, mais la correction délibérée (et d'ailleurs recevable) du mot ἐπιστήσει déchiffré par lui-même et par **M**³. Correction aussi vraisemblablement, mais celle-là inutile, de οὐ en μὴ, p. 122, 21. En revanche, la transcription τὸ au lieu de τῷ à la p. 113, 23 n'est pas conjecturale : c'était en fait la leçon de **M** qu'on peut encore deviner, et c'est ici **M**³ qui a corrigé, d'ailleurs à bon escient[23]. La partie discutable du travail effectué par **A** est donc limitée.

On doit encore au scribe d'avoir tenté d'indiquer systématiquement les changements d'interlocuteurs dans le commentaire. Il l'a fait au début en reproduisant en rouge (= **A**¹) les notations introduites dans son modèle par **M**² (ἐρώτησις ou ἀπόκρισις, souvent en abrégé) ; et surtout, dans la suite, en marquant de deux points (:) ce qui lui semblait la fin de chaque réplique. Ce découpage a été, en principe, respecté dans les trois copies de **A** dont nous allons brièvement parler.

1.2.2. Les trois copies du *Marcianus*

Les copies du *Marcianus* sont, en tant que telles, de valeurs très inégales. L'impression que laisse à cet égard le premier coup d'œil est immédiatement confirmée à l'examen.

1) La meilleure copie, de très loin, est aussi la plus ancienne, celle qu'offre le *Laurentianus* (**D**). Effectuée, semble-t-il, pour les cercles de Laurent de Médicis, sur un *Marcianus* à peine confectionné, il est d'une clarté éblouissante[24], et reproduit le texte de ce dernier d'une manière presque parfaite. Il pousse même le scrupule (f° 23ʳ) jusqu'à laisser exponctué dans le texte (p. 74, 34) le mot ἔχεις que remplace le mot ἔφης dans la marge, selon l'exacte disposition que présentait son modèle **A** (f° 20ʳ).

Aussi bien, pour la partie la plus détériorée du commentaire (p. 135-142), ne peut-on identifier, entre le modèle et la copie, qu'une dizaine de différences mineures. Six sont des fautes de **D** qu'on ne trouve pas dans **A** : πυκτικῶς pour πυκτικὸς (p. 135, 8), ἑκάστου pour ἑκάστης (p. 135, 27), ἐπιδέχετο pour ἐπεδέχετο (p. 137, 18), ἔλεγεν pour ἔλεγον (p. 138, 25), omission de δὲ (p. 141, 18) et τοῖς pour τῶν (p. 141, 32). Une autre est la

23. **M**³ a encore corrigé τινων de **M** en τινα, p. 122, 23, mais ici, **A** n'a pas recopié le mot, sans doute par inadvertance.

24. *Cf.* A.G. Bandini, *Catalogus codicum Graecorum Bibliothecae Laurentianae*, t. III, Florence, 1958, col. 14-15 (« nitidissimus »).

dittographie de ἢ ἡ ποιότης (p. 135, 6), mais que le scribe a ensuite exponctuée; on trouve encore la leçon ἑτέρων γένων pour ἑτερογενῶν (p. 139, 26), mais c'est la correction qu'avait suggérée **A**¹ en plaçant ων par-dessus le ο du mot litigieux. Pour le reste, ce sont deux corrections orthographiques que se permet **D**, parce que les leçons de **A** sont fautives de manière obvie : ἀνελευθεριότητα pour ἀνευθεριότητα (p. 137, 1) et πλατωνικῶν pour πλατονικῶν (p. 137, 29).

En dehors de ces cas où la rectification s'impose et va de soi (comme encore p. 79, 3, στοῖχον pour στίχον) **D** n'intervient pratiquement jamais sur le texte et les rares bévues qu'il est le seul à commettre sont les seules signes qui trahissent la copie. Par exemple : τοῦτον pour τοῦτο (p. 56, 28), παριστατικοὺς pour παραστατικοὺς (p.73, 21), ὑποκειμένῳ pour ὑποκειμένου (p. 73, 34), omission de αἱ (p. 89, 11), ἐν pour ἓν (p. 99, 17), omission de ἡ (p. 120, 31), καί τοι pour καί τι (p. 122, 5), etc.

Le manuscrit, au début, contient de très brèves notes marginales, attribuées à Ange Politien, qui a notamment transcrit en latin le nom de personnages mentionnés par Porphyre (par exemple, *Bœthus-herminus* [*ad* βοηθὸς—ἑρμῖνος, p. 59, 17-18]) ; c'est à lui probablement que l'on doit, à cet endroit, la suggestion de corriger τῶν λόγων en τὸν λόγον (p. 59, 23 : correction interlinéaire).

2) La plus mauvaise copie, en revanche, est celle de l'Escorial (**E**)[25]. Son auteur reproduit fidèlement les bévues de **A** et, par exemple, transcrit ἀνευθεριότητα (p. 137, 1) avant d'indiquer, en marge, la correction obvie, adoptée par **D** dans le texte ! Mais surtout, il y ajoute ses propres fautes qui déparent d'un bout à l'autre sa copie. Voici à titre indicatif celles qui lui sont imputables aux p. 55-58, 73, 79-80, 89, 96, 99, 117, 120-122, 137, 139-141 :

> 55,12 ἐποίησας (pour –σαν)* // 56,6 ἐλεγκτλικῆς (pour ἐλεγκτικῆς) // μηνήσεως (pour μηνύσεως) // 9 σημηνόμενον (pour σημαιν.) // 27 κατηγοριῶν (pour –γορικῶν) // 57, 6-7 om. συμπλοκὴ * // 73,2 συμβεβηκότως (pour –κότος)* // 15 om. ὅταν // 18 κατὰ δὲ (pour τὰ δὲ) // 26 ἐκείνῳ (pour ἐκεῖνο ²) // 31 ἐκείνου (pour ἐκεῖνο οὐ) // 36 om. τὴν * // 78,33 ajoute τὰ δὲ κατὰ συμβεβηκότα après οὐσίαι * // 79,9 ajoute τι après ὅτι* // 80,4 om. καθ' ὑποκειμένου // 5 κατηγορεῖται (pour –ηται)[26] // 8-9 om. εἴποις – ἄνθρωπος * // 9 ἐρωτιθῆς (pour ἐρωτη.) // 10 ἀνθρωποδιδοίης (pour ἀποδι–)* // 12 ἐξετάζεις (pour –ζῃς) // 19

25. Voir à ce sujet G. De Andrès, *Catálogo de los Codices Griegos de la Real Biblioteca de El Escorial*, t. II, Madrid, 1965, p. 187.

26. Cette faute, curieusement, avait été commise par **M**, mais elle a été corrigée par **A**, que copie **E** !

οὐδέποται (pour –ποτε) // 96,20 τὸν ἐλάχιστον (pour τοὐλάχ.) // 25 ὑπάρχοντι (pour ὑπάρχον)* // 99,4 ὢν (pour ὂν) // 12 ἐπιδὴ (pour ἐπειδὴ) // 26 om. οὖν* // 30 ὑμένει (pour ὑπομένει) // 117,11 τοῦ (pour τούτου)* // 28 ἐλείπειν (pour ἐλλ.) // πλεονάζει (pour –ζη)* // 120,6 διαίου (pour διεσιαίου)* // 7 ἀμεληθήσεις (pour –θείσης) // 32-33 om. ὅτι – καὶ ἡ ἐπιστήμη* // 121,4 om. τὸ 2 // 122,3 om. καὶ* // 26 ajoute ἐστι après χεὶρ 3* // 30 ἐπείδειξον (pour ἐπίδ.) // 137,1 ἀνευθεριότητα (pour ἀνελευθ.)* // 3 κοφότητα (pour κωφ.) // 12 om. ἡ* // 16 ὑπεδέχονται (pour ἐπιδ.) // 29 Πλάντων (pour Πλάτων) // 139,10 ajoute τὸ après καὶ // 15 σύγκρισις (pour συγκρίσεις) // 17 μοὶ δὲ (pour μηδὲ) // 19 om. ἕτερον* // 27 ἕταιρε (pour ἕτεραι)* // 30 λύσις (pour λύσεις) // καὶ κόμιε (pour κεκόμικε)* // 140,4 ajoute καὶ avant ἡ // 6 ajoute καὶ après εἰδικαὶ // 10 παρονομάζωνται (pour –ζονται) // 141,6 εἴδη (pour ἤδη) // 15 σημένει (pour σημαίνει) // 18 ψύχης (pour ψύχεσθαι)* // 33 ἀνάκλησις (pour –κλισις)* // θέσις (pour θέσεις) // 142,3 θέσις (pour θέσεις) // 8 εἴπης (pour εἴποις).

Après relecture, le scribe a corrigé, souvent dans la marge, plusieurs de ses bévues (aux passages marqués ci-dessus par l'astérisque), mais plusieurs autres lui ont échappé, même alors ; ce qui dénonce un travail un peu bâclé.

3) Reste le *Parisinus* (**C**). Ce manuscrit de l'ancienne bibliothèque de Fontainebleau a été copié, sur commande de Georges de Selve, par Ange Vergèce, à Venise même, entre 1535 et 1536[27]. Le travail est de bonne qualité, sans plus. Inférieur au *Laurentianus,* mais supérieur au *Scorialensis,* il doit sa fortune au fait d'avoir servi de base à l'*editio princeps* du commentaire de Porphyre, dont il est indissociable et qu'il faut immédiatement considérer.

1.3. *L'editio princeps*

Cette première édition est l'œuvre de Jacques Bogard. Elle fut imprimée à Paris, en 1543 (B.N. : R. 1733)[28]. Une épître dédicatoire, adressée au Maître de la Librairie Royale, Pierre Du Châtel, évêque désigné

27. *Cf.* Ph. Hoffmann, « Sur quelques manuscrits vénitiens de Georges de Selve, leur reliure et leur histoire » dans *Paleografia e codicologia greca,* Atti del II Colloquio internazionale (Berlino-Wolfenbüttel, 17-21 ottobre 1983) a cura di D. Harlfinger e G. Prato, Alexandrie, 1991, p. 441 *sq.*

28. Ἡ τοῦ Πορφυρίου εἰς τὰς Ἀριστοτέλους κατηγορίας ἐξήγησις κατὰ πεῦσιν καὶ ἀπόκρισιν. *Porphyrii in Aristotelis categorias expositio per interrogationem & responsionem,* Cum privilegio in quinquennium, Parisiis, apud Jacobum Bogardum, e regione gymnasii cameracensis, 1543.

de Mâcon, qui a autorisé à transcrire le manuscrit (**C**) pour l'édition[29], avertit que le texte de celui-ci se trouve corrompu en plusieurs endroits (*multis locis... depravatus*).

C'est une allusion aux fameux « blancs » laissés par Trivolis dans le *Marcianus* (**A**) quand il recopiait le *Mutinensis* (**M**) et qu'a conservés Vergèce dans le *Parisinus* (**C**) quand, à son tour, il a pris copie du *Marcianus*. Mais, nous le savons, la corruption du texte manuscrit utilisé pas Bogard s'étendait bien au-delà des lacunes constatées. Elle incluait : 1) une certaine détérioration antérieure à **M** ; 2) les détériorations subies par le texte dans **M** ; 3) de nouvelles détériorations et parfois de malheureuses conjectures dans **A** ; enfin, 4) les détériorations occasionnées par les fautes commises pas Vergèce dans **C**.

Bogard, qui n'avait à sa disposition que ce dernier manuscrit, se trouvait dans l'impossibilité d'offrir un texte minimalement satisfaisant, c'est-à-dire intelligible sans hasarder quelques émendations.

Ce qu'il fit. En vérité, l'éditeur n'a pas entrepris de combler les lacunes de **C** (les « blancs » hérités de **A**) qu'il signale dans son texte imprimé par de grands espaces vides précédés de l'astérisque, sauf à en masquer quelques-unes[30] ! Il lui était impossible par ailleurs de soupçonner une erreur dans **C**, là où le texte, bien orthographié, est grammaticalement correct et donne un sens tout à fait recevable ; ainsi, p. 138, 7, imprime-t-il μνεῖαν que donne à lire **C** et que celui-ci reproduit d'après son propre modèle **A**, bien que μνεῖαν soit, dans **A**, le fruit d'une mauvaise lecture de μνήμην qui figure dans **M**. L'éditeur prend sur lui seulement de mettre le texte reçu dans **C** en accord avec les règles de l'orthographe ou de la grammaire usuelles et, au besoin, de l'amender, lorsqu'il lui paraît incompréhensible. On peut juger des résultats de son travail en mesurant jusqu'où l'impression diffère du *Parisinus* conservé[31].

On doit à Bogard un certain nombre de leçons ou de graphies assez évidemment préférables à celles de son modèle manuscrit ; non seulement, elles corrigent de petites bévues évidentes que l'on trouve dans **C**, mais elles restituent ainsi un texte déjà corrompu dans **M** et dont les corruptions avaient été « fidèlement » transmises jusque-là. Par exemple :

> p. 55,4 πῶς corr. de πως // 11 δεηθέντες corr. de δεηθέντων // 58,23 ἀγγέλλουσιν corr. de ἀγγέλουσιν // 59,18-20 Ἑρμῖνος/ –μίνου corr. de

29. Cette transcription qui a servi au travail éditorial et n'a pas été conservée fut évidemment encore l'occasion de nouvelles erreurs.

30. Ainsi, par exemple, p. 139, 14 ou 140, 7 et 15, où le texte est imprimé en continu, malgré les lacunes signalées dans **C** à ces endroits.

31. Les exemples donnés dans la suite, à titre indicatif, prennent en compte toutes les divergences (une centaine) pour les p. 55-66 et 131-142.

ἑρμῆνος/ –μήνου // 60,1 ἐπιλελησμένος corr. de –μένως // 30 ἐπειδὰν corr. de ἐπειδ' ἂν // 62,32 et 64,12 ὀίλεως corr. de ἵλεως // 63,7 et 64, 3-4,16 ὁριστικοῦ/ –ὸν/ –ὸς corr. de ὁρικοῦ/ –ὸν/ –ὸς // 63,13 ἔχει corr. de ἔχειν // 21 ἐλλείπειν corr. de ἐλείπειν // 27 τι corr. de τις // 64,9 παραγγέλλων corr. de παραγγέλων // 133,4 κυκλοειδῶς corr. de κυκλωειδῶς // 24 κωνοειδῆ corr. de κονοειδῆ // 30 ἀποφαίνει corr. de ἀποφαίνῃ // 134,4,6 et 135,12 τῷ corr. de τὸ // 25 ποῦ corr. de τι // 135,25 ἀνωμαλίαν corr. de ἀνομ. // 139,24 ἕξιν καὶ διάθεσιν corr. de ἕξις κ. διάθεσις // 140,10 καθ' ἃς corr. de καθ' ἣν // 19 ἕκαστος corr. de ἕκαστον // 20 παρωνομασμένοι corr. de –μέναι // 142,2 καθῆσθαι corr. de καθεῖσθαι // 11 τῷ ποσῷ corr. de τὸ ποσόν.

Ce sont là, pour la plupart, des corrections très mineures, qui tiennent d'un élémentaire toilettage du texte. On peut ranger dans la même rubrique d'autres corrections qui, en fait, consistent à réparer les seules bévues, souvent grossières, de **C** ou de **A** dans la transmission, car l'éditeur, sans le savoir, restitue alors la leçon que présentent respectivement **A** ou **M**. Ainsi, par exemple :

p. 59,13 εὑρεθέντων corr. de –θέντες // 20 προσηγόρευσεν corr. de προσαγ. // 56,4 ἀκαλῆφαι corr. de ἀκαλῦφαι // 19 δέκα corr. de δέκακα (sic) // 34 εἴδη corr. de ἤδη // 57,16 ἐπιδειχθείη corr. de –θήει // 21-22 κατονομάζειν corr. de κατων. // 59,7 παριεῖσαν corr. de παριῆσαν // 21 πρώτων corr. de πρῶτον // 35 ἄλλο corr. de ἄλλω // 62,5 ἀνδραποδίζεσθαι corr. de –δείζεσθαι // 63,4 συζύγως corr. de συζύγω // 64,21 ἀποδιδοίης ἂν corr. de ἀποδιδοίησαν // 65,5 ἄλλης corr. de ἄλλος // 66,12 τέταρτος corr. de τέταρτον // 133,29 παρωνόμασται corr. de παρονώμασται // 134,14 ἢ corr. de εἰ // 135,24 εὐφρόσυνον corr. de –όσυνος // 137,6 μεθοδεύσομεν corr. de –εύσωμεν // 138,4 τρίτη corr. de τρίτην // 5 ὑπελάμβανεν corr. de –βανον // 11 μέντοι corr. de μέν τι // 141,22 αὐτοῖς corr. de αὐτῆς // 29 τῶν corr. de τοῖς.

Ces corrections de **C**, que garantissent, pour nous, de meilleurs témoins, sont évidemment sans intérêt.

Quand le texte du manuscrit est, en revanche, plus sérieusement corrompu, l'éditeur échoue volontiers à restituer la bonne leçon. Ainsi, par exemple :

p. 56,6 ἐλεγκτικῆς (au lieu de ἐγκλητικῆς) corr. de ἐλεκτικῆς // 10 ὃν (au lieu de οὗ) corr. de ὃ // 58,22 γίνεται (au lieu de γεγένηται) corr. de γένηται // 66,29 ἐπεὶ δὲ ἕνα (au lieu de ἐπειδὴ ἕ.) corr. de ἐπειδ' ἕ. // 134,8 κίσσηρις (au lieu de κισήρεις) corr. de κήσηρες // 138,24 εἰ γὰρ (au lieu de ἣν γ.) corr. de ἣν γ // 142,11 τῷ ποιῷ (au lieu de ἐπ' αὐτῷ) corr. de τὸ ποιὸν.

Il y a plus grave. En effet l'éditeur se risque aussi à modifier le texte visiblement correct qu'il a lu dans **C**, pour en proposer une lecture, selon lui, plus acceptable, et il lui arrive aussi, bien entendu, de le corrompre de manière inconsciente, notamment par des omissions. Ainsi par exemple :

> p. 55,19 ἀποτελῆται pour –τελεῖται // 56,5 ajout de δὲ après ἐνίοτε (d'après la citation d'Aristote ?) // 8-9 κατὰ τοῦ pour καθ' οὗ // 57,1-2 omission de καταφάσει – γίνεται // 58,26 τῷ pour τὸ // 31 omission de εἰς[1] (espace blanc pour δύο) // 59,28 omission de ἢ // 60,28 προσαγορεύηται pour –εύεται // 61,33 ἠνδραποδισάμενος pour ἀνδρα. // 62,12 τι θέμενον pour τιθέμενον // 17 ποταχῶς (sic) pour ποσαχῶς // 63,16 εἴποις pour εἴπῃς // 64,9 ὅτι pour ὅταν // 17 δὲ οὔτε pour δὲ τοῦ // 65,20 ὃ pour ἓν // 25 ὅγε pour ὅ τε // 28 δῆλον τὸ pour δηλονότι // 66,7 omission de τὰς après τομὰς // 11 ὀνομάτων pour ὀνόματα // 132,9 omission de τὸ après πως et γένηται pour γένοιτο // 10 τὸν πελάζοντα pour τῶν πελαζόντων // 14 τῷ pour τὸ // 17 ajout de εἶναι après ἐπίτασιν // 133,17 ἐφαπτόμενα pour –όμενοι // 32 ἀπὸ γὰρ pour ἀ. δὲ // 134,3 τῷ pour τὸ // 135,3 omission de καὶ[1] après γὰρ // 136,7 ἐστὶν pour ἔστι τι // 19 omission de πῶς (sans changement d'interlocuteur) // 131,21 omission de τὸ avant ἧττον // 137,30-131,1 omission de τὸ μᾶλλον καὶ τὸ ἧττον // 140,30 omission de ἐστὶν // 141,4 omission de ἄν // 8-9 omission de ἢ avant τοῦ ποτε // 23-24 omission de λέγομεν – καὶ ἧττον[2].

Plusieurs de ces erreurs paraissent insolites, si l'on songe au soin (même relatif) que met l'éditeur à toiletter son manuscrit. Elles s'expliquent très certainement du fait que Bogard a d'abord (mal) copié **C** à la Bibliothèque Royale et s'est donc servi ensuite d'une copie partiellement dénaturée pour réaliser techniquement son édition. Il en résulte que, du point de vue statistique, près de quarante pour cent des divergences observées entre son imprimé et le manuscrit conservé sont en somme des bévues de copiste, qui n'apparaissent que dans l'*editio princeps* ! Ses lecteurs, pendant des siècles, ont cher payé le petit toilettage effectué par ailleurs sur le médiocre témoin que Bogard avait sous la main[32].

L'*editio princeps* a d'autre part fixé clairement les endroits du texte où s'opère un changement d'interlocuteur. Héritant des indications introduites par **C**, à la suite de **A** (et **M**²), qu'il respecte le plus souvent, mais pas toujours, Bogard a imprimé, jusqu'à la page 56, 33, ἐρώτησις ou

32. On observe aussi des curiosités. Ainsi, p. 66, 24, l'éditeur imprime τῷ, qui figure dans **C**, mais là exponctué et remplacé dans la marge par τὸ, qui correspond au texte d'Aristote ! À la page 132, 3, il imprime ἐκείνου, qui partiellement corrige et partiellement corrompt la leçon de **C** : κἀκεῖνο ! À la page 134, 19, il imprime correctement τῶν πρός τι, alors que **C** donne à lire τοῦ πρός τι, comme **M**, mais la bonne leçon avait déjà été réintroduite par une correction de **A**, qu'avait annulée la faute de **C**, pareille à celle de **M** !

ἀπόκρισις, puis, par la suite, laissé un espace significatif entre chaque réplique. Cet espace régulier que permet l'imprimerie sans ambiguïté apparaît à des endroits discutables, mais ne laisse pas de doute sur le jugement de l'éditeur. Le seul inconvénient est qu'après la page 56, 33, c'est-à-dire pour la quasi totalité du texte, le procédé ne permet pas de savoir si, aux endroits signalés, l'on passe d'une question à une réponse ou l'inverse, la chose n'étant pas toujours évidente, très loin de là, d'après le texte lui-même. L'indécision sera explicitement levée par le traducteur latin.

1.4. *La traduction latine de Feliciano*

Bien qu'elle n'entre pas à proprement parler dans la tradition directe, il faut ici faire une place, pour en toucher un mot, à la version latine, publiée à Venise, en 1546, par les soins de I. Bernardo Feliciano[33]. Cette version est celle du texte grec de Bogard, édité pour la première fois trois ans plus tôt. On peut s'en rendre compte en observant, par exemple, que les passages correspondant aux omissions les plus fâcheuses de l'*editio princeps* n'y sont pas traduits[34]. C'est donc indirectement celle du *Parisinus gr.* 1943 (**C**), en partie rectifié et en partie corrompu par l'intermédiaire imprimé. Feliciano ne semble avoir consulté aucun autre témoin manuscrit, même pas le *Marcianus* (**A**) de la bibliothèque de Bessarion, conservé dans la Cité de Venise. L'effort de traduction l'a parfois contraint, lorsque le grec était peu intelligible, à concevoir mentalement une émendation qu'il a rendue en latin. Mais c'est tout à fait exceptionnel.

Son principal mérite est d'avoir clarifié sensiblement la présentation du commentaire. La clarification est obtenue par l'introduction de nombreux sous-titres[35], et aussi par la mention systématique et explicite des termes *Interrogatio* ou *Responsio* au début de chaque réplique. Au découpage du texte qui suppose deux interlocuteurs, s'ajoute désormais l'identification des parties qui reviennent respectivement au questionneur et au répondant. L'identification, une nouvelle fois, est discutable, mais enfin, elle est là.

33. *Porphyrii in Aristotelis Praedicamenta per Interrogationem et Responsionem brevis explanatio. Nec non Dexippi in Aristotelis Praedicamenta Quaestionum libri tres*, Ioanne Bernardo Feliciano interprete, Nunc primum in Latinam linguam conversi atque in lucem editi, Venetiis, apud Hieronymum Scotum, MDXLVI, ff 1-25r.

34. Le texte signalé plus haut comme étant omis p. 57, 1-2 est, lui, traduit parce qu'il correspond à une citation d'Aristote, qui permet de le reconstituer; mais les autres passages (p. 136, 19 et 141, 23-24) ne le sont pas.

35. Cf. *supra*, n. 11.

2. La tradition indirecte

Deux documents anciens constituent la tradition indirecte, l'un en grec, l'autre en latin. Mais ils sont d'intérêt très inégal. De ce point de vue, le document en langue grecque passe avant celui en langue latine.

2.1. *Le Commentaire de Simplicius*

Dans son très substantiel commentaire à *Catégories*, que nous avons conservé, Simplicius mentionne le fait qu'il connaît l'existence et la nature du petit commentaire de Porphyre[36]. Constat personnel ou recueilli chez autrui ? On ne sait. Simplicius dit aussi savoir que, sur un certain point, ce bref document n'est pas entièrement en accord avec ce que disait Porphyre dans son autre commentaire perdu (à Gedalios)[37]. Il est à craindre cependant qu'il ne l'ait pas lui-même consulté au cours de son propre travail, voire – mettons les choses au pire – qu'il n'ait pas consulté non plus, du moins régulièrement, le grand commentaire à Gedalios, mais que les citations ou paraphrases de Porphyre qu'il produit soient en réalité des extraits de seconde main, reproduits d'après le commentaire, lui aussi perdu, de Jamblique qui les contenait et dont Simplicius a très certainement fait un usage constant. Si tel est le cas, le risque de distorsion et d'infidélité dans ces citations ou paraphrases ne doit donc pas être minimisé. Mais quand même ce ne seraient pas des *testimonia* vraiment dignes de ce nom, c'est-à-dire des passages tirés de la lecture directe de Porphyre, les éclairages de Simplicius sur les textes porphyriens ne sont pas pour autant à dédaigner, surtout pour qui sait, d'une part, la disparition du commentaire à Gedalios et, d'autre part, la piètre qualité des sources manuscrites du petit commentaire.

Il est du reste malaisé de toujours identifier celui des deux commentaires auquel Simplicius fait allusion lorsqu'il invoque son devancier. Mieux que cela, il se fait que l'exposé de Simplicius, parfois sans que son auteur en avertisse, présente de place en place, mais très régulièrement, des passages qui ressemblent de très près à ceux de notre commentaire et ont même, pour certains, l'allure de véritables citations. Sont-ils alors tirés, au moins indirectement, du petit commentaire ou de la grande œuvre à Gedalios ?

La question, jusqu'à un certain point irritante, pourrait être en définitive sans grande importance, dans la mesure où Porphyre se serait exprimé le plus souvent de la même façon ici et là, retranchant ici des développements

36. Simplicius, *In Cat.*, p. 1, 12-13.
37. Simplicius, *In Cat.*, p. 33, 11 *sq.*

particuliers exposés là ou ajoutant là des considérations absentes ici. Or l'hypothèse ne paraît pas sans quelque fondement. Que l'on compare en effet les deux passages suivants, l'un de Porphyre, l'autre de Simplicius :

PORPHYRE	SIMPLICIUS
p. 132,1	p. 256,16
Ἀλλὰ πῶς ἐν μὲν τῷ πρώτῳ	Ἀλλὰ πῶς, φησὶν Εὔδωρος, ἐν μὲν τῷ πρώτῳ
εἴδει	εἴδει τῆς ποιότητος
τὰς θερμότητας καὶ τὰς ψύξεις	θερμότητας καὶ ψύξεις
καὶ νόσον καὶ ὑγείαν	καὶ νόσον καὶ ὑγείαν
ἐν ταῖς διαθέσιν κατηρίθμησεν	ἐν ταῖς διάθεσιν κατηρίθμησεν
ἐνταῦθα δὲ ὡς εἰς ἄλλο εἶδος	ἐνταῦθα δὲ εἰς ἄλλο εἶδος
κἀκείνου διαφέρον πάλιν	τὴν παθητικὴν ποιότητα
καταλέγει τὴν θερμότητα καὶ ψύξιν;	αὐτὰς καταλέγει;
Ὅτι ἐκεῖ μὲν	ἢ φήσομεν ὡς ἐκεῖ μὲν
κατὰ τὸ διακεῖσθαί πως	κατὰ τὸ διακεῖσθαι οὕτω καὶ πῶς ἔχειν
τὸ θερμὸν καὶ τὸ ψυχρόν,	θέσεως κατὰ τὸ θερμὸν καὶ ψυχρὸν
εἰ μὴ ἐπιμόνως, διαθέσεις ἐλέγεν,	ἐλαμβάνετο,
ἐνταῦθα δὲ κατὰ τὸ πάθος	ἐνταῦθε κατὰ τὸ πάθος
ἐμποιεῖν εἰς ἄλλο·	ἐμποιεῖν εἰς ἄλλο ἡ παθητικὴ ποιότης θεωρεῖται
τὸ δὲ αὐτὸ κατ' ἄλλο καὶ ἄλλο	τὸ δὲ αὐτὸ κατ' ἄλλο καὶ ἄλλο
λαμβανόμενον δύναται	λαμβανόμενον οὐδὲν κωλύει
ἄλλου καὶ ἄλλου εἶναι εἴδους	ὑπ' ἄλλο τάττασθαι καὶ ἄλλο εἶδος
ὡς ὁ πατὴρ καθὸ μὲν Σωκράτης	ὡς ὁ Σωκράτης καθὸ μὲν ἄνθρωπος
οὐσία ἂν εἴη	οὐσία ἂν εἴη
καθὸ δὲ πατήρ, τῶν πρός τι·	καθὸ δὲ πατήρ, τῶν πρός τι·
οὕτω γὰρ καὶ ἡ θερμότης	καὶ ἡ θερμότης οὖν
καθὸ μὲν διατίθησί πως	κατὸ μὲν διατίθησί πως
τὸ ὑποκείμενον	τὸ ὑποκείμενον
διάθεσις ἂν εἴη, (...)	διάθεσις ἂν εἴη
καθὸ δὲ τὴν αἴσθησιν θερμαίνει τῶν πελαζόντων παθητικὴ ἂν εἴη	καθὸ δὲ θερμαίνει τὴν αἴσθησιν παθητικὴ
ποιότης	ποιότης

Il est clair que Simplicius reproduit ici, presque à la lettre et sans l'avouer, le texte que nous lisons dans notre commentaire de Porphyre, comme il arrive fréquemment. Mais comment sait-il que l'interrogation que soulève Porphyre et qu'il résoud ensuite est une objection que son prédécesseur Eudore adressait à Aristote (φησὶν Εὔδωρος)? Cette référence à Eudore ne figure pas en effet dans notre commentaire. Or il est très douteux que Simplicius, qui cite en réalité Porphyre sans le nommer, ait lui-même consulté Eudore par ailleurs et puisse ainsi assortir la citation du philosophe d'une référence à la source que celui-ci utilisait. Il est donc pratiquement assuré que Simplicius fournit ici un passage de Porphyre qui lui-même s'autorisait d'Eudore et qui n'est pas le passage de notre commentaire, mais bien l'extrait correspondant du commentaire à Gedalios[38]. D'où il appert que les deux commentaires de Porphyre étaient, à certains endroits au moins, rédigés à peu près exactement dans les mêmes termes.

Si la conclusion qu'inspire ce passage peut être étendue à l'ensemble des citations plus ou moins littérales que paraît faire Simplicius de notre commentaire, comme c'est probable, on est alors en droit de prendre ces extraits comme autant de témoignages indirects. Ce sont peut-être des témoignages recueillis de seconde main (à travers Jamblique), peut-être reproduisent-ils la version parallèle que, dans son grand commentaire, Porphyre donnait des passages que nous lisons. Mais cette version n'était probablement que très peu différente du texte de ces passages. Il ne conviendrait certes pas de corriger systématiquement notre texte à l'aide des extraits porphyriens fournis par Simplicius; ce serait nier indûment la possibilité évidente de petites variations entre les deux versions de Porphyre, mais de tels extraits sont certainement utilisables par l'éditeur là où notre texte paraît lacunaire ou dramatiquement corrompu.

2.2. *Le commentaire de Boèce*

Le commentaire de Boèce a l'avantage de se donner expressément comme inspiré par le travail « introductif » de Porphyre que nous possédons[39]. C'est pourquoi J. Bidez fondait sur son examen l'espoir d'améliorer la lecture du texte grec qu'il utilisait, parce que c'est, à première vue, la source exclusive de l'auteur latin[40]. Lié à la question de savoir sous quelle forme Boèce a connu le matériel porphyrien à sa disposition, le jugement sur « la » source de l'auteur latin – et sa part d'originalité – nécessiterait sans doute des réserves[41], mais il reste patent que celui-ci

38. Il conviendrait donc d'ajouter cet extrait au nombre des fragments de la collection d'A. Smith (*Porphyrius. Fragmenta*, Stuttgart-Leipzig, 1993).

39. Boèce, *In Cat.*, I, 160 A.

40. *Cf.* J. Bidez, « Boèce et Porphyre » dans *Revue belge de philologie et d'histoire*, 2, 1923, p. 191 : « …je n'ai presque rien découvert dans le commentaire de Boèce qui ne soit la reproduction ou ne puisse être considéré comme le développement du passage parallèle du Κατὰ πεῦσιν. »

41. *Cf.* Shiel, « Boethius' Commentaries on Aristotle » dans *Mediaeval and Renaissance Studies*, 4, 1958, p. 214-244 et sa critique dans S. Ebbesen, « Boethius as an Aristotelian

présente un texte qui dépend parfois étroitement de notre commentaire. Cependant, les passages de Boèce qui établissent cette dépendance sont limités (environ vingt pour cent de son commentaire) et ne concernent qu'une petite partie du texte de Porphyre (environ vingt-cinq pour cent de celui-ci)[42]. De plus, dans ces limites étroites, Boèce ne traduit pratiquement jamais *verbatim* le texte grec de Porphyre et ne prétend d'ailleurs pas le faire, mais il le paraphrase, parfois très librement et avec abondance. De telle sorte que, sauf exception (quelques expressions inspirées de divisions, de définitions ou d'exemples porphyriens), il est difficile, sinon impossible, de restituer exactement le texte grec qu'il lisait.

Quiconque a consulté le commentaire de Boèce dans la *Patrologie Latine* (t. 64) sait en outre que ce document, imprimé d'après un manuscrit inconnu, est tout à fait inutilisable, truffé d'erreurs et, par endroits, impossible à comprendre. À défaut d'édition critique, le texte de Boèce exige d'être lu dans l'un ou l'autre des témoins manuscrits qui le conservent et, si possible, après comparaison de plusieurs[43]. Il est donc provisoirement exclu d'en faire une exploitation systématique pour établir le texte de Porphyre.

3. L'ÉDITION CRITIQUE DE BUSSE

L'édition critique qu'Adolph Busse a procurée en 1887 dans les *Commentaria in Aristotelem Graeca* (t. IV, 1, p. 55-142) s'appuie sur toutes les sources que nous venons de mentionner, à deux exceptions près : le manuscrit de l'Escorial (**E**), dont il connaissait cependant l'existence (cf. p. LV), et le commentaire de Boèce, dont il ne s'était pas préoccupé. Ceci tire peu à conséquence, cela pas du tout. Busse, en effet, a pu tirer parti du *Mutinensis* (**M**) et faire valoir son témoignage, infiniment supérieur à celui du *Parisinus* (**C**), qui était la base de l'*editio princeps* de Bogard; il avait reconnu aussi l'existence des autres apographes et même s'il ne disposait pas encore de l'excellente édition du commentaire de Simplicius,

Scholar » dans *Aristoteles Werk und Wirkung, t.* II, éd. J. Wiesner, Berlin-New York, 1987, p. 286-311 et M. Asztalos, « Boethius as a Transmitter of Greek Logic to the Latin West : the Categories » dans *Harvard Studies in Classical Philology*, 95, 1993, p. 267-407.

42. Cette évaluation m'a été confirmée par M. Asztalos qui prépare en ce moment une édition critique du commentaire de Boèce.

43. Sur les mss. de Boèce, voir W. Risse, *Bibliographia logica*, vol. IV, Hildesheim-New York, 1979, p. 23. L'édition critique que prépare M. Asztalos repose sur les témoins suivants : Bamberg HJ. IV.7 (XIIe siècle); Bern 265 (XIe-XIIe siècles); København, K. Thott 168 (Xe siècle); München S. Clm. 6374 (IXe siècle) et 6403 (XIe siècle); et Oxford Bodl. Laud. lat. 49 (XIe siècle).

que K. Kalbfleisch devait seulement publier en 1905 (*CAG,* VIII), il s'est efforcé de prendre en compte ce commentaire[44]. Pareille documentation et, pour le reste, un solide sens critique lui ont permis d'améliorer le texte de Porphyre de façon spectaculaire.

Cependant, Busse n'avait pas vu, ni collationné lui-même le précieux *Mutinensis*[45]. Or la lecture qu'on en avait faite pour lui (*cf.* p. LIV) n'était probablement pas sans reproche, si l'on en juge par ce qu'on en peut connaître grâce à l'apparat critique de son édition. Elle ne signalait même pas l'existence de deux mains (**M** et **M°**) dans la copie. Alors que le manuscrit devait être alors moins illisible qu'aujourd'hui, il n'est pas rare que Busse indique comme oblitérées des parties de mots (ou de phrases) qu'on peut encore déchiffrer[46], ou réciproquement, comme figurant dans le texte des mots qui assurément n'y figurent pas; ainsi, p. 80, 3, contrairement à ce qu'assure Busse, τὸ καθ' ὑποκειμένου se trouve parfaitement attesté dans **M**, mais p. 74, 2 le dernier mot, καὶ, n'y figure pas et n'y a jamais été écrit (il se trouve avoir été introduit par **A**, ce qui ruine le sens du passage)... À de rares exceptions près, tout cela pourtant n'a que peu d'incidence sur l'établissement du texte, lequel ne pâtit guère, le plus souvent, d'une mauvaise collation des sources manuscrites. Mais l'exploitation des données disponibles n'a pas été conduite selon la méthode qui eût permis d'offrir le texte le plus satisfaisant. Pour tout dire en un mot, au lieu de viser avant tout et dans la mesure du possible à la reconstitution du modèle de **M** par le moyen de l'apographe **A**, le travail de Busse ne présente qu'une amélioration ponctuelle du texte offert par l'*editio princeps*, parce que celle-ci, malgré les apparences, reste, chez lui, le témoin de base. C'est au point qu'en certains endroits, on peut s'aviser que **M** n'a pas été considéré, voire consulté. Il y a en effet, chez Busse, des omissions surprenantes qui témoignent d'une soumission aveugle au texte de l'*editio princeps*, même là où **M** permet de le rectifier. Ainsi, à la page 88, 25-26, le questionneur demande « quelles sont les substances premières? » et, d'après Busse, la réponse serait simplement: Αἱ ἄτομοι, ὁ Σωκράτης, ὁ Πλάτων – ce qui est le texte de tous les apographes, adopté par l'éditeur, sans que son apparat ne signale la moindre variante, ni lacune, alors que dans **M**, on lit encore (après Πλάτων) : ... ὁ κύων ! On comprend que **A** et ses descendants aient omis ces mots (car « le chien » n'est pas une substance

44. D'après l'édition de Bâle (1551) et quelques mss. cités p. LIII, n. 1 de sa *Praefatio*.

45. Ce que confirme la fiche des lecteurs à la Bibliothèque de Modène, où l'on apprend qu'une copie (collation) en avait été effectuée par B. Keil, en 1856, pour sa future édition d'Olympiodore.

46. Ce qui jette un léger doute sur les leçons qu'il prétend avoir été lues, mais qui ne sont plus déchiffrables aujourd'hui.

première), mais pourquoi Busse n'a-t-il pas, au moins dans l'apparat, signalé la leçon de **M** même si elle lui paraissait absurde (c'est en fait la corruption obvie de ὁ Δίων)? La seule explication est que l'éditeur reproduit ici, comme partout ailleurs, le texte de l'*editio princeps* (d'après **C**), sans toujours considérer les indications fournies par la collation de **M**.

Il faut ajouter, à son passif, plusieurs inadvertances dans l'observation des indications (il est vrai plus nettes et plus nombreuses dans **A** et les apographes) touchant les changements d'interlocuteurs. Ces inadvertances entraînent en effet des méprises nombreuses, dont la plus grave, que nous avons signalée et dénoncée ailleurs[47], est d'avoir erronément laissé croire que le questionneur était le maître imaginé par Porphyre dans son dialogue fictif, alors qu'il est en réalité le disciple en quête d'enseignement.

D'autre part, s'il a correctement jugé du caractère des apographes **A**, **D** et **C**, Busse n'a pas reconnu que des trois témoins en question, seul le *Marcianus* (**A**) était une copie directe de **M** et que les autres en dépendaient de manière indirecte. Du coup, pour le déchiffrement aléatoire de **M**, le témoignage de **A** n'importe pas davantage à ses yeux que les deux autres apographes. Aucun des trois n'a été systématiquement collationné[48]; la mention de leur leçon ou de leurs variantes propres est très sporadique dans l'apparat et parfois un même sigle **Z** indique leur leçon commune, mais toujours très sporadiquement[49].

En résulte, aux dépens de **A**, un privilège exorbitant accordé au témoignage de l'*editio princeps* (**p**), dont, paradoxalement, il est impossible de juger, au vu des références qui y sont faites. Un apparat où, presque toujours, les leçons de **M** ne sont assorties que des variantes de **p** donne en effet le sentiment que **p** signale une correction d'éditeur apportée à **C** ou le cas échéant – mais on l'ignore – le témoignage fidèle de **p** sur la variante de **C**. Non seulement l'on ne peut trancher entre les deux hypothèses, mais la seconde prête encore à la méprise. Car, on l'a vu, lorsque **p** reproduit **C**, la leçon qu'il donne à lire ainsi peut être soit la leçon de **A**, recopiée dans **C**, soit la leçon propre à **C**, ce par quoi il diffère de **A** !

En somme, l'édition de Busse qui paraît d'abord fondée sur **M** et très secondairement sur quelques autres témoins ou émendations de l'auteur, reste, en réalité, la reproduction de **p**, abondamment corrigée par une colla-

47. Cf. *Revue des Sciences Philosophiques et Théologiques*, 85, 2001, p. 669-678.

48. Ils l'ont été visiblement par sondage : **A** par V. Castellani, **D** par H. Vitelli et **C** par H. Diels (*cf.* p. LV-LVI).

49. Busse a cependant suggéré dans son apparat, sans les adopter dans le texte, une grande quantité de corrections possibles. Beaucoup d'entre elles ont été reçues dans la traduction de Strange, qui signale (ouvrage cité, p. 13-18) la série d'émendations qui lui semblent recommandables.

tion rapide de **M**, jugé suspect, et par quelques sondages effectués sur des apographes. Pour satisfaire aux exigences d'une édition critique qui tienne compte de la nature particulière de la transmission, il eût fallu vraiment donner à lire le *Mutinensis* (**M**), éclairé et amendé par son principal apographe.

4. Principes de notre édition

Tout ce que nous avons observé dans ce qui précède montre à suffisance que le texte de Porphyre n'est en réalité connu que par un seul témoin direct, le *Mutinensis* (**M**), comme le sont ordinairement les textes transmis sur papyrus. Comme souvent dans le cas d'un papyrus, le témoin (**M**) se trouve, qui plus est, conservé dans un mauvais état, avec de nombreuses corruptions et plusieurs lacunes. Quant aux apographes (**A** et ses propres copies), n'était qu'ils permettent à l'occasion – mais à l'occasion seulement – de connaître avec quelque probabilité des petits fragments de **M** aujourd'hui illisibles ou de lecture douteuse, ils seraient totalement négligeables. Il est donc avantageux, sinon impératif, d'éditer le commentaire de Porphyre selon des principes inspirés des règles en usage dans le domaine de la papyrologie[50].

Autant que faire se peut, le lecteur savant doit en effet pouvoir disposer du texte transmis par le manuscrit de Modène, assorti des signes critiques propres à indiquer les endroits où les erreurs, les incorrections et les lacunes qu'il semble présenter ou présente manifestement sont réparées, au moins partiellement, ne serait-ce qu'à titre conjectural. À cette fin, le texte que nous proposons à l'édition contient quatre sortes de signes.

1. *Les crochets droits : [αβγ].*

Ils signalent un supplément, c'est-à-dire une lettre ou une suite de lettres, voire de mots, qu'on ne lit plus aujourd'hui dans **M** (ou **M°**), parce qu'elles sont effacées ou pour toutes autres raisons. Les caractères imprimés en guise de supplément correspondent en principe à une leçon recevable qui, croit-on, figurait dans **M** et que lisaient encore l'auteur de la copie **A** et (ou) celui qu'on identifie comme la troisième main dans **M**, ou bien encore, à défaut, la leçon que lui prête, par conjecture, un érudit. Mais il peut se faire que **A**, par exemple, témoigne d'une lecture irrecevable, à

50. *Cf.* J. Bidez et A.B. Drachmann, *Emploi des signes critiques, disposition de l'apparat dans les éditions savantes de textes grecs et latins, conseils et recommandations*, nouvelle édition par A. Delatte et A. Severyns, Bruxelles-Paris, 1938, p. 17 *sq.*

laquelle il convient de préférer le témoignage de la tradition indirecte ou quelque conjecture. Tout cela se trouve précisé dans l'apparat critique.

2. *Les accolades : {αβγ}.*

Elles indiquent une interpolation, c'est-à-dire une lettre, un groupe de lettres, un mot ou une partie quelconque du texte qui se trouve dans **M**, mais qu'il convient d'éliminer, soit purement et simplement, soit, à tout le moins, à l'endroit où elle figure. Dans ce dernier cas, les accolades contiennent le début et la fin du texte à transposer. L'apparat critique signale à qui l'on doit la suggestion d'éliminer le texte en question ou de le transposer, avec, dans ce cas, l'endroit où il s'agit de le transposer. Un mot ou un passage ainsi remis à sa place figure, à cette place, entre crochets obliques. Seuls ont été éliminés purement et simplement, sans autre indication que celle procurée dans l'apparat critique, les rares sous-titres introduits par la tradition dans le texte primitif.

3. *Les crochets obliques : <αβγ>.*

Ils indiquent une addition, c'est-à-dire une lettre ou une portion de texte qui ne se trouve pas dans **M**, par l'effet d'une omission, ou qui ne s'y trouve pas à cet endroit, mais ailleurs, à la suite d'un accident dans la transmission. Il va sans dire qu'à l'intérieur du texte déplacé et donc imprimé entre crochets obliques, des caractères peuvent être, le cas échéant, accompagnés d'autres signes ou des mêmes signes, s'il faut avertir d'une émendation. L'addition, pour sa part, peut être le fait d'un copiste (l'auteur de **A**, par exemple), mais elle est le plus souvent introduite par un éditeur ou conseillée par un érudit, compte tenu, notamment, de la tradition indirecte ; ce que précise l'apparat critique. Nous avons utilisé les mêmes signes pour indiquer, avant chaque réplique, qu'il s'agit ou d'une question (<Π.> pour Πεῦσις) ou d'une réponse (<᾿Α.> pour ᾿Απόκρισις), bien que ces mentions ne soient probablement pas des indications fournies par Porphyre lui-même.

4. *Les demi-crochets droits placés par-dessus le texte : ⌜αβγ⌝*

Ils signalent une correction, c'est-à-dire le plus souvent une lettre ou un groupe de lettres substituées à celles, fautives, que contient **M**. L'apparat critique indique l'auteur de la correction : ce peut être une main étrangère dans **M**, le copiste de **A** ou quelque savant moderne. La variante fautive de **M**, quand elle est connue, est donnée dans l'apparat. Nous avons cependant utilisé les mêmes signes pour indiquer la transcription en toutes lettres (que propose A) des adjectifs numéraux notés dans **M** à l'aide de symboles. De sorte que τρεῖς, par exemple, s'il est encadré de demis crochets, n'est pas une correction, mais bien, comme le confirme l'apparat critique, la transcription de γ' lu dans **M**. Nous avons aussi préféré en général ces simples signes encadrant un groupe de lettres à l'usage de multiples signes différents, appliqués en succession à chaque lettre du groupe; et ce, pour une raison de lisibilité: ἔ⌈σται⌉ paraît en effet plus lisible que ἔ<σ>τ<α>ι{δ'}, s'il s'agit de signaler la correction de ἔτι δ'.

Tous ces signes critiques permettent d'avoir en quelque sorte sous les yeux le modèle de **M** et de voir aisément dans quelle mesure le texte dont **M** est le témoin est un texte reconstitué de façon hypothétique. Ils permettent aussi de distinguer immédiatement, dans la reconstitution, ce qui appartient au texte transcrit dans **M** et ce qui est une émendation du texte conservé dans ce manuscrit.

L'importance que nous avons accordée à **A** dans notre travail n'a pas besoin d'être justifiée autrement que par l'éclairage qu'il fournit pour la lecture difficile de **M**, même s'il suggère en outre quelques corrections bienvenues de son modèle. Nous avons signalé systématiquement, dans l'apparat critique, toutes les variantes de **A** quand **M** paraît conserver la bonne leçon, car il est utile au lecteur de pouvoir néanmoins mesurer, tout au long du texte, la valeur limitée de cet apographe. En revanche, l'apparat ne s'encombre ni de **D**, ni de **E**, qui n'aident en rien à l'établissement du texte. Et si parfois, l'on a fait état du témoignage de **C**, c'est de manière à permettre de vérifier, à l'occasion, si l'*editio princeps* (**p**), qui l'utilise à l'exclusion de toute autre source, propose ou non une rectification du texte qu'il présente. Mais les occasions sont rares où il faille prendre ce parti et **p** elle-même, dont on connaît la source, est, pour cela, d'une utilité évidemment presque nulle. Le témoignage de Feliciano n'a pas beaucoup plus d'intérêt, sauf, on en jugera par les indications de l'apparat critique, pour la clarification des changements de répliques et l'identification du questionneur et du répondant dans le dialogue imaginé par Porphyre.

Vu l'état du texte, nous n'avons pas hésité, pour l'améliorer, à exploiter le témoignage indirect de Simplicius et à tirer avantage des suggestions nombreuses que Busse et quelques savants, avant ou après lui, ont faites dans la même intention, en particulier, celles qui accompagnent la traduction anglaise de Strange. Toutes n'ont pas été retenues et nous en avons nous-même proposé d'autres, de nature diverse, dont on pourra, nous l'espérons, apprécier le bien fondé en consultant l'apparat critique. L'on constatera que certaines de ces conjectures sont moins séduisantes que certaines autres, mais le risque de se tromper devait ici être affronté, plus qu'ailleurs, pour rendre simplement compréhensible et traduisible le document édité.

Nous remercions la Fondation Killam, la Fondation Onassis et le Conseil de recherche en sciences humaines du Canada de l'aide qu'ils nous ont apportée dans la préparation de ce travail, ainsi que l'École Pratique des Hautes Études de Paris et l'Université de Catane de nous avoir invité, lors de cette préparation, à exposer les premiers résultats de notre recherche.

R. B.

SIGLA

Codices graeci

M Mutinensis α.w.2.1, sub fine saec. XIII.
M° Mut. ff° 152-154 et 157-158.
M[1] scriba ipse correxit in M.
M[2] secunda manus in M.
M[3] tertia manus in M, sub fine saec. XV (?).

M[x] =nescio quae manus in M (utrum M[2] an M[3]).
A = Venetus Marcianus gr. Z.234, saec.XV.
A[1] = scriba ipse correxit in A.
C = Parisinus gr, 1943, saec.XVI in.

Alterae fontes

Simplicius = Commentaria in Aristotelis Categorias (in CAG, VIII).
p = ed.princeps, a Bogardo, Parisiis, 1543.
Fel. = versio latina, a Feliciano, Venetiis, 1546.
Busse = ed. critica (in CAG, IV, 1).

Abbreviationes

add. = addidit.
addend. = addendum.
cod. = codex.
codd. = codices.
coni. = coniecit.
corr. = correxit.
del. = deleuit.
delend.= delendum.
dub. = dubium.
eros. = erosus.
exp. = expunxit.
in app. = in apparatu.
inc. = incipit.
ind. = indicauit.
inser. = inseruit.
lacer. = laceratus.
lin. = linea.
litt. = littera.
mg. = in margine.
oblitt. = oblitteratus.
om. = omisit.
p. corr. = post correctionem.
p. exp. = post expunctionem.
p. ras. = post rasuram.
prob. = probauit.
rest. = restituit.
scr. = scripsit.
sec. = secundum.
secl. = seclusit.
spat. = spatium.
s.u. = supra uerbum.
suspic. = suspicatus est.
transp. = transposuit.
u. = uersus.
u.sign. = uicem significauit.

PORPHYRE

COMMENTAIRE AUX « CATÉGORIES » D'ARISTOTE PAR QUESTIONS ET RÉPONSES

ΠΟΡΦΥΡΙΟΥ

ΕΙΣ ΤΑΣ ΑΡΙΣΤΟΤΕΛΟΥΣ ΚΑΤΗΓΟΡΙΑΣ ΚΑΤΑ ΠΕΥΣΙΝ ΚΑΙ ΑΠΟΚΡΙΣΙΝ

55.3 <Πεῦσις.> Διὰ τί κατηγορίας ἐν τῇ συνηθείᾳ καλουμέμης τῆς ἐν ἐγκλήματι πρός τ<ιν>ας δικαιολογίας, ⌜ῇ⌝ ἀντίκειται ἡ ἀπολογία, ὁ Ἀριστοτέλης οὐ προελόμενος διδάσκειν, πῶς ἐπὶ τοῖς δικαστηρίοις τῶν ἀντιδίκων κατηγοροῦμεν, ἀλλ' ἕτερόν τι, ὅπερ οὐ παρὰ τοῖς Ἕλλησι τῷδε καλεῖται τῷ ὀνόματι, ξενίζειν εἵλετο κατηγορίας ἐπιγράψας τὸ βιβλίον;

<Ἀπόκρισις.> Ὅτι ἡ μὲν συνήθεια τῶν προχείρων οὖσα πραγμάτων παραστατική, περὶ τούτων καὶ τὰς δηλωτικὰς λέξεις ἐν τῇ πολλῇ χρήσει

Titulus : πορφυρίου εἰς τὰς ἀριστοτέλους κατηγορίας κατὰ πεῦσιν καὶ ἀπόκρισιν MA *cf.* Simpl., 1, 12 et 33, 12 (ἐν τῷ [τοῖς] κατ. π. κ. ἀπ. βιβλίῳ) || **55.3** Πεῦσις addidi : Ἐρώτησις add. A[1] (mg) om. MAp Fel. || **4** τινας correxi: τὰς MA τινα coni. Busse (in app.) quod prob. Strange || ῇ A : ἣ M

PORPHYRE

COMMENTAIRE AUX « CATÉGORIES » D'ARISTOTE PAR QUESTIONS ET RÉPONSES

| Question. — Pourquoi « catégorie » ? À l'ordinaire, le mot [grec 55
kategoria] s'applique au plaidoyer de l'accusation contre certaines personnes[1] devant les tribunaux, celui auquel s'oppose le plaidoyer de la défense[2]. Aristote cependant ne s'est pas proposé d'instruire sur la manière de mettre en cause la partie adverse devant la justice, mais de faire autre chose qui, précisément, n'est pas, dans l'usage grec, appelé de ce nom. Pourquoi dès lors a-t-il choisi, dérogeant à l'usage, d'intituler son livre « Catégories » ?[3]

Réponse. — C'est que la langue ordinaire est parfaite pour communiquer les choses familières. C'est donc pour désigner celles-ci

1. [55.4] L'article τὰς, qu'on lit dans tous les mss., est visiblement le résultat d'une corruption. À la correction τινα (proposée par Busse et reçue par Strange), je préfère la correction τινας qui explique mieux, me semble-t-il, la corruption ; l'expression ἔγκλημα πρός τινα est classique (*cf.*, par ex., Xénophon, *Cyrop.*, I, 2, 6 ; Lysias, 10, 23).

2. [55.4] Cet usage est évidemment celui d'Aristote lui-même par ailleurs ; voir notamment *Rhét.*, I, 3, 1358 b 10-11 et *passim*.

3. [55.7] Justifier et expliquer l'intitulé d'un ouvrage fera partie des questions à traiter dans le prologue de tout commentaire ; Porphyre assume ici ce qu'il cherchera à démontrer plus loin (p. 56, 11 *sq.*), savoir que l'intitulé Κατηγορίαι est bien celui qu'il convient d'adopter pour l'ouvrage d'Aristote et que c'est Aristote lui-même qui a choisi ce titre. Sachant que le sens du mot κατηγορία dans pareil emploi était étranger à l'usage commun, il attribue aussi à Aristote l'innovation. On notera donc que Porphyre ne considère pas ici, comme le feront ses successeurs, les textes d'un Pseudo-Archytas (I-IIe siècles) qui, tenus par eux pour authentiques, leur permettront de dater la découverte des « catégories » et peut-être aussi le sens nouveau de κατηγορία d'une époque antérieure à celle d'Aristote (*cf.* en particulier Simplicius, *In Cat*, p. 2, 9-25 et 43, 26-27).

παρέλαβεν, οἱ δὲ φιλόσοφοι τῶν τοῖς πολλοῖς ἀγνώστων πραγμάτων ἐξηγηταὶ ὄντες καινοτέρων δεηθέντ<ες> ὀνομάτων εἰς παράστασιν τῶν ὑπ᾽ αὐτῶν ἐξευρεθέντων πραγμάτων ἢ αὐτοὶ ἐποίησαν λέξεις καινὰς καὶ [ἀσυνήθεις] ἢ ταῖς κειμέναις κατεχρήσαντο εἰς δήλωσιν τῶν ὑπ᾽ αὐτῶν εὑρεθέντων πραγμάτων.

<Π.> Παράστησον ἡμῖν διὰ παραδείγματος ὃ λέγεις.

<Ἀ.> Ὁ Ἀριστοτέλης κατανοήσας, ὅτι τινὰ εἴδη, ἃ ἐπιγίνεται, ὅταν τὸ οἰκεῖον τέλος λάβῃ τὸ γινόμενον ἢ ὑπὸ φύσεως ἢ ὑπὸ τέχνης, ὥσπερ ὅταν ὑπὸ τῆς φύσεως τὸ καταβληθὲν σπέρμα ζῴου κινηθὲν καὶ ἀποτελεσθέν, φέρε ἵππος ἀποτελεῖται, ὅταν ἔμψυχον γένηται καὶ τὰ ἰδιώματα φέρῃ τοῦ ἐμψύχου, τὴν ψυχὴν ἐντελέχειαν προσηγόρευσεν ἀπὸ τοῦ εἰς τέλος τὸ οἰ-

11 δεηθέντες p: δεηθεντ᾽ M δεηθέντων AC || **12** ἀσυνήθεις M^{x}A || **13** εὑρεθέντων MA[1] (p. ras.) : εὑρεθέντες A || **15** Π.(Ἐ.) M[2] || **16** Ἀ. M[2] : post Ἀριστοτέλης u. sign. M (dub.) || ἃ MAC : om. p (forsitan recte sec. Busse et Strange) || **20** προσηγόρευσεν M : προσαγόρευσεν A

qu'elle met aussi les mots à la disposition du grand nombre. Mais les philosophes, qui interprètent les choses inconnues du grand nombre [1], ont besoin de noms plutôt inédits pour communiquer les choses dont ils ont fait la découverte. Donc, ou bien ils ont eux-mêmes créé des mots inédits et inhabituels, ou bien ils ont étendu l'usage des mots reçus pour faire voir les choses qu'ils ont eux-mêmes trouvées [2].

Q. — Montre-nous par l'exemple ce que tu veux dire.

R. — Aristote s'était avisé qu'il y a certaines formes qui surgissent [3] chaque fois qu'arrive à sa propre fin le processus d'un changement, soit naturel, soit artificiel. C'est par exemple le cas, tout naturellement, de la semence animale qui a été implantée, une fois qu'elle s'est mise en mouvement et s'est complètement développée : un cheval, mettons, résulte de ce développement complet, quand celui-ci devient animé et porte les traits propres de l'être animé. Aristote a dès lors donné à l'âme le nom

1. [55.10-11] L'affirmation que les philosophes sont « les interprètes des choses inconnues » tend à faire concevoir la philosophie sur le modèle de l'exégèse textuelle. Cela paraît significatif d'une époque où l'originalité du travail philosophique se borne à interpréter ce qui a été déjà exprimé par les maîtres du passé. Mais c'est à un maître du passé (Aristote) que Porphyre applique ce jugement, un maître qui exprime l'inconnu. Un jugement semblable est appliqué par le pseudo-Archytas à l'homme qui se sert du langage et des catégories, pour faire connaître exactement les choses : ὁ ἄνθρωπος ἑρμηνέυς τε γίνεται τῶν πραγμάτων καὶ γνωρίζει τὰ ὄντα ἀκριβῶς (Περὶ τοῦ καθόλου λόγου ἤτοι δέκα κατηγοριῶν [Codex Ambrosianus], p. 22, 8-10 Thesleff ; p. 34 Szlezak). Il n'est donc pas impossible que Porphyre ait connu ce texte.

2. [55.11-14] Des deux modes d'innovation envisagés ici, l'extension ou « catachrèse » désigne un emploi du mot qui déroge à son usage propre, sans rapport nécessaire avec l'usage et le sens courant. Porphyre n'entend donc pas établir de lien sémantique entre les deux signifacations du mot κατηγορία. Le second procédé, le néologisme, est mentionné pour mémoire ; il apparaît aussi dans un passage de Strabon qui signale les caractéristiques du langage des Macédoniens : πολλὰ τὰ μὲν καινὰ ἔθεσαν, τὰ δὲ παρωνόμασαν (XI, 11, 5). L'autre procédé que mentionne Strabon dans ce passage, la dérivation (« paronymie »), est curieusement omis pas Porphyre, alors qu'il fait l'objet plus loin (p. 69, 16 *sq.*) de considérations détaillées. De tous les procédés, la « catachrèse » est celui qui n'innove pas sur le plan formel : il n'introduit pas de mot nouveau, étranger, dans la langue et, de ce point de vue, il paraît échapper au reproche de barbarisme. Mais c'est au prix d'une ambiguïté sémantique désormais attachée au mot existant. Porphyre observera plus loin que le mot κατηγορία désigne des réalités équivoques (« homonymes »), mais pour une autre raison.

3. [55.16] Le relatif ἅ, quoique suspecté par Busse et Strange, peut être conservé à condition de sous-entendre ἐστι préalablement. La longue phrase qui commence ici reste cependant mal balancée : elle est caractéristique d'un style lourd et chaotique, qu'adopte Porphyre à l'occasion.

κεῖον ἀφικόμενον τὸ σπέρμα ἔμψυχον ἀποτελέσαι ζῷον, ὑπὸ δὲ τοῦ ἀνδριαντοποιοῦ ὅταν ὁ χαλκὸς ἀνδριὰς γένηται, ἐντελέχειαν εἶναι τὸ εἶδος τοῦ ἀνδριάντος τὸ περιτεθὲν ὑπὸ τοῦ τεχνίτου τῷ χαλκῷ· αὐτὸς γὰρ ἐποίησε τὸ τῆς ἐντελεχείας ὄνομα ἐπὶ τῶν τοιούτων μὴ ὂν ἐν τῇ συνηθείᾳ. Τὸ δὲ κεφαλωτὸν ἐπὶ ἄλλου ἐν τῇ συνηθείᾳ λεγόμενον αὐτὸς ἐπὶ τοῦ κε-
56.1 φαλὴν ἔχοντος καταχρῆται, οἰκειότερον λέγων τὴν κεφαλὴν κεφαλωτοῦ κεφαλὴν ἢ ζῴου κεφαλήν· τοῦ μὲν γὰρ κεφαλὴν ἔχοντος σημεῖον τὸ κεφαλωτὸν εἴη ἄν· κεφαλωτοῦ γὰρ κεφαλὴ διὰ τὸ μὴ πάντα τὰ ζῷα ἔχειν κεφαλὴν ὥσπερ ἐχῖνοι καὶ ἀκαλῆφαι καὶ ὅσα τοιαῦτα. Διὸ καὶ αὐτὸς ἔφη·

56.4 ἀκαλῆφαι M : ἀκαλύφαι A

de « réalisation »[1] du fait que, arrivée à sa propre fin, la semence complètement développée forme réellement un vivant animé. Par ailleurs, chaque fois que, sous l'action du sculpteur, le bronze devient statue, la réalisation, dit-il, c'est la forme de la statue, celle que l'artiste a donnée aux contours du bronze[2]. Il a en effet lui-même créé le nom de « réalisation » pour l'appliquer aux choses de ce genre, alors qu'il n'appartenait pas à la langue ordinaire. En revanche, le mot « têté », qui s'applique à autre chose dans la
langue ordinaire[3], il l'applique personnellement, | dans un usage extensif, à **56**
ce qui est pourvu de tête, avec l'argument que la tête est plus proprement tête de têté que tête d'animal ! Le mot « têté » peut en effet signifier « ce qui a une tête », car tête implique têté; les animaux en effet n'ont pas tous une tête, par exemple les oursins, les actinies et tous les êtres de ce genre[4]. C'est

1. [55.20-21] Porphyre semble avoir en mémoire la célèbre définition de l'âme dans *De l'âme*, II, 1, 412 a 27 et b 5. L'explication qu'il donne du néologisme semble supposer témérairement que celui-ci ne pourrait s'appliquer à l'âme du vivant non achevé (en tout cas,avant sa naissance), puisque cette explication de type étymologique veut que ἐντελέχεια (« réalisation ») désigne la perfection de ce qui a atteint sa fin. C'est ce que dit aussi une scolie tardive à *Phys.*, III, 1, 201 a 11 : εἴ ποτε ἐπὶ ἐνεργείας αὐτὴν [i.e. ἐντελέχειαν] τίθησιν [ὁ Ἀριστοτέλης], οὐ τῆς τυχούσης ἀλλὰ τῆς τελείας, καθότι ἔχει τέλειον (Arist., *Op. omnia*, IV, ed. Brandis, p. 358 a 19). Mais l'usage d'Aristote est moins rigoureux et la *Phys.*, VIII, 5, 257 b 8 se permet de définir le mouvement comme ἐν τελέχεια κινητοῦ ἀτελής. On rappellera que la *Souda* (*s. u.* Πορφύριος) prête à Porphyre un traité intitulé Πρὸς Ἀριστοτέλην, περὶ τοῦ εἶναι τὴν ψυχὴν ἐντελέχειαν. Ce traité, vraisemblablement destiné à critiquer la théorie aristotélicienne de l'âme, contestait peut-être la légitimité d'appliquer à l'âme de tout vivant le nom d'ἐντελέχεια, lequel implique la perfection.

2. [55.21-23] Il est vrai que *De l'âme* (par exemple, II, 1, 412 a 10) établit l'équivalence entre « réalisation » (ἐντελέχεια) et « forme » (εἶδος), mais la forme au sens de configuration, celle d'un objet en bronze, fabriqué par le statuaire, qu'évoque, par exemple, *Métaph.*, Z, 3, (1029 a 4) est appelé μορφή ou σχῆμα. Aristote dit seulement que cette configuration, celle d'un Hermès, par exemple, est en acte (ἐντελεχείᾳ) dans le bronze (*cf.* Δ, 7, 1017 b 1 et 7) ou que l'acte du statuaire est dans la statue (*cf.* Θ, 8, 1050 a 30-34).

3. [55.25] L'adjectif κεφαλωτός était appliqué par les botanistes (*cf.*, par exemple, Dioscoride, 2, 149) à certaines plantes, comme le poireau, ainsi que le rappelle Strange (p. 30, n. 7). Mais il n'est pas sûr qu'il ait été en usage avant Aristote. Du reste, il exprimait, dans le langage des botanistes, une métaphore (les plantes n'ont pas de tête). Porphyre suppose donc curieusement qu'Aristote a étendu l'usage de l'adjectif, en l'appliquant aux animaux avec le sens propre (« pourvu de tête »), ce qui en faisait l'antonyme d'« acéphale » (ἀκέφαλος, déjà chez Hérodote, IV, 191).

4. [56.4] L'oursin ou plutôt les différentes variétés d'oursins sont décrites dans *Hist. des an.*, notamment en IV, 5, 530 a 32 *sq.*, où Aristote signale que « ce qu'on appelle leur tête, ainsi que leur bouche » se trouve dans la section inférieure du corps de l'animal (530 b 19-20). L'actinie ou anémone de mer est, elle, décrite dans *Hist. des an.*, notamment, IV, 6, 531 a 31 *sq.*, où Aristote signale qu'elle a une bouche au milieu du corps (531 b 4) et ressemble à une plante du fait qu'elle n'évacue pas d'excrément. Porphyre pouvait évidemment soutenir ce qu'il affirme ici sans avoir connaissance de tous ces passages.

« ἐνίοτε καὶ ὀνοματοποιεῖν δεῖ ». Τὸ οὖν τῆς κατηγορίας ὄνομα κείμενον ἐν τῇ συνηθείᾳ ἐπὶ δικαιολογίας ἐ⌈γκλη⌉τικῆς, τῆς διὰ λόγων μηνύσεως, λαβὼν αὐτὸς τὰς τῶν λέξεων τῶν σημαντικῶν κατὰ τῶν πραγμάτων ἀγορεύσεις κατηγορίας προσεῖπεν. Ὥστε πᾶσα ἁπλῆ λέξις σημαντική, ὅταν καθ' οὗ σημαίν⌈ηται⌉ πράγματος ἀγορευθῇ τε καὶ λεχθῇ, λέγεται κατηγορία, οἷον ὄντος πράγματος τοῦδε τοῦ δεικνυμένου λίθου, οὗ ἁπτόμεθα ἢ ὃ βλέπομεν, ὅταν εἴπωμεν ἐπ' αὐτοῦ ὅτι τόδε λίθος ἐστίν, ἡ λίθος λέξις κατηγορ⌈ία⌉ ἐστί· σημαίνει γὰρ τὸ τοιόνδε πρᾶγμα καὶ ἀγορεύεται κατὰ τοῦ δεικνυμένου πράγματος λίθου· καὶ οὕτω ἐπὶ τῶν ἄλλων.

5 ἐνίοτε MAC : ἐνίοτε δὲ p sec. Arist., 7a5 || δεῖ MACp : ἴσως ἀναγκαῖον Arist. 7a6 || **6** ἐγκλητικῆς suprascr. M^3 : ἐγλητικῆς MA ἐλεγκτικῆς coni. Strange || **8-9** καθ' οὗ MAC Simpl. (17,6) : κατὰ τοῦ p || **9** σημαίνηται coni. recte Strange sec. Simpl. (17,6) : σημαινομένου MACp (et cod. M Simpl.) || **11** κατηγορία scripsi : κατηγόρημά MA κατηγορία et add. ὁ δὲ λίθος κατηγόρημα post ἐστι (u. 12) Ebbesen

précisément pourquoi lui-même soutient : « quelquefois l'on doit aller jusqu'à fabriquer des noms »[1]. Il a donc adopté le nom *kategoria*, reçu dans l'usage ordinaire pour désigner le plaidoyer de l'accusation[2] qui s'exprime à l'aide d'arguments, mais personnellement, il a désigné sous ce nom l'expression des mots propres à signifier les choses[3]. Si bien que tout mot simple, significatif, une fois prononcé et exprimé à propos de la chose qu'il signifie, est dit une prédication [*kategoria*][4]. Ainsi, supposons que la chose soit cette pierre-ci que je montre, que nous pouvons toucher ou que nous pouvons voir : quand nous disons à son propos que ceci est une pierre, le mot « pierre » est une prédication[5]. Il indique en effet la sorte de chose que voici et permet de se prononcer sur la chose montrée, une pierre. Il en va encore de la sorte dans les autres cas.

1. [56.5] Citation approximative de *C*, 7 a 5-6, passage commenté plus loin, p. 116, 18 *sq*. À remarquer que le mot κεφαλωτός, présenté comme un néologisme par Aristote, vient d'être signalé par Porphyre comme un mot existant dans l'usage et employé par catachrèse chez Aristote.

2. [56.5] Le mot ἐγκλητικός, suggéré par M[3], ne semble pas attesté par ailleurs (au contraire de ἐγκληματικός), mais il est de formation régulière et peut être tiré de ἐγκλητός. Je l'ai donc adopté

3. [56.8] Il semble que Porphyre, comme avec le mot ἐντελέχεια, tâche d'expliquer, par l'étymologie, le sens nouveau de κατηγορία : il veut dire « expression » (ἀγόρευσις) d'un mot « appliqué à » (κατὰ). Cette innovation, rappelons-le, est destinée à nommer ce qui jusque-là ne l'était pas, parce qu'inconnu du grand nombre. Porphyre admet ainsi tacitement que la découverte de certaines expressions significatives (les catégories) est à mettre sur le compte d'Aristote et qu'elle n'a pas été faite, en particulier, par Platon. Cette concession n'est pas, semble-t-il, sans nuancer les prétentions hâtives de certains médio-platoniciens (Alcinoos, *Didaskalikon,* 6, 159 ; Plutarque, *De an. procr.*, 23, 1023 C ;…), selon qui Platon avait déjà mis en évidence les 10 catégories. Sur ce point, voir M. Zambon, *Porphyre et le moyen-platonisme,* Paris, 2002, p. 322.

4. [56.9] Cette proposition universelle sera en quelque sorte révisée plus loin (p. 58, 6 *sq*.), de manière à réserver l'appelation « κατηγορία » aux dix genres suprêmes d'expressions significatives. Mais à ce stade, Porphyre a en vue autre chose que la spécialisation du mot dans la désignation de genres ; il expose ce que le mot veut dire en général dans son emploi nouveau inauguré par Aristote. Il y a trois conditions à remplir pour qu'une expression verbale soit appelée κατηγορία : elle doit être 1) simple, 2) significative et 3) appliquée (dans une proposition) à ce qu'elle signifie. Cette troisième condition montre qu'un mot simple et significatif n'est réellement signifiant que dans son emploi de prédicat et κατηγορία désigne précisément le mot dans sa fonction de prédicat.

5. [56.11] Il est clair que le *mot* « pierre », comme tout mot simple (p.56, 8), est κατηγορία au sens d'« expression » et non κατηγόρημα (leçon de M) au sens de « chose prédiquée » (comme, par exemple, chez Simpl., p. 11, 2-3). Porphyre n'emploie jamais dans son commentaire le terme κατηγόρημα qui s'appliquerait à la *chose* prédiquée. Pour sauver la leçon de M, S. Ebbesen (« Boethius as an Aristotelian Scholar » dans *Aristoteles. Werk und Wirkung,* t. II, Berlin, 1987, p. 294, n. 25, reproduit dans *Aristotle Transformed. The Ancient Commentators and Their Influence,* Londres-Ithaca NY, 1990, p. 379, n. 25) a proposé de restituer ici une lacune de manière à pouvoir lire : λέξις <κατηγορία, τὸ δὲ πρᾶγμα>

<Π.> Ἆρα οὖν Κατηγορίας μόνον ἐπέγραψε τὸ βιβλίον ἢ καὶ ὥς ἄλλοι Δέκα κατηγορίας;

<Ἀ.> Οὐδαμῶς.

<Π.> Διὰ τί ἔφης οὐδαμῶς;

<Ἀ.> Ὅτι ἄλλοι μὲν Πρὸ τῶν τοπικῶν ἐπέγραψαν, ἄλλοι δὲ Περὶ τῶν γενῶν τοῦ ὄντος, ἄλλοι δὲ Περὶ τῶν δέκα γενῶν.

<Π.> Ἆρα οὖν ὀρθῶς ἐπέγραψαν;

<Ἀ.> Οὐδαμῶς.

<Π.> Παράστησον οὖν καθ' ἑκάστην τῶν ἐπιγραφῶν τὴν ἀτοπίαν.

<Ἀ.> Πρὸ μὲν τῶν τοπικῶν ἀτόπως ἄν τις ἐπιγράφοι· διὰ τί γὰρ

Πρὸ τῶν τοπικῶν, ἀλλ' οὐχὶ μᾶλλον Πρὸ τῶν ἀναλυτικῶν καὶ Πρὸ τοῦ περὶ ἑρμηνείας; Οὐ γὰρ διὰ τὴν τῶν τοπικῶν διδασκαλίαν προμανθάνειν δεῖ τὰ τῶν κατηγοριῶν, ἀλλὰ καὶ διὰ τὴν τῶν ἀναλυτικῶν καὶ διὰ τὴν τῶν

14 Π. (Ἐρ.) M^2 (mg) || **16** Ἀ. M^2 (mg) || **17** Π.(Ἐρ.) M^2 (s.u.) || **18** Ἀ. M^2 (s.u.) || Περὶ MA : corr. in πρὸ M^3 || **20** Π.(Ἐρ.) M^2 (s.u.) || **21** Ἀ. M^2 (s.u.) || **22** Π.(Ἐρ.) M^2 (s.u.) || **23** Ἀ. M^2 (s.u.) || post ἐπιγράφοι u. sign. A et ἐρώτησις add. A (mg) p Fel. || **25** post ἑρμηνείας u. sign. A et ἀπόκρισις add. A (mg) p Fel. || **26** post τῶν² add. ἄλλων M (quod exp. M^1)

Q. — Est-ce que, dans ces conditions, il n'a donné qu'un titre à son livre : *Catégories* ou encore, comme d'autres disent *Les dix catégories* ?[1]

R. — Pas du tout !

Q. — Pourquoi dis-tu « Pas du tout » ?

R. — C'est que certains l'ont intitulé *Avant les Topiques,* et d'autres *Des genres de l'être* ou encore *Des dix genres*[2].

Q. — Est-ce que ce sont donc des intitulés corrects ?

R. — Pas du tout !

Q. — Par conséquent, indique ce que chacun de ces intitulés a de déplacé.

R. — *Avant les Topiques* serait, pour sa part, un intitulé déplacé, car pourquoi dire *Avant les Topiques* et pas plutôt *Avant les Analytiques* et *Avant le livre De l'interprétation*[3] ? Ce n'est pas en effet en raison de l'enseignement qu'offrent les *Topiques* qu'on doit préalablement apprendre la matière des *Catégories*, mais encore en raison de celui qu'offrent les

κατηγόρημα. Cela n'est pas nécessaire, non seulement parce que la correction de κατηγόρημα en κατηγορία est plus simple que l'addition proposée, mais parce que la distinction que suggère celle-ci est ici sans grande portée. Quelle que soit la correction adoptée, il reste étrange, on l'a dit, que Porphyre appelle κατηγορία le mot désignant des choses particulières (*cf.* Simpl., 17, 7-9) ; mais la rectification est apportée plus loin (p. 58, 6 *sq.*).

1. [56.14-15] La question, un peu maladroite, ne suppose pas qu'Aristote avait lui-même donné à son traité plusieurs titres différents, mais bien que la tradition, troublée peut-être par ce titre difficilement intelligible (*Catégories*) a pu lui chercher des équivalents. La question est donc de savoir si le seul équivalent proposé est *Les dix catégories* , qui paraît seulement plus précis.

2. [56.18-19] Le premier de ces titres, sous la forme *Avant les lieux* (Πρὸ τῶν τόπων), est le plus ancien connu ; il date de l'époque hellénistique, figure dans les plus anciennes listes des œuvres d'Aristote et semble correspondre à l'intention initiale de l'ouvrage ; il était encore recommandé par Adraste d'Aphrodise (IIe-IIIe s.). Le second, en revanche, avec sa variante plus ambiguë, ne semble pas évoqué explicitement avant Plotin (*En.*, VI, 1, 15 *sq.*) qui expose sous le même titre une critique systématique des catégories d'Aristote ; cette critique semble en effet assumer que certains, aristotélisants ou non, auraient accepté, sinon privilégié l'intitulé en question. Porphyre ne cite pas les partisans supposés des intitulés qu'il s'apprête à récuser. Il ne s'autorisera expressément plus loin (p. 59, 17-18) que des savants qui semblent appuyer le titre *Catégories.* Celui-ci, en réalité, n'apparaît pas avant la réorganisation du *Corpus Aristotelicum* par Andronicos de Rhodes (Ier s. avant notre ère). Sur tout ceci, Bodéüs, *Aristote.* [*Catégories*], Paris, LBL, 2001, p. XXIV-XLI.

3. [56.23-25] Cette critique avance la thèse qu'on ne peut assigner au traité la fonction limitée d'introduire à un seul des ouvrages particuliers, quel qu'il soit, parmi ceux qui composent la logique aristotélicienne. Si Porphyre a en tête l'ordre canonique, assigné depuis longtemps aux ouvrages logiques, et qu'il évoque ici dans l'ordre inverse – *Topiques* (y compris les *Réfutations sophistiques,* qui en sont le dernier livre), *Analytiques* (*Premiers* et *Seconds*) et *De l'interprétation* – la pointe de l'argument est alors qu'on ne peut surtout pas considérer *C* comme une introduction au dernier ouvrage de la séquence.

κατηγορικῶν προτάσεων μάθησιν καὶ σχεδὸν διὰ τὰς ἄλλας πάσας μαθήσεις· στοιχει⌈ω⌉δέστατον γὰρ τοῦτο καὶ εἰσαγωγικὸν εἰς πάντα τὰ μέρη τῆς φιλοσοφίας τὸ βιβλίον. Καὶ μάλιστα πρὸ τοῦ φυσικοῦ ἂν εἴη μέρους τῆς φιλοσοφίας ἢ πρὸ τῶν τοπικῶν· φύσεως γὰρ ἔργον οὐσία, ποιὸν καὶ τὰ ὅμοια. Περὶ δὲ τῶν γενῶν τοῦ ὄντος ἢ Περὶ τῶν δέκα γενῶν οὐδαμῶς χρὴ ἐπιγράφειν.

<Π.> Διὰ τί;

<Ἀ.> Ὅτι τὰ μὲν ὄντα καὶ τὰ τούτων γένη καὶ τὰ εἴδη καὶ αἱ διαφοραὶ πράγματά ἐστι καὶ οὐ φωναί, ὁ δὲ Ἀριστοτέλης καταριθμησάμενος τὰ δέκα ταῦτα, τὴν οὐσίαν, τὸ ποιόν, τὸ ποσόν, τὰ λοιπά φησιν· «ἕκαστον δὲ
57.1 τῶν εἰρημένων αὐτὸ μὲν καθ' αὑτὸ <ἐν> οὐδεμιᾷ καταφάσει λέγεται, τῇ δὲ πρὸς ἄλληλα τούτων συμπλοκῇ κατάφασις ⌈γίνεται⌉». Εἰ γὰρ ἡ τούτων

33 Π.(Ἐρ.) M^2 (s.u.) ‖ **34** Ἀ. M^2 (s.u.) ‖ **57.1** ἐν addend. esse coni. recte Busse (in app.) quod prob. Strange sec. Arist. (2 a 5) et Simpl. (16,22) : om. MA ‖ **2** γίνεται M^x (s.u.) A : γάρ ἐστι M (quod exp. M^x)

Analytiques, de l'apprentissage des prémisses catégoriques et pour ainsi dire, en raison de tous les autres apprentissages[1]. Car ce livre est le plus élémentaire qui soit et fait office d'introduction à toutes les parties de la philosophie. Il servirait même parfaitement de préalable à la partie naturelle de la philosophie, plutôt que de préalable aux *Topiques*, car la substance, la qualité et leurs semblables sont l'œuvre de la nature[2]. Par ailleurs, *Des genres de l'être* ou *Des dix genres* ne peuvent absolument pas servir de titres.

Q. — Pourquoi ?

R. — Parce que les êtres, leurs genres, leurs espèces et leurs différences sont des choses, et pas des vocables. Or après avoir dénombré ces dix distinctions que sont la substance, la qualité, la quantité, *et cetera*, Aristote soutient : « Aucune cependant | des distinctions qu'on vient 57
de mentionner ne suppose en elle-même une quelconque affirmation, lorsqu'elle est exprimée, en revanche, la connexion des unes avec les autres

1. [56.25-28] L'enseignement des *Topiques* est la méthode du raisonnement dialectique, à partir de prémisses probables ; celui des *Analytiques* est le raisonnement démonstratif ou scientifique (et plus généralement la méthode scientifique) ; quant à l'apprentissage des prémisses catégoriques, il fait, selon Porphyre, l'objet de *De l'interprétation* (*cf.* Zambon, *op. cit.*, p. 298). Chacun de ces enseignements suppose le précédent et donc tous supposent l'enseignement de *C*.

2. [56.28-31] La philosophie, selon Alcinoos (*Didask.*, 3), comprend trois « parties » : ce sont, dans l'ordre ascendant, la dialectique ou logique, la partie pratique et la partie théorétique. Rien ne dit que Porphyre, comme certains médio-platoniciens, adopte ici, tacitement, cette tripartition d'origine péripatéticienne. Mais il est sûr qu'il assume l'idée selon laquelle le corps des doctrines aristotéliciennes s'organise en un système dont la logique n'est qu'une partie (vraisemblablement instrumentale). La thèse que l'enseignement de *C* introduit à toutes les parties ne veut pas dire qu'il introduit également à chacune, mais que, inaugurant la première, il introduit ainsi indirectement aux autres. Cependant, l'idée qu'il serait plutôt un préalable à « la partie naturelle de la philosophie » repose sur un jugement particulier qui ne doit rien apparemment aux subdivisions du système. Porphyre semble juger que tant qu'à prendre *C* pour un préalable à quelque ouvrage singulier, il serait à étudier avant la *Physique*, qui établit en effet l'existence de trois formes de mouvements à partir de la division des « catégories » (V, 1, 225 a 5-9), plutôt qu'avant les *Topiques*, qui exposent encore une méthode de raisonnement universel. Quoi qu'il en soit, l'affinité ici observée entre division catégoriale et philosophie naturelle est digne de remarque, car elle intervient avant la critique de la thèse qui justifierait le titre *Sur les genres de l'être* et selon laquelle l'enseignement de *C* serait de nature ontologique. Porphyre, qui prend ici discrètement position contre Plotin (*cf.* R. Chiaradona, *Sostanza, movimento, analogia. Plotino critico di Aristotele*, Rome, 2002, p. 48-49 [et n. 100] et 99), semble signifier que si l'on veut considérer l'implication ontologique de la doctrine des catégories, celle-ci concerne avant tout les êtres naturels, en mouvement.

συμπλοκὴ κατάφασιν ποιεῖ, ἡ δὲ κατάφασις ἐν φωνῇ σημαντικῇ καὶ λόγῳ ἀποφαντικῷ τὴν ὑπόστασιν ἔχει, οὐκ ἂν εἴη περὶ γενῶν τοῦ ὄντος ἡ πραγματεία οὐδ᾽ ὅλως περὶ πραγμάτων ⌈ᾗ⌉ πράγματα, ἀλλὰ μᾶλλον περὶ φωνῶν σημαντικῶν τῶν πραγμάτων· οὐ γὰρ ἡ τῶν πραγμάτων συμπλοκὴ κατάφασις γίνεται, ἀλλ᾽ ἡ φωνῶν σημαντικῶν τῶν δηλουσῶν τὰ πράγματα συμπλοκὴ ἀποτελεῖ τὴν κατάφασιν. Αὐτός τε ῥητῶς ἔφη· « τῶν κατὰ μηδεμίαν συμπλοκὴν λεγομένων ἕκαστον ἤτοι οὐσίαν σημαίνει ἢ ποσόν » καὶ τὰ ἑξῆς· εἰ γὰρ περὶ πραγμάτων ἦν αὐτῷ ὁ λόγος, οὐκ ἂν εἶπεν « ἤτοι οὐσίαν σημαίνει »· οὐ γὰρ σημαίνουσι τὰ πράγματα ἀλλὰ σημαίνεται.

<Π.>᾽Αλλ᾽ ὅτι μὲν οὔτε Πρὸ τῶν τοπικῶν ἐπιγέγραπται οὔτε Περὶ τῶν γενῶν ⌈τοῦ ὄντος⌉ οὔτε Περὶ τῶν δέκα γενῶν τοῦ ὄντος, αὐτάρκως παρέστησας· ὅτι δὲ Περὶ τῶν κατηγοριῶν ἐπιγραπτέον, ἐπίδειξον ἡμῖν.

<᾽Α.>᾽Αλλ᾽ οὐκ ἂν τοῦτο ἐπιδειχθείη, εἰ μὴ ἡ πρόθεσις πρότερον δηλωθείη ἡ τοῦ βιβλίου· ταύτης γὰρ δειχθείσης καὶ τὸ ἐπίγραμμα ὅτι οἰκεῖον τὸ τῶν κατηγοριῶν, δειχθήσεται.

5 ᾗ A : ἢ M || **8** τε M¹A: om. M || **13** Π.(᾽Ερ.) M² (mg) || **14** τοῦ ὄντος corr. A (cf. 56,19): τῶν ὄντων M (cf. 59,5) || **16** ᾽Α. M² (s.u.)

produit une affirmation »[1]. Si c'est en effet leur connexion qui produit une affirmation et que l'affirmation trouve son existence dans un vocable significatif et une formule déclarative[2], alors ce travail ne peut porter sur des genres de l'être, ni généralement sur des choses en tant que telles, mais plutôt sur des vocables propres à signifier les choses. Ce n'est pas, en effet, la connexion des choses qui devient affirmation; mais la connexion des vocables significatifs qui montrent des choses, elle, produit finalement l'affirmation. Et Aristote lui-même déclare expressément: « Ce qui se dit sans aucune connexion indique, selon les cas, ou bien une substance, ou bien une quantité » et ainsi de suite[3]. En effet, si c'étaient les choses que son propos avait pour objet, il n'aurait pas dit: « ...ou bien indique une substance », car les choses ne signifient pas, mais sont signifiées[4].

Q. — Soit! L'ouvrage, effectivement, n'a été intitulé ni *Avant les Topiques,* ni *Des genres de l'être,* ni *Des dix genres de l'être,* tu l'as montré suffisamment. Fais-nous voir cependant qu'il faut l'intituler *Des catégories.*

R. — Mais on ne peut le faire sans avoir préalablement clarifié le propos du livre[5]. Une fois montré celui-ci, on aura, en effet, montré aussi que le titre approprié est celui de *Catégories.*

1. [56.35-57, 2] *C,* 2 a 4-7. Le sens du passage est évidemment sollicité, dans la mesure où Aristote peut légitimement penser que « les choses dites » dans une affirmation ont elles-mêmes, en tant que choses, une connexion qu'exprime le langage dans une proposition vraie.

2. [57.3-4] La notion de « vocable significatif » (φωνὴ σημαντική) s'entend, chez Aristote (*Poétique,* 20, 1457 a 1, 8, 11, 14,... ; cf. *De l'interp.*, 2, 16 a 19), du verbe et du nom, à l'opposé de la syllabe, de l'article et de la conjonction, qui sont réputés des vocables sans signification. La même notion s'applique aussi à la « formule » (λόγος). Sur la « formule déclarative » (λ. ἀποφαντικός), voir *De l'interpr.*, 4, 17 a 2 et 5, 17 a 8. Il n'y a pas lieu de croire que Porphyre utilise ici un autre vocabulaire que celui d'Aristote.

3. [57.8-10] *C,* 1 b 25-26.

4. [57.12] Contrairement au Ps.-Archytas (Περὶ τοῦ καθόλου λόγου, p. 22, 11 Thesleff), Porphyre n'envisage pas que le signifié soit la pensée, plutôt que la chose. Mais, là dessus, voir l'Introduction.

5. [57.16-17] Ce que Porphyre appelle « propos » (πρόθεσις), selon la terminologie d'Aristote (ici même, *C,* 8, 11 a 21 ; cf. *Topiques,* I, 1, 100 a 18) est ce que les commentateurs ultérieurs appelleront « le but » (σκόπος) de l'ouvrage. La définition de ce but est, comme l'on sait, l'un des points essentiels exposés dans leur introduction systématique. *Cf.* en dernier lieu, Ph. Hoffmann, « La fonction des prologues exégétiques dans la pensée pédagogique néoplatonicienne » dans *Entrer en matière. Les prologues,* sous la direction de J.D. Dubois et B. Roussel, Paris, 1998, p. 220. D'autres points examinés dans leur introduction (le titre, la place où se range l'ouvrage dans le *Corpus,* celle qu'il occupe dans les parties de la philosophie, son utilité relative,...) sont ici évoqués, mais non de manière aussi systématique. Là-dessus, voir J. Mansfeld, *Prolegomena. Questions to be settled before the Study of an Author, or a Text,* Leyde, 1994, p. 20.

<Π.> Δεῖξον οὖν τὴν οἰκείαν πρόθεσιν τῆς τοῦ βιβλίου πραγματείας.

<Ἀ.> Φημὶ τοίνυν ὅτι τῶν πραγμάτων ἐκκειμένων δηλωτικὸς γενόμενος καὶ σημαντικὸς αὐτὸς ὁ ἄνθρωπος ἦλθεν ἐπὶ τὸ καὶ διὰ τῆς φωνῆς κατονομάζειν καὶ δηλοῦν ἕκαστον, καὶ γέγονεν αὐτῷ ἡ πρώτη χρῆσις τῶν λέξεων, εἰς τὸ παραστῆσαι ἕκαστον τῶν πραγμάτων διὰ φωνῶν τινων καὶ λέξεων καθ' ἣν δὴ σχέσιν τῶν φωνῶν τὴν πρὸς τὰ πράγματα τόδε μέν τι πρᾶγμα βάθρον κέκληκεν, τόδε δὲ ἄνθρωπον, τόδε δὲ κύ{ω}να, ἥλιον δὲ τόδε, καὶ πάλιν τόδε μὲν τὸ χρῶμα λευκόν, τόδε δὲ μέλαν, καὶ τόδε μὲν ἀριθμόν, τόδε δὲ μέγεθος, καὶ τόδε μὲν δίπηχυ, τόδε δὲ τρίπηχυ, καὶ οὕτως ἑκάστῳ πράγματι λέξεις καὶ ὀνόματα τέθεικεν σημαντικὰ αὐτῶν καὶ μηνυτικὰ διὰ τῶν τοιούτων τῆς φωνῆς ψόφων. Τεθεισῶν δὲ τοῖς πράγμασι συμβολικῶς τινων λέξεων προηγουμένως, πάλιν ὁ ἄνθρωπος κατὰ δευτέραν ἐπιβολὴν ἐπανελθὼν αὐτὰς τὰς τεθείσας λέξεις θεωρήσας τὰς μὲν τοιοῦτον φέρε τύπον ἐχούσας, ὥστε ἄρθροις συνάπτεσθαι τοιοῖσδε[...], ὀνόματα κέκληκεν, τὰς δὲ τοι-

19 Π.(Ἐρ.) M^2 (s.u.) || **20** Ἀ. M^2 (s.u.) : add. πρόθεσις τοῦ βιβλίου M^3 (mg) || post πραγμάτων addend. esse τῶν coni. Diels || **21** φωνῆς MA^1 (s.u.) : om. A || **25** κύνα corr. Busse : κύωνα M κύκλον A || **32** post τοιοῖσδε aliquid desideratur ut recte indic. Busse || κέκληκεν M : κέκληκα A || **32-33** τοιαύτας M : τοιάσδε A

Q. — Montre donc le propos qu'il convient d'assigner au travail que contient le livre.

R. — Eh bien, voilà ce que je soutiens. En présence des choses, l'homme lui-même, devenu capable de les faire voir et de les signifier, en est arrivé à les dénommer et à les faire voir aussi au moyen de la parole[1]. Et le premier usage qu'il fit des mots ce fut pour faire état de chacune des choses par le moyen de certains vocables et certains mots[2]. D'après le rapport qu'ont les vocables avec les choses, il a donc appelé la chose particulière que voici une « chaire », celle-ci un « homme », celle-là un « chien », mais « soleil » cette dernière; et à nouveau, il a nommé cette couleur-ci « blanche », mais celle-là « noire », et ceci un « nombre » mais cela une « grandeur » et il a dit celle-ci « de deux coudées », mais celle-là « de trois coudées ». Et c'est de cette façon que pour chaque chose, il a établi des mots et des noms aptes à les signifier et à les mettre en évidence par le moyen de ces sortes de sons que profère la voix[3]. Mais une fois que furent établis conventionnellement[4] pour les choses certains mots dont c'est la principale fonction, à nouveau l'homme revint à charge dans une seconde démarche, en considérant les mots établis eux-mêmes. Ceux qui ont, mettons, la caractéristique de pouvoir être attachés à des articles de tel

1. [57.22] Et pas seulement du geste : *cf.* Platon, *Cratyle,* 422 E. Porphyre expose à partir d'ici une théorie célèbre (la double institution des noms) dont on ne trouve avant lui aucune attestation; *cf.* Ph. Hoffmann, « Les analyses de l'énoncé. Catégories et parties du discours selon les commentateurs néoplatoniciens » dans *Théories de la phrase et de la proposition de Platon à Averroès,* Textes édités par Th. Büttgen, S. Diebler et M. Rashed, Paris, 1999, p. 225 *sq.* (spécialement p. 227, n. 2 : littérature antérieure sur le sujet). Il est très probable que la théorie est conçue, en partie, pour réfuter non seulement la thèse que les « catégories » sont des genres d'être, mais celle aussi selon laquelle ces mêmes « catégories » seraient simplement des genres de mots, en tant que tels.

2. [57.23] Les termes φωνή et λέξις sont traités ici comme équivalents, dans une sorte d'hendiadys.

3. [57.24-29] Porphyre présente ici l'« institution primitive » du langage, semble-t-il, à peu près dans les termes qu'Aristote emploie pour décrire sa « fonction principale » : dire ce que sont les choses, tout en indiquant une catégorie. Cf. *Topiques*, I, 9, 103 b 29 *sq.* : « En effet, quand à propos d'un homme, on dit que c'est là un homme ou un animal, on exprime une essence, et on désigne une substance » (Trad. J. Brunschwig). Les exemples de désignations produites pas Porphyre s'appliquent à des choses *singulières,* mais à l'exception du mot « soleil » (qui est propre à un seul astre), ce sont des appellations générales, indiquant des choses du genre substance, qualité et quantité. Ce n'est donc pas dire que « chaque chose » (particulière) reçoit un « nom » (propre).

4. [57.29] Rappel de la thèse aristotélicienne selon laquelle les mots sont appliqués aux signifiés « par convention » (*De l'interpr.*, 2, 16 a 19-20 et 26-28). Le « rapport » des noms aux choses, évoqué plus haut (57, 24), n'est donc pas naturel.

αὕτας οἷον τὸ περιπατῶ, περιπατεῖς, περιπατεῖ, ῥήματα, δηλώματα τῶν ποιῶν τύπων παριστὰς τῶν φωνῶν διὰ τοῦ τὰς μὲν ὀνόματα καλέσαι τὰς δὲ ῥήματα. Ὥστε τόδε μέν τι τὸ πρᾶγμα καλέσαι χρυσὸν καὶ τὴν τοιαύτην ὕλην τὴν οὕτω διαλάμπουσαν προσαγορεῦσαι ἥλιον τῆς πρώτης ἦν θέσεως τῶν ὀνομάτων, τὸ δὲ τὴν χρυσὸν λέξιν εἰπεῖν εἶναι ὄνομα τῆς δευτέρας θέσεως καὶ τοὺς τύπους τῆς ποιᾶς λέξεως σημαινούσης. Ἔστι τοίνυν ἡ πρόθεσις τοῦ βιβλίου περὶ τῆς πρώτης θέσεως τῶν λέξεων τῆς παραστατικῆς τῶν πραγμάτων· ἔστι γὰρ περὶ φωνῶν σημαντικῶν ἁπλῶν, καθὸ σημαντικαί εἰσι τῶν πραγμάτων, οὐ μὴν τῶν κατὰ ἀριθμ⌈ὸ⌉ν ἀλλήλων διαφερόντων ἀλλὰ τῶν κατὰ γένος· ἄπειρα μὲν <γὰρ> σχεδὸν καὶ τὰ πράγματα καὶ αἱ λέξεις κατὰ ἀριθμόν· ἀλλ' οὐ τὰς κατὰ ἀριθμὸν πρόκειται διελθεῖν λέξεις· ἑκάστη γὰρ κατὰ ἀριθμὸν <ἓν> σημαίνει τῶν ὄντων· ἀλλ' ἐπεὶ τῷ ἀρι-

58.6 ἀριθμὸν M² (s.u.) A : ἀριθμῶν M (quod exp. M²) || **7** γὰρ inserui || **9** ἑκάστη - ὄντων om. Fel. || ἓν quod hic addidi post σημαίνει addend. esse coni. Busse (in app.) quod prob. Strange

genre[1], ils les a appelés des « noms » et les autres, tels que « je me promène », « tu te promènes », « il se promène », il les a appelés des « verbes »[2]. Il fournissait ainsi des indications sur les formes caractéristiques des vocables en appelant « noms » les uns et « verbes » les autres. Par conséquent, appeler une chose comme celle-ci de l'« or » et donner à une
| matière comme celle-là qui brille, de manière si éclatante, l'appellation de 58
« soleil » relevait de la première imposition des noms ; mais dire que le mot « or » constitue un « nom » relève de la seconde imposition, c'est-à-dire celle qui indique les formes caractéristiques du mot. Le propos de l'ouvrage cependant, c'est la première imposition des mots, celle qui sert à faire état des choses[3]. Il a, en effet, pour objet les vocables simples[4], significatifs, en tant qu'ils servent à signifier les choses, sous réserve que les choses en question ne sont pas celles qui se distinguent entre elles numériquement, mais celles qui diffèrent en genre. En effet, il y a pour ainsi dire une infinité de choses et aussi de mots quant au nombre. Mais le propos de l'ouvrage n'est pas de parcourir ces mots un à un, car chacun signifie numériquement

1. [57.32] Le texte paraît ici corrompu et, comme l'a noté Busse, il faut peut-être supposer, après τοιοῖσδε, la mention explicite de l'un ou l'autre article.

2. [57.31-33] La distinction « noms / verbes » proposée en *Poétique* (20, 1457 a 10-19) et *De l'interpr.* (2, 16 a 19-2, 16 b 7) veut que le verbe signifie en outre le temps ; ce que néglige ici Porphyre. Le critère « attachés à des articles » ne distingue pas les noms des adjectifs, ni des termes substantifiés (y compris les verbes) ! Mais il est clair que pour Porphyre, les mots de secondes impositions (le vocabulaire métalinguistique) expriment des distinctions grammaticales ou stylistiques, qu'enregistrent la poésie et la rhétorique. Ils sont donc significatifs, mais à titre secondaire, puisqu'ils indiquent, non les choses, mais les parties du discours (en ce compris les parties non signifiantes : articles, prépositions, etc.) ou les caractéristiques de celui-ci.

3. [58.5] Avant l'exposé de sa théorie de la double institution des noms, Porphyre tenait déjà pour acquis que *C* porte sur les mots signifiants, non sur les choses. L'exposé de cette théorie sert donc à circonscrire ceux des mots signifiants qui font l'objet du traité, en écartant les mots qui ne signifient pas les choses. Ayant refusé une interprétation proprement ontologique du propos de *C*, il refuse ainsi une interprétation proprement linguistique. Il est tentant de considérer la position interprétative de Porphyre comme une position moyenne, la lecture « logique » de *C* tenant le milieu entre une lecture ontologique et une lecture linguistique (*cf.* G. Girgenti, *Introduzione a Porfirio*, Rome-Bari, 1997, p. 64) ; mais, en vérité, la théorie de la double institution des noms montre que Porphyre défend une interprétation linguistique : selon lui, le propos de *C* est d'étudier la *partie de la langue* qui signifie les choses. Il est entendu que cette partie est celle qui présente une portée ontologique, puisqu'elle signifie les choses. Mais il est d'emblée évident que cette portée ontologique est limitée, puisque les choses signifiées en l'occurrence sont uniquement celles, particulières, que l'on peut aussi désigner du geste *hic et nunc,* autrement dit, les choses du monde physique. C'est pourquoi, on l'a vu, Porphyre soulignait précédemment l'affinité entre *C* et la partie naturelle de la philosophie.

4. [58.6] Les vocables « simples » semblent correspondre ici, comme plus haut (56, 8), aux plus petites parties significatives de l'élocution (de la λέξις au sens de *Poétique,* 20, 1456 b 20).

θμῷ πολλά ἐστιν ἓν ὄντα τῷ εἴδει ἢ τῷ γένει, καὶ ἡ ἀπειρία τῶν ὄντων καὶ τῶν σημαινουσῶν αὐτὰ λέξεων εἰς δέκα γένη εὕρηται περιλαμβανομένη εἰς τὸ γράφεσθαι. Εἰς δέκα τοίνυν γενικὰς διαφορὰς περιληφθέντων τῶν ὄντων δέκα καὶ αἱ δηλοῦσαι ταῦτα φωναὶ γεγόνασι κατὰ γένη καὶ αὐταὶ περιληφθεῖσαι. Δέκα οὖν λέγονται κατηγορίαι τῷ γένει δηλονότι ὥσπερ καὶ αὐτὰ τὰ ὄντα δέκα τῷ γένει. Ὅθεν ἐπεὶ περὶ φωνῶν σημαντικῶν ἡ πρόθεσις καθὸ σημαίνουσί <τι> τῶν κατὰ γένος διαφόρων ὄντων, τὸ δὲ ἀγαρεύειν τὰ πράγματα κατά τι σημαινόμενον κατηγορεῖν ἔλεγον καὶ ὅλως τὸ λέξιν σημαντικὴν κατὰ πραγμάτων λέγειν, εἰκότως Κατηγορίας ἐπέγραψεν τὴν περὶ τῶν ἁπλῶν λέξεων στοιχείωσιν τὴν καθὸ σημαντικαὶ τῶν πραγμάτων εἰσὶ προηγουμένως κατὰ γένος ἕκαστον θεωρουμένην.

<Π.> Ἀλλὰ πῶς, εἰ{πὲ} περὶ φωνῶν σημαντικῶν ἐστιν ἡ πραγματεία, ἐν τοῖς ἑξῆς περὶ τῶν πραγμάτων ὁ πᾶς αὐτῷ <γε>γένηται λόγος;

15 περὶ MA[1] (s.u.) : om. A || **16** τι inserui (cf.u.17) || **21** Π.(Ἐρ.) M[2] (s.u.) || εἰ περὶ M[1] (p. expunct.) : εἰπὲ περὶ MA || **22** γεγένηται Busse (sec. 59,35 πεποίηται) : γένηται MA γίνεται p

un seul des êtres[1]. Toutefois, puisque des êtres numériquement multiples sont un spécifiquement ou génériquement, on découvre que leur infinité et celle des mots qui les signifient peuvent se ramener à dix genres qui servent à mettre en cause[2]. Or, une fois les êtres ramenés à dix différences génériques, de la même façon, les vocables qui les font voir se trouvent, eux aussi, ramenés à dix genres[3]. Il y a donc, dit-on, dix « prédications [*kategoriai*] », évidemment génériques, exactement comme les êtres eux-mêmes sont dix génériquement. Résultat : dès lors que le propos d'Aristote est d'examiner les vocables significatifs, en tant qu'ils signifient l'un ou l'autre des êtres qui diffèrent génériquement et que, d'autre part, exprimer les choses d'après l'une ou l'autre signification, c'est ce que l'usage en vigueur de son temps appelait « catégoriser » comme l'est généralement le fait de proférer sur les choses un mot significatif, on trouvera normal qu'il ait intitulé *Catégories* son exposé élémentaire portant sur les mots simples, qui considère principalement chaque genre de mots en tant que propres à signifier les choses[4].

Q. — Mais si le travail a pour objet les vocables significatifs, comment se fait-il que dans la suite, ce soit sur les choses que se trouve porter tout son argument[5] ?

1. [58.9] Ce n'est pas à dire que chaque chose singulière a son nom propre, mais seulement qu'elle peut être désignée proprement par un nom dans la prédication : « ceci est une pierre » (cf. *supra*, 56, 11). Il n'est pas impossible que les noms spécifiques que Porphyre s'apprête à évoquer soient considérés par lui comme des noms propres (désignant au départ une seule chose), étendus par l'usage aux choses semblables, de même espèce, certains, comme le mot « soleil », restant réservés à la seule chose qu'ils désignaient initialement. Mais l'hypothèse n'est pas vérifiable.

2. [58.12] L'expression εἰς τὸ γράφεσθαι est d'interprétation douteuse. Si le verbe est un passif, peut-être signifie-t-elle « pour être enregistrés » (*cf.* Strange, p. 34 : « to be included under a list »). J'incline à penser qu'il s'agit d'un moyen, car Porphyre pense probablement à l'usage prédicatif des genres, et qu'il a donc le sens technique d'« accuser », comme κατηγορεῖν. D'où ma traduction.

3. [58.12-13] *Cf.* Ps. Archytas, *op. cit.*, p. 22, 12-13 Thesleff (φημὶ) εἶναι δὲ καὶ τὰ σημαινόμενα καθόλου δέκα καὶ τὰ σημαίνοντα ἴσα τὸν ἀριθμὸν τούτοις.

4. [58.20] « Principalement » (mais non exclusivement) semble vouloir dire qu'il est aussi question occasionnellement, dans *C*, des prédications non génériques. Porphyre a-t-il en vue la prédication de l'espèce, voire de l'individu (propriétés individuelles) ou autre chose que la prédication, comme c'est notamment le cas dans les antéprédicaments (chap. 1 3) et les postprédicaments (chap. 10 *sq.*) ? C'est impossible à trancher.

5. [58.21-22] L'objection tient compte non seulement d'une impression générale, mais des déclarations expresses que l'on trouve dès le début du traité (*C*, 1, 1 a 1 : … « [Les choses] dont les noms »… ; 1 a 20 : « parmi les êtres »… ; etc.) et dont les commentateurs antérieurs s'étaient préoccupés. La manière dont Andronicos avait paraphrasé ce début semble montrer

<Ἀ.> Ὅτι αἱ φωναὶ ἀγγέλῳ ἐοικυῖαι τὰ πράγματα ἀγγέλ<λ>ουσιν, ἀπὸ δὲ τῶν πραγμάτων, ὧν ἀγγέλ<λ>ουσι, τὰς διαφορὰς λαμβάνουσι· ἀφ' ὧν τοίνυν τὸ τῆς χρείας ἀναγκαῖον ἔχουσιν, ταῦτα ἀναγκαῖον θεωρεῖται, ἵνα κατὰ τὰς γενικὰς διαφορὰς ὧν ἀγγέλ<λ>ουσι καὶ αὐταὶ τὸ διάφορον λάβωσι τὸ κατὰ γένος. Ἐμπίπτουσα τοίνυν γέγονεν ἡ περὶ τῶν κατὰ γένος διαφορῶν ζήτησις τῶν ὄντων, προηγουμένη δέ ἐστιν ἡ περὶ τῶν φωνῶν τῶν σημαντικῶν, ὡς εἴρηται.

<Π.> Ἀλλ' εἰ ἐνθάδε εἰς δέκα γένη δι⌈εῖ⌉λεν τὰς σημαντικὰς φωνάς, πῶς ἐν τῷ Περὶ ἑρμηνείας εἰς δύο, εἰς ὄνομα καὶ ῥῆμα;

<Ἀ.> Ὅτι ἐνθάδε μὲν περὶ τῆς προηγουμένης θέσεως τῶν λέξεων τῆς κατὰ τῶν πραγμάτων ποιεῖται τὸν λόγον, ἐν δὲ τῷ Περὶ ἑρμηνείας περὶ τῆς δευτέρας, [ἣ] οὐκέτι ἐστὶ περὶ τῶν σημαντικῶν λέξεων τῶν πραγμάτων, καθό εἰσι τούτων σημαντικαί, ἀλλὰ περὶ τῶν σημαντικῶν λέξεων τοῦ τύπου τῶν φωνῶν, καθὸ τύποι εἰσὶ τοιούτων· τύπος γὰρ τῆς φωνῆς τὸ εἶναι ἢ ὄνομα ἢ ῥῆμα· καὶ τὸ κυρίαν δὲ εἶναι τὴν λέξιν ἢ ματαφορ⌈ικὴ⌉ν ἢ ἄλλως
59.1 τροπικὴν τῆς δευτέρας ἐστὶ περὶ τῶν φωνῶν πραγματείας καὶ οὐ τῆς πρώτης.

23 Ἀ. M² (s.u.) || **30** Π.(Ἐρ.) M² (s.u.) || διεῖλεν Busse sec. Fel. (*distinxit*) : διῆλεν M διῆλθεν A (dub.) || **31** δύο M : om. A || **32** Ἀ. M² (mg) || **34** ἣ A : ἢ M || **37** μεταφορικὴν Busse sec. Simpl. (10, 28) : μεταφορὰν MA

R. — Vu que les vocables, à la manière d'un messager, annoncent les choses, ils tirent des choses qu'ils annoncent les différences qui les caractérisent. Or les choses qui rendent leur usage nécessaire, sont nécessairement considérées parce que c'est d'après les différences génériques qu'ils annoncent que les vocables, eux aussi, reçoivent le trait distinctif qui exprime leur genre. Incidemment certes, la recherche se trouve porter sur les différences génériques des êtres, mais principalement, elle porte sur les vocables qui sont significatifs, comme on l'a dit[1].

Q. — Mais s'il a ici réparti en dix genres les vocables significatifs, comment se fait-il que dans le *De l'interprétation* il les ait répartis en deux, ceux du nom et du verbe[2] ?

R. — C'est qu'ici, il fait porter son argument sur l'imposition principale des mots, leur application aux choses, alors que dans le *De l'interprétation,* c'est sur la seconde imposition; laquelle ne concerne plus les mots de nature à signifier les choses en tant que propres à les signifier, mais bien les mots qui servent à signifier la forme caractéristique des vocables dans la mesure où les mots sont des types de vocables. Une forme caractéristique du vocable en effet, c'est d'être ou un nom ou un verbe. Et dire, par ailleurs, que le mot est pris au sens propre, au sens métaphorique ou d'une autre
| façon figurée relève de la seconde étude sur les vocables, et pas de la 59
première[3].

qu'il s'était déjà, lui aussi, efforcé de récuser l'interprétation ontologique que le texte lui-même paraît suggérer : τῶν λεγομένων τὰ μὲν ἄνευ συμπλοκῆς λέγεται, τὰ δὲ μετὰ συμπλοκῆς· καὶ τῶν μὲν ἄνευ συμπλοκῆς ὁμώνυμα μὲν λέγεται... (reconstitution d'après Simplicius, 21, 22-24; 26, 18-19; 30, 3-5 et Dexippe, 21, 18-10, chez P. Moraux, *Der Aristotelismus bei den Griechen,* I, Berlin, 1973, p. 101). Porphyre se range à cet avis, sans entrer ici dans la considération des détails, mais en ayant à l'esprit les difficultés que son prédécesseur s'était employé à écarter.

1. [58.23-29] Porphyre concède ici qu'étant d'ordre sémantique, les différences linguistiques reflètent nécessairement des différences ontologiques. Dans son esprit, cela ne change rien au propos principalement linguistique, et non ontologique de *C*.

2. [58.30-31] Le texte incriminé est *De l'interp.*, 1, 16 a 1 *sq.*; 2, 16 a 19; 3, 16 b 6. L'objection ne tient pas compte de ce qui a été dit précédemment des mots de seconde imposition et va être répété à l'instant. Pédagogie oblige !

3. [58.32-59, 2] Si, selon Porphyre, le traité *De l'interprétation*, dans l'étude des textes aristotéliciens, doit faire suite aux *C*, cela peut vouloir dire que l'étude en question passe successivement du point de vue de la première imposition à celui de la seconde. Les mots signifiants n'y sont plus considérés ni repartis d'après les choses signifiées, mais d'après les modes ou les types de signification (nominale, verbale, propre, métaphorique, etc.). Porphyre semble avoir détaillé ce nouveau point de vue dans le grand commentaire perdu (à Gedalios), dont Dexippe (1, 4 *sq.*) s'est fait l'écho. Vu ce qui a été dit plus haut (56, 24-27), ce serait ce point de vue qui convient à l'analyse des « prémisses catégoriques », déclarations non seulement significatives, mais vraies ou fausses.

<Π.> Ἆρα οὖν τὴν διαφορὰν ταύτην πάντες ἔγνωσαν οἱ περὶ τῶν κατηγοριῶν τι γράψαντες;

<Ἀ.> Οὐδαμῶς· οὐ γὰρ ἂν οἱ μὲν περὶ τῶν γενῶν τῶν ὄντων προηγουμένως ᾤοντο ἐνταῦθα πραγματεύεσθαι, οἱ δὲ ἀντέλεγον ἀθετοῦντες αὐτῶν τὴν διαίρεσιν ὡς πολλὰ παρ⌈ιεῖ⌉σαν καὶ μὴ περιλαμβάνουσαν ἢ καὶ πάλιν πλεονάζουσαν.

<Π.> Τίνες εἰσὶν οὗτοι;

<Ἀ.> Οἱ περὶ Ἀθηνόδωρον καὶ Κορνοῦτον οἱ τὰ ζητούμενα περὶ τῶν λέξεων καθὸ λέξεις, οἷα τὰ κύρια καὶ τὰ τροπικὰ καὶ ὅσα τοιαῦτα, (διαφοραὶ γάρ ἐστι λέξεων καθὸ λέξεις εἰσί) τὰ τοιαῦτα οὖν προφέροντες καὶ ποίας

59.3 Π.(Ἐρ.) M² (s.u.) || **5** Ἀ. M² (s.u.) p Fel. : om. A || **7** παριεῖσαν A¹ (p. ras.) : παρειῆσαν M A (dub.) || **9** Π.(Ἐρ.) M² (mg) || **10** Ἀ. M² (mg) || **11** post λέξεων inseruit οἰόμενοι εἶναι Simpl. (18, 28-29)

Q. — Est-ce que, dans ces conditions, la différence en question a été reconnue par tous ceux qui ont écrit sur les *Catégories*[1] ?

R. — Pas du tout ! Sans quoi, certains n'auraient pas cru que le présent ouvrage porte principalement sur les genres des êtres ou d'autres, critiqué, pour la rejeter, la division catégoriale sous prétexte qu'elle néglige beaucoup de genres ou encore, à l'inverse, qu'elle en contient trop[2].

Q. — Qui sont ces personnes ?

R. — Celles du genre Athénodore et Cornutus[3], pour qui les recherches portent sur les mots en tant que tels, par exemple les expressions propres, les expressions figurées et toutes celles de même sorte, puisque ce sont des différences que présentent les mots en tant que tels. Ils mettent donc de

1. [59.3-4] Par cette question, Porphyre introduit à l'exposé dans lequel il prend parti dans la controverse touchant le propos de *C.* en se réclamant de certaines autorités. Le philo sophe ne prétend pas défendre et souhaite montrer qu'il ne défend pas une position originale, même si ses arguments en faveur de cette position le sont (*cf.* la théorie de la double imposition des noms), et il tient à déclarer que même si plusieurs autres interprétations ont été avancées, celle qu'il défend se trouve cautionnée dans la tradition.

2. [59.5-8] Deux interprétations contestables sont ici évoquées : a) l'interprétation proprement ontologique et b) l'interprétation linguistique qui ignore la distinction entre première et seconde imposition de noms. L'interprétation (a), que l'on peut prêter aux aristotélisants (?) que critique Plotin, sinon à Plotin lui-même (cf. *supra,* n. *ad* 56, 19), ne sera dans la suite explicitement prêtée à personne. L'interprétation (b), dont Porphyre s'apprête à évoquer certaines autorités, réunit des partisans qui, selon lui, ont développé, contre Aristote, des critiques contradictoires : les *C*, qui défendent l'existence de dix genres, en recensent trop, d'après les uns, trop peu, d'après les autres.

3. Le philosophe stoïcien Athénodore (fin du Ier siècle avant J.-C. : *cf.* R. Goulet, *s.u.* « Athénodore 490 » dans *Dictionnaire des philosophes antiques,* I, 1994, p. 652), auteur d'un *Contre les Catégories d'Aristote* (*cf.* Simplicius, 62, 25-26 et 18, 26-19 et Porphyre, *Infra,* 86, 23) semble avoir inauguré ce genre de critique, fondée sur l'idée générale que les distinctions catégoriales n'épuisent pas toutes les distinctions de mots et sont faites aux dépens des distinctions de type grammaticale ou stylistique. Réfuté sur ce point par Bœthos de Sidon, dont il sera question ici dans un instant (59, 17), et sur d'autres, par L. Aenaeus Cornutus (première moitié du Ier siècle de notre ère : *cf.* Noek, art. « Kornutos » dans *RE,* 5, 1031, 995-1005), qui avait écrit un *Contre Athénodore et Aristote* (*cf.* Simplicius, 62, 27), Athénodore avait cependant trouvé en Cornutus un partisan qui, comme lui, dénonçait la déficience des positions aristotéliciennes. Leur jugement commun semble avoir trouvé un écho, au IIe s., chez les platoniciens Lucien et Nicostrate (*cf.* Simplicius, 18, 28 *sq.* ; 62, 24 *sq.* ; 64, 13 *sq.*), que Porphyre ne cite pas. Les nuances qui séparaient éventuellement tous ces auteurs nous échappent, de même que les arguments exacts qui soutenaient leurs interprétations. Sur celles d'Athénodore et Cornutus (tirées de notre passage et de ses parallèles notés chez Simplicius), voir Moraux, *Der Aristotelismus,* II, 1984, p. 587 *sq.* ; 593 *sq.* ; H.B. Gottschalk, « Aristotelian Philosophy in the Roman World from the time of Cicero to the end of the second century AD » dans *ANRW,* II, 36, part 2, p. 1102-1103 et 1111, repris avec corrections sous le titre « The earliest Aristotelian commentators » dans *Aristotle Transformed. The ancient commentators and their influence,* Ed. by R. Sorabji, Londres, 1990, p. 61, 70-71 et 78. Porphyre n'illustre

ἐστὶ κατηγορίας ἀποροῦντες καὶ μὴ εὑρίσκοντες ἐλλιπῆ φασιν εἶναι τὴν διαίρεσιν, ὡς ἂν μὴ πάσης φωνῆς σημαντικῆς εἰς αὐτὴν περιλαμβανομένης.

<Π.> Ἆρα οὖν πάντες ἐσφάλησαν περὶ τὴν πρόθεσιν τῆς τῶν κατηγοριῶν γνώσεως;

<Ἀ.> Οὐδαμῶς· ἀλλὰ καὶ Βόηθος ἐν τοῖς εἰς τὰς Κατηγορίας εἴρηκεν ταῦτα καὶ Ἑρμῖνος βραχέως.

<Π.> Εἰπὲ τὰ Ἑρμίνου, ἐπείπερ αὐτὰ φῂς διὰ βραχέω⌈ν⌉ εἰρ⌈ῆ⌉σθαι.

<Ἀ.> Λέγει τοίνυν ὁ Ἑρμῖνος προκεῖσθαι οὔτε περὶ τῶν ἐν τῇ φύσει πρώτων καὶ γεν⌈ι⌉κωτάτων γενῶν (οὐ γὰρ νέοις προσήκουσα ἡ τῶν τοιούτων

15 Π. (*Int.*) Fel.: u. sign. Ap (erosus M) || **17** Ἀ. M² (s.u.) || **19** Π.(Ἑρ.) M² (s.u.) || βραχέων Busse : βραχέως MA || **20** Ἀ. M² (s.u.) || **21** πρώτων M : πρῶτον A

l'avant ces sortes d'expressions, se demandent de quelle catégorie elles relèvent et faute de trouver, ils soutiennent que la division est déficiente, sous prétexte que chaque vocable significatif n'est pas compris en elle.

Q. — Est-ce que donc tout le monde s'est trompé sur le propos que s'assigne la connaissance dans les *Catégories*?

R. — Pas du tout! Au contraire, Boethos aussi, dans ses commentaires aux *Catégories,* a exposé les arguments que je défends, ainsi que Herminos brièvement[1].

Q. — Donne les arguments de Herminos, puisque aussi bien ceux-là sont, dis-tu, exposés brièvement.

R. — Eh bien, l'argument de Herminos est le suivant: le propos de l'ouvrage n'est de considérer, ni les genres premiers dans la nature, c'est-à-dire les genres suprêmes, parce que l'enseignement de telles choses ne

pas ici la thèse de ceux qui auraient reproché à Aristote d'avoir recensé trop de genres; peut-être pensait-il à Andronicos qui, selon Simplicius (63, 23), tenait pour excessif le nombre des catégories et réduisait à deux genres (la substance et les relatifs) l'ensemble des réalités; mais la portée de ce jugement chez Andronicos est douteuse, comme l'a montré Gottschalk (*Aristotle Transformed,* p. 72): « it appears that Andronicus did little more that point up the fundamental distinction, clearly drawn by Aristotle himself, between the category of Substance (...) and the remaining categories (...), without wishing to obliterate the differences between the latter. ».

1. [59.17-18] À la différence des auteurs précédemment évoqués et critiqués, Bœthos de Sidon (moitié du Ier siècle avant J.-C.) n'appartenait pas aux écoles philosophiques rivales de l'école péripatéticienne; élève d'Andronicos de Rhodes, il passe au contraire pour avoir été maître du Peripatos à Athènes. Herminos, moins connu, est aussi un péripatéticien du IIe siècle de notre ère, l'un des maîtres d'Alexandre d'Aphrodise. En se plaçant sous leur autorité, Porphyre prétend donc pouvoir se réclamer de l'orthodoxie aristotélicienne. On ne saurait trop insister sur cette prétention (*cf.* R. Chiaradona, *Sostanza,* p. 50, n. 101), car elle est l'indice d'une volonté, chez Porphyre, de rapprocher le platonisme de la tradition aristotélicienne, plus étroitement et plus systématiquement que ne l'avaient fait certains représentants du moyen-platonisme, comme Alcinoos, par exemple. Celui que Simplicius (1, 18) appelle « l'admirable Bœthos » et qu'il loue pour la profondeur de ses commentaires aux *C*, s'était fait le champion d'une défense d'Aristote contre ses critiques: *cf.* Moraux, *Der Aristotelismus,* I, p. 149-150 et Gottschalk dans *Aristotle Transformed,* p. 74. L'allusion que fait ici Porphyre à sa position touchant le propos de *C* est, avec son parallèle chez Simplicius (11, 23 *sq.*), le seul témoignage qui nous documente là-dessus. Que Porphyre lui préfère, pour son exposé, l'opinion semblable, mais plus brièvement exprimée, de Herminos donne à penser que, peut-être, la position de Bœthos se tirait d'une multitude de détails ou d'indices difficiles à résumer. D'autres auteurs, que Porphyre ne mentionne pas, semblent avoir partagé globalement les vues qu'il défend ici, bien que nous soyons sommairement renseignés sur le détail de leurs arguments; outre le Ps. Archytas, dont nous avons signalé les parallèles, ce sont principalement Alexandre d'Aphrodise lui-même et, avant lui (Ier s.), Alexandre d'Aigai: *cf.* Simplicius, 10, 10-20; 13, 15-17. Ces deux derniers étant des représentants de l'aristotélisme réputé orthodoxe, il est impossible de savoir pourquoi Porphyre n'ajoute pas leur témoignage aux autorités dont il se réclame.

διδασκαλία) οὔτε τίνες αἱ πρῶται καὶ στοιχειώδεις τῶν λεγομένων διαφοραί, ὡς τ⌈ὸ⌉ν λόγ⌈ο⌉ν εἶναι δοκεῖν περὶ τῶν τοῦ λόγου μερῶν, ἀλλὰ μᾶλλον περὶ τῆς καθ' ἕκαστον γένος τῶν ὄντων οἰκείας ἂν ἐσομένης τῶν λεγομένων κατηγορίας· διὸ καὶ ἀναγκαῖον ἐγένετο ἁμωσγέπως ἅψασθαι τῶν γενῶν, ἐφ' ἅπερ ἡ τῶν κατηγορουμένων ἀναφορά· ἀδύνατον γὰρ τὴν ἑκάστου οἰκείαν σημασίαν γνώριμον εἶναι μηδεμιᾶς αὐτῷ προλήψεως προϋποκειμένης. Διὰ τοῦτο δὲ καὶ ἡ ἐπιγραφὴ Κατηγορία, δηλωτικὴ οὖσα τῆς ἑκάστῳ γένει συνημμένης οἰκείας σημασίας. Ὅτι δὲ αὐτὰ τὰ γένη τὸν ἀριθμὸν δέκα,

23 τὸν λόγον corr. Politianus in Laur. 71, 30 (s.u.) : τῶν λόγων MA

convient pas aux jeunes gens, ni quelles sont les différences premières et élémentaires que présentent les choses qu'on dit, car l'exposé semblerait alors porter sur les parties du discours; mais il a plutôt en vue la prédication des choses qu'on dit, en ce qu'elle peut avoir de propre selon chaque genre d'êtres. C'est précisément pourquoi il a été nécessaire, au moins d'une certaine façon, de toucher aux genres auxquels se réfèrent les choses qu'on attribue, car il est impossible de connaître la signification propre à chaque genre sans en avoir préalablement quelque préconception. Et c'est pourquoi l'on a aussi l'intitulé *Catégorie*, qui veut dire « signification propre attachée à chaque genre »[1]. On sait par ailleurs que les genres

1. [59.20-29] Ce « fragment » de Herminos (*cf.* H. Smidt, *De Hermino Peripatetico,* Diss., Marburg, 1917, p. 12) est-il reproduit littéralement? Probablement en grande partie, car il présente des expressions et des arguments que Porphyre n'a pas utilisés jusqu'ici. Il comporte plusieurs sections que Porphyre a peut-être réunies en laissant de côté des propos intermédiaires, si la citation est tronquée et formée d'extraits séparés. (A) Première partie: l'exposé de l'objet de *C*; (A.1) Exposé négatif; (A.1.a.) Contre l'interprétation ontologique; (A.1.b.) Contre l'interprétation purement linguistique; (A.2.) Exposé positif; (B) Seconde partie, où il est question des réalités premières: Nécessité de toucher aux genres de l'être; (C) Troisième partie: Justification du titre. En A.1.a., pour caractériser les genres d'être, Porphyre n'a pas parlé expressément jusqu'ici de genres « premiers dans la nature » ni de genres « suprêmes », mais de telles appellations correspondent évidemment à ce qu'il avait en vue évoquant ces genres (56, 31, 34; 57, 11; 58, 25) et le rapport de *C* avec la science naturelle (56, 29-31); Porphyre n'a pas non plus, comme ici Herminos, expressément présenté les doctrines de *C* comme un enseignement destiné à la jeunesse, mais ce jugement correspond évidemment à l'idée d'un traité introductif, très élémentaire (56, 28); il semble donc bien que notre philosophe reproduise ici des déclarations originales qui s'ajustent à sa propre interprétation. En A.1.b., il est question des « différences premières et élémentaires des choses qu'on dit »; l'expression « choses qu'on dit » (τῶν λεγομένων) rappelle *C*, 2, 1 a 16, passage dont se servaient peut-être les partisans de l'interprétation purement linguistique. Herminos ne dit pas pourquoi, mais nie seulement que, selon cette interprétation, *C* porte « sur les parties du discours »; c'est un jugement sommaire que Porphyre a précisé et justifié par sa théorie des deux impositions des noms. Il semble donc nous rapporter en l'occurrence, dans les termes où elle était formulée, une intuition que lui-même s'est chargé de démontrer. En A.2., nous pouvons faire la même observation: Porphyre rapporte le jugement positif d'Herminos dans les termes de celui-ci, où se retrouve son expression précédente (« prédications *des choses qu'on dit* ») et c'est un jugement qui correspond à celui, plus précis, que Porphyre a formulé (58, 17-18) en utilisant l'expression « paroles significatives ». En B, les choses sont encore plus évidentes: ce passage est parallèle à l'explication détaillée qu'a donnée Porphyre en 58, 23-29, mais manifestement en évitant le vocabulaire d'Herminos, qui parle de « préconception » (πρόληψις), terme teinté philosophiquement par l'usage technique qu'en faisaient les épicuriens et les stoïciens. En C, la justification du titre *Catégorie*, que Herminos écrit au singulier, anticipe ce qu'a dit Porphyre (57, 14-16 et 58, 15-20) et, au passage, contient une élucidation du mot κατηγορία (= σημασια) qui autorise Porphyre à lui substituer l'expression λέξις σημαντική (56, 8). Voir là-dessus Simplicius, 62, 17-20. Au total, il apparaît donc que Porphyre a trouvé chez Herminos et extrait assez fidèlement de son œuvre de « brèves » considérations qui, sur plusieurs points importants,

προϊὼν ὁ λόγος δηλώσει· ταύτῃ δὲ καὶ ὁ ἀριθμὸς ὁ τῶν κατηγοριῶν δέκα.

Ὁ δὲ ἐπιγράφων Περὶ δέκα γενῶν οὐδὲ αὐτὸς ἀπεικότως, εἰ μόνον πρὸς τὴν ἐπὶ τὰ γένη ἀναφορὰν ποιοῖτο τὴν ἐπιγραφήν, ἀλλὰ μὴ ὅτι προηγουνένως περὶ τῶν δέκα γενῶν νομίζοι.

33 νομίζοι MA[1] (s.u.) : νομίζει A

eux-mêmes sont au nombre de dix, l'exposé l'indiquera plus avant; mais c'est ce qui fait que le nombre des catégories est également dix [1]. Du reste, qui choisit le titre *Sur les dix genres* ne fait pas non plus lui-même un choix incongru, pourvu seulement qu'il ait en vue la référence des catégories aux genres en créant ce titre, et non parce qu'il imagine que l'exposé porte principalement sur les dix genres [2].

fournissent de quoi cautionner son interprétation. On pourrait se demander, sur chaque point, jusqu'où la pensée d'Herminos s'accordait vraiment aux jugements que Porphyre a développés, mais il est plus important de remarquer que tous ces points sont solidaires: Herminos semble, comme Porphyre, avoir envisagé trois hypothèses interprétatives, choisi la troisième, donné, par là, un sens à la notion de « catégorie » et fondé sur elle l'intitulé du traité d'Aristote, ainsi que le jugement qui fait de ce traité un ouvrage pour débutants. Dans ces conditions, il n'est pas risqué de conclure que, quoi qu'il en soit des détails, Porphyre paraît avoir vraiment trouvé, chez son prédécesseur péripatéticien, non seulement une caution, mais une inspiration pour l'interprétation générale qu'il défend. Cela dit, l'on est d'autant plus surpris de rencontrer, chez différents auteurs plus tardifs, le témoignage selon lequel Herminos aurait été l'un des partisans de l'interprétation ontologique de *C*: son opinion, déclare Olympiodore (18, 28-31), est qu'Aristote « nous y entretient des choses seulement » (*cf.* Elias, 129, 9-11 et 30-130, 7; et *Vat. Urbinas* 35, 31 b 32 et *sq.*). Qui plus est, Olympiodore (19, 6-17) prétend appuyer son témoignage sur deux arguments avancés par Herminos lui-même : 1) Aristote utilise toujours, dans la prédication, le verbe (copule) « est » et 2) il déclare lui-même (*C*, 2, 1 a 20 et *sq.*) : « Parmi les êtres » etc. On a soupçonné que ces témoignages remontent à Jamblique, lequel (contrairement à Porphyre et à Simplicius) se serait fourvoyé dans l'appréciation des textes d'Herminos : *cf.* Moraux, *Der Aristotelismus,* II, p. 366-367; de son côté, Schmidt (*De Hermino*, p. 23) croyait à une erreur d'Olympiodore. Il paraît plus vraisemblable que Jamblique a induit en erreur la tradition qui en dépend en insistant sur une éventualité qu'Hernimos envisageait; l'on a vu que, exactement comme Pophyre, il posait la « nécessité » d'examiner les genres de l'être pour distinguer les significations catégoriales; il a donc pu, dans cette perspective, argumenter en faveur d'une certaine portée ontologique de ces distinctions (non en faveur du propos ontologique du traité); relevée par Jamblique, une telle argumentation aura conduit des auteurs subséquents à se méprendre. Quoi qu'il en soit, le témoignage de première main apporté par Porphyre, appuyé par Simplicius, semble difficilement récusable et s'inscrit parfaitement dans une tradition péripatéticienne.

1. [59.30] Cf. *infra*, 86, 6 *sq*. Ces propos ne sont visiblement plus un extrait d'Herminos, car si l'on se fie à Simplicius qui le cite (62, 17-20), celui-ci s'interrogeait explicitement sur la question de savoir si le nombre des catégories était le même que celui des πρῶτα γένη et paraissait hésiter à trancher cette question. Porphyre, lui, tranche sans hésitation.

2. [59.31-33] Cette concession paraît un peu étrange après tout ce qui vient d'être dit et plus encore, après l'affirmation formellement contradictoire qu'on a lue p. 56, 31-32. Mais Porphyre tient visiblement à maintenir une stricte correspondance entre catégories (vocables significatifs génériques) et genres d'êtres (naturels). On peut voir là une double mise à distance de Plotin. Contrairement à celui-ci (*En.*, VI, 3), Porphyre semble prêt à envisager qu'aux catégories aristotéliciennes correspondent les genres de l'être sensible; d'autre part, toujours contrairement à Plotin, il tient que le traité d'Aristote n'a pas principalement pour objet ces genres de l'être sensible. Ceci réserve la possibilité d'un accord, au moins global, avec Plotin sur la nature des genres de l'être (en général : cf. *En.*, VI, 1-2); cela réserve la possibilité de désaccord, malgré l'accord global.

<Π.> Ἀλλ' εἰ περὶ τῶν δέκα κατηγοριῶν ὁ λόγος, διὰ τί οὐκ ἀπὸ τούτων τὴν ἀρχὴν τῆς διδασκαλίας πεποίηται, ἀλλὰ περὶ ὁμωνύμων καὶ συνωνύμων καὶ παρωνύμων; Ὅμοιος γάρ ἐστι τῷ ἄλλ⌈ο⌉ μὲν ὑπ[οσχο]μένῳ, διδόντι δὲ ἕτερον.

60.1 <Ἀ.> Ἀλλ' οὔτε περιττ[εύων οὔ]τε ἐπιλελησμέν⌈ο⌉ς τοῦ σκοποῦ περὶ τούτου ποιεῖται πρῶτον <τὸν> λόγον, ἀλλὰ τὰ ἀναγκαῖα πρὸς τὴν παράδοσιν τῶν κατηγοριῶν προεκτίθεται, ἵνα μὴ διὰ μέσου ἐκδιδάσκων παρεκβάσεις ποιοῖ καὶ διακόπτοι τὸ συνεχές. Ὥσπερ οὖν οἱ γεωμέτραι προεκτίθενται ὅρους τινὰς καὶ ἀξιώματα καὶ αἰτήματα καὶ διαιρέσεις, ἃ χρήσιμά ἐστι προλαβόντα μαθεῖν εἰς σαφήνειαν τῶν θεωρημάτων, οὕτω καὶ ὁ Ἀριστοτέλης προλαμβάνει τὰ περὶ τῶν ὁμωνύμων καὶ συνωνύμων καὶ παρωνύμων καὶ πάντα <τὰ> ἐφεξῆς χρησιμώτατα πρὸς αὐτὴν τὴν τῶν κατηγοριῶν παράδοσιν, τινὰ δὲ καὶ μετὰ {τὸ τὰ} τὴν τῶν κατηγοριῶν παράδοσιν ἐπιδιδάσκων, ὧν τὸ χρήσιμον ἐν τῷ τόπῳ χρὴ παριστάναι.

34 Π.(Ἐρ.) M² (s.u.) || **36** ἄλλο Mˣ (s.u.) : ἄλλῳ MA || ὑποσχομένῳ A || **60.1** Ἀ. Mˣ (s.u.) Fel. : u. sign. AM om. p || περιττεύων οὔτε A || ἐπιλελησμένος p : —μένως MAC || **2** τὸν addend. esse coni. Diels (cf. 61, 12) || **3** ante ἵνα u. sign. p || **7** τὰ addend. esse coni. Busse (in app.) quod prob. Strange || **8** ἐφεξῆς MA : ἑφεξῆς (sic) Busse || **8-9** τινὰ δὲ — παράδοσιν M : om. A || **9** μετὰ M¹(p.exp.) A : μετα τὸ τὰ M

Q. — Mais si l'argument d'Aristote a pour objet les dix catégories, pour quel motif n'est-ce pas par elles qu'il a fait débuter son enseignement, mais par un exposé sur les équivoques, les univoques et les dérivés ? Il a en effet l'allure de quelqu'un qui promet une chose, mais en donne une autre [1].

|R. — Mais il n'y a ni démarche superflue, ni oubli de son propos, 60
lorsqu'il consacre à cela en premier son argument. Au contraire, il expose au préalable les éléments nécessaires à la doctrine des catégories, de manière à ne pas abandonner en plein milieu son enseignement, faire des digressions et rompre la continuité. De même qu'en géométrie, les savants exposent au préalable certaines définitions, axiomes, postulats et divisions qu'il est utile d'avoir préalablement saisis lorsqu'on apprend, pour la clarification des théorèmes, de la même façon Aristote, lui aussi, saisit donc préalablement les données concernant les équivoques, les univoques et les dérivés, ainsi que toutes les données qui suivent, parce qu'elles sont très utiles à la doctrine des catégories [2]. Du reste, après la doctrine des catégories, il fournit encore certains enseignements supplémentaires dont il faudra indiquer l'utilité au passage [3].

1. [59.34-37] La question qui, comme souvent, a l'allure d'une objection, est inspirée par la critique de Nicostrate d'Athènes (*cf.* Simplicius, 21, 2-3). Platonicien du IIe s., ce dernier avait recueilli et amplifié les apories soulevées à propos des *C* par un certain Lucius, par ailleurs inconnu. Son travail était indissociable des critiques de son prédécesseur et n'épargnait aucune affirmation d'Aristote, nous dit Simplicius (1, 18-2, 2), lequel, cependant, remarque : « la plupart des apories qu'ils ont soulevées sont sérieuses et ils ont fourni à leurs successeurs des points de départ pour résoudre les apories et pour développer d'autres considérations aussi nombreuses que belles » (Trad. Ph. Hoffmann). Ce jugement emprunté peut-être au Commentaire à Gedalios de Porphyre, est une indication sur la manière dont celui-ci semble avoir aussi élaboré le *CC*. Les objections de Lucius et Nicostrate, avec celles qu'il trouvait chez d'autres adversaires d'Aristote, sont volontiers prêtées au questionneur, le répondeur étant chargé d'exposer l'interprétation orthodoxe. La stimulation qu'offrait la critique de Lucius et Nicostrate est déjà observable chez Plotin (comparez, par exemple, *En.*, VI, 1, 1, 19-22 et Simplicius, 73, 15-28), mais Plotin, pour sa part, incline à abonder dans le sens des objections formulées par ses devanciers, alors que Porphyre incline à les écarter.

2. [60.1-8] Cette justification des antéprédicaments (*C*, 1-3) part évidemment de l'hypothèse (contestable : *cf.* Bodéüs, *Aristote. Catégories*, p. LXIV *sq.*) que le traité d'Aristote a vraiment pour objet l'étude des distinctions présentées au chap. 4. De plus, elle postule, chez Aristote, une méthode analogue à celle des mathématiciens (*more geometrico*) dont le philosophe ne se réclame pas. L'importance que Porphyre accorde aux préalables dans une telle perspective se mesure à l'ampleur considérable du commentaire consacré aux antéprédicaments, comme si, dans la suite, beaucoup de choses allaient de soi. Le commentaire est en effet de moins en moins riche au fil du texte commenté.

3. [60.8-10] Comme l'a souligné Strange (38, n. 39), cette déclaration présente, s'il en était besoin, le sûr indice que le *CC* est mutilé et que Porphyre avait bien l'intention de commenter les postprédicaments (*C*, 10 *sq.*). Cette intention a été suivie d'effet, puisque Boèce (livre IV), qui suivait Porphyre dans son propre commentaire, s'autorise de lui pour justifier (contre Andronicos) l'appartenance des postprédicaments au traité.

<Π.>Τὸ μὲν χρήσιμον τῶν προλεγομένων εἰς τὴν παράδοσιν τῶν κατηγοριῶν παραστήσεις· νῦν δὲ λέγε, τί βούλεται τὰ ὁμώνυμα καὶ τὰ συνώνυμα καὶ εἴ τινα ἄλλα ἐστὶ τῆς τοιαύτης συστοιχ{ε}ίας, τί βούλεται ἕκαστον καὶ πόθεν καὶ πῶς ὑπέστη.

<Ἀ.>Φημὶ τοίνυν ὅτι παντὸς πράγματος ὄνομα καὶ ὁρισμὸν ἢ ὑπογραφὴν ἔχοντος, οἷον τοῦδε μὲν τοῦ πράγματος ὄνομα ἔχοντος ἄνθρωπος καὶ δηλουμένου δι' αὐτοῦ, ἔστιν αὐτοῦ καὶ ὁ ὁρισμός· λέγομεν γὰρ ἄνθρωπον εἶναι ζῷον λογικὸν θνητὸν νοῦ καὶ ἐπιστήμης δεκτικόν· δηλοῦται γὰρ ἕκαστον τῶν πραγμάτων καὶ δι' ὀνόματος καὶ διὰ λόγου τοῦ ὁριστικοῦ καὶ παραστατικοῦ τῆς οὐσίας αὐτοῦ, ὡς ὅταν τὴν φωνὴν λέγωμεν τὸ ἴδιον αἰσθητὸν ἀκοῆς· παντὸς οὖν πράγματος καὶ ὄνομα καὶ λόγον ὁριστικὸν ἔχοντος σχέσεις ἐν τοῖς πράγμασι τῶν τοιούτων λόγων πρὸς τὰ ὀνόματα γίνονται τέσσαρες· τὰ γὰρ πράγματα ἢ καὶ τοῦ ὀνόματος καὶ τοῦ λόγου τοῦ αὐτοῦ κοινωνεῖ, ἢ τοῦ μὲν ὀνόματος οὐ μέντοι τοῦ λόγου, ἢ τοῦ μὲν λόγου τοῦ δὲ ὀνόματος οὔ, ἢ οὔτε τοῦ λόγου οὔτε τοῦ ὀνόματος. Καὶ ὅταν μὲν τοῦ αὐτοῦ ὀνόματος κοινωνῇ τὰ πράγματα τοῦ δὲ λόγου μηδαμῶς, ὁμώνυμα καλεῖται, ὅταν δὲ καὶ τοῦ λόγου καὶ τοῦ ὀνόματος, συνώνυμα τὰ τοιαῦτα προσαγορεύεται διὰ τὸ ὥσπερ σὺν τῷ ὀνόματι καὶ τὸν λόγον ἔχειν τ<ὸν> αὐτόν· ὅταν δὲ τοῦ μὲν λόγου κοινωνῇ τοῦ αὐτοῦ τοῦ δὲ ὀνόματος μή, πολυώνυμα ταῦτα καλεῖται, ἐπει⌈δὰ⌉ν δὲ μήτε τοῦ ὀνόματος μήτε τοῦ

11 Π.(Ἐρ.) M^{2} (mg) || **13** ἄλλα M : om. A || **15** Ἀ. M^{2} (mg) || **17** ὁ M : om. A siue del. A^{1} || **29** τὸν αὐτὸν Busse : ταυτὸν MA || **30** ἐπειδὰν p: ἐπειδ' ἂν AC : ἐπεὶ δ' ἂν M

Q. — Tu as indiqué l'utilité des prolégomènes pour la doctrine des catégories, mais maintenant dis ce qu'on entend par « les équivoques », « les univoques » et les autres choses, s'il en est, de la série en question. Qu'est-ce qu'on veut dire en chaque cas ? D'où vient l'existence de ces choses et comment se présentent-elles [1] ?

R. — Eh bien, voilà ce que je soutiens. Toute chose possède un nom et une définition (ou une description) [2]. Ainsi, la chose que voici possède un nom, « homme », et on la fait voir par ce moyen, mais elle a aussi sa définition, car nous disons que l'homme est un animal rationnel mortel, capable d'intelligence et de science [3]. Chacune des choses en effet s'indique à la fois par le moyen d'un nom et par le moyen d'une formule susceptible de la définir, c'est-à-dire d'en fournir l'essence, comme lorsqu'on dit que la parole est le sensible propre de l'audition [4]. Donc, si toute chose possède à la fois un nom et une formule définitionnelle, il y a place, dans les choses, pour quatre rapports entre les formules de ce genre et les noms. En effet, ou bien les choses partagent à la fois le même nom et la même formule, ou bien elles partagent le nom mais pas la formule, ou bien elles partagent la formule mais pas le nom, ou bien elles ne partagent ni la formule ni le nom. Et chaque fois que les choses partagent le même nom, mais pas du tout la même formule, elles sont appelées équivoques. Quand, en revanche, elles partagent à la fois la formule et le nom, les choses de ce genre sont déclarées univoques, parce que c'est comme en union avec le nom qu'elles possèdent aussi la même formule. Quand d'autre part, elles partagent la même formule, mais pas le nom, elles sont appelées plurivoques, et dès lors qu'elles

1. [60.12-14] Les définitions demandées sont fournies à partir de 61, 28. Ce qui précède répond aux questions (πόθεν καὶ πῶς...) de savoir ce qui permet de justifier la série de notions proposées (60, 15-33) et dans quel ordre se présentent ces notions (61, 5 *sq.*). Dans l'intervalle (60, 34-61, 3) et ultérieurement (61, 13-27), apparaissent des questions subsidiaires.

2. [60.15-16] Le mot « description » (ὑπογραφή) est bien d'origine stoïcienne, comme l'a observé Strange (38, n. 40), mais, contrairement à ce qu'il suggère, il est douteux que son usage ici s'inspire de *Anal. Post.*, II, 10, 93 b 30. La description est le substitut de la définition lorsque la chose n'a pas de genre ou de différences spécifiques qui permettent de la définir ; c'est le cas, selon Porphyre, des genres suprêmes (cf. *Isagôgè*, 5, 18) ou des individus (cf. *Isag.*, 7, 20-21).

3. [60.18] Dans cet exemple classique, les trois différences qui spécifient le genre (animal) sont ce que Porphyre appelle des différences «inséparables», qui appartiennent par elles-mêmes à l'homme (cf. *Isag.*, 9, 11 *sq.*). Comparez Ar., *Topiques*, I, 7, 103 a 25-29.

4. [60.18-21] Porphyre insistera plus loin (63, 11 et 64, 2) sur le fait que le nom et la définition ont une égale puissance de signification et sont donc interchangeables pour désigner une chose. Comme le nom d'un sujet, sa définition est en effet un prédicat interchangeable avec le sujet (*cf.* Ar., *Top.*, I, 8, 1030, 9-10).

λόγου, ἑτερώνυμα καλεῖται. Πέμπτος δέ ἐστι τρόπος, ὅταν τινὰ ἕτερα ὄντα ἀπὸ ἑτέρων γένηται μετέχοντά πως καὶ τοῦ ὀνόματος καὶ τοῦ λόγου, διαφέροντα δὲ τῷ μετασχηματισμῷ, ἃ καὶ καλεῖται παρώνυμα.

<Π.> Ἆρα οὖν πάντων μέμνηται ὁ Ἀριστοτέλης;

<Ἀ.> Οὐδαμῶς.

<Π.> Τίνων οὖν μέμνηται;

<Ἀ.> Ὁμωνύμων, <συνωνύμων,> παρωνύμων· οὔτε δὲ τῶν πολυωνύμων οὔτε {δὲ} τῶν ἑτερωνύμων μέμνηται.

61.1 <Π.> Διὰ τί;

<Ἀ.> Ὅτι τούτων οὐκ ἔχρῃζεν εἰς τὰ ἑξῆς, ὧν δὲ ἔχρῃζεν τούτων ἐμνημόνευσεν.

<Π.> <Ἀπὸ τίνων οὖν ἤρξατο;>

<Ἀ.> Ἀπὸ τῶν ὁμωνύμων. {ἀπὸ - ἤρξατο}

<Π.> Διὰ τί οὖν ἀπὸ τῶν ὁμωνύμων καὶ οὐκ ἀπὸ τῶν συνωνύμων, εἴπερ τὰ συνώνυμα καὶ ὀνόματος τοῦ αὐτοῦ κοινωνεῖ καὶ τοῦ λόγου, σαφέστερον δὲ

31 ὅταν (ὅτᾶν) M : ὅσ' ἂν A ‖ **34** Π.(Ἐρ.) M^2 (s.u.) ‖ **35** Ἀ. M^2 (s.u.) ‖ **36** Π.(Ἐρ.) M^2 (s.u.) ‖ **37** Ἀ.(*Resp.*) Fel. : u. sign. Ap ‖ συνωνύμων rest. M^x (mg) A : om. M ‖ **38** δὲ (M) del. A ‖ **61.1** Π.(Ἐρ.) M^2 (s.u.) ‖ **2** Ἀ. M^2 (s.u.) ‖ **4** Π.(Ἐρ.) M^2 (s.u.) ‖ Ἀπὸ — ἤρξατο M^2 A : post ὁμωνύμων (u. 5) transp. M ‖ **5** Ἀ. M^2 (s.u.) ‖ **6** Π.(Ἐρ.) M^2 (s.u.)

ne partagent ni le nom ni la formule, elles sont appelées altérivoques. Il y a toutefois un cinquième mode : quand certaines choses proviennent d'autres dont elles partagent dans une certaine mesure à la fois le nom et la formule, mais s'en distinguent par le changement de forme nominale, ce sont alors des choses qu'on appelle dérivées[1].

Q. — Est-ce que toutes sont mentionnées par Aristote ?

R. — Non pas !

Q. — Lesquelles sont donc mentionnées ?

R. — Les équivoques, les univoques, les dérivées. Mais il ne fait état ni des plurivoques, ni des altérivoques.

|Q. — Pourquoi ? 61

R. — Parce qu'il n'en avait pas besoin pour la suite et qu'il a fait état de celles dont il avait besoin[2].

Q. — Par lesquelles a t il donc commencé ?

R. — Par les équivoques.

Q. — Pourquoi donc par les équivoques et non par les univoques, puisque les univoques partagent à la fois le même nom et la même formule

1. [60.21-33] Le cinquième mode (celui des dérivés) ne résulte pas de manière entièrement satisfaisante de la déduction *a priori*; il apparaît au contraire à la suite d'un constat empirique, celui d'une différence parmi les choses univoques : les dérivés partagent *à peu près* le nom et la formule définitionnelle. De plus, alors que toutes les autres choses sont des couples en relations symétriques, les dérivés sont en relation asymétrique avec ce dont ils dérivent. On sait par Simplicius (38, 19-24, 29, 5 et 36, 25-31) que Porphyre a vraisemblablement trouvé chez Bœthos de Sidon une division semblable des noms (pas des choses), empruntée à Speusippe (fr. 68 Taran). Ce témoignage a fait couler beaucoup d'encre (voir en dernier lieu, C. Luna, « Les fragments de Speusippe » dans *Simplicius. Commentaire sur les Catégories,* Fasc. III, Leyde, 1990, Appendice III, p. 159-164). Il apparaît que l'inventaire des noms répertoriés par Speusippe correspond exactement aux cinq genres de choses enregistrées par Porphyre; mais il procède d'une division fondamentale entre « tautonymes » et « hétéronymes », qui se présente à la manière des dichotomies platoniciennes ; les tautonymes sont à leur tour subdivisés en homonymes (équivoques) et synonymes (univoques), et les hétéronymes en hétéronymes proprement dits (altérivoques), polyonymes (plurivoques) et paronymes (dérivés). Il semble donc bien que Porphyre ait voulu justifier par une déduction de son crû l'inventaire dont il affirme qu'Aristote tire ici les trois éléments utiles à son propos.

2. [61.2] Il semble que Porphyre, ici encore, suive Bœthos. Celui-ci, en tout cas, s'il n'avait pas justifié explicitement les omissions, les avaient signalées comme sans importance, car Simplicius (36, 28-31) le corrige en remarquant qu'Aristote a plutôt réservé l'examen des polyonymes de Speussipe à d'autres ouvrages, plus appropriés (la *Poétique* et la *Rhétorique*). Sur cette dernière prétention, voir Luna dans *Simplicius. Commentaire,* fasc. III, p. 116.

τὸ κατ᾽ ἄμφω κοινωνο<ῦν> καὶ τοῦ ὀνόματος καὶ τοῦ λόγου τοῦ κα⌈θ᾽ ⌉<ἓν> μόνο⌈ν⌉ τοῦ ὀνόματος [κοινων]οῦντ⌈ος⌉;

<Ἀ.> Φημὶ ὅτι ἐπεὶ τὸ ὂν{ομα} ὁμώνυμον δοκεῖ εἶναι τῷ Ἀριστοτέλει καὶ αἱ κατηγορίαι ὁμωμύμως λέγονται κατηγορίαι καθ᾽ ὧν κατηγοροῦνται, διὰ τοῦτο πρῶτον περὶ τῶν ὁμωνύμων ποιεῖται τὸν λόγον.

<Π.> Διὰ τί οὖν οὐ περὶ ὁμωνυμίας πρότερον ποιεῖται τὸν λόγον, ἀλλὰ περὶ ὁμωνύμων, εἴπερ ὁμωνυμία μὲν ἡ φωνή, ὁμώνυμα δὲ τὰ πράγματα, φῂς δὲ αὐτὸν προηγουμένως περὶ φωνῶν ἐνίστασθαι τὴν πραγματείαν, οὐ μὴν περὶ τῶν πραγμάτων;

<Ἀ.> Ὅτι περὶ τὴν φωνὴν οὐ ποιεῖ ὁμωνυμίαν ὁ χαρακτὴρ τῆς λέξεως, τὰ δὲ πράγματα διάφορα εὑρεθέντα καὶ κατὰ μηδὲν ἀλλήλοις κοινωνοῦντα κα⌈θὸ⌉ μιᾶς καὶ τῆς αὐτῆς τυγχάνει λέξεως. Πρὶν δὲ γνωσθῆναι ὅτι κατὰ πλειόνων τέτακται τὰ πράγματα τοῦ αὐτοῦ λόγου μὴ κοινωνοῦντα, οὐδ᾽ ἂν εἴη ὁμωνυμία.

8 κοινωνοῦν A : κοινωνô M ‖ καθ᾽ ἓν coni. recte Busse (in app.) sec. Simpl. (23,21-22) κατὰ MA ‖ μόνον A : μόνου M ‖ **9** κοινωνοῦντος A : (…..)νοῦντα M ‖ **10** Ἀ. M² (s.u.) ‖ ὂν M¹ (p. exp.) A¹ (mg) : ὄνομα M om. A ‖ **13** Π.(Ἐρ.) M² (s.u.) ‖ **14** ἡ MA : om. siue del. Busse ‖ **17** Ἀ. M² (s.u.) ‖ **18** post πράγματα addend. esse ἃ coni. Busse (in app.) quod prob. Strange ‖ **19** καθὸ M³ : κατὰ MA κατὰ τοὔνομα coni. Busse

et que ce dernier cas est plus clair (on voit mieux ce qui partage les deux, à la fois le nom et la formule, que ce qui partage uniquement le nom)[1] ?

R. — À mon avis, c'est du fait que l'être semble être équivoque aux yeux d'Aristote et que les prédications sont dites de manière équivoque prédications de ce à quoi elles s'attribuent ; c'est pour cela qu'il consacre d'abord aux équivoques son exposé[2].

Q. — Pourquoi donc ne consacre-t-il pas auparavant son exposé à l'équivocité, mais parle-t-il des équivoques, puisqu'aussi bien le vocable, c'est « équivocité », alors que ce sont les choses qui sont équivoques et que, d'après ce que tu prétends, c'est principalement sur les vocables qu'il fait porter son travail, pas sur les choses[3] ?

R. — C'est que ce qui fait l'équivocité du vocable, ce n'est pas le caractère du mot, ce sont au contraire les choses qu'on a trouvées différentes et n'ayant rien de commun entre elles, dans la mesure où leur échoit, pour les désigner, un seul et même mot[4]. D'ailleurs avant de reconnaître que les choses qui ne partagent pas la même formule se distribuent en une pluralité, il ne peut même pas être question d'équivocité[5].

1. [61.6-9] On ne voit pas que cette question ait été soulevée avant Porphyre, qui invoque, pour la justifier, un principe de méthode (la clarté), principe aristotélicien en somme, qui exige d'aller au moins connu et au plus difficile, pas le plus facile et le plus aisément connaissable.

2. [61.10-12] La première raison paraît étrange si précisément, comme le soutient Porphyre, Aristote n'a pas pour intention principale d'examiner des genres d'êtres. Ce n'est peut-être pas sans motif que Dexippe (1, 8), répondant à la même question, laisse tomber la première réponse, d'autant qu'Aristote (*Mét.*, Γ, 2, 1003 a 33-34) nie en définitive que l'être soit vraiment équivoque. Mais l'équivocité (au moins apparente) de l'être est ce qui entraîne celle de la prédication, puisque ce sont les différences de genres d'être qui entraînent les différences de prédication (*cf.* 58, 25-27). Les deux raisons invoquées ici sont donc solidaires, la première impliquant la seconde.

3. [61.13-16] Cette question et son parallèle chez Simplicius (24, 6-9) sont dans le style de Lucius et Nicostrate, qui défendaient une interprétation linguistique de *C* ; cette aporie leur est donc attribuée par Moraux (*Der Aristotelismus,* II, p. 532-533). Vu que le texte d'Aristote commence en parlant des *choses* équivoques, l'aporie pose en effet une difficulté sérieuse.

4. [61.17-19] Cela paraît conforme aux doctrines porphyriennes qu'on a vues. Si les équivoques étaient des mots avec quelques caractéristiques linguistico-grammaticales, ils seraient, en effet, des termes de seconde imposition (comme les verbes et les noms), qu'on pourrait alors définir comme types de mots par le moyen de ces caractéristiques formelles. Mais ce n'est pas le cas. Le mot « équivoque » ou celui d'« équivocité » ne s'appliquent donc pas à un type de mots, mais de choses.

5. [61.19-21] Autrement dit, la reconnaissance de l'équivocité comme caractère des choses va de pair avec celle qui consiste à voir que, malgré un nom commun, celles qui se définissent différemment se distribuent en une pluralité de genres.

<Π.> Τί οὖν τοῦτο ποιεῖ πρὸς τὸ μὴ ἀπὸ τῆς φωνῆς ἄρξασθαι, ἀλλ' ἀπὸ τῶν πραγμάτων;

<'Α.> Ὅτι οὐκ ἂν γνωσθείη ὅτι ὁμωνυμία ἐστὶν πραγμάτων, πρὶν τὰ πράγματα γνωσθῆναι ὅτι ὁμώνυμά ἐστιν· ἀνάγκη τοίνυν πρότερον διδαχθῆναι, τίνα ὁμώνυμά ἐστι πράγματα, ἵνα καὶ ἡ ὁμωνυμία καὶ ἡ τοιαύτη λέξις γνωσθῇ.

<Π.> Πῶς [οὖν] ὁ Ἀριστοτέλης <ὁρίζεται> τὰ ὁμώνυμα;

<'Α.> « Ὁμώνυμα λέγεται, ὧν ὄνομα μόνον κοινόν, ὁ δὲ κατὰ τοὔνομα λόγος τῆς οὐσίας ἕτερος. »

<Π.> Ἀλλ' εἰ μὴ ἐν μόνοις τοῖς ὀνόμασίν ἐστιν ἡ ὁμωνυμία ἀλλὰ καὶ ἐν ῥήμασι καὶ ἐν συνδέσμοι<ς>, ὥσπερ ἐπὶ τοῦ ἠνδραπόδισται (καὶ [γὰρ] ὁ [ἀνδρα]ποδισάμενος ἄλλον ἠνδραπόδισται ἐκεῖνο⌈ν⌉ καὶ ὁ ἀνδραποδισθεὶς ὑπὸ ἄλλου ἠνδραπόδισται), διὰ τί ὡς ἐν μόνοις τοῖς ὀνόμασιν οὔσης τῆς ὁμωνυμίας ἔφη « ὧν ὄνομα μόνον κοινόν »;

62.1 <'Α.> Ὅτι τὸ ὄνομα οὐ μόνον ἐπὶ τῶν ἰδίως ὀνομα<σ>τικὸν ἐχόντων χαρακτῆρα τάττεται, ὧν προτίθεται τὰ ἄρθρα, ἀλλὰ ἐπὶ παντὸς μέρο<υ>ς λόγου διὰ τὸ καὶ ταῦτα, ὅταν ἐξετάζωνται εἰ ἔστιν ὁμώνυμ<α>, μετὰ ἄρθρου προτε-

22 Π.('Ερ.) M[2] (s.u.) || **24** 'Α. M[2] (s.u.) || **28** Π.('Ερ.) M[2] (s.u.) || οὖν A || ὁρίζεται add. A || **29** 'Α. M[x] (s.u.) || **29-30** κατὰ τοὔνομα (sec. Arist., 1 a 1-2) M : κατ' οὔνομα A || **31** Π.(*Int.*) add. Fel. : u. sign. MAC om. p || **32** συνδέσμοις A : συνδέσμοι M || ante καὶ γὰρ u. sign. A || γὰρ A || **33** ἀνδραποδισάμενος M[3]A || ἐκεῖνον M[3] : ἐκεῖνος MA || **34** ante διὰ τί u. sign. ACp || **35** ἔφη (M) post ὄνομα transp. A || **62.1** 'Α. M[2] (mg) : u. sign. MA || ὀνομαστικὸν corr. A : ὀνοματικὸν M || **2** μέρους Busse (cf. infra, u.6) : μέρος MACp || **3** ὁμώνυμα Busse (cf. Simpl., 25,23) ὁμωνυμ' M : ὁμωνυμία A

Q. — Qu'est-ce que cela a donc à voir avec le fait de ne pas commencer par le vocable, mais par les choses ?

R. — C'est qu'on ne peut reconnaître qu'il y a équivocité de choses avant d'avoir reconnu que les choses sont équivoques[1]. Or il y a nécessité d'enseigner auparavant quelles choses sont équivoques pour connaître aussi l'équivocité et un tel mot.

Q. — Comment donc Aristote définit-il les équivoques ?

R. — « Sont dites équivoques des choses qui ne possèdent qu'un nom en commun, alors que la formule de l'essence correspondant à ce nom est différente »[2].

Q. — Mais s'il n'a pas que dans les noms qu'existe l'équivocité, mais aussi dans les verbes et les conjonctions – c'est le cas, par exemple, de l'expression « il s'est fait un esclave »[3]; en effet, celui qui a réduit quelqu'un d'autre en esclavage s'est fait un esclave de cette personne et celui qui s'est placé lui-même comme esclave sous l'autorité d'un autre s'est aussi fait un esclave ! –, pour quel motif alors, comme s'il n'y avait que dans les noms qu'existât l'équivocité, déclare-t-il : « ... des choses qui ne possèdent qu'un *nom* en commun » ?

|R. — C'est que le mot « nom » ne s'applique pas seulement aux mots 62
qui possèdent proprement le caractère nominal, ceux que précèdent les articles[4], mais à chaque partie du discours[5]. Lorsqu'on examine en effet si

1. [61.24-25] La chose que recouvre le mot « équivocité », selon Porphyre, est donc le trait commun des choses qui n'ont rien en commun, sauf leur nom ; ce qui ne peut être saisi que par la reconnaissance des choses comme pluralité irréductible, sans unité. Les conséquences sont les suivantes : le nom commun (« équivoque ») qu'on leur donne pour désigner cette *absence* de communauté (autre que nominale) ne traduit donc pas une propriété *positive* de ces choses, qui ferait d'une certaine façon leur unité, mais s'applique toujours à une pluralité irréductible ; par conséquent, si, d'une certaine façon, il est possible de définir universellement l'équivocité, le mot universel s'applique à des pluralités irréductibles, c'est-à-dire de manière équivoque.

2. [61.29-30] *C*, 1 a 2. Les mots τῆς οὐσίας ne semblent pas appartenir au texte primitif d'Aristote (*cf.* notre étude dans *REG*, 109 [1996], p. 707-716), mais ils sont justifiés plus loin par Porphyre (p. 64, 28 *sq.*).

3. [61.32] En grec, où tout cela se dit d'un seul mot, l'ambiguïté tient à l'indécision du mode verbal ; dans la traduction française, elle tient plutôt à l'imprécision de la fonction du seul pronom réfléchi. Mais peu importe. La question est de savoir si l'ambiguïté est bien un cas d'équivocité dès lors que dans tous les cas, se trouve exprimé le même acte de « rendre esclave ».

4. [62.2] Pour ce caractère du nom (opposé au verbe), cf. *supra*, 57, 32.

5. [62.3] Simplicius (25, 18-20) nous apprend que cette précision vient de Bœthos de Sidon. C'est l'indice que celui-ci avait peut-être déjà cru devoir répondre à la difficulté qu'a soulevée Porphyre.

θέντος αὐτῶν λέγεσθαι καὶ κλίνεσθαί γε ὡς τὰ μονόπτωτα· φαμὲν γὰρ ὅτι τ⸢ῷ⸣ ἀνδραποδίζεσθαι ὁμωνύμῳ ὄντι καὶ τὰ ἑξῆς· εἴληπται οὖν ὄνομα τὸ κοινῶς ἐπὶ παντ<ὸς> μέρο<υ>ς λόγου ταττόμενον.

<Π.> Ἀλλὰ πῶς μὲν ἐλήφθη αὐτ⸢ῷ⸣ τὸ ὄνομα, ἐξηγήσω. Τὸ δὲ μόνον ποῖον ὑπακούειν δεῖ, ἆρα τὸ δηλοῦν τὸ ἕν, ὥσπερ φαμὲν ὅτι μόνος ἐστὶν ὁ κόσμος ἀντὶ τοῦ εἷς ἐστιν, ἢ τὸ δηλοῦν [τὴν] πρὸς ἕτερον ἀντιδιαστολήν, ὡς ὅταν λέγωμεν οὗτος χιτῶνα μόνον ἔχει{ν}, ἔνθα προσυπακούομεν ὅτι ἱμάτιον δὲ οὐκ ἔχει ἤ τι τοιοῦτον;

<Ἀ.> Λέγω ὅτι τὸ κατὰ ἀντιδιαστολὴν τιθέμενον μόνον εἴληπται.

<Π.> Πρὸς οὖν τίνος ἀντιδιαστολὴν εἴρηται;

<Ἀ.> Πρὸς ὅρον φημί· ἐπεὶ γὰρ πᾶν πρᾶγμα καὶ ὄνομα ἔφαμεν ἔχειν καὶ ὁρισμόν, πρὸς ἀντιδιαστολὴν οὖν τοῦ ὁρισμοῦ τὸ μόνον εἴληπται· τὰ γὰρ ὁμώνυμα τὸ ὄνομα μὲν ἔχει κοινόν, οὐκ ἔτι δὲ τὸν λόγον τὸν ὁριστικόν.

<Π.> Τὸ <δὲ> κοινὸν πῶς εἴληπται; Πρῶτον δὲ εἰπέ, ποσαχῶς λέγεται τὸ κοινόν.

<Ἀ.> Λέγω ὅτι πολλαχῶς. Κοινὸν γὰρ λέγεται καὶ τὸ εἰς μέρη διαιρετὸν ὡς ἄρτος καὶ οἶνος, εἰ εἷς εἴη τῶν διαιρούντων, καὶ τὰ χρήματα κοινὰ τῷ

5 τῷ Busse : τὸ MA || **6** παντὸς A : παντ' M || μέρους Busse : μέρος MA || **7** Π.(Ἐρ.) M² (s.u.) || αὐτῷ Busse : αὐτ` MA αὐτὸ Cp || **8** ὅτι μόνος MA : in ὄνομα corr. M³ || **9** τὴν A (cf. Simpl., 26,5) || **10** ἔχει corr. A : ἔχειν M || **12** Ἀ. M² (s.u.) || **13** Π.(Ἐρ.) M² (s.u.) || **14** Ἀ. M² (s.u.) || πρὸς ὅρον MA (cf. Simpl., 26,9) : legend. ὅρου (cf. u. 13) coni. Busse (in app.) || **17** Π.(*Int.*) Fel.: u. sign. ACp μ''' (numerus β') M || δὲ inserui (cf. u. 7 : τὸ δὲ μόνον) || **19** Ἀ. M² (s.u.)

elles sont équivoques, ces parties sont, elles aussi, exprimées avec un article qui précède et se comportent à tout le moins comme les termes qui ne présentent qu'un seul cas : nous pouvons dire, par exemple : « *Le* (verbe) “se faire un esclave”, qui est équivoque » et ainsi de suite[1]. « Nom » est donc pris pour ce qui s'applique en commun à chaque partie du discours.

Q. — Bien ! Tu as expliqué en quel sens il a pris le mot « nom ». Mais en quel sens doit-on entendre les mots « ne… que » ? Est-ce que cela indique l'unicité, comme lorsque nous disons : « L'univers est unique », au lieu de : « Il n'y en a qu'un » ? Ou cela indique-t-il l'exclusion relativement à une autre chose, comme lorsque nous disons : « Celui-ci ne porte qu'une tunique », en sous-entendant ici qu'il ne porte pas de manteau ou de vêtement de ce genre ?

R. — D'après moi, les mots « ne… que » sont pris dans le sens qui marque une exclusion.

Q. — Relativement à quoi, par conséquent, expriment-ils une exclusion ?

R. — À la définition, selon moi. Puisque toute chose, en effet, possède à la fois un nom et une définition, nous l'avons dit[2], c'est donc pour exclure la définition que les mots « ne… que » sont choisis. Les choses équivoques en effet ont leur nom en commun, mais non plus la formule définitionnelle[3].

Q. — En quel sens est prise par ailleurs l'expression « en commun » ? Mais dis d'abord en combien de sens se dit le mot « commun ».

R. — Je le dis : c'est en beaucoup de sens[4]. En effet, est appelé commun ce qui est divisible en parties, comme le pain et le vin, si c'est une seule et même chose qui appartient à ceux qui se la répartissent ; les richesses aussi

1. [62.5] En grec, le verbe à l'infinitif est précédé de l'article au datif et suivi de mots également au datif, pour signifier qu'il reste invariable, une fois substantifié.

2. [62.14] Cf. *supra*, 60, 15.

3. [62.7-16] La conséquence de cette interprétation n'est pas négligeable. Porphyre en effet semble récuser l'idée que les équivoques n'ont absolument rien en commun (sauf le nom) et donc envisage la possibilité qu'ils partagent, outre leur nom, tout ce qui n'est pas leur définition. Cette éventualité ne donne lieu ici à aucune précision. Mais on verra plus loin (65, 13 *sq.*) que Porphyre envisage effectivement plusieurs modes d'équivocité. Sur l'enjeu de l'interprétation de μόνον dans notre passage, voir T.H. Irwin, « Homonymy in Aristotle » dans *Review of Metaphysics*, 34, 1981, p. 524.

4. [62.19-29] S'agissant de savoir en quel sens un prédicat (nom ou définition) peut être dit « commun » à plusieurs choses, Porphyre ne se préoccupe en fait que du *nom* commun et cherche à savoir en quel sens un nom peut être dit commun. Il utilise, pour cela, deux critères principaux permettant de déterminer cette signification, plutôt que de répertorier tous les sens

εἰς μέρη εἶναι διαιρετὰ <τῶν> ἐχόντων· λέγεται δὲ κοινὸν καὶ τὸ εἰς μέρη μὲν οὐ διαιρετόν, εἰς δὲ τὴν χρῆσιν ὑπὸ πολλῶν παραλαμβανόμενον ὡς ἵππος <καὶ> οἰκέτης κοινὸς πλείοσιν ἀδελφοῖς· λέγεται κοινὸν καὶ τὸ ἐν προκαταλήψει τινὸς γινόμενον καὶ μετὰ τὴν χρῆσιν ἀναπεμπόμενον εἰς τὸ κοινόν, οἷον δή τί ἐστι τὸ βαλ{λ}ανεῖον καὶ τὸ θέατρον· λέγεται δὲ πάλιν ἄλλως κοινὸν τὸ ὅλον ἅμα εἰς χρῆσιν ἐρχόμενον πολλῶν ἀδιαιρέτως· οὕτως γὰρ δ⌈ὴ⌉ τῆς τοῦ κήρυκος φωνῆς κοινὴ ἡ χρῆσις τοῖς ἐν τῷ θεάτρῳ μὴ διαιρουμένης {τῆς} εἰς ἐλάχιστα φωνῆς καθ' ἕκαστον τῶν παρόντων.

21 τῶν ἐχόντων scripsi: ἐχόντων M τῶν ὄντων A (dub.) καθ' ἕκαστον τῶν μετεχόντων coni. Busse in app. (cf. u. 28) || **23** καὶ add. A || **27** δὴ scripsi (cf. u. 25) : διὰ MA καὶ uel ἅμα aut delend. coni. Busse (in app.) || **28** τῆς delevi : ante φωνῆς transponend. aut τῆς ἐλάχιστα φωνῆς delend. esse coni. Busse (in app.)

sont dites communes du fait qu'elles sont réparties aux mains de ceux qui les possèdent[1]. Par ailleurs, est dit aussi commun ce qui n'est pas divisible en parties, mais qui, pour l'usage, est entre les mains de plusieurs personnes : c'est ainsi qu'un cheval et un domestique sont communs à plusieurs frères. On dit encore commun ce qui est mis en possession de quelqu'un et qui, après usage, retourne à la communauté, tel que, par exemple, le bain public et le théâtre. Et on dit à nouveau commun, en un autre sens, le tout qui, de façon indivisible, se met au service de beaucoup de monde en même temps : c'est bel et bien ainsi en effet que la voix du hérault est le truchement commun dont se servent les personnes au théâtre, sans que cette voix se répartisse le moins du monde entre chacune des personnes présentes[2].

du mot « commun ». Ces deux critères sont l'indivisibilité de la chose dite commune (c'est un seul et même mot, indivis, qui est attribué à plusieurs choses) et la simultanéité de son usage (ce mot est appliqué simultanément à plusieurs choses). «Commun» au sens (a) se dit de choses divisées. Il se dit de choses indivises dans le sens (b), mais de choses dont l'usage n'est pas simultané : un cheval commun est monté tantôt par l'un, tantôt par l'autre des frères. Et dans le sens (c), il se dit de choses dont l'usage est simultané, mais divis : chaque membre du public s'approprie une part du théâtre qui est un bien commun. Ces distinctions sont prises en compte par Simplicius (26, 11-15). Ce dernier rapporte ensuite une aporie de Nicostrate qu'ignore ici Porphyre et au terme de laquelle il observe (27, 5-15) que le nom des choses équivoques semble ne devoir leur être commun en aucun des quatre sens précités. Si cette conclusion était de Nicostrate lui-même, plutôt que de Simplicius, cela voudrait dire que Porphyre n'est pas l'auteur de ces distinctions. Mais c'est très improbable. Porphyre semble avoir apporté ces distinctions pour clarifier le sens de « commun », qui, depuis Andronicos (*cf.* Simplicius, 26, 17-20), était entendu dans le sens de « même ». Une telle signification paraissait en effet irrecevable, puisque «commun» se dit aussi, au sens (a), du pain que l'on partage, qui est une seule et même chose, mais divisée, alors que le mot appliqué en commun à plusieurs choses ne se divise pas.

1. [62.21] Le texte de M paraît ici corrompu. L'addition de τῶν que j'ai proposée ne donne sens qu'en supposant que τῶν ἐχόντων est un génitif possessif qui se rattache à χρήματα (ligne précédente). L'idée semble être que les richesses sont communes, non lorsqu'elles sont partagées entre plusieurs personnes (ce qui n'est le cas que de certaines richesses), mais du fait qu'elles sont réparties entre ceux qui les possèdent (ce qui est le cas de toutes les richesses existantes). Porphyre pense probablement à l'argent en circulation.

2. [62.26-28] L'exemple peut s'entendre de deux façons (quelles que soient les conjectures textuelles qu'on adopte ; voir apparat critique). Soit le hérault prête sa voix, tour à tour, aux différentes personnes présentes, pour exprimer plusieurs choses, soit il se fait le porte-parole de tous, pour exprimer la même chose. Dans le premier cas cependant, la voix du héraut n'est pas un bien commun très différent du bain public ou du théâtre lui-même. Dans la seconde éventualité, non seulement, les personnes qui utilisent la voix du héraut ne se partagent pas un temps de paroles, mais grâce à lui, elles disent chacune en même temps, et d'une seule voix, leur propre sentiment. Mais ce détail est sans importance.

<Π.> Κατὰ ποῖον οὖν σημαιν⌜όμενον⌝ τὸ κοινὸν εἴληπται;

<Ἀ.> Κατὰ τὸ τελευταῖον λέγω, κα⌜θ' ὃ⌝ κοινὴ χρῆσις γίνεται ἅμα πολλοῖς ταὐτοῦ ὅλου ἀδιαιρέτου μένοντος· ἡ γὰρ Αἴας φωνὴ κοινὴν ἔχει χρῆσιν καὶ ἐπὶ τοῦ <Ὀ>ϊλέως παιδὸς καὶ ἐπὶ τοῦ Τελαμῶνος ὅλη λαμβανομένη καὶ ἀδιαίρετος μένουσα ἐπ' ἀμφοτέρων.

<Π.> Ἀλλὰ πῶς μὲν εἴρηται ὁμώνυμα ὅτι « ὧν ὄνομα μόνον κοινόν », ἐξηγήσω· ἃ δὲ ἑξῆς ἐπήγαγεν « ὁ δὲ κατὰ τοὔνομα λόγος τῆς οὐσίας ἕτερος », 63.1 ἐξήγησαι ἡμῖν. Καὶ πρῶτον διὰ τί προσέθηκεν « ὁ δὲ κατὰ τοὔνομα λόγος », ἀλλ' οὐκ ἠρκέσθη εἰπὼν ὁ δὲ λόγος ἕτερος;

<Ἀ.> Φημὶ ὅτι οὐδὲ ἄλλ⌜ω⌝ς γένοιτο ἂν ⌜ὁ ὅ⌝ρος ὑγ{ε}ιής, εἰ μὴ κατὰ τοὔνομα ἀποδίδ⌜οιτο⌝ καὶ συζύγως ἔχ⌜ω⌝ν πρὸς τοὔνομα.

<Π.> Εἰπὲ ἔτι ὃ λέγεις σαφέστερον.

<Ἀ.> Προφθάσαντες εἰρήκαμεν ὅτι πᾶν πρᾶγμα ἢ δι' ὀνομάτων σημαίν[εται] ἢ διὰ λόγου ὁρι<στι>κοῦ. Δεῖ δὲ τὸν ὁρι<στι>κὸν λό{ι}γον σύζυγον εἶναι τῷ ὀνόματι καὶ ἐξηγητικὸν τοῦ πράγματος, καθ⌜' ὃ⌝ τῷδε κέχρηται τῷ [ὀνόματι]· οἷον ἥδε ἡ οὐσία (ἔστω δὲ ἄνθρωπος ὑποκείμενος) καλεῖται ἄνθρωπος, καὶ ἀθρόως μὲν οὕτως, καὶ ζῷον <δέ>· ἐπὶ κεφαλαίου <γὰρ> ἔχει τοὔνομα τούτου· διὰ δὲ λόγου ἰσοδυναμ{ο}οῦντος εἰς δήλωσιν τῷ ὀνόματι ἀποδοθείη ἂν [τῷ] ζῷον λογικὸν θνητόν· ἔστι δὲ ὁ ἄνθρωπος καὶ οὐσία ἔμψυχος αἰσθητική· ἀλλὰ

29 Π.(Ἐρ.) M² (s.u.) ‖ σημαινόμενον corr. A¹ (s.u.) : σημαίνει MA (dub.) ‖ **30** Ἀ. M² (s.u.) : u. sign. A om. Mp Fel. ‖ post τελευταῖον add. *Resp.* Fel. u. sign. p ‖ καθ' ὃ Diels : καθὸ MA ‖ **31** ἀδιαιρέτου M (cf. u. 33) : ἀδιαιρέτως A (cf. u. 26) ‖ **34** Π.(Ἐρ.) M² (s.u.) ‖ **63.3** Ἀ. M² (s.u.) ‖ ἄλλως corr. A : ἄλλος M ‖ ὁ ὅρος M (dub.) A : τὸ ὅρος corr. Mˣ ‖ **4** ἀποδίδοιτο Busse : ἀποδιδότω M ἀπεδίδοτο A ‖ συζύγως M : συζύγω A ‖ ἔχων corr. A : ἔχον M ‖ **5** Π.(Ἐρ.) M² (s.u.) ‖ **6** Ἀ. M² (s.u.) ‖ δι ' MAC (cf. u. 15) : διὰ p ‖ **6-7** σημαίνεται A ‖ **7** ὁριστικοῦ ... ὁριστικὸν corr. p : ὁρικοῦ ... ὁρικὸν MAC ‖ λόγον M¹ (p. exp.) A : λόιγον M ‖ post εἶναι add. πρὸς A ‖ **8** καθ' ὃ scripsi : καθὸ MA ‖ ὀνόματι² A ‖ **10** δέ et γὰρ inserui : post ζῷον addend. forsitan esse δέ· ὁ ἄνθρωπος γὰρ coni. Busse (in app.) ‖ **11** ἰσοδυναμοῦντος M : ἰσοδυναμοοῦντος A ‖ τῷ² A

Q. — Avec quelle signification est donc pris le mot « commun » ?

R. — La dernière, d'après moi, d'après laquelle il y a usage commun, par beaucoup de personnes ensemble, d'un même tout qui reste indivisible. Le vocable « Ajax » en effet sert en commun à la fois pour l'enfant d'Oïlée et pour celui de Télamon, alors qu'elle se prend comme un tout et reste indivisible en s'appliquant aux deux [1].

Q. — Bon, tu as expliqué comment s'entendent les choses équivoques dont on dit qu'« elles ne possèdent qu'un nom en commun »; mais explique-nous la suite : « ... alors que la formule de l'essence correspondant à ce nom est différente ». |Et d'abord pourquoi a-t-il ajouté : « ... alors 63
que la formule *correspondant à ce nom* », et ne s'est-il pas contenté de dire : « alors que leur formule est différente » [2] ?

R. — Je prétends qu'autrement il se pourrait encore que la définition ne soit pas bonne, si elle n'est pas fournie en correspondance avec le nom, c'est-à-dire ne va pas de pair avec le nom.

Q. — Exprime un peu plus clairement ce que tu veux dire.

R. — Nous avons déclaré antérieurement [3] que toute chose est signifiée soit au moyen de noms, soit au moyen d'une formule définitionnelle. Or la formule définitionnelle doit aller de pair avec le nom et pouvoir expliquer la chose pour laquelle on se sert de ce nom-là [4]. Prenons la substance que voici (le sujet est un homme, supposons) : elle est appelée « homme » et ainsi on la désigne tout d'un bloc, bien qu'on l'appelle aussi « animal », car elle répond sommairement au nom d'« animal » [5]. D'autre part, on peut, par le moyen d'une formule indicative équivalente au nom, la présenter en disant : « c'est un animal rationnel mortel ». L'homme cependant est

1. [62.31-33] Il peut surprendre que l'exemple choisi soit celui d'un nom « propre », Ajax (appliqué aux deux héros de l'*Iliade*), alors qu'il est question dans le contexte du *nom commun* (l'exemple d'Aristote est un nom générique), d'autant que les individus nommés sont, en rigueur de terme, indéfinissables. Mais pour Porphyre, l'équivocité s'entend de choses individuelles aussi bien que de choses universelles, de choses descriptibles aussi bien que définissables (cf., *supra*, 60, 15-16).

2. [63.1] L'expression visée est dans *C*, 1 a 1-2.

3. [63.6] C'est-à-dire, p. 60, 15 *sq*.

4. [63.8] La vertu « explicative » d'une définition est celle de pouvoir développer par l'analyse ce que désigne un nom de façon « ramassée », tout d'un bloc (ἀθρόως, à la ligne 10). Une définition va de pair avec un nom (littéralement, lui « est conjointe » : σύζυγον), lorsque l'explication qu'elle fournit équivaut, ni plus ni moins, à l'indication que fournit le nom. L'excès d'explication (de compréhension) limite indûment le champs d'application du nom (extension) et le défaut, l'élargit de façon indue.

5. [63.10] Les corrections proposées (voir apparat critique) sont conjecturales, mais elles donnent un sens satisfaisant ; ce que ne fait pas le texte transmis, même si l'idée générale est transparente.

καθὸ μὲν ἄνθρωπος καλεῖται, σύζυγον ἔχει{ν} κατὰ τοὔνομα τὸν τοῦ ἀνθρώπου λόγον, ζῷον λογικὸν θνητόν, καθὸ δὲ ζῷον, οὐσία ἔμψυχος αἰσθητική. Ἂν τοίνυν ἄνθρωπον εἰπὼν τὴν ὑποκειμένην οὐσίαν καὶ δι' ὀνόματος οὕτως αὐτὴν δηλώσας διὰ λόγου μηνῦσαι αὐτὴν θέλων εἴπης οὐσία ἔμψυχος αἰσθητική, εἴρηκας μέν τι ἀληθές, οὐκέτι <δὲ> συζύγως τῷ ἄνθρωπος ὀνόματι ἀποδέδωκας τὸν λόγον, ἀλλὰ περιττῶς καὶ πεπλασμένως.

<Π.> Τί οὖν ἐστιν ὃ φὴς περιττῶς καὶ πεπλασμένως;

<Ἀ.> Ὅτι οἱ ὅροι ἀντιστρέφειν ὀφείλου<σι> τοῖς ὀνόμασιν· ἔστι δὲ ἀντιστρέφειν τὸ ἐξισάζειν καὶ μή<τε> πλεονάζειν μήτε ἐλλείπειν· οἷον εἴ τί{ς} ἐστιν ἄνθρωπος, ἐκεῖνο{ς} ζῷόν ἐστι λογικὸν θνητόν.

<Π.> Ἀληθές.

<Ἀ.> Ἀλλὰ καὶ ἀντίστρεψον καὶ ὅρα, εἰ ὁμοίως ἀληθὲς τὸ λεγόμενον.

<Π.> Καὶ εἴ τί ἐστι ζῷον λογικὸν θνητόν, τοῦτ' ἔστιν ἄνθρωπος· ἀληθὲς καὶ τοῦτο.

<Ἀ.> Πάλιν εἴ τί{ς} ἐστιν ἄνθρωπος, οὐσία ἐστὶν ἔμψυχος αἰσθητική.

<Π.> Ἀληθὲς τοῦτο.

<Ἀ.> Ἀντίστρεψον.

<Π.> Εἴ τί ἐστιν οὐσία ἔμψυχος αἰσθητική, ἄνθρωπός ἐστιν.

13 ἔχει p : ἔχειν MAC || τὸν MACp: τὸ Busse || **15** Ἂν M : εἰ A || **17** μέν τι M: μέντοι corr. A || δὲ add. A : om. M || **19** Π.(Ἐρ.) M^2 (s.u.) || **20** Ἀ. M^2 (s.u.) || ὀφείλουσι A : ὀφείλου M || **21** μήτε ^{1} recte coni. Busse (in corrigendis) quod prob.Strange (cf. Simpl., 28,18) : μὴ MA || τί A (cf. u. 25) : τίς M || **22** ἐκεῖνο A (cf. u. 25) : ἐκεῖνος M || **23** Π.(Ἐρ.) add. Busse u. sign. Ap: om. M Fel. || **24** Ἀ. (*Resp.*) add. Fel. : u. sign. A Ἐ. add. M^2 om. Mp || **25** Π. addidi u sign. A (dub.) p: Ἀ. (*Resp.*) add. Fel. om. M || τοῦτ' M : τοῦτο A || ante ἀληθὲς add. Ἐρ. Busse u. sign. Ap || ἀληθὲς M: ἀλληθὲς A || **27** Ἀ. add. Busse u. sign. Ap: om. M Fel. || τι p: τις MAC || ἐστὶν ^{2} M : om. A || **28** Π.(Ἐρ.). add. Busse u. sign. A (dub.) p: om. M Fel. || **28a** Ἀ. addidi u. sign. A (dub.) p: *Int.* add. Fel. || **29** Π. addidi u. sign. A (dub.) p: *Resp.* add. Fel. || ἐστιν ^{2} M : om. A

aussi une substance animée sensitive. Mais dans la mesure où elle est appelée « homme », elle présente la formule qui va de pair avec ce nom d'« homme » : « c'est un animal rationnel mortel », tandis que c'est en tant qu'animal, qu'elle est une substance animée sensitive[1]. Or si tu dis que la substance supposée est un homme et que tu l'as désignée ainsi nommément, supposons que tu veuilles en faire état au moyen d'une formule et que tu dises : « c'est une substance animée sensitive », tu auras déclaré quelque chose de vrai sans fournir encore la formule qui va de pair avec le nom d'« homme », mais ce sera une formule superflue et artificielle[2].

Q. — En quoi est-ce donc, comme tu prétends, une formule superflue et artificielle ?

R. — C'est que les définitions doivent être convertibles avec les noms. Or être convertible, c'est avoir une égale extension et non plus ni moins d'extension. Par exemple, si quelque chose est un homme, cette chose est un animal rationnel mortel.

Q. — C'est vrai[3] !

R. — Mais fais encore la conversion et vois si ce que tu dis est pareillement vrai.

Q. — Et si une chose est un animal rationnel mortel, elle est un homme. C'est encore vrai !

R. — De nouveau, si une chose est un homme, elle est une substance animée sensitive ?

Q. — C'est vrai !

R. — Opère la conversion.

Q. — Si une chose est une substance animée sensitive, c'est un homme.

1. [63.11-14] Les genres et les différences qui permettent ici de définir l'animal et l'homme sont celles qui servent à dresser « l'arbre de Porphyre » (*Isag.*, 4, 17-31), partant de la substance (corporelle et incorporelle), qui est le genre suprême, en passant par le corps (animé et inanimé) et le vivant (sensitif et végétatif), pour arriver à l'animal (rationnel et irrationnel) et au pensant (mortel et immortel), qui contient les espèces infimes.

2. [63.18] « Superflue » ne veut pas dire que la formule embrasse un excédent (tout ce qui n'est pas rationnel et mortel), mais qu'elle exprime inutilement ce qui est contenu implicitement dans le mot « animal », exprimant le genre dans la définition correcte. « Artificielle », en revanche, veut dire que, sans être fausse, la formule ne correspond pas entièrement à la « nature » qu'elle prétend expliquer.

3. [63.24-32] La répartition des répliques entre le questionneur et le répondant est ici inhabituelle, car c'est habituellement l'élève qui pose les questions (Π.). La subdivision des répliques est par ailleurs sujette à caution, mais le découpage que nous avons adopté est celui qui tient le mieux compte de la mise à l'épreuve de l'élève par le maître, opération caractéristique de ce passage.

<Ἀ.> Τοῦτο ψεῦδος· ἰδοὺ γὰρ ὁ βοῦς οὐσία ἐστὶν ἔμψυχος αἰσθητική, καὶ οὐκ ἔστιν ἄνθρωπος.

<Π.> Τί οὖν τὸ αἴτιον;

<Ἀ.> Ὅτι τὸ μὲν ζῷον <λογικὸν> θνητὸν κατὰ τοὔνομα ἀπεδόθη τὸ τοῦ ἀνθρώπου,
64.1 διὸ καὶ ἀδιάφορον εἰπεῖν τὴν οὐσίαν ταύτην (ἔστω δὲ ἄνθρωπος), <ὅτι> τοῦτο ζῷον λογικὸν θνητόν ἐστιν, ἢ τοῦτο ἄνθρωπός ἐστιν· ἰσοδυναμεῖ γὰρ τῷ ὀνόματι τῷ τοῦ ἀνθρώπου ὁ ὁρι<στι>κὸς λόγος τὸ ζῷον λογικὸν θνητόν. Τὸ δὲ ἄνθρωπον εἰπόντα ὁρι<στι>κὸν αὐτοῦ λόγον ἐπάγειν οὐσία ἔμψυχος αἰσθητικὴ οὐ κατὰ τοὔνομα τὸ ῥηθὲν τοῦ ἀνθρώπου ἐστὶν ἀποδιδόντος τὸ ἄνθρωπος. Πᾶς οὖν ὅρος εἰ μέλλοι ἀποδίδοσθαι ὑγ{ε}ιῶς, κατὰ τοὔνομα καὶ συζύγ⌈ω⌉ς τῷ ὀνόματι ἀποδίδοσθαι ὀφείλει. Καὶ ὅτι τοῦτο ἐπὶ παντὸς ὅρου δεῖ θεωρεῖσθαι, δηλοῖ καὶ ὁ τούτου <τῶν> συνωνύμ⌈ων⌉ ὅρος καὶ αὐτὸς κατὰ τοὔνομα ἀποδίδοσθαι τὸν ὁριστικὸν λόγον ἀεὶ παραγγέλ<λ>ων. Ὅταν οὖν Αἴαντος καλουμένου τοῦ Τελαμῶνος παιδὸς καὶ τοῦ <Ὀ>ϊλέως θέλ⌈ων μὲν⌉ ἀποδοῦναι τὸν τοῦ <Ὀ>ϊλέως, ὅστις ἐστίν, καὶ προσαγορεύσας αὐτὸν Αἴα⌈ντα⌉ λέγ⌈η⌉ς ὅτι οὗτός ἐστιν Αἴας ὁ τοῦ <Ὀ>ϊλέως παῖς Λοκρὸς ὢν τῷ γένει, θέλω<ν> δὲ τὸν τοῦ Τελαμῶνος λέγ⌈η⌉ς, οὗτος δέ ἐστιν ὁ Αἴας τοῦ Τελαμῶνος παῖς Σαλαμίνιος τῷ γένει, δῆλον μὲν ὅτι τ⌈ῷ⌉ Αἴας ὀνόματι κοινῶς ἐπ' αὐτῶ<ν> κέχρηται (ἑκάτερος γὰρ Αἴας κέκληται), ἀποδιδοὺς δὲ ὑπογραφὴν τὴν παραπλησίαν ὅρῳ δῆλον ὡς ἄλλον μὲν ὁρι<στι>κὸν ἢ ὑπογραφικὸν <λόγον> ἀπέδωκας

30 Ἀ. addidi u. sign. A (dub.) p: om. M Fel. || post ψεῦδος u. sign. MA (dub.) || **31a** Π. (*Int.*) add. Fel. u. sign. Ap: om. M || **32** Ἀ. (*Resp.*) add. Fel. u. sign. Ap: om. M || λογικὸν addend. esse coni. recte Busse (in app.) quod prob. Strange. || **64.1** ante διὸ u. significasse M²p dixit false Busse || ὅτι hic addidi potius quam εἴτε ἄνθρωπον εἴτε ζῷον λογικὸν θνητὸν post ταύτην ut coni. Busse (in app.) || **3** ὁριστικὸς Ap : ὁρικὸς MA¹ (p. ras.) C || **4** ὁριστικὸν p : ὁρικὸν MAC || **7** συζύγως Busse : σύζυγος MA || **8** τούτου τῶν συνωνύμων scripsi (cf. u. 23) : τούτου συνώνυμος MA τούτῳ ὁμωνύμου coni. Strange || **9** ante ὅταν u. sign. p (sed non M² ut false dixit Busse) || **10** Τελαμῶνος MA¹ (p. ras.) : Τελαμώνιος A || θέλων μὲν scripsi (cf. u. 12) : θέλωμεν Busse θέλομεν MA || **11** Αἴαντα M¹ : Αἴας MA || λέγῃς Busse : λέγεις MA || **12** θέλων corr. A : θέλω M || **13** λέγῃς Busse : λέγεις MA || **14** τῷ ² A¹ (dub.) : τὸ MA || ante δῆλον u. sign. p || αὐτῶν Busse : αὐτῷ MA αὐτῷ Cp || **16** ὁριστικὸν p : ὁρικὸν MAC || λόγον inserui

R. — Ça c'est faux ! Car vois-tu, le bœuf est une substance animée sensitive et n'est pas un homme[1].

Q. — Quel est donc le motif ?

R. — C'est que la formule « animal rationnel mortel » a été fournie conformément au nom d'« homme ». | De ce fait, précisément, peu importe 64
qu'on dise de cette substance (un homme mettons) : « c'est un animal rationnel mortel » ou qu'on dise : « c'est un homme », car la formule définitionnelle « animal rationnel mortel » équivaut au nom d'« homme ». En revanche, si l'on a déclaré qu'il s'agit d'un homme, présenter sa formule définitionnelle en disant « c'est une substance animée sensitive », n'est pas une façon de donner la formule de l'homme qui correspond au nom d'« homme » qui a été employé. Par conséquent, toute définition susceptible de fournir la bonne formule doit être donnée en correspondance avec le nom et aller de pair avec lui. Et cette exigence doit être considérée pour chaque définition ; ce qui le montre, c'est précisément la définition aristotélicienne des univoques[2], qui met elle-même en évidence que la formule définitionnelle se donne toujours en correspondance avec le nom. Par conséquent, puisqu'on appelle « Ajax » l'enfant de Télamon et celui d'Oïlée, si tu veux présenter le fils d'Oïlée en disant de qui il s'agit, tu déclares, en prononçant le nom d'Ajax : « c'est l'Ajax fils d'Oïlée, originaire de Locres », tandis que si tu veux présenter l'enfant de Télamon, tu déclares : « c'est l'Ajax fils de Télamon, originaire de Salamine ». Et il est évident que, ce faisant, tu t'es servi du nom Ajax pour les désigner en commun, (puisque chacun des deux s'appelle Ajax), mais en fournissant une description, qui est pratiquement l'équivalent d'une définition, il est clair que tu as

1. [63.31] C'est ce qui explique que le bœuf et l'homme sont des *univoques* en tant qu'animaux (cf. *C*, 1 a 8-12), et non des *équivoques*, bien que les définitions qui correspondent à leurs noms (celle de bœuf et celle d'homme) soient différences. L'insistance que met ici Porphyre à démontrer la nécessité de la précision κατὰ τοὔνομα vient de ce que, sans elle, les équivoques et les univoques seraient, d'après lui, confondus. Le risque de confusion semble avoir été mesuré depuis longtemps (dès l'époque de Bœthos peut-être), du fait que dans la version de Speusippe, dont nous avons parlé (cf. *supra, ad* 60, 21-33), les équivoques (homonymes) étaient présentés sans la précision κατὰ τοὔνομα.

2. [64.8] Selon la correction minimale adoptée (*cf.* apparat critique), Porphyre se réfère anticipativement à la définition des univoques (*C*, 1 a 6-7), où la même spécification apparaît (ὁ κατὰ τοὔνομα λόγος) ; ce qui laisse voir qu'Aristote en fait une règle universelle des définitions justes. La suite illustre aussi d'une certaine façon cette universalité par le cas de deux individus, qui portent le même nom (les deux Ajax). La correction de Strange (ὁ τούτῳ ὁμωνύμου ὅρος : « the definition of something homonymous with the thing ») ne se justifie pas et n'est pas susceptible d'expliquer l'universalité sur laquelle insiste ici Porphyre : que deux équivoques doivent être définis d'après le nom ne prouve pas que toute définition doive correspondre au nom.

τοῦ Αἴαντος τοῦ Λοκροῦ , ἄλλον δὲ τοῦ Σαλαμινίου· καίτοι εἰ ἀνθρώπους ἀμφοτέρους ⌈ὠ⌉νόμασας, οὐκ ἂν καὶ ἄλλον [αὐ]τοῖς ὅρον ἀπέδωκας κατὰ τοὔνομα τὸ τοῦ ἀνθρώπου, καθὸ ἀμφοτέρους ἀνθρώπους προσηγορεύσας, ἀποδιδοὺς τὸν ὅρον· ἀμφοτέρους γάρ, καθὸ ἄνθρωποί εἰσιν καὶ καλοῦνται κοινῷ [ὀνόματι τῷ] ἄνθρωπος, ἀποδιδοίης ἂν εἶναι ζῷα λογικὰ θνητά.

<Π.> Ἀλλ᾽ ὅτι μὲν ἀναγκαίως πρόσκειται « ὁ δὲ κατὰ τοὔνομα λόγος » οὐκ ἐπὶ μόνου τοῦ τῶν ὁμωνύμων ὅρου, ἀλλ᾽ ὅτι οὐδὲ οἷόν τε ἄλλως ὅρον τινὸς ἀποδιδόναι ὑγιῶς μὴ κατὰ τοὔνομα τὴν ἀπόδοσιν ποιούμενον τοῦ ὁριστικοῦ λόγου, ὀρθῶς τοῦτο ἀπέδειξας· διὰ τί δὲ πρόσκειται τῷ λόγῳ « ὁ λόγος τῆς οὐσίας », καὶ οὐκ ἠρκέσθη εἰπὼν ὁ δὲ κατὰ τοὔνομα λόγος ἕτερος, δεῖξαι ὀφείλεις.

<Ἀ.> Ὅτι τοῦ λόγου πλεοναχῶς λεγομένου. Ἔστι γὰρ λόγος καὶ ψηφιστικός, ἔστι λόγος καὶ προφορικός, ἔστι λόγος καὶ ἐνδιάθετος, ἔστι λόγος καὶ σπερματικός, καὶ πλειόνων ὄντων τῶν σημαινομένων ἐκ τοῦ λόγου διὰ τὸ

18 ὠνόμασας A : ὀνόμασας M ‖ αὐτοῖς A ‖ **19-20** ἀποδιδοὺς M : ἀποδοὺς A ‖ **20** ἀμφοτέρους M : ἀμφότεροι A ‖ καὶ M : om. A ‖ **21** ὀνόματι τῷ A ‖ **22** Π. (*Int.*) add. Fel. u. sign. Ap ‖ **23** τοῦ M : om. A ‖ ante ἀλλ᾽ ὅτι add. Ἐ. M² et u. sign. A (dub.) ‖ **25** ἀπέδειξας M : ἀπέδωκας A ‖ **28** Ἀ. (*Resp.*) add. Fel. u. sign. Ap

fourni une formule définitionnelle ou descriptive différente, pour Ajax de Locres et pour Ajax de Salamine. Or, si tu leur avais donné le nom d'« homme » à l'un et à l'autre, tu n'aurais pas une nouvelle fois donné de ces individus une définition différente correspondant au nom d'« homme », en fournissant celle qui s'impose après les avoir appelés tous les deux des hommes. Les deux en effet, en autant qu'ils sont hommes et sont appelés en commun du nom d'« hommes », peuvent être présentés comme étant des animaux rationnels mortels[1].

Q. — Bien ! Il est nécessaire d'ajouter : « alors la formule *correspondant à ce nom* ». Ce n'est pas seulement une exigence pour la définition des équivoques, au contraire : il est impossible autrement de fournir une bonne définition de quoi que ce soit, si l'on ne fait pas correspondre au nom la formule définitionnelle qu'on fournit. Tu as correctement démontré cela. Mais tu dois montrer pourquoi il ajoute à sa définition : « tandis que la formule *de l'essence* correspondant à ce nom est différente » et ne s'est pas contenté de dire : « tandis que la formule correspondant à ce nom est différente »[2].

R. — C'est que le mot « formule » s'entend de plusieurs façons. Il y a en effet aussi la formule computationnelle ; il y a encore la formule qu'on profère et la formule dont on dispose intérieurement ; il y a même la formule d'ordre séminal ![3] Et si plusieurs réalités peuvent être signifiées dès lors

1. [64.9-21] Porphyre, ici, envisage le cas des individus équivoques, parce qu'il est une exception apparente, confirmant la règle générale. Exception, du moins apparente, parce que les deux Ajax ne sont définissables qu'en tant qu'hommes. Mais la règle n'est pas invalidée parce que c'est ici la description des individus qui tient lieu de définition. La description, et elle seule, correspond au nom individuel d'Ajax. Bien qu'ils soient, en tant qu'hommes, définissables par la même formule, les deux Ajax sont donc bel et bien des individus équivoques, car la description qui correspond au nom Ajax est différente dans les deux cas.

2. [64.25-27] L'expression visée est toujours en *C*, 1 a 2. Les mots τῆς οὐσίας ne figuraient pas dans les citations qu'Andronicos et Bœthos donnaient de ce passage (*cf.* Simplicius, 29, 30-30, 5, qui ajoute que Porphyre, dans le commentaire à Gedalios sans aucun doute, suivait ici la lecture de Herminos et de la plupart des commentateurs plus récents).

3. [64.28-30] Le premier sens du mot λόγος est déterminé à l'aide de l'adjectif ψηφιστικός, qui semble un *hapax* (peut-être pour ψηφικός, « qui implique des calculs ») ; Simplicius (29, 13) paraphrase, semble-t-il, l'expression, en disant τὸν ἐν ταῖς ψήφοις λογισμόν (« le compte dans les votes ») ; j'ai risqué la traduction « computationnelle », Porphyre ayant en tête la signification de « comptage ». Les trois autres sens sont déterminés à l'aide de termes empruntés au vocabulaire stoïcien (προφορικός, ἐνδιάθετος et σπερματικός), comme l'a noté Luna (*Simplicius. Commentaire,* fasc. III, p. 19, n. 49), pour signifier respectivement le discours qu'on débite par la voix, les pensées qu'on roule en silence et les principes génératifs. Strange (45, n. 61) renvoie à juste titre à Porphyre,

65.1 ὁμοίως πολλὰ καὶ διάφορα πράγματα χρῆσθαι τῷ τοῦ λόγου ὀνόματι. Λόγος δέ ἐστι καὶ κατ' ἄλλο σημαινόμενον ὁ ὅρος, οὗτος δὲ ὁ λόγος ὁ ὁριστικός· τὸ ὅλον <οὖν> τοῦτο λέγεται λόγος τῆς οὐσίας· ἡ γὰρ προσθήκη τῆς οὐσίας διαστέλλει αὐτὸν ἀπὸ τῶν ἄλλων σημαινομένων τοῦ λόγου. Ὥσπερ οὖν δρα⌈χ⌉μῆς οὔσης ἀργυρᾶς, οὔσης δὲ καὶ χρυσῆς καὶ ἄλλης χαλκῆς ὁ ἁπλῶς εἰπὼν Δρα⌈χ⌉μὴν δός μοι ἄδηλόν τινα λέγει, ὁ δὲ προσθεὶς Δός μοι χρυσῆν δρα⌈χ⌉μήν διέστειλεν ἣν θέλει λαβεῖν τῶν ἄλλων, οὕτως πλεοναχῶς λεγομένου τοῦ λόγου ὁ εἰπὼν λόγος ὁ τῆς οὐσίας τῇ προσθήκῃ τῆς οὐσίας ἐδήλωσεν τὸν ὁριστικὸν λόγον. Ὁ οὖν κατὰ τοὔνομα ὁριστικὸς λόγος καὶ ὁ τῆς οὐσίας δηλωτικὸς λόγος, [ὅσ]τις ἐστὶν ὁρισμός, ἕτερος εἶναι ὀφείλει καθ' ἕκαστον τῶν ὁμω[νύμων] πραγμάτων.

<Π.> Ἀλλ' ἐπεὶ τὸν ὅρον ἀποδέδωκας τῶν ὁμωνύμων, δεῖ δὲ καὶ παράδειγμα τούτων κομίσαι, ἆρά γε εἷς τρόπος ἐστὶ τῶν ὁμωνύμων, ἵνα καθ' ἕνα τρόπον τοῦτον λαβόν⌈τες⌉ τὸ παράδειγμα αὐτάρκως αὐτῶν ἔχ⌈ω⌉μεν τὴν διδασκαλίαν, ἢ πλείους εἰσὶν ὁμωνύμων τρόποι;

<Ἀ.> Πλείους.

65.1 καὶ MA : παὶ (sic) Busse ‖ πράγματα M : om. A ‖ **3** οὖν inserui ‖ **5** οὖν M : om. A ‖ **10** ὅστις A ‖ **11** ὁμωνύμων A ‖ **12** Π. (*Int.*) add. Fel. u. sign. A (dub.) ‖ **14** λαβόντες A ‖ ἔχωμεν corr. A : ἔχομεν M ‖ **16** Ἀ. (*Resp.*) add. Fel. u. sign. Ap

qu'il est question de « formule », c'est du fait que | beaucoup de choses 65
différentes réclament pareillement l'usage de ce nom. Or la formule, d'après une autre signification, veut dire aussi la définition; c'est, autrement dit, la formule définitionnelle [1]. C'est donc cela, globalement, qui est appelé « formule de l'essence ». L'ajout « de l'essence » marque en effet la distinction par rapport aux autres significations du mot « formule ». C'est donc comme dans la situation où l'on a une drachme d'argent, mais aussi une en or et une autre en bronze [2] : celui qui a déclaré simplement : « Donne-moi une drachme », exprime des propos vagues, mais celui qui l'a fait en ajoutant : « Donne-moi une drachme en or », a distingué celle qu'il veut recevoir par opposition aux autres. De la même manière, puisque le mot « formule » s'entend de plusieurs façons, celui qui a dit : « la formule de l'essence », a montré, par l'ajout « de l'essence », que c'était la formule définitionnelle. Par conséquent, la formule définitionnelle correspondant au nom, c'est-à-dire la formule qui sert à indiquer l'essence, quelle que soit la définition, doit être différente pour chacune des choses équivoques.

Q. — Maintenant que tu as donné la définition des équivoques, il faut encore en apporter un exemple; mais est-ce que, du moins, il n'y a qu'une seule sorte d'équivoques, si bien qu'avec l'exemple qui illustre cette unique sorte, nous pourrons saisir à suffisance l'enseignement qui en est donné ? Ou bien y a-t-il plusieurs sortes d'équivoques ? [3]

R. — Il en est plusieurs.

Commentaire sur les Harmoniques de Ptolémée, 12, 6 *sq.* Il n'y a vraiment aucun risque de méprise sur le sens de λόγος dans le contexte, mais la raison pour laquelle Porphyre insiste est probablement une objection de Nicostrate (*cf.* Simplicius, 29, 25) qui voyait dans l'adjonction de τῆς οὐσίας une restriction indue de l'équivocité à la substance ! Porphyre explique que l'adjonction ne vise pas à préciser de quelle définition il s'agit, mais de quelle formule il s'agit, en l'occurrence la définition.

1. [65.3] Porphyre ne le dit pas, mais il entend aussi la formule « descriptive », substitut de la définition, par exemple, pour les individus. L'avantage de « formule » (λόγος) sur « définition » (ὁρισμός), dont il est pratiquement l'équivalent, c'est qu'il inclut aussi la description (ὑπογραφή). D'autre part, c'est l'expression τῆς οὐσίας ὁρισμός qui aurait pu donner raison à Nicostrate (*cf.* note précédente), car elle eût alors signifié : « définition de la substance ».

2. [65.5] L'exemple de la drachme, choisi pour montrer une analogie, pourrait être l'indice que Porphyre s'adresse en particulier à un public grec, chez qui la monnaie romaine reste secondaire.

3. [65.15] La question procède du sentiment, sans doute ancien, que l'exemple d'Aristote (τὰ ζῷα) pourrait être un cas particulier d'équivocité, parmi d'autres. On a vu plus haut (*ad.* 62, 7-16) que Porphyre a anticipé cette éventualité en laissant deviner que les équivoques pourraient avoir en commun autre chose que le nom. En posant qu'il existe dès lors plusieurs sortes d'équivoques, il laisse comprendre peut-être que tout ce qui n'est pas équivoque sous un certain rapport est en conséquence automatiquement univoque.

<Π.> Τίνες οὗτοι;

<᾿Α.> Ὡς μὲν ἀνωτάτω εἰπεῖν δύο, ὧν ὁ μέν ἐστιν ἀπὸ τύχης, ὁ δὲ ἀπὸ διανοίας· διελόντι δὲ καὶ ἀπὸ διανοίας εἴς τε τὸν καθ᾿ ὁμοιότητα καὶ τὸν ἐκ τῆς ἀναλογίας καὶ τὸν ἀφ᾿ ἑνὸς καὶ πρὸς ἓν οἱ πάντες ἔσονται τρόποι.

<Π.> Τίς οὖν ἐστιν ὁ ἀπὸ τύχης τρόπος;

<᾿Α.> Ἃ ὡς ἔτυχεν καὶ ἀνεπιστάτως διάφορα πράγματα τῆς [αὐτῆς] ἔτυχε προσηγορίας, ὥσπερ ᾿Αλέξανδρός τε ὁ Πριάμου καὶ ᾿Αλέξανδρος ὁ Φιλίππου ὁ Μακεδόνων βασιλεύσας· ταῦτα γὰρ κατὰ τύχην ὁμώνυμα εἶναι λέγεται. Οἱ δὲ ἄλλοι ἀπὸ διανοίας εἶεν ἂν ἠρτημένοι, ὅτι ὅ τε καθ᾿ ὁμοίωσιν συνιστάμενος τρόπος τῆς ὁμωνυμίας, ὅταν φέρε ἄνθρωπόν τε προσαγορεύσω τὸ ζῷον λογικὸν θνητὸν καὶ εἰκόνα ἀνθρώπου, ὅταν {ε}ἰδὼν λέγω ὅτι ἄνθρωπος τοῦτο, δηλονότι οὐχ ὡς ἔτυχεν καὶ τὸ ἐν τῇ εἰκόνι γράμμα καλῶ

17 Π.(*Int.*) add. Fel. u. sign. Ap || **18** ᾿Α.(*Resp.*) add. Fel. u. sign. Ap || **19** διελόντι — διανοίας M : om. A || **21** Π. (*Int.*) add. Fel. u. sign. A || **22** ᾿Α.(*Resp.*) add. Fel. (᾿Ε. add. Busse) u. sign. A || αὐτῆς A || **26** προσαγορεύσω M : προσαγορεύω A || **28** εἰκόνι M : ἠκόνι A

Q. — Quelles sont-elles ?

R. — À prendre les choses de très haut, on peut dire qu'il y en a deux : l'une d'elles est fortuite, et l'autre, le résultat de la pensée[1]. Mais si l'on subdivise encore celle qui résulte de la pensée pour distinguer celle où les choses manifestent une similitude, celle qui procède de leur analogie et celle où elles ont la même source et ont le même but, on obtiendra toutes les sortes qui existent[2].

Q. — Quelle est donc la sorte qui est fortuite ?

R. — Celle des choses différentes qui, par hasard et sans qu'on sache pourquoi, se trouvent avoir la même dénomination, comme Alexandre, fils de Priam, et Alexandre, fils de Philippe, qui fut roi des Macédoniens. On dit en effet que ce sont des équivoques fortuits[3]. Les autres sortes, en revanche, peuvent dépendre de la pensée. C'est d'abord le cas du mode d'équivocité constitué en vertu d'une ressemblance, quand, par exemple, je donne l'appellation « homme » à l'animal rationnel mortel, ainsi qu'à l'image d'un homme. Quand à la vue de celle-ci, je déclare que c'est un homme, ce n'est pas évidemment par hasard que j'appelle également « homme » le

1. [65.18-19] Cette distinction très générale emprunte son vocabulaire à Aristote : l'expression ἀπὸ τύχης ὁμωνύμοις figure sans l'*Éth. à Nicom.*, I, 4, 1096 b 26-27 (*cf.* τῶν ἀπὸ τύχης en III, 5, 1112 a 27, en parlant de la découverte d'un trésor) et semble s'opposer effectivement à ce qui est ἀπὸ διανοίας (cf. *Physique*, II, 5, 197 a 2 et 5). Mais Aristote n'a pas explicité ni, encore moins, systématisé cette distinction.

2. [65.19-21] Les deux derniers cas paraissent encore empruntés à l'*Éth. à Nicom.*, I, 4, 1096 b 27-28 (qui envisage d'autres éventualités que ἀπὸ τύχης) : ἀλλ' ἆρα γε τῷ ἀφ' ἑνὸς εἶναι ἢ πρὸς ἓν ἅπαντα συντελεῖν, ἢ μᾶλλον κατ' ἀναλογίαν. L'expression καθ' ὁμοιότητα, quant à elle, volontiers traitée par Aristote comme l'équivalent de κατὰ μεταφοράν (cf. *Éth. à Nicom.*, V, 15, 1138 b 5-6), paraît inspirée des distinctions de *Physique*, VII, 4, 249 a 23-25 (où il est question des homonymes ἔχουσαί τινα ὁμοιότητα). Mais on ne trouve pas, avant Porphyre, pareille systématisation. Au contraire, Alexandre d'Aphrodise (*In Met.*, 241, 3-8) présente le cas des choses ἀφ' ἑνός ou πρὸς ἓν comme intermédiaire entre les équivoques et les univoques, tout en reconnaissant plus loin (242, 21-27) qu'Aristote n'est pas très clair à ce sujet. Pour lui, sont équivoques uniquement les choses désignées du même nom ἀπὸ τύχης, parce qu'elles n'ont en commun que ce nom.

3. [65.25] La question est de savoir si Porphyre inclut dans ce cas autre chose que les individus désignés par un même nom propre, comme le roi de Troie ou le Conquérant : par exemple, les équivoques signalés par Aristote sous les noms de κλείς (la clef et la clavicule : *Éth. à Nicom.*, V, 2, 1129 a 30), d'ἀετός (l'aigle et le fronton) de κύων (le chien et la constellation : *Réfut. Soph.*, 4, 166 a 16-17), de σκεῦος (le bélier et la machine de siège : *Topiques*, I, 15, 107 a 20), … Il ne semble pas, car tous ces exemples peuvent témoigner d'une certaine ressemblance entre les choses de même nom, alors que l'attribution d'un nom à une personne ne présume ordinairement aucune intention de véritablement rapprocher cette personne d'un homonyme, en raison d'une similitude. Tous les commentateurs ultérieurs se bornent au même genre d'exemples (*cf.* A. Stevens, *L'ontologie d'Aristote. Au carrefour du logique et du réel*, Paris, 2000, p. 68).

ἄνθρωπον, ἀλλ᾽ ὅτι ὁμοίωμά ἐστι τοῦ ζῶντος ἀνθρώπου· ἀπὸ διανοίας οὖν ἄνθρωπόν τε τὸν ζῶντα καὶ τὸν ἀνδριάντα ἢ τὴν εἰκόνα καλῶ ἄνθρωπον. Πάλιν ὅταν [ἀρχὴν] ἀριθμῶν καλέσω τὴν μονάδα, ἀρχὴν δὲ γραμμῆς τὴν στιγμήν, ἀρχὴν δὲ ποταμῶν τὴν πηγήν, ἀρχὴν δὲ του ζῴου τὴν καρδίαν, [τὸ τῆς] ἀρχῆς ὄνομα ἐπὶ ὁμωνύμων ταττόμενον ἐκ διανοίας [ἂν εἴην] κατὰ ἀναλογίαν πᾶσι τούτοις κοινὸν τοῦτο θέμενος ὄνομα· ὡς γὰρ ἔχει ἐν ἀριθμοῖς ἡ μόνας, οὕτως ἔχει ἐν γραμμαῖς μὲν ἡ στιγμή, ἐν ποταμοῖς δὲ ἡ πηγή, ἐν ζῴοις δὲ ἡ καρδία. Ὁ δὲ τοιοῦτος λόγος τῆς δείξεως κατὰ ἀνα-
66.1 λογίαν λέγεται παρὰ τοῖς γεωμέτραις, καὶ διὰ τοῦτο τὸ τῆς ἀρχῆς ὄνομα εἴληπται ἐν τοῖς κατὰ ἀναλογίαν ὁμωνύμοις. Τρίτος δέ ἐστι τρόπος τῶν ἀπὸ διανοίας τὸ ἀπό τινος ἑνὸς κοινὴν διαφόροις πράγμασι προσηγορίαν γένεσθαι· οἷον μιᾶς οὔσης τῆς ἰατρικῆς ἀπὸ ταύτης κεκλήκαμεν τό τε βιβλίον ἰατρικὸν τό τε φάρμακον καὶ τὸ σμιλίον, ἀλλ᾽ ἰατρικὸν μὲν τὸ βιβλίον, ὅτι ἰατρικῶν μαθημάτων [ἀναγραφὴν] ἔχει, τὸ δὲ σμιλίον ἰατρικόν, ὅτι πρὸς τομὰς τὰς κατὰ ἰατρικήν ἐστιν ὄργανον, ἰατρικὸν δὲ τὸ φάρμακον, ὅτι πρὸς τὰς ἰάσεις ἐστὶ χρήσιμον τῷ ἰατρῷ. Ὥστε κοινὸν μὲν τοὔνομα, ὁ δὲ κατὰ τοὔνομα λόγος καθ᾽ ἕκαστον <τῶν> κοινῶς προσαγορευομένων ἕτερος. Ἀπὸ μιᾶς δὲ τῆς ἰατρικῆς ἐκλήθη ταῦτα ἰατρικὰ {τε}θέντων οὐκ ἀπὸ τύχης, ἀλλὰ ἀπὸ διανοίας πᾶσι τούτοις ὀνόματ<α> τῶν οὕτως ὀνομασάν-

31 ἀρχὴν [1] A rest. M^x (s.u.) : om. M ‖ **33** τὸ τῆς A ‖ ἂν εἴην Busse : ἂν εἴης A ‖ **36** δείξεως M : ἀποδείξεως A ‖ **66.6** ἀναγραφὴν A : παραγραφήν (Simpl., 32,6) ‖ **9** τῶν add. Busse ‖ **10** θέντων Busse : τεθέντων MA ‖ **11** ὀνόματά A : ὀνόματ᾽ M

dessin figuré ; au contraire, c'est parce qu'il ressemble à l'homme vivant. Donc, c'est à partir de cette pensée que j'appelle « homme » à la fois l'homme vivant et sa statue ou son image[1]. À nouveau, si je me mets à appeler la monade principe des nombres, le point, principe de la ligne, la source, principe des fleuves et le cœur, principe du vivant, le nom de « principe » sera appliqué à des choses équivoques à la suite d'une pensée : c'est en vertu d'une analogie que j'aurai attribué ce nom en commun à toutes les choses en question. En effet, ce qu'est la monade dans le cas des nombres, le point l'est aussi dans le cas des lignes, comme la source dans le cas des fleuves et le cœur dans le cas des animaux. Or, ce genre de rapport qu'on indique est appelé « analogique » | dans la langue des géomètres et **66**
c'est la raison pour laquelle le terme de « principe » se trouve reçu parmi les équivoques par analogie[2]. Quant à la troisième sorte d'équivoques qui résultent d'une pensée, elle comprend les cas où une appellation commune à des choses différentes dérive d'une seule et même chose. Ainsi, la médecine est la seule et même chose dont nous avons tiré l'appelation « médical » appliquée au traité, à la drogue et au scalpel. Mais le traité est médical, parce qu'il contient la transcription de connaissances médicales, le scalpel est médical, parce que c'est un instrument qui sert aux incisions pratiquées en médecine, et la drogue est médicale, parce qu'elle est utile au médecin pour ses thérapies. Par conséquent, le nom est bel et bien commun, mais la formule correspondant à ce nom est différente pour chacun des objets qui reçoivent cette appellation commune. Cependant, c'est d'une seule et même chose, la médecine, qu'est tirée l'appellation « médical », qu'on ne leur confère pas par hasard ; c'est au contraire à partir d'une pensée que des noms ont été donnés à toutes ces choses par ceux qui les ont

1. [65.25-30] La ressemblance qu'invoque Porphyre est celle, mimétique, de la copie artificielle par rapport au modèle naturel. L'exemple de l'homme figuré rappelle celui de l'animal figuré fourni par Aristote (*C*, 1 a 2-3). Les exemples cités à la note précédente ne sont pas exactement du même ordre, mais ils sont des objets qui, comme les copies artificielles, doivent leur nom à une configuration extérieure jugée à l'image d'une chose naturelle.

2. [65.31-66, 2] L'analogie invoquée par l'*Éth. à Nicom.*, I, 4, 1096 b 28-29 est celle qui existe entre la vue et l'intelligence : l'une est au corps ce que l'autre est à l'âme. Il s'agit d'une « égalité de rapports » (*ibid.*, V, 6, 1131 a 31) que, dit Aristote, « les mathématiciens appellent géométrique » (*ibid.*, V, 7, 1131 b 12-13). C'est pourquoi l'intelligence peut être dite « œil de l'âme » (*ibid.*, VI, 13, 1144 a 29-30). Les deux premiers exemples cités par Porphyre sont relevés par Aristote pour illustrer l'observation d'une ressemblance éloignée (cf. *Topiques,* I, 18, 108 b 26-27 : στιγμὴ ἐν γραμμῇ καὶ μονὰς ἐν ἀριθμῷ· ἑκάτερον γὰρ ἀρχή). Aristote appelle aussi le cœur, principe des veines, du sang, de la vie, de toutes les parties du corps, de la nature des animaux sanguins (*Parties des an.,* II, 1, 647 b 4 ; III, 4, 666 a 33 ; *De la respiration,* 17, 479 a 1 ; *Gén. des an.*, II, 4, 740 a 13 ; etc.) et il emploie πηγή comme synonyme d'ἀρχή à plusieurs reprises (comme, par exemple, dans *Parties des an.*, III, 4, 666 a 8).

των ταῦτα. Τέταρτος δὲ ἀπὸ διανοίας, ὅταν διάφορά τινα πρὸς ἓν σπεύδοντα τέλος ἀπ᾿ ἐκείνου τῆς κοινῆς προσηγορίας τύχῃ, ὥσπερ [ὑγε]ίας οὔσης ἣν τέλος ποιεῖται ὁ ὑγ{ε}ιαζόμενος, ἀπὸ ταύτης [τό τε] σιτίον λέγεται ὑγιεινὸν καὶ ὁ περίπατος ὑγιεινὸς καὶ τὸ ἀνά[γνωσ]μα ὑγιεινόν. Τοῦτον δὲ τὸν τρόπον οἱ μὲν συνῆψαν τῷ ἀφ᾿ ἑνὸς τὸ ὅλον τοῦτο καλέσαντες ἀφ᾿ ἑνὸς καὶ πρὸς ἕν, οἱ δὲ οὐδὲ [ἐν τοῖς] ὁμωνύμοις κατηρίθμουν, ἀλλ᾿ οὐδὲ ἐν τοῖς συνωνύμοις, ἀλλ᾿ ἐν μέσῳ ἐτίθεσαν τῶν ὁμωνύμων τε καὶ συνωνύμων διὰ τὸ λόγου μετοχῇ τοῦ αὐτοῦ ἰατρικὰ καλεῖσθαι κοινῶς τὰ διάφορα πράγματα ὑγείας τε περιποιήσει τῆς αὐτῆς ὑγιεινὰ καλεῖσθαι τὰ οὕτω προσαγορευθέντα κοινῶς πράγματα.

<Π.> Ὁ δὲ Ἀριστοτέλης ποίῳ κέχρηται τρόπῳ τῶν ὁμωνύμων;

<Ἀ.> Τ[ῷ] ἀπὸ τῆς ὁμοιότητος εἰπ⌈ὼ⌉ν « ζῷον τόν τε ἄνθρωπον καὶ τὸ γεγραμμένον (...) ἐὰν γὰρ ἀποδιδῷ τις τί ἐστιν ἑκατέρῳ τ⌈ὸ⌉ ζῴῳ εἶναι, <ἴδιον ἑκατέρου λόγον> ἀποδώσει ». [Τὸν] δὲ κα<τὰ> τοὔνομα λόγον ἀποδιδοὺς ἄλλον ἄλλῳ ἀποδώσει, [τὸν μὲν] ἄνθρωπον ζῷον εἶναι, ὅτι οὐσία ἐστὶν

12 Τέταρτος M : τέταρτον A ‖ **13** ὑγείας A ‖ **14** τό τε A ‖ **15** ἀνάγνωσμα A ‖ **17** οὐδὲ ἐν τοῖς Busse sec. Simpl. (32,13) : οὐδὲν τοῖς A οὐδὲ τοῖς Cp ‖ **22** Π. (*Int.*) add. Fel. u. sign. Ap ‖ **23** Ἀ. (*Resp.*) add. Fel. u. sign. Ap ‖ Τῷ corr. A : τὸ M ‖ εἰπὼν Busse : εἰπεῖν MA ‖ τόν τε ἄνθρωπον MA : ὅ τε ἄνθρωπος Arist. (1 a 2-3) ‖ **24** post ἐστιν add. αὐτῶν Arist. (1 a 5) ‖ τὸ Busse sec. Arist. (1 a 5) : τῷ MA ‖ **25** ἴδιον — λόγον inser. Busse sec. Arist. (1 a 5-6) : om. MA ‖ τὸν A ‖ κατὰ τοὔνομα corr. A : κατοὔνομα M ‖ **26** τὸν μὲν A

qualifiées nommément ainsi[1]. Il y a par ailleurs une quatrième sorte d'équivoques qui résultent d'une pensée : elle comprend les cas où des choses différentes visent la même fin et reçoivent de cette fin une appellation commune. Par exemple, la santé étant la fin que s'assigne celui qui se soigne, c'est à partir d'elle que le pain est appelé sain, que la promenade est dite saine et que la lecture est dite saine aussi[2]. Mais il en est qui ont rattaché cette sorte-là à celle des dérivés d'une chose unique et ils ont appelé l'ensemble en question celui des choses qui ont la même source et ont le même but[3]. Or il en est d'autres qui ne classaient même pas cet ensemble dans le nombre des équivoques, ni d'ailleurs non plus dans celui des univoques, mais le plaçaient au milieu, entre les équivoques et les univoques, du fait que les choses différentes qu'on appelle en commun « médicales » le sont parce qu'elles participent de la même formule et celles qu'on appelle « saines » reçoivent en commun cette appellation parce qu'elles contribuent à la même chose, la santé[4].

Q. — Et Aristote, lui, de quelle sorte d'équivoques fait-il usage ?

R. — De celle qui résulte d'une ressemblance, puisqu'il a déclaré : « on dit animal à la fois l'homme et son portrait (...) car si l'on veut expliquer, pour chacun des deux, ce que c'est qu'être un animal, on fournira pour chacun une formule propre »[5]. Or si l'on fournit la formule qui correspond au nom, elle sera différente selon les cas ; on dira : l'homme est un animal

1. [66.2-12] L'exemple est, avec des variantes, celui qu'on trouve en *Mét.*, Γ, 2, 1003 b 1-3 ou dans l'*Éth. à Eud.*, VII, 2, 1236 a 18-22. Porphyre présente cependant comme un cas d'équivocité ἀφ' ἑνός ce qu'Aristote donne pour un cas πρὸς ἕν. Plus haut (65, 20), il n'a pas semblé, certes, faire de distinction entre les deux, mais très clairement, il s'apprête ici à classer à part les cas de πρὸς ἕν !

2. [66.12-15] En *Mét.*, Γ, 2, 1003 a 35, Aristote présente les différents sens de ὑγιεινός pour illustrer la référence πρὸς ἕν, au même titre que les exemples de ἰατρικός. Porphyre tient qu'il pourrait s'agir d'un cas différent, parce qu'il assimile πρὸς ἓν à πρὸς ἓν τέλος : cela veut dire, non plus « par référence à une seule chose », mais « en vue d'une seule fin ». Toutefois, il paraît difficile de procéder à cette assimilation sans, contradictoirement, dissiper l'équivoque ; les exemples qu'il produit (le pain, la promenade et la lecture) ne semblent pas en effet donner lieu à équivoque : tout cela est dit « sain » exactement dans le même sens (parce qu'il produit la santé).

3. [66.15-17] Ainsi paraît d'abord avoir procédé Porphyre lui-même en 65, 20, mais, on le voit, c'est, dans son cas, au prix d'une confusion (*cf.* note précédente).

4. [66.17-21] Cette opinion ressemble à celle que définit Alexandre d'Aphrodise (cf. *supra*, *ad.* 65, 19-21), qui dissocie les deux exemples d'Aristote, classant les choses médicales dans la catégorie ἀφ' ἑνός, et les choses saines dans la catégorie πρὸς ἕν. Sur la différence entre cette interprétation et celle de Porphyre, voir Stevens, *op. cit.*, p. 78-80.

5. [66.23-25] *C*, 1 a 2-6. La citation est approximative et tronquée, même après l'ajout, nécessaire au sens, des mots introduits par Busse (*cf.* apparat critique).

ἔμψυχος αἰσθητική, τὸ δὲ γεραμμένον ζῷον εἶναι, ὅτι ὁμοίωμά ἐστιν οὐσίας ἐμψύχου αἰσθητικῆς.

<Π.> Ἐπειδὴ ἕνα τρόπον ὁμωνύμων εἴρηκας τὸν κατὰ ἀναλογίαν, ἆρά γε καὶ κατὰ μεταφορὰν ὁμώνυμά τε ἂν εἴη καὶ ὑπαχθείη τῷ κατὰ ἀναλογίαν τρόπῳ, ἢ ἕτερός ἐστί τις τρόπος ὁ κατὰ μεταφορὰν καὶ ἕτερος ὁ κατὰ ἀναλογίαν; Καὶ εἰ δεῖ ἐν τῷ κατὰ ἀναλογίαν τάττειν τὸν κατὰ μεταφορὰν ἢ καθ' α⌈ὐ⌉τὸν ἄλλον τρόπον ἡγεῖσθαι ὁμωνύμων κατὰ ἀναλογίαν; <Ἀ.> Ἐσφάλησαν μὲν πολλοί, ὧν καὶ ὁ Ἀττικός, ἕνα τρόπον καταλέξας
67.1 ὁμωνύμων τὸν κατὰ μεταφορὰν καὶ κατὰ ἀναλογίαν καὶ συγχέας τὸν κατὰ μεταφορὰν τῷ [κατὰ] ἀναλογίαν.

<Π.> Σαφῶς οὖν ἡμῖν εἰπέ, τί βούλει λέγειν.

<Ἀ.> Φημὶ [τοίνυν] κατὰ μεταφοράν ἐστιν, ὅταν μέν τι πρᾶγμα ἔχῃ ἴδιον ὄνομα, [ἄλλως] δὲ καταχρήσηταί τις ἐπ' αὐτοῦ ἄλλῳ ὀνόματι μεταφέρων καὶ τούτῳ χρώμενος ὡς κειμένῳ ἐπ' αὐτ⌈οῦ⌉· ἐνταῦθα οὐκ ἂν εἴη ὁμωνυμία τις· ὅταν δὲ μὴ⌈ἔ⌉χῃ ἄλλο ἀλλὰ τοῦτο, τότε γ⌈ίνεται⌉ ὁμωνυμία· οἷον ὀρῶν τὰ κάτω μέρη καλεῖται ὑπώρ<ε>ια·

28 οὐσίας post ἐμψύχου transp. A || **29** Π. (*Int.*) add. Fel. u. sign. Ap || **31** τις M : om. A || **33** αὑτὸν A : αὐτὸν M || **34** Ἀ. (*Resp.*) add. Fel. u. sign. Ap || **67.2** κατὰ A || **3** Π. (*Int.*) add. Fel. u. sign. Ap || **4.** Ἀ.(*Resp.*) add. Fel. u. sign. Ap || τοίνυν A || τι MA : τὸ Simpl. (32,22) || **5** ἄλλως A || **6** τούτῳ M Simpl. (32,24) : οὕτως A || αὐτοῦ Busse sec. Simpl. (32,24) : αὐτῷ MA || ἐνταῦθα post τις (u. 7) transp. Simpl. (32,25) || **7** ἔχῃ Simpl. (32,26) : σχῇ MA || ἀλλὰ τοῦτο om. Simpl. || γίνεται Busse sec. Simpl. (32,26) : γὰρ MA || **8** ὀρῶν — μέρη MA : τῶν ὀρῶν τὸ κατὰ μέρος Simpl. (32,26-27)

parce qu'il est une substance animée sensitive[1], mais son portrait est un animal, parce qu'il est quelque chose qui ressemble à une substance animée sensitive.

Q. — Puisqu'il y a une sorte d'équivoques que tu as dite par analogie, est-ce que malgré tout il y aurait encore des équivoques par métaphore[2] et seraient-ils à classer sous la sorte par analogie? Ou bien y a-t-il là deux sortes distinctes, l'une par métaphore et l'autre par analogie? Autrement dit, je veux savoir si l'on doit inclure dans la sorte par analogie la sorte par métaphore, ou bien considérer en elle-même, comme une autre sorte d'équivoques, la sorte par analogie?

R. — Beaucoup de personnes, dont précisément Atticus[3], ont commis | l'erreur de cataloguer en une seule sorte d'équivoques, celle par 67
métaphore et celle par analogie, autrement dit de confondre celle par métaphore avec celle par analogie.

Q. — Exprime-nous donc clairement ce que tu veux dire.

R. — Eh bien, selon moi, il y a expression métaphorique quand une certaine chose possède un nom qui lui est propre, mais qu'on la désigne autrement, par un autre nom transféré sur elle par extension et que l'on utilise celui-ci comme si c'était le sien. Il ne peut être question ici d'une forme d'équivocité. En revanche lorsqu'une chose n'a pas d'autre nom que celui-là, c'est alors qu'apparaît l'équivocité[4]. Ainsi, les parties inférieures

1. [66.26-27] Cf. *supra*, 63, 14.

2. [66.29-33] Sur l'appellation métaphorique, tirée d'une analogie, voir *supra* (*ad* 65, 31-66, 2), l'exemple de l'œil de l'âme. Aristote traite cependant aussi l'appellation par métaphore comme un cas d'appellation par ressemblance (cf. *supra, ad* 65, 19-21). Les nuances, à vrai dire, importent moins à la distinction des types d'équivoques, qu'à celle des différences stylistiques, qui ressortissent à la « seconde imposition des noms » (cf. *supra*, 58, 37).

3. [66.34] Le platonicien Atticus (seconde moitié du IIe siècle), auteur de commentaires sur Platon qu'on lisait, selon Porphyre (*Vie de Plotin*, 14, 10-14), dans le cercle de Plotin était un adversaire résolu de la conciliation des doctrines d'Aristote et de Platon (*cf.* J. Whittaker, Art. « Atticus » [517] dans *Dictionnaire des philosophes ant.*, I, p. 664 et Moraux, *Der Aristotelismus*, II, p. 564 *sq.*). Ce n'est donc peut-être pas un hasard si Porphyre, conciliateur quant à lui, saisit l'occasion de le prendre nommément à parti, en indiquant sa confusion. On peut même se demander si la digression sur la métaphore n'est pas en partie engagée par Porphyre pour avoir cette occasion. Notre passage est le fragment 42 b dans *Atticus : Fragments*, Paris, E. Des Places, 1977, le fragment 42 a étant le texte parallèle de Simplicius (32, 19 *sq.*).

4. [67.6-7] L'équivocité, selon Porphyre, implique donc des choses qui partagent *en propre* le même nom. Dans ces conditions, il faudrait distinguer entre les exemples cités plus haut (65, 31-32] : le mot « principe » donne lieu sans doute à une forme d'équivocité lorsqu'il

ἀλλ' ἔ⌈θ'⌉ ὑπωρείας ἔναιον πολυπιδάκου Ἴδης

ταύτας τὰς ὑπωρείας ὄνομα οὔσας τῶν κάτω μερῶν τοῦ ὄρους οἱ ποιηταὶ πολλάκις προσεῖπον πόδας·

πάντες δ' ἐσείοντο πόδες πολυπιδάκου Ἴδης

ἔστι δὲ καὶ κλίνης τὰ βαστάζοντα τὸ ὅλον κοῖτος πόδες καλούμενα, ἀλλὰ καὶ τραπέζης πόδες καὶ νηός·

α<ἰ>εὶ γὰρ πόδα νηὸς ἐνώμ⌈ω⌉ν

Ἐπὶ τούτων πόδα μὲν νηὸς καὶ πόδας Ἴδης οὐκ ἂν εἴποι τις ὁμωνύμως εἰρῆσθαι· ἔχει γὰρ ἡ μὲν ναῦς προσαγορευόμενον τὸ <εὐθῦν>ον τὴν ναῦν ἰδίως πηδάλιον· ἀλλ' οὐδὲ τοῦ ὄρους τὰ κάτω πόδας ἂν εἴποιμι ὁμωνύμως λέγεσθαι· ἔχει γὰρ ὄνομα ὑπωρείας. Ἐπὶ δὲ τῆς τραπέζης καὶ τῆς κλίνης οὐκ ἔτι ἂν εἴποιμι μεταφοράν, ἀλλ' ὁμωνυμίαν· τοῦτο γὰρ ὄνομα ἔχει τῆς κλίνης τὸ βαστάζον τὸ ὅλον κοῖτ[ος] καὶ τῆς τραπέζης κατὰ ἀναλογίαν τῶν τοῦ ζῴου ποδῶν· οὗ χάριν « ὧν ὄνομα μόνον κοινὸν » δεῖν εἴρηται εἶναι ἐπὶ τῶν ὁμωνύμων, ὄνομα δὲ ἐπὶ κλίνης καὶ τραπέζης οἱ πόδες τὰ τοίαδε [μέρη],

9 ἔθ' Homerus (Y,218) : ἔτ' MA οἵ γ' Simpl. (32,28) || ἔναιον… πολυπιδάκου MA Simpl. (32, 28) : ᾤκεον… — πίδακος Hom.(Y, 218) || **12** δ' ἐσείοντο MA : δ' ἐσσείοντο Hom. (Y, 59) δὴ σείοντο Simpl. (32,20) || πολυπιδάκου MA Simpl.(32, 28) : —πίδακος Hom.(Y, 218) || **15** αἰεὶ Hom. (κ, 32) Simpl. (33,3) : ἀεὶ MA || ἐνώμων Hom.(κ, 32) Simpl.(33. 3) : ἐνώμουν MA || **16** πόδα M : πόδας A || **17** εὐθῦνον rest. Busse quod prob. Strange : om. et lac. indic. A || **21** κοῖτος A : κοῖτ M || **23** μέρη A

des montagnes sont appelées leurs « pentes » (« … et ils demeuraient sur les *pentes* de l'Ida, le mont aux nombreuses sources »)[1]; ces « pentes », bien que ce soit là le nom des parties inférieures de la montagne, les poètes en ont fait souvent, dans leur langage, des « pieds » (« … et des secousses agitaient tous les *pieds* de l'Ida, le mont aux nombreuses sources »). Or les pièces du lit qui supportent l'ensemble de la couche sont aussi appelées des « pieds » ! Et il y a encore des pieds de table, et de bateau (« … car j'ai toujours manié avec soin le pied du bateau »)[2]. Mais dans les cas suivants, « pied » du bateau et « pieds » de l'Ida, on ne peut pas dire que les expressions soient équivoques. En effet, la pièce du bateau servant à le diriger s'appelle proprement « gouvernail »[3], et je ne puis affirmer non plus que les parties inférieures de la montagnes soient dites des « pieds » de façon équivoque, puisqu'elles portent le nom de « pentes ». Dans le cas de la table et du lit, en revanche, je ne puis plus dire que c'est une métaphore ; c'est au contraire un cas d'équivocité, car ce nom porté par la pièce du lit qui supporte l'ensemble de la couche, ainsi que par une pièce de la table, leur est donné par analogie avec les pieds de l'animal. C'est pour ça que la définition donnée des équivoques précise que ce doivent être « des choses qui n'ont qu'un nom en commun »[4]. Or ce qu'on nomme « les pieds » dans le cas d'un lit et

s'applique à la monade et à la ligne (encore que la signification soit peut-être fondamentalement la même ; cf. *Mét.*, Δ, 1, 1013 a 17-18 : « tout ce qu'on appelle principe a en commun d'être l'origine première »…), mais non s'il désigne en outre les sources des fleuves : puisque « source » est le mot qui désigne en propre l'origine première des fleuves, appeler celle-ci « principe » serait une simple métaphore !

1. [67.9] Les variantes par rapport au texte homérique (*cf.* apparat critique), ici comme aux lignes 12 et 15, sont sans importance.

2. [67.15] Même si c'est le cas ici, le mot « pied » (souvent en pluriel : πόδας), dans la langue des marins, ne désigne pas généralement le gouvernail (rame manœuvrée par le timonier, posée sur le bordage en poupe, munie parfois d'une manette et retenue par une estrope en cuir : *cf.* Lefebvre des Noëttes, *De la marine antique à la marine moderne : la révolution du gouvernail,* Paris, 1935, p. 34 *sq.*), mais les angles inférieurs de la voilure où s'attachent les cordages permettant de la manœuvrer.

3. [67.17] La restitution εὐθῦνον, suggérée par Busse, est inspirée judicieusement par εὐθύνεται qu'on lit p. 116, 31. Simplicius, qui paraît ici citer Porphyre, en fait le paraphrase (p. 33, 10-13 : Πορφύριος … τὸ κύριον αὐτοῦ πηδάλιον καλεῖσθαι λέγων). Le même Simplicius (33, 15) signale que dans son grand commentaire (à Gedalios), au contraire, Porphyre tenait l'expression « pied du navire » pour une forme d'équivocité (non de métaphore), parce qu'il n'est pas d'autre nom pour le désigner ; il ne s'explique pas cette divergence entre les deux commentaires sauf à supposer que l'auteur, dans le commentaire à Gedalios, visait la partie basse de la voilure. On ne peut savoir, si c'est le cas, dans lequel des deux commentaires Porphyre aurait modifié son interprétation.

4. [67.22] *C*, 1 a 1.

ἐπὶ δὲ ⌜ὅ⌝ρους καὶ νηὸς ὀνόματα μὲν ὑπώρεια καὶ πηδάλιον, ἄλλως δὲ μετενήνεκται ἡ τῶν ποδῶν προσηγορία ἐπ᾽ αὐτῶν. Κατὰ μεταφορὰν ἂν εἴη ταῦτα λεγόμενα, ὁμωνύμως δὲ οὔ· οὐδὲ [γὰρ] καθ᾽ ὁμοίωσιν εἴποις ἂν εἶναι ὁμώνυμα (ποίαν γὰρ ἔχει<ν> ὁμοιότητα πρὸς ζῴου πόδας ὑπώρειαν;), ἀλλὰ μετενηνεγμένως λέγεται ἡ ὑπώρεια πούς, ὁμωνύμως δὲ οὐ λέγεται, εἰ μή τι τῷ ὅρῳ προσέχοι τῶν ὁμωνύμων, ὅτι ἥ τε ὑπώρεια λέγεται ποὺς καὶ ἀνθρώπου πούς, καὶ τὸ μὲν ὄνομα κοινὸν τὸ τοῦ ποδός, ὁ δὲ λόγος ἕτερος, κοινῶς τοῦ ὀνόματος καὶ ἐπὶ τ⌜ῆ⌝ς μεταφορ⌜ᾶ⌝ς ταττομένου. Διὸ ἐπὶ τούτου ζητῆσαι ἄξιον.

68.1 <Π.> Ἀλλὰ πῶς μὲν ⌜ὡ⌝ρίσατο ὁ Ἀριστοτέλης καὶ τίνες οἱ τρόποι τῶν ὁμωνύμων, αὐτάρκως παρέστησας, μεταβατέον δέ σοι καὶ ἐπὶ τὰ συνώνυμα καὶ ἀποδοτέον τὸν Ἀριστοτέλους ὅρον.

<Ἀ.> « Συνώνυμα <δὲ> λέγεται ὧν τό τε ὄνομα κοινὸν καὶ ὁ κατὰ τοὔνομα ⌜λόγος τῆς οὐσίας⌝ ὁ αὐτός, οἷον ζῷον <ὅ τε ἄνθρωπος καὶ ὁ βοῦς>· ὁ γὰρ ἄνθρωπος καὶ ὁ βοῦς κοινῷ ὀνόματι προσαγορεύεται ζῷον, καὶ ὁ λόγος δὲ ὁ αὐτός· ἐὰν γὰρ ἀποδιδῷ τις τὸν ἑκάστου λόγον τί ἐστιν αὐτῶν τ⌜ὸ⌝ ζῴῳ εἶναι, τὸν αὐτὸν ἀποδώσει λόγον. »

<Π.> Ἐξήγησαι οὖν τὸν ὅρον.

<Ἀ.> Συνώνυμα δέ, φησί, λέγεται τὰ πράγματα εἶναι ὧν τό τε ὄνομα κοινόν, ἀλλ᾽ οὐ μόνον, ὡς ἐπὶ τῶν ὁμωνύμων. Καὶ δηλονότι ὄνομα ληπτέον

24 ὅρους corr. A : ὅρους M ‖ **26** γὰρ A ‖ **27** ἔχειν corr. A^1 : ἔχει MA ‖ **28** πούς M : ποῦς A ‖ **31** τῆς μεταφορᾶς Busse : τὰς μεταφορὰς MA ‖ ante Διὸ u. sign. M^2 (dub.) ‖ **68.1** Π. (*Int.*) add. Fel. u. sign. Ap ‖ **3** καὶ — ὅρον M : om. A ‖ **4** post ὅρον (M) aut in mg (A) add. περὶ συνωνύμων ut titulum MA ‖ **5** Ἀ. (*Resp.*) add. Fel. u. sign. Ap ‖ δὲ inserui sec. Arist. (1 a 6), sicut u. 12 infra et Simpl. (34,24 ex Porphyrio) ‖ λόγος τῆς οὐσίας ordinem restitui (potius quam τ. οὐ. λ. MA) sec. codd. Arist. (in 1 a 7), sicut u. 15 infra et Simpl. (34,25 ex Porphyrio) ‖ ὅ τε — βοῦς inser. recte Busse quod prob. Strange sec. Arist. (1 a 8) ‖ **8** τις M : om. A ‖ **9** ἑκάστου MA : ἑκατέρου Arist. (1 a 10) ‖ αὐτῶν MA : αὐτ. ἑκατέρῳ Arist. (1 a 11) ‖ τὸ Busse sec. Arist. (1 a 11) : τῷ MA ‖ **9-10** ἀποδώσει λόγον MA : λ. ἀ. Arist. (1 a 12) ‖ **11** Π. (*Int.*) add. Fel. u. sign. MAp ‖ **12** Ἀ. (*Resp.*) add. Fel. u. sign. MAp

d'une table, ce sont les pièces qui leur ressemblent[1]. Dans le cas d'une montagne ou d'un bateau, en revanche, les noms respectifs de leurs parties sont « pentes » et « gouvernail », tandis que l'appellation de « pieds » est une autre appellation qui leur a été transférée : ces expressions seront métaphoriques, mais pas équivoques. En effet, on ne peut pas dire non plus que ce sont des équivoques par ressemblance : quelle ressemblance invoquer en effet, pour la pente, avec des pieds d'animal ? Non, la pente est dite « pied » par métaphore et cela, de manière non équivoque. À moins d'invoquer en quelque sorte la définition des équivoques pour soutenir que la pente est dite « pied » tout comme le pied d'un homme et que dès lors le nom de « pied » leur est commun, tandis que leur formule est différente, mais c'est à condition d'appliquer le mot « nom » même à la métaphore, c'est pourquoi ce point mérite une recherche[2].

|Q. — Bon ! Tu as montré suffisamment comment Aristote a défini les équivoques et quelles sont leurs différentes sortes. Mais il te faut encore passer aux univoques et fournir la définition qu'en donne Aristote. 68

R. — « Sont dites en revanche univoques des choses dont à la fois le nom est commun et la formule de l'essence correspondant à ce nom identique. Ainsi dit-on animal à la fois l'homme et le bœuf. L'homme et le bœuf en effet ont un nom en commun, qui est « animal », et leur formule aussi est identique. Car si l'on veut donner la formule de chacun et expliquer, pour chacun des deux, ce que c'est qu'être un animal, on fournira la même formule »[3].

Q. — Explique donc la définition.

R. — On appelle univoques, soutient-il, les choses qui ont en commun le nom, mais pas seulement le nom, comme dans le cas des équivoques. Et

1. [67.23-24] Ceci semblerait plaider pour un cas d'équivocité par ressemblance, tout autant que par analogie ; mais Porphyre regarde moins la similitude de configuration extérieure, que l'identité de fonction : les pieds sont ce qui soutient le meuble et le corps vivant dans la station debout.

2. [67.32] Cette conclusion ressemble à celle d'Aristote dans une autre discussion semblable (*C*, 8 b 21-24). L'éventualité d'avoir à parler de nom dans le cas de la métaphore revient à considérer l'appellation métaphorique à l'instar du nom qui désigne la chose en propre. Toute analogie, dans ce cas, même la plus occasionnelle, donnerait lieu à équivocité, alors que Porphyre a, jusqu'ici, parfaitement tracé la limite qui sépare équivocité et métaphore à l'intérieur de l'analogie.

3. [68.5-10] Citation approximative de *C*, 1 a 6-12. La divergence la plus remarquable par rapport aux manuscrits d'Aristote est l'omission de τῆς οὐσίας après λόγος, à la ligne 8. Porphyre ne lisait vraisemblablement par les deux mots à cet endroit ; c'est pourquoi plus loin (lignes 15-18), il observe que de toute façon, il faut sous-entendre l'expression, même si Aristote ne l'emploie pas. Mais voir *infra*, n. *ad* 68, 15-18.

τὸ κοινῶς ἐπὶ παντὸς μέρο<υ>ς λόγου λεγόμενον καὶ τὸ κοινὸν ὡς εἴρηται πρότερον. Ἄν τε δὲ προστεθῇ « ὁ κα<τὰ> τοὔνομα λόγος τῆς οὐσίας », ἄν τε ⌈μὴ⌉ προστεθῇ, ἀλλὰ μόνον λέγ⌈η⌉ται ὁ δὲ λόγος ὁ αὐτός, δῆλον ὅτι προσυπακουσόμεθα καὶ τὸ κατὰ τοὔνομα δεῖν ἀποδίδοσθαι τὸν λόγον καὶ ὅτι λόγον τὸν τῆς οὐσίας [χρὴ] ἐξακούειν· οὗτος γάρ ἐστιν ὁ ὁριστικός.

Ὅταν οὖν ὀνόματος ὄντος <κοινοῦ> ὁ κατὰ τοὔνομα ὁριστικὸς λόγος ὁ αὐτὸς ᾖ, συνωνύμως ταῦτα καλεῖται τούτῳ τῷ ὀνόματι. Δηλοῖ δὲ τὸ παράδειγμα τὸ εἰρημένον· ἄνθρωπος γὰρ ἔστω τὸ ὑποκείμενον καὶ βοῦς καὶ κύων, οὗτοι δὲ κοινῷ ὀνόματι καλείσθωσαν ζῷα· ἐπὶ ταύτης τῆς κοινότητος τοῦ ὀνόματος ἐὰν ἀποδῶμεν τὸν κατὰ τοὔνομα ὅρον (ἔστι δὲ ὁ σύζυγος τῇ τοῦ ζῴου προσηγορίᾳ ὅρος οὗτος τὸ οὐσία ἔμψυχος αἰσθητική· καὶ γὰρ ὁ ἄνθρωπος ζῷόν τε λέγεται καὶ ἔστιν οὐσία ἔμψυχος αἰσθητική), δῆλον ὅτι καὶ ὁ ὅρος κοιν⌈ὸ⌉ς ἔσται πάντων· ἕκαστον γὰρ τῶν εἰρημένων ἀληθῶς ἂν ῥηθείη οὐσία ἔμψυχος αἰσθητική.

<Π.> Ἀλλὰ ταῦτα μὲν κατὰ Ἀριστοτέλην ὡρίσω, ἐπειδὴ καὶ τούτων μνησθεὶς ὁ αὐτὸς τοὺς ὅρους αὐτῶν τοιούτους πεποίηται· ὅταν δὲ τοῦ μὲν λόγου κοινωνῇ τινα τοῦ αὐτοῦ, τοῦ δὲ ὀνόματος μή, ἃ δ⌈εῖ⌉ καλεῖσθαι πολυώνυμα, τίς ἂν γένοιτο ὅρος;

14 μέρους corr. A : μέρος M || **15** ὁ - λόγος forte delend. coni. Busse (in app.) || κατὰ τοὔνομα Busse sec. Arist. (1 a 7) et u. 5-6 : κατοὔνομα MA || **16** μὴ hic transp. Brandis : ante προστέθῃ (u. 15) legitur in MA || λέγηται A : λέγεται M || ὁ δὲ λόγος MA : ὁ λ. δ. *supra* (u. 8) et Arist. (1 a 9) || **18** λόγον MA : post οὐσίας transp. Simpl. (34,12) || χρὴ A Simpl. (34,12) || οὗτος MA : αὐτὸς Simpl. (34,12) || **19** κοινοῦ rest. A : om. M || **26** κοινὸς corr. A : κοινῶς M || **28** Π. (*Int.*) add. Fel. u. sign. Ap || **30** δεῖ p : δὴ MAC

bien évidemment, « nom » doit être pris en sens général, comme s'appliquant à chaque partie du discours[1], et le terme « commun », dans le sens qu'on a dit préalablement[2]. Par ailleurs, qu'il ajoute « la formule de l'essence correspondant à ce nom » ou qu'il ne le fasse pas et déclare seulement : « et leur formule est identique », de tout évidence nous pouvons soupçonner et qu'on doit fournir la formule en correspondance avec le nom et qu'il faut entendre par « formule » celle de l'essence, puisqu'il s'agit de la formule définitionnelle[3]. Donc, si des choses partagent un nom, chaque fois que la formule définitionnelle correspondant à leur nom est identique, les choses en question sont appelées de façon univoque par ce nom-là. L'exemple fait d'ailleurs voir ce qu'on vient de dire. Mettons, en effet, que les sujets soient l'homme, le bœuf et le chien, et qu'au moyen d'un nom commun, l'on appelle ceux-ci des animaux ; sur la base de cette communauté nominale, supposons qu'on fournisse la définition correspondant à ce nom ; la définition qui va de pair avec l'appellation d'animal est la suivante : « substance animée sensitive »[4], car l'homme, en même temps qu'il est dit « animal », est une substance animée sensitive ; dans ces conditions, il est évident que la définition aussi sera commune à tous, car chacun des sujets qu'on a dits peut être en vérité déclaré substance animée sensitive.

Q. — Bon ! Jusqu'ici tu as suivi Aristote dans tes définitions, puisqu'aussi bien, après avoir fait explicitement mention de ces choses, il a lui-même produit leurs définitions dans des termes semblables. Mais quand certaines choses partagent la même formule et pas le même nom, ces choses qu'on doit appeler « plurivoques », quelle en sera la définition ?[5]

1. [68.14] Cf. *supra*, 62, 1-6.

2. [68.14-15] En 62, 30-33.

3. [68.15-18] Cf. *supra*, 63, 1-64, 21 (pour l'adjonction de κατὰ τοὔνομα) et 64, 25-65, 12 (pour l'adjonction de τῆς οὐσίας). On sait par Simplicius (34, 13 [texte corrigé dans les Addenda]) que dans le commentaire à Gedalios, Porphyre écartait ici la nécessité de l'adjonction τῆς οὐσίας, qu'il ne lisait probablement pas dans les manuscrits de *C*, en 1 a 7 et 10, mais qu'il a ajoutée ici en 1 a 7. Sa justification aurait été que l'homme et le bœuf ne sont univoques que s'ils sont considérés en tant qu'animaux : définis identiquement mais de manière vague par un même genre, ils n'ont pas la même définition spécifique, exprimant leur essence. Évitant ici ces considérations et préférant conserver l'ajout, comme dans le cas des équivoques, Porphyre semble avoir simplifié ; il évite ainsi d'avoir à observer que l'animal qu'est l'homme et l'animal qu'est le bœuf ne sont pas les mêmes choses.

4. [68.24] Cf. *supra*, 63, 14.

5. [68.29-30] On se demande pourquoi, après avoir dit auparavant (61, 2) qu'Aristote n'avait même pas fait mention des plurivoques parce qu'il n'en avait pas besoin dans *C*, Porphyre, lui, éprouve le besoin d'en fournir une définition, d'autant que poser ainsi la question, c'est y répondre.

69.1 <Ἀ.> Λέγω ὅτι πολυώνυμά ἐστιν ὧν διάφορα μὲν καὶ πλεῖστα ὀνόματα, ὁ δὲ λόγος εἷς καὶ ὁ αὐτός, ὡς ἄορ, ξίφος, φάσγανον, καὶ ἐπὶ τοῦ ἐδύματος λωπίον καὶ ἱμάτιον· τὸ μὲν γὰρ πρᾶγμα ἓν τὸ τοῦ ξίφους καὶ ὁ ὅρος καὶ λόγος εἷς ὁ κατὰ τοὔνομα (ἔστι γὰρ σίδηρος ἀμφήκης εἰς ζῴων ἀναίρεσιν εἰργασμένος), ἄλλο δὲ ὄνομα καὶ διάφορον τὸ ξίφος καὶ τὸ ἄορ καὶ τὸ φάσγανον. Καὶ ἔοικεν ταῦτα ἀντικεῖσθαι τοῖς ὁμωνύμοις, ὡς εἴ τις αὐτὰ ἐκάλει ὁμοιόλογα καὶ ὁμοιόριστα [καὶ] τὸν μὲν λόγον ἔχοντα κοινόν, τὰ δὲ ὀνόματα κατὰ λόγον ἕτερα· οὕτω δὲ καὶ οἱ Ῥωμαίων παῖδες εἰώθασιν πολλὰ ἔχ[ει]ν ὀνόματα ἕκαστο⌈ς⌉.

<Π.> Ὅρισαι δὲ καὶ τὰ ἑτερώνυμα.

<Ἀ.> Ἔστι δὲ ἑτερώνυμα ἃ μήτε τοῦ ὀνόματος μήτε τοῦ λόγου κοινωνεῖ, ὡς πῦρ, χρυσὸς καὶ Σωκράτης καὶ ἀνδρεία· ἑτερώνυμα δέ ἐστιν ὧν τό τε ὄνομα καὶ ὁ λόγος ἕτερος.

<Π.> Ἐπεὶ τοίνυν λείπεται τὰ πα{τ}ρώνυμα, ὧν καὶ ὁ Ἀριστοτέλης ἐμνήσθη, λέγε{ι} δὴ καὶ περὶ τούτ<ων>.

<Ἀ.> « Παρώνυμα δὲ λέγεται ὅσα ἀπό τινος διαφέροντα τῇ πτώ-

69.1 Ἀ. (*Resp.*) add. Fel. u. sign. Ap περὶ πολυωνύμων add. M[x] (mg) A[1] (mg) || **3** supra λωπίον scr. λωπίον τὸ ἱμάτιον M[2] || **7** καὶ[2] A || **9** ἔχειν A || ἕκαστος p : ἕκαστον MAC || **10** Π. (*Int.*) add. Fel. u. sign. Ap περὶ ἑτερωνύμων add. M[x] (mg) et A[1] (mg) || **11** Ἀ. (*Resp.*) add. Fel. u. sign. Ap || **14** Π. (*Int.*) add. Fel. u. sign. Ap περὶ παρωνύμων add. M[x] (mg) || παρώνυμα M[1] (p. ras.) A : πατρώνυμα M (dub.) || **15** λέγε corr. A : λέγει M || τούτων p : τούτ' M (cf. infra u. 32) τούτου AC || **16** Ἀ. (*Resp.*) add. Fel. u. sign. Ap add. περὶ παρωνύμων A[1] (mg)

R. — Je déclare que sont plurivoques des choses qui ont des noms **69**
différents et multiples, mais dont la formule est une et la même, comme le glaive, l'épée, le sabre et, dans le cas du vêtement, le pardessus et le manteau[1]. La chose en effet est une dans le cas de l'épée et sa définition, c'est-à-dire la formule qui correspond à ce nom, est également une (c'est en effet « un fer à double tranchant forgé pour supprimer les animaux »)[2], mais son nom varie et diffère selon qu'on dit « l'épée », « le glaive » ou « le sabre » et selon toute apparence, c'est l'opposé des équivoques : c'est comme si on appelait cela des choses de formule ou de définition semblables, et qu'on disait qu'elles ont leur formule en commun, alors que les noms correspondant à cette formule sont différents[3]. C'est ainsi d'ailleurs que les enfants des Romains d'habitude portent aussi chacun de nombreux noms[4].

Q. — Définis par ailleurs encore les altérivoques[5].

R. — Sont par ailleurs altérivoques, des choses qui ne partagent ni le nom, ni la formule, comme le feu, l'or, Socrate et le courage ; autrement dit, sont altérivoques, celles dont à la fois le nom et la formule sont différents[6].

Q. — Mais puisqu'il reste les dérivés, dont précisément Aristote a fait mention, dis donc aussi un mot à leur sujet.

R. — « Par ailleurs, sont dites dérivées toutes les choses qui se distinguent d'une autre par l'inflexion et détiennent l'appellation

1. [69.2-3] En grec, ces mots ne désignent pas exactement la même chose (non plus que leurs traductions françaises, très approximatives), mais ils peuvent être traités, dans l'usage, comme de parfaits synonymes, les choses qu'ils désignent ayant à peu près la même définition. L'exemple des vêtements, contrairement à celui des armes, est probablement emprunté à Aristote (*Topiques*, I, 7, 102 a 1-10 : ἀριθμῷ μὲν ὧν ὀνόματα πλείω τὸ δὲ πρᾶγμα ἕν, οἷον λώπιον καὶ ἱμάτιον).

2. [69.5] Que l'arme appelée ξίφος soit en fer, Aristote le dit en *Gén. des an.*, II, 1, 734 b 36-735 a 1.

3. [69.6-8] Classant les plurivoques à l'opposé des équivoques, Porphyre en fait ainsi discrètement des univoques en un certain sens ; cela lui permettait probablement de justifier l'appellation, non de « plurivoques », mais d'« univoques » (συνώνυμα) donnée, par exemple, aux verbes « marcher » et « aller », comme le fait Aristote en *Rhétorique*, III, 2, 1405 a 1-2 (ταῦτα γὰρ ἀμφότερα καὶ κύρια καὶ συνώνυμα ἀλλήλοις) ; ce que nous appelons aujourd'hui des « synonymes », selon l'usage qui, d'après Simplicius (36, 9 *sq.*), correspond au vocabulaire des stoïciens.

4. [69.8-9] Cette référence aux *nomina, praenomina* et *cognomina* des Romains permet de signaler que les plurivoques sont aussi, à l'occasion, des individus.

5. [69.10] Les altérivoques appellent la même remarque que *supra, ad* 68, 29-30.

6. [69.11-13] Cf. *supra*, 60, 30-31.

σει τὴν κατὰ τοὔνομα προσηγορίαν ἔχει, οἷον ἀπὸ τῆς γραμματικῆς ὁ γραμματικὸς καὶ ἀπὸ τῆς ἀνδρείας ὁ ἀνδρεῖος.»

<Π.> Σαφήνισον οὖν ἡμῖν τὸν ὅρον.

<᾿Α.> Παρώνυμα, φησίν, λέγεται ὅσα ἀπό τινος ὀνόματος παρεσχηματίσθη{σαν} καὶ ἔσχε τὴν προσηγορίαν, οἷον ἡ ἀνδρεία ἐστὶν ἐπ᾿ ἀρετῆς κατηγορουμένη τινός, ἀπὸ δὲ τῆς προσηγορίας τῆς ἀνδρείας μετασχηματισθεὶς κατὰ τὸ τέλος τοῦ ὀνόματος ἐκλήθη τις ἀνδρεῖος τοῦ αὐτοῦ μὲν ὀνόματος ἔχων τὴν πτῶσιν, ἤγουν τὴν ἀνδρε⌈ῖος⌉, μετασχηματισμὸν δὲ κατὰ τὸ τέλος μόνον. Τὸν δὲ <μετα>σχηματισμὸν πτῶσιν ἐκάλεσεν, οὐ γὰρ ἃς καλοῦμεν ἡμεῖς πτώσεις ὀνόματος· δεῖ νῦν λέγειν αὐτὸν νομίσαι· ὁ ἀνδρεῖος διαφέρων τῆς ἀνδρείας τῇ πτώσει, τοῦτ᾿ ἔστι τῷ μετασχηματισμῷ κατὰ τὸ αὐτὸ ὄνομα τῆς ἀνδρείας, ἀνδρεῖος κέκληται μετ⌈ε⌉σχηματισμένως· τοῦτο γὰρ ὃ ἔφη τὴν κατὰ τοὔνομα προσηγορίαν ἔχει μετ⌈ε⌉σχηματισμένην κατὰ τὸ τέλος μόνον.

<Π.> Τίνων οὖν χρεία [ἐστὶ] πρὸς τὸ γενέσθαι παρώνυμα;

<᾿Α.> Τριῶν.

<Π.> Τίνων τούτ<ων>;

<᾿Α.> [Πρῶτον] [μὲν] εἶναι δεῖ πρᾶγμα οὗ δεῖ μετέχειν, ⌈δεύτερον⌉ τοῦ ὀνόματος οὗ δεῖ μετέχειν, καὶ τρίτον διαφέρει<ν> τοῦ ὀνόματος μετασχηματισμῷ
70.1 τινι. Ἑνὸς δὲ τῶν τριῶν ἀφαιρεθέντος οὐκέτι ἂν εἴη παρώνυμα. Ὁ γὰρ ἀνδρεῖος παρώνυμόν ἐστιν· ἔστι γὰρ ἡ ἀνδρεία πρᾶγμα ⌈οὗ⌉ {με}μετέχει· ἀλλὰ

19 Π. (*Int.*) add. Fel. u. sign. Ap ‖ οὖν MA : eras. M[1] ‖ **20** ᾿Α. (*Resp.*) add.Fel. u. sign. Ap ‖ **20-21** παρεσχηματίσθη p : —τίσθησαν MAC ‖ **21** ἀνδρεία M : ἀνδρία A ‖ **24** πτῶσιν MA : προσηγορίαν coni. Busse (in app.) sec. Fel. ‖ τὴν ἀνδρεῖος scripsi (sec. Simpl., 37,13) : τὴν ἀνδρεῖαν MA τῆς ἀνδρείας coni. Busse sec. Fel. ‖ **25** μετασχηματισμὸν M[1]A : σχηματισμὸν M ‖ **28** μετεσχηματισμένως Vitelli : μετασχ. MA ‖ **29** μετεσχηματισμένην Busse : μετασχ. MA ‖ **30** Π. (*Int.*) add. Fel. u. sign. Ap ‖ ἐστὶ A ‖ **31** ᾿Α. (*Resp.*) add. Fel. u. sign. Ap ‖ **32** Π. (*Int.*) add. Fel. u. sign. Ap ‖ τούτων A : τουτ᾿ M ‖ **33** ᾿Α. (*Resp.*) add. Fel. u. sign. Ap ‖ πρῶτον A : α´ (numerus) M ‖ μὲν A ‖ δεύτερον A : β´ (numerus) M ‖ **34** διαφέρειν corr. A[1] : διαφέρει MA ‖ **70.2** οὗ coni. Busse sec. u. 15 infra : ἧς MA ‖ μετέχει M[1] (p. exp.) A : μεμετέχει M

correspondant à son nom. Ainsi de la science des lettres dérive le lettré et du courage, le courageux »[1].

Q. — Clarifie donc pour nous la définition.

R. — Sont dites dérivées, soutient-il, toutes les choses qui tirent d'un certain nom, avec changement de forme, leur appellation. Ainsi, le courage se dit d'une certaine vertu ; mais, partant de l'appellation « courage », moyennant un changement de forme à la fin du nom, on appelle habituellement quelqu'un « courageux » : du même nom, celui-ci possède le cas fléchi (savoir celui de « courage »), avec un changement de forme à la fin seulement. Et c'est ce changement de forme qu'Aristote appelle habituellement « inflexion » ; ce n'est pas en effet ce que nous appelons nous-mêmes les « inflexions » du nom[2]. Il faut aujourd'hui juger qu'il disait : vu que le courageux diffère du courage par l'inflexion, c'est-à-dire par un changement de forme affectant le même mot de « courage », il se trouve appelé « courageux » par un changement de forme. C'est en effet ce qu'il prétend : le dérivé « détient l'appellation correspondant au nom », avec seulement une modification formelle à la fin.

Q. — De quoi donc a-t-on besoin pour avoir des dérivés ?

R. — Il y a trois conditions.

Q. — Quelles sont ces conditions ?

R. — Premièrement, il doit y avoir une chose à laquelle ils doivent
participer ; deuxièmement, il faut le nom auquel ils doivent participer ; et
troisièmement, il faut une différence par rapport à ce nom, marquée par
quelque changement formel[3]. | Et si une seule de ces trois conditions a été 70
supprimée, il ne peut plus y avoir de dérivés. Le courageux est en effet un
dérivé, parce que le courage est la chose à laquelle il participe ; mais il

1. [69.16-18] Citation textuelle de *C*, 1 a 12-15.

2. [69.25-26] Autrement dit, l'usage du mot πτῶσις qui, au temps de Porphyre, s'est spécialisé chez les grammairiens pour désigner les cinq « cas » de la déclinaison, notamment nominale, était inconnu d'Aristote, chez qui le mot avait une signification plus large.

3. [69.33-35] La première condition explique que le dérivé possède à peu près la même définition que ce dont il dérive ; la seconde, qu'il possède à peu près le même nom ; et la troisième, que ces deux choses (le dérivé et ce dont il dérive) ne sont pas pour autant des univoques. L'idée qu'une chose dérivée « participe » d'une autre, comme son nom d'un autre nom, pourrait se concevoir de manière platonicienne, mais il n'est pas sûr que Porphyre défende ici cette conception. En réponse à une question qu'il ne pose pas ici (celle de savoir quelle place occupent les dérivés par rapport aux équivoques et aux univoques), ces propos conduisent à regarder les dérivés comme des sortes d'intermédiaires entre les deux (*cf.* Simplicius, 37, 3). Comme l'a bien observé Luna (*Simplicius. Commentaire,* Fasc. III, p. 119), c'est une position que partagent les dérivés avec les équivoques πρὸς ἕν entendus à la manière d'Alexandre d'Aphrodise.

καὶ τοῦ ὀνόματος αὐτῆς μετέχει· ἀπὸ γὰρ τῆς ἀνδρείας ὁ ἀνδρεῖος· ἀλλὰ μετέχει καὶ μετασχηματισμοῦ τῆς πτώσεως γενομένης κατὰ τὸ τέλος τῆς ἀνδρείας ὀνόματος· ἡ μὲν γὰρ ἀνδρεία εἰς τὴν -α{ς} λήγει συλλαβήν, ὁ δὲ ἀνδρεῖος εἰς τὴν -ος.

<Π.> Δεῖξον οὖν πῶς ἑνὸς τούτων ἐκλελοιπότος οὐκέτι παρώνυμον γίνεται.

<᾿Α.> Αὐτίκα· ἔστι τις τῆς μουσικῆς μετέχουσα γυνή, ἣ καλεῖται μουσική, καὶ ἔστι μὲν τὸ πρᾶγμα οὗ μετέχει, ἔστι δὲ καὶ τοὔνομα ἀφ' ⌈οὗ⌉ κέκληται μουσική, ἀλλ' ἐπεὶ οὐ μετεσχηματίσθη, ἀλλ' ὁμοίως καὶ ἡ ἕξις καὶ ἡ γυνὴ κέκληται μουσική, οὐκ ἔστι περωνύμως λεγομένη ἡ γυνὴ μουσική, ἀλλ' ὁμωνύμως. Ὁ δὲ μουσικὸς παρωνύμως <ἀπὸ> τῆς μουσικῆς κέκληται, ἐπειδὴ πρόσεστιν αὐτῷ τὰ τρία, μετοχὴ πράγματος, μετοχὴ ὀνόματος, μετασχηματισμὸς τοῦ ὀνόματος. Πάλιν ἀρετῆς οὔσης ὁ μετέχων ταύτης σπουδαῖος κέκληται· ἐνταῦθα τὸ μὲν πρᾶγμά ἐστιν ἡ ἀρετὴ οὗ μετέχει ὁ ἄνθρωπος, ἀλλ' ἐπειδὴ τοῦ ὀνόματος οὐ μετέχει (ὁ γὰρ σπουδαῖος καὶ ἡ ἀρετὴ ἕτερά εἰσιν ὀνόματα), οὐκ ἂν εἴη παρώνυμα, ὥστε μετέχων ἀρετῆς ὁ σπουδαῖος οὐκ ἂν εἴη παρωνύμως κεκλημένος σπουδαῖος.

4 τῆς [2] MA : τοῦ coni. Busse || **5** —α p : —ας MAC || **7** Π. (*Int.*) add. Fel. u. sign. Ap || **8** ᾿Α. (*Resp.*) add. Fel. u. sign. Ap || **9** οὗ coni. Busse (in app.) : ἧς MA || **12** ἀπὸ addend. esse coni. recte Busse (in app.)

participe aussi à son nom, puisque le « courageux » dérive du « courage », et cependant il participe encore d'un changement formel, puisque l'inflexion apparaît à la fin du nom « courage » ; « courage » en effet se termine par la syllabe « –ge » et « courageux » par la syllabe « –geux » [1].

Q. — Montre donc comment il se fait que si l'une de ces conditions fait défaut, il n'y a plus de dérivé.

R. — Tout de suite. Il n'y a qu'à prendre une femme qui a part aux connaissances scientifiques, et qu'on appelle une « scientifique » [2]. Il y a aussi la chose à laquelle elle a part et même le nom à partir duquel elle a été appelée « scientifique », mais il n'y a pas eu pour ceci de changement formel, au contraire, et les connaissances qui constituent son état, ainsi que la femme elle-même, se trouvent pareillement appelées « scientifiques ». Ce n'est donc pas de façon dérivée que la femme est dite « scientifique », mais de manière équivoque [3]. En revanche, le musicien tire son appellation par dérivation de la musique, parce qu'en fait les trois conditions sont présentes dans son cas : participation à la chose, participation au nom et changement formel du nom. Nouvel exemple : alors qu'il y a la vertu, celui qui participe de la vertu se trouve appelé « sérieux » [4]. Ici, la vertu est bien la chose à laquelle l'homme en question participe, mais dès lors qu'il n'a pas de part à ce nom – le « sérieux » et la « vertu » constituent en effet des noms différents –, il ne peut être question de dérivés ; si bien que l'homme sérieux, quoiqu'il ait part à la vertu, ne sera pas appelé sérieux par dérivation.

1. [70.6] Le changement formel n'est cependant pas l'adjonction d'un suffixe, ainsi qu'on le voit par l'exemple de δίκαιος (« juste »), dérivé de δικαιοσύνη (« justice »).

2. [70.8-9] L'exemple de Porphyre (ἡ μουσική) est difficilement traduisible dans ce contexte : on aurait, sans équivoque, la femme « cultivée » ou la « musicienne » d'une part, la « culture » ou la « musique » d'autre part. J'ai donc choisi un équivalent, qui, d'ailleurs, ne rend pas encore parfaitement l'ambiguïté : la (connaissance) « scientifique » et la (femme) « scientifique ».

3. [70.12] Porphyre songe probablement à l'équivocité ἀφ᾽ἑνός (cf. *supra,* 66, 2 *sq.* : l'exemple de « ἰατρικός ») ; mais on perçoit une légère différence : deux choses dites ἀφ᾽ ἑνός « médicales » sont équivoques parce qu'elles tirent leur appellation d'une même troisième (la médecine, qui n'a pas le même nom), tandis qu'ici, deux choses dites « scientifiques » (μουσική) sont réputées équivoques ἀφ᾽ ἑνός, parce que l'une (la femme) tire son appellation de l'autre (la connaissance qui a le même nom). L'équivocité dont parle ici Porphyre, parce que les deux choses ont exactement le même nom, mais pas (exactement) la même définition, ne rentre dans aucun des autres cas d'équivocité répertoriés plus haut (65, 18-21).

4. [70.14] Porphyre rappellera plus loin [135.19] qu'au substantif ἀρετή (« vertu ») ne correspond formellement aucun adjectif, vu que *ἀρεταῖος, pour « vertueux », n'existe pas ; force est donc de recourir à l'adjectif σπουδαῖος, en guise de substitut.

<Π.> Διὰ τί οὖν οὐκ ἀπὸ τοῦ τὴν σπουδὴν ἔχειν σπουδαῖος καλεῖται ὁ σπουδαῖος, ἀλλὰ τ⌜ῷ⌝ ἔχειν ἀρετήν;

<Ἀ.> Ὅτι εἰ διὰ τὸ σπουδὴν ἔχειν σπουδαῖος ἐκαλεῖτο, πάντας ἐνῆν τοὺς περί τ⌜ι⌝ σπουδὴν ἔχοντας καλεῖν σπουδαίους· νῦν δὲ οὐχ ὁ περί τι σπουδάζων σπουδαῖος καλεῖται, ἀλλὰ μόνος ὁ ἀρετῆς μετέχων, ὥστε ποιὸς μὲν ἂν εἴη ἀπὸ τῆς ἀρετῆς ὁ σπουδαῖος, οὐ μέντοι καὶ παρώνυμος.

<Π.> Εἰρηκὼς δὴ αὐτάρκως περὶ τῆς σχέσεως τῶν ὀνομάτων τῆς πρὸς τὰ πράγματα καὶ {τὰ} περὶ τῆς σχέσεως τῶν ὅρων τῶν καθ᾽ ἕκαστον ὀνομάτων τῆς πρὸς τὰ πράγματα, ἑξῆς περὶ τίνος φὴς{ιν} διαλαμβάνειν τὸν Ἀριστοτέλην;

<Ἀ.> Λέγω τοίνυν ὅτι ⌜ἐπεὶ περὶ φωνῶν⌝ ἁπλῶν ἐστι σημαντικῶν τῶν πραγμάτων ἡ πρό{σ}θεσις, καθὸ σημαντικαί ⌜εἰσιν⌝ αὐτῶν· εἰσὶ δὲ πρώτως κατὰ γένος ἀφοριζόμεναι καὶ κατὰ γένη τῶν πραγμάτων καὶ οὐ κατὰ ἀριθμὸν λαμβανόμεναι τὸν τῶν καθ᾽ ἕκαστα καὶ τὸν τῶν ἀτόμων· ἐπεὶ τοίνυν ἡ πρόθεσις τοιαύτη, ἀναγκαίως ὅτι περὶ ἁπλῶν λέξεών ἐστι διδάξαι δείκνυσ<ιν>, οἷαί εἰσιν αἱ ἁπλαῖ.

<Π.> Τί γὰρ ἔφη;

71.1 <Ἀ.> « Τῶν λεγομένων τὰ μὲν κατὰ συμπλοκὴν λέγεται, τὰ δὲ ἄνευ συμπλοκῆς. »

<Π.> Τὸ <δὲ> κατὰ συμπλοκὴν τί ἐστι καὶ ποσαχῶς λέγεται;

19 Π. (*Int.*) add. Fel. u. sign. Ap ‖ **20** τῷ scripsi : τὸ MA τοῦ Busse ‖ **21** Ἀ. (*Resp.*) add. Fel. u. sign. Ap ‖ ante σπουδαῖος add. ὁ A ‖ **22** τι [1] M^1 M^2 (mg) A : τὴν M ‖ **25** Π. (*Int.*) add. Fel. u. sign. Ap ‖ **26** τὰ (M) delevi ‖ **27** post πράγματα add. καὶ τὰ περὶ τῆς σχ (dittogr. u. 26) M (exp. M^1) ‖ φὴς corr. A : φησὶν M ‖ **28** Ἀ. (*Resp.*) add. Fel. u. sign. Ap ‖ ἐπεὶ M^1A : post φωνῶν transp. M ‖ **29** πρόθεσις M^1A : πρόσθεσις M ‖ σημαντικαί M : σημαντικὴ A ‖ εἰσιν Busse sec. Simpl. (40,19) : ἐστι MA ‖ **32** ἀναγκαίως MAC : ἀναγκαῖον p ‖ διδάξαι MA : διὰ διαιρέσεως τῶν λεγομένων διδάξας coni. Busse sec. Simpl. (40,19) ‖ δείκνυσιν coni. Busse : δεικνύς MAC delev. p ‖ **34** Π. (*Int.*) add. Fel. u. sign. Ap ‖ **71.1** Ἀ. (*Resp.*) add. Fel. u. sign. Ap ‖ supra τῶν λεγομένων scr. Τῶν λόγων τῶν κατὰ πραγμάτων λεγομένων M^3 ‖ **2** supra ἄνευ συμπλοκῆς scr. ὥσπερ αἱ δέκα κατηγορίαι M^3 ‖ **3** Π. (*Int.*) add. Fel. u. sign. Ap ‖ δὲ add. A

Q. — Pourquoi donc n'est-ce pas du fait qu'il possède le sérieux que l'homme sérieux reçoit son appellation, mais du fait qu'il a la vertu ?[1]

R. — C'est que s'il était appelé « sérieux » à cause de son sérieux, ce serait possible d'appeler « sérieux » tous ceux qui manifestent du sérieux dans un domaine quelconque. Or voilà ! Ce n'est pas celui qui manifeste du sérieux dans un domaine quelconque qu'on appelle « sérieux », mais celui-là seul qui participe de la vertu. Si bien que l'homme sérieux peut être qualifié ainsi d'après sa vertu, mais n'est pas en plus son dérivé.

Q. — Maintenant donc que tu as suffisamment exposé la relation des noms aux choses et la relation que présentent les définitions de noms particuliers avec les choses, dans la suite, selon toi, de quoi se préoccupe Aristote continuellement ?[2]

R. — Eh bien, voilà mon avis. Il faut tenir compte du fait que son propos a pour objet les vocables simples capables de signifier les choses, en tant qu'ils ont cette capacité. Ces vocables, pour leur part, se distinguent entre eux principalement au niveau du genre, c'est-à-dire selon les genres de choses, et ne sont pas conçus un à un, au gré des choses particulières, c'est-à-dire des choses individuelles[3]. Or, vu que tel est son propos, il faut nécessairement que, portant sur les mots simples, son enseignement indique quels sont ceux qui sont simples.

Q. — Qu'est-ce qu'il soutient ?

|R. — « Les choses qu'on dit, tantôt se disent en connexion, tantôt sans 71
connexion »[4].

Q. — Mais qu'est-ce que c'est « en connexion » ? Et combien de sens a cette expression ?

1. [70.19-20] L'adjectif σπουδαῖος est effectivement dérivé du substantif σπουδή (« le sérieux » ou le « zèle ») et la vertu en raison de laquelle on est dit σπουδαῖος implique le sérieux. Ainsi, Aristote estime que la vie heureuse est une vie « vertueuse » (κατ' ἀρετήν), parce qu'elle s'accompagne de sérieux et ne réside pas dans le jeu (οὗτος δὲ μετὰ σπουδῆς, ἀλλ' οὐκ ἐν παιδιᾷ : *Éth. à Nicom.*, X, 6, 1177 a 1-3). À la question posée ici, la réponse que s'apprête à donner Porphyre est empirique et fondée uniquement sur l'usage qui, évidemment, n'est pas le même qu'en français.

2. [70.25-27] Porphyre résume ici l'objet de *C*, 1, 1 a 1-15), qu'il semble mettre résolument à part, comme une introduction. La suite, en effet, est présentée comme un développement « continu », qui paraît ignorer la différence entre la fin des antéprédicaments et l'exposé consacré aux « catégories ».

3. [70.28-31] Sur tout ceci, cf. *supra*, 58, 3 *sq.*

4. [71.1-2] *C*, 1 a 16-17. Porphyre donne ainsi « sans connexion » pour l'équivalent de « simple ».

<Ἀ.> Διχῶς· τὰ μὲν γὰρ κατὰ συμπλοκὴν λέγεται, ὅσα συμπλεκτικῷ ἐ[μ]περιέχεται συνδέσμῳ οἷον Σωκράτης [καὶ] Πλάτων· τὰ δὲ κατὰ συμπλοκὴν λέγεται, ὅσα ὁμοῦ προφέρεται πράγματα διὰ τὸ τὸ ἕτερον συμβεβηκέναι τῷ ἑτέρῳ οἷον Σωκράτης περιπατεῖ· τῆς γὰρ περιπατήσεως συμβεβηκυίας Σωκράτει, ὅταν λέγωμεν Σωκράτης περιπατεῖ, συμπλέξαντες τῷ Σωκράτει τὸ περιπατεῖν ἄνευ συνδέσμου τοῦ κατὰ φωνὴν λέγομεν Σωκράτης περιπατεῖ. Ἄνευ δὲ συμπλοκῆς εἴποιμεν ἂν Σωκράτης, εἶτα πάλιν Πλάτων, ἢ οὕτως τρέχει, εἶτα πάλιν νικᾷ. Νῦν δὲ περὶ τῶν ἄνευ συμπλοκῆς λεγομένων πραγμάτων τε καὶ λέξεων ἡ πρόθεσίς ἐστιν, ἐν πόσοις γένεσι θεωρεῖ⌈σθ⌉αι· ὡς γὰρ ἔχει τὰ πράγματα, οὕτως καὶ αἱ ταῦτα πρώτως δηλοῦσαι λέξεις.

<Π.> Ἀλλ᾽ ὅτι μὲν περὶ ἁπλῶν σημαντικῶν λέξεων ἡ πρόθεσις, καθόσον εἰς γένη τινὰ ἀναφέρονται, παρέστησας· πῶς δ᾽ ἂν αὐτὰ διέλοις εἰς ἐλαχίστην διαίρεσιν, μεθ᾽ ἣν οὐκ ἔστιν ἐλά⌈σσων⌉, καὶ πῶς ἄν εἰς με⌈γίστην⌉, μεθ᾽ ἣν οὐκ ἂν γένοιτο μείζων, ἐπίδειξον.

4 Ἀ. (*Resp.*) add. Fel. u. sign. Ap || post Διχῶς u. sign. A || λέγεται M : om. A || **5** ἐμπεριέχεται p : ἐνπεριέχεται MAC || καὶ A || **11** οὕτως M : οὗτος A || **13** θεωρεῖσθαι scripsi : θεωρεῖται MA || **15** Π. (*Int.*) add. Fel. u. sign. Ap || **17** ἐλάσσων… μεγίστην Busse (cf. Simpl., 44,8) : ἐλαχίστη… μείζονα MA

R. — Elle en a deux. Certaines choses en effet sont dites « en connexion » dès lors qu'elles sont reliées par une conjonction de coordination[1] : ainsi, « Socrate *et* Platon ». Mais d'autres sont dites « en connexion » dès lors que ce sont des choses qu'on profère ensemble parce que l'une arrive à l'autre[2] : ainsi, « Socrate se promène ». En effet, chaque fois que nous disons « Socrate se promène », parce que la promenade est une chose qui arrive à Socrate, nous disons « Socrate se promène » au terme d'une opération qui consiste à connecter à « Socrate » le verbe « se promener » sans conjonction explicite. Mais nous pourrions dire sans connexion « Socrate », puis à nouveau « Platon », ou bien ceci : « il court », puis à nouveau : « il vainc »... Or maintenant ce sont les choses et les mots dits sans connexion qui font l'objet de son étude, le propos d'Aristote étant de voir en combien de genres ils se répartissent. Si telles sont les choses, en effet, tels sont aussi les mots qui les font voir principalement.

Q. — Bien ! Tu as montré que son propos était d'examiner les mots simples significatifs, dans la mesure où ils se ramènent à certains genres. Mais montre un peu comment faire de ces genres la répartition la plus simple, celle qu'on ne pourrait encore simplifier, et comment en faire la répartition la plus étendue, celle qui ne pourrait encore admettre de genre supplémentaire[3].

1. [71.4-5] La conjonction « et » peut cependant réunir aussi des propositions, qui ne sont pas des mots simples, ainsi que la conjonction de subordination « si », dite « simplement » (ἁπλῶς) conjonction (*cf.* Simplicius, 41, 12 *sq.*). Sur la notion de conjonction dans les traditions philosophiques, voir J.-B. Gourinat, *La dialectique des stoïciens*, Paris, 2000, p. 154-155. Chez Aristote lui-même (*Poétique*, 20, 1457 a 1-9), la conjonction est un vocable non signifiant : *cf.* F. Ildefonse, *La naissance de la grammaire dans l'Antiquité grecque*, Paris, 1997, p. 106.

2. [71.6-7] L'on aurait pu traduire « l'un est l'accident (συμβέβηκε) de l'autre ». Cette connexion n'est pas vraie seulement de l'union d'un nom et d'un verbe, comme c'est le cas dans l'exemple suivant, qui forme une proposition (vraie ou fausse), mais aussi par exemple d'un nom déterminé de l'une ou l'autre façon : le voleur injuste, le voleur en prison, etc. (expressions ni vraies, ni fausses) ; voire, de deux adjectifs : le musicien blanc (cf. *Mét.*, Δ, 7, 1017 a 15) et, dans ce dernier cas, l'un n'est pas un accident de l'autre, mais les deux sont des accidents d'un même troisième non exprimé. La différence entre le premier type de connexion (à l'aide d'une conjonction) et celui-ci, importante pour la distinction entre le signifiant vrai ou faux et celui qui n'est ni l'un ni l'autre, n'importe pas pour montrer ce qui est sans connexion et donc simple, le critère qui distingue le simple du complexe étant que le signifié est un dans le premier cas et multiple dans le second (voir cependant, *infra*, 87, 1 *sq.*). Luna (*Simplicius, Commentaire*, 2001, p. 99) suppose que les deux types de conjonctions distingués par Porphyre pourraient être inspirés de *De l'interpr.*, 5, 17 a 15-17.

3. [71.16-18] Ces deux répartitions correspondent, selon Porphyre, aux distinctions qui sont faites, respectivement, en *C*, 2 (1 a 20-1 b 9) et *C*, 4 (1 b 25-2 a 10). Toutes les deux

<Ἀ.>Εἰς ἐλαχίστην μὲν οὖν διαίρεσιν γενῶν διέλοιμ⌜'⌝ ἂν τὰ ὄντα καὶ τὰς τούτων σημαντικὰς φωνὰς τὴν εἰς ⌜τέσσαρα⌝, λέγων ὅτι τὰ ὄντα ἢ οὐσία καθόλου ἢ οὐσία ἐπὶ μέρους ἢ συμβεβηκότα καθόλου ἢ συμβεβηκότα ἐπὶ μέρους· εἰς γὰρ διαίρεσιν ταύτης ἐλά⌜σσονα⌝ οὐκ ἂν γένοιτο ἄλλη. Εἰς δὲ μεγίστην διαίρεσιν διέλοιμ' ἂν <τὴν> εἰς δέκα, λέγων ὅτι τὰ ὄντα ἢ οὐσία ἢ ποσὰ ἢ ποιὰ ἢ πρός τι ἢ ποιεῖν ἢ πάσχειν ἢ ποτὲ{ι} ἢ ποῦ ἢ ἔχειν ἢ κεῖσθαι, ὥστε καὶ αἱ ταῦτ<α> σημαίνουσαι ἁπλαῖ λέξεις τοσαύτας ἕξουσιν γενικὰς διαφοράς· μείζων δὲ τ⌜α⌝ύτ⌜ης⌝ οὐκ ἂν γένοιτο διαίρεσις.

<Π.> Διὰ τί οὖν εἰς τέσσαρα ἡ ἐλαχίστη [γέγονε] διαίρεσις;

<Ἀ.>Ὅτι ἡ μὲν ἀνωτάτω καὶ πρώτη γένοιτ' ἂν εἰς δύο, εἰς οὐσίαν καὶ συμβεβηκός. Ἀλλ' ἐπεὶ οὐκ ἔστι ταῦτα προενέγκαι ἄνευ τοῦ ἢ καθόλου

19 Ἀ. (*Resp.*) add. Fel. u. sign. Ap || διέλοιμ' Busse (cf. infra u. 23) : διέλοιμεν MA || **20** τέσσαρα Busse : δ' MA || **22** ἐλάσσονα Busse : ἐλαχίστην MA || **23** τὴν inserui (cf. supra, u. 20 et Simpl., 44,7) || **25** ταῦτα A : ταῦτ M || **26** ταύτης scripsi : τούτων MA || **27** Π. (*Int.*) add. Fel. u. sign. Ap || γέγονε A || **28** Ἀ.(*Resp.*) add. Fel. u. sign. Ap || **29** post συμβεβηκός forsitan inserenda quae leguntur infra (p. 72,35-73,2 : τὴν δὲ — συμβεβηκός)

R. — La répartition la plus simple d'après laquelle je classerais les êtres et les vocables susceptibles de les signifier est celle qui comporte quatre genres. Je dirais que les êtres sont ou bien substance universelle ou bien substance particulière ou bien accidents universels ou bien accidents particuliers. On ne peut en effet proposer une autre répartition plus simple que celle-là[1]. Par ailleurs, la répartition la plus étendue que je puisse faire est celle qui comporte dix genres. Je dirais que les êtres sont ou bien substance, ou bien quantités, ou bien qualités, ou bien relatifs, ou bien production, ou bien affection, ou bien moment, ou bien localisation, ou bien tenue, ou bien positionnement. Par conséquent, les mots simples qui les signifient doivent aussi présenter le même nombre de différences génériques et il ne peut y avoir de répartition plus étendue que celle-là[2].

Q. — Pourquoi donc la répartition la plus simple comporte-t-elle quatre genres ?

R. — C'est que la subdivision au plus haut niveau, c'est-à-dire la première, en comporterait deux : la substance et l'accident[3]. Mais voilà !

répertorient des « genres ». Vu que les genres de la seconde correspondent aux « catégories », les genres de la première, plus simples, correspondent donc à des genres en quelque sorte supérieurs aux « catégories » !

1. [71.19-22] Cette tétrade, regroupement minimal, contient des genres qu'Aristote lui-même ne reconnaît ni dans les termes employés par Porphyre, ni autrement. Il y a là une innovation (dans la terminologie et la pensée), que le commentateur s'efforcera de justifier plus loin (72, 30 *sq.*).

2. [71.22-27] Les commentateurs (*cf.* Simplicius, 44, 9 *sq.*) spéculeront plus tard sur le fait que la décade est comprise dans la tétrade (puisque $1+2+3+4=10$) pour soutenir qu'Aristote procède scientifiquement en exposant d'abord celle-ci, puis celle-là. Il ne semble pas que Porphyre soit allé jusque-là.

3. [71.29] Il est possible qu'il faille lire ici (après συμβεβηκός) le texte qui figure p. 72, 35-73, 2 : « cette division est celle des genres suprêmes, que ne précèdent pas d'autres genres ; la substance en effet ne peut avoir de genre qui la surpasse, ni l'accident. » L'idée exprimée ainsi se rattache parfaitement à celle d'une bipartition primordiale qu'on trouve dans notre passage, mais grammaticalement, l'insertion d'une infinitive (εἶναι) poserait problème. C'est pourquoi Busse ne suggère un tel déplacement que moyennant correction : διὰ τὸ τὴν (ou bien τὴν δὲ) au début du texte à réinsérer ici. Indépendamment des problèmes d'établissement du texte, la subdivision universelle que Porphyre propose ici appelle certaines observations. Il est vrai qu'Aristote fait une différence très nette entre le seul genre qu'il désigne positivement sous le nom de « substance » et globalement les neuf autres genres, qu'on peut désigner négativement comme « non-substantiels » : ceux-ci regroupent des réalités qui ne sont pas indépendantes des substances. C'est un jugement constant, qu'il répète ailleurs (voir, par exemple, *Mét.*, Z, 1, 1028 a 25 *sq.*). Il est naturel dans ces conditions que les commentateurs aient signalé, en insistant, la possibilité de regrouper les genres non-substantiels ; c'est probablement ce qu'avait fait déjà Andronicos de Rhodes, en les réunissant sous l'étiquette de πρός τι (« relatif »), par opposition à celle de καθ' αὑτὸ (« en soi »), étiquette réservée à la

προενεγκεῖν ἢ ἐπὶ μέρους (αἵ τε γὰρ οὐσίαι ἢ καθολικ⌈ῶ⌉ς ἂν προενεχθεῖεν, ὥσπερ τὸ ζῷον, κύων, ἄνθρωπος, ἢ ἐπὶ μέρους, ὥσπερ Σωκράτης, Βουκέφαλος, τά τε συμβεβηκότα καθόλου ἢ ἐπὶ μέρους, ἡ γὰρ ἐπιστήμη καθόλου συμβεβηκός, ἡ δὲ Ἀριστάρχου ἐπιστήμη μερικὸν συμβεβηκός), ἐπεὶ τοίνυν οὐχ ἁπλῶς οὔτε ἡ οὐσία λέγεται ἀλλ' ἢ καθόλου ἢ μερικῶς καὶ ἀτόμως, οὔτε τὸ συμβεβηκὸς ἀλλὰ καὶ τοῦτο ἢ καθόλου ἢ μερικῶς, εἰς ⌈τέσσαρα⌉ γίνεται ἡ διαίρεσις, καίτοι πρώτως γενομένη εἰς οὐσίαν καὶ συμβεβηκός. Γέγονεν οὖν εἰς οὐσίαν καθόλου καὶ συμβεβηκὸς καθόλου, εἰς

30 καθολικῶς corr. A : καθολικὸς M || **33** ante ἐπεὶ u. sign. M (ἐπεὶ inc. in mg) A || **36** τέσσαρα A : δ' M

On ne peut les exprimer sans faire état soit de l'universel, soit du particulier. Les substances, en effet, doivent s'exprimer soit universellement, (comme lorsqu'on dit « animal », « chien », « homme ») soit en particulier (comme lorsqu'on dit « Socrate », « Bucéphale »[1]). Et les accidents sont aussi universels ou particuliers. La science en effet est un accident universel, tandis que la science d'Aristarque[2] est un accident particulier. Or puisqu'on n'exprime pas simplement la substance (mais qu'on le fait de façon soit universelle soit particulière, c'est-à-dire individuellement) ni l'accident (mais qu'on le fait aussi de façon soit universelle, soit particulière), la répartition aboutit à quatre genres, alors qu'en principe, elle ne comprenait que la substance et l'accident. Elle comporte donc la substance

substance (*cf.* Simplicius, 63, 22-23), sur le modèle d'une distinction proposée par Xénocrate (fr. 95 Isnardi-Parente). Porphyre emprunte donc ici un chemin tout tracé. Mais sur cette voie, il innove hardiment, d'une façon lourde de conséquence (peut-être d'après Ps.-Archytas, *op. cit.*, p. 52 Szlezak). Les non-substantiels, en effet, qu'Andronicos tenait pour des formes de πρός τι, Porphyre, lui, les qualifie d'« accidents » (συμβεβηκότα). Luna (*Simplicius. Commentaire*, 2001, p. 133), qui reconstitue les réflexions pré-porphyriennes sur le sujet, ne semble pas avoir reconnu cette innovation. L'appelation nouvelle devait faire fortune, car elle dissipe l'anonymat du non-substantiel que le nom de πρός τι levait maladroitement (πρός τι est en effet, chez Aristote, le nom d'une catégorie particulière parmi celles qui se rangent dans le non-substantiel). Mais il faut bien avouer que la nouvelle appellation n'est pas elle-même sans inconvénient, car si Aristote présente l'accident comme un attribut non nécessaire (cf. *Mét.*, Δ, 30, 1025 a 14-15), qui peut ou non appartenir à un sujet, quel qu'il soit (cf. *Topiques*, I, 5, 102 b 6-7), il est loin de l'identifier au non-substantiel ; ainsi la blancheur, qu'Aristote appelle une quantité par accident (*C*, 6, 5 b 6 *sq.*), est un accident de la surface, qui est par soi une quantité ; ainsi encore, comme le dit une nouvelle fois Aristote (*C*, 7, 7 a 36-37), l'homme lui-même, qui est une substance, fait partie des accidents du maître, qui est par soi un relatif. De plus, Porphyre cherche ici une définition de l'accident dans la formule à l'aide de laquelle Aristote (*C*, 2, 1 a 24-25) présente le non-substantiel (« être inhérent à un sujet ») ; or cette formule exprime la *nécessaire* dépendance du non-substantiel à l'endroit de la substance, non la nature *non nécessaire* de son attribution, comme la définition qu'en donne Porphyre lui-même dans l'*Isagôgè*, 12, 23 *sq.* ! Donc, au total, il semble bien qu'on assiste ici à une tentative malheureuse. L'identification du non-substantiel à l'accident procède en effet de la confusion entre essence et substance (sous le même nom d'οὐσία). Car s'il est vrai que l'accident n'est pas un attribut essentiel (cf. *Mét.*, Δ, 30, 1025 a 30), il est erroné de poser que l'accident est très précisément le genre commun de tout ce qui ne rentre pas dans le genre substance, comme tend à l'enseigner Porphyre. Sur tout ceci, voir notre article « Quelques remarques sur la notion d'accident selon Poprhyre », à paraître dans *Porphyre et la tradition philosophique grecque*, éd. par C. Erisman.

1. [71.31-32] Bucéphale, on le sait, était le nom du cheval favori d'Alexandre le Grand, qu'il avait réussi à dompter dans sa jeunesse (*cf.* Plutarque, *Vie d'Alexandre*, 667 B-E).

2. [71.33] Porphyre a probablement en vue le grammairien Aristarque de Samothrace, spécialiste d'Homère, qui fut directeur de la bibliothèque d'Alexandrie sous Ptolémée VI, à la moitié du IIe siècle avant notre ère (cf. *The Library of Alexandria, Center of Learning in the Ancient World,* ed. by R. MacLeod, Londres-New York, [2000] 2004, p. 7 et 69-70) ; voir encore, *infra,* 76, 1 et 140, 4 *sq.*

οὐσίαν ἐπὶ μέρους καὶ συμβεβηκὸς ἐπὶ μέρους.

72.1 <Π.>⌜Εἰπὲ⌝ τοίνυν τούτων τίνα ἀλλήλοις οὐ δύναται συνελθεῖν καὶ τίνα τούτων συνέλθοι ἄν.

<Ἀ.> Φημὶ τοίνυν ὅτι ἡ οὐσία οὐκ ἂν γένοιτο συμβεβηκὸς οὐδὲ τὸ συμβεβηκός οὐσία. Συμβεβηκέναι μὲν γὰρ τὸ συμβεβηκὸς δύναται τῇ οὐσίᾳ, εἶναι δὲ οὐσίαν συμβεβηκὸς ἀδύνατον ἢ τὸ συμβεβηκὸς εἶναι οὐσίαν. Πάλιν τὸ καθόλου ἐπὶ μέρους εἶναι ἀδύνατον, καὶ τὸ ἐπὶ μέρους εἶναι καθόλου ἀδύνατον. Τοῦ δὲ ἐπὶ μέρους δύναταί τι κατηγορεῖσθαι τῶν καθόλου, οἷον Σωκράτ[ου]ς μερικῆς ὄντος οὐσίας κατηγορηθείη ἂν ὁ ἄνθρωπος, [ὅπερ] ἐστὶ καθόλου· ἔστι γὰρ Σωκράτης ἄνθρωπος. Γίνονται οὖν συμπλοκαὶ τέσσαρες· τὸ γὰρ καθόλου συμπλέκεται ἢ τῇ οὐσίᾳ ἢ τῷ συμβεβηκότι, καὶ εἰσὶν αὗται δύο συμπλοκαί, καὶ τὸ ἐπὶ μέρους συμπλέκεται ἢ τῇ οὐσίᾳ ἢ τ⌜ῷ⌝ συμβεβηκότι, καὶ ⌜εἰσὶν⌝ αὗται ἄλλαι δύο συμπλοκαί. Οὔτε δὲ ἡ οὐσία καθόσον οὐσία γένοιτ' ἂν συμβεβηκός, οὔτε δὲ τὸ συμβεβηκὸς καθόσον συμβεβηκὸς γένοιτ' ἂν οὐσία, καὶ πάλιν οὔτε τὸ καθόλου καθόσον καθόλου γένοιτ' ἂν μερικὸν οὔτε τὸ μερικὸν καθόσον μερικὸν γένοιτ' ἂν καθόλου..

<Π.> Διὰ τί προσέθηκας τὸ καθόσον οὐσία καὶ ἐπὶ τῶν ἄλλων ⌜ὁμοίως⌝;

<Ἀ.> Ὅτι γένεσθαι μὲν καὶ ὑποστῆναι τὰ συμβεβηκότα ἐν τῇ οὐσίᾳ δύναται, καθόσον δὲ συμβεβηκός ἐστι καὶ ἐπινοεῖται συμβεβηκός, οὐκ ἂν εἴη αὐτὸ τοῦτο οὐσία· τὸ γὰρ λευκὸν τῷ σώματι συμβαίη ἄν (φαμὲν γὰρ λευκὸν τὸ σῶμα), τὸ δὲ λευκόν, καθὸ λευκόν ἐστιν, οὐκ ἂν εἴη ταὐτὸν τῷ σώματι (ἔστι δὲ τὸ μὲν σῶμα οὐσία, τὸ λευκὸν δὲ συμβεβηκός), ἀλλὰ μετέχει μὲν τὸ σῶμα λευκότητ⌜ος⌝ ὡς συμβεβηκυίας αὐτῷ, οὐκ ἔστι δὲ ταὐτὸν τ⌜ὸ⌝ σῶμα τῇ λευκότητι· οὐδὲν γὰρ αὐτοῦ μετέχει, ἀλλ' ἔστι τοῦτο,

72.1 Π. (*Int.*) add. Fel. u. sign. M (ἐπεὶ inc. in mg) A ‖ Εἰπὲ scripsi : ἐπεὶ MAC ἐπὶ p Strange ‖ τίνα (bis) p : τινὰ MAC ‖ **2** post συνέλθοι ἂν addendum esse πόσαι ἂν γένοιτο αἱ συμπλοκαὶ αὐτῶν coni. Busse (in app.) ‖ **3** Ἀ. (*Resp.*) add. Fel. u. sign. Ap ‖ **8** Σωκράτους corr. A[1] : Σωκράτης MA ‖ ὅπερ A ‖ **11** τῷ A : τὸ M ‖ **12** εἰσὶν A : ἔστιν M ‖ **13** δὲ M : om. A ‖ post καθόσον [2] add. ἂν A ‖ **16** Π. (*Int.*) add. Fel. u. sign. Ap ‖ ὁμοίως coni. Busse (sec. 73,14) : οὕτως MA ὡσαύτως coni. Vitelli ‖ **17** Ἀ. (*Resp.*) add. Fel. u. sign. Ap ‖ **18** post ἐπινοεῖται add. τὸ Busse ‖ **22** λευκότητος corr. A : λευκότητα M

universelle, l'accident universel, la substance particulière et l'accident particulier[1].

|Q. — Dis[2] cependant quelles sont, parmi les choses, celles qui ne 72
peuvent se combiner entre elles et quelles sont celles qui le pourraient ?

R. — Eh bien, je dis que la substance ne peut devenir accident, ni l'accident substance. L'accident est en effet quelque chose qui peut arriver à la substance, mais il est impossible qu'une substance soit accident ou que l'accident soit substance. De nouveau, l'universel ne peut être particulier et le particulier ne peut être universel[3]. En revanche, le particulier peut se voir attribuer l'un des universels : ainsi, à Socrate, qui est une substance particulière, on peut attribuer l'homme, qui est précisément un universel, car Socrate est un homme. On obtient donc quatre combinaisons. L'universel en effet se combine soit à la substance, soit à l'accident, ce qui fait deux combinaisons ; et le particulier se combine soit à la substance, soit à l'accident, ce qui fait deux autres combinaisons. Mais la substance, en tant que telle, ne peut devenir accident, ni de son côté, l'accident en tant que tel, une substance et à nouveau, l'universel en tant que tel ne peut devenir particulier, ni le particulier en tant que tel, universel.

Q. — Pourquoi as-tu ajouté « en tant que telle » en parlant de la substance et fait des réserves semblables dans les autres cas ?

R. — C'est que les accidents peuvent naître et exister dans la substance, mais en tant qu'accident et dans la mesure où elle est conçue comme telle, la chose elle-même ne peut être substance. Le blanc en effet peut coïncider avec le corps, puisque nous prétendons le corps blanc, mais le blanc, en tant que tel, ne peut être la même chose que le corps. (Le corps d'un côté est substance et le blanc de son côté, est accident). En fait, le corps participe de la blancheur du fait qu'elle coïncide avec lui, mais le corps n'est pas identique à la blancheur, car rien ne participe de lui : il est au contraire

1. [71.38] Autrement dit, chacun des quatre genres de la tétrade participent ensemble nécessairement de deux « notions » (sur ce point, voir *infra*, 73, 7). Selon Porphyre, cette nécessité semble résulter du langage « proféré », celui de la première imposition dont les vocables signifiants sont soit universels (les noms communs), soit particuliers (les noms propres), désignant soit des substances, soit des accidents. Cela permetterait de récuser le jugement implicite des interprètes (comme Andronicos) selon qui la division minimale des genres est dichotomique (du type καθ' αὑτό / πρός τι).

2. [72.1] La correction εἶπε (pour ἐπεὶ) que je propose est la seule qui me semble donner parfaitement sens à la phrase.

3. [72.3-7] Accident et substance, d'une part, universel et particulier, d'autre part, sont en effet des paires de notions proprement contradictoires, vu que dans chaque paire, l'une est donnée explicitement pour la négation de l'autre : « être dans » ou « ne pas être dans un sujet » et « se dire de » ou « ne pas se dire d'un sujet ».

ὅπερ ἐστίν. Οὕτως καὶ τὸ καθόλου ᾗ καθόλου οὐκ ἂν εἴη τοῦ ἀτόμου μέρο{υ}ς, μετέχοι δ' ἂν τὸ ἄτομον πρᾶγμα τοῦ καθόλου, ὡς ἂν ἐν εἴδει ὄντος τοῦ ἀτόμου [ἐν] τῷ καθόλου ἢ ἐν γένει, ὡς ὁ Σωκράτης ἐν εἴδει μέν ἐστι τῷ ἀνθρώπῳ, ἐν γένει δὲ τῷ ζῴῳ· καὶ τὸ μέρος [δὲ ἐν τῷ ὅλῳ], ὡς ἡ χεὶρ ἐν τῷ ὅλῳ σώματι. Διὰ τοῦτο οὖν πρόσκειται τὸ ὃ ᾗ τοιοῦτον ἕκαστον, οὐκ ἂν εἴη τὸ ἕτερον.

<Π.> Ἀλλὰ πῶς σὺ μὲν τὴν διαίρεσιν πεποίησαι, ὅτι τῶν ὄντων τὰ μὲν καθόλου οὐσίαι, τὰ δὲ καθόλου συμβεβηκότα, τὰ δὲ ἐπὶ μέρους οὐσίαι, τὰ δὲ ἐπὶ μέρους{ς} συμβεβηκότα, Ἀριστοτέλης δὲ οὐ τοιούτοις ὀνόμασι κέχρηται, ἀλλὰ ἄλλοις;

<Ἀ.> Ὅτι ἀντὶ τῶν ὀνομάτων τούτων τοὺς ἐξηγητικοὺς αὐτῶν λόγους ἔλαβεν καὶ οἷον ὑπογραφικούς. {τὴν δὲ διαίρεσιν ταύτην τῶν γενικωτάτων
73.1 εἶναι καὶ μὴ ἐχόντων ἄλλα πρὸ ἑαυτῶν ἕτερα γένη· οὔτε γὰρ τῆς οὐσίας εἴη ἄν τι ἐπαναβεβηκὸς γένος ἄλλο οὔτε τοῦ συμβεβηκότος.}

25 μέρος M^1A : μέρους M || **26** ἐν ^{1} A || **27** δὲ ἐν τῷ ὅλῳ A || **30** Π. (*Int.*) add. Fel. u. sign. Ap || **32** μέρους M^1A : μέρουςς M || **34** Ἀ. (*Resp.*) add. Fel. u. sign. Ap || **35-73.2** τὴν δὲ — συμβεβηκότος hic delevi : post ἕτερον (u. 29) transpos. Fel. post συμβεβηκός (p. 71,29) potius transponend. esse adhibita correctione διὰ τὸ τὴν διαίρεσιν coni. Busse (in app.) forsitan recte || **73.1** ἕτερα MA : delend. esse coni. Busse (in app.)

précisément ce qu'il est. Ainsi encore, l'universel en tant que tel ne peut être partie de l'individu, mais la chose individuelle peut participer de l'universel, étant donné que l'individu peut être dans l'universel, une espèce ou un genre : ainsi Socrate est dans une espèce, l'homme, et dans un genre, l'animal. De son côté, la partie est aussi dans le tout : ainsi la main dans le corps entier. C'est donc pour cette raison qu'on ajoute : « ce qu'est chaque chose en tant que telle, l'autre ne peut l'être » [1].

Q. — Mais comment se fait-il que toi, tu aies produit cette répartition en disant que parmi les êtres, il y a les substances universelles, les accidents universels, les substances particulières et les accidents particuliers, alors qu'Aristote, lui, n'a pas utilisé ces sortes de noms, mais s'est exprimé autrement ?

R. — C'est qu'au lieu de ces noms-là, il a pris leurs formules explicatives, c'est-à-dire celles qui peuvent en quelque sorte les décrire. [...] [2].

1. [72.17-29] Porphyre justifie ainsi une indication (« en tant que telle ») sans laquelle les contradictoires paraîtraient identifiables, puisque l'on attribue l'accident à la substance et l'universel au particulier. Selon lui, l'attribution de l'accident à la substance traduit la « participation » de la substance à l'accident, qui en est l'attribut occasionnel, mais réciproquement, l'attribution de la substance à l'accident n'est pas envisageable, parce que rien ne participe de la substance. De même, l'attribution de l'universel au particulier traduit la « participation » du particulier à l'universel, qui est le genre ou l'espèce, mais réciproquement l'attribution du particulier à l'universel est inenvisageable parce que le tout n'est pas dans la partie. L'argument qui fonde la non-identité dans les deux cas tient à l'idée de non-réciprocité de la participation, bien que celle de participation ne recouvre pas exactement la même chose dans les deux cas. C'est en somme comme si Porphyre disait : la substance et le particulier en tant que tels sont toujours des sujets, tandis que l'accident et l'universel en tant que tels sont toujours des attributs.

2. [72.35-73, 2] Le texte athétisé est maintenu en place par Strange dans sa traduction, au motif qu'il expliquerait pourquoi la substance et l'accident ne peuvent être définis, mais seulement décrits. Dans le même sens, Luna (*Simplicius. Commentaire,* 2001, p. 317) juge l'athétèse inacceptable en raison des parallèles chez Boèce (170 D) et Simplicius (45, 23-24) ; elle propose de lire : ὑπογραφικούς, <ἀλλ᾽ οὐχ ὁριστικοὺς διὰ τὸ> τὴν [δὲ] διαίρεσιν. Toutefois, le répondant n'est pas engagé à fournir ici ce genre d'explication, mais à dire comment il se fait qu'Aristote n'utilise pas les noms employés précédemment. De plus, l'infinitive introduit une rupture entre la mention de λόγους ὑπογραφικούς par le répondant (72, 35) et l'interrogation suivante du questionneur (73, 3) qui porte précisément sur cette mention : πῶς οὖν ὑπογραφικοὺς ... Le passage semble donc plutôt fourvoyé. Feliciano en avait jugé ainsi et replaçait ce passage un peu plus haut (72, 29) après ἕτερον. Mais la réplique du répondant à cet endroit se conclut visiblement avec ἕτερον et l'ajout aggraverait les difficultés déjà mentionnées. La suggestion de Busse (cf. *supra, ad* 71, 29) est de loin préférable mais, comme on l'a vu, elle nécessite une correction.

<Π.> Πῶς οὖν ὑπογραφικοὺς ἀποδέδωκεν λόγους, δεῖξον.

<Ἀ.> Δύο λαβὼν τό τε ἐν ὑποκειμένῳ εἶναι καὶ τὸ καθ' ὑποκειμένου λέγεσθαι καὶ δύο τούτων ποιήσας ἀποφάσεις τήν τε μὴ ἐν ὑποκειμένῳ εἶναι καὶ τὴν καθ' ὑποκειμένου μὴ λέγεσθαι ἐφήρμοσεν τοὺς ⌈τέσσαρας⌉ τούτους λόγους ταῖς ἁπλαῖς καὶ ἀσυνθέτοις τῆς διαίρεσεως ἐπινοίαις.

<Π.> Τί ἐστιν ὃ λέγεις ταῖς ἁπλαῖς καὶ ἀσυνθέτοις τῆς διαίρεσεως ἐπινοίαις;

<Ἀ.> Λέγω ὅτι ἁπλαῖ <καὶ> ἀσύνθετοι ἐπίνοιαι ἐν διαιρέσει τοιαύτῃ ληφθεῖεν ἄν· τῶν ὄντων τὰ μὲν οὐσίαι, τὰ δὲ συμβεβηκότα, τὰ δὲ καθόλου, τὰ δὲ ἐπὶ μέρους· ἁ[πλοῦν] γάρ τι ἐλήφθη καὶ ἀσύνθετον· τό τε γὰρ τὴν οὐσίαν εἰπεῖν ἁπλῶς εἴρηται καὶ τὸ συμβεβηκὸς εἰπεῖν ἁ[πλοῦν] εἴρηται καὶ τὸ καθόλου εἰπεῖν ἁπλῇ λέξει εἴρηται καὶ τὸ μερικὸν ὁμοίως.

<Π.> Συμπεπλεγμένως δ⌈ὲ⌉ π[ῶ]ς ἂν εἴποις;

3 Π. (*Int.*) add. Fel. u. sign. Ap || **4** 'Α. (*Resp.*) add. Fel. u. sign. Ap || **6** τέσσαρας A : δ' M || **8** Π. (*Int.*) add. Fel. u. sign. Ap || **10** 'Α. (*Resp.*) add. Fel. u. sign. Ap || καὶ add. Busse || **12** ἁπλοῦν A || **15** Π. addidi || πῶς scripsi : πως MA

| Q. — Montre donc comment il a fourni des formules descriptives[1]. 73.5

R. — Il a pris deux expressions : « être inhérent à un sujet » et « se dire d'un sujet » ; de ces deux expressions, il a produit les négations : « n'être pas inhérent à un sujet » et « ne pas se dire d'un sujet » ; et il a fait concorder ces quatre formules avec les notions simples et sans composition de la répartition.

Q. — Qu'est-ce que tu veux dire par « les notions simples et sans composition de la répartition » ?[2]

R. — Je veux dire qu'on peut prendre des notions simples, c'est-à-dire sans composition, et les répartir de la manière suivante : « Parmi les êtres, il y a des substances, des accidents, des universels et des particuliers ». On a pris en effet quelque chose de simple et de non composé et l'on a dit, par exemple « la substance » tout simplement, on a dit « l'accident », tout simplement, on a dit « l'universel », d'un simple mot et « le particulier », de la même façon.

1. [73.3] On a vu plus haut (notamment, 64, 15-16) que la formule descriptive (ou description) correspondant à un nom est à peu près l'équivalent de la définition et tient lieu de la définition quand la chose désignée par le nom est proprement indéfinissable et doit donc être expliquée autrement. C'est le cas lorsqu'il s'agit d'individus, mais également, comme ici, quand il s'agit de genres suprêmes. *Cf.* J.-M. Narbonne dans *Archives de Philosophie,* 50 (1987), 529-554.

2. [73.8-9] La suite précisera ces notions ; mais il importe de noter que Porphyre parle ici, comme déjà à la ligne 7, de « notions » (ἐπίνοιαι). Il a soutenu jusqu'à présent que les vocables significatifs de type générique, par exemple, celui de « substance », indiquaient des choses ; ici, pour la première fois, les signifiés semblent être des notions. Pourquoi ce changement ? On sait (depuis 71, 29 *sq.*) que les mots sont toujours chargés d'une double signification ; on sait, par exemple, que les noms de substances, tels que « homme » ou « cheval », désignent des choses à la fois substantielles et universelles ; or l'on peut évidemment mettre à part la notion de substance et celle d'universel, qui correspondent à une même chose. Peut-être donc Porphyre a-t-il parlé de « notion » pour indiquer ce qui en propre est recouvert par le mot « substance ». Il faudrait alors penser qu'en 58, 19, par exemple, lorsqu'il a défini les prédications (κατηγορίαι) comme les vocables génériques simples, propres à signifier « les choses » (πραγμάτων), Porphyre n'était pas en train de considérer la substance en propre, indépendamment de son universalité. Bien qu'ici même, la substance, qui est un genre, soit aussi indissociablement une *chose* universelle, elle est donnée pour une *notion* quand elle se trouve saisie en propre par l'intelligence. Il n'est donc pas impossible de soutenir que la substance signifiée serait appelée « chose » lorsqu'elle est considérée aussi comme un universel ou un particulier, mais « notion », lorsqu'elle est considérée simplement comme substance.

<Ἀ.> Ὅταν οὕτως εἴπω· τῶν ὄντων τὰ μὲν οὐσίαι καθόλου (συμπλέκεται γὰρ ταῖς οἰσίαις τὸ καθόλου), τὰ δὲ ἐπὶ μέρους οὐσίαι (συμπλέκεται γὰρ τῇ οὐσίᾳ τὸ ἐπὶ μέρους), τὰ δὲ συμβεβηκότα καθόλου (συμλέκεται γὰρ τῷ συμβεβηκότι τ⌈ὸ⌉ καθόλου), τὰ δὲ ἐπὶ μέρους συμβεβηκότα (συμπλέκεται γὰρ τῷ συμβεβηκότι τὸ ἐπὶ μέρους). Εἰ τοίνυν δειχθείη τίνας λόγους ἐξηγητικοὺς πεποίηται τῶν ἁπλῶν καὶ συμπλέξομεν, φανερὸν γίνεται.

<Π.> Πῶς δεῖ συμπ<λ>έξαι τοὺς παραστατικοὺς τούτων λόγους, δεῖξον.

<Ἀ.> Παραστατικὸν τοίνυν καὶ οἷον ἐννοηματικὸν ἀποδέδωκε λόγον τοῦ συμβεβηκότος, καθόσον συμβεβηκός ἐστι, τὸ μὴ ἐν ὑποκειμένῳ εἶναι, ὥστε καθάπερ ἀδιάφορον ἄνθρωπον εἰπεῖν ἢ ζῷον λογικὸν θνητόν, οὕτως ἀδιάφορον ἢ συμβεβηκὸς εἰπεῖν ἢ ἐν ὑποκειμένῳ εἶναι· εἴ τι γὰρ συμβεβηκός, ἐκεῖνο ἐν ὑποκειμένῳ ἐστί, καὶ εἴ τί ἐστιν ἐν ὑποκειμένῳ, ἐκεῖνο συμβεβηκός ἐστιν.

<Π.> Πῶς δὲ ἐν ὑποκειμένῳ εἴρηκεν;

<Ἀ.> Ὕστερον δείξω. Ἀλλ᾽ εἰ τὸ συμβεβηκὸς ἐν ὑποκειμένῳ ἐστίν, [ἡ] οὐσία ἑτέρα οὖσα τοῦ συμβεβηκότος εἴη ἂν οὐκ ἐν ὑποκειμένῳ· ὥστε εἴ τις οὐσία ἐστίν, ἐκείνη ἂν οὐκ ἐν ὑποκειμένῳ εἴη. [Πάλ]ιν εἴ τί ἐστι καθόλου, ἐκεῖνο καθ᾽ ὑποκειμένου λέγεται, εἰ δέ τί ἐστιν ἐπὶ μέρους, ἐκεῖνο οὐ καθ᾽ ὑποκειμένου λέγεται. Γεγόνασιν οὖν λόγοι τέσσαρες ἐξηγητικοὶ τῶν ἁπλῶν ὀνομάτων, τῆς μὲν

15a Ἀ. addidi || **16** συμπλέκεται M : συμπέπλεκται M^{x}A || **16-17** συμπλέκεται M : συμπέπλεκται A || **17-18** συμπλέκεται M : συμπέπλεκται A || **18** τὸ corr. A : τῶ M || **19** συμπλέκεται M : συμπέπλεκται A || **21** Π. (*Int.*) add. Fel. u. sign. M (Πῶς inc. in mg) Ap || συμπλέξαι M^{2}A : συμπέξαι M || **22** Ἀ. (*Resp.*) add. Fel. u. sign. Ap || **26** ἐκεῖνο M : ἐκείνω A || **27a** Π. addidi || **27b** Ἀ. addidi || **28** ἡ A || **30** πάλιν A

Q. — Mais comment t'exprimerais-tu pour faire une combinaison ?[1]

R. — En m'exprimant comme ceci : « parmi les êtres, il y a des substances universelles » (l'universel est en effet combiné aux substances), « il y a des substances particulières » (le particulier est en effet combiné à la substance), « il y a des accidents universels » (l'universel est en effet combiné à l'accident) et « il y a des accidents particuliers » (le particulier est en effet combiné à l'accident). Or si l'on peut montrer quelles formules ont été forgées pour expliquer les notions simples et qu'ensuite nous les combinons, tout devient clair.

Q. — Montre comment on doit combiner les formules capables d'indiquer ces notions simples.

R. — Eh bien, la formule qu'il a donnée pour indiquer et en quelque sorte faire concevoir l'accident en tant que tel, c'est « être inhérent à un sujet ». Résultat : de même qu'on peut dire indifféremment « homme » ou « animal rationnel mortel », de la même manière on peut dire indifféremment soit « accident », soit « être inhérent à un sujet », car si quelque chose est accident, cette chose est inhérente à un sujet et si quelque chose est inhérent à un sujet, c'est un accident[2].

Q. — Mais en quel sens a-t-il dit « inhérent à un sujet » ?[3]

R. — Je le montrerai plus tard[4]. Mais si l'accident est inhérent à un sujet, la substance, qui est autre chose que l'accident, ne peut être inhérente à un sujet ; de telle sorte que si l'on a affaire à une substance, elle ne peut être, elle, inhérente à un sujet[5]. De nouveau, si quelque chose est un universel, cette chose se dit d'un sujet, tandis que si quelque chose est un particulier, cette chose ne se dit pas d'un sujet. On a donc obtenu quatre

1. [73.15 et 15a] La question formulée ici et prêtée au questionneur n'a pas été reconnue par les éditeurs précédemment. Faute d'indications appropriées dans les manuscrits, les changements d'interlocuteurs leur ont échappé et les lignes 73, 10-21 forment chez eux une seule réplique attribuée au répondant.

2. [73.25-26] Cette réciprocité est le critère de la définition ou du propre selon *Topiques*, I, 8, 103 b 9. La comparaison avec la définition (stricte) de l'homme rappelle l'équivalence entre définition et formule descriptive.

3. [73.27a et b] Comme ci-dessus (73, 15 et 15a), les éditeurs ont été abusés par les manuscrits et n'ont pas reconnu qu'il y avait ici une question nouvelle, à distinguer de la réplique du répondeur. Elle est introduite par le même interrogatif (πῶς;).

4. [73.27b] *Infra*, 77, 15 *sq.*

5. [73.28-30] Porphyre raisonne d'après l'inférence suivante. a) tout accident est inhérent à un sujet ; b) or aucune substance n'est accident, ni aucun accident, substance, selon 72, 3-4 ; c) donc, aucune substance n'est inhérente à un sujet. Le raisonnement est le même dans la suite, à propos du particulier, dont la définition universelle négative, comme celle de la substance, est inférée à partir d'une définition universelle positive.

οὐσίας τὸ ἐν ὑποκειμένῳ μὴ εἶναι, τοῦ δὲ συμβεβηκότος τὸ ἐν ὑποκειμένῳ εἶναι, καὶ τοῦ μὲν καθόλου τὸ καθ' ὑποκειμένου λέγεσθαι, τοῦ δὲ ἐπὶ μέρους τὸ καθ' ὑποκειμένου <μὴ> λέγεσθαι.

<Π.> Ἀλλ' ἐπεὶ οὐ τῶν ἁπλῶν λεγομένων πεποίηται τὴν διαίρεσιν, συνθεὶς δὲ καὶ συμπλέξας, ὥστε εἶναι τὰ μὲν καθόλου οὐσίας, τὰ δὲ καθόλου συμβεβηκότα, τὰ δὲ ἐπὶ μέρους οὐσίας, τὰ δὲ ἐπὶ μέρους συμβεβηκότα, δεῖ καὶ ἡμᾶς συνθέτους τοὺς ἐξη<γη>τικοὺς λόγους ἀντὶ τῶν συνθέ<των> ὀνομάτων εἰπεῖν. Φέρε οὖν ἐμο⌈ῦ⌉ σοὶ λέγοντος σύνθεσίν τινα ὀνομάτων σύλλεγε τοὺς συμφώνους λόγους τοῖς ῥηθεῖσιν ὀνόμασι συμπλέξας.

<Ἀ.> Ποίησον ὃ λέγεις.

33-34 τοῦ δὲ — εἶναι M : om. A || **35** τὸ καθ' M : τὸ οὐ καθ' M²A || μὴ add. Busse recte (cf. supra u. 6) || **35a** Π. addidi || **74.1-2** ἐξηγητικοὺς A : ἐξητικοὺς M || **2** συνθέτων A : συνθε' M || ante Φέρε addend. esse Ἐ. coni. Strange sec. Fel. || **2-3** ἐμοῦ σοὶ scripsi : ἐμοὶ σοὶ M ἐμοῦ καὶ σοῦ A Busse ἐμοῦ καὶ σοὶ coni. Strange || **5** Ἀ. (*Resp.*) add. Fel. u. sign. Ap : Ἐ. add. Busse

formules en mesure d'expliquer les noms simples. Celle de la substance, c'est « n'être pas inhérent à un sujet »; celle de l'accident, c'est « être inhérent à un sujet » ; celle de l'universel, c'est « se dire d'un sujet » et celle du particulier, c'est « ne pas se dire d'un sujet ».

Q. — Mais Aristote n'a pas fait état de la répartition des choses exprimées en termes simples[1]; il a composé et combiné ces termes de manière à faire entendre qu'il y a des substances universelles, des accidents universels, des substances particulières | et des accidents particuliers. Il faut **74**
par conséquent que nous aussi, nous remplacions les noms composés par des formules explicatives composées[2]. Mettons donc que je te dise, moi, une façon de composer les noms : prends alors et combine les formules qui correspondent aux noms prononcés[3].

R. — Fais ce que tu dis.

1. [73.35a] Nouveau changement de réplique, qui a échappé un fois de plus aux éditeurs, alors que le début de l'intervention du questionneur (Ἀλλ' ἐπεὶ...) est ici très caractéristique : *cf.* 65, 12; 82, 29; 91, 28; 92, 36; 106, 12; 117, 32; 118, 17; 121, 4; 123, 24; 126, 8; de même pour Ἀλλ' εἰ : p. 58, 30; 59, 34; 61, 31; 79, 12; 115, 19; 119, 19; 128, 11 a et 16; 131, 30; 133, 30; 139, 17 ...

2. [74.1-2] La reconstruction porphyrienne est partie de quatre notions simples, dont ont été fournis les noms (a) et les formules explicatives correspondantes (a'); elle aboutit à montrer que les noms composés (b) désignant les choses qui combinent celles de ces notions qui ne sont pas contradictoires correspondent aux formules explicatives composées (b') que fournit Aristote. *Cf.* le tableau suivant :

NOMS		DÉFINITIONS (ou formules descriptives)
a) *noms simples*		a') *Formules simples*
1. A (accident)	=	1. IS (est inhérent à un sujet)
2. S (substance)	=	2. ~ IS (n'est pas inhérent à un sujet)
3. U (universel)	=	3. DS (se dit d'un sujet)
4. P (particulier)	=	4. ~ DS (ne se dit pas d'un sujet)
b) *Noms composés*		b') *Formules explicatives composées*
1. SU	=	1. ~ IS + DS
2. AU	=	2. IS + DS
3. SP	=	3. ~ IS + ~ DS
4. AP	=	4. IS + ~ DS

L'insistance avec laquelle Porphyre se soucie d'établir fermement ces correspondances pourrait n'être pas seulement dictée par un souci pédagogique. Il pourrait s'agir aussi d'accréditer une fois pour toutes les appellations (b) comme équivalents des expressions aristotéliciennes (b').

3. [74.2-3] Strange propose ici (après εἰπεῖν) un changement de réplique, pour attribuer au questionneur l'initiative de suggérer l'échange qui suit. Mais c'est faute d'avoir reconnu qu'il y avait déjà changement de réplique à la p. 73, 35a (cf. *supra*); c'est en effet le

<Π.> Ἰδοὺ γὰρ προβάλλω· ἡ καθόλου οὐσία πῶς ἂν διὰ τῶν λόγων σημανθείη ἐκείνων ὧν ἀπέδωκας;

<Ἀ.> Λέγω ὅτι ἐπ<ε>ὶ τῶν καθόλου παραστατικὸν ἦν τὸ καθ᾽ ὑποκειμένου λέγεσθαι, τῆς δὲ οὐσίας τὸ ἐν ὑποκειμένῳ μὴ εἶναι, ῥηθείη ἂν ἡ καθόλου οὐσία ἡ καθ᾽ ὑποκειμένου μὲν λεγομένη, ἐν ὑποκειμένῳ δὲ μηδενὶ οὖσα.

<Π.> Ἀλλὰ μὴν τὸ καθόλου συμβεβηκὸς πῶς ἂν διὰ τῶν λόγων συνθεὶς περαστήσειας;

<Ἀ.> Λέγω ὅτι ἀντὶ μὲν τοῦ καθόλου λήψομαι ἐξηγητικὸν αὐτοῦ λόγον τὸ καθ᾽ ὑποκειμένου λέγεσθαι, ἀντὶ δὲ τοῦ συμβεβηκότος [τὸ ἐν ὑποκειμ]ένῳ εἶναι· καὶ ἔσται ὁ συντεθεὶς λόγος σημαίνων τὸ καθόλου συμβεβηκὸς τὸ καθ᾽ ὑποκειμένου λέγεσθαι καὶ ἐν ὑποκειμένῳ εἶναι.

<Π.> Πάλιν μοι τὴν μερικὴν οὐσίαν συνθεὶς σημαντικοὺς αὐτῆς λόγους δήλωσον.

<Ἀ.> Ἣ οὔτε καθ᾽ ὑποκειμένου τινὸς λέγεται οὔτε ἐν ὑποκειμένῳ ἐστί· καθὸ μὲν γὰρ οὐκ ἔστι καθόλου ἀλλὰ μερική, οὐκ ἂν καθ᾽ ὑποκειμένου ῥηθείη, καθὸ δὲ οὐσία καὶ οὐ συμβεβηκός, οὐκ ἂν εἴη ἐν ὑποκειμένῳ.

<Π.> Πάλιν μοι τὸ μερικὸν συμβεβηκὸς διὰ τῶν λόγων παράστησον.

<Ἀ.> Λέγω ὅτι καθ᾽ ὑποκειμένου μὲν μὴ λέγεσθαι, ἐν ὑποκειμένῳ δὲ εἶναι· καθόσον μὲν γὰρ μερικόν ἐστι, καθ᾽ ὑποκειμένου οὐκ ἂν ῥηθείη, καθόσον δὲ συμβεβηκός, ἐν ὑποκειμένῳ ἂν εἴη.

5a Π. (*Int.*) add. Fel. ‖ **7** Ἀ. (*Resp.*) add. Fel. u. sign. Ap ‖ ἐπεὶ p : ἐπὶ MAC ‖ **10** Π. (*Int.*) add. Fel. u. sign. Ap ‖ **12** Ἀ. (*Resp.*) add. Fel. u. sign. Ap ‖ **13** τὸ ἐν ὑποκειμένῳ A ‖ **16** Π. (*Int.*) add. Fel. u. sign. M° Ap ‖ **18** Ἀ. (*Resp.*) add. Fel. u. sign. p ‖ οὔτε - λέγεται post ἐστι transp. A ‖ **19** ante καθὸ u. sign. A ‖ **21** Π. (*Int.*) add. Fel. u. sign. Ap ‖ **22** Ἀ.(*Resp.*) add. Fel. u. sign. Ap

Q. — Voilà en effet ma première question : soit la substance universelle, comment peut-on la signifier au moyen des formules explicatives que tu as fournies ?

R. — Voici ma réponse : puisque « se dire d'un sujet », comme on l'a dit, sert à indiquer les choses universelles et « n'être pas inhérent à un sujet », la substance, on peut dire que la substance universelle est celle qui se dit d'un sujet, mais n'est inhérente à aucun sujet.

Q. — Mais encore : l'accident universel, comment peux-tu l'indiquer à l'aide des formules que tu mets en composition ?

R. — Voici ma réponse : au lieu d'« universel », je vais prendre sa formule explicative « se dire d'un sujet », et au lieu d'« accident », la formule « être inhérent à un sujet » ; ainsi la formule composée qui signifie l'accident universel sera : « se dire d'un sujet et être inhérent à un sujet ».

Q. — De nouveau, fais-moi voir la substance particulière en mettant en composition les formules qui peuvent la signifier.

R. — C'est « celle qui ne peut ni se dire d'un certain sujet, ni être inhérente à un sujet ». Dans la mesure en effet où elle n'est pas universelle, mais particulière, elle ne peut se dire d'un sujet ; mais dans la mesure où c'est une substance et pas un accident, elle ne peut être inhérente à un sujet.

Q. — Indique-moi à nouveau l'accident particulier par le moyen des formules.

R. — Voici : c'est « ne pouvoir se dire d'un sujet, mais être inhérent à un sujet ». Dans la mesure en effet, où c'est un particulier, il ne peut se dire d'un sujet, mais dans la mesure où c'est un accident, il sera inhérent à un sujet.

questionneur qui parle ici et c'est à lui qu'il faut attribuer l'initiative de l'échange, mais cette initiative est la conclusion (οὖν) qu'il tire des considérations que *lui-même* vient d'exposer. Par ailleurs, les mots ἐμοῦ σοι sont d'une importance cruciale pour ce qui suit. Le texte de notre principal témoin manuscrit (M) est ἐμοὶ σοὶ. Comme l'a vu Strange, il faut (comme en 74, 25) simplement lire ἐμοῦ (au lieu de ἐμοὶ) pour lui donner sens et la correction plus spectaculaire ἐμοῦ καὶ σοῦ introduite par le scribe responsable de la copie A, bien que retenue par Busse, est irrecevable, ne serait-ce que parce que le participe λέγοντος qui s'accorde avec le génitif absolu est un singulier. Il n'y a pas lieu non plus de retenir καὶ, une fois la bonne correction effectuée, puisque la conjonction est un ajout introduit par la correction fautive de A. Dans ces conditions, il faut, dans la suite, admettre aussi un changement de réplique à la ligne 5 a et attribuer le texte qui commence par ἰδοὺ γὰρ au questionneur, comme l'avait vu déjà Feliciano, car le maître-répondeur se borne à acquiescer à ce que lui propose son élève.

<Π.> Ἐπεὶ τοίνυν ἐμοῦ ἐρωτῶντος τὰ γνώριμα ὄνοματα τοὺς ποιηθέντας περὶ αὐτῶν λόγους ὑπὸ Ἀριστοτέλους εἴρηκας, ὅρα εἰ καὶ ἀναστρέψαντός μου καὶ ἐρωτῶντός σε, τί βούλονται οἱ ὑπὸ Ἀριστοτέλους λόγοι, δύνασαι εἰπεῖν μοι ὀνόματα <τὰ> γνώριμα.

<Ἀ.> Ἐρώτησον. Καὶ γὰρ ὁ Ἀριστοτέλης παρεὶς τὰ γνώριμα ὀνόματα τοὺς ἐξηγητικοὺς αὐτῶν λόγους ἀντ' αὐτῶν εἴρηκε.

<Π.> Λέγε δή μοι, τί ἐστιν ὅ φησι « τῶν ὄντων τὰ μὲν καθ' ὑποκειμένου τινὸς λέγεται, [ἐν ὑποκ]ειμένῳ δὲ οὐδενί ἐστιν ».

<Ἀ.> Λέγω ὅτι ἔφη τῶν ὄντων τὰ μέν ἐστι καθόλου οὐσίαι.

<Π.> Πῶς καὶ [πόθεν λαβὼν] τοῦτο ἔφης;

<Ἀ.> Ὅτι τῶν μὲν καθόλου παραστατικὸς ἦν ὁ λόγος ὁ λέγων αὐτὰ καθ' ὑποκειμένου λέγεσθαι, καὶ τῆς οὐσίας παραστατικὸς ἦν ὁ λόγος ὁ λέγων αὐτὴν μὴ ἐν ὑποκειμένῳ εἶναι.

<Π.> Δὸς οὖν παράδειγμα.

<Ἀ.> Λέγω ὅτι ἄνθρωπος.

<Π.> Καὶ πῶς διὰ μιᾶς λέξεως καὶ ἁπλῆς τῆς ἄνθρωπος σύνθετον ἀποδέδωκας λόγον;

<Ἀ.> Ὅτι ἄνθρωπος διχῶς λέγεται καὶ ὡς οὐσία καὶ ὡς καθόλου καὶ οὐ τῶν ἐπὶ μέρους τι.

<Π.> Πῶς οὖν οὐσία ἐπινοεῖται;

<Ἀ.> Ὅτι οὐκ ἔστιν ἐν ὑποκειμένῳ ὁ ἄνθρωπος οὐδὲ συμβεβηκός τι.

<Π.> Πῶς δὲ καὶ ὅτι καθόλου;

<Ἀ.> Ὅτι καθ' ὑποκειμένου λέγεται τοῦ τινὸς ἀνθρώπου καὶ οὐκ ἔστι μερικόν τι καὶ ἄτομον, ἀλλὰ κατὰ πλειόνων λέγεται τῷ ἀριθμῷ διαφερόντων. Καλῶς οὖν καὶ ὁ Ἀριστοτέλης εἶπεν « ὅτι ἄνθρωπος καθ' ὑποκειμένου

25 Π. (*Int.*) add. Fel. u. sign. M° (dub.) Ap || **28** τὰ addend. esse recte coni. Busse (in app.) || **29** Ἀ.(*Resp.*) add. Fel. u. sign. M°Ap || **31** Π. (*Int.*) add. Fel. u. sign. M° (dub.)Ap || **32** ἐν ὑποκειμένῳ A || **33** Ἀ. (*Resp.*) add. Fel. u. sign. Ap || **34** Π. (*Int.*) add. Fel. u. sign. M°Ap || πόθεν λαβὼν A || ἔφης MA[1] (mg) : ἔχεις A || **35** Ἀ.(*Resp.*) add. Fel. u. sign. M° (dub.) Ap || **75.1** Π. (*Int.*) add. Fel. u. sign. Ap || **2** Ἀ. (*Resp.*) add. Fel. u. sign. Ap || **3** Π. (*Int.*) add. Fel. u. sign. M°Ap || **5** Ἀ. (*Resp.*) add. Fel. u. sign. M°Ap || **7** Π. (*Int.*) add. Fel. u. sign. M°Ap || **8** Ἀ. (*Resp.*) add. Fel. u. sign. Ap || **9** Π. (*Int.*) add. Fel. u. sign. M°Ap || **10** Ἀ. (*Resp.*) add. Fel. u. sign. M°Ap || **12** ὑποκειμένου M°A : ὑ. μὲν Arist. (1 a 22)

Q. — Jusqu'à présent, je t'ai soumis, dans mes questions, les noms bien connus[1] et tu m'as dit les formules fabriquées par Aristote à leur propos. Mais si je fais l'inverse et te demande ce que veulent dire les formules utilisées par Aristote, vois encore si tu peux me dire les noms bien connus.

R. — Pose tes questions, car Aristote a effectivement laissé de côté les noms bien connus et proposé à la place leurs formules explicatives.

Q. — Dis-moi donc ce qui est en cause lorsqu'il soutient : « D'entre les êtres, les uns se disent d'un certain sujet, mais ne sont inhérents à aucun sujet »[2].

R. — Je dis qu'il soutient : « D'entre les êtres, les uns sont des substances universelles ».

Q. — Comment cela ? Et d'où tires-tu cette conclusion ?

R. — C'est que la formule qui sert à indiquer les universels, comme on l'a vu, revient à dire qu'ils se disent d'un sujet, et la formule qui sert à indiquer la substance, celle qui revient à dire qu'elle n'est pas inhérente à un sujet.

|Q. — Donne donc un exemple. 75

R. — Je dis « l'homme »[3].

Q. — Et comment se fait-il qu'un seul mot, c'est-à-dire le simple mot « homme », t'ait permis de répondre pour illustrer une formule composée ?

R. — C'est que l'homme peut s'entendre d'une double façon, à la fois comme substance et comme universel, c'est-à-dire quelque chose qui ne se range pas dans les particuliers.

Q. — Comment donc peut-il être conçu comme substance ?

R. — Parce que l'homme n'est pas inhérent à un sujet et n'est pas un accident.

Q. — Et comment peut-il se concevoir aussi comme universel ?

R. — Parce qu'il se dit d'un sujet, un certain homme, et n'est pas une chose particulière, c'est-à-dire individuelle ; au contraire, il se dit de plusieurs êtres numériquement différents[4]. Aristote a donc bien eu raison

1. [74.25] Entendez : bien connus *par ailleurs,* mais dont Aristote, *ici*, ne fait pas usage (cf. *infra*, 74, 29-30).

2. [74.31-32] *C*, 1 a 20-21.

3. [75.2] C'est aussi l'exemple que donne *C*, 1 a 21 *sq*.

4. [75.11] La qualification « particulière » (μερικός) n'est pas utilisée par Aristote dans le contexte, mais bien la qualification « individuelle » (ἄτομος ; cf. *C,* 1, 1 b 6-7 : τὰ ἄτομα καὶ ἓν ἀριθμῷ) ; quant à l'expression « il se dit de plusieurs êtres numériquement différents », elle

λέγεται τοῦ τινὸς ἀνθρώπου, ἐν ὑποκειμένῳ δὲ οὐδενί ἐστιν ».

῞Οτι μὲν γὰρ καθόλου ἐστί, καθ' ὑποκειμένου λέγεται τοῦ τινὸς ἀνθρώπου· λέγεται γὰρ ὁ Σωκράτης ἄνθρωπος καὶ ὁ Πλάτων· ἀλλ' οὕτως λέγεται ἄνθρωπος οὐχ ὅτι συμβέβηκε τῷ Σωκράτει ὡς τὸ μουσικὸν καὶ τὸ λευκόν, ἀλλ' ὅτι εἶδός ἐστι τοῦ Σωκράτους ὁ ἄνθρωπος, ὥσπερ καὶ τὸ ζῷον ἐὰν λέγῃς κατὰ τοῦ Σωκράτους, οὐχ ὡς συμβεβηκὸς ἐρεῖς ἀλλ' ὡς γένος.

Τὰ [δὲ εἴδη καὶ τὰ γένη τ]ῶν μὲν οὐσιῶν καὶ αὐτὰ οὐσίαι, τῶν δὲ συμβεβηκότων συμβεβηκότα· αἱ δὲ οὐσίαι οὐκ ἦσαν ἐν ὑποκεινένῳ, ὥστε οὐδὲ τὰ εἴδη οὐδὲ τὰ γένη τῶν οὐσιῶν ἔσται ἐν ὑποκειμένῳ, ἀλλὰ καθ' ὑποκειμένου μὲν ῥηθήσεται τῶν ἀτόμων οὐσιῶν, οὐ μέντοι <καὶ> ἐν ὑποκειμένῳ ἔσται.

<Π.> Διὰ τί οὖν τὰ μὲν καθόλου ἔφης καθ' ὑποκειμένου λέγεσθαι, τὰ δὲ συμβεβηκότα ἐν ὑποκειμένῳ εἶναι; Τί γὰρ βούλεται τὸ τὰ μὲν λέγεσθαι φάναι σε, τὰ δὲ συμβεβηκότα εἶναι;

<'Α.> Βαθὺς ὁ λόγος καὶ μείζων τῆς σῆς {λ}έξεως· ὅτι γὰρ τὰ μὲν συμβεβηκότα ἐστὶν ὥσπερ καὶ αἱ οὐσίαι, τὰ δὲ καθόλου τι λέγεσθαι οὐκ ἔστιν ἐν ὑπάρξει, ἀλλὰ μέχρι ἐπινοίας λέγεται,

17 τοῦ Σωκράτους post ἄνθρωπος transp. A || **19** δὲ εἴδη καὶ τὰ γένη τῶν A || **22** καὶ A : om. M° || **24** Π. (*Int.*) add. Fel. u. sign. Ap || **26a** 'A. (*Resp.*) add. Fel. u. sign. M°AC (de quo u. Rev. Sc. Th. Ph., 85, 2001, 669-678) || **27** ἔξεως A : λέξεως M° || ἐστὶν M° : εἰσὶν A

de déclarer : « L'homme se dit d'un sujet, un certain homme, mais n'est inhérent à aucun sujet » [1]. C'est en effet parce qu'il est un universel qu'il se dit d'un sujet, savoir un certain homme : par exemple, Socrate est dit homme, ainsi que Platon. Toutefois, s'il est appelé ainsi, ce n'est pas pour Socrate un accident, comme le fait d'être musicien et blanc, mais parce que l'homme est l'espèce de Socrate. Exactement de la même façon, si tu appliques l'expression « animal » à Socrate, ce n'est pas à titre d'accident que tu le feras, mais à titre de genre [2]. Or les espèces et les genres des substances constituent, eux aussi, des substances [3], tandis que ceux des accidents sont des accidents. D'autre part, les substances, on l'a vu, ne sont pas inhérentes à un sujet. Par conséquent, ni les espèces, ni les genres des substances ne seront non plus inhérents à un sujet. Au contraire, ils se diront d'un sujet, les substances individuelles, sans pour autant être aussi inhérents à un sujet.

Q. — Pourquoi donc soutiens-tu que les universels se disent d'un sujet, mais que les accidents sont inhérents à un sujet ? Qu'est-ce qu'on veut dire en effet lorsqu'on prétend, comme tu le fais, que les uns « se disent » mais que les autres « sont » ?

R. — La raison est profonde et te dépasse dans ton état [4]. Car le fait est que les accidents « sont » exactement comme les substances, tandis que si les universels « sont dits » quelque chose, ce ne peut être quelque chose dans l'existence : ils « sont dits », au contraire, dans les limites de la

ne convient pas à tout universel, mais à l'espèce infime seulement (l'exemple étant celui de « l'homme ») ; cf. *Isagôgè*, 5, 20. L'universel commun à l'espèce et au genre serait plutôt « ce qui est de nature à être prédiqué de plusieurs choses » (*De l'interpr.*, 7, 17 a 39-40).

1. [75.12-13] *C*, 1 a 21-22.

2. [75.15-18] Les notions d'espèce et de genre seront examinées plus loin (82, 5 *sq.*).

3. [75.19-20] Cf. *C*, 2 a 4-16.

4. [75.26 a] Ce changement de réplique, sur l'évidence duquel je me suis expliqué ailleurs (référence dans l'apparat critique) et qu'avait reconnu Feliciano, a malencontreusement échappé à Busse qui s'est borné à suivre ici, de façon aveugle, la présentation fautive de l'*editio princeps*. Le texte qu'il a imprimé attribuait donc à la même personne, qui vient de soulever une question, la déclaration (βαθὺς ὁ λόγος κ.τ.λ.) par laquelle cette question est éludée ! Et il en résultait l'impression que le questionneur tenait dès lors le rôle du maître dans le dialogue, alors que c'est l'inverse. Strange a suivi Busse sans sourciller. En réalité, le maître-répondeur exprime ici, à l'endroit de son élève débutant, le même genre d'opinion que Porphyre a fait valoir devant son disciple Chrysaorios, dans un passage fameux au début de l'*Isagôgè*, 1, 10-17, en refusant d'aborder les questions liées au statut ontologique des universaux ; « parce que ce genre de recherche est trop profonde » (βαθυτάτης οὔσης τῆς τοιαύτης πραγματείας). Comme l'*Isagôgè*, *C* et donc son commentaire servent en effet d'introduction à la philosophie (cf. *supra*, 56, 28-29) ; on ne peut donc y réclamer une instruction sur les plus graves problèmes latents que soulève l'étude de l'être.

οὐκ ἔστι τῆς τῶν εἰσαγομένων ἕξεως γνῶναι. Ταῦτα μὲν οὖν παρείσθω.

<Π.> Ὅταν δὲ ἐπάγῃ « τὰ δὲ ἐν ὑποκειμένῳ μέν ἐστι, καθ᾿ ὑποκειμένου δὲ οὐδενὸς λέγεται », τί βούλεται, παράστησον.

<᾿Α.> Λέγω ὅτι τὰ συμβεβηκότα ἅ ἐστιν ἐπὶ μέρους· τὸ μὲν γὰρ ἐν ὑποκειμένῳ εἶναι παραστατικόν ἐστι τοῦ συμβεβηκότος, τὸ δὲ καθ᾿ ὑποκειμένου οὐδενὸς λέγεται δηλοῖ [τὸ ἐπὶ] μέρους.

<Π.> Δὸς καὶ τούτου παράδειγμα.

<᾿Α.> [Δώσω καὶ] οὐχ ἕν, ἀλλ᾿ ἐπεὶ τὰ μέν ἐστι συμβεβηκότα τῇ ψυχῇ τὰ δὲ συμβεβηκότα τῷ σώματι, [δώσω ἀφ᾿ ἑ]κατέρων παράδειγμα. Ἐπὶ μὲν γὰρ συμβεβηκότος τῇ ψυχῇ λεγέσθω ἡ τὶς γραμματική· ἔστι δὲ τὶς γραμ-
76.1 ματικὴ ἡ Ἀριστάρχου φέρε εἰπεῖν· μερικὴ γὰρ ἡ Ἀριστάρχου γραμματική· αὕτη δὲ συμβέβηκε μὲν αὐτοῦ τῇ ψυχῇ, καὶ διὰ τοῦτό ἐστιν ὡς ἐν ὑποκειμένῳ τῇ ψυχῇ. Καθ᾿ ὑποκειμένου δὲ οὐ λέγεται· μερικὴ γάρ ἐστιν, τὸ δὲ μερικὸν ἄτομον ὂν οὐκ ἂν ῥηθείη καθ᾿ ὑποκειμένου. Τοῦτο μὲν οὖν

30 Π. (*Int.*) add. Fel. u. sign. M^{o}AC || ἐστι A suprascr. M^{o} || **32** ᾿Α. (*Resp.*) add. Fel. u. sign. M^{o}Ap || **34** δηλοῖ M^{o} (dub.) : δηλοῦν A || τὸ ἐπὶ A || **35** Π. (*Int.*) add. Fel. u. sign. Ap : lacer. M^{o} || **36** ᾿Α. (*Resp.*) add. Fel. u. sign. M^{o}Ap || δώσω καὶ A || **37** δώσω ἀφ᾿ ἑκατέρων A || **76.1** ante Ἀριστάρχου [1] add. τοῦ A

pensée[1]. Mais ces connaissances ne sont pas à la portée des débutants dans leur état. Il faut donc laisser cela de côté.

Q. — Lorsque, en revanche, il avance que « certaines choses sont inhérentes à un sujet, mais ne se disent d'aucun sujet », montre ce qu'il veut dire par là[2].

R. — J'affirme qu'il veut parler des accidents qui sont particuliers. Car « être inhérent à un sujet » sert à indiquer l'accident, tandis que « mais ne se disent d'aucun sujet » montre qu'il s'agit du particulier.

Q. — Donne un exemple de cela aussi.

R. — Je vais même en donner plus d'un, car, vu qu'il est des accidents de l'âme et des accidents du corps, je vais donner un exemple dans chacun des deux cas[3]. Pour ce qui est, en effet, de l'accident de l'âme, on dira : une certaine science des lettres, et une certaine | science des lettres, c'est, **76**
mettons, celle d'Aristarque[4], car la science qu'Aristarque a des lettres est particulière. Or elle coïncide avec son âme et c'est pourquoi elle est en cette âme comme inhérente à un sujet. Cependant, elle ne se dit pas d'un sujet, parce qu'elle est particulière et que le particulier, étant individuel, ne peut

1. [75.27-28] Porphyre se contente d'écarter l'impression du questionneur selon laquelle les universels, qui « se disent », n'auraient peut-être qu'une existence nominale, alors que les accidents, qui « sont », auraient une existence réelle; hypothèse qui rend difficilement compréhensible, sinon absurde, la notion d'accident universel ! Pas plus que dans l'*Isagôgè,* il n'entreprend de discuter, ni même de poser, les thèses propres à éclairer définitivement sur les nombreuses questions ainsi posées de façon implicite. Il note simplement (a) que les accidents et les substances ont un véritable statut ontologique, sans évoquer le fait que les uns dépendent des autres d'une certaine façon, ni préciser ce genre de statut commun. Touchant la nature de l'universel par rapport au particulier, Porphyre prend ici le parti de déclarer (b) que l'universel, substance ou accident, ne réside que dans la pensée (ἐπίνοια). Quoique laconique, cette déclaration suffit à distinguer l'universel des individus, qui existent, quant à eux, en dehors de la pensée et avec lesquels il a rapport, puisqu'il se dit (en vérité) des individus. Elle suffit aussi, étant donné ce rapport, à indiquer que l'universel n'est pas une pensée ou un concept dénué de tout lien avec la réalité extérieure, ce que l'*Isagôgè* (1, 11) appelle une « pensée vide » (ψιλὴ ἐπίνοια) dont l'objet est une fiction : *cf.* à ce sujet, A. de Libera, *Porphyre Isagoge*, p. LVII *sq.* et p. 34, n. 5. Dans ces conditions, il est aisé de conclure que la pensée universelle, telle que l'envisage ici Porphyre est ce genre de forme commune qu'Alcinoos déjà (*Didask.*, 4, p. 155) distinguait de l'Idée platonicienne et qui, immanente aux sensibles, s'en trouve abstrait par l'intelligence pour rendre raison de ces sensibles : *cf.* Zambon, *op. cit.*, p. 330.

2. [75.30-31] Ce nouveau changement de réplique à échappé à Busse (et à Strange) qui, faute d'avoir observé le précédent, conserve paradoxalement au questionneur ce qui lui revient effectivement. La citation est extraite de *C*, 1 a 23-24.

3. [75.36-37] Le double exemple est en réalité emprunté à Aristote lui-même (*C*, 1 a 5 et 27).

4. [76.1] Sur le personnage, qui ne figure évidemment pas dans *C*, voir *supra, ad* 71, 33.

τὸ παράδειγμα ψυχικοῦ συμβεβηκότος, σωματικοῦ δὲ τὸ τὶ λευκόν· « ἐν ὑποκειμένῳ γάρ ἐστι τῷ σώματι »· ἔστι γὰρ τὸ λευκὸν χρῶμα, « ἅπαν δὲ χρῶμα ἐν σώματι· καθ' ὑποκειμένου δὲ οὐδενὸς λέγεται »· οὐ γάρ ἐστι καθόλου τὸ <τὶ> λευκὸν ἀλλ' ἐπὶ μέρους.

<Π.> Ὅταν δὲ ἐπάγῃ ὁ Ἀριστοτέλης « τὰ δὲ καθ' ὑποκεινένου τε λέγεται καὶ ἐν ὑποκειμένῳ ἐστίν », τί σημαίνει διὰ τῆς τοιαύτης τῶν λόγων συμπλοκῆς;

<Ἀ.> Φημὶ ὅτι βούλεται λέγειν· τὰ δέ ἐστι καθόλου συμβεβηκότα· διὰ μὲν γὰρ τοῦ φάναι τὰ μὲν καθ' ὑποκειμένου λέγεται δηλοῖ ὅτι τὰ καθόλου λέγει· τῶν γὰρ καθόλου ἦν ἐξηγητικὸς λόγος τὸ καθ' ὑποκεινένου λέγεσθαι· διὰ δὲ τοῦ ἐν ὑποκειμένῳ εἶναι, ὅτι <τὰ> συμβεβηκότα λέγει· ταῦτα γὰρ ἦν ἐν ὑποκειμένῳ. Λέγει τοίνυν ὅτι τὰ δέ ἐστι καθόλου συμβεβηκότα.

<Π.> [Δὸς οὖν παρά]δειγμα.

<Ἀ.> Οἷον ἡ ἐπιστήμη. Ἡ γὰρ ἐπιστήμη τῇ ψυχῇ συμβεβηκυῖα ὑποκείμενον ⌈αὐτῇ⌉ ἔχει τὴν ψυχήν· ὑπόκειται γὰρ τῇ ἐπιστήμῃ ἡ ψυχή· καθολικὴ ⌈δὲ⌉ οὖσα κατὰ τῶν μερικωτέρων ἐπιστημῶν λέγεται οἷον κατὰ τῆς γραμματικῆς· γένος γάρ ἐστιν ἡ ἐπιστήμη τῆς γραμματικῆς. Ἔστι δὲ συμβεβηκὸς ἡ γραμματική· συμβεβηκὸς δὴ καὶ ἡ ἐπιστήμη· τὰ γὰρ τῶν συμβεβηκότων γένη καὶ εἴδη καὶ αὐτὰ συμβεβηκότα.

<Π.> Παράγων τοίνυν καὶ τὸ λοιπὸν τῆς διαίρεσεως μέρος ὁποῖον εἶναι λέγει.

<Ἀ.> Λέγε ποῖον.

<Π.> « Τὰ δὲ οὔτε ἐν ὑποκειμένῳ [ἐστὶν] οὔτε καθ' ὑποκειμένου λέγεται. »

<Ἀ.> Φημὶ ὅτι διὰ τούτου τοῦ λόγου φησί· τὰ δέ ἐστιν ἄτομοι οὐσίαι.

Διὰ μὲν γὰρ τοῦ φάναι οὐκ ἐν ὑποκειμένῳ ἔφη οὐσίας εἶναι, διὰ δὲ τοῦ οὐ καθ' ὑποκειμένου λέγεσθαι ἔφη ἀτόμους εἶναι.

5 ante σωματικοῦ u. sign. M° (dub.) || **8** τὶ addidi (cf. Arist., 1 a 27) || **9** Π. (*Int.*) add. Fel. u. sign. M°Ap || **12** 'A. (*Resp.*) add. Fel. u. sign. Ap || **15** τὰ addidi (cf. u. 13) || **18** Π. (*Int.*) add. Fel. u. sign. Ap (oblitt. M°) || Δὸς οὖν παράδειγμα A || **19** 'A. (*Resp.*) add. Fel. u. sign. Ap || **20** αὐτῇ Busse : αὐτῇ M° αὐτὴ A || τὴν ψυχὴν M° : τῆς ψυχῆς A || **21** δὲ scripsi : γὰρ M°A || **23** δὴ M° : δὲ A || **25** Π. (*Int.*) add. Fel. u. sign. A (dub.) || **27** 'A. (*Resp.*) add. Fel. u. sign. M°Ap || **28** Π. (*Int.*) add. Fel. u. sign. M°A || ἐστὶν rest. Busse sec. Arist. (1 b 3) : om. A || **30** 'A. (*Resp.*) add. Fel. u. sign. M° (dub.) p

se dire d'un sujet. Voilà donc l'exemple d'accident psychique. Quant à celui d'accident corporel, c'est un certain blanc : « il est en effet inhérent à un sujet, le corps », puisque le blanc est une couleur et que « toute couleur est inhérente au corps, mais il ne se dit d'aucun sujet »[1], puisque ce certain blanc[2] n'est pas universel, mais particulier.

Q. — Lorsque, en revanche, Aristote avance que « certaines choses à la fois se disent d'un sujet et sont inhérentes à un sujet »[3], que veut-il signifier par la combinaison des formules de ce genre ?

R. — Je prétends qu'il veut dire : certaines choses sont des accidents universels. Lorsqu'il dit en effet : « certaines choses se disent d'un sujet », il montre par ce moyen qu'il parle des universels, car la formule qui sert à expliquer les universels, on l'a vu, c'est « se dire d'un sujet » ; cependant, par le moyen de la formule « être inhérent à un sujet », il parle des accidents, car ceux-ci, on l'a vu, sont inhérents à un sujet, mais il déclare que certaines choses sont des accidents universels.

Q. — Donne donc un exemple.

R. — C'est le cas de la science. La science en effet, qui coïncide avec l'âme, a l'âme pour sujet propre, car l'âme est sous-jacente à la science, mais parce qu'elle est universelle, elle se dit des sciences plus particulières, notamment de la science des lettres, car la science est le genre de celle-ci. Or la science des lettres est un accident ; donc, la science est également un accident, puisque les genres des accidents, ainsi que leurs espèces, sont des accidents eux aussi.

Q. — Mais reste encore une partie de la subdivision : de quelle sorte de choses parle-t-il en présentant cette section ?

R. — Dis laquelle.

Q. — « D'autres choses enfin ne sont ni inhérentes à un sujet, ni dites d'un sujet »[4].

R. — Je prétends que par cette formule, il soutient : d'autres enfin sont des substances individuelles. Lorsqu'il dit, en effet, « non inhérentes à un sujet », il soutient par là que ce sont des substances, et lorsqu'il précise « ne sont pas dites d'un sujet », il soutient par là qu'elles sont individuelles.

1. [76.5-7] Ces lignes sont une citation paraphrasée de *C*, 1 a 27-29, sans précision supplémentaire.

2. [76.8] L'addition de τὶ paraît indispensable, dès lors que Porphyre a expressément en vue le particulier et non l'universel ; et l'expression τὸ τὶ λευκόν est celle qu'Aristote utilise dans le passage paraphrasé (1 a 27).

3. [76.9-10] *C*, 1 a 29-b 1.

4. [76.28-29] *C*, 1 b 3-4.

<Π.> Δὸς οὖν παράδειγμα.

<ʼΑ.> Οἷον ὁ τὶς ἵππος, ὡς ʼΑλεξάνδρου Βουκέφαλος ἐλέγετο, καὶ ὁ τὶς ἄνθρωπος οἷον Σωκράτης· οὐδὲν γὰρ τῶν τοιούτων οὔ⌈τ⌉ε ἐν ὑποκειμένῳ ἐστιν, οὐ γάρ ἐστι συμβεβηκὸς ἀλλʼ οὐσία, οὔτε καθʼ ὑποκειμένου λέγεται, οὐ γὰρ λέγεται καθόλου ἀλλʼ ἐπὶ μέρους.

78.22 <Π.> <ʼΕπεὶ τοίνυν σαφῆ πεποίηκας τὴν διαίρεσιν καὶ τὰ ἐν αὐτῇ ῥηθέντα, ἔτι μοι τοῦτο εἰπέ· ἐνὸν γὰρ πολλαχῶς ἐκθέσθαι τὴν διαίρεσιν, καὶ γὰρ οὕτως ἦν εἰπεῖν (ἐρῶ δὲ διὰ τῶν ὀνομάτων) λέγων ὅτι τῶν ὄντων τὰ μὲν καθόλου συμβεβηκότα, τὰ δὲ καθόλου οὐσίαι, ἢ ἔμπαλιν τὰ μὲν καθόλου

33 Π. (*Int.*) add. Fel. u. sign. p ‖ **34** ʼΑ. (*Resp.*) add. Fel. u. sign. Ap ‖ **35** οὔτε Busse : οὐδὲ M°A ‖ **37** post μέρους u. sign. M° ‖ **78.22** Π. (*Int.*) add. Fel. u. sign. M (ubi ἐπεὶ inc. in mg) Ap ‖ **78.22-79.11** ʼΕπεὶ - ἀπεδείχθη hic inserui ‖ **24** post εἰπεῖν u. sign. p

Q. — Donne donc un exemple.

R. — C'est le cas d'un certain cheval, comme celui d'Alexandre, qu'on appelait Bucéphale[1], et d'un certain homme, tel Socrate. Aucun être de ce genre en effet n'est inhérent à un sujet, puisque aucun n'est accident, mais substance, et aucun ne se dit d'un sujet, puisqu'il n'est pas exprimé universellement, mais en particulier.

| Q. — Mais maintenant[2] que tu as clarifié la répartition et les **78.22**
expressions qu'elle contient, dis-moi encore ceci : il y avait, n'est-ce pas, plusieurs façons possibles d'exposer la répartition? Il était possible, en effet, de s'exprimer dans les termes suivants (moi, je vais employer les noms pour m'exprimer) : parmi les êtres, les uns sont des accidents universels et les autres, des substances universelles (ou à l'inverse . les uns, des

1. [76.34] Cf. *supra, ad* 71, 31-32.

2. [78.22-79, 11] Le passage qu'on a replacé ici (après μέρους, [76.37] se trouve fourvoyé là où il se trouve reproduit dans les manuscrits; c'est une évidence indiscutable, car il interrompt là brutalement l'exégèse délicate de *C*, 1 a 24-25, qui va de 77, 17 à 79, 34. Les lignes 78, 21 (...φθείρεται) et 79, 12 ('Αλλ' εἰ...) sont donc à lire l'une à la suite de l'autre, sans interruption. Tout le monde en convient, mais où replacer le passage fourvoyé? Busse avait suggéré de le réintégrer plus loin (p. 81, 22), avant l'exégèse de *C*, 1 b 16 *sq.*, où du moins il n'interrompt aucun développement. Strange a compris que cette suggestion n'avait pour elle aucun autre argument et a choisi de replacer le passage un peu moins loin (p. 80, 27, après ὑποκειμένου) en s'autorisant de Boèce (173 A et 175 B) chez qui J. Bidez avait déjà trouvé l'indice confirmant qu'il s'agissait d'un passage fourvoyé (*Revue Belge de Philologie et d'Histoire,* 2 [1923], p. 196). Mais Boèce ne confirme pas le choix de replacer le texte litigieux là où le voudrait Strange; il suggère seulement que ce texte doit être vraisemblablement réintégré quelque part, avant l'exégèse de *C*, 1 b 25 *sq.* Or avant cela, Porphyre commente successivement :

a) les quatre genres d'être répertoriés en *C*, 1 b 6-9 (jusqu'à la p. 77, 12),

b) la remarque de *C*, 1 b 6-9 (jusqu'à la p. 77, 12) et

c) la définition de *C*, 1 a 24-25 (à partir de la p. 77, 13). Quant au texte litigieux qu'il s'agit de replacer, il porte sur l'ordre dans lequel sont présentés les quatre genres d'être répertoriés en (a). Il va donc de soi que c'est ici, p. 76, 57, après μέρους, qu'il faut réintégrer le passage fourvoyé. Ce qui le confirme d'ailleurs, c'est la trace de corruption du texte à cet endroit où la phrase qui suit (ταῦτα κ.τ.λ.) commence en asyndète. Strange a fait la supposition que la section fourvoyée, détachée du commentaire, correspond à la longueur d'une page de manuscrit à un certain moment de la transmission. C'est possible, mais évidemment invérifiable. Elle comprend vingt-sept lignes d'écriture dans l'édition Busse, dont six incomplètes; si l'ensemble correspond à un feuillet détaché, recto-verso, cela voudrait dire qu'une page d'écriture dans ce feuillet détaché comprenait vraisemblablement entre dix et quinze lignes d'écriture. Mais ce qu'il importe de savoir, c'est si du fait de l'accident dans la transmission, le texte désormais mutilé a la p. 76, 37 n'a pas été ensuite altéré, autrement dit, si la phrase qui commence par ταῦτα à cet endroit n'a pas été en son début modifiée par suite de l'accident. L'asyndète donne à penser que oui et il n'est pas exclu que des mots (voire une brève question de l'élève-questionneur) aient ici disparu. Il est impossible de se prononcer, mais il faut se garder de donner pour assuré le sens de la phrase qui commence par ταῦτα, comme si elle faisait directement suite au texte qui s'achève par ὡς ἀπεδείχθη (p. 79, 11).

οὐσίαι, τὰ δὲ καθόλου συμβεβηκότα, ἢ τὰ μὲν ἐπὶ μέρους συμβεβηκότα, τὰ δὲ ἐπὶ μέρους οὐσίαι, ἢ ἔμπαλιν τὰ μὲν ἐπὶ μέρους οὐσίαι, τὰ δὲ ἐπὶ μέρους συμβεβηκότα· ἐνὸν οὖν πολλαχῶς οὕτως εἰπεῖν, ὅτι τῶν ὄντων τὰ μὲν καθόλου οὐσίαι, τὰ δὲ ἐπὶ μέρους οὐσίαι, τὰ δὲ καθόλου συμβεβηκότα, τὰ δὲ ἐπὶ μέρους συμβεβηκότα· ἐνὸν δὲ καὶ οὕτως, τῶν ὄντων τὰ μὲν καθόλου οὐσίαι, τὰ δὲ ἐπὶ μέρους συμβεβηκότα, ἢ ἔμπαλιν τὰ μὲν ἐπὶ μέρους συμβεβηκότα, τὰ δὲ καθόλου οὐσίαι, καὶ τὰ μὲν καθόλου συμβεβηκότα, τὰ δὲ ἐπὶ μέρους οὐσίαι, ἢ ἔμπαλιν τὰ μὲν ἐπὶ μέρους οὐσίαι, τὰ δὲ καθόλου συμβεβηκότα· ἐνὸν οὖν πολλαχῶς οὕτως διελεῖν, εἰπὲ τοίνυν, ὁ Ἀριστοτέλης κατὰ ποίαν τάξιν τὴν διαίρεσιν ἐξέθετο.

<Ἀ.> Κατὰ τὴν χιαστὴν λέγω.

34 ante ἐνὸν u. sign. p || διελεῖν MA[1] (s.u.) : διαιρεῖν A || ante εἰπὲ u. sign. A || **36** Ἀ. (*Resp.*) add. Fel. u. sign. p

substances universelles et les autres, des accidents universels) ; ou bien : les uns sont des accidents particuliers et les autres, des substances particulières (ou à l'inverse : les uns sont des substances particulières et les autres, des accidents particuliers). Donc il y avait plusieurs façons possibles de dire la même chose, savoir que parmi les êtres, il y a les substances universelles, les substances particulières, les accidents universels et les accidents particuliers. On pouvait d'ailleurs aussi dire ceci : parmi les êtres, les uns sont des substances universelles et les autres, des accidents particuliers (ou à l'inverse : les uns sont des accidents particuliers et les autres des substances universelles) ; et aussi : les uns sont des accidents universels et les autres, des substances particulières (ou à l'inverse : les uns sont des substances particulières et les autres, des accidents universels). Étant donné donc les multiples possibilités de présenter la répartition [1], dis-moi malgré tout dans quel ordre Aristote a exposé cette répartition

R. — Celui du chiasme, je te dis.

1. [78.34] Il y a, mathématiquement parlant, vingt-quatre façons différentes de présenter une série de quatre termes $(1 \times 2 \times 3 \times 4)$. À titre d'exemples, Porphyre en mentionne huit, mais de façon partielle : seuls, les deux premiers termes de la série sont évoqués. On observe en outre que l'ordre des termes choisis est inversé de l'exemple 1 à l'exemple 2, de l'exemple 3 à l'exemple 4, de l'exemple 5 à l'exemple 6 et de l'exemple 7 à l'exemple 8. De plus, il est une différence notable entre (a) les exemples 1-4 et (b) les exemples 5-8. Dans les exemples du type (a), les termes de la paire sont partiellement opposés : l'un est une substance, l'autre un accident, mais tous deux sont des universels ou des particuliers ; dans les exemples de type (b), en revanche, les termes de la paire sont totalement opposés : non seulement l'accident s'y oppose à une substance, mais un universel s'oppose à un particulier. Notons qu'il y a quatre éventualités du type (a) qui ne sont pas mentionnées, ce qui porte à douze le total des hypothèses envisageables pour la séquence des deux premiers termes. Sachant que chacune d'elles peut être suivie de deux autres paires différentes, on obtient le tableau suivant :

a. 1. **AU — SU** : — AP — SP (1)
: — SP — AP (2)
2. **SU — AU** : — AP — SP (3)
: — SP — AP (4)
3. **AP — SP** : — AU — SU (5)
: — SU — AU (6)
4. **SP — AP** : — AU — SU (7)
: — SU — AU (8)
. AU — AP : — SU — SP (9)
: — SP — SU (10)
. AP — AU : — SU — SP (11)
: — SP — SU (12)
. SU — SP : — AU — AP (13)
: — AP — AU (14)
. SP — SU : — AU — AP (15)
: — AP — AU (16)

<Π.> Τίς γάρ ἐστιν ἡ χιαστή;

79.1 <᾿Α.> Λέγω ὅτι ἡ οὐσία συμβεβηκὸς ἀντιδιαιροῦσα καὶ τὸ καθόλου ἐπὶ μέρους.

<Π.> Σαφέστερον εἰπὲ ὃ λέγεις.

<᾿Α.> Τὸ γὰρ οὕτως διελεῖν καὶ εἰπεῖν, τῶν ὄντων τὰ μὲν ἢ καθόλου οὐσίαι ἢ ἐπὶ μέρους συμβεβηκότα, καὶ τὰ μὲν <ἢ> καθόλου συμβεβηκότα ἢ ἐπὶ μέρους οὐσίαι, χιάζοντος ἦν καὶ μήτε τὰ καθόλου κατὰ στοῖχον ἀριθμοῦντος μήτε τὰ κατὰ μέρος, μήτε τὰς οὐσίας κατὰ στοῖχον μήτε τὰ συμβεβηκότα.

37 Π. (*Int.*) add. Fel. u. sign. Ap || γὰρ M : om. A || **79.1** ᾿Α. (*Resp.*) add. Fel. u. sign. Cp || **3** Π. (*Int.*) add. Fel. u. sign. Ap : om. M (ubi ΣΑΦΕΣΤΕΡΟΝ ΕΙΠΕ ut titulus) || **4** ᾿Α. (*Resp.*) add. Fel. u. sign. Ap || **5** ἢ [2] add. Busse || **6** στοῖχον M : στίχον A || **7** στοῖχον M : στίχον A || **8** post συμβεβηκότα add. Fel. *sed universalis cum particulari et substantiae cum accidente complicationem faciamus in hunc modum* et postea add. schema

Q. — Et quel est ce chiasme ?

|R. — Je dis que la substance est opposée à l'accident, en même temps que l'universel au particulier. 79

Q. — Exprime plus clairement ce que tu veux dire.

R. — Voilà en effet comment la répartition a été faite et exprimée : parmi les êtres, les uns sont, soit des substances universelles, soit des accidents particuliers ; et les autres, soit des accidents universels, soit des substances particulières. C'est le résultat d'une double opération de croisement ; autrement dit, Aristote ne compte en ligne ni les universels, ni les particuliers, pas plus qu'il ne compte en ligne les substances, ou les accidents[1].

b. 5. **SU — AP** : — AU — SP (17)
: — SP — AU (18)
6. **AP — SU** : — AU — SP (19)
: — SP — AU (20)
7. **AU — SP** : — SU — AP (21)
: — AP — SU (22)
8. **SP — AU** : — SU — AP (23)
: — AP — SU (24)

1. [79.4-7] La séquence qu'a choisie Aristote correspond à l'éventualité (17) parmi les 24 possibilités répertoriées à la note précédente. Il avait évidemment au départ, le choix de commencer par le terme qui lui plaisait, soit SU, comme aussi dans les éventualités 3, 4, 13, 14 et 18, soit AU, comme dans les éventualités 1, 2, 9, 10, 21 et 22, soit AP, comme dans les éventualités 5, 6, 11, 12, 19 et 20, soit SP comme dans les éventualités 7, 8, 15, 16, 23 et 24. Ayant choisi SU, il avait une triple possibilité de poursuivre. Dans deux cas, il aurait poursuivi « en ligne » : soit horizontalement, mettons de SU à SP, les S étant disposés en ligne horizontale (éventualités 13 et 14), soit, verticalement, de SU à AU, les U étant alors disposés en ligne verticale (comme dans les éventualités 3 et 4). Mais il poursuit de SU à AP, qui ne sont en ligne d'aucune façon :

SU (1)
AP (2)

À partir de là, il n'avait plus le choix qu'entre les éventualités 17 et 18, qui, toutes deux, supposent évidemment une séquence en ligne, soit horizontale, vers AU, soit verticale vers (SP) ; il a pris la première solution, plutôt que la seconde :

SU (1)
AU (3) ← AP(2)

Ce qui, évidemment, pour clôturer la séquence, imposait nécessairement, vers SP, une nouvelle diagonale qui croise la première, de SU à AP, le tout formant « chiasme » (la figure de la lettre X) :

SU (1) SP (4)
AU (3) AP (2)

Mais il est aisé de voir que c'est le choix du deuxième terme qui conduit nécessairement au chiasme, car, quel que soit celui des deux termes restants qu'on choisit ensuite, la première diagonale oblige nécessairement à concevoir la seconde. C'est pourquoi, dans les huit

<Π.> Καὶ πόθεν δῆλον ὅτι οὕτως διεῖλεν;

<Ἀ.> Ὅτι τὰ ἐξηγητικὰ αὐτῶν ὀνόματα παραλαμβάνων ἃ συνέπλεξεν οὕτως ἐξέθετο, ὡς ἀπεδείχθη. >

76.37 Ταῦτα† ἐπήγαγε διδάξαι θέλων [τοὺς]
77.1 <τῶν> [ἁπλῶς] καὶ ἄνευ συμπλοκῆς αὐτῶν λεγομέν⌈ων⌉ [ὑπογραφικοὺς λόγους, ὅπερ ἐξ ἀρχῆς ἡμεῖς ὑπεδείξαμεν], εἰπόντες ὅτι τοῦ ἀτόμου καὶ μὴ καθόλου ἀλλ' ἓν ἀριθ[μῷ] ὄντος σημαντικόν ἐστι τὸ μὴ καθ' ὑποκειμένου τινὸς λέγεσθαι, ὥσπερ τοῦ καθόλου τὸ καθ' ὑποκαιμένου τινὸς λέγεσθαι, ὥσπερ καὶ τοῦ μὲν συμβεβηκότος παραστατικὸς λόγος τὸ ἐν ὑποκειμένῳ εἶναι, τῆς δὲ οὐσίας τὸ ⌈μὴ ἐν ὑποκειμένῳ⌉ εἶναι.

6.a <Π.> Ἐπεὶ τοίνυν συμπλέκεται ἡ οὐσία τῷ συμβεβηκότι, <τί> φησί;

<Ἀ.> Καθὸ μὲν ἐπὶ μέρους ἐστί <τι>, ἄν τε οὐσία ᾖ ἄν τε συμβεβηκός, καθ' ὑποκειμένου οὐδενὸς λέγεται. Εἰ μέντοι συμβεβηκὸς εἴη τὸ ἐπὶ μέρους, ἐνδέχεται ἐν ὑποκειμένῳ εἶναι, ὡς εἴ γε οὐσία εἴη τὸ ἐπὶ μέρους, οὔτε ἐν ὑποκειμένῳ ἂν εἴη οὔτε καθ' ὑποκειμένου τινὸς

9 Π. (*Int.*) add. Fel. u. sign. Ap || **10** Ἀ. (*Resp.*) add. Fel. u. sign. Ap || **11** ὡς M : om. A || **76.37-77.1** τοὺς <τῶν> ἁπλῶς corr. Busse (in app.) : τοὺς ἁπλῶς A || **77.1** αὐτῶν MA : delend. esse coni. Busse (in app.) || λεγομένων coni. Busse (in app.) : λεγομένους MA || **1-2** ὑπογραφικοὺς — ὑπεδείξαμεν A : lacer. M° ubi ultima lin. f° 154r periit (cf. ad p.77, 22-23) || **3** ἓν M : ἐν A || ἀριθμῷ A || **4** τοῦ καθόλου — ὥσπερ M : om. A || 6 μὴ corr. A : ante εἶναι pos. M || **6a** Π. addidi || οὐ ante συμπλέκεται add. Fel. || τί addidi || **7** Ἀ. addidi || ἐστί τι scripsi : τί ἐστιν Busse ἐστι MA

Q. — Et qu'est-ce qui permet de voir que la répartition a été faite ainsi ?

R. — C'est qu'il a exposé ainsi ses combinaisons, en prenant pour acquis les noms qui permettent de les expliquer, comme on l'a démontré. | [...][1]. 79.11

| En avançant cela, il veut enseigner | les formules descriptives des 76.37
choses qui peuvent se dire de façon simple et sans combinaison entre elles[2]. 77
C'est précisément ce que, depuis le début, nous avons nous-mêmes indiqué en déclarant que ce qui sert à signifier l'individu (autrement dit l'être non universel, mais numériquement un), c'est la formule « ne pas se dire d'un certain sujet », tout comme celle de l'universel est « se dire d'un certain sujet » ; et que, de la même façon, ce qui sert à indiquer l'accident, c'est la formule « être inhérent à un sujet », tandis que celle de la substance, c'est « ne pas être inhérent à un sujet ».

Q. — Mais, dès lors que la substance se combine avec l'accident, que dit-il ?[3]

R. — Dans la mesure où il s'agit d'un particulier, qu'il soit substance ou accident, il ne se dit d'aucun sujet. Si toutefois le particulier est un accident, il se peut qu'il soit inhérent à un sujet. Ainsi, alors que dans l'hypothèse où le particulier serait substance, il ne pourrait ni être inhérent à un sujet, ni se

exemples qu'il évoque, Porphyre peut se borner à mentionner les deux premières paires de termes. Il est également évident que toutes les éventualités de type (b), de 17 à 24, présentent le même chiasme et auraient pu faire l'objet des mêmes remarques. Porphyre ne juge pas d'une séquence particulière, mais d'un type de séquence. Simplicius (50, 17-20) a illustré la disposition chiastique par la figure d'un rectangle : *cf.* Luna, *Simplicius. Commentaire,* 2001, p. 172. Cette figure, sous forme de carré, se trouve esquissée en marge du manuscrit M de Porphyre, par un scholiaste, qui écrit ceci :

Τῶν ὄντων

Καθόλου	οὐσίαι
οὐσίαι	ἐπὶ μέρους
καθόλου	συμβεβηκότα
συμβεβηκότα	ἐπὶ μέρους

Sur ce genre de schéma, voir P. Hadot dans *Archivum Latinitatis Medii Aevi,* 24, 1954, p. 280-281.

1. [79.11] Cf. *supra*, n. *ad* 78, 22.

2. [76.37-77, 1] Porphyre semble justifier l'attitude d'Aristote par un souci de clarté (il veut expliquer des noms par ailleurs communs, qu'il n'utilise pas), alors que plus tard cette attitude passera parfois, aux yeux des commentateurs, pour une volonté d'obscurité : *cf.* Luna, *Simplicius. Commentaire,* 2001, p. 145.

3. [77.6a et 7) Le changement de réplique n'a pas été observé par les éditeurs, du fait de l'omission de τί qu'il faut restituer. La réponse est une explication de *C*, 1 b 6-9, qui envisage la prédication d'un accident particulier, dont Porphyre n'omet pas l'exégèse, contrairement à ce que dit Luna (*Simplicius. Commentaire,* 2001, p. 161).

λέγοιτο· εἰ δὲ ἐπὶ μέρους συμβεβηκός, καθ' ὑποκειμένου μὲν οὐκ ἂν κληθείη τινός, ἐν ὑποκειμένῳ δὲ ἂν εἴη.

<Π.> Ἀλλὰ τοῦτο δὴ τὸ ἐν ὑποκειμένῳ ποῖόν τι εἴληπται, καὶ πῶς ἐξηγήσατο ὁ Ἀριστοτέλης;

<Ἀ.> Οὕτως· « ἐν ὑποκειμένῳ δὲ λέγω, ὃ ἔν τινι μὴ ὡς μέρος ὑπάρχ[ο]ν ἀδύνατον χωρὶς εἶναι τοῦ ἐν ᾧ ἔστιν. »

<Π.> Τί οὖν βούλεται λέγειν διὰ τούτου;

<Ἀ.> Φημὶ ὅτι ἐν ὑποκειμένῳ ἔφη ἐκεῖνο εἶναι τὸ ἔν τινι ὄν.

18.a <Π.> Ἀλλ' ἐπεὶ τὸ ἔν τινι ὂν πλεοναχῶς δηλοῦται καὶ ἔστι ὁμώνυμον, δεῖ προστεθῆναί τινα, ἵνα ὃ ἰδίως βούλεται ἔν τινι σημαντικὸν εἶναι τοῦ συμβεβηκότος καὶ τοῦ ἐν ὑποκειμένῳ ἀφορισθῇ.

<Ἀ.> Ἔστι τοίνυν τὸ ἔν τινι τῶν πλεοναχῶς λεγομένων. Καὶ γὰρ [τὸ ἐν τόπῳ ἔν τινι λέγεται ὡς ἐν τῇ οἰκίᾳ ὁ Σωκράτης ἢ ἐν Λυκείῳ] [ἢ ἐν βα]λανείῳ ἢ ἐν θεάτρῳ· ἔστι ἔν τινι καὶ τὸ ὡς ἐν ἀγγείῳ οἷον ὡς ἐν τῷ ἐκπόματι τὸ ὕδωρ καὶ ἐν τῷ ἀμφορεῖ ὁ οἶνος· ἔστι ἔν τινι καὶ τὸ ὡς μέρος ἐν τῷ ὅλῳ ὥσπερ ἡ χεὶρ ἐν τῷ ὅλῳ τοῦ ἀνθρώπου σώματι· ἔστιν ἔν τινι καὶ τὸ ὥσπερ τὸ ὅλον ἐν πᾶσι τοῖς αὐτ<οῦ> μέρεσιν· ἔστιν ἔν τινι καὶ τὸ ὡς ἐν τῷ γένει τὸ εἶδος καθάπερ ἐν τῷ ζῴῳ ὁ ἄνθρωπος· περιέχεται γὰρ τὸ εἶδος ὑπὸ τὸ γένος· ἔστι <δ'> ἔν τινι ὡς γένος ἐν τῷ εἴδει· μετέχει γὰρ τὰ εἴδη τοῦ γένους· τὸ γὰρ ζῷον κατηγορεῖται τοῦ ἀνθρώπου ὡς μετεχόμενον ὑπὸ τοῦ ἀνθρώπου· ἔστι <δ'> ἔν τινι ὡς τὸ ἐν τέλει εἶναι· ἐν γὰρ τ⌈ῷ⌉ εὐδαιμονεῖν, ὅπερ ἐστὶ τέλος τοῦ ἀνθρώπου, τὰ πάντα ἐστὶ τοῖς ἀνθρώποις· ἔστι δὲ ἄλλο ἔν τινι τὸ ἐν τῷ

13 Π. (*Int.*) add. Fel. u. sign. p || **15** Ἀ. (*Resp.*) add. Fel. u. sign. p || **16** ὑπάρχον corr. A (sec. Arist., 1 a 5) : ὑπάρχων M || **17** Π. (*Int.*) add. Fel. u. sign. Ap || **18** Ἀ. (*Resp.*) add. Fel. u. sign. Ap || **18a** Π. addidi || **19** προστεθῆναί M : προστεθεῖναι A || **21** Ἀ. addidi || **22-23** τὸ ἐν τόπῳ — Λυκείῳ (λυκίω) A : lacer. M ubi ultima lin. f° 154ᵘ periit (cf. ad p.77, 1-2) || **23** ἢ ἐν βαλανείῳ A || **24** ἀμφορεῖ M : ἀφορεῖ A || **26-27** αὐτοῦ A : αὐτῖ M || **28** ὑπὸ τὸ γένος MA : ὑ. τοῦ γένους coni. Diels ἐν τῷ γένει Simpl. (46,10) || ἔστι δ' ἔν scripsi : ἔστι ἔν MA || **30** ἔστι δ' ἔν scripsi : ἔστι ἔν MA || **31** τῷ Busse : τὸ MA

dire d'un certain sujet, si en revanche, un accident est particulier, il ne peut être déclaré d'un certain sujet, mais peut être inhérent à un sujet[1].

Q. — Mais alors cette expression « inhérent à un sujet », en quel sens particulier a-t-elle été prise ? Et comment Aristote l'a-t-il expliquée ?

R. — Dans les termes suivants : « Par inhérent à un sujet, je veux dire ce qui, sans se trouver en quelque chose à titre de partie, ne peut être à part de la chose où il est »[2].

Q. — Que veut-il donc dire par là ?

R. — À mon avis, il a prétendu qu'était inhérent à un sujet, cela qui est dans quelque chose.

Q. — Mais du fait que « être dans quelque chose » s'avère une expression à sens multiples, autrement dit, équivoque, on doit ajouter des précisions pour déterminer que telle qu'il l'a proprement en vue, l'expression « dans quelque chose » sert à signifier l'accident, c'est-à-dire « ce qui est inhérent à un sujet »[3].

R. — Mais l'expression « dans quelque chose » fait bel et bien partie de celles qui s'entendent de plusieurs façons. En effet ce qui est dans un lieu est dit « dans quelque chose » (ainsi, Socrate dans la maison ou au Lycée ou au bain public ou au théâtre) ; est aussi « dans quelque chose » ce qui s'y trouve comme en un contenant (telle l'eau, par exemple, dans la coupe et le vin dans l'amphore) ; est aussi « dans quelque chose » ce qui s'y trouve comme une partie dans le tout (ainsi, la main dans le corps de l'homme en son ensemble) ; est encore « dans quelque chose » ce qui s'y trouve comme le tout dans toutes ses parties ; est aussi « dans quelque chose » ce qui s'y trouve comme l'espèce dans le genre (ainsi, l'homme inclus dans l'animal), puisque l'espèce est comprise sous le genre ; et l'on peut être « dans quelque chose » comme un genre dans son espèce, puisque les espèces participent du genre (l'animal, en effet, s'attribue à l'homme parce qu'il est chose dont l'homme participe) ; on peut être par ailleurs « dans quelque chose » comme ce qui est compris dans une fin (dans l'activité heureuse, en effet, laquelle est fin de l'homme, sont compris tous les biens proposés aux hommes) ; est

1. [77.7-12] L'attribution d'un accident particulier à son sujet d'inhérence (celle de la science d'Aristarque à Aristarque lui-même) ne déroge donc pas à la règle suivant laquelle seul, l'universel se dit d'un sujet, car la science d'Aristarque n'est ni l'espèce, ni le genre qui se disent de quelque chose comme d'un sujet.

2. [77.15-16] *C*, 1 a 24-25.

3. [77.18a) Changement de réplique caractéristique (cf. *supra, ad* 73, 35a) qui a échappé aux éditeurs. L'élève impose lui-même au maître de lever l'équivoque qui grève l'expression τὸ ἔν τινι ὄν. Après un nouveau changement de réplique [77.21] le maître s'exécute.

κρατοῦντι, ὡς λέγομεν ἐν τῷ βασιλεῖ εἶναι τὰ πράγματα· ἄλλο δὲ πάλιν ἔν τινι τὸ ὡς ἐν τῇ ὕλῃ τὸ εἶδος καθάπερ ἐν τῷ χαλκῷ ἡ μορφὴ τοῦ ἀνδριάντος κἀν τῷ σιδήρῳ τ⌈ὸ⌉ σχῆμα τῆς μαχαίρας κἀν τῇ ψυχῇ ἡ ἐπιστήμη κἀν τῷ σώματι τὸ χρῶμα.

<Π.> Πόσα οὖν σημαινόμενα τοῦ ἔν τινι κατηρίθμησας;

<Ἀ.> ⌈Ἐννέα⌉.

78.1 <Π.> Τίνα ταῦτα;

<Ἀ.> Τὸ ὡς ἐν τόπῳ, τὸ ὡς ἐν ἀγγείῳ, τὸ ὡς ἐν ὅλῳ τὸ μέρος καὶ τὸ ὡς ἐν τοῖς μέρεσι τὸ ὅλον καὶ τὸ ὡς ἐν τῷ γένει τὸ εἶδος καὶ τὸ ὡς ἐν τῷ εἴδει τὸ γένος καὶ τὸ ὡς ἐν τέλει καὶ τὸ ὡς ἐν τῷ κρατοῦντι καὶ τὸ ὡς ἐν τῇ ὕλῃ τὸ εἶδος.

<Π.> Ποῖον οὖν τούτων τῶν ἐννέα λαμβάνεται ἐν τῷ ὑποκειμένῳ ἔν τινι;

<Ἀ.> [Τὸ] ὡς ἐν τῇ ὕλῃ τὸ εἶδος.

35 τὸ A : τῶ M ‖ **37** Π. (*Int.*) add. Fel. u. sign. Ap ‖ **38** Ἀ. (*Resp.*) add. Fel. u. sign. MAp ‖ Ἐννέα A : θ' M (idem p. 78,6 et 10) ‖ **78.1** Π. (*Int.*) add. Fel. u. sign. Ap ‖ **2** Ἀ. (*Resp.*) add. Fel. u. sign. Ap ‖ **6** Π. (*Int.*) add. Fel. u. sign. Ap ‖ **7** Ἀ. (*Resp.*) add. Fel. u. sign. Ap ‖ τὸ[1] A ‖ ὡς M : om. A

par ailleurs « dans quelque chose », en un autre sens, ce qui est aux mains du pouvoir (ainsi disons-nous que les affaires sont dans les mains du roi) ; et d'une autre façon à nouveau, est « dans quelque chose » ce qui s'y trouve comme la forme dans la matière (ainsi la configuration de la statue dans le bronze, la figure du couteau dans le fer, la science dans l'âme et la couleur dans le corps) [1].

Q. — Combien de significations de l'expression « dans quelque chose » as-tu donc dénombrées ?

R. — Neuf.

|Q. — Quelles sont-elles ? **78**

R. — Cela peut vouloir dire soit comme dans un lieu, soit comme dans un récipient, soit comme la partie dans le tout, soit aussi comme le tout dans ses parties, ou comme l'espèce dans le genre, ou comme le genre dans l'espèce, ou comme compris dans une fin, ou comme dans les mains du pouvoir, ou comme la forme dans la matière.

Q. — Dans lequel de ces neufs sens est donc prise l'expression « dans quelque chose » correspondant à « dans un sujet » ?

R. — Dans le sens où la forme est dans la matière [2].

1. [77.21-36] Cette liste de neuf significations est directement inspirée de *Physique*, IV, 3, 210 a 14-24, où Aristote s'interroge sur la nature du lieu et répertorie les sens identifiés par Porphyre, mais dans l'ordre 3, 4, 5, 6, 9, 8, 7, 2. Porphyre ajoute le sens 1 (« en un lieu ») à la liste d'Aristote, parce qu'il distingue ce que celui-ci ne distinguait pas, le lieu étant, pour Aristote, un récipient immobile (sens 2). Les exemples qui servent à illustrer le sens 9 (mentionné en cinquième place par Aristote) rendent déjà évident que c'est en ce sens-là qu'à ses propres yeux, les accidents (la science, la couleur, …) sont dans un sujet (l'âme, le corps, …).

2. [78.7] *Cf.* les exemples cités *supra*, 77, 35-36. L'identification du sens de « être dans », dans l'expression « être dans un sujet », à l'un des neuf sens précités, plutôt que la reconnaissance d'un dixième sens irréductible, semble peut-être aller de soi dès lors qu'Aristote (en *Physique*, IV) n'envisage pas ce dixième sens et donc paraît laisser entendre que c'est parmi les significations répertoriées par lui qu'il faut ranger la signification de « être dans » dans l'expression « être dans un sujet ». Pourtant, Plotin semble bien avoir considéré l'éventualité que celle-ci présente encore un autre sens (*En.*, VI, 1, 14, 21-22 : καὶ τὸ ἐν ὑποκειμένῳ ἄλλο). Porphyre écarte, sans argument, cette éventualité. Mais soutenir en particulier, comme il le fait, qu'un accident est une réalité dans un sujet à la manière de la forme dans la matière, c'est faire abstraction d'une différence singulière entre les deux inhérences : l'accident ne détermine pas en effet essentiellement la substance où elle est, au contraire de la forme dans la matière. Et l'on sait par Simplicius (552, 24-27) qu'Eudème de Rhodes, disciple immédiat d'Aristote (*cf.* F. Wehrli, *Die Schule des Aristoteles,* VIII, Bâle, 1955, p. 37 = fr. 77) mettait en doute l'assimilation de l'inhérence affirmée de l'accident à l'inhérence de la forme ; toujours grâce à Simplicius (552, 18-24), on sait aussi qu'Alexandre

<Π.> Διὰ τί;

<Ἀ.> Ὅτι μόνα τὰ εἴδη τῶν [ὑλῶν] ἀχώριστά ἐστιν.

<Π.> Ἅμα οὖν καὶ ὁ Ἀριστοτέλης τῶν ⌈ἐννέα⌉ ἐμνήσθη;

<Ἀ.> Οὐδαμῶς.

<Π.> Ἀλλὰ τίνων;

<Ἀ.> Δύο μόνων, τοῦ τε [ὄντος ἔν τινι] ὡς ἐν ὅλῳ εἶναι μέρος καὶ τοῦ ἐν ἀγγείῳ ὄντος· ἔφη γὰρ « ὃ ἔν τινι μὴ ὡς μέρος ὑπάρχον ». Οὐ γὰρ οὕτως ἐστὶ τὸ ἐν ὑποκειμένῳ ἔν τινι, ὥσπερ ἐν τῷ ὅλῳ τὸ μέρος· οὐδὲ μὴν οὕτως, ὡς τὸ ἐν ἀγγείῳ· τὰ μὲν γὰρ ἐν ἀγγείω δύναται χωρὶς γενέσθαι ἐκείνων σωζόμενα ἐν οἷς ἔστιν, τὸ δὲ συμβεβηκός, ὅπερ ἐν ὑποκειμένῳ, ἔφη « ἀδύνατον χωρὶς εἶναι ἐκείνου ἐν ᾧ ἔστιν », οὐχ ὅτι <οὐ> χωρίζεται ἡ λευκότης φέρε τοῦ σώματος καὶ τὸ σχῆμα τοῦ χαλκοῦ, ἀλλ' ὅτι οὐ σωζόμενον χωρίζεται ὡς ὁ οἶνος ἐκ τοῦ ἀγγείου, ἀλλ' [ὅτι] εἰ χω-

8 Π. (*Int.*) add. Fel. u. sign. Ap ‖ **9** Ἀ. (*Resp.*) add. Fel. u. sign. Ap ‖ ὑλῶν A ‖ **10** Π. (*Int.*) add. Fel. u. sign. Ap ‖ **11** Ἀ. (*Resp.*) add. Fel. u. sign. Ap ‖ **12** Π. (*Int.*) add. Fel. u. sign. Ap ‖ **13** Ἀ. (*Resp.*) add. Fel. u. sign. Ap ‖ ὄντος ἔν τινι A ‖ **15** ante οὐδὲ u. sign. M ‖ **18** ἐκείνου MA : τοῦ Arist. (1 a 25) ‖ οὐ addend. esse coni. Busse (in app.) quod prob. Strange ‖ **20-22** ἀλλ' — φθείρεται [2] forte scholiastae debentur ut dixit Busse (in app.) ‖ **20** ὅτι [2] A

Q. — Pourquoi ?

R. — Parce que seules les formes sont inséparables de leurs matières respectives [1].

Q. — Est-ce que, dans le même passage, Aristote aussi a fait mention des neuf significations ? [2]

R. — Pas du tout !

Q. — Mais alors lesquelles a-t-il mentionnées ?

R. — Deux seulement : être dans quelque chose au sens où une partie est dans le tout, et au sens d'être dans un contenant. Il a dit en effet : « ce qui, sans se trouver en quelque chose à titre de partie » [3], parce que ce qui est inhérent à un sujet n'est pas dans une chose au même sens que la partie est dans le tout [4]. Et ce n'est pas non plus dans le même sens qu'être dans un contenant, car les choses dans un contenant peuvent être séparées de celle où elles se trouvent, tout en se conservant ; or il a dit de l'accident, lequel est inhérent à un sujet : « il ne peut être à part de la chose où il est ». Ça ne veut pas dire que la blancheur, mettons, ne se sépare pas du corps ou la figure du bronze ; mais ça veut dire qu'en se séparant, l'accident ne se conserve pas

d'Aphrodise, après Eudème, s'était élevé contre pareille assimilation, non seulement parce que l'accident, dans le sujet, n'est pas, comme la forme, une essence immanente, mais parce qu'il n'est pas, comme la forme, une partie du composé de matière et de forme. Il faut donc supposer que Porphyre, qui ne pouvait ignorer tout cela, en faisait ici hardiment abstraction, comme on l'a dit.

1. [78.9] Faisant abstraction de ce qu'on a observé (*cf.* note précédente), Porphyre se fonde sur l'argument de l'inséparabilité. Mais, là encore, il semble ignorer une différence : la forme est en effet inséparable de la matière précise où elle réside et qui est susceptible de la recevoir, tandis que l'accident est plus généralement inséparable d'une substance susceptible de recevoir aussi son contraire en restant la même (cf. *C*, 5, 4 a 10 *sq.*). D'autre part, Porphyre ne se demande pas si l'inséparabilité est un critère de nature à exclure toute autre signification et si l'inséparabilité de l'accident par rapport à la substance n'a pas autant son analogue, par exemple, dans celle du genre par rapport à l'espèce où il est (sens 6), ou celle de l'espèce par rapport au genre où elle est (sens 5) ; ce qui, pourtant, paraît suggéré, du fait que le genre est, en un sens, matière de l'espèce. L'analogie serait impertinente si l'on pouvait démontrer qu'il est des genres sans espèce et des espèces sans genre.

2. [78.10] La question vise la suite de la définition (μὴ ὡς .... ἐν ᾧ ἐστίν : *C*, 1 a 24-25), qui expose l'équivalent des différences spécifiques. Elle revient donc à demander si ces différences font allusion aux autres sens de ἔν τινι qu'Aristote opposerait à celui dont il vient d'être question pour en marquer la spécificité.

3. [78.14] *C*, 1 a 24-25.

4. [78.15] Il est vrai que l'accident n'est pas une partie de la substance, ni la forme, à laquelle l'accident est comparé, une partie de la matière ; il est seulement partie du tout constitué par la substance et ses accidents, comme la forme est partie de cet autre tout qu'est le composé de matière et de forme.

ρίζοιτο, φθείρεται, οὐδὲ χωρίζεται οὖν, ἀλλὰ μόνον φθείρεται.

78.22-79.11 {Ἐπεὶ - ἀπεδείχθη}

79.12 <Π.> Ἀλλ' εἰ τὰ συμβεβηκότα ἔν τινι μὴ ὡς μέρος ὑπάρχοντα ἀδύνατον χωρὶς εἶναι τοῦ ἐν ᾧ ἔστιν, πῶς ὁ Σωκράτης ἐν τόπῳ ⌈ὤ⌉ν καὶ μὴ ὡς μέρος ὑπάρχων τοῦ τόπου καὶ μηδέποτε δυνάμενος χωρὶς τόπου εἶναι οὐκ ἂν εἴη συμβεβηκός;

<Ἀ.> Ὅτι τὸ συμβεβηκὸς ἔν τινι σώματι ⌈ὂ⌉ν οὐ δύναται ἀπολ{ε}ιπεῖν τοῦτο τὸ σῶμα καὶ ἐν ἄλλῳ καὶ ἄλλῳ γενέσθαι, ὁ δὲ Σωκράτης τόπου μὲν οὐ χωρίζεται, τοῦ<δε> δὲ τοῦ τόπου χωρίζεται.

<Π.> Τί οὖν ἡ τούτων διαφορά;

<Ἀ.> Ὅτι ἀεὶ μὲν ἐν τόπῳ ὁ Σωκράτης, ἀπολ{ε}ιπὼν δὲ τὸν πρότερον ἐν ἑτέρῳ καὶ ἑτέρῳ ἐστί, τὸ δὲ ἐν ὑποκειμένῳ οὐδε[νὶ τρόπῳ ἀπο]λείπεται τοῦ ἐν ᾧ ἔστιν.

78.22-79.11 Ἐπεὶ — ἀπεδείχθη post μέρους (76,37) transposui, post κατηγορεῖται (81,22) transponendum esse coni. Busse, potius post ὑποκειμένου (80,27) Strange || **79.12** Π. (*Int.*) add. Fel. u. sign. M (ubi ἀλλ' inc. in mg) Ap : add. ἀπορία M² (mg) A (mg) || **16** Ἀ. (*Resp.*) add. Fel. u. sign. Ap : add. λύσις M² (mg) A (mg) || ὂν A : ὢν M || **18** τοῦδε δὲ M² : τοῦ δὲ MA || **19** Π. (*Int.*) add. Fel. u. sign. Ap || **20** Ἀ. (*Resp.*) add. Fel. u. sign. Ap || **21** οὐδενὶ τρόπῳ ἀπολείπεται A

comme le fait le vin extrait de son récipient, et que s'il se sépare, il périt au contraire ; donc, il ne se sépare pas non plus, mais seulement périt[1].

| Q. — Mais si les accidents, « qui ne se trouvent pas dans quelque chose 79.12
à titre de partie, ne peuvent être à part de ce en quoi ils sont », comment se fait-il que Socrate ne puisse être un accident, lui qui est dans un lieu, ne s'y trouve pas à titre de partie du lieu et ne peut jamais être à part d'un lieu ?[2]

R. — C'est que l'accident, qui est dans un certain corps, ne peut abandonner ce corps et prendre place successivement dans l'un puis dans l'autre, tandis que Socrate, certes, est inséparable du lieu, mais séparable de ce lieu-ci.

Q. — Quelle est donc la différence entre les cas ?

R. — C'est que Socrate est toujours en un lieu, mais après avoir quitté le précédent, il prend place dans un lieu, puis dans l'autre, tandis que l'accident inhérent à un sujet ne quitte en aucune façon le sujet dans lequel il se trouve[3].

1. [78.16-21] Le raisonnement de Porphyre et les exemples qui l'accompagnent montrent qu'il envisage l'inséparabilité des accidents *particuliers.* Il ne se préoccupe pas de ce qu'il faudrait dire des accidents *universels,* alors que la définition de l'accident qu'il est en train de commenter et qu'Aristote fournit en effet au moment de présenter les accidents particuliers, est une définition qui devrait, selon Porphyre, être commune au particulier et à l'universel (celle de « l'accident en tant qu'accident » : cf. *supra,* 72, 12 et 18).

2. [79.12-16] L'aporie que soulève ici Porphyre fait partie d'un ensemble dont son grand commentaire (à Gedalios) fournit d'autres exemples (*cf.* Dexippe, 23, 25-24, 18 ; Simplicius, 48, 11-33 ; et David [Elias], 173, 13-17). Elle est donc fournie à titre d'exemple des difficultés que soulève la pertinence de la définition. La difficulté ici soulevée, qui concerne la prétendue inséparabilité des accidents, tendrait à montrer que la définition est trop large, parce qu'elle inclut ce qui visiblement n'est pas un accident, soient les substances individuelles. Étant donné que Simplicius (50, 2-9) semble résoudre l'aporie en s'appuyant sur Boethos de Sidon, l'on peut raisonnablement croire que celle-ci avait été formulée de longue date. Moraux (*Der Aristotelismus,* I, p. 152) fait l'hypothèse invérifiable que Porphyre l'aurait aussi découverte chez Lucius. Dans la version que réfute Simplicius d'après Boethos, l'objection s'autorisait du fait qu'un être substantiel est non seulement dans un lieu, mais dans un temps. Porphyre paraît simplifier, mais cela s'explique, car il n'avait pas retenu l'inhérence temporelle parmi les significations possibles « d'être dans quelque chose ».

3. [79.22] En d'autres termes, la substance individuelle est sujette au mouvement local, alors que les accidents ne le sont qu'au gré de la substance où ils se trouvent. Leur mobilité accidentelle est donc compatible avec leur inséparabilité de la substance où elles sont.

<Π.> Ἀλλὰ πῶς οὐκ ἄτοπον λέγειν μὴ χωρίζεσθαι τὰ συμβεβηκότα σαφῶς καὶ τῆς εὐωδίας χωριζομένης τοῦ μήλου καὶ τῆς γλυκύτητος;

<Ἀ.> Μὴ γὰρ ὁ Ἀριστοτέλης ἔφη ἀδύνατον χωρίζεσθαι.

<Π.> Ἀλλὰ τί ἔφη;

<Ἀ.> « Ἀδύνατον χωρὶς εἶναι τοῦ ἐν ᾧ ἔστιν. » Ἄλλο δέ ἐστι τὸ χωρίζεσθαι καὶ ἄλλο τὸ χωρὶς εἶναί τινος· οὐδὲ γὰρ ἔφη ἀδύνατον χωρισ⌈θῆναι⌉ ἐκείνου ἐν ᾧ ἦν, ἀλλὰ « ἀδύνατον χωρὶς εἶναι τοῦ ἐν ᾧ ἔστιν ». [Ἡ γὰρ εὐωδία χωρίζεσθαι μὲν δύναται τοῦ ἐν ᾧ ἔστι], χωρὶς δὲ εἶναι καθ' αὑτὴν οὐχ οἵα τέ [ἐστιν], ἀλλ' ἢ φθείρεται ἢ μεταδίδοται εἰς ἄλλο ὑποκείμενον· ὅτι γὰρ χωρὶς εἶναι καθ' αὑτὸ ἄνευ ὑποκειμένου τινὸς θεωρούμενον ἀμήχανον τὸ συμβεβηκός, τοῦτο ἐπ⌈ε⌉σημήνατο, ἀλλ' οὐχ ὅτι χωρίζεσθαι ἀδύνατον.

<Π.> Ἀλλὰ τί μὲν τὸ ἐν ὑποκειμένῳ, διὰ τοῦ δοθέντος ὅρου ἐδίδαξεν. Λείπεται οὖν διδάξαι, καὶ τί τὸ καθ' ὑποκειμένου λέγεσθαι. Ποῦ τοίνυν περὶ τούτου ἐδίδαξεν;

23 Π. (*Int.*) add. Fel. u. sign. Ap : add. ἀπορία M² (mg) A (mg) || **25** Ἀ. (*Resp.*) add. Fel. u. sign. Ap : add. λύσις M² (mg) A (mg) || **26** Π. (*Int.*) add. Fel. u. sign. Ap || **27** Ἀ. (*Resp.*) add. Fel. u. sign. Ap || **28-29** χωρισθῆναι correxi (cf. χωρίζεσθαι u.33-34) : χωρὶς εἶναι MA || **30** Ἡ γὰρ — ᾧ ἔστι Mˣ (mg)A : om. M || **31** ἐστιν corr. A : ἣ M || **32** γὰρ M : om. A || **33** ἐπεσημήνατο p : ἐπισημήνατο MAC || ante ἀλλ' add. *Int.* Fel. || **35** Π.(Ἐ.) add. Busse u. sign. A || **36-37** Λείπεται — ἐδίδαξεν M : om. A

Q. — Mais comment exclure sans absurdité que les accidents soient séparables, quand il est clair que le parfum se sépare de la pomme, ainsi que sa suavité ?[1]

R. — Attention ! Aristote n'exclut pas que l'accident puisse se séparer !

Q. — Mais que prétend-il ?

R. — Qu'« il ne peut être à part de ce en quoi il est ». Or se séparer est une chose, mais être à part de quelque chose en est une autre. Il ne dit pas en effet non plus qu'il ne peut être séparé de cette chose où *il était,* mais « il ne peut être à part de ce en quoi il *est* ». Car le parfum peut se séparer de ce en quoi il est, mais il est incapable d'être à part, en existant par lui-même, sauf à périr ou à se transporter dans un autre sujet. Ce qu'il a voulu en effet signifier, c'est qu'il n'y a pas moyen de considérer l'accident à part, existant par lui-même, sans quelque sujet, mais pas qu'il lui soit impossible de s'en séparer[2].

Q. — Soit ! Il a enseigné ce qu'est « être inhérent à un sujet » par le moyen de la définition donnée. Il lui reste donc à enseigner encore ce qu'est « se dire d'un sujet ». Mais où a-t-il fourni cet enseignement ?[3]

1. [79.23-24] Cette question soulève une seconde aporie qui, à l'inverse de la précédente, dont elle est le complément naturel, met en cause une définition trop étroite des accidents, puisqu'il semble exister des accidents séparables. Indépendamment de cela, son enjeu est la nature des accidents individuels : à ce sujet, voir, en dernier lieu, Luna, *Simplicius. Commentaire,* 2001, p. 256 *sq.*, 262, n. 3 et 276, n. 1 (p. 390-392 des Notes complémentaires). L'hypothèse que le parfum et la douceur pourraient être des accidents séparables avait été envisagée par Plotin (*En.*, IV, 4, 29, 25-27). Porphyre parle du parfum (fragrance) de la pomme comme exemple d'attributs faisant appel à l'odorat, et, semble-t-il, de sa suavité (douceur) comme exemple d'attributs faisant appel au sens du goût ; les seconds ne sont pourtant pas perceptibles à distance comme les premiers, mais lui paraissent encore subsister quand le fruit est détruit.

2. [79.27-34] En admettant, comme Plotin, la séparabilité et en invoquant l'usage du temps présent dans le texte de *C* pour soutenir qu'Aristote l'admettait aussi, Porphyre suppose qu'un même attribut accidentel particulier est transférable d'un sujet substantiel à un autre sans observer que ce transfert semble être exactement de même ordre que celui qu'envisageait l'objection précédente en parlant de Socrate, sujet substantiel, qui se déplace mais reste toujours en un lieu ! Cela paraît en contradiction avec ce qu'il vient d'affirmer (76, 16-17 : « l'accident qui est dans un certain corps, ne peut abandonner ce corps et prendre place successivement dans l'un puis dans l'autre »). Si l'on veut épargner à Porphyre cette contradiction, il faut croire que le transfert de l'accident, contrairement au déplacement de la substance, est imaginé par Porphyre comme l'extension d'une propriété (de la pomme à ce qui, par contact ou autrement, reçoit son odeur ou saveur). La solution de la même aporie chez Olympiodore (49, 5-8), chez David (152, 10-12) et chez Philopon (*In De anima,* 390 *sq.*) paraît faire appel, en ce sens, à la capacité de l'air et de l'eau de transmettre les sensibles.

3. [79.36-37] La question « Qu'est-ce que se dire d'un sujet ? » porte en somme sur la nature de l'universel en tant que tel et fait normalement suite à la question « Qu'est-ce qu'être

80.1 <Ἀ.> Ἐν τοῖς ἑξῆς, λέγων « ὅταν ἕτερον καθ' ἑτέρου κατηγορ⌈ῆ⌉ται ὡς καθ' ὑποκειμένου ».

<Π.> Τί οὖν φησι καὶ ποταπὸν εἶναι τὸ καθ' ὑποκειμένου;

<Ἀ.> Καθ' ὑποκειμένου φησὶν ἐκεῖνο κατηγορεῖσθαί τινος, ὅταν ἐν τῷ τί ἐστι κατηγορ⌈ῆ⌉ται ἐκεῖνο <ὃ> ἀποδίδοται. Οἷον τὸ περιπατεῖν κατηγορεῖται κατὰ Σωκράτους, ἀλλ' ἐὰν ἀποδιδῶμεν, τί ἐστι Σωκράτης, οὐκ ἂν εἴποιμεν αὐτὸν τὸ περιπατεῖν, ὥστε οὐ καθ' ὑποκειμένου κατηγορεῖται τοῦ Σωκράτους τὸ περιπατεῖν. Κατηγορεῖται δὲ τοῦ Σωκράτους [καὶ ὁ ἄνθρωπος]· εἴποις γὰρ ἂν Σωκράτης ἄνθρωπος, ἀλλὰ κἂν ἐρωτηθ⌈ῇ⌉ς, τί <ἐστι> Σωκράτης, ἀποδιδοίης ἂν ὅτι ἄνθρωπος. Ὁ τοίνυν ἄνθρωπος κατὰ τοῦ Σωκράτους

80.1 Ἀ. add. Busse u. sign. Ap ‖ κατηγορῆται A : κατηγορεῖται M ‖ **3** Π.(Ἐ.) add. Busse ‖ Τί οὖν — ὑποκειμένου M : om. A postea add. λέγεσθαι Busse (qui uerba τὸ καθ' ὑποκειμένου omissa esse in M false dixit) κατηγορεῖσθαι addend. esse coni. Strange ‖ **4** Ἀ. (*Resp.*) add. Fel. ‖ **5** κατηγορῆται A : κατηγορεῖται M ‖ ὃ add. Busse ‖ **8** καὶ ὁ ἄνθρωπος A ‖ **9** ἐρωτηθῇς A : ἐρωτηθεὶ Mº ‖ ἐστι add. A (supra u. τί)

R. — Dans ce qui suit, en disant : « Lorsqu'une chose est prédiquée d'une seconde comme d'un sujet... »[1]. 80

Q. — Qu'est-ce qu'il prétend dans ces conditions ? Et que veut dire l'expression « d'un sujet » ?[2]

R. — D'un sujet, prétend-il, est prédiquée la chose attribuée à une autre, lorsqu'elle lui est attribuée en réponse à la question de savoir ce qu'elle est[3]. Ainsi, l'on prédique de Socrate le fait de se promener ; mais si nous répondons à la question de savoir ce qu'est Socrate, nous ne pouvons pas dire, c'est se promener ! Par conséquent, ce n'est pas du sujet qu'on prédique le fait de se promener quand on l'attribue à Socrate[4]. Cependant, l'on prédique aussi l'homme de Socrate, puisqu'on peut dire « Socrate est homme » ; or si l'on demande ce qu'est Socrate, on peut répondre : « un homme ». Mais l'homme est alors prédiqué de Socrate comme d'un sujet.

inhérent à un sujet ? », qui portait sur la nature de l'accident en tant que tel. Mais tandis qu'Aristote (en *C*, 2, 1 a 24-25) s'était interrompu pour donner la réponse à cette dernière question, il s'est abstenu de répondre à la première tout au long de l'exposé sur les quatre genres d'être (qui se clôture avec le chapitre 2). Il s'agit donc de réparer ce silence en quelque sorte et de déterminer l'endroit où Aristote paraît s'exprimer là-dessus. Porphyre juge qu'on peut invoquer, à ce propos, le début du chapitre 3, dont il distrait ainsi la première partie (1 b 10-15). Il prétendra plus tard [81.24] que la seconde partie du chapitre est un enseignement portant sur la nature des différences (spécifiques).

1. [80.1-2] *C*, 1 b 10-11.

2. [80.3] Busse (qui a erronément reproduit le témoignage de M) et Stange ont supposé qu'il fallait ici compléter l'expression τὸ καθ' ὑποκειμένου par un verbe à l'infinitif, soit λέγεσθαι (comme p. 79, 36), soit κατηγορεῖσθαι (comme p. 80, 4). Ce n'est pas le cas. Dans la locution καθ' ὑποκειμένου λέγεσθαι ou κατηγορεῖσθαι, l'analyse de Porphyre distingue en effet deux choses précises, qui correspondent à deux concepts différents : τὸ κατηγορεῖσθαι (la prédication) et, d'autre part, τὸ καθ' ὑποκειμένου (le caractère *essentiel* de la prédication), qu'Aristote selon lui met en évidence (*C*, 1 b 10-11 : ὡς καθ' ὑποκειμένου). Et c'est de ceci seulement qu'il se préoccupe. L'expression τὸ καθ' ὑποκειμένου sera d'ailleurs répétée comme telle un peu plus loin p. 80, 24.

3. [80.4-5] Poser que l'expression « d'un sujet » (καθ' ὑποκειμένου) veut dire « en réponse à la question de savoir ce que c'est » (ἐν τῷ τί ἐστι... ἀποδίδοται), c'est identifier l'attribut universel à un prédicat essentiel. L'expression « en réponse à la question de savoir ce que c'est », qui est elle-même aristotélicienne, se trouve employée dans un passage bien connu des *Topiques* (I, 5, 102 a 33-34), pour définir la nature du « genre », qui est en somme l'universel en tant que tel. « Est dit universel, remarque ailleurs Aristote, ce qui appartient naturellement à plusieurs choses » (*Mét.*, Z, 13, 1038 b 11-12). Il s'ensuit que « l'universel se dit toujours d'un certain sujet » (*ibid.*, 1038 b 16) et, puisque ce qui est dit d'un sujet lui appartient « naturellement », l'universel exprime ce qu'il est. Cela vaut indifféremment pour ce qui est dit d'un sujet substantiel et d'un sujet non substantiel, c'est-à-dire accidentel au sens de Porphyre. Les exemples produits dans la suite le montrent à suffisance. Voir ce que dit Porphyre lui-même dans l'*Isag.*, 2, 15 *sq.*

4. [80.7-8] Comme attribut de Socrate, « se promener », selon Aristote, est un accident : cf. *Mét.* Δ, 7, 1017 a 13-18 : « quand nous disons que l'homme est cultivé (...), c'est parce que le cultivé en est un accident ».

καθ' ὑποκειμένου κατηγορεῖται. Πάλιν ἡ γραμματικὴ ὄνομα δήπου ῥηθείη ἄν, ἀλλ' ἐὰν ἐξετάζῃς, τί ἐστιν ἡ γραμματική, οὐκ ἂν εἴποις ὄνομα· οὐ γὰρ ἡ οὐσία τῆς γραμματικῆς ὄνομά ἐστιν, ἐπεὶ πᾶς ἂν ἐδύνατο τοῦ ὀνόματος μετέχων εἶναι γραμματικὸς τῷ ὄντι· ἀλλ' ἔστιν ἡ γραμματικὴ ἐπιστήμη, ὥστε ἡ μὲν ἐπιστήμη κατὰ τῆς γραμματικῆς καθ' ὑποκειμένου λέγεται, τὸ δὲ ὄνομα οὐ καθ' ὑποκειμένου λέγεται. Καὶ αὐτὸς δὲ προελ⸢θὼν⸣ φησὶν ὅτι τὰ καθ' ὑποκειμένου κατηγορούμενα καὶ κατὰ τοὔνομα καὶ κατὰ τὸν λόγον ἐφαρμόζειν ὀφείλει τῷ ὑποκειμένῳ, τὰ δὲ ἐν ὑποκειμένῳ κατὰ μὲν τὸν λόγον οὐδέποτε, κατὰ δὲ τοὔνομα ἐφαρμόσειεν ἄν ποτε τῷ ὑποκειμένῳ. Ὥστε τὸ καθ' ὑποκειμένου κατηγορ⸢ούμενον⸣ καθολικώτερον ὂν τοῦ ὑποκειμένου ἐφαρμόζειν αὐτῷ δύναται καὶ κατὰ τοὔνομα καὶ κατὰ τὸν λόγον, τοῦτ' ἔστι συνωνύμως λέγεσθαι δύναται κατὰ τοῦ ὑποκειμένου. Τοιαῦτα δέ ἐστι τὰ εἴδη καὶ τὰ γένη τῶν ὑποκειμένων, εἴτε οὐσίαι εἶεν εἴτε συμβεβηκότα· ὅτι γὰρ καθολικόν ἐστι τὸ καθ' ὑποκειμένου, [ἐδήλωσεν] εἰπὼν τὰ ἄτομα μὴ εἶναι καθ' ὑποκειμένου. Δεῖ τοίνυν τὸ καθ'

16-17 προελθὼν coni. Strange (cf. infra, p.114,7-8) : προελήφθη M°A ὡς προελήφθη coni. Diels προλαβὼν forte coni. Fel. corruptionem graviorem suspic. Busse || **20** τὸ MA : ἐκεῖνο uel τοιοῦτο coni. Busse || κατηγορούμενον scripsi (cf. u.17) : κατηγορεῖται ὃ M°A || **23** ante τοιαῦτα u. sign. M° (dub.) || **25** ἐδήλωσεν A

De nouveau, l'on peut dire que la grammaire est un nom; mais si l'on examine ce qu'est la grammaire, on ne peut pas dire « un nom », parce que l'essence de la grammaire n'est pas un nom, sans quoi chacun de ceux qui en prendraient le nom pourrait être en réalité spécialiste de grammaire. Mais la grammaire est une science; par conséquent, la science est dite de la grammaire comme d'un sujet, tandis que le nom ne l'est pas comme d'un sujet[1]. Et Aristote lui-même soutient d'ailleurs un peu plus loin[2] que les choses prédiquées d'un sujet doivent s'accorder avec ce sujet tant par le nom que par la formule; or les choses inhérentes à un sujet ne s'accordent jamais avec le sujet par la formule, bien qu'ils le puissent quelquefois par le nom[3]. Par conséquent, ce qui se prédique d'un sujet est une chose qui, plus universelle que lui, peut s'accorder avec le sujet tant par le nom que par la formule, c'est-à-dire peut se dire du sujet de façon univoque. Or tels sont les espèces et les genres des sujets, qu'ils soient substances ou accidents[4]. En effet, que le prédicat du sujet soit universel, Aristote l'a bien indiqué, en déclarant que les individus ne sont pas prédicats de sujet[5]. Le prédicat d'un

1. [80.11] L'exemple n'est pas parallèle à celui de « se promener », attribut de Socrate (substance). Un exemple parallèle aurait été celui de « l'homme » qui, prédiqué du maître (un relatif), en est un accident (cf. *C*, 7 a 36-37 (ὅσα συμβεβηκότα ἐστὶ τῷ δεσπότῃ, οἷον … τὸ ἀνθρώπῳ). Mais Porphyre, qui assimile accident et non-substantiel, ne pouvait donner une substance comme exemple d'attribut non-essentiel d'un accident! Il choisit donc comme exemple, non un être d'une autre « catégorie », désigné par un terme de première imposition, mais un être nominal, désigné par un terme de seconde imposition des noms. Aussi bien l'exemple n'est-il pas probant, car le sujet (a) de l'attribution réputée non-essentielle et le sujet (b) de l'attribution réputée essentielle ne sont pas les mêmes; dans ces conditions, s'il est vrai que la grammaire (sujet b) est essentiellement une science, il est vrai aussi que la grammaire (sujet a) est essentiellement un nom, car l'attribut « nom », est alors l'attribut d'autre sujet.

2. [80.17] Allusion à *C*, 2 a 19-34, passage considéré par Porphyre ultérieurement (92, 26-35 et 114, 7-8). De ce passage, il résulte que la prédication καθ' ὑποκειμένου se fait de manière univoque.

3. [80.20] Aristote soutient que le non-substantiel, inhérent à la substance, n'est que nominalement la substance dans laquelle il se trouve. Cela s'applique à « la promenade », inhérente à Socrate. Mais cela ne s'applique pas, on l'a noté, au « nom » dans le deuxième exemple de Porphyre, car le mot « nom », qui est un vocable, n'est pas inhérent à la grammaire qui est un état d'âme. Il est des prédicats non-essentiels de la grammaire (la grammaire est difficile, belle, ennuyeuse, etc.) mais que Porphyre ne mentionne pas, car ils ne sont sans doute, pour lui, que l'analogue des non-substantiels, inhérents à la substance.

4. [80.20-24] Le genre et l'espèce dont le nom et la définition conviennent au sujet, ne sont pas, à vrai dire, « plus universels que lui », mais des universels, parce qu'ils sont attribués à plusieurs sujets semblables, sans partager leur propriétés singulières, malgré l'univocité de l'attribution. Dans son raisonnement, Porphyre a établit 1) que l'attribut d'un sujet en tant que tel est un prédicat essentiel, 2) que ce prédicat essentiel se dit de manière univoque du sujet, puis 3) qu'il est, de fait, un universel, à la différence du sujet, et enfin 4) qu'il est dès lors genre ou espèce.

5. [80.25] Cf. *C*, 1 b 6-7 (citation non littérale).

ὑποκειμένου μὴ ἄτομον [εἶναι ἐν τῷ τί] τοῦ ὑποκειμένου κατηγορούμενον· διὸ καὶ καθολικώτερόν ἐστι τοῦ ὑποκειμένου.

<Π.> Τί οὖν ἐκ τούτων συμβαίνει;

<Ἀ.> Φησὶν ὁ Ἀριστοτέλης τί συμβαίνει· « ὅταν ἕτερον καθ' ἑτέρου κατηγορ⌈ῆ⌉ται ὡς καθ' ὑποκειμένου, ὅσα κατὰ τοῦ κατηγορουμένου λέγεται, πάντα καὶ κατὰ τοῦ ὑποκειμένου ῥηθήσεται ».

<Π.> Ἀλλὰ πῶς τοῦτο ἀληθές; Ὁ μὲν γὰρ ἄνθρωπος κατὰ Σωκράτους λέγεται καθ' ὑποκειμένου· κατὰ δὲ τοῦ ἀνθρώπου κατηγορεῖται οὐ μόνον τὸ ζῷον ἀλλὰ καὶ τὸ εἶδος· εἶδος γὰρ ὁ ἄνθρωπος· οὐ μὴν ἔτι κατὰ τοῦ
81.1 Σωκράτους πάντα κατηγορηθήσεται, ἀλλὰ τὸ μὲν ζῷον κατηγορηθήσεται, οὐκέτι δὲ καὶ τὸ εἶδος· οὐ γὰρ Σωκράτης εἶδος.

<Ἀ.> Ἀλλ' ὁρᾷς ὅτι ἡ ἀτοπία γέγονε παρὰ τὸ μὴ ἐκδέξασθαι ὀρθῶς, πῶς εἴρηται « ὅσα κατὰ τοῦ κατηγορουμένου λέγεται »· οὐ γὰρ ἁπλῶς εἴρηκεν « ὅσα κατὰ τοῦ κατηγορουμένου λέγεται », ἀλλ' εἰπὼν « ὅταν ἕτερον καθ' ἑτέρου κατηγορ⌈ῆ⌉ται ὡς καθ' ὑποκειμένου », δέδωκεν ὑπολαβεῖν τὸ συνωνύμως καὶ ἐν τῷ <τί ἐστι> τὸ τηνικαῦτα· « ὅσα κατὰ τοῦ κατηγορουμένου λέγεται, τοσαῦτα καὶ κατὰ τοῦ ὑποκειμένου ῥηθήσεται ». Οἷον τὸ ζῷον κατὰ τοῦ ἀνθρώπου ὡς καθ' ὑποκειμένου κατηγορεῖται· ἐφαρμόζει γὰρ τῷ ἀνθρώπῳ καὶ τοὔνομα τοῦ ζῴου [καὶ ὁ λόγος]· ζῷόν τε γὰρ ὁ ἄνθρωπος καὶ οὐσία ἔμψυχος αἰσθητική· [τὸ δὲ εἶδος ἐφαρμόζει] μὲν κατὰ τοὔνομα· εἶδος γὰρ ἂν ῥηθείη ὁ ἄνθρωπος· οὐ μὴν ἐν τῷ τί ἐστιν ὁ ἄνθρωπος τῷ ἐρωτῶντι περὶ τῆς οὐσίας αὐτοῦ

26 εἶναι ἐν τῷ τί A || **28** Π. (*Int.*) add. Fel. u. sign. p || **29** Ἀ. (*Resp.*) add. Fel. u. sign. p || **30** κατηγορῆται A : κατηγορεῖται M° || **32** Π. (*Int.*) add. Fel. u. sign. M° (dub.) Ap || post ἀληθές u. sign. Ap || **81.3** Ἀ. (*Resp.*) add. Fel. u. sign. M° || **4** ante πῶς add. *Int.* Fel. u. sign. p || ante οὐ γὰρ add. *Resp.* Fel. u. sign. p || **6** κατηγορῆται A : κατηγορεῖται M || **7** τί ἐστι rest. Busse : lac. indic. A || **10-11** καὶ ὁ λόγος A || **11-12** τὸ δὲ εἶδος ἐφαρμόζει A

sujet, en fait, doit n'être pas un individu pour être prédiqué d'un sujet en réponse à la question de savoir ce qu'est celui-ci. C'est précisément pourquoi il est plus universel que le sujet.

Q. — Qu'est-ce qui en résulte donc ?

R. — Aristote dit ce qui en résulte : « Lorsqu'une chose est prédiquée d'une seconde comme d'un sujet, tout ce qui se dit de la chose prédiquée, tout cela doit aussi se dire du sujet »[1].

Q. — Mais comment cela peut-il être vrai ? L'homme en effet se dit de Socrate comme d'un sujet. Or de l'homme, on prédigue non seulement l'animal, mais aussi l'espèce, puisque l'homme est une espèce. Et pourtant,
| l'on ne peut plus prédiquer tout cela de Socrate ; au contraire, on peut **81**
prédiquer de lui l'animal, mais plus l'espèce par surcroît, car Socrate n'est pas une espèce ![2]

R. — Mais, vois-tu, l'absurdité découle d'une façon incorrecte de comprendre le sens de la phrase : « ...tout ce qui se dit de la chose prédiquée ». Aristote, en effet, n'a pas simplement déclaré « Tout ce qui se dit de la chose prédiquée (etc.) », mais, il l'a fait après avoir dit « Lorsqu'une chose est prédiquée d'une seconde comme d'un sujet... », donnant ainsi à comprendre qu'il visait une prédication univoque et portant sur l'essence quand il disait ensuite : « ...tout ce qui se dit de la chose prédiquée, tout cela doit aussi se dire du sujet »[3]. Ainsi, l'animal est prédiqué de l'homme comme d'un sujet. Le nom d'« animal » en effet s'accorde avec l'homme, ainsi que sa formule, puisque l'homme est ensemble « animal » et « substance animée sensitive ». L'espèce, en revanche, s'accorde par le nom, puisqu'on peut dire que l'homme est une espèce ; cependant s'il s'agit de savoir ce qu'est l'homme, à quelqu'un qui demande quelle est son essence,

1. [80.29-31] Citation tout à fait littérale de *C*, 1 b 10-12.

2. [80.32-81, 2] L'objection qui vise à tester la règle de la prédication transitive exposée par Aristote, prétend l'illustrer par un exemple qui montre qu'elle est vraie et un autre exemple qui montre qu'elle est fausse :

Règle :	Si B se dit de A comme d'un sujet	et C de B,	alors, C se dit de A.
(a) Vrai :	Socrate est un homme	et l'homme, un animal ;	donc Σ est un animal.
(b) Faux :	Socrate est un homme	et l'homme, une espèce ;	donc Σ est une espèce.

Il s'agira de montrer que la proposition « l'homme est une espèce » contrevient au principe de la règle, car l'espèce n'est pas attribuée à l'homme comme à un sujet.

3. [81.3-9] Dans l'énoncé de la règle, en effet, le texte de la seconde proposition (ὅσα… λέγεται) omet de répéter ὡς καθ' ὑποκειμένου. Mais, soutient Porphyre, Aristote entend que C doit se dire de B de la même façon que B se dit de A, c'est-à-dire dans les mêmes conditions (attribution univoque et essentielle).

ἥτις ἐστὶν ἀποδοθείη ἂν ὅτι εἶδος, ἀλλ' ὅτι ζῷον. Τὸ δὲ εἶδος λέγεσθαι τὸν ἄνθρωπον ἀντιδιαιρεῖται πρὸς τὸ μὴ τῶν ἀτόμων εἶναι, ἀλλὰ τῶν κατὰ κοινότητα προσαγορευομένων· τὸ δὲ κατὰ κοινότητα τὸν ἄνθρωπον λέγεσθαι συμβεβηκότος ἐστὶ παραστατικὸν μᾶλλον ἢ οὐσίας, συμβ⌈ε⌉βηκ⌈ότος⌉ δὲ οὐ τοῦ κυρίως ἀλλὰ τοῦ ἐοικότος διαφορᾷ τινι· διαφέρει δὲ ὁ ἄνθρωπος τοῦ Σωκράτους, ὅτι ὁ μὲν κατὰ κοινότητα λέγεται, ὁ δὲ Σωκράτης οὐ κατὰ κοινότητα ἀλλὰ ἀτόμως· ⌈ᾗ⌉ οὖν κατὰ κοινότητα, εἶδος ὁ ἄνθρωπος λέγεται, καὶ {καθὸ} γένος τὸ ζῷον· συμβέβηκε δὲ τούτοις κατὰ πλειόνων εἶναι περιεκτικά, ἐν δὲ τῷ τί ἐστιν ἡ οὐσία τοῦ ἀνθρώπου κατηγορεῖται.

<Π.> Μετὰ δὲ ταῦτα περὶ τίνων διδάσκει ὁ Ἀριστοτέλης;

<Ἀ.> Περὶ διαφορῶν.

<Π.> Τί λέγων;

17 μᾶλλον (M°) ante παραστατικὸν transp. A || συμβεβηκότος[2] Busse: συμβέβηκε M°A || **18** δὲ M°A : γὰρ coni. Busse || **20** ᾗ A : ἢ M° || **21** καθὸ secl. Luna || **23** Π. (*Int.*) add. Fel. u. sign. M°Ap || **24** Ἀ. (*Resp.*) add. Fel. u. sign. M°Ap || **25** Π. (*Int.*) add. Fel. u. sign. M°Ap

on ne peut répondre qu'il est une espèce, mais qu'il est un animal [1]. Dire que l'homme est une espèce, en revanche, c'est le distinguer de façon relative en posant qu'il n'est pas au nombre des individus, mais des appellations communes. Or dire que l'homme est cet attribut commun est le moyen d'indiquer un accident, plutôt qu'une essence, non, toutefois, l'accident entendu au sens rigoureux du terme, mais un accident aux allures d'une certaine différence [2]. Et la différence entre l'homme et Socrate, c'est que le premier correspond à une expression commune, alors que Socrate ne correspond pas à une expression commune, mais individuelle. C'est donc en vertu d'une communauté d'appellation que l'homme est dit une espèce et l'animal, un genre [3]. Pour eux, c'est toutefois un accident que de s'appliquer à plusieurs choses qu'ils englobent, alors que l'essence de l'homme est prédiquée en réponse à la question de savoir ce qu'il est.

Q. — Et après cela, sur quoi porte l'enseignement d'Aristote ?

R. — Sur les différences [4].

Q. — Qu'en dit-il ?

1. [81.11-14] De ce point de vue (attribution non univoque ni essentielle), l'espèce ressemble à un accident (cf. *supra,* 80, 5-8 : la promenade de Socrate). Mais ce n'est évidemment pas un accident, car l'espèce n'est pas inhérente à l'homme comme l'est la promenade à Socrate. Porphyre doit donc, dans la suite, indiquer en quoi elle se distingue d'un accident proprement dit.

2. [81.14-19] Ceci n'est pas entièrement clair. Il paraît difficile de croire que, dans l'esprit de Porphyre, la proposition « l'homme est une espèce » signifie que le nom « homme » est un nom commun, comme plus haut (80, 11), la proposition « la grammaire est un nom » signifiait le mot « grammaire » est un nom, plutôt qu'un verbe. Ce n'est pas exclu, mais le mot « espèce » ou le mot « genre » ne semblent pas désigner chez lui des catégories grammaticales (mots de seconde imposition). Le mot « espèce » (de première imposition) semble plutôt désigner, en l'homme, quelque chose qui lui est attribuable et qu'il faut distinguer à la fois de l'animal, du rationnel et du mortel (constitutifs de sa définition) ; or cette chose que Porphyre, faute de mieux, appelle accident, paraît ne pouvoir être que le fait, pour un animal rationnel mortel, d'être commun à plusieurs individus, plutôt que propre à un seul. Cela revient à dire que l'universalité de l'homme ne le définit pas, mais constitue, pour lui, un accident, que Porphyre rapproche cependant de la différence (spécifique), et l'on croit deviner pourquoi : l'espèce, au contraire de l'accident proprement dit, est en effet indissociable de l'homme et l'universalité du prédicat commun est un trait distinctif, par opposition à tout ce qui est individuel. Cela vaut également pour le genre, ça va sans dire.

3. [81.21] La suppression de καθὸ est, à juste titre, recommandée par Luna (*Simplicius. Commentaire,* 2001, p. 415, n. 1). Je ne suis pas sûr en revanche qu'il faille encore supprimer κατά à la même ligne. Bien que περιεκτικά se construise avec le génitif sans κατὰ, Porphyre peut avoir ramassé ici deux expressions en une : (a) κατὰ πλειόνων εἶναι (s'applique à plusieurs choses) et (b) εἶναι περιεκτικά (être des englobants).

4. [81.24] En réalité, comme la suite le montrera, Porphyre estime que la seconde partie de *C,* 3, consacrée aux rapports des genres et des différences, est le lieu où Aristote fournit l'occasion de définir aussi le genre et l'espèce.

<Ἀ.> « Τῶν ἑτερογενῶν καὶ μὴ ὑπ᾽ ἄλληλα τεταγμένων ἕτεραι τῷ εἴδει καὶ αἱ διαφοραὶ οἷον ζῴου καὶ ἐπιστήμης· ζῴου μὲν γὰρ διαφοραὶ οἷον τὸ πεζὸν καὶ τὸ δίπουν καὶ τὸ πτηνόν, ἐπιστήμης δὲ οὐδεμία τούτων· οὐ γὰρ διαφέρει ἐπιστήμη ἐπιστήμης τ⌈ῷ⌉ δίπους εἶναι. Τῶν [δέ γε] ὑπαλλήλων γενῶν οὐδὲν κωλύει τὰς αὐτὰς διαφορὰς εἶναι· τὰ γὰρ ἐπάνω τῶν ὑποκάτω [κατηγορεῖται], ὥστε ὅσαι τοῦ κατηγορουμένου διαφοραί, τοσαῦται καὶ τοῦ ὑποκειμένου ἔσονται ».

<Π.> Ἀλλ᾽ ὁρᾷς ὅτι ἐν οἷς εἴρηκας πλείω ἐστὶν τὰ λεγόμενα;

<Ἀ.> Ὁρῶ· εἴρηται γὰρ περὶ γενῶν, ὧν τὰ μὲν ἕτερα ἔφη εἶναι, τὰ δὲ
82.1 ὑπάλληλα· εἴρηται δὲ καὶ ἕτερα τῷ εἴδει· εἴρη<ν>ται δὲ καὶ αἱ διαφοραί, καὶ τούτων αἱ μὲν ἕτεραι τῷ εἴδει, αἱ δὲ αἱ αὐταί.

<Π.> Περὶ πάντων οὖν εἰπὼν τούτων τί βούλεται διὰ τοῦ προκειμένου διδάξαι, παράστησον.

<Ἀ.> Φημὶ τοίνυν ὅτι πολλαχῶς μὲν λέγεται καὶ τὸ εἶδος καὶ τὸ γένος καὶ ἡ διαφορά. Τὸ δὲ νῦν λαμβανόμενον γένος ἐστὶν ἐκεῖνο, ὃ κατὰ πλειόνων καὶ διαφερόντων τῷ εἴδει ἐν τῷ τί ἐστι κατηγορεῖται, οἷον τὸ ζῷον γένος ἂν εἴη πτηνοῦ καὶ πεζοῦ καὶ ἐνύδρου, ὧν {ἐν} τῷ εἴδει διαφερόντων ἀλλή-

26 Ἀ. (*Resp.*) add. Fel. u. sign. Ap : eros. M° || **28** τὸ πεζὸν M°A : τό τε πεζὸν Arist. (1 b 18) || **29** τῷ Cp: τὸ M°A || **30** δὲ γε A || ὑπαλλήλων M°A : ὑπ᾽ ἄλληλα Arist. (1 b 21) et infra, p.82,1 || **31** ὑποκάτω MA : ὑπ᾽ αὐτὰ γενῶν Arist. (1 b 22) || κατηγορεῖται A || **34** Π. (*Int.*) add. Fel. u. sign. p || post εἴρηκας add. ὅτι A || ἐστὶν M : εἰσὶ A || **35** Ἀ. (*Resp.*) add. Fel. u. sign. p || post ὁρῶ u. sign. A || **82.1** εἴρηνται Busse : εἴρηται MA || **3** Π. (*Int.*) add. Fel. u. sign. M (dub.) Ap || **5** Ἀ. (*Resp.*) add. Fel. u. sign. Ap || **6-7** ἐκεῖνο ὃ… κατηγορεῖται MA : τὸ… κατηγορούμενον Simpl. (54, 27-28) || **8** ἐν (MA) exp. C et om. recte p

R. — « Les genres distincts et non subordonnés l'un à l'autre présentent également des différences spécifiques distinctes. Ainsi, animal et science. L'animal, en effet, a pour différences, par exemple, le terrestre, le bipède, l'ailé. Or la science ne présente aucune de ces différences. Car on ne distingue pas une science d'une autre science par le fait d'être bipède. En revanche, les genres subordonnés les uns aux autres, rien ne les empêche de présenter les mêmes différences. Car les genres supérieurs sont prédiqués des inférieurs; si bien que toutes les différences du genre prédiqué doivent être également celles du sujet »[1].

Q. — Mais, comme tu vois, il y a plusieurs propos dans ce que tu viens d'énoncer.

R. — Je vois. Il a en effet été question des genres, qui sont, dit-il, soit différents, soit subordonnés les uns aux autres; | mais il a aussi été question 82
de genres différents spécifiquement et en plus il a été question des différences et, parmi elles, de celles qui varient selon l'espèce et de celles qui sont identiques[2].

Q. — Parle donc de tout cela et montre donc ce qu'il veut enseigner à travers son propos.

R. — Eh bien, selon moi, il est plusieurs façons d'entendre l'espèce, le genre et la différence[3]. Mais à présent, il conçoit le genre comme ce qui se prédique de plusieurs choses différentes spécifiquement quand il s'agit d'exprimer l'essence[4]. Ainsi, l'animal peut être genre de l'ailé, du terrestre et de l'aquatique, choses qui diffèrent les unes des autres par l'espèce, et il

1. [81.26-33] *C*, 1 b 16-24. Les très petites différences que présente, semble-t-il, cette longue citation par rapport au texte d'Aristote sont sans aucune importance pour l'interprétation litigieuse de l'extrait, dont il va être abondamment question.

2. [82.2] Il n'est donc ici question de l'espèce que très indirectement, à propos des différences (dites εἴδει), et des genres, que de façon implicite.

3. [82.5-6] Les trois choses, rappelons-le, sont, avec le propre et l'accident, l'objet exclusif de l'*Isagôgè*, qui s'efforce d'en clarifier les notions. Cela explique sans doute pourquoi Porphyre n'expose pas ici, comme il l'a fait, par exemple, à propos de l'expression ἐν τινί (77, 21 *sq.*), les différentes significations possibles des termes utilisés, pour ensuite seulement préciser laquelle de ces significations convient au passage d'Aristote : l'exposé, nous le savons, est fait ailleurs. Mais Porphyre n'y renvoie pas de façon explicite. Il est impossible d'en conjecturer la raison.

4. [82.6-7] C'est la définition bien connue de *Topiques*, I, 5, 102 a 30-31, reprise dans *Isagôgè*, 2, 15-16. Aristote traite des significations du genre en *Mét.*, Δ, et fait état, à cet endroit, de cette définition (1024 b 4-5). De toutes les notions à clarifier ici, c'est la seule qui puisse s'autoriser vraiment des textes d'Aristote.

λων ἐν τῷ τί ἐστι ἕκαστον ἐρωτηθέν<των> κατηγορεῖται· τί γάρ ἐστιν ἕκαστον ἀποδίδοντ<ες> ζῷον ἐροῦμεν. Λαμβάνεται δὲ εἶδος τὸ κατὰ πλειόνων τῷ ἀριθμῷ διαφερόντων ἐν τῷ τί ἐστι κατηγορούμενον· ὁ γὰρ ἄνθρωπος εἶδος ὢν κατὰ πλειόνων τινῶν ἀνθρώπων ἀριθμῷ μόνον διαφερόντων ἐν τῷ τί ἐστιν ἕκαστ⌈ος⌉ κατὰ μέρος ἐρωτηθέντων κατηγορεῖται· τί γάρ ἐστιν ὁ Σωκράτης ἐὰν ζητῶμεν, οἰκείως <ἂν> ἀποδιδοῖμεν ὅτι ἄνθρωπος. Ἐπεὶ δὲ τὰ πολλὰ εἴδη πολλάκις τὰ αὐτὰ ὄντα κατὰ γένος διαφοραῖς χωρίζεται, ὥσπερ ὁ ἄνθρωπος καὶ ὁ βοῦς καὶ ὁ κύων τὰ αὐτὰ ὄντα κατὰ γένος ([ζῷα γὰρ πάντα]) διαφοραῖς ἀλλήλων χωρίζεται, ἡ <δὲ> διαφορὰ ποῖόν τι ἕκαστον τῶν εἰδῶν ἐστιν παρίστησιν (ὅτι γὰρ ὁ ἄνθρωπος ζῷόν ἐστι λογικὸν θνητὸν καὶ ὁ κύων ζῷον ἄλογον ὑλακτικόν, αἱ διαφοραὶ παρ⌈ι⌉στ⌈ᾶ⌉σιν), εἴη ἂν ἡ διαφορὰ τὸ κατὰ πλειόνων <καὶ> διαφερόντων ἀλλήλων ἐν τῷ ποῖόν τί ἐστι κατηγορούμενον· οἷον τὸ πτηνὸν διαφορά ἐστι κατὰ πλειόνων κατηγορούμενον· κατὰ γὰρ κύκνου καὶ κόρακος καὶ ἀετοῦ λέγεται.

9 ἐρωτηθέντων corr. Busse (cf. infra, u. 13) : ἐρωτηθὲν MA || **10** ἀποδίδοντες A : ἀποδίδον' M || **13** ἕκαστος p : ἑκάστω MAC || **14** ἂν addidi sicut coni. Busse (in app.) || ἀποδιδοῖμεν MA[1] : ἀποδιῆμεν A (dub.) || **16-17** ζῷα γὰρ πάντα A || **17** δὲ add. A || **19** παριστᾶσιν C[2]p : παρίστησιν MAC || **20** καὶ addidi (cf. supra, u. 7 et Simpl., 55,1) : καὶ ante ἡ (u. 19) transp. A || ἀλλήλων MA : τῷ εἴδει Simpl. (55,2) || τί ἐστι MA : εἶναι Simpl. (55,2)

est prédiqué chaque fois qu'on a demandé ce qu'est l'une d'elles[1]. Si nous voulons en effet répondre ce qu'est chacune, nous dirons « un animal ». D'autre part, il conçoit l'espèce comme ce qui est prédiqué de plusieurs choses différentes numériquement quand il s'agit d'exprimer l'essence[2]. L'homme, en effet, qui est une espèce, est prédiqué de plusieurs hommes singuliers, qui ne diffèrent que numériquement, chaque fois qu'on a demandé ce qu'est l'un d'eux en particulier. Si nous cherchons en effet ce qu'est Socrate, nous pouvons répondre adéquatement : « un homme ». Mais les nombreuses espèces, qui sont souvent[3] identiques par le genre, se distinguent par des différences. Ainsi, l'homme, le bœuf et le chien, qui sont identiques par le genre puisque tous sont des animaux, se distinguent les uns des autres par des différences. Or la différence permet de qualifier d'une certaine façon chacune des espèces[4]. Ce sont en effet les différences qui indiquent que l'homme est un animal « rationnel mortel » et le chien un animal « irrationnel aboyant ». Par conséquent, la différence sera ce qu'on prédique de plusieurs choses différentes entre elles quand il s'agit de les qualifier d'une certaine façon[5]. Ainsi, l'ailé est une différence qu'on prédique de plusieurs choses, puisqu'il se dit du cygne, du corbeau et de l'aigle.

1. [82.7-9] On remarquera que le genre est ici prédiqué de *différences* (l'ailé, etc. sont « des différences de l'animal » : *C*, 1 b 18) et que celles-ci sont elles-mêmes réputées différer par l'espèce, alors qu'en *Top.*, I, 5, 102 a 38-39, le même genre (animal) est prédiqué des *espèces* (l'homme et le bœuf), qui se distinguent par des différences.

2. [82.10-11] Cette définition de l'espèce est calquée sur la définition du genre, qu'elle reproduit en substituant τῷ ἀριθμῷ à τῷ εἴδει. Elle correspond à ce que l'*Isagôgè*, 4, 12-14 appelle la définition de l'espèce infime, qui est exclusivement espèce : cf. *infra,* 83, 19 et 26-27.

3. [82.15] Porphyre dit « souvent » pour réserver la possibilité d'espèces appartenant à des genres différents : cf. *infra,* 82, 25 *sq.*

4. [82.17-18] La nature particulière de cette « qualité » différentielle sera précisée *infra,* 95, 22 *sq.*

5. [82.19-21] Cette définition de la différence est à nouveau calquée sur la définition du genre, qu'elle reproduit en substituant ποιόν τι à τί. Porphyre omet de dire ici τῷ εἴδει (« par l'espèce »), après διαφερόντων, comme c'était le cas dans la définition du genre (82, 5), mais dit plutôt ἀλλήλων ; la définition correspondante de la différence que donne l'*Isagôgè,* 10, 7-8 comprend cependant τῷ εἴδει (plutôt qu'ἀλλήλων). La comparaison entre toutes ces définitions permet de voir que le genre et l'espèce sont des attributs essentiels, alors que la différence n'est pas exactement cette sorte d'attribut, et que, d'autre part, le genre et les différences s'attribuent à une multiplicité de choses distinctes par l'espèce, alors que l'espèce elle-même s'attribue à une multiplicité d'individus. Aristote lui-même cependant rapporte l'opinion de certains selon qui la différence aussi serait un attribut essentiel des espèces (*Topiques,* IV, 6, 128 a 20-21 : δοκεῖ τισι καὶ ἡ διαφορὰ ἐν τῷ τί ἐστι τῶν εἰδῶν κατηγορεῖσθαι) ; ce qui est une façon de conférer à la différence la même propriété que le

<Π.> Ἀλλ᾽ ἑκάστου ζῴου ὄντος τὸ πτηνὸν εἶναι ἕκαστον ποῖόν τι ζῷον δηλοῖ; Τῆς γὰρ τοῦ γένους ποιότητος καὶ τοῦ εἴδους δηλωτικὴ ἡ διαφορά.

<Ἀ.> Οὐδαμῶς, ἀλλὰ δέκα οὐσῶν τῶν ἀνωτάτω καθ᾽ ἑκάστην <κατηγορίαν> ἀλλοῖα τὰ γένη καὶ τὰ εἴδη καὶ αἱ διαφοραί· ἧς γὰρ ἂν κατηγορίας ὑπάρχ⌈ῃ⌉ τὸ γένος, ἐκείνη<ς> ἔσται καὶ τὸ τοῦ γένους οἰκεῖον εἶδος καὶ αἱ τοῦ γένους καὶ εἴδους διαφοραί.

<Π.> Ἀλλ᾽ ἐπεὶ ἀπέδωκας κατὰ πλειόνων εἰδῶν λέγεσθαι τὴν διαφοράν, ἆρά γε καθάπερ ἔστι τοῦτ⌈᾽⌉<ἀεὶ> εἴρηκας;

<Ἀ.> Οὐδαμῶς, ἀλλ᾽ ὡς ἐπὶ τὸ πολύ· εἰσὶ γάρ τινες ἰσάριθμοι τοῖς εἴδεσιν, ὥσπερ κουφότης καὶ βαρύτης, ἡ μὲν μόνου πυρὸς οὖσα, ἡ δὲ γῆς.

<Π.> Ἆρα οὖν καὶ τὸ εἶδος ἀποδοθὲν κατὰ πλειόνων ἀριθμητῶν οὕτως ἔχει ἐκ παντός;

<Ἀ.> Οὐδαμῶς, ἀλλ᾽ ὡς ἐπὶ τὸ πλεῖστον· ὁ γὰρ φοίνιξ τὸ ὄρνεον εἶδος ὢν οὐ κατὰ πλειόνων ἀρθμῷ λέγεται εἶναι, εἴ γε εἷς μόνος φοίνιξ ἀεὶ γί-

23 Π. (*Int.*) add. Fel. u. sign. p || **24** post δηλοῖ u. sign. A (dub.) || **25** Ἀ. (*Resp.*) add. Fel. u. sign. Ap || κατηγορίαν addidi : post ἀνωτάτω addend. κατηγοριῶν coni. Busse (in app.) || **26** ὑπάρχῃ A : ὑπάρχει M || **27** ἐκείνης corr. A : ἐκείνη M || **29** Π. (*Int.*) add. Fel. u. sign. Ap || **30** τοῦτ᾽ ἀεὶ coni. Busse (in app.) quod prob. Strange (cf. Simpl., 56,8) : τοῦτο MA || **31** Ἀ. (*Resp.*) add. Fel. u. sign. Ap || post Οὐδαμῶς u. sign. A || **33** Π. (*Int.*) add. Fel. u. sign. Ap || **35** Ἀ. (*Resp.*) add. Fel. u. sign. Ap

Q. — Mais puisque chacun est un animal, le fait que chacun soit ailé donne-t-il à voir une façon de qualifier l'animal ? La différence en effet sert à faire voir la qualité du genre ainsi que l'espèce[1].

R. — Pas du tout ! Au contraire, il y a les dix subdivisions suprêmes; donc les genres, les espèces et les différences varient selon chaque catégorie, car si le genre appartient à telle catégorie, c'est à elle aussi qu'appartiennent l'espèce propre au genre ainsi que les différences du genre et de l'espèce.

Q. — Mais tu as déclaré que la différence se dit de plusieurs espèces[2]. Dès lors, est-ce qu'au moins ce que tu dis correspond toujours à la réalité ?

R. — Non, du tout ! Mais il correspond à la majorité des cas. Certaines différences, en effet, sont en même nombre que les espèces : ainsi, la légèreté et la lourdeur, puisque la première n'appartient qu'au feu et la seconde, qu'à la terre[3].

Q. — L'espèce aussi, as-tu dit[4], se prédique de plusieurs choses dénombrables. Est-ce que c'est le cas de chacune ?

R. — Non, du tout ! Mais cela correspond à l'énorme majorité des cas. Le phénix en effet, l'espèce d'oiseau qu'on connaît, n'est pas, dit-on, une espèce qui comprend plusieurs individus dénombrables, du moins dans l'hypothèse où il n'y a qu'un phénix toujours renaissant; et s'il se dit de

genre. Mais Aristote propose ensuite (128 a 22 *sq.*) de distinguer les deux selon trois principes : 1) le genre a plus d'extension que la différence; 2) il convient mieux que la différence pour exprimer ce qu'est une chose (τί ἐστι) et 3) il n'indique jamais la qualité d'une différence, alors que la différence indique toujours la qualité (τὴν ποιότητα) d'un genre. Ces arguments vont donc dans le sens de la définition de la différence retenue par Porphyre.

1. [82.23-24] L'interrogation vise à dissiper la confusion qui ferait de la qualité signifiée par la différence, le genre de qualité que signifie l'une des « catégories ». Il a été dit en effet par le répondeur que la différence qualifie d'une certaine façon chaque espèce (82, 17-18); or chaque espèce, on l'a vu dans les exemples de substances, est définie par son genre (animal) qualifié par certaines différences. La question se pose donc de savoir si la différence qui, dans tout les cas de réalités substantielles, qualifie le genre (dans la définition de l'espèce) et l'espèce (qu'elle distingue ainsi), est empruntée à la « catégorie » de la qualité. La réponse sera évidemment négative, chaque « catégorie » possédant ses propres qualités différentielles.

2. [82.29] *Supra*, 82, 19-20. Mais à cet endroit, Porphyre n'a pas explicitement parlé d'« espèces ».

3. [82.31-32] À ce sujet, voir *Du ciel*, III, 4, 311 a 15 *sq.*; Aristote, pour cela, traite le feu comme synonyme de léger et la terre comme synonyme de lourd (*Gén. et corruption*, I, 3, 319 a 31).

4. [82.33] Cf. *supra*, 82, 10-11.

νεται, ἀλλ᾽ εἰ ἄρα κατὰ πλειόνων, οὐ τῷ ἀριθμῷ ἀλλὰ τῇ διαδοχῇ λέγεται.

83.1 <Π.> Ἀλλὰ τί μὲν τὸ γένος [τὸ λαμβα]νόμενον ἐνταῦθα καὶ τί τὸ εἶδος καὶ τίς ἡ διαφορά, παρέστησας. Ἐπίδειξον δὲ καὶ τίνα μὲν ἕτερα γένη, τίνα δὲ ὑπ[άλληλα].

<Ἀ.> Ἕτερα γένη τὰ ἐν ταῖς δέκα κατηγορίαις· ἄλλα μὲν γὰρ τὰ γένη τῆς οὐσίας, ἄλλα δὲ τὰ γένη τὰ τῆς ποιότητος καὶ ἄλλα τὰ τοῦ ποσοῦ καὶ τῶν ἄλλων· ὡσαύτως δὲ καὶ τὰ εἴδη τὰ ὑφ᾽ ἕκαστον γένος ἄλλα τῶν ὑπ᾽ ἄλλο γένος, τῶν οὕτως ἑτερογενῶν, καὶ αἱ διαφοραὶ ὡσαύτως· ἄλλ⌈ου⌉ γὰρ τοῦ ζῴου γένους ὄντος καὶ τῆς ἐπιστήμης ἄλλ⌈ου⌉ (τὸ μὲν γὰρ ζῷον τῆς οὐσίας ἐστίν, ἡ δὲ ἐπιστήμη τῆς ποιότητος), καὶ ἄλλα μὲν τὰ εἴδη τοῦ ζῴου, ἄλλα δὲ τῆς ἐπιστήμης, καὶ ἄλλαι μὲν αἱ διαφοραὶ τοῦ ζῴου, ἄλλαι δὲ αἱ διαφοραὶ τῆς ἐπιστήμης· ζῷον μὲν γὰρ ζῴου διαφέρει τῷ τὸ μὲν εἶναι δίπουν, τὸ δὲ τετράπουν, ἐπιστήμη δὲ ἐπιστήμης τ⌈ῷ⌉ δίπους εἶναι οὐ διαφέρει. Ταῦτα μὲν οὖν ἕτερα γένη καὶ εἴδη ἕτερα καὶ αἱ διαφοραὶ ἕτεραι· ὑπάλληλα δὲ γένη ἐστίν, ὧν τὸ ἕτερον γένος ὑπὸ τὸ ἕτερόν ἐστιν ἐν ταὐτῷ γένει τῆς κατηγορίας, ὡς ὑπὸ τὸ ζῷον τὸ πτηνὸν ζῷον, τοῦτ᾽ ἔστι τὸ ὄρνεον, ὅπερ τῆς κατὰ τὴν οὐσίαν ἐστὶ κατηγορίας.

83.1 Π. (*Int.*) add. Fel. u. sign. Ap ‖ τὸ λαμβανόμενον A ‖ **2** ante Ἐπίδειξον (quod inc. in mg) u.sign. M ‖ **3** ὑπάλληλα A ‖ **4** Ἀ. (*Resp.*) add. Fel. u. sign. Ap ‖ **7-8** ἄλλου (bis) coni. Busse quod prob. Strange : ἄλλαι (utrobique) MA ‖ **12** τῷ corr. p : τὸ MAC ‖ **13** ἕτερα ² M : om. A ‖ **14** γένος MA : om. Simpl. (56,18) ‖ **15** ἐν — κατηγορίας MA : om. Simpl. (56,18) ‖ ζῷον ² MA : om. Simpl. (56,19)

plusieurs individus, on n'entend pas plusieurs en nombre, mais en raison de la succession[1].

Q. — Bon, tu as indiqué ce qu'est le genre tel que conçu ici, ce qu'est **83**
l'espèce et ce qu'est la différence. Mais montre encore quels genres sont distincts et lesquels sont subordonnés les uns aux autres.

R. — Sont des genres distincts ceux qu'impliquent les dix catégories. Autres, en effet, sont les genres de la substance, autres ceux de la qualité, autres ceux de la quantité, etc[2]. De la même façon d'ailleurs, les espèces rangées sous chaque genre sont autres que celles rangées sous un autre genre parmi ceux qu'on vient de poser comme distincts. Et les différences qui les caractérisent varient de la même façon. En effet, si l'animal est un genre et la science, un autre genre[3] (vu que l'animal relève de la substance, tandis que la science relève de la qualité), alors les espèces de l'animal sont une chose et autre chose celles de la science, tout comme les différences caractéristiques de l'animal sont une chose, mais autre chose les différences caractéristiques de la science; un animal en effet se distingue d'un autre parce que l'un est bipède et l'autre quadrupède, alors qu'une science ne se distingue pas d'une autre du fait d'être bipède. Voilà donc ce que sont des genres distincts, des espèces distinctes et des différences distinctes. Par ailleurs, sont des genres subordonnés, ceux dont l'un est rangé sous l'autre à l'intérieur du même genre catégorial. Ainsi, sous le genre animal se range le genre ailé, c'est-à-dire le genre oiseau, qui relève de la catégorie de la substance[4].

1. [82.35-37] La légende du phénix qui renaît de ses cendres est contée, par exemple, chez Lucien (*De Morte Peregrini*, 27). Elle est tardive et inconnue d'Aristote, qui ne pouvait connaître que le phénix égyptien d'Hérodote (II, 73).

2. [83.5-7] Les genres distincts (ἕτερα), identifiés aux genres de prédication (κατηγορίαι), sont déclarés plus loin [84.5] « tout a fait différents les uns des autres » (ἀλλήλων πάντῃ διεστῶτα), selon une expression qui rappelle Alexandre d'Aphrodise (*Ad Top.*, 112, 18-19), lorsqu'il commente le passage de *Top.*, I, 15, 107 b 19-20 (Ἐπεὶ δὲ ἑτέρων γενῶν κ.τ.λ.), parallèle au passage de *C*, 3. Cela exclut les genres distincts (comme l'ailé et le terrestre, par exemple) qui appartiennent à la même catégorie, mais sont alors, évidemment, subordonnés l'un et l'autre à un même troisième (l'ailé et le terrestre relèvent du genre animal); car ainsi que l'observe Aristote (en *Top.*, VI, 6, 144 b 20-30), ces genres distincts, non subordonnés l'un à l'autre, peuvent présenter la même différence (le bipède est commun à l'ailé et au terrestre); ce qui contrevient à la règle exposée ici.

3. [83.8] Ce sont les exemples de *C*, 3, 1 b 17 *sq.*

4. [83.14-16] Cela fait du genre ailé (ou oiseau) un genre subordonné au genre animal, lui-même ultimement subordonné au genre substance. Le même genre pourrait être considéré comme distinct ou subordonné selon le point de vue où l'on se place, n'était que la notion de genre distinct, on l'a vu (note précédente) est réservée aux « catégories ». Seuls, donc, les genres catégoriaux sont des genres distincts, lorsqu'on les rapporte les uns aux autres.

<Π.> Λέγε ἔτι σαφέστερον.

<᾿Α.> [Φημὶ] τῶν καθόλου λεγομένων τὰ μέν ἐστι γένη, τὰ δὲ εἴδη, τὰ δὲ διαφοραί. Τῶν δὲ εἰδῶν καὶ γενῶν τὰ μέν ἐστι μόνον εἴδη, ἃ διαιρεῖται εἰς τὰ καθ᾿ ἕκαστα, τὰ δὲ ἦν μόνον γένη· ταῦτα δὲ ἦν ὧν οὐκέτι ἀνωτέρω εὑρίσκεται γένος· ὅσα δὲ τούτων μεταξύ, ταῦτα εἴδη μὲν ὄντα τῶν ἐπαναβεβηκότων, [γένη δὲ τῶν ὑπο]καταβεβηκότων εἰκότως ἂν εἴη ὑπάλληλα τὰ γένη.

<Π.> Ἐπὶ παραδειγμάτων σαφῆ ποίησον ταῦτα.

<᾿Α.> Ἡ οὐσία φέρε γένος ἐστὶ τὸ ἀνώτατον μόνον τῶν οὐσιῶν· πρὸ αὐτῆς γὰρ οὐκ ἂν εὑρεθείη ἄλλο γένος τῆς οὐσίας προταττόμενον. Ὁ δὲ ἄνθρωπος εἶδός ἐστι μόνον· μετὰ γὰρ αὐτὸ τὰ ἄτομά ἐστι καὶ οἵ τιν<ὲς> ἄνθρωποι. Τὰ δὲ μετὰ τὴν οὐσίαν ἄχρι τοῦ ἀνθρώπου, ὃς ἦν μόνον εἶδος, ὅσα μεταξὺ εὑρίσκεται, ταῦτα εἴδη μέν ἐστι τῶν πρὸ αὐτῶν, γένη δὲ τῶν μετὰ ταῦτα· ὥσπερ τὸ ζῷον εἶδος μέν ἐστι τῆς οὐσίας, γένος δὲ τοῦ λογικοῦ ζῴου, τὸ δὲ λογικὸν ζῷον γένος μὲν τοῦ ἀνθρώπου, εἶδος δὲ τοῦ ζῴου.

Τὰ δὴ ταῦτα ὅσα μεταξὺ ὄντα τοῦ γενικωτάτου καὶ τοῦ <ε>ἰδικωτάτου πρὸς ἄλλο καὶ ἄλλο λαμβανόμενα καὶ γένη ἐστὶ καὶ εἴδη, ταῦτα ὑπάλληλα καλεῖται γένη.

<Π.> Ἆρα οὖν ὑπάλληλα ὄντα ἔστιν ὅτι φέρεται ἑκάτερον ὑφ᾿ ἑκάτερον;

17 Π. (*Int.*) add. Fel. u. sign. Ap || **18** ᾿Α. (*Resp.*) add. Fel. u. sign. Ap || Φημὶ A || **22** γένη δὲ τῶν ὑποκαταβεβηκότων A || **23** τὰ (MA) secludend. esse coni. Busse (in app.) quod prob. Strange || **24** Π. (*Int.*) add. Fel. u. sign. Ap || **25** ᾿Α. (*Resp.*) add. Fel. u. sign. Ap || **27** οἱ τινὲς Busse : οἵ τινες A οἱτιν᾿ M || **29-30** μετὰ ταῦτα MA : μετ᾿ αὐτὰ coni. Busse (in app.) || **32** ταῦτα MA : τοιαῦτα coni. Strange || τοῦ [2] M : om. A || **35** Π. (*Int.*) add. Fel. u. sign. Ap

Q. — Exprime-toi encore un peu plus clairement ?

R. — Je prétends que parmi les choses affirmées universellement, il y a les genres, les espèces et les différences. Or parmi les espèces et les genres, il y en a qui sont uniquement des espèces, ceux dont la division aboutit aux réalités particulières ; et il y en a, on l'a dit, qui sont uniquement des genres : ce sont ceux, on l'a dit, pour lesquels on ne trouve plus de genre supérieur ; mais entre les deux il y a tous les intermédiaires ; du fait qu'ils sont des espèces pour les genres qui viennent au-dessus et des genres pour les espèces qui viennent en dessous, les intermédiaires seront donc tout normalement les genres subordonnés [1].

Q. — Clarifie cela par des exemples.

R. — La substance, mettons, est un genre, le genre suprême, qui n'est que genre, réunissant les substances ; on ne peut en effet trouver d'autre genre placé avant la substance elle-même. De l'autre côté, l'homme est uniquement une espèce ; après celle-ci, en effet, ce sont les individus, c'est-à-dire, les hommes particuliers. Mais tout ce qu'on trouve dans l'intervalle, depuis la substance jusqu'à l'homme, qui n'est, on l'a dit, qu'une espèce, ce sont des espèces pour les genres qui précèdent et des genres pour les espèces qui suivent. Ainsi, l'animal est une espèce pour la substance, mais un genre pour l'animal rationnel, tandis que l'animal rationnel est le genre de l'homme, mais une espèce de l'animal. Donc tout ce qui occupe une position intermédiaire entre le genre suprême et l'espèce infime, ce qui est conçu à la fois comme espèce et comme genre selon qu'on se réfère à ceci ou à cela, c'est ce qu'on appelle des genres subordonnés les uns aux autres [2].

Q. — Dans ces conditions, s'ils sont subordonnés les uns aux autres, est-ce du fait que chacun des deux se trouve subordonné à l'autre ? [3]

1. [83.18-23] Tout ce développement correspond à l'enseignement de *Isagôgè*, 4, 15-5, 16, et 5, 21-23. À un extrême, ce qui n'est que genre est appelé genre suprême (γενικώτατον) et à l'autre extrême, ce qui n'est qu'espèce est appelé espèce infime (εἰδικώτατον). Quant aux intermédiaires, genres ou espèces selon le point de vue où l'on se place, ils sont les seuls universels auxquels Porphyre réserve la notion de genres subordonnés, définis sommairement p. 83, 14-16.

2. [83.25-34] L'*Isagôgè* (*cf.* note précédente), qui emprunte ses exemples à la même catégorie, permet de compléter la subdivision : I (universels). A (genres) 1. (genre suprême) : *substance* ; → B (genres intermédiaires ou subordonnés). a. *corps* ; → b. *corps animé* ; → c. *animal* ; → d. *animal rationnel* ; → C (espèce) *homme* ; II (particuliers) les hommes particuliers, *Socrate*, *Platon*, etc.

3. [83.35-36] La question de savoir si la subordination est réciproque n'est que l'occasion d'observer ou de rappeler que le genre inférieur inclut le genre supérieur *plus* des différences (ce qui exclut la réciprocité).

<Ἀ.>Οὐδαμῶς· ἀδύνατον γάρ, εἴπερ τὸ λογικὸν ζῷον θνητὸν οἷον ὁ ἄνθρωπος ὑπὸ τὸ ζῷον, καὶ τὸ ζῷον εἶναι ὑπὸ τὸν ἄνθρωπον· οὐ διὰ τοῦτο οὖν λέγεται ὑπάλληλα, ἐπεὶ τὸ αὐτὸ τοῦ αὐτοῦ καὶ εἶδος ἔσται
84.1 καὶ γένος, ἀλλ᾽ ὅτι θάτ{τ}ερον ὑπὸ θάτ{τ}ερον <μό>ν⌈ο⌉ν· <ὅταν δὲ> καὶ ἀμφοτέρων γενῶν ὄντων μηδέτερον ὑπὸ μη⌈δ⌉έτερον ᾖ, ταῦτα οὐκ ἂν εἴη ὑπάλληλα,
ὥσπερ γενῶν ὄντων τοῦ ζῴου καὶ τῆς ἐπιστήμης οὔτε ἡ ἐπιστήμη ὑπὸ τὸ ζῷον οὔτε τὸ ζῷον ὑπὸ τὴν ἐπιστήμην. Τῶν [οὖν] ἑτερογενῶν (ἔστι δὲ ἕτερα τὰ ἀπ᾽ ἀλλήλων πάντῃ διεστῶτα, οἷον τὰ δέκα γένη τῶν δέκα κατηγοριῶν, ὧν δέκα διάφοροί ⌈εἰσιν⌉ παραστατικαὶ κατηγορίαι καὶ ὧν ἀνωτάτω καὶ οὐκέτι ὑπ᾽ ἄλλο τεταγμένα ἐστὶ δέκα γένη) τούτων ἕτεραί ⌈εἰσιν⌉ καὶ αἱ διαφοραί, τῶν

36 Ἀ. (*Resp.*) add. Fel. u. sign. Ap || **38** post ἐπεὶ add. οὕτω γε Simpl. (56,26) addend. οὐ coni. Frenkian || τοῦ αὐτοῦ M : om. A || **84.1** μόνον· ὅταν δὲ coni. Strange sec. Simpl. (56,27-28) : ὃν MA post ὃν addend. esse εἶδος καὶ γένος ἐστιν· ὅταν δὲ coni. Busse (in app.) || **2** μηδέτερον [2] Busse : μήθ᾽ ἕτερον MA τὸ ἕτερον Simpl. (56,28) || **4** οὖν rest. Busse sec. Simpl. (56,30) : om. et lac. indic. A || **6** εἰσιν corr. A : ἐστὶν M || **7** εἰσιν corr. A : ἐστὶ M

R. — Pas du tout, car si l'animal rationnel mortel, l'homme par exemple, est subordonné à l'animal, l'animal ne peut être aussi subordonné à l'homme[1]. Ce n'est donc pas pour cela qu'ils sont dits subordonnés l'un à l'autre, puisque alors une même chose serait à la fois espèce et genre de la même chose; | c'est au contraire parce que l'une des deux seulement est 84
subordonnée à l'autre. Quand en revanche, les deux choses sont des genres sans que l'un soit rangé sous l'autre, ce ne peuvent être des genres subordonnés. Ainsi, bien que l'animal et la science soient des genres, la science n'est pas rangée sous l'animal, ni l'animal sous la science[2]. Par conséquent, les choses de genres distincts – et sont distincts les genres qui sont à distance les uns des autres à tous points de vue[3], comme les dix genres correspondants aux dix catégories, qui peuvent être désignés par dix catégories différentes et sont, au rang suprême, dix genres qu'on ne trouve plus rangés sous un autre – présentent aussi des différences distinctes[4].

1. [83.39] Il est curieux que Porphyre prenne pour exemples de subordonnés, l'homme et l'animal, non seulement parce que l'homme n'est pas directement subordonné à l'animal, mais aussi et surtout parce que l'homme n'est pas un *genre,* mais une espèce infime, et donc n'est pas, comme l'animal, un genre intermédiaire. Mais cela n'en fait peut-être que mieux ressortir l'impossible réciprocité, car si la subordination était réciproque, cela ferait de l'homme, qui n'est qu'une espèce, un genre (intermédiaire) au même titre que l'animal.

2. [84.1-4] L'exemple choisi, notons-le, est celui de genres appartenant ultimement à deux genres (suprêmes) distincts (catégories); mais il existe aussi, dans le même genre (suprême), des genres non-subordonnés, comme, par exemple, le terrestre et l'ailé. Ce sont ceux qu'Aristote considère en *Top.*, VI, 6 (cf. *supra*, n. *ad* 83, 5-7), mais que Porphyre ignore ici.

3. [84.5] Cf. *supra,* n. *ad* 83, 5-7.

4. [84.4-7] C'est la règle énoncée en *C,* 1 b 16-17, à une nuance près : Porphyre affirme simplement que leurs différences sont distinctes, alors qu'Aristote écrivait qu'elles sont *spécifiquement* (εἴδει) distinctes. De plus, il ne commente pas cette règle, comme si cela allait de soi. Il est vrai – on le sait par Simplicius (58, 15-17) – que Nicostrate tenait le propos d'Aristote pour une évidence et l'accusait de bavardage inutile au vu des exemples produits : qui pourrait imaginer que les différences de la science sont celles de l'animal ? Pourtant, d'autres exemples auraient pu être produits et l'avaient été par Aristote lui-même, qui contrevenaient apparemment à la règle : ceux précisément des genres ailé et terrestre qu'on a signalés (*cf.* n. *ad* 84, 1-4 et 83, 5-7), car ces deux genres non subordonnés, comme l'observait Aristote, présentent la même différence (celle de bipède) ! Il y avait donc là matière à difficulté. C'est si vrai que d'après Simplicius (57, 22-58, 1), Herminos déjà avait cru devoir affronter cette difficulté et avait proposé de la résoudre en disant que bipède, en l'occurrence, est une différence, non de l'ailé et du terrestre, genres non subordonnés, mais de l'animal, genre auquel le terrestre et l'ailé sont l'un et l'autre subordonnés; or selon Herminos, Aristote visait ici (en *C,* 3), non les différences génériques, mais les différences spécifiques; c'est pourquoi il parle des différences qui sont distinctes « spécifiquement » (εἴδει) ! Porphyre ne pouvait ignorer le problème, ni la solution d'Herminos. S'il évite, par conséquent, de dire ici,

δὲ ὑπ᾽ ἄλληλα γενῶν ἐνδέχεται τὰς αὐτὰς εἶναι διαφοράς· οὐ γὰρ δὴ πάντων αἱ αὐταί, ἀλλ᾽ ἔστιν ἐφ᾽ ὧν αἱ αὐταί, ἐφ᾽ ὧν δὲ οὔ.

<Π.> Πῶς ἐπὶ τινῶν μὲν αἱ αὐταί, ἐπὶ τινῶν δὲ οὔ, ἐπίδειξον.

<᾽Α.> Τὸ ζῷον καὶ τὸ ὄρνεον ὑπάλληλά ἐστι γένη (ὑπὸ γὰρ τὸ ζῷον τὸ ὄρνεον), ἀλλὰ ζῴου μὲν αἱ διαφοραὶ τὸ λογικὸν καὶ τὸ ἄλογον, ὀρνέου δὲ οὐκ ἂν εἶεν αἱ αὐταὶ διαφοραί. Εἶεν δ᾽ ἄν τινες ζῴου διαφοραί, αἵπερ καὶ ὀρνέου· τῶν τε γὰρ ζῴων τὰ μέν ἐστι ποηφάγα, τὰ δὲ σπερμοφάγα, τὰ δὲ κρεηφάγα, ἀλλὰ καὶ τῶν ὀρνέων αἱ αὐταὶ διαφοραί.

<Π.> Διὰ τί οὖν τοῦτο συμβαίνει;

<᾽Α.> Ὅτι τὸ ζῷον περιέχει μὲν τὸ ὄρνεον ἐν τοῖς ἑαυτοῦ εἴδεσιν, τὴν δὲ ἐπιστήμην οὐ περιέχει, οὐδὲ ἔστιν αὐτοῦ εἶδος ἡ ἐπιστήμη. Τοῦ δὲ περιέχοντος γένοι<ν>το ἂν καὶ τοῦ περιεχομένου διαφοραὶ αἱ αὐταί, τοῦ δὲ

10 Π. (*Int.*) add. Fel. u. sign. Ap ‖ **11** ᾽Α. (*Resp.*) add. Fel. u. sign. Ap ‖ **15** κρεηφάγα M : κρεοφάγα A ‖ **16** Π. (*Int.*) add. Fel. u. sign. Ap ‖ **17** ᾽Α. (*Resp.*) add. Fel. u. sign. Ap ‖ **19** γένοιντο A[1] : γένοιτο MA

Mais les genres subordonnés peuvent présenter les mêmes différences[1] : tous ceux-ci, entendons-nous, ne se présentent pas dès lors avec les mêmes différences, mais il y a des cas où ce sont les mêmes, et des cas où ce ne sont pas les mêmes.

Q. — Montre donc dans quel cas, ce sont les mêmes et dans quel cas non.

R. — L'animal et l'oiseau sont des genres subordonnés l'un à l'autre, puisque l'oiseau se range sous l'animal ; et les différences que présente l'animal sont « rationnel » et « irrationnel », alors que l'oiseau ne peut présenter les mêmes différences[2]. Mais il peut y avoir certaines différences de l'animal qui sont précisément celles de l'oiseau. Parmi les animaux, en effet, il y a les herbivores, les granivores et les carnivores. Eh bien, les oiseaux aussi présentent les mêmes différences[3].

Q. — Comment donc cela se fait-il ?

R. — C'est que l'animal inclut l'oiseau parmi ses propres espèces, mais n'inclut pas la science, et la science n'est pas une espèce d'animal. Or le terme incluant et le terme inclus peuvent présenter les mêmes différences,

comme Aristote, « les différences *spécifiquement* distinctes », alors qu'il discute cette expression dans son commentaire à Gedalios (*cf.* Simplicius, 58, 7-14), cela n'est probablement pas l'effet du hasard, mais l'indice qu'il se refusait peut-être ici à entrer dans les considérations d'Herminos pour examiner la difficulté que celui-ci prétendait résoudre. Et s'il s'y refusait, c'est qu'il jugeait qu'ici, Aristote avait en vue les seuls genres distincts qui correspondent aux catégories et donc *les seuls genres non-subordonnés qui appartiennent à des catégories différentes,* comme la science et l'animal, à l'exclusion des genres comme l'ailé et le terrestre, qui appartiennent à la même catégorie. Comme Alexandre d'Aphrodise, il considérait donc que le terrestre et l'ailé, par exemple, ne sont pas des genres distincts au sens de C, 3

1. [84.7-9] C'est la règle énoncée en *C,* 1 b 20-24, pour laquelle Aristote ne fournit pas d'exemples, source de difficultés redoutables pour les commentateurs.

2. [84.11-13] L'oiseau ne peut être dit rationnel et, s'il est dit irrationnel, c'est par implication, comme l'espèce « homme », qui reçoit les différences (rationnel et mortel) des genres supérieurs, mais non toutes, parce que parmi celles-ci, certaines sont exclusives l'une de l'autre (cf. *supra,* 83, 37). Il ne peut en l'occurrence partager ensemble les deux différences d'un genre supérieur.

3. [84.13-14] Aristote parle des oiseaux herbivores (qu'il appelle ποφαγοῦντα dans *Histoire des animaux,* VIII, 3, 593 a 15, mais ποηφάγοι est utilisé en 6, 595 a 14 à propos d'autres animaux), des oiseaux granivores (qu'il appelle plutôt καρποφαγοῦντα : *ibid.*, 3, 593 a 15), des oiseaux carnivores (qu'il appelle σαρκοφάγοι : *ibid.*, 592 a 30 ; mais κρεοφάγοι se rencontre en *Parties des animaux,* IV, 12, 693 a 3), ainsi que des oiseaux omnivores (παμφάγοι : *ibid.*, 593 b 25), des mangeurs d'épineux (σκωληροφάγα : *ibid.*, 592 b 29), etc.

μήτε περιέχοντος μήτε περιεχομένου οὐκ ἂν εἶέν ποτε αἱ αὐταὶ διαφοραί.

<Π.> Πῶς οὖν τοῦτο δεδήλωκεν ὁ Ἀριστοτέλης;

<Ἀ.> Ἐν τῷ φάναι « τῶν δὲ ὑπ' ἄλληλα γενῶν οὐδὲν κωλύει τὰς αὐτὰς διαφορὰς εἶναι ». Αἰτίαν δὲ ἐπάγει· « τὰ γὰρ ἐπάνω τῶν ὑπ' αὐτὰ γενῶν κατηγορεῖται, ὥστε ὅσαι τοῦ κατηγορουμένου διαφοραί εἰσιν, <τοσαῦται> καὶ τοῦ ὑποκειμένου ἔσονται. »

<Π.> Ἀλλὰ σὺ τινὰς μὲν διαφορὰς τοῦ ζῴου τὰς αὐτὰς ἀπέδειξας οὔσας τοῦ ὀρνέου· <οὐ γὰρ ὅσαι τοῦ ζῴου [διαφοραί, τοσα]ῦται καὶ τοῦ ὀρνέου>· ὁ δὲ καθάπερ εἴρηκεν ὥστε ὅσ[αι] τοῦ κατηγορουμένου διαφοραί εἰσι, καὶ τοῦ ὑποκειμένου ἔσονται. {οὐ - ὀρνέου}

29.a <Ἀ.> Καίτοι πρὸ ὀλίγου ἔφασκεν οὐδὲν κωλύει τὰς τῶν ὑπαλλήλων γενῶν διαφορὰς καὶ τῶν ὑποκάτω εἶναι, ὡς μὴ πασῶν δυναμένων τῶν ὑποκάτω εἶναι.

31 <Π.> Νῦν δὲ ἁπλῶς ἔφη ὅσαι τοῦ κατηγορουμένου, τοσαῦται καὶ τοῦ ὑποκειμένου διαφοραὶ ἔσονται.

33 <Ἀ.> Ἀλλ' οἶμαι μὲν διὰ τοῦτο πολλοὺς ἡμαρτῆσθαι νομίσαι τὸν τόπον
85.1 καὶ διορθοῦντας φῆσαι μὴ « ὅσαι τοῦ κατηγορουμένου διαφοραί, τοσαῦται καὶ τοῦ ὑποκειμένου ἔσονται », ἀλλ' ἔμπαλιν « ὅσαι τοῦ ὑποκειμένου, τοσαῦται καὶ τοῦ κατηγορουμένου ἔσονται ». Ἐγὼ δέ

21 Π. (*Int.*) add. Fel. u. sign. M (ubi Πως inc. in mg) Ap ‖ **22** Ἀ. (*Resp.*) add. Fel. u. sign. Ap ‖ δὲ MA : δέ γε Arist. (1 b 20) ‖ **25** εἰσιν MA : εἰσι (dub.) codd. Arist. (1 b 23) ‖ τοσαῦται addidi (cf. infra, u. 32 et 85,1-2 sec. Arist. 1 b 23) ‖ **26** Π. (*Int.*) add. Fel. u. sign. M (ubi Ἀλλὰ inc. in mg) Ap ‖ **27** οὐ γὰρ - ὀρνέου huc transposui (ut coni. Busse in app.) : quae verba post ἔσονται (u.29) leguntur in MA ‖ διαφοραί, τοσαῦται A ‖ **28** ante ὁ δὲ u. sign. p ‖ post ὁ δὲ addend. esse πάσας coni. Busse quod prob. Strange ‖ ὅσαι A ‖ **29a** Ἀ. addidi ‖ **31** Π. addidi ‖ **33** Ἀ. add. Busse u. sign. A (dub.) ‖ **85.3** ante Ἐγὼ u. sign. MA (dub.)

tandis que le terme qui n'inclut pas un autre et n'est pas inclus par lui ne peut jamais présenter les mêmes différences que cet autre[1].

Q. — Comment donc Aristote a-t-il fait voir cela ?

R. — En disant : « En revanche, les genres subordonnés les uns aux autres, rien ne les empêche de présenter les mêmes différences ». Et il avance le motif : « Car les genres supérieurs sont prédiqués de ceux qui leur sont subordonnés ; si bien que toutes les différences du genre prédiqué doivent être également celles du sujet »[2].

Q. — Mais tu as démontré, toi, que *certaines* différences de l'animal sont identiques à celles de l'oiseau (toutes les différences de l'animal, en effet, ne sont pas aussi celles de l'oiseau), alors que, lui, selon ses propres termes, a déclaré : « si bien que *toutes* les différences du genre prédiqué doivent être également celles du sujet ».

R. — Néanmoins, peu avant[3], il avait prétendu que rien n'empêche les différences des genres subordonnés les uns aux autres d'être aussi celles des genres inférieurs, comme s'il était possible que toutes ne soient pas celles des genres inférieurs.

Q. — Mais maintenant, il a dit simplement : « toutes celles du genre prédiqué doivent être aussi les différences du sujet ».

R. — Mais c'est, je crois, la raison pour laquelle beaucoup ont jugé que
le passage est fautif | et, pour le corriger, ont proposé de dire, non pas **85**
« toutes les différences du genre prédiqué doivent être aussi celles du sujet », mais, à l'inverse : « toutes celles du sujet doivent être aussi celles du

1. [84.17-20] Non seulement le genre inclus peut partager certaines différences du genre incluant, mais il doit obligatoirement en partager une, sous peine de n'être pas subordonné au genre supérieur. D'après cet argument, la différence « irrationnel », obligatoirement incluse, ne se distingue pas des différences « herbivores, granivores et omnivores », sauf que ces trois dernières ne s'excluent pas mutuellement ; un même genre d'animal peut être omnivore. Notons qu'il est possible, à partir de là, de voir comment éventuellement traiter l'ailé et le terrestre, qui partagent la même différence (bipède) : chacun étant inclus dans le genre animal, chacun partage cette différence avec le même genre supérieur.

2. [84.22-25] Répétition de *C*, 1 b 20-21 et 22-24.

3. [84.29a et 31] Ces changements de réplique, non reconnus par les éditeurs, s'imposent pour la clarté. L'élève-questionneur qui relève une apparente contradiction (« Toi, … mais Aristote » … : 26-29) ne fait pas de concession ; c'est le maître-répondeur qui se justifie par le rappel de ce qu'Aristote lui-même a dit précédemment (29a 30), ce qui a pour effet de rejeter l'apparente contradiction sur le texte d'Aristote lui-même. L'élève se borne ensuite à confirmer ce qui est apparemment une incohérence interne (« précédemment, oui ; mais maintenant » … : 31-33). Les citations extraites d'Aristote sont approximatives, contrairement à celles que l'on lit en 84, 23-25 et en 85, 1-2.

φημι ἐξ αὐτ<οῦ> τούτου {τοῦ} ἐκ τοῦ ἐνίας φάναι καὶ πάλιν πάσας τὴν λύσιν τῆς ἀπορίας λαμβάνεσθαι· εἰ γὰρ οὐ πᾶσαι αἱ τοῦ κατηγορουμένου διαφοραὶ καὶ τοῦ ὑποκειμένου εἶναι εὑρέθησαν, ἀλλά τινες, πάλιν δὲ πᾶσαι λέγονται τοῦ κατηγορουμένου εἶναι καὶ τοῦ ὑποκειμένου, δεῖ ἐλθεῖν ἡμᾶς ἐπὶ τὰς διαφορὰς κἂν μὲν ἐν αὐταῖς εἶδος ᾖ, ἰδεῖν, ἐπὶ ποίου εἴδους αἱ διαφοραὶ πᾶσαι δύνανται τοῦ ὑποκεινένου κατηγορεῖσθαι.

<Π.> Δεῖξον οὖν τί λέγεις σαφῶς.

<᾿Α.> Φημὶ τοίνυν ὅτι τῶν διαφορῶν αἱ μὲν λέγονται εἶναι εἰδοποιοί, καθ᾿ ἃς εἰδοποιεῖται τὸ κατηγορούμενον καὶ οἷον πεποίωται, αἱ δέ εἰσι διαιρετικαί, καθ᾿ ἃς διαιρεῖται εἰς εἴδη τὸ γένος τ⌈ὰ⌉ ὑπ᾿ αὐτοῦ. Οἷον τὸ ἔμψυχον, τὸ αἰσθητικὸν διαφοραὶ δήπου ἐστίν, ἀλλ᾿ αὗται προ<σ>γενόμεναι τῇ οὐσίᾳ <ε>ἰδοποίησαν αὐτὴν καὶ οἱονεὶ ἐποί⌈ω⌉σαν πρὸς τὸ γενέσθαι ζῷον. Εἰδοπεποίηται τοίνυν καὶ πεποίωται τὸ ζῷον τῇ τοῦ ἐμψύχου διαφορ⌈ᾷ⌉ καὶ τῇ τοῦ αἰσθητικοῦ, αἷς διαμορφωθεῖσα ἡ οὐσία γέγονεν [ζῷον]· διὸ καὶ λέ-

4 αὐτοῦ A : αὐτ᾿ M || τοῦ 1 (MAC) delevi et om. p (recte ut coni. Busse) || **10** Π. (*Int.*) add. Fel. u. sign. Ap || **11** ᾿Α. (*Resp.*) add. Fel. u. sign. Ap || εἶναι M : om. A || **13** τὰ Busse : τὸ MA || **14** ἐστίν MA : εἰσίν coni. Busse quod prob. Strange || προσγενόμεναι Busse : προγ- MA || **15** ἐποίωσαν Busse : ἐποίησαν MA || **16** διαφορᾷ scripsi : διαφορᾶ MA Busse || **17** ζῷον A

genre prédiqué »[1]. Pour ma part, cependant, je prétends que la solution du problème doit partir de ce fait même qu'il parle de « certaines » différences et, à la reprise, de « toutes » les différences. Car si ce ne sont pas toutes les différences du genre prédiqué qui se retrouvent être celles du sujet, mais certaines d'entre elles, et qu'à la reprise, il est dit que toutes les différences du genre prédiqué sont également celles du sujet, alors il nous faut aller voir du côté des différences s'il n'y aurait pas en leur sein une espèce, et laquelle, où toutes les différences peuvent être prédiquées du sujet[2].

Q. — Montre donc clairement ce que tu veux dire.

R. — Eh bien, voilà ce que je soutiens. Parmi les différences, certaines sont, dit-on, spécifiques : celles qui permettent de donner forme au genre prédiqué et en quelque sorte, le produire. Mais d'autres sont des différences divisives : celles qui permettent de diviser le genre en espèces qui lui sont subordonnées[3]. Ainsi, l'animé, le sensitif sont bel et bien des différences, mais elles ont été ajoutées à la substance pour lui donner forme et en quelque sorte faire que naisse un animal. Or c'est l'animal qui reçoit sa forme et se trouve produit par la différence de l'animé et celle du sensitif,

1. [84.33-85.3] Grâce à Simplicius (54, 28-55, 5), on sait que cette correction avait été proposée déjà par Bœthos de Sidon; ce qui semble prouver que la difficulté soulevée par le texte était apparue très anciennement. La correction élimine en effet cette difficulté, car toutes les différences d'un genre inférieur, défini par le genre supérieur et ces différences-là, sont *ipso facto* celles du genre supérieur qui sert à le définir et qui en est le prédicat. Mais il est permis de se demander si pareille correction évacue l'apparente incohérence qui résulte de la comparaison entre 1 b 21 et 1 b 23-24. Elle exclut, certes, à la lecture de 1 b 23-24, l'éventualité qu'on puisse distinguer les différences des genres subordonnés; mais, en 1 b 21, l'expression οὐδὲν κωλύει, qui, elle, envisage cette possibilité, n'exclut pas l'éventualité contraire, exactement comme, en 1 b 8, la même expression envisage la possibilité que des individus soient inhérents à un sujet, mais n'exclut évidemment pas que des individus soient substances.

2. [85.3-9] De cette façon, en distinguant plusieurs espèces de différences, on pourrait soutenir qu'en 1 b 21, Aristote envisage toutes les espèces de différences ou seulement l'une d'entre elles, tandis qu'en 1 b 23-24, il envisagerait seulement celle qui se prédique d'un sujet.

3. [85.11-13] C'est une doctrine qu'expose l'*Isagôgè* (8, 7-10, 21) avec plus de détails. Porphyre distingue là les différences « inséparables » d'un sujet de celles qui en sont séparables; dans les différences « inséparables », il distingue encore les différences « par soi », qui « produisent autre chose », des différences « accidentelles », qui introduisent une qualité; enfin, parmi les différences « par soi », qui font parties de la définition, il distingue les deux espèces signalées ici : a) les différences « constitutives » (συστατικαί) d'un genre et b) les différences « divisives » (διαιρετικαί) du même genre, celles qui le découpent en espèces et « servent à composer les espèces » (συμπληρωτικαὶ τῶν εἰδῶν). L'*Isagôgè* appelle « spécifiques » (εἰδοποιοί) les deux sortes de différences, parce qu'elles donnent forme, les premières, au genre supérieur, les secondes, au genre inférieur, tandis que, dans notre passage, pour la clarté sans doute, Porphyre réserve l'appellation aux différences constitutives du genre supérieur.

γομεν εἶναι τὸ ζῷον οὐσίαν ἔμψυχον αἰσθητικήν. Καὶ εἰσὶν αὗται αἱ διαφοραὶ αἱ γεν<ν>ητικαὶ καὶ ἀποτελεστικαὶ τοῦ [ζῴου] καὶ ἐπάνω γε αὐτοῦ· διὸ καὶ κατηγοροῦνται αὐτοῦ· εἴποις γὰρ ἂν τὸ ζῷον ἔμψυχον καὶ πάλιν αἰσθητικόν. Εἰσὶ δὲ ἄλλαι διφοραί, αἳ οὐκέτι εἰδοποιοῦσι τὸ ζῷον, ἀλλὰ τέμνουσιν αὐτὸ εἰς εἴδη, καὶ εἰσὶ πᾶσαι ὑποκάτω αὐτοῦ καὶ ὑπ᾽ αὐτό· διὸ οὐδὲ ἑκάστη<ν ἂν> δυνηθείη τις τοῦ ζῴου κατηγορῆσαι οἷον τὸ λογικόν, τὸ ἄλογον, τὸ θνητόν, τὸ ἀθάνατον, τὸ πτηνόν, τὸ χερσαῖον, τὸ ἔνυδρον, τὸ δίπουν, τὸ τετράπουν, τὸ ἑρπυστικόν, τὸ πτερωτόν, τὸ ἄπτερον· πολλαὶ γὰρ ὑπὸ τὸ ζῷον διαφοραί, αἷς τέμνεται μὲν αὐτό, εἰδοποιεῖται δὲ τὰ ὑπ᾽ αὐτὸ εἴδη τῶν ζῴων, οὐ μὴν ἔτι καὶ αὐτὸ ταύταις εἰδοποιεῖται, αἷς δὴ καὶ τέμνεται, ἀλλὰ ταῖς προτέραις.

<Π.>Εἰ τοίνυν οὐ πάσαις μὲν ταῖς διαφοραῖς τῶν κατηγορουμένων δύναται τὰ ὑποκείμενα χρ⌈ῆ⌉σθαι, τισὶ δέ, καὶ ταῖς γε τισὶ ταύταις πάσαις δύναται λέγεσθαι τὰ ὑποκείμενα;

<᾽Α.>Φημὶ ὅτι οὐ πάσας μὲν τὰς τοῦ ζῴου διαφοράς ἐστι κατηγορεῖν τοῦ ὑποκειμένου οἷον τοῦ ἀνθρώπου, πάσας δὲ τὰς εἰδοποιούς ἐστι κατηγορεῖν. Ἦσαν δὲ τοῦ ζῴου εἰδοποιοὶ αἱ ἐπάνω, τὸ ἔμψυχον, τὸ αἰσθητικόν·

19 γεννητικαὶ A^{1} : γιννητικαὶ A γενητικαὶ M || ζῴου A || **23** ἑκάστην ἂν scripsi : ἑκάστην Busse ἑκάστη M (dub.) A || **29** Π. (*Int.*) add. Fel. u. sign. Ap || **32** ᾽Α. (*Resp.*) add. Fel. u. sign. Ap

lesquelles permettent de configurer la substance et d'en faire un animal. C'est justement pourquoi nous disons que l'animal est une substance animée sensitive. Autrement dit, ce sont ces différences-là qui servent à engendrer l'animal et à le constituer. Et en tous cas, elles lui sont supérieures. C'est précisément pourquoi elles sont prédiquées de lui. On peut dire en effet que l'animal est animé et puis sensitif. Mais il y a d'autres différences, qui, elles, ne donnent plus forme à l'animal, mais le découpent en espèces. Et elles lui sont toutes inférieures, c'est-à-dire subordonnées. Aussi ne pourrait-on plus prédiquer la moindre d'entre elles de l'animal : tels sont le rationnel, l'irrationnel, le mortel, l'immortel, l'aérien, le terrestre, l'aquatique, le bipède, le quadrupède, le reptile, l'ailé, l'aptère, … Il y a en effet beaucoup de différences en dessous de l'animal, qui permettent de le découper et par ailleurs de donner forme aux espèces d'animaux qu'il inclut ; toutefois, lui-même ne reçoit plus sa forme au moyen de ces différences qui justement servent à le découper, mais au moyen des différences précédentes [1].

Q. — Si toutefois, ce ne sont pas toutes, mais certaines différences des genres prédiqués qui peuvent servir aux sujets, celles-ci au moins forment encore une certaine classe où toutes les différences, sans exception, peuvent s'appliquer aux sujets ? [2]

R. — Oui, je prétends que toutes les différences applicables à l'animal ne peuvent être prédiquées du sujet, l'homme, par exemple, mais que toutes les différences spécifiques le peuvent. Or, on l'a dit, les différences spécifiques de l'animal sont celles qui lui sont supérieures [3] : l'animé, le sensitif,

1. [85.13-28] Il résulte de tout ceci qu'une même différence, selon le point de vue où l'on se place, peut être considérée, soit comme constitutive, soit comme divisive. Ainsi, la différence « sensitive », par exemple, peut être considérée comme constitutive du genre « animal » et divisive du genre « substance ». Or cela n'est possible que parce que les genres considérés sont subordonnés l'un à l'autre : le genre animal est en effet subordonné au genre substance. Il peut donc sembler aisé de rendre ainsi évident qu'une même différence peut appartenir à deux genres subordonnés. Mais la distinction entre différences constitutives ou spécifiques et différences divisives est faite au contraire pour montrer que la différence spécifique, qui constitue un genre inférieur, ne peut être attribuée au genre supérieur, qu'elle divise tout simplement.

2. [85.29-31] Non seulement toutes les différences d'une espèce se prédiquent, mais, semble-t-il, aucune des différences de l'autre espèce ne se prédique.

3. [85.34] Elles lui sont « supérieures » en ce sens que, pour le constituer, elles doivent se situer plus haut dans l'échelle des êtres et être associées au genre qui précède (la substance, selon 84, 15-16). C'est, notons-le par parenthèse, ce qui rend impossible la définition des genres suprêmes, faute de différence déterminant un genre supérieur ; cf. *infra*, n. *ad* 86, 10-13.

ταύτας δὲ οἷόν τε κατὰ ἀνθρώπου κατηγορῆσαι· αἰσθητικὸν γὰρ καὶ ἔμψυχον ὁ ἄνθρωπος. Ὀρθῶς ἄρα εἴρηται ὅτι πάντα τὰ κατηγορούμενα τῶν ἐπάνω καὶ τῶν ὑποκάτω κατηγορήσομεν· τὰς μὲν γὰρ διαιρετικὰς διαφορὰς οὐχ οἷόν τε κατηγορεῖν τοῦ ζῴου, τὰς δὲ εἰδο[ποιοὺς οἷόν τε· εἰσὶν] γὰρ ἐπάνω. Ὥστε ὅσα οἷόν τε κατηγορῆσαι τοῦ κατηγορουμένου, οἷόν τε δὲ τὰς ἐπάνω
86.1 καὶ εἰδοποιοὺς διαφοράς, ταῦτα{ς} καὶ κατὰ τοῦ ὑποκειμένου κατηγορῆσαι· ὅσα δὲ οὐχ οἷόν τε κατηγορεῖν, ταῦτα οὐ κατηγορήσομεν. Εἰσὶ μέντοι τιν⌈ὲς⌉ τῶν ὑποκάτω καὶ διαιρετικῶν τοῦ ζῴου διαφοραί, ἃς οἷόν τε καὶ τῷ ὑποκειμένῳ ποιεῖσθαι διαιρ⌈ετικάς, ὡς⌉ ἀπεδείξαμεν.

<Π.> Μετὰ δὲ τὸ ταῦτα διδάξαι ἐπὶ τίνα μεταβαίνει διαίρεσιν;

<Ἀ.> Τὴν εἰς μεῖζον ἀναλαβὼν ποιήσεται· ἣν δὲ ἡ εἰς μεῖζον ἡ εἰς δέκα.

<Π.> Ἆρα οὖν διαίρεσίς ἐστιν;

<Ἀ.> Οὐδαμῶς.

<Π.> Διὰ τί;

<Ἀ.> Διαίρεσις μὲν γάρ ἐστι τομὴ τοῦ γένους εἰς εἴδη, ἐνταῦθα δὲ οὐ γένος ἓν διαιρήσεται εἰς εἴδη δέκα, ἀλλὰ δέκα γένη ἐκθήσεται· καταρίθμησις οὖν ἐστιν, ἣν ποιήσεται τῶν πρώτων γενῶν καὶ τῶν κατὰ τὰ

38 εἰδοποιοὺς οἷόν τε· εἰσὶν A paene oblitt. M || **86.1** ταῦτα p (cf. infra, u.2) : ταύτας MAC || **2** τινὲς A : τιναὶ (sic) M || **4** διαιρετικάς, ὡς Busse : διαιρῶσα M διαιροῦσα A || **5** Π. (*Int.*) add. Fel. u. sign. Ap || τὸ MA[1] (s.u.) : om. A || **6** Ἀ. (*Resp.*) add. Fel. u. sign. M (ubi Τὴν inc. in mg) Ap || **7** Π. (*Int.*) add. Fel. u. sign. Ap || **8** Ἀ. (*Resp.*) add. Fel. u. sign. Ap || **9** Π. (*Int.*) add. Fel. u. sign. Ap || **10** Ἀ. (*Resp.*) add. Fel. u. sign. Ap || **12** τὰ M : om. A

… Et ce sont elles qu'on peut prédiquer de l'homme, vu que l'homme est un être sensitif et animé. Il était donc correct d'affirmer que tout ce que nous prédiquons du supérieur, nous pouvons le prédiquer de l'inférieur ; car si les différences divisives ne sont pas prédicables de l'animal[1], les différences spécifiques, en revanche, le sont, puisqu'elles sont supérieures. Par conséquent, tout ce qui est prédicable du genre prédiqué – et les différences supérieures | du type spécifique le peuvent – est également prédicable du sujet, **86**
tandis que tout ce qui n'est pas dans ce cas, nous ne pouvons le prédiquer. Il existe toutefois certaines différences inférieures, divisives de l'animal, dont on peut faire aussi des différences divisives pour le sujet, ainsi que nous l'avons démontré[2].

Q. — Et après avoir enseigné cela, il passe à quelle division ?

R. — Il revient en arrière pour produire la division la plus large, c'est-à-dire, on l'a vu, la division en dix[3].

Q. — Est-ce bien une division ?

R. — Pas du tout !

Q. — Pourquoi ?

R. — Parce qu'une division découpe le genre en espèces, tandis qu'ici, ce n'est pas un genre unique qu'il va diviser en dix espèces, mais dix genres qu'il va exposer. C'est donc une énumération qu'il va produire, celle des

1. [85.38] Plus universel que les espèces en lesquelles il se divise et qu'il englobe, le genre supérieur ne reçoit pas les différences-prédicats qui constituent les genres inférieurs.

2. [86.1-4] Il n'est donc pas ici question de considérer que « rationnel », par exemple, différence divisive de l'animal (prédicat) est aussi une différence de l'homme (sujet). Cf. *supra, n. ad* 85, 13-28. Au contraire, cette différence, n'étant pas attribuable à l'animal, n'est pas de celles que l'homme, dont c'est la différence constitutive, partage avec l'animal. L'homme ne peut partager avec l'animal que les différences constitutives de celui-ci. Les autres sont exclues de la communauté, à l'exception de celles dont Porphyre a parlé plus haut (*cf.* 84, 14-15), comme herbivore, granivore et carnivore, qui divisent l'animal et dont on peut faire aussi des différences de l'oiseau. Mais c'est qu'elles sont aussi divisives de l'oiseau. Bien qu'elles soient les mêmes d'une certaine façon, ce ne sont donc là des différences spécifiques ni de l'animal, ni de l'oiseau. L'exception qu'envisage Porphyre n'est donc pas une exception à la règle qu'il prête à Aristote et qui est en fait la règle générale de la transitivité des prédicats énoncée en *C,* 1 b 10-12 : si B (animal) se dit de A (homme) et que C (rationnel, mortel, etc.) se dit de B (animal), alors C (rationnel, mortel, etc.) se dit de A. L'application de la règle suppose que les différences spécifiques se prédiquent aussi de quelque chose comme d'un sujet, de façon univoque (cf. *C,* 5, 26-28).

3. [86.6] Les subdivisions minimale et maximale des genres ont été mentionnées plus haut (71, 16 *sq.*). Porphyre rattache ainsi le début de *C,* 4 à *C,* 2, 1 a 20 *sq.*

πρῶτα γένη δέκα κατηγοριῶν.

<Π.> Τί οὖν φησιν;

<Ἀ.> « Τῶν κατὰ μηδεμίαν συμπλοκὴν λεγομένων ἕκαστον ἤτοι οὐσίαν σημαίνει ἢ ποσὸν ἢ ποιὸν ἢ πρός τι ἢ ποῦ ἢ ποτὲ ἢ κεῖσθαι ἢ ἔχειν ἢ ποιεῖν ἢ πάσχειν. » Καὶ λαμβάνει τούτων ἑκάστου δηλωτικὰ παραδείγματα, « οἷον οὐσίας μὲν ὡς τύπῳ εἰπεῖν ἄνθρωπος, ἵππος » καὶ τῶν ἄλλων τὸ πρόσφορον εἰς παράστασιν παράδειγμα.

<Π.> Ἆρα οὖν πάντες συγχωροῦσι τὴν εἰς τὰ αὐτὰ γένη καταρίθμησιν τῶν σημαντικῶν λέξεων πρώτως καὶ προηγουμένως τῶν πραγμάτων;

<Ἀ.> Οὐδαμῶς. Ἀθηνόδωρος [γὰρ ᾐ]τ<ι>ή[σατο] ὁ Στ⌈ω⌉ϊκὸς βιβλία γράψας Πρὸς τὰς Ἀριστοτέλους κατηγορίας Κορνοῦτός τε ἐν ταῖς Ῥητορικαῖς τέχναις [καὶ ἐν τῇ] Πρὸς Ἀθηνόδωρον ἀντιγραφῇ καὶ ἄλλοι πλεῖστοι.

14 Π. (*Int.*) add. Fel. u. sign. Ap || **15** Ἀ. (*Resp.*) add. Fel. u. sign. Ap || **18** οὐσίας MA : ἔστι δὲ οὐσία Arist. (1 b 27) || ante ἄνθρωπος add. οἷον Arist. (1 b 28) || **20** Π. (*Int.*) add. Fel. u. sign. Ap || τὰ αὐτὰ MA : ταῦτα τὰ coni. Strange || **22** Ἀ. (*Resp.*) add. Fel. u. sign. Ap || post Οὐδαμῶς add. ὅτι τινὲς λέγουσι μὴ εἶναι ϊ κατηγορίας M^2 (mg) || γὰρ ᾐτιησατο coni. recte Busse sec. p. 91,13 et Simpl., 63,21 : γὰρ ᾐτήσατο A oblitt. M || **24** καὶ ἐν τῇ A

genres premiers et des prédications qui correspondent aux dix premiers genres[1].

Q. — Que prétend-il donc ?

R. — « Ce qui se dit sans aucune connexion indique, selon les cas, ou bien une substance ou une quantité ou une qualité ou un relatif ou une localisation ou un moment ou un positionnement ou une tenue ou un mode de faire ou un mode de subir »[2]. Et il prend des exemples susceptibles d'illustrer chacun de ces cas : « ainsi, afin d'illustrer la substance, pour le dire sommairement, c'est l'homme, le cheval » ; et les autres cas reçoivent chacun l'exemple qui convient.

Q. — Est-ce que tout le monde est d'accord pour dénombrer de la même façon les genres de mots servant d'abord et principalement à signifier les choses ?

R. — Pas du tout ! Athénodore le Stoïcien, en effet, a mis cela en cause en écrivant des livres intitulés *Contre les catégories d'Aristote,* ainsi que Cornutus dans ses *Arts rhétoriques* et sa réplique *Contre Athénodore* ; d'autres encore, en très grand nombre[3].

1. [86.10-13] Ce qu'exclut ainsi Porphyre, dans la plus pure tradition aristotélicienne, c'est la possibilité de faire de l'être un genre, dont les « catégories » seraient les espèces. Il ne dit pas pourquoi, mais le laisse entendre, dans la mesure où la division du genre « être » devrait se faire par le moyen de différences spécifiques pareilles à celles dont il vient de parler et qui s'ajouteraient au même genre pour constituer chacune des catégories, exactement comme les différences spécifiques « animé » et « sensitif » s'ajoutent au genre « substance » pour constituer l'animal (cf. *supra,* 85, 14-15). Or comment prendre, *en dehors de l'être,* des différences qui, s'y ajoutant, viendraient constituer ses espèces ? Cette impossibilité entraînera aussi celle de définir proprement les « catégories », par défaut de genre supérieur et de différences spécifiques. Plotin fait la même assomption en disant que l'être n'est pas un (*En.*, VI, 2, 1, 13) et selon Simplicius (62, 7-9), Herminos déjà parlait ici de « dénombrement » (ἀπαρίθμησις) pour désigner l'opération qui consiste à exposer la pluralité immédiate de l'être sous la forme des catégories : c'était peut-être pour réfuter l'hypothèse que ce serait malgré tout la subdivision « de quelque chose » (τι), d'un genre conçu à la façon des stoïciens, car Plotin (*Ibid.*, 21 22) écarte expressément cette éventualité.

2. [86.15-17] *C*, 1 b 25-27. Cette citation littérale est suivie (ligne 18-19) d'une paraphrase de *C*, 1 b 27-28.

3. [86.22] Cet Athénodore, partisan d'une interprétation strictement linguistique de *C*, ainsi que Cornutus, ont déjà été pris à partie ensemble, par Porphyre en 59, 10 (*cf.* note *ad loc.*). On ne connaît rien par ailleurs des ouvrages cités. Ceux de Cornutus appartiennent à des genres différents (*cf.* là-dessus, P.P. Fuentes Gonzales, *s.u. Cornutus* dans *Dictionnaire des philosophes antiques*, II, p. 467-468 et 470). Les nombreux autres critiques d'après Simplicius (62, 24-30) seraient notamment Lucius et Nicostrate. La question était en effet très débattue ; Simplicius (62, 7-9) relate aussi une apparente indécision de Herminos. Le débat

<Π.> Ἆρα οὖν ὀρθῶς ἀντιλέγουσιν;

<Ἀ.> Οὐδαμῶς.

<Π.> Πόθεν τοῦτο δῆλον;

<Ἀ.> Ὅτι πρὸς πάντα σχεδὸν ἀντεῖπ⌜ο⌝ν α⌜ὐ⌝τοῖς ἀντιγρ⌜αφὰ⌝ς καὶ ἐπ⌜έ⌝δειξα⌜ν⌝, ὅπως σφάλ<λ>ονται.

<Π.> Τίς δὲ ὁ τρόπος τῆς ἀντιλογίας;

<Ἀ.> Τριττός· οἱ μὲν γὰρ ὅτι πλεονάζει ἡ καταρίθμησις, οἱ δὲ ὅτι ἐλλείπει, οἱ δὲ ὅτι τινὰ ἄλλα ἀντὶ ἄλλων παρείληφε γένη.

25 Π. (*Int.*) add. Fel. u. sign. Ap ‖ **26** Ἀ. (*Resp.*) add. Fel. u. sign. Ap ‖ **27** Π. (*Int.*) add. Fel. u. sign. Ap ‖ **28** Ἀ. (*Resp.*) add. Fel. u. sign. Ap ‖ ἀντεῖπον αὐτοῖς ἀντιγραφὰς καὶ ἐπέδειξαν scripsi : ἀντεῖπεν αὐτοῖς ἀντιγράψας καὶ ἐπιδείξας MA ‖ **29** σφάλλονται p : σφάλονται MAC ‖ **30** Π. (*Int.*) add. Fel. u. sign. Ap ‖ **31** Ἀ. (*Resp.*) add. Fel. u. sign. Ap ‖ **32** post γένη intercidisse quaedam haud recte coni. Busse

Q. — Est-ce que leurs objections sont correctes ?

R. — Pas du tout !

Q. — À quoi peut-on le voir ?

R. — Parce que pratiquement sur tout, ils se sont contredits entre eux dans leurs répliques, montrant ainsi qu'ils se trompaient [1].

Q. — Quelle sorte d'objections, cependant, ont-ils exprimée ?

R. — Il y en a trois. Pour les uns, en effet, l'énumération pèche par excès ; pour les autres, elle pèche par défaut ; et pour d'autres encore, elle substitue indûment certains genres à d'autres [2].

était lié, en partie, à celle de savoir quel statut accorder aux catégories, comme on l'a vu (*ad* 59, 10), mais aussi, en partie, à celle de savoir si l'on avait affaire ici à une division ou à un simple dénombrement : dans le premier cas, l'on pouvait éventuellement déduire l'inventaire et en justifier les éléments limités, alors que cela était plus malaisé dans le second. Mais Porphyre n'entre pas ici dans ces considérations qu'il connaissait évidemment bien.

1. [86.28] Le texte des manuscrits donne un sens curieux. Strange traduit : « Because he [*i.e.* Aristotle] has replied to and refuted them on just about every point, and shown how they are mistaken ». Bien évidemment, Aristote ne pourrait avoir répondu à des critiques formulées longtemps après lui que de façon anticipative et de façon plus ou moins implicite. Mais cette réfutation par avance n'existe pas, car il n'y a pas chez Aristote lui-même l'ombre d'une indication qui permettrait de comprendre comment il justifiait le nombre des « catégories » et de voir combien ses futurs détracteurs font fausse route. Le texte de notre réplique paraît donc corrompu. Mais il n'est pas difficile de deviner l'idée que Porphyre défend et qui l'autorise à se dispenser de l'examen des critiques adressées à Aristote : c'est que ces critiques se réfutent mutuellement et donnent à voir ainsi, par défaut d'unanimité, la mesure dans laquelle Aristote avait raison. Les corrections du texte, pour retrouver cette idée, sont minimales (*cf.* apparat critique) et la suite du développement corrobore notre jugement : les trois sortes de critiques mises de l'avant sont en total désaccord. Il n'y a donc pas à soupçonner ici, contrairement à ce que croyait Busse, une lacune où auraient été exposés puis réfutés les genres d'objections évoqués en l'occurrence. Boèce (180 C), qui suit Porphyre de très près, se dispense aussi d'en dire plus. Luna (*Simplicius. Commentaire*, 2001, p. 611) se borne à corriger ἀντεῖπεν en ἀντεῖπον, où elle voit une première personne du singulier (« j'ai réfuté »), et considère que Porphyre vise la réfutation qu'il a opérée dans son grand commentaire (à Gedalios). C'est peu probable, non seulement parce que Porphyre, dans notre commentaire, ne fait explicitement allusion à aucun de ses autres travaux, mais aussi parce que cette sorte de renvoi serait une invitation à s'y reporter (« Porphyre… se serait contenté de renvoyer… à son commentaire « scientifique » ») ; or le « petit » commentaire est précisément conçu pour éviter le tracas de considérer des discussions approfondies.

2. [86.31-32] Cf. *supra*, 59, 6-8. Dans ce premier passage, Porphyre ne mentionnait pas l'avis de ceux qui pensaient devoir changer les termes de la liste (en maintenant ou non le nombre des catégories). Il est probable que, parmi les intéressés, il compte Plotin lui-même (*En.*, VI, 2 et 3 et spécialement dans 1 : 1, 19-30 ; 15, 7-16 ; 17, 14-19 ; 18, 5-6 ; 22, 10-19 ; 24, 6-8 et 30, 9-21). Une liste de toutes les objections antérieures recueillies chez les commentateurs ultérieurs se trouve dans Luna, *Simplicius. Commentaire,* 2001, p. 617-619.

<Π.> Διὰ τί τοίνυν τῶν κατὰ μηδεμίαν συμπλοκὴν λεγομένων ἔφη τὰ μὲν οὐσίαν σημαίνει τὰ δὲ ποσὸν καὶ τὰ ἑξῆς;

<Ἀ.> Ὅτι οὐ πρόκειται περὶ τῶν ὄντων εἰπεῖν ὅσα ἐστὶ καὶ πόσα τούτων γένη, ἀλλὰ περὶ λέξεων σημαντικῶν προηγουμένως τῶν ὄντων πόσα τούτων γένη. Τῶν ο⌈ὖ⌉<ν> λεγομένων καταλέγονται {δὲ} αἱ λέξεις.

87.1 <Π.> Τίνες αἱ διαφοραί;

<Ἀ.> Τὰ μέν ἐστι κατὰ συμπλοκήν, τὰ δὲ ἄνευ συμπλοκῆς.

<Π.> Τίνα ἐστὶ τὰ κατὰ συμπλοκήν;

<Ἀ.> Τὰ ἔκ τινῶν κατηγοριῶν τελείων δυοῖν ἢ καὶ πλειόνων συγκείμενα, οἷον ἄνθρωπος τρέχει, ἄνθρωπος ἐν Λυκ<ε>ίῳ περιπατεῖ.

<Π.> Ἄνευ δὲ συμπλοκῆς τίνα ἐστίν;

<Ἀ.> Τὰ μὴ οὕτως ἔχοντα οἷον τὰ ὁμώνυμα πάντα, τὰ συνώνυμα, τὰ παρώνυμα.

33 Π. (*Int.*) add. Fel. u. sign. Ap || **35** Ἀ. (*Resp.*) add. Fel. u. sign. Ap || περὶ M : om. A || **37** οὖν coni. Busse (in app.) quod prob. Strange : οὐ MA || ante λεγομένων addend. esse ἄνευ συμπλοκῆς coni. Busse (in app.) || καταλέγονται MA : τῶν ὄντων φησὶ λέγονται coni. Strange || δὲ (MA) secludend. coni. Busse || **87.1** Π. (*Int.*) add. Fel. u. sign. Ap || **2** Ἀ. (*Resp.*) add. Fel. u. sign. Ap || **3** Π. (*Int.*) add. Fel. u. sign. Ap || **4** Ἀ. (*Resp.*) add. Fel. u. sign. Ap || **5** Λυκείῳ p : Λυκίῳ MAC || **6** Π. (*Int.*) add. Fel. u. sign. Ap || **7** Ἀ. (*Resp.*) add. Fel. u. sign. Ap

Q. — Mais pourquoi soutient-il que c'est « ce qui se dit sans aucune connexion » qui indique soit une substance, soit une quantité et ainsi de suite ?[1]

R. — Parce que son propos n'est pas de parler des êtres, autant qu'ils sont, et de dénombrer leurs genres, mais de parler des mots qui servent à signifier principalement les êtres et de dénombrer leurs genres. C'est donc aux choses qui se disent qu'appartiennent les mots catalogués[2].

|Q. — Quelles sont les différences que présentent celles-ci ? **87**

R. — Les unes se disent en connexion et les autres sans connexion[3].

Q. — Lesquelles se disent en connexion ?

R. — Celles qui se composent de deux ou même plusieurs prédications complètes : par exemple, « l'homme court », « l'homme se promène au Lycée »[4].

Q. — Et quelles sont celles sans connexion ?

R. — Celles qui ne se présentent pas de cette façon, comme tous les équivoques, les univoques, les dérivés[5].

1. [86.33] *C*, 1 b 25-26, passage cité plus haut (ligne 15) et déjà p. 57, 8-10 (explication du propos de *C*), pour souligner, comme ici, la portée non ontologique du répertoire aristotélicien.

2. [86.37] Les corrections qui s'imposent, étant donnée la corruption du texte, ne nécessitent pas l'hypothèse d'une lacune, contrairement à ce que supposent Busse et Strange. Si l'on admet, comme Strange, la correction de οὐ en οὖν, il suffit d'athétiser δὲ, visiblement introduit pour supprimer l'asyndète qui résultait de la première corruption.

3. [87.2] Cf. *supra, p.* 71, 1 *sq.*, où a été principalement expliqué « ce qui se dit en connexion ».

4. [87.4-5] Porphyre n'a pas parlé plus haut (71, 6-7) de « prédications complètes ». Cette expression, reprise en 87, 14, désigne un terme non isolé, tel qu'il entre dans la proposition, soit comme sujet, soit comme prédicat. Et la proposition, constituée par leur connexion, en contient au moins deux. L'expression ne désigne donc pas proprement la proposition elle-même, contrairement à ce qu'affirme Strange (p. 74, n. 147 : « A complete predication… means a proposition having both a clear subject and predicate »), mais plutôt les éléments de la proposition auxquels rien ne manque parce qu'ils sont dans une proposition.

5. [87.7-8] L'affirmation est étrange. Sans doute Porphyre veut-il dire que c'est en dehors de la proposition que les vocables sont équivoques, univoques ou dérivés ; ce n'est pas sûr. Quelle que soit la raison de ce jugement, il reste curieux de voir ici Porphyre assimiler à des vocables ce qu'il a présenté plus haut comme des choses : *cf.* 61, 14 : ὁμωνυμία μὲν ἡ φωνή, ὁμώνυμα δὲ τὰ πράγματα.

<Π.> Τὰ δὲ τοιαῦτα οἷον λιθολογεῖ, βουκολεῖ, ψευδοδοξεῖ, κατὰ συμπλοκήν ἐστιν ἢ χωρὶς συμπλοκῆς;

<ʼΑ.> Χωρὶς συμπλοκῆς.

<Π.> Διὰ τί;

<ʼΑ.> Οὐδὲν γὰρ αὐτῶν ἐκ τελείων συνέστηκε κατηγοριῶν.

<Π.> Πόσα οὖν γένη τῶν χωρὶς συμπλοκῆς λεγομένων;

<ʼΑ.> Δέκα τὰ ῥηθέντα.

<Π.> Τίς οὖν ἑκάστο⌈υ⌉ τούτων ὅρος;

<ʼΑ.> Οὐκ ἔστιν αὐτῶν ὅρον ἀποδοῦναι, διότι πᾶς ὅρος ἐκ γένους, τούτων δὲ οὐκ ἔστι γένος· ἔστι [γὰρ] τὰ γενικώτατα.

<Π.> Τί οὖν ἔστι παραδοῦναι;

<ʼΑ.> Παραδείγματα καὶ τὰ ἴδια, ὡς καὶ ʼΑριστοτέλης νῦν μὲν διδοὺς παραδείγματα, ὕστερον δὲ καθʼ ἑκάστην κατηγορίαν ζητήσας καὶ δείξας τίνα ἑκάστης ἴδια.

<Π.> Πῶς οὖν τὰ παραδείγματα δέδωκεν;

<ʼΑ.> Λέγων « οὐσία μὲν οἷον ἄνθρωπος, ποιὸν δὲ οἷον λευκόν, ποσὸν δὲ οἷον τρία, πρός τι [δὲ] οἷον πατήρ, ποῦ δὲ ἐν Λυκ<ε>ίῳ, ποτὲ δὲ πέρυσιν, ποιεῖν δὲ οἷον τύπτειν, πάσχειν δὲ οἷον τύπ-

9 Π. (*Int.*) add. Fel. u. sign. Ap ‖ λιθολογεῖ MA : λιθοβολεῖ Simpl. (71,28) ‖ **11** ʼΑ. (*Resp.*) add. Fel. u. sign. Ap ‖ **12** Π. (*Int.*) add. Fel. u. sign. Ap ‖ **13** ʼΑ. (*Resp.*) add. Fel. u. sign. Ap ‖ οὐδὲν γὰρ αὐτῶν M (dub.) : οὐδὲ γ. αὐτῶν A οὐδὲ γ. ταῦτα Simpl. (71,28) ‖ **14** Π. (*Int.*) add. Fel. u. sign. Ap ‖ **15** ʼΑ. (*Resp.*) add. Fel. u. sign. Ap ‖ **16** Π. (*Int.*) add. Fel. u. sign. Ap ‖ ἑκάστου coni. recte Busse quod prob. Strange : ἕκαστος MA ‖ **17** ʼΑ. (*Resp.*) add. Fel. u. sign. Ap ‖ **18** γὰρ A ‖ **19** Π. (*Int.*) add. Fel. u. sign. Ap ‖ ἔστιν M : om. A ‖ **20** ʼΑ. (*Resp.*) add. Fel. u. sign. Ap ‖ **23** Π. (*Int.*) add. Fel. u. sign. Ap ‖ **24** ʼΑ. (*Resp.*) add. Fel. u. sign. Ap ‖ post μὲν add. ὡς τύπῳ εἰπεῖν Arist. (1 b 28-29) cf. supra, p.86,18 ‖ post ἄνθρωπος add. ἵππος Arist. (1 b 28) ‖ ποιὸν — λευκόν post exempla quantitatis pos. Arist. (1 b 29) ‖ post λευκόν add. γραμματικόν Arist. (1 b 29) ‖ **25** τρία MA : δίπηχυ, τρίπηχυ Arist. (1 b 29) ‖ δὲ [2] A ‖ πατήρ MA : διπλάσιον, μεῖζον Arist. (2 a 1) ‖ δὲ [3] MA : δὲ οἷον Arist. (2 a 1) ‖ Λυκείῳ p : Λυκίω MAC ‖ post Λυκείῳ add. ἐν ἀγορᾷ Arist. (2 a 1-2) ‖ **26** δὲ [1] MA : δὲ οἷον χθές Arist. (2 a 2) ‖ **26-27** ποεῖν — τύπτεσθαι in ultimo loco pos. Arist. (2 a 3-4) ‖ **26** τύπτειν MA : τέμνειν, καίειν Arist. (2 a 4)

Q. — Et les expressions du genre « (il) est poseur de pierres », « gardien de vaches », « victime d'illusions », ... sont-elles en connexion ou hors connexion ?[1]

R. — Hors connexion.

Q. — Pourquoi ?

R. — Parce qu'aucune d'elles n'est composée de prédications complètes[2].

Q. — Combien de genres comportent donc celles qui se disent hors connexion ?

R. — Les dix qu'on a dits.

Q. — Quelle est la définition de chacun d'elles ?

R. — Il est impossible d'en donner une définition, vu que toute définition exige un genre ; or il n'y a pas de genre qui les réunit, puisque ce sont les genres suprêmes[3].

Q. — Que peut-on donc donner à la place ?

R. — Des exemples et les traits qui leur sont propres, comme le fait précisément Aristote, qui donne maintenant des exemples et qui, plus tard, consacre une recherche à chaque catégorie en montrant quels sont les traits propres de chacune[4].

Q. — En quels termes a-t-il donc donné les exemples ?

R. — Il a dit : « Une substance, c'est par exemple l'homme ; une qualité, c'est par exemple blanc ; une quantité, c'est par exemple trois ; un relatif, c'est par exemple le père ; une localisation, c'est par exemple au Lycée ; un moment, c'est par exemple l'an dernier ; faire, c'est par exemple frapper ;

1. [87.9-10] Ce sont là, en grec, trois verbes composés, à la troisième personne du singulier de l'indicatif présent, dont le sujet existe (il ou elle), mais n'est pas exprimé. Bien qu'ils forment des propositions, celles-ci, isolées de tout contexte, ne mettent pas en connexion l'attribut qu'elles expriment avec le sujet en question.

2. [87.13] Cf. *supra*, n. *ad* 87, 4-5. Sont ici des prédications incomplètes, non les sujets inexprimés des verbes (car ceux-ci ne font pas partie de l'expression), mais les attributs exprimés par les verbes en question, du fait qu'il ne sont pas attribués et restent isolés.

3. [87.17-18] Cf. *supra*, n. *ad* 86, 10-13. Cette absence de définition sera rappelée plus loin dans le commentaire à chacune des catégories (dès la p. 88, 9, à propos de la substance).

4. [87.20-22] Chaque genre d'être ainsi exprimé par un nom, n'est donc connu que par des exemples particuliers et des attributs propres. Mais nous avons vu à plusieurs reprises que la description (ὑπογραφή) est un substitut de la définition. Et l'on verra plus loin (par exemple, en 88, 10) qu'à défaut de définition, l'on peut aussi fournir une « notion » (ἔννοια) de ces genres.

τεσθαι, ἔχειν δὲ οἷον ὑποδε⌜δ⌝έσθαι, κεῖσθαι δὲ οἷον ἀνακεῖσθαι. »

<Π.> Ἐκ τῆς οὖν συνθέσεως τούτων τί ἀποτελεῖται;

<Ἀ.> Πρότασ⌜ι⌝ς.

<Π.> Διὰ τί;

<Ἀ.> Ὅτι καθ᾽ ἑαυτὴν οὐδεμία κατηγορία πρότασίς ἐστιν, ἀλλὰ τῇ ποιᾷ συμπλοκῇ πρότασις γίνεται.

<Π.> Πῶς τοῦτο;

26-27 τύπτεσθαι MA : τέμνεσθαι, καίεσθαι Arist. (2 a 4) || **27** ὑποδεδέσθαι corr. A : ὑποδέδεται Arist. (2 a 3) ὑποδέχεσθαι M || κεῖσθαι — ἀνακεῖσθαι post πέρυσιν pos. Arist. (2 a 2) || ἀνακεῖσθαι MA : ἀνακεῖται Arist. (2 a 2) || **28** Π. (*Int.*) add. Fel. u. sign. Ap || **29** Ἀ. (*Resp.*) add. Fel. u. sign. Ap || **30** Π. (*Int.*) add. Fel. u. sign. Ap || **31** Ἀ. (*Resp.*) add. Fel. u. sign. Ap || **33** Π. (*Int.*) add. Fel. u. sign. Ap

subir, c'est par exemple être frappé; une tenue, c'est par exemple être chaussé; et un positionnement, c'est par exemple être couché »[1].

Q. — En les mettant en composition, qu'est-ce qu'on obtient?

R. — Une proposition[2].

Q. — Pourquoi?

R. — C'est que par lui-même, aucun prédicat n'est une proposition[3]. C'est au contraire une certaine sorte de connexion qui fait la proposition.

Q. — Comment cela?

1. [87.24-27] Paraphrase, plutôt que citation stricte de *C*, 1 b 27-2 a 4. Les divergences par rapport au texte d'Aristote (notamment dans les exemples cités) sont indiquées dans l'apparat critique; elles ne supposent pas que Porphyre lisait une autre version que la nôtre ni qu'il avait mauvaise mémoire (*pace* Strange). Dans la présentation de cette liste, le Ps-Archytas (*op. cit.*, p. 22, 15 *sq.* Th. [p. 34 Szlezak]) accompagne les exemples qu'il fournit de chaque catégorie, d'une notion globale. En voici le répertoire :

1. (οὐσία) : tout ce qui existe par soi (πάντα ὅσα καθ' ἑαυτὰ ὑφέστηκεν);

2. (ποιότης) : tout ce qui en général advient à quelque chose (ὅσα ἁπλῶς συνυπάρχει τινι);

3. (ποσότης) : en général tout ce qui indique quelque chose concernant le nombre et <...> la mesure (ἁπλῶς ὅσα περὶ ἀριθμὸν καὶ <...> μέτρον τι σημαίνει);

4. (πρός τι) : en général toutes les choses qui se disent l'une relativement à l'autre et qu'on ne nomme naturellement pas l'une sans l'autre (ἁπλῶς ὅσα πρὸς ἄλληλα λέγεται καὶ οὐκ ἄνευ ἀλλ<ήλ>ων πέφυκεν ὀνομάζεσθαι);

5. (ποιεῖν) : en général tout ce qu'exprime une certaine activité qui se produit concernant quelque chose + (ἁπλῶς ὅσα ἐνέργειάν τινα περί τι γινομένην + σημείωσιν);

6. (πάσχειν) : en général tout ce qui naturellement change sous l'effet d'autre chose (ἁπλῶς ὅσα ὑπό τινος ἑτέρου πέφυκεν μεταβάλλειν);

7. (ἔχειν) : en général ce qui n'advient pas à une substance, ni ne se développe avec elle, mais lui est acquise (ἁπλῶς ὅσα μὴ συνυπάρχει μήτε συμπεφυκότα, ἐπίκτητα <δὲ> τῆς οὐσίας ἐστίν);

8. (κεῖσθαι) : en général tout ce qui est montré d'un corps qui se tient d'une certaine façon d'après chaque position (ἁπλῶς ὅσα σώματός πως ἔχοντος κατὰ πᾶσαν θέσιν δηλοῦται);

9. (πού) : en général tout ce qui indique un lieu (ἁπλῶς ὅσα τόπον σημαίνει);

10. (ποτέ) : en général tout ce qui indique un certain temps (ἁπλῶς ὅσα χρόνον τινὰ σημαίνει).

La réserve de Porphyre, qui ne propose pas ici d'idée, même sommaire, de chaque catégorie, invite à penser qu'il fait d'abord confiance, comme Aristote, à la vertu pédagogique des exemples.

2. [87.29] Le terme « proposition » (πρότασις) est pris dans le sens technique d'Aristote (λόγος καταφατικὸς ἢ ἀποφατικός τινὸς κατά τινος : *Anal. Pr.*, I, 1, 24 a 16-17). Porphyre introduit ainsi un bref commentaire de *C*, 2 a 4-10.

3. [87.31] Le prédicat « par lui-même », c'est-à-dire isolé, s'oppose au prédicat « complet », telle qu'il entre en composition avec un autre dans la proposition : cf. *supra*, n. *ad* 87, 4-5 et 87, 13.

<᾿Α.>Πᾶσα γὰρ πρότασις ἤτοι ἀληθής ἐστιν ἢ ψευδής, ἑκάστη δὲ κατηγορία καθ᾿ ἑαυτὴν οὔτε ἀληθὴς οὔτε ψευδὴς ἐλλιπὴς οὖσα.

<Π.>Τί οὖν; Οὐκ ἂν εἴποις τὸ ζῶ{ον} ἢ περιπατῶ ἢ ὕει χωρὶς συμπλοκῆς ὄντα ἢ ἀληθῆ ἢ ψευδῆ;

<᾿Α.>Ναὶ εἴποιμι [ἄν], ἀλλὰ καὶ ταῦτα δυνάμει μετὰ συμπλοκῆς ἐστιν, εἰ καὶ μὴ μετὰ φωνῆς· τὸ γὰρ ζῶ ἴσον ἐστὶ τ⌈ῷ⌉ ἐγὼ ζῶ, καὶ τὸ ὕει ἴσον ἐστὶ τ⌈ῷ⌉ ὁ Ζεὺς ὕει.

88.1 <Π.>᾿Αλλὰ ποῖα μὲν τῆς ἑκάστης ἐστὶ τῶν κατηγοριῶν, διὰ παραδειγμάτων παρέστησας· ἔτι μὴν καὶ περὶ ἑκάστης λέγε, ἵνα ἑκάστη⌈ν⌉ ἐκδιδάξῃς. Διὰ τί περὶ τῆς οὐσίας πρῶτον τῶν ἄλλων ποιεῖται τὸν λόγον;

34 ᾿Α. (*Resp.*) add. Fel. u. sign. Ap || **36** Π. (*Int.*) add. Fel. u. sign. Ap || **37** ζῶ M[1] A : ζῶον M || **38** ᾿Α. (*Resp.*) add. Fel. u. sign. Ap || ἄν suppleui : duae litt. oblitt. in M om. A || **39** τῷ Busse : τὸ MA || **40** τῷ Busse : τὸ MA || post ὕει forsitan quaedam interierunt (cf. Boethius, 183 A-C) || **88.2** Π. (*Int.*) add. Fel. u. sign. Ap || ποῖα μὲν MA : ποία μὲν ἡ σημασία ἐστὶ coni. Busse || **3** ἑκάστης MA : τῆς τάξεως coni. Busse quod prob. Strange || ἑκάστην scripsi : ἑκάστη MA quod delend. esse coni. Busse quod prob. Strange

R. — Toute proposition, en effet, est soit vraie soit fausse, tandis que chaque prédicat est, par lui-même, une expression qui n'est ni vraie ni fausse, puisqu'elle est déficiente[1].

Q. — Alors quoi? Tu ne pourrais pas dire que «je vis», «je me promène» ou «il pleut», vu que ce sont des expressions hors connexion, sont vraies ou fausses?[2]

R. — Si, je le pourrais; mais précisément ces expressions impliquent potentiellement une connexion, bien que non explicitée verbalement, puisque «je vis» équivaut à «moi, je suis en vie» et que «il pleut» équivaut à «Zeus est en train de faire tomber la pluie»[3].

Q. — Bien! Tu as montré, au moyen d'exemples, les sortes de choses 88.2
qui relèvent de chacune des catégories. Cependant tu dois encore faire un exposé de chacune pour l'enseigner à fond[4]. Pourquoi est-ce à la substance d'abord et avant tout qu'il consacre son exposé.

1. [87.35] L'idée qu'une expression prédicative est «déficiente» quand elle se borne à signifier quelque chose et n'entre pas dans le discours déclaratif (vrai ou faux) n'est pas une idée que suggère Aristote dans le contexte; implicitement, elle dénonce d'ailleurs sans raison la carence de tout le discours non déclaratif (injonctions, souhaits, etc.).

2. [87.36-37). Ces expressions, en grec, sont évidemment de simples verbes, à la première ou à la troisième personne de l'indicatif présent; elles rappellent les exemples de 87, 9-14, reconnus comme exemples d'expressions sans connexion, puisque leurs sujets ne sont pas exprimés de façon distincte. Porphyre laisse comprendre dans la suite que ces sujets, contrairement aux exemples précédents, sont identifiables, puisque la première personne du singulier renvoie au locuteur et que la troisième, dans cette expression-là, ne peut désigner que Zeus; la connexion avec les sujets est là «potentiellement» (δυνάμει), à défaut de l'être en acte. Mais si cela est vrai de «(je me) promène» (περιπατ[ῶ]), pourquoi ne le serait-il pas de «(il se) promène» (περιπατ[εῖ]), qui, dans un contexte précis, possède un sujet identifiable? Car en dehors de tout contexte, le locuteur-sujet de «je me promène» est tout aussi inidentifiable que la personne dont on dit, en dehors de tout contexte, qu'elle se promène.

3. [87.40] Il est possible que le texte présente ici une lacune, car Boèce (181 B), qui suit ordinairement Porphyre de très près, discute en outre la question de savoir pourquoi Aristote (*C*, 2 a 6-7) parle seulement de l'affirmation et pas de la négation. Mais on ne peut en apporter la preuve.

4. [88.2-4] Comme Strange, je résiste à l'idée que le texte (Ἀλλά – παρέστησας) de la première phrase de cette réplique serait corrompu. La seconde (ἔτι – ἐκδιδάξῃς) correspond, semble-t-il, à Boèce, 181 C (*post uero latius de unoquoque tractabitur*); *cf.* Simplicius, 75, 27. Elle ne doit pas être non plus corrigée de façon à suggérer que l'élève demande à ce qu'on s'interroge sur l'ordre des catégories en général (*cf.* Strange: «Now also tell us about the order of the categories and explain»...). seul, le mot ἑκάστης, repété à la ligne 3, doit être lu ἑκάστην la seconde fois. La troisième phrase (Διὰ τί – λόγον) est en asyndète, parce qu'elle se présente, dans M, après un sous–titre Περὶ οὐσίας (que Busse a malencontreusement transposé p. 88, 1, avant l'ensemble de la réplique). L'asyndète peut être maintenu, même si l'on supprime le sous–titre, car il y a une pause ici dans l'exposé.

<Ἀ.>Ὅτι τὰ ἄλλα πάντα ἐν αὐτῇ ὄντα καὶ ταύτης δεόμενα εἰς τὸ εἶναι ὥσπερ προτέραν αὐτὴν δείκνυσιν οὖσαν φύσει, οὕτως καὶ τὸν περὶ αὐτῆς λόγον πρὸ τῶν ἄλλων ἀποφαίνει πρότερον ὄντα.

<Π.>Τί οὖν ἐστιν ἡ οὐσία;

<Ἀ.>Ὅρον μὲν αὐτῆς δοῦναι οὐκ ἔστιν, ὥσπερ εἴπομεν, παραδείγματα δὲ ἤδη δεδώκαμεν, ἔννοιαν δὲ αὐτῆς τοιαύτην ἀποδίδωσι τὸ « μὴ ἐν ὑποκειμένῳ εἶναι » (αὕτη μὲν γὰρ ὑπόκειται τοῖς ἄλλοις γένεσιν, τὰ ἄλλα δὲ ἄνευ αὐτῆς τὸ εἶναι οὐκ ἂν ἔχοι) καὶ τὸ ἴδιον ζητήσει.

<Π.>Ποσαχῶς ἐν ἄλλ⌈ο⌉ις τὴν οὐσίαν λέγει;

<Ἀ.>Τριχῶς· καὶ γὰρ τὴν ὕλην καὶ τὸ εἶδος καὶ τὸ συναμφότερον λέγει οὐσίαν.

4 post ἐκδιδάξῃς inser. tit. περὶ οὐσίας M quem titulum ante Ἀλλὰ (u.2) transp. et inclus. Busse || **5** Ἀ. (*Resp.*) add. Fel. u. sign. Ap || post πάντα (M) add. τὰ A || **8** Π. (*Int.*) add. Fel. u. sign. Ap || **9** Ἀ. (*Resp.*) add. Fel. u. sign. Ap || **13** Π. (*Int.*) add. Fel. u. sign. Ap || ἄλλοις A : ἄλλαις M || **14** Ἀ. (*Resp.*) add. Fel. u. sign. Ap

R. — C'est parce que tout le reste lui est inhérent et a besoin d'elle pour exister. Ce qui montre qu'elle est première naturellement et fait voir de la même façon que l'exposé qu'il lui consacre avant les autres est prioritaire[1].

Q. — Qu'est-ce donc que la substance ?

R. — On ne peut en donner une définition, comme nous l'avons dit[2] ; cependant, nous en avons déjà fourni des exemples[3] et Aristote en livre la notion de la façon suivante : « n'être pas inhérent à un sujet »[4] ; elle sert en effet de sujet aux autres genres, tandis que les autres ne peuvent avoir d'existence sans elle. Il en recherchera aussi le propre[5].

Q. — En combien de sens parle-t-il ailleurs de « substance » ?[6]

R. — En trois sens ; il appelle en effet substance la matière, la forme, et l'ensemble des deux[7].

1. [88.5-7] L'inhérence du reste à la substance a déjà été observée implicitement plus haut (77, 22-23), dans la définition porphyrienne de l'accident en tant que tel. Que la substance soit de ce fait condition d'existence pour tout le reste sera montré plus loin (*C*, 2 b 5-6) par Aristote lui-même, à propos de la substance dite première. Cf. *infra,* 89, 16-17 et 90, 12-13. Cette priorité de la substance dans l'ordre des catégories était expliquée par le Ps.-Archytas de la façon suivante : « la substance est rangée la première, parce qu'elle seule sert de sujet à tout le reste et qu'on peut dire qu'elle existe par elle-même, tandis que les autres n'existent pas sans elle » (*op. cit.*, p. 23, 17-19 Th. [= p. 36 Szl.]).

2. [88.9] *Supra,* 87, 17-18.

3. [88.10] *Supra*, 87, 24 ; 63, 8 ; 71, 31 ; etc.

4. [88.11] Cf. *supra,* 73, 7 (ἐπινοίαις); 73, 22 (ἐννοηματικὸν λόγον); 73, 33 (τῆς μὲν οὐσίας [λόγος ἐξηγητικὸς] τὸ ἐν ὑποκειμένῳ μὴ εἶναι) ; etc. C'est la formule qu'Aristote donne, lui, pour le premier « propre » de la substance (*C*, 3 a 7-8).

5. [88.12] *C*, 5, 3 a 7 *sq.*, commenté pas Porphyre à partir de 93, 25.

6. [88.13] Porphyre a bien soin de dire « ailleurs », c'est-à-dire en d'autres ouvrages, car l'exposé que lui consacre *C* est unique en son genre. En particulier, la distinction entre substance première et substance seconde qui ouvre l'exposé (2 a 1-19) est une distinction qu'Aristote ne reproduit pas de la même façon dans ses autres traités. La conciliation de tous les textes touchant la substance est encore aujourd'hui disputée (*cf.* en particulier M.V. Wedin, *Aristotle's Theory of Substance. The « Categories » and « Metaphysics » Zeta,* Oxford, 2000, dont le propos est de « squaring the theory of the *Categories* with the standing doctrines and theories of the wider corpus, in particular, reconciling its account of substance with the theory developed in the « central books » of the *Metaphysics* » [p. 1]). L'ambition de Porphyre n'est pas de traiter ici cette question, mais plutôt d'indiquer le moyen de l'évacuer, en situant la substance dont il est question en *C* par rapport à l'une des notions de substance présentées ailleurs.

7. [88.14-15] C'est la distinction qu'on trouve, par exemple, en *Mét.*, Z, 3, 1029 a 2-5 ; H, 1, 1042 a 26-31 ; *De l'âme,* II, 1, 412 a 6-9 ; etc. Notée aussi par le Ps.-Archytas (*op. cit.*, p. 4, 17-19 Th. = p. 38 Szl.), elle est totalement absente de *C*. Porphyre ignore en revanche ici que sur la base de cette distinction, Aristote accorde le titre de substance « première », non comme

<Π.> Νῦν δὲ τίνα οὐσίαν λαμβάνει εἰς τὴν διδασκαλίαν;

<Ἀ.> Τὴν ὡς συναμφότερον.

<Π.> Ἆρα οὖν κἀκείνων ἐμνήσθη;

<Ἀ.> Ναί.

<Π.> Πῶς;

<Ἀ.> Ὅτ⌈ι⌉ λέγ⌈ει⌉ καὶ τὰ μέρη τῆς οὐσίας εἶναι οὐσίας· μέρη δὲ τῆς συναμφοτέρου ἥ τε ὕλη καὶ τὸ εἶδος.

16 Π. (*Int.*) add. Fel. u. sign. M (ubi Νῦν δὲ inc. in mg) Ap || **17** Ἀ. (*Resp.*) add. Fel. u. sign. Ap || **18** Π. (*Int.*) add. Fel. u. sign. Ap || **19** Ἀ. (*Resp.*) add. Fel. u. sign. Ap || **20** Π. (*Int.*) add. Fel. u. sign. Ap || **21** Ἀ. (*Resp.*) add. Fel. u. sign. Ap || Ὅτι λέγει A : ὅταν λέγῃ M (dub.) || τῆς [1] MA[1] (s.u.) : om. A || τῆς [2] M : om. A

Q. — Et maintenant, en quel sens prend-il la substance en considération pour son enseignement ?

R. — Il la conçoit comme l'ensemble des deux [1].

Q. — Est-ce qu'il a fait aussi mention des autres sens ?

R. — Oui.

Q. — Comment ?

R. — C'est qu'il déclare que même les parties de la substance sont des substances ; or les parties de celle qui est un ensemble de deux, sont la matière et la forme [2].

ici, à l'individu, mais à la forme (*cf.* par exemple, *Mét.*, Z, 11, 1037 a 5-6 : ἡ μὲν ψυχὴ οὐσία ἡ πρώτη, τὸ δὲ σῶμα ὕλη, ὁ δ' ἄνθρωπος ἢ τὸ ζῷον τὸ ἐξ ἀμφοῖν ὡς καθόλου). Dans le même ordre d'idée, le *De l'interprétation* (13, 23 a 23-24), dans l'esprit de *Mét.*, Λ, tient les « substances premières » pour des actes purs, sans puissance et, donc, immatériels. Ce qui est la source principale de toutes les difficultés qu'il faut surmonter pour concilier les textes : voir *infra*, 81, 14-17. Parmi ces difficultés, il y a notamment celle de savoir si, compte tenu des substances immatérielles (dites, en un sens, premières), le genre substance posé dans *C* est effectivement un genre unique : la question, selon Simplicius (76, 14), avait été posée par Nicostrate ; elle fut reprise et amplifiée par Plotin (*En.*, VI, 1, 2, 31-34). Porphyre se donne ici le moyen de ne pas avoir à poser le problème (*cf.* note suivante).

1. [88.17] Ce jugement est formellement opposé à celui, notamment, de Bœthos de Sidon, lequel, selon Simplicius (78, 10), identifiait la substance de *C* à la forme, entendue comme forme immanente au composé et distincte de la forme intelligible, immatérielle, dont il est question ailleurs. Pas plus que Bœthos, Porphyre n'envisage que *C* se préoccupe des substances intelligibles (on le verra plus loin, 91, 14-17) ; comme Bœthos, il pensait que la substance devait être entendue ici dans l'un des trois sens répertoriés ailleurs, quand Aristote parle des substances sensibles, mais non dans le sens de « forme ». D'après Simplicius (78, 20 *sq.*), qui tirait cela probablement du grand commentaire à Gedalios, Porphyre opposait à Bœthos que la forme substantielle est la qualité distinctive de la substance (voir, *infra*, 95, 19 *sq.* et 99, 14 *sq.*). Ne pouvant regarder ici la substance comme matière, dès lors qu'elle est un sujet indépendant et déterminé, et non un simple sujet, indéterminé et lié à la forme (cf. *Mét.*, Z, 3, 1029 a 27-28), Porphyre soutient qu'elle est le composé de matière et de forme. Cela vaut ensemble pour la substance individuelle et la substance universelle, que *C* appelle, respectivement, substance première et substance seconde. Dans ces conditions, vu les limites étroites où se cantonne, selon lui, le propos d'Aristote dans *C*, il semble inutile à Porphyre de considérer les problèmes que soulèvent d'autres propos, relatifs notamment à la priorité de la forme substantielle (par rapport à la matière substantielle ou au composé) ou à la priorité de la substance intelligible (par rapport à la substance sensible). Ces questions lui paraissent prématurées dans une simple initiation à la philosophie.

2. [88.21-22] Porphyre invoque ici *C*, 5, 29-30. Cela lui permet de garantir qu'Aristote n'ignore pas la tripartition de la substance évoquée ailleurs. Aristote, en effet, observe ailleurs qu'on peut appeler « parties » à la fois la forme et la matière d'un tout composé (cf. *Mét.*, Δ, 25, 1023 b 19-22 : [μέρη λέγεται] εἰς ἃ διαιρεῖται ἢ ἐξ ὧν σύγκειται τὸ ὅλον, ἢ τὸ εἶδος ἢ τὸ ἔχον εἶδος… τοῦτο δ' ἐστὶν ἡ ὕλη ἐν ᾗ τὸ εἶδος). Mais en *C*, 5, 29-30, il est assez visible que lorsqu'il affirme que les parties de substances sont substances, Aristote n'entend pas le mot « parties » dans ce sens et, comme en 7, 8 a 16 *sq.*, vise plutôt des choses comme la main ou la tête d'un homme.

<Π.> Ἐνταῦθα δὲ τίνας τῆς οὐσίας εἴρηκεν διαφοράς;

<᾽Α.> Ὅτι αἱ μὲν εἰσιν πρῶται, αἱ δὲ δεύτεραι.

<Π.> Τίνες πρῶται;

<᾽Α.> Αἱ ἄτομοι, ὁ Σωκράτης, ὁ Πλάτων, ὁ ⌜Δί⌝ων.

<Π.> Τίνες δεύτεραι;

<᾽Α.> Τὰ γένη καὶ τὰ εἴδη τῶν ἀτόμων οὐσιῶν, οἷον εἶδος μὲν τῶν κατὰ μέρος ἀνθρώπων ὁ ἄνθρωπος, γένος δὲ τὸ ζῷον.

<Π.> Τίνες οὖν αἱ κυριώταται οὐσίαι καὶ μάλιστα καὶ πρῶται;

<᾽Α.> Αἱ ἄτομοι.

<Π.> Πῶς οὖν ταύτας ὠνόμασεν ὁ ᾽Αριστοτέλης;

<᾽Α.> « Αἳ μήτε καθ᾽ ὑποκειμένου λέγονται μήτε ἐν ὑποκειμένῳ εἰσίν. »

<Π.> Τί γὰρ βούλεται παραστῆσαι διὰ τούτων τῶν ὀνομάτων;

<᾽Α.> Διὰ μὲν τοῦ μήτε ἐν ὑποκειμένῳ εἶναι παρίστησιν, ὡς ἤδη <ἐ>λέ-
89.1 γομεν, τὸ μὴ εἶναι συμβεβηκὸς τὴν οὐσίαν· τοῦτο δὲ κοινὸν πάσης οὐσίας, ἄν τε πρώτη ἄν τε δευτέρα ᾖ· τὸ δὲ μὴ καθ᾽ ὑποκειμένου λέγεσθαι διαστέλλει τὰς πρώτας οὐσίας τῶν δευτέρων· αἱ μὲν γὰρ δεύτεραι οὐσίαι, αἵπερ εἰσὶ τὰ εἴδη καὶ τὰ γένη, καθ᾽ ὑποκειμένου τῶν πρώτων οὐσιῶν λέγονται, αἱ δὲ πρῶται οὐσίαι αὗται οὖσαι τὰ ὑποκείμενα τοῖς πᾶσιν οὐ καθ᾽ ὑποκειμένου λέγονται, ὥστε κοινοῦ ὄντος ταῖς πρ⌜ώ⌝<ταις καὶ ταῖς δευ>τέραις τ⌜οῦ⌝ μὴ ἐν ὑποκειμένῳ εἶναι διαιροῦνται ἀπ᾽ ἀλλήλων τῷ τὰς μὲν δευτέρας ἐν ὑποκειμένῳ μὴ οὔσας καθ᾽ ὑποκειμένου λέγεσθαι, τὰς δὲ πρώτας ἐν ὑποκειμένῳ μὴ οὔσας ὁμοίως, μηδὲ καθ᾽ ὑποκειμένου λέγεσθαι.

23 Π. (*Int.*) add. Fel. u. sign. Ap ‖ **24** ᾽Α. (*Resp.*) add. Fel. u. sign. Ap ‖ **25** Π. (*Int.*) add. Fel. u. sign. Ap ‖ **26** ᾽Α. (*Resp.*) add. Fel. u. sign. Ap ‖ ὁ Δίων restitui sec. Simpl., 84,25 : ὁ κύων M om. A Busse ‖ **27** Π. (*Int.*) add. Fel. u. sign. Ap ‖ **28** ᾽Α. (*Resp.*) add. Fel. u. sign. Ap ‖ **30** Π. (*Int.*) add. Fel. u. sign. Ap ‖ κυριώταται M : κυριώτατα A ‖ **31** ᾽Α. (*Resp.*) add. Fel. u. sign. Ap ‖ **32** Π. (*Int.*) add. Fel. u. sign. Ap ‖ **33** ᾽Α. (*Resp.*) add. Fel. u. sign. Ap ‖ Αἳ MA : ἡ Arist.(2 a 12) ‖ λέγονται MA : τινὸς λέγεται Arist. (2 a 12) ‖ **34** εἰσίν MA : τινί ἐστιν Arist. (2 a 13) ‖ **35** Π. (*Int.*) add. Fel. u. sign. M (ubi Τί γὰρ inc. in mg) p ‖ **36** ᾽Α. (*Resp.*) add. Fel. u. sign. p ‖ **36-89.1** ἐλέγομεν Busse : λέγομεν MA ‖ **89.4** τὰ εἴδη καὶ τὰ γένη M : τ. γένη κ. τ. εἴδη A ‖ ὑποκειμένου MA : ὑποκειμένων Busse ‖ **6** πρώταις καὶ ταῖς δευτέραις coni. recte Busse quod prob. Strange : προτέραις MA ‖ τοῦ Busse : τὸ MA

Q. — Et ici, quelles distinctions fait-il explicitement dans la substance ?

R. — Il fait état de substances premières et de substances secondes.

Q. — Quelles sont les premières ?

R. — Les substances individuelles : Socrate, Platon, Dion[1], ...

Q. — Quelles sont les secondes ?

R. — Les genres et les espèces des substances individuelles : par exemple, l'espèce des hommes particuliers, c'est l'homme, et leur genre, l'animal[2].

Q. — Lesquelles sont donc les substances principales, avant tout et d'abord ?

R. — Les individuelles.

Q. — Dans quels termes Aristote en a-t-il donc fait mention ?

R. — « Ce sont celles qui ne peuvent ni se dire d'un sujet, ni être inhérentes à un sujet »[3].

Q. — Qu'est-ce qu'il a voulu indiquer en utilisant ces termes ?

R. — Par l'expression « n'être pas inhérentes à un sujet », il indique, comme nous l'avons déjà | dit[4], que la substance n'est pas un accident. Mais 89
c'est un trait commun à toute substance, qu'elle soit première ou seconde. Or l'expression « ne pas se dire d'un sujet » permet de distinguer les substances premières des secondes[5]. Les substances secondes, en effet, que sont les espèces et les genres, se disent des sujets que sont les substances premières, alors que les substances premières, qui sont, elles, les sujets de toutes choses[6], ne se disent pas d'un sujet. Par conséquent, bien que le trait commun aux premières et aux secondes soit de n'être pas inhérentes à un sujet, la différence qui les sépare les unes des autres tient au fait que les substances secondes, qui ne sont pas inhérentes à un sujet, se disent d'un sujet, alors que les substances premières, qui pareillement ne sont pas inhérentes à un sujet, ne se disent pas non plus d'un sujet.

1 [88.26] Le troisième exemple, que garantit Simplicius (84, 25) et que conserve le manuscrit M sous une forme corrompue (κύων), est probablement ce même Dion que Porphyre mentionne encore plus loin (p. 126, 17). Aristote, dans *C*, ne mentionne jamais nommément des substances individuelles à l'aide d'un nom propre ; il se contente de dire, par exemple, « un certain homme » (2 a 13).

2. [88.28-29] Cf. *C*, 2 a 14-18, que Porphyre commente plus loin (89, 34 *sq.*).

3. [88.33-34] *C*, 2 a 12-13 (légèrement modifié)

4. [89.1] *Supra*, 77, 11-78, 21. Il s'agit de la substance en tant que telle.

5. [89.3] Cf. *supra*, 77, 7, *sq.* et (pour l'ensemble de la formule), 76, 29-30.

6. [89.5] Porphyre anticipe ce disant (« sujets de toutes choses ») sur la suite (*C*, 2 a 34 *sq.*, commenté p. 89, 17 *sq.*).

<Π.>Διὰ τί οὖν « κυριώτατα καὶ πρώτως καὶ μάλιστα » τὰς πρώτας οὐσίας λέγεσθαι οὐσίας ἔφη καὶ πρὸς τίνας ἀντιδιαστελλ⌈ο⌉μέν⌈α⌉ς τὰς δευτέρας;

<᾿Α.>Πρώτως μὲν γὰρ οὐσίαι αἱ ἄτομοι, ὅτι καὶ πρῶται λέγονται, αἱ δὲ ἄλλαι δεύτεραι. Κυριωτάτη δὲ καὶ πρώτη ἡ ἄτομος οὐσία λέγεται οὐσία· τὰ γὰρ ἄλλα πάντα τὰ μὲν καθ᾿ ὑποκε⌈ι⌉μέν⌈ων⌉ τούτων λέγεται, λέγω δὲ τὰ οἰκεῖα εἴδη καὶ γένη, τὰ δὲ ἐν ὑποκειμέναις αὐταῖς ἐστιν, λέγω δὲ τὰ ἄλλα ⌈ἐννέα⌉ συμβεβηκότα. Μὴ οὐσῶν οὖν τῶν πρώτων οὐσιῶν, οὐδὲ<ν> ἂν τῶν ἄλλων ὑπάρχοι· « οἷον κατὰ τοῦ ἀνθρώπου τὸ ζῷον κατηγορεῖται, οὐκοῦν καὶ κατὰ τοῦ τινὸς ἀνθρώπου· εἰ γὰρ κατὰ μηδενὸς τῶν τινῶν ἀνθρώπων, οὐδὲ κατὰ τοῦ ἀνθρώπου ὅλως » τὸ ζῷον. Πάλιν τὸ χρῶμα εἰ καὶ ἄλλο τι τῶν συμβεβηκότων ἐν σώματι ἢ καὶ ἐν οὐσίᾳ ἐστίν, ἀλλὰ καὶ ἐν τινὶ σώματι ἢ καὶ ἐν τινὶ οὐσίᾳ· εἰ γὰρ <ἐν> μηδενὶ τῶν καθ᾿ ἕκαστα σωμάτων ἢ οὐσιῶν, [οὐδὲ ἐν σώμα]τι οὐδὲ ἐν οὐσίᾳ ὅλως ἔσται. Ὥστε ἐπεὶ « πάντα τὰ ἄλλα καθ᾿ ὑποκειμένων τῶν πρώτων οὐσιῶν λέγεται ἢ ἐν ὑποκειμέναις αὐ[ταῖς] ἐστι καὶ μὴ οὐσῶν τούτων τῶν οὐσιῶν ἀδύνατον τῶν ἄλλων τι εἶναι », εἰκότως αἱ τοιαῦται οὐσίαι κυριώταται καὶ πρ⌈ῶται⌉ εἰσὶν οὐσίαι.

10 Π. (*Int.*) add. Fel. u. sign. Ap ‖ κυριώτατα MA : κυριώτατά τε Arist. (2 a 11) ‖ **11** ἀντιδιαστελλομένας p : -όμενος MAC ‖ **12** ᾿Α. *(Resp.)* add. Fel. u. sign. Ap ‖ **14** ὑποκειμένων p (cf. infra, u. 23 et Arist., 2 a 34) : ὑποκείμενα MAC ‖ **16** ἐννέα A : θ᾿ M ‖ οὐδὲν A : οὐδὲ M (dub.) ‖ **17** τὸ ζῷον ante κατὰ pos. Arist. (2 a 36-37) ‖ **21** ἐν add. recte Busse (cf. Arist., 2 b 2) ‖ **22** οὐδὲ ἐν σώματι A ‖ **23** πάντα τὰ ἄλλα MA : τ. ἄ. π. ἤτοι Arist. (2 b 3-4) ‖ **24** αὐταῖς A ‖ καὶ MA : ὥστε Arist. (2 b 6[b]) ‖ τούτων τῶν MA : τῶν πρώτων Arist. (2 b 6[b]) ‖ **25** πρῶται scripsi (cf. supra, u. 13) : πρώτως MA ‖ οὐσίαι [2] M : ante εἰσίν transp. A

Q. — Pourquoi donc soutient-il que ce sont les substances premières qui sont dites substances « principalement, d'abord et avant tout » ?[1] Et que sont les substances secondes dont il les distingue ?

R. — Ce sont en effet d'abord les substances individuelles qui sont substances, précisément parce qu'elles sont dites les premières et les autres les secondes[2]. Mais la substance individuelle est dite la principale et la première substance, car tout le reste, ou bien se dit de sujets qui sont des substances individuelles (je veux parler de ses propres espèces et de ses propres genres) ou bien est inhérent à des sujets qui sont des substances individuelles (je veux parler des neuf accidents qui restent). Donc, n'étaient les substances premières, il ne pourrait y avoir rien d'autre. « Par exemple, l'animal est prédiqué de l'homme, donc aussi d'un certain homme particulier, car s'il ne l'était d'aucun homme particulier, l'animal ne le serait pas non plus de l'homme en général. »[3] À son tour, la couleur, comme n'importe quel autre des accidents, est inhérente au corps ou encore à la substance, mais aussi à un certain corps ou encore à une certaine substance, car si elle n'est inhérente à aucun des corps particuliers ou substances, elle ne sera pas non plus inhérente au corps ni à la substance en général. Par conséquent, dès lors que « tout le reste se dit de sujets que sont les substances premières ou bien est inhérent à des sujets que sont ces substances », et dès lors que « n'étaient ces substances, il ne pourrait y avoir quoi que ce soit d'autre »[4], il est normal que de telles substances soient les substances principales et à titre premier.

1. [89.10] Ce sont les mots de *C*, 2 a 11-12 (κυριώτατά τε καὶ πρώτως καὶ μάλιστα).

2. [89.12-13] Strange (p. 78) comprend à l'inverse et traduit : « The primary substances are the individuals, and it is for this reason that they are called primary substances. All other substances are secondary substances. » C'est une erreur, car Porphyre n'a nullement demandé quelles étaient les substances premières (cette question a été posée plus haut, 88, 25 et a reçu sa réponse), mais pourquoi on appelle premièrement (πρώτως) substances les substances individuelles. Et la réponse, en apparence triviale, est que ce sont elles, parce que ce sont les substances qu'on désigne en premier lieu dans le langage. Porphyre semble ainsi tirer argument du fait qu'au départ, l'homme se sert du langage pour désigner, parmi les êtres substantiels, les individus qu'il fréquente, avant de désigner universellement des espèces ou des genres.

3. [89.17-19] *C*, 2 a 36-2 b 1. Ce qui précède (14 τὰ γὰρ – 17 ὑπάρχοι) est une simple paraphrase de *C*, 2 a 34-35, 2 b 5-6[b], que Porphyre lisait dans cet ordre-là.

4. [89.23-25] Texte de *C*, 2 b 3-6[e] (légèrement modifiée). Ce qui précède (19 πάλιν – 22 ἔσται) est encore une simple paraphrase de *C*, 2 b 1-3. Sans autre commentaire, Porphyre estime donc que la section *C*, 2 a 34-2 b 6 justifie la primauté et la suprématie (κυριωτάτη καὶ πρώτη : 89, 13) reconnues à la substance individuelle par *C*, 2 a 11-12. Il s'agit, pour lui, d'une

<Π.> Διὰ τί οὖν μάλιστα;

<᾿Α.> Ὅτι ἐν τοῖς δέκα τὸ ὑποκείμενόν ἐστιν ἡ οὐσία, <ἐν δὲ τοῖς ὑποκειμένοις τὸ μάλιστα ὑποκείμενον καὶ> μάλιστα ἂν εἴη οὐσία· ἡ δὲ ἄτομος οὐσία μᾶλλον ὑπόκειται, ὥστε ἥδε ἂν εἴη μάλιστα οὐσία. Ὑπόκειται δὲ ἅπασιν τοῖς μὲν οἰκείοις εἴδεσιν καὶ τοῖς γένεσι καθ' ὑποκειμένου κατηγορουμένοις αὐτοῖς, τοῖς δὲ συμβεβηκόσιν ἐν ὑποκειμένῃ αὐτῇ οὖσιν· ὥστε κυριωτάτη ἂν εἴη ἡ ἄτομος οὐσία καὶ μάλιστα καὶ πρώτως οὐσία.

<Π.> Τὰς δὲ δευτέρας οὐσίας τίνας εἴρηκεν εἶναι ὁ ᾿Αριστοτέλης;

<᾿Α.> Τὰ εἴδη καὶ τὰ γένη.

<Π.> Ἆρα οὖν ἁπλῶς πάντα τὰ εἴδη καὶ τὰ γένη;

90.1 <᾿Α.> Οὐδαμῶς.

<Π.> ᾿Αλλὰ ποῖα εἴδη καὶ ποῖα γένη;

<᾿Α.> « Ἐν οἷς, φ⌈η⌉σίν, εἴδεσιν αἱ πρῶται οὐσίαι λεγόμεναι ὑπάρχουσι, ταῦτά τε καὶ τὰ τῶν εἰδῶν τούτων γένη. » Ἐν γὰρ τοῖς εἴδεσί

26 Π. (*Int.*) add. Fel. u. sign. Ap ‖ **27** ᾿Α. (*Resp.*) add. Fel. sign. Ap ‖ **27-28** ἐν δὲ — ὑποκείμενον καὶ A : om. M ἐν δὲ — ὑποκείμενόν ἐστι ἡ οὐ rest. M^{x} (mg) ‖ **28** supra οὐσία scr. ἡ M^{1} : om. MA ‖ **30** ὑποκειμένου MA : ὑποκειμένης Busse ‖ **31** αὐτοῖς MA : αὐτῆς Busse ‖ **33** Π. (*Int.*) add. Fel. u. sign. Ap ‖ **34** ᾿Α. (*Resp.*) add. Fel. u. sign. Ap ‖ **35** Π. (*Int.*) add. Fel. u. sign. Ap ‖ πάντα M : om. A ‖ **90.1** ᾿Α. (*Resp.*) add. Fel. u. sign. Ap ‖ **2** Π. (*Int.*) add. Fel. u. sign. M (ubi ᾿Αλλὰ inc. in mg) Ap ‖ **3** ᾿Α. (*Resp.*) add. Fel. u. sign. Ap ‖ φησίν corr. A : φασιν M ‖ πρῶται M : πρώτως A (cf. Arist., 2 a 14-15) ‖ λεγόμεναι ante οὐσίαι pos. Arist. (2 a 15) ‖ **4** ante Ἐν γὰρ add. *Int.* Fel. u. sign. Ap

Q. — Pourquoi donc le sont-elles « avant tout » ?

R. — C'est que, au sein des dix genres, c'est la substance qui est sujet et que, au sein des sujets, ce qui est avant tout sujet doit être aussi avant tout substance ; or la substance individuelle est ce qui fait le plus office de sujet ; par conséquent, c'est celle-ci avant tout qui doit être substance. D'autre part, elle sert de sujet à tout : à ses propres espèces et à ses propres genres, qui sont eux-mêmes prédiqués d'un sujet, ainsi qu'aux accidents qui lui sont inhérents ; par conséquent, la substance individuelle sera la principale et c'est elle avant tout et d'abord qui sera substance [1].

Q. — Et les substances secondes, que sont-elles aux dires d'Aristote ?

R. — Ce sont les genres et les espèces.

Q. — Est-ce que ce sont, sans plus, toutes les espèces et tous les genres ? [2]

|R. — Pas du tout ! **90**

Q. — Mais quelles espèces et quels genres ?

R. — « Ce sont, dit-il, les espèces où prennent place lesdites substances premières, ces espèces tout comme leurs genres » [3]. Les individus en effet

primauté et d'une suprématie absolues, qui distingue les individus substantiels, seules réalités existantes par soi, non seulement de leurs espèces et de leurs genres, mais des réalités non substantielles, alors que la priorité dont il a d'abord parlé (*cf.* πρώτως : 89, 12) en se référant à l'usage linguistique (*cf.* n. *ad* 89, 12-13), était une priorité relative, qui caractérise la substance première par rapport aux substances secondes, dans le genre substance uniquement.

1. [89.27-32] Deux arguments distincts supportent l'affirmation que la substance individuelle est substance « avant tout le reste » ou « au plus haut point » (μάλιστα) : (1) elle est le principal sujet et (2) elle est le sujet le plus universel. Les deux arguments ont en commun d'identifier substance et sujet, ce qui est une inférence tirée des propositions reçues selon lesquelles la substance en tant que telle n'est pas inhérente à un sujet. L'argument (1), pour sa part, établit la supériorité de la substance première sur les substances secondes du fait qu'elle est sujet de ces substances secondes elles-mêmes. L'argument (2), en revanche, établit la supériorité de la même substance en s'appuyant sur le fait que la substance première est en plus le sujet des accidents qui lui sont inhérents et donc aussi, en vertu de l'argument (1), des accidents inhérents aux substances secondes. Porphyre ne note pas cette implication qui fait de la substance première le sujet de tout, parce qu'il n'y a d'accidents des substances secondes qu'indirectement, en raison des substances premières : l'universel n'est pas proprement sujet aux accidents (cf. *infra,* 99, 18 *sq.*).

2. [89.35] Cette hypothèse a par ailleurs un sens très précis ; elle correspond à la position platonicienne selon laquelle c'est l'universel, dans tous les genres, qui est substance. Aristote la formule expressément (*Mét.*, Λ, 1, 1069 a 26-27 : οἱ μὲν οὖν νῦν τὰ καθόλου οὐσίας μᾶλλον τιθέασιν) et la critique sévèrement (*Mét.*, Z, 13, 1038 b 1 *sq.*).

3. [90.3-4] *C*, 2 a 14-16 (texte légèrement modifié, mais sans conséquence pour la définition).

π⌈ω⌉ς τὰ ἄτομά [ἐστιν], ὅτι ἐν τοῖς ἐπὶ πλέον λεγομένοις τὰ ἐπ᾿ ἔλαττον λεγόμενα περιέχεσθαι λέγεται. Ταῦτά τε οὖν τὰ εἴδη τὰ περιέχοντα τὰς ἀτόμους οὐσίας καὶ τὰ τούτων τῶν εἰδῶν γένη τὰ περιέχοντα τὰ τοιαῦτα εἴδη εἴη ἂν δεύτεραι οὐσίαι, οἷον ἄνθρωπος καὶ ζῷον· ἐν γὰρ τῷ ἀνθρώπῳ ⌈ὁ τὶ⌉<ς> ἄνθρωπος ἐν [εἴδει], γένος δὲ τοῦ εἴδους τοῦ ἀνθρώπου τὸ ζῷον· δεύτεραι οὖν αὗται οὐσίαι λέγονται οἷον <ὁ> ἄνθρωπος καὶ τὸ ζῷον καὶ τὰ ὅμοια.

<Π.> Ἀλλὰ πῶς, εἰ διὰ τὸ <ἀν>αιρεῖν μέν, μὴ συναναιρεῖσθαι δὲ φὴς τὰς πρώτας οὐσίας πρώτας εἶναι καὶ μάλιστα καὶ κυριώτατα <καὶ> διὰ τοῦτο λέγεσθαι τὰς ἀτόμους οὐσίας εἶναι ⌈πρώτ⌉ας, ἀνθρώπου δὲ τοῦ κοινοῦ κατηγορουμένου ἀναιρεθέντος τῇ ἐπινοίᾳ καὶ ὁ Σωκράτης, ⌈ὅ⌉σπερ ἦν ἄτομος οὐσία καὶ πρώτη, ἀναιρεῖται, οὐκ ἂν εἴη τὸ εἶδος μᾶλλον οὐσία;

{16-18. Ἐπεὶ - εἰσιν}

῞Ωστε διὰ τί οὐ πρότερον Σωκράτ⌈ου⌉ς ὁ ἄνθρωπος, εἴ γε ἀναιρούμενος συναναιρεῖ, ἀναιρουμένου δὲ <Σωκράτους> οὐ συναναιρεῖται·

5 πως Busse : πῶς MA || ἐστιν A || post ἐστιν add. *Resp.* Fel. u. sign. Ap || **9** ὁ τὶς Busse sec. Arist.(2 a 15) : ὅτι MA || εἴδει A || **10** ὁ M[1] (s. u.) A : om. M || **12** Π. (*Int.*) add. Fel. u. sign. Ap : post Ἀλλὰ add. ἀπορία A (mg) || ἀναιρεῖν M[1] (s. u.) A : αἱρεῖν M || **13** καὶ addend. esse coni. Busse (in app.) || **14** πρώτας scripsi : οὐσίας MA om. p οὐσίας πρώτας coni. Busse (in app.) quod prob. Strange || κοινοῦ MA : κοινῇ coni. Busse quod prob. Strange (cf. infra, u. 33 et 34) || **15** ὅσπερ Busse : ὥσπερ MA || **16** post οὐσία [2] addend. esse τῆς ἀτόμου καὶ τὸ γένος μᾶλλον οὐσία τοῦ τε εἴδους καὶ τῆς ἀτόμου οὐσίας coni. Busse quod prob. Strange || **16-18** Ἐπεὶ - εἰσιν post ζῴου[1] (u. 21) transposui || **18** ante ῞Ωστε u. sign. M (dub.) p || Σωκράτους M[x]A : Σωκράτης M || **19** ἀναιρουμένου MA : -μένῳ coni. Busse || Σωκράτους addidi

sont d'une certaine façon dans les espèces[1], parce que les choses qu'on dit de moindre extension sont réputées englobées dans les choses qu'on dit de plus grande extension. Donc, les espèces qui englobent les substances individuelles, ainsi que les genres de ces espèces, qui englobent ces dernières, seront des substances secondes. C'est par exemple le cas de l'homme et de l'animal, puisque l'homme, à titre d'espèce, inclut tel homme particulier et que le genre de l'espèce qu'est l'homme, c'est l'animal[2]. Sont donc appelées secondes, les substances telles que l'homme, l'animal et les êtres semblables[3].

Q. — Mais c'est parce qu'elles entraînent la suppression du reste sans être supprimées avec le reste, que les substances premières, dis-tu[4], sont premières et que ce sont elles avant tout et principalement qui sont substances; c'est précisément pour cela que les substances individuelles sont dites premières. Mais une fois qu'on supprime en pensée l'homme prédiqué en commun[5], on supprime également Socrate, qui est précisément, on l'a dit, une substance individuelle. Dans ces conditions, comment se fait-il que l'espèce ne soit pas davantage substance?[6] Aussi bien, pourquoi l'homme n'a-t-il pas priorité sur Socrate, puisque sa suppression entraîne la sienne, alors que si Socrate est supprimé, lui, ne l'est pas? Sans

1. [90.5] C'est en effet un des sens de « être en quelque chose », répertoriés plus haut (77.27-28) : l'individu est dans l'espèce comme l'espèce dans le genre. Voir aussi *Isagôgè*, 8, 1 *sq.*

2. [90.8-9] L'exemple paraphrase *C*, 2 a 16-19.

3. [90.11] On pourrait peut-être considérer que la section qu'on lit plus loin (91, 28-92, 2) et qui rappelle ce qu'on vient de dire est un morceau fourvoyé qu'il convient de replacer ici. Mais la redite n'est pas à exclure et il sied d'être réservé, car l'objection qui suit (90, 12 *sq.*) paraît, elle, à sa place.

4. [90.12] Interprétation de ce qui est dit en 89, 10-25.

5. [90.15] Supprimer « en pensée » est une opération qu'envisage souvent Aristote (cf. *Mét.*, Z, 3, 1029 a 16-18 ou, ici même, *C*, 7, 7 a 32 *sq.*) ; elle consiste à faire abstraction de quelque chose qui est pour ne considérer que cela avec quoi elle est liée. Elle n'entraîne donc pas la conséquence supposée ici. Mais l'objection prétend tirer argument du fait que l'espèce a plus d'extension que l'individu (*cf.* 90, 5 *sq.*) : l'espèce homme existe donc encore même si, parmi les hommes, Socrate n'existe plus; mais c'est évidemment à la condition qu'existent encore d'autres individus.

6. [90.16] Le texte est corrompu et Busse, suivi par Strange, a supposé une lacune qu'il s'agirait de combler. Mais en fait, la corruption résulte visiblement de la réintroduction au mauvais endroit d'une phrase (ἐπεὶ ... εἰσίν) notée en marge après son omission. Cette phrase appartient à la suite du texte et doit être replacée après le premier ζῴου de la ligne 21. Tout alors redevient clair : après avoir expliqué que l'*espèce* paraît plus substance que l'individu (ce qu'il fait jusqu'à la ligne 20), l'élève ajoute, à la ligne 21, qu'il en va de même pour le *genre,* à l'aide de l'exemple de l'animal, et c'est là que se situe l'argument fourvoyé aux lignes 16-18. Le changement de réplique, suggéré, semble-t-il, par les manuscrits à la ligne 18 (avant ὥστε), paraît résulter de la compréhension difficile du texte corrompu.

20 Σωκράτους γὰρ μὴ ὄντος ἔστιν ὁ ἄνθρωπος, ἀνθρώπου δὲ μὴ ὄντος οὐκ ἔστι
Σωκράτης. Ὁμοίως δὲ καὶ ἐπὶ τοῦ ζῴου, <17-18. ἐπεὶ καὶ τοῦ ζῴου ἀναιρεθέντος
ὁμοίως τῷ λόγῳ καὶ ὁ ἄνθρωπος καὶ ὁ Σωκράτης οὐκέτι εἰσίν>·
21 ζῴου μὲν γὰρ ὄντος δύναται εἶναι Σωκράτης, ζῴου δὲ πάντως
ἀναιρεθέντος οὐδ᾽ ἂν εἴη Σωκράτης. Οὐκοῦν τί ἐκ τούτου συνάγεται;
Εἰ γὰρ πρῶτά ἐστι ταῦτα, ἃ συναναιρεῖ μέν, οὐ συναναιρεῖται δέ,
τὸ δὲ ζῷον καὶ ὁ ἄνθρωπος συναναιρεῖ μὲν τὸν Σωκράτην, οὐ συν-
25 αναιρεῖται δὲ σὺν τῷ Σωκράτει, οὐχ ὁ Σωκράτης ἂν εἴη οὐσία πρώτη,
ἀλλὰ τὰ γένη καὶ τὰ εἴδη. Τί οὖν πρὸς τὴν τοιαύτην ἀπορίαν εἴποις ἄν;

<Ἀ.> Φημὶ ὅτι οὐ κατὰ λόγον τὸ εἰρημένον προήγαγες.

<Π.> Τί δήποτε;

<Ἀ.> Ὅτι περὶ Σωκράτους μόνον πεποίησαι τὸν λόγον, οὗ ἀναιρε-
30 θέντος ὁ ἄνθρωπος καὶ τὸ ζῷον μένει. Δεῖ δὲ οὐκ ἐφ᾽ ἑνὸς ποιεῖσθαι τὸν
λόγον, ἀλλ᾽ εὖ εἰδέναι, ὅτι οὐκ ἔστιν ἄτομος οὐσία ὁ εἷς τῶν κατὰ μέρος
ἀλλ᾽ οἱ καθ᾽ ἕκαστον ἄνθρωποι πάντ[ες], ἐξ ὧν καὶ ὁ κοινῇ κατηγορούμενος
ἄνθρωπος ἐπενοήθη, καὶ τὰ καθ᾽ ἕκαστον ζῷα, δ⌈ι᾽ ἃ⌉ τὸ κοινῇ κατηγορού-
μενον ἐνοήσαμεν ζῷον. Ἃ δὴ καὶ αἴτια τοῖς κοινῇ κατηγορουμένοις ἐστὶ
91.1 τ⌈οῦ⌉ εἶναι· παρὰ γὰρ τὰ καθ᾽ ἕκαστον οὔτε βοῦν οὔτε ἄνθρωπον οὔτε
ἵππον οὔτε ὅλως ἔ⌈στ⌉ι νοῆσαι ζῷον. Εἰ δὲ ἀπὸ τῆς τῶν καθ᾽ ἕκαστον αἰ-

24 δὲ M : om. A ‖ **27** Ἀ. (*Resp.*) add. Fel. u. sign. Ap : add. λύσις M² (mg) A (mg) ‖ **28** Π. (*Int.*) add. Fel. u. sign. Ap ‖ **29** Ἀ. (*Resp.*) add. Fel. u. sign. Ap ‖ **32** πάντες A (cf. Simpl., 84,22) ‖ **33** δι ᾽ ἃ Busse : διὰ MA ‖ **91.1** τοῦ p (cf. Simpl., 84,28) : τὸ MA ‖ **2** ἔστι νοῆσαι Busse : ἐπὶ νοῆσαι M ἐπινοῆσαι A

Socrate, en effet, il y a l'homme, tandis que sans l'homme, il n'y a pas de Socrate. Et il en va encore de même dans le cas de l'animal, puisque l'animal une fois pareillement supprimé en raison, il n'y a plus de place pour l'homme ni pour Socrate. En effet, s'il y a l'animal, il peut y avoir Socrate, mais une fois l'animal complètement supprimé, il ne peut y avoir non plus de Socrate. Quelle conclusion se tire donc de là ? Si la priorité va en effet aux êtres qui entraînent la suppression des autres mais ne sont pas entraînés par la suppression des autres, et que l'animal et l'homme entraînent la suppression de Socrate, sans être supprimés avec Socrate, ce n'est pas Socrate qui sera substance première, mais les genres et les espèces. Que peux-tu donc répondre à cette sorte de question ? [1]

R. — Je soutiens que l'argument que tu as avancé n'est pas rationnel [2].

Q. — Pourquoi donc ?

R. — Parce que tu as fait porter ton argument sur Socrate uniquement : quand lui a été supprimé, dis-tu, l'homme et l'animal demeurent. Mais on ne doit pas faire porter son argument sur un seul individu. Il faut bien savoir au contraire que la substance individuelle, ce n'est pas un seul des particuliers, mais tous les hommes singuliers [3], dont se tire précisément la notion de l'homme prédiqué en commun, ainsi que les animaux singuliers qui nous permettent de concevoir l'animal prédiqué en commun [4]. Ce sont eux, par conséquent, qui portent la responsabilité de l'existence des choses prédiquées en commun. | En dehors des êtres singuliers, on ne peut en effet 91
penser ni le bœuf, ni l'homme, ni le cheval, ni, en général, l'animal [5]. Or si

1. [90.26] Il ne fait pas de doute que ce genre d'objection, parmi d'autres, ait été formulé avant Porphyre, étant donnée la tendance des platoniciens à défendre la priorité de l'universel (en soi) par ce rapport à l'individu : cf. *supra,* n. *ad* 89, 35. Porphyre peut défendre ici l'orthodoxie aristotélicienne, parce que l'universel qu'il prétend découvrir dans le contexte de *C*, n'est pas l'en soi intelligible de Platon, mais « le prédicat commun » (τὸ κοινόν κατηγορούμενον : 90, 14-15).

2. [90.27] Plutôt que « non rationnel » (οὐ κατὰ λόγον), Simplicius (84, 21) dit de la même réflexion qu'« elle n'est pas rigoureuse » (οὐκ ἀκριβῶς).

3. [90.31-32] Porphyre semble jouer sur une certaine nuance, difficile à restituer en français, en disant « particulier » (κατὰ μέρος) et puis « singulier » (καθ᾽ ἕκαστον) ; c'est comme s'il voulait donner à entendre que l'individu, même isolé, est la *partie* d'un tout (l'espèce où il se trouve), mais qu'il faut considérer ensemble *chaque* individu pour juger de cela qui fait l'objet d'un prédicat commun. C'est de ce point de vue en effet qu'apparaît la priorité du particulier sur l'universel, alors que le tout est premier par rapport à la partie.

4. [90.32-34] Que l'universel, espèce ou genre, soit une notion, c'est ce qui a déjà été suggéré p. 72, 9 *sq.* ; 73, 7 et 9. Qu'il soit seulement une notion, a été aussi suggéré, p. 75, 28. Il est donc patent que Porphyre n'ignore pas que les mots, lorsqu'ils sont universels, c'est à dire la plupart des mots, ne désignent pas les choses directement, mais à travers des notions.

5. [91.1-2] Cf. *Mét.*, Z, 16, 1040 b 26-27 : « il est évident qu'aucun des universels ne peut être en dehors des particuliers à l'état séparé ».

σθήσεως ἐπὶ τὸ{ν} κοινῇ τῇ διανοίᾳ ἀφικνούμεθα, ὅπερ οὐκέτι τόδε τι νοοῦμεν ἀλλὰ τοιόνδε, εἰ <δὴ> τὰ καθ' ἕκαστον ἀναιρεθ<εί>⌈η⌉ ζῷα, οὐκέτι οὐδὲ τὸ κοινῇ κατηγορούμενον κατ' αὐτ⌈ῶ⌉ν ἔσται. Εἰσὶ δὲ καὶ αἱ σημαντικαὶ λέξεις τῶν ὄντων ἐπὶ πρότερα τὰ ἄτομα κατ⌈ω⌉νομασμέναι, εἶτα <δ'> ἀπὸ τούτων ἐπὶ τὰ κοινὰ ἡ διάνοια μετῆλθεν· ἐπεὶ τοίνυν περὶ λέξεων σημαντικῶν ἡ πρόθεσις, αἱ δὲ λέξεις ἐπὶ πρῶτα τὰ αἰσθητὰ ἐπετέθησαν (τούτοις γὰρ πρώτοις κατ' αἴσθησιν ἐντυγχάνομεν), ταύτας καὶ πρώτας ἔθετο ὁ Ἀριστοτέλης εἶναι οὐσία⌈ς⌉ κατὰ τὴν πρόθεσιν, ὥσπερ πρῶται αἱ αἰσθηταὶ κατ⌈ω⌉νομάσθησαν, οὕτως ὡς πρὸς τὰς σημαντικὰς λέξεις πρώτας τιθεὶς τὰς ἀτόμους οὐσίας.

3 τὸ p : τὸν MAC || **4** δὴ addidi sec. Simpl. (84,31) || ἀναιρεθείη p (cf. Simpl., 84,31) : ἀναιρεθῇ MA || **5** αὐτῶν Busse : αὐτὸν MA || **7** ante ἐπεὶ u. sign. Ap || **10** οὐσίας p : οὐσίαν MAC || αἰσθηταὶ M : αἰσθητικαὶ A

c'est en partant de la perception des êtres singuliers, que nous arrivons par la pensée à saisir leur prédicat commun, lequel n'est plus, dans notre pensée, cet objet déterminé, mais un objet d'une certaine qualité[1], alors, dans l'hypothèse où l'on supprime les animaux singuliers, il n'y aura plus non plus de prédicat commun qui s'applique à eux. Par ailleurs, les mots permettant de signifier les êtres sont également des appellations qui visent en premier les individus et la pensée est allée ensuite, de ceux-ci à leurs traits communs. Or si le propos de l'ouvrage est de considérer les mots significatifs[2] et que ces mots au départ ont été appliqués aux choses sensibles, puisque ce sont elles d'abord que nous rencontrons par la perception, alors ce sont elles aussi qu'Aristote a posées comme substances premières, conformément à son propos : de même que les substances sensibles ont été nommées les premières, de la même façon, par référence aux mots

1. [91.2-3] Beaucoup d'interprètes ont reconnu dans cet universel, abstrait des particuliers sensibles, une forme immanente telle qu'elle était conçue dans la tradition aristotélicienne représentée par Alexandre d'Aphrodise et Strange (p. 81, n. 176) renvoit, sur ce point, à M. Tweedale, « Alexander of Aphrodisias' Views on Universals » dans *Phronesis,* 29, 1984, p. 1984, p. 279-303. Zambon (*op. cit.*, p. 332) signale, pour sa part, ce genre de forme comme étant l'incorporel non séparé dont Porphyre fait état dans *Sentences,* 19 et qu'il dit conçue abstraction faite de la matière dans *Sentences,* 42. Dans ces conditions, il faut observer que lorsqu'il a prononcé plus haut [88.17] qu'Aristote, dans *C*, entendait par « substance » le composé de matière et de forme, Porphyre s'est, semble-t-il, avancé hardiment : ou bien, en effet, il pensait à la substance en tant que telle, aussi bien particulière qu'universelle (ce qui est possible : *cf.* Ar., *Mét.*, Z, 11, 1037 a 6 : τὸ ἐξ ἀμφοῖν ὡς καθόλου), mais alors, il devient apparemment difficile de croire qu'il pense ici à l'universel comme à une forme ; ou bien il ne considérait auparavant que la substance première, individuelle, le seul composé de matière et de forme, mais alors comment pouvait-il, avant d'avoir distingué entre substance première et substance seconde, soutenir que par « substance », Aristote entendait le composé de matière et de forme ? La seule façon de concilier tout cela, semble-t-il, est de penser que pour Porphyre, la substance universelle est un composé de matière et de forme tout comme la substance individuelle (comme Socrate, l'espèce humaine, par exemple, est corporelle) et que la matière et la forme sont des parties de l'une et de l'autre ; ce qui légitime l'affirmation de 88, 17. Mais dans cet universel, ce qui est accessible à la pensée, c'est la forme, tandis que la matière n'entre pas dans la notion qu'on s'en fait ; ce qui justifie de réduire ici l'universel à sa forme notionnelle. On comprend ainsi que l'on puisse faire une différence entre la forme immanente au composé individuel et la forme du composé universel ; tandis que, dans le composé individuel, la forme est cela qui en fait cet objet précis (τοδέ τι), dans le composé universel, elle est ce qui en fait telle genre d'objet (τοίονδε). Porphyre le suggére ici : ce qui entre dans la pensée, dit-il, ce n'est pas la forme individuelle, séparée de sa matière sensible (forme que Porphyre conçoit comme un ensemble unique de propriétés : cf. *Isagôgè,* 7, 20 *sq.*), mais la forme universelle qui, abstraction faite de sa matière, est la qualité distinctive qu'ont en commun plusieurs individus.

2. [91.8] Cf. *supra,* 57, 19-58, 20.

<Π.> Ἐκ δὲ ταύτης τῆς αἰτίας ζητεῖ ὁ λόγος καί τι ἄλλο ἔγκλημα;

<Ἀ.> Λέγω ὅτι αἰτιῶ⌈ντ⌉αι αὐτόν, ὅτι κυριώτατ<α> κατὰ αὐτὸν καὶ μάλιστα καὶ πρώτως λεγομένων πρώτων οὐσιῶν τῶν νοητῶν οἷον τοῦ νοητοῦ [θεοῦ] καὶ τοῦ νοῦ καί, εἴπερ εἰσὶν ἰδέαι, καὶ τῶν ἰδεῶν, παριστὰ<ς> τ[αύτας] πρώτας οὐσίας ἔφη τὰς ἐν τοῖς αἰσθητοῖς ἀτόμους.

13 Π. (*Int.*) add. Fel. || **14** Ἀ. (*Resp.*) add. Fel. || αἰτιῶνται Praechter (Hermes, 57, 1922, p. 505, n. 2) quod prob. Strange : αἰτιῶμαι MA || κυριώτατα A : κυριώτατ M || **15** θεοῦ A : oblitt. aut om. M || **16** παριστὰς ταύτας p : παριστᾶ ταύτας A παριστατ (?) M

significatifs, il a posé les substances individuelles comme substances premières[1].

Q. — Ce motif néanmoins fait que son argument s'expose aussi à quelque autre grief[2].

R. — Oui, je l'avoue, on lui reproche ceci : alors que, d'après lui, ce qu'on appelle principalement, avant tout et d'abord substances premières, ce sont les intelligibles, comme le dieu intelligible, l'intelligence et, le cas échéant, les Idées, il présente ici les substances premières en soutenant que ce sont les substances individuelles dans l'ordre des choses sensibles[3].

1. [91.13] Cet argument (lignes 5-13), tiré du premier usage des mots, rappelle le propos esquissé en 89, 12-13 ; il paraît très faible en regard du précédent, non parce qu'il est inspiré par la linguistique, plutôt que par l'ontologie, mais parce qu'il ne prend pas en considération les mots désignant en particulier les substances. On comprend qu'il ait été ajouté du fait qu'il cadre avec ce que Porphyre considère comme le propos essentiel de l'ouvrage (linguistique plutôt qu'ontologique), mais c'est sa seule vertu, car même si l'individu est premier du point de vue de la sensation, du point de vue de la raison, c'est en revanche l'universel qui est premier (cf. *Mét.*, Δ, 11, 1018 b 32-34) et l'on voit mal par ailleurs Aristote se fonder sur l'antériorité strictement temporelle (cf. *C*, 12, 14 a 26-27) des signifiés indivituels par rapport aux signifiés génériques pour distinguer, spécialement dans l'ordre substantiel, ce qui est premier et ce qui est second.

2. [91.13-14] Ces lignes sont d'interprétation délicate. La ligne 13, contrairement à la suggestion de Feliciano (que nous avons retenue, comme le font Busse et Strange) pourrait appartenir à la réplique précédente et donc être prêtée au maître-répondant, car elle ne contient aucun indice formel d'interrogation (τι est l'indéfini selon toute apparence). Dans ces conditions, l'expression λέγω ὅτι, de la ligne 14, ne serait pas le début d'une réponse (« Oui, j'affirme que »…), mais toujours placée dans la bouche du maître comme la ligne 13 dont elle est la suite, elle signifierait « c'est-à-dire ». Après avoir montré (jusqu'à la ligne 12) qu'Aristote appelle premières les substances d'abord nommées dans le langage, le maître enchaînerait sans interruption : « Ce motif néanmoins expose son argument à un autre reproche ; je veux dire que » etc. Une telle façon de comprendre ne change rien à l'idée de Porphyre ; elle exclut simplement l'élève-questionneur de l'échange, même pour évoquer timidement la possibilité d'une objection. Mais il est dans la manière de Porphyre de prêter à l'élève-questionneur ce rôle inquisiteur, par principe, et l'expression λέγω ὅτι (ligne 14) est celle qui habituellement ouvre les réponses du maître. C'est pourquoi je me suis rangé, en somme, à la tradition dans le découpage des répliques. Je me suis rangé aussi à l'autorité de Praechter (voir apparat critique) en adoptant la correction αἰτιῶνται pour αἰτιῶμαι (des manuscrits) à la ligne 14, malgré que je conserve là-dessus quelques doutes ; il est parfaitement possible que Porphyre, par la voix du maître-répondant qui est son porte-parole, ait écrit « j'accuse » et donc, ait pris à son compte, jusqu'à un certain point, la critique des platoniciens adressée à Aristote, d'avoir accordé la primauté aux substances individuelles sensibles (la suite, aux lignes 19 *sq.*, ne disculpe pas entièrement Aristote à ce sujet). Mais il est malgré tout plus probable que, sans se tirer du lot des accusateurs, Porphyre ait voulu signifier en écrivant αἰτιῶνται que l'objection ne lui était pas personnelle, mais participait d'un jugement répandu et donc, à ce titre, autorisé dans une certaine mesure.

3. [91.14-17] L'un des griefs que, d'après Simplicius (73, 25-28), Lucius et Nicostrate faisaient à Aristote, c'est d'avoir apparemment négligé les intelligibles dans le répertoire des

<Π.> Πῶς γὰρ λύσεις αὐτοῦ ταύτην τὴν αἰτίαν;

<Ἀ.> Ὅτι, φήσω, ἐπεὶ περὶ λέξεων σημαντικῶν ἡ πρόθεσις, αἱ δὲ λέξεις πρώτως ἐπὶ τὰ αἰσθητὰ ἐτέθησαν (ἃ γὰρ εἶδον καὶ ὧν ἤσθοντο οἱ ἄνθρωποι π<ρῶτ>α ταῦτα κατωνόμασαν, δευτέρως δὲ τὰ τῇ φύσει μὲν πρῶτα, αἰσθήσει δὲ δεύτερα), εἰκότως ἃ ταῖς λέξεσι πρῶτα κατωνομάσθη (ἔστι δὲ τὰ αἰσθητὰ καὶ τὰ ἄτομα), πρώτας οὐσίας ἔθετο, ὥστε ὡς πρὸς τὰς σημαντικὰς λέξεις πρῶται οὐσίαι αἱ ἄτομοι αἰσθηταί, ὡς δὲ πρὸς τὴν φύσιν πρῶται αἱ νοηταί. Πρόκειται δὲ κατὰ τὰς σημαντικὰς λέξεις τὰ γένη τῶν

18 Π. (*Int.*) add. Fel. u. sign. p || **19** Ἀ. (*Resp.*) add. Fel. u. sign. Ap || **20** ἤσθοντο M : ἤσθησαν A || **21** πρῶτα scripsi (cf. u. 22) : πα' M α A || κατωνόμασαν M : κατωνόμασε A (dub.) || δευτέρως M : δεύτερα A || **23** αἰσθητὰ M : αἰσθητικὰ A

Q. — Comment en effet vas-tu l'excuser de cela ?

R. — C'est que, dirai-je, son propos est de considérer les mots significatifs ; or, les mots ont été prioritairement appliqués aux choses sensibles (c'est en effet à celles qu'ils voyaient et à celles qu'ils percevaient que les hommes ont d'abord donné des noms) et secondairement aux choses *naturellement* premières, mais *secondes* pour la perception ; il est donc normal d'avoir posé comme substances premières les premières choses à avoir été nommées par les mots, c'est-à-dire les choses sensibles et les choses individuelles. Par conséquent, c'est par référence aux mots significatifs que les substances individuelles sensibles sont substances premières, tandis que par référence à la nature, les premières, ce sont les intelligibles. Mais il se propose de distinguer les genres d'êtres d'après les

catégories. Plotin faisait le même constat réprobateur : « (Les aristotéliciens) ne se prononcent pas sur les intelligibles en opérant leur division ; ce n'est donc pas tous les êtres qu'ils ont voulu prendre en compte dans leur division ; ils ont au contraire laissé de côté les êtres principaux » (*En.*, VI, 1, 1, 28-30). Strange (p. 81, n. 180) renvoie à ces textes après avoir traduit notre passage, où il croit tellement voir l'écho des mêmes propos qu'il traduit erronément παρίστας (« il présente »), de la même façon (« he ignores ») que παραλέλειπται (Simplicius, 73, 26) et παραλελοίπασιν (*En.*, VI, 1, 1, 30) qu'on lit chez ces auteurs. Mais Porphyre ne reproduit pas exactement la même critique. Ce n'est pas pour avoir, en général, laissé de côté les intelligibles dans la division catégoriale que Porphyre s'en prend à Aristote ; c'est au contraire, pour avoir, dans le cas particuliers des substances, conféré aux individus sensibles plutôt qu'aux intelligibles, le titre de substances premières. Le reproche semble avoir d'autant plus de poids qu'il ne consiste pas à critiquer Aristote pour avoir été aveugle à la vérité, il consiste à dire que le philosophe masque en quelque sorte cette vérité dont il avait parfaitement conscience, dès lors qu'il ne défend pas ici une position conforme à ses propres vues (*cf.* κατὰ αὐτὸν : 91, 14). Porphyre et ceux dont il rapporte le sentiment en guise de récrimination s'appuient sur la primauté que donne Aristote aux substances immatérielles (cf. *De l'interprétation,* 13, 23 a 23-24), dont traite en particulier *Mét.*, Λ, 6-10. L'allusion au dieu intelligible et à l'intelligence vise la pure intelligence divine qui se pense, décrite dans des passages comme Λ, 7, 1072 b 18-20 : « La pensée qui est par soi et celle du meilleur par soi et celle qui l'est au plus haut point, celle du meilleur au plus haut point ; or la pensée se pense par saisie de l'intelligible », etc. Il y avait lieu de remarquer que ce genre de substance, supérieure à tout, n'est pas du tout prise en compte dans *C*, sinon de le regretter, comme faisait Plotin, chez qui « la pensée qui se pense » est l'objet de la plus sérieuse considération : « Dans le fait de penser réside son acte et son mouvement et dans le fait de se penser elle-même, son essence et son être (…) ; de plus, tandis que l'Idée est au repos, étant la limite de l'intelligence, celle-ci est le mouvement de l'Idée » (*En.*, VI, 2, 8, 11-12 et 23-24). Évidemment, l'allusion aux Idées de la part de Porphyre ne peut viser, chez Aristote, qu'une conviction contestable quand on sait les multiples critiques que celui-ci adressait aux Formes intelligibles séparées de Platon (en particulier dans *Mét.*, A, 9, 990 b 1 *sq.* et M, 4-5). Porphyre semble d'ailleurs réservé sur ce point (εἴπερ εἰσὶν ἰδέαι : 91, 16) ; peut-être n'excluait-il pas que, malgré ses critiques, Aristote envisageait implicitement la possiblité ouverte explicitement par les platoniciens pour qui les Formes intelligibles séparées sont dans l'Intelligence divine ; mais l'on ne sait pas de façon certaine quelle était la position précise que Porphyre prêtait à Aristote sur le sujet.

ὄντων διελεῖν, αἱ δὲ σημαντικαὶ πρώτως εἰσὶν τῶν αἰσθητῶν ἀτόμων οὐσιῶν.

<Π.> Ἀλλ' ἐπεὶ ὁμωνύμως καὶ τὸ εἶδος καὶ τὸ γένος λέγεται, ποῖα εἴδη λαμβάνει καὶ ποῖα γένη;

<Ἀ.> Ἃ λέγει εἶναι δευτέρας οὐσίας.

<Π.> Καὶ πῶς παρέστησε;

<Ἀ.> Λέγω ὅτι ἐν τῷ οἱον<ε>ὶ φάναι· μὴ γὰρ δὴ νομίσῃς ἄλλων εἰδῶν με λέγειν γένη, <μηδ' ἄλλα εἴδη> τοῦτ' ἔστιν ἄλλων ἀτόμων εἴδη οἷον τῶν συμβεβηκότων ἀλλὰ τούτων τῶν εἰδῶν, « ἐν οἷς εἴδεσίν ε⌈ἰσ⌉ιν αἱ ἄτομοι οὐσίαι καὶ τὰ τῶν εἰδῶν τούτων γένη ». Ἐξηγεῖται δὲ καὶ αὐτὸς ὃ λέγει ἐν οἷς φησι ὅτι

27 Π. (*Int.*) add. Fel. u. sign. Ap || **30** Ἀ. (*Resp.*) add. Fel. u. sign. Ap || **31** Π. (*Int.*) add. Fel. u. sign. Ap || **32** Ἀ. (*Resp.*) add. Fel. u. sign. Ap || οἱονεὶ A : οἱονὶ M || **33** μηδ' ἄλλα εἴδη addend. esse coni. Busse (in app.) || **34-35** ἐν οἷς - γένη Arist. (2 a 14-16) || **34** εἴσιν p : ἐστὶν MAC ὑπάρχουσι et post οὐσίαι pos. Arist. (2 b 15) || αἱ ἄτομοι οὐσίαι MA : αἱ πρώτως λεγόμεναι οὐσίαι Arist. (2 b 14-15) || ante καὶ add. ταῦτά Arist. (2 b 15)

mots significatifs et ceux-ci servent à indiquer prioritairement les substances individuelles sensibles [1].

Q. — Mais, dès lors qu'on entend de façon équivoque et l'espèce et le genre, quelle sorte d'espèces et quelle sorte de genres prend-il en considération ? [2]

R. — Celles qui sont, dit-il, des substances secondes.

Q. — Et comment l'a-t-il donné à comprendre ?

R. — Selon moi, par des déclarations qui reviennent à dire : n'allez donc pas penser que je parle des genres d'autres espèces, ni que je parle d'autres espèces que celles qui réunissent d'autres choses individuelles, comme les accidents ; au contraire, je parle de ces espèces-là, « celles où prennent place les substances individuelles, ainsi que des genres de ces espèces-là ». Du reste, il explique encore lui-même ce qu'il veut dire là où il déclare : | « Un 92

1. [91.19-27] L'argument est la reprise de celui qui a été avancé plus haut (91, 5-13) et il présente apparemment la même faiblesse. Mais si l'on admet qu'il puisse servir là, pour justifier la priorité des substances individuelles par rapport à leurs espèces ou leurs genres, il faut admettre qu'il puisse servir *a fortiori* pour justifier ici la priorité des substances sensibles par rapport aux substances intelligibles. Car les substances intelligibles qui existent par elles-mêmes, séparées du sensible, sont infiniment plus distantes des individus qui nous sont familiers que ne le sont les notions communes à ces individus, lesquelles n'existent pas sans ces individus. À propos des universels communs, d'ailleurs, Porphyre n'a jamais laissé comprendre qu'ils pourraient être d'une certaine façon premiers par rapport aux individus car ce n'est pas, pour lui, le cas ; ici, en revanche, il confesse sans ambages et même souligne que les substances intelligibles sont bel et bien premières « naturellement » (τῇ φύσει : 91, 21) ou « par référence à la nature » (πρὸς τὴν φύσιν : 91, 24), car selon Aristote lui-même, la pensée qui se pense est ce genre de principe « dont dépendent le ciel et la nature (*Mét.*, Λ, 7, 1072 b 13-14). Bref, il faut admettre qu'ici, l'argument prend un certain poids : si Aristote tient pour première la substance individuelle sensible, alors que, pour lui, c'est la substance intelligible qui est naturellement première, seule quelque raison majeure peut expliquer cette étrangeté comme paraît l'être la perspective qu'impose la prise en compte, dans le contexte, des premiers signifiés par le langage.

2. [91.28-29] L'allusion à l'équovicité du genre et de l'espèce semble renvoyer à ce qui a été dit plus haut, p. 82, 5 (où cependant Porphyre n'avait pas dit précisément ὁμωνύμως λέγεται, mais plus vaguement πολλαχῶς μὲν λέγεται καὶ τὸ εἶδος καὶ τὸ γένος). Comme on l'a vu, le passage (91, 28-92, 2] est peut-être à replacer plus haut, après la p. 90, 11 (voir note *ad loc.*). Les questions posées respectivement en 90, 2 et en 91, 30 sont en effet pratiquement identiques (« quelles espèces et quels genres ? ») ; la première a surgi après que le répondeur a identifié les substances secondes aux espèces et aux genres tout simplement ; elle visait donc à préciser qu'Aristote entend par là les espèces et les genres des substances premières ; or ici, elle surgit pour la seconde fois de manière à rappeler ce qu'on sait déjà, sans doute parce que dans ce qui précède, l'évocation des intelligibles, qui sont principes du sensible, distribués en genres et espèces, pourrait éventuellement donner à penser qu'Aristote envisage les intelligibles en question en parlant d'espèces et de genres.

92.1 « ὁ <τὶς> ἄνθρωπος ὡς ἐν εἴδ⌜ει⌝ μὲν ὑπάρχει τῷ ἀνθρώπῳ, γένος δὲ τοῦ εἴδους ἐστὶ τούτου τὸ ζῷον. »

<Π.> Ἀλλὰ διὰ τί μὲν πρῶται οὐσίαι αἱ ἄτομοι, ἱκανῶς παρέστησας· διὰ τί δὲ δεύτεραι τὰ γένη καὶ τὰ εἴδη τῶν ἀτόμων οὐσιῶν, ὀφείλεις διδάξαι.

<Ἀ.> Λέγω ὅτι τὰ εἴδη καὶ τὰ γένη τῶν πρώτων οὐσιῶν εἰκότως δεύτεραι οὐσίαι λέγονται· « μόνα γὰρ δηλοῖ τὴν πρώτην οὐσίαν τῶν κατηγορουμένων ταῦτα· τὸν γὰρ Σωκράτην ἂν ἀποδιδῷ τις τί ἐστι, τὸ μὲν εἶδος καὶ τὸ γένος ἀποδιδοὺς οἰκείως ἀποδώσει καὶ γνωριμώτερον ποιήσει ἄνθρωπον ἀποδιδοὺς καὶ ζῷον » ἤ τι ἄλλο τῶν ⌜ἐννέα⌝· τούτων γὰρ ὅτιπερ ἂν ἀποδῷ, οὐ κυρίως ἔσται ἀποδεδωκώς, οἷον ἢ λευκὸν ἢ τρίπηχυ ἢ ὑγρὸν ἢ τρέχον ἢ ὁτιοῦν τῶν τοιούτων· αἱ γὰρ τοιαῦται κατηγορίαι ἀπὸ τῶν συμβεβηκότων γινόμεναι παρὰ φύσιν ἂν εἶεν οὐ τὸ τί ἐστι τὸ ὑποκείμενον δηλοῦσαι, ἀλλὰ ἄλλων τί αὐτῷ συμβέβηκεν, οἰκείως δὲ αἱ ἀπὸ τῶν εἰδῶν καὶ τῶν γενῶν. Ὥστε εἰκότως τὰ εἴδη καὶ τὰ γένη τῶν οὐσιῶν μόνα τῶν ἄλλων μετὰ τὰς πρώτας οὐσίας δεύτεραι οὐσίαι λέγονται.

92.1 τὶς add. Busse sec. Arist. (2 a 16) ‖ ὡς ἐν MA : ἐν Arist. (2 a 16) ‖ εἴδει corr. A : εἴδη M ‖ **2** τούτου τὸ MA : τὸ Arist. (2 a 17) ‖ **3** Π. (*Int.*) add. Fel. u. sign. Ap ‖ **4** τὰ γένη καὶ τὰ εἴδη M : om. A ‖ **6** Ἀ. (*Resp.*) add. Fel. u. sign. Ap ‖ **8** ταῦτα MA : om. Arist. (2 b 31) ‖ Σωκράτην MA : τινα ἄνθρωπον Arist. (2 b 32) ‖ ἂν MA : ἐὰν Arist. (2 b 32) εἰ Simpl. (85,23) ‖ **9** καὶ[1] MA : ἢ Arist. (2 b 32) ‖ οἰκείως MA cf. Arist. (2 b 33) : οἰκειότερον Simpl. (85,24) cf. Arist. (2 b 9-10) ‖ **10** ἀποδιδοὺς καὶ ζῷον MA : ἢ ζ. ἀ. Arist. (2 b 34) ‖ ἐννέα A : θ' M ‖ **11** ἀποδῷ MA : ἀποδιδῷ A[1] (s.u.) cf. Arist. (2 b 35) ‖ οὐ κυρίως MA : ἀλλοτρίως Arist. (2 b 35) ‖ **14** αὐτῷ M : αὐτῶν A ‖ **15** εἴδη καὶ τὰ γένη M : γ. κ. τ. εἴδη A

certain homme se trouve en l'homme comme en une espèce et le genre de cette espèce est l'animal »[1].

Q. — Bien! Tu as suffisamment indiqué pourquoi les substances individuelles sont les substances premières. Mais il te faut enseigner pourquoi les genres et les espèces des substances individuelles sont des substances secondes[2].

R. — À mon avis, si les espèces et les genres des substances premières sont dits substances secondes « c'est normal », parce que « ce sont les seuls à faire voir la substance première parmi les prédicats qui lui sont attribués. En effet, si l'on veut, en présence de Socrate, expliquer ce qu'il est, dès lors qu'on fournit l'espèce et le genre, on fournira une explication adéquate et on produira une meilleure connaissance en expliquant qu'il s'agit d'un homme ou d'un animal », qu'en apportant n'importe quel autre des neuf prédicats[3]. Avec l'un de ceux-ci, en effet, quel qu'il soit, on se trouvera ne pas donner ce qu'est Socrate principalement; si l'on répond par exemple qu'il est blanc, qu'il mesure trois coudées, qu'il est en train de courir ou n'importe quoi du même genre, ces sortes de prédications tirées des accidents laissent en effet de côté sa nature et font voir, non pas ce qu'est le sujet, mais ce qui lui arrive d'une façon ou d'une autre. En revanche, les prédications tirées des espèces et des genres constituent des réponses adéquates[4]. Par conséquent, « il est normal » que les espèces et les genres des substances soient les seules choses qui, pour le reste, après les substances premières, soient appelées substances secondes[5].

1. [91.34-92, 2] Double citation un peu modifiée de *C*, 2 a 14-16 et 2 a 16-17. À remarquer que Porphyre ne commente pas ici la section *C*, 2 a 19-34, mais la prend en compte plus loin seulement (p. 92, 25 *sq.*).

2. [92.4-5] Il ne s'agit pas de savoir pourquoi elles sont *secondes* (cela découle du fait que les individus sont premiers), mais pourquoi elles sont *substances* (cf. *C*, 2 b 29 *sq.*). Cela paraît d'autant plus impératif que, dans l'interprétation de Porphyre, les espèces et les genres ne sont que des prédicats communs correspondant à des concepts.

3. [92.7-10] Citation un peu modifiée de *C*, 2 b 30-34. La fin de la citation (ἀποδιδοὺς καὶ ζῷον ἢ … : 92, 10) pourrait reproduire une variante du texte, semble-t-il, authentique (ἢ ζῷον ἀποδιδούς : 2 b 34); ce dernier signifie : « on produira une meilleure connaissance en exprimant qu'il s'agit d'un homme qu'en disant qu'il s'agit d'un animal ». Mais on comprendrait que Porphyre ait retouché ce texte, car tel qu'il est, il rappelle ce qui a été expliqué plus haut (2 b 7 *sq.*), passage que Porphyre n'a pas encore considéré.

4. [92.10-15] Paraphrase de *C*, 2 b 34-36, dans laquelle Porphyre multiplie les exemples de son crû.

5. [92.15-16] Paraphrase de *C*, 2 b 36-37.

<Π.> Ἔτι ἄλλην αἰτίαν τινὰ εἰπὲ τοῦ δευτέρας οὐσίας ῥηθῆναι τὰ [εἴδη] καὶ τὰ γένη τῶν πρώτων οὐσιῶν.

<Ἀ.> Φημὶ ὅτι ὁμοι⌈ό⌉τητα μάλιστα τὰ εἴδη καὶ τὰ γένη ταῖς πρώταις οὐσίαις ἔχει. Ὡς γὰρ ἐκεῖναι πᾶσιν τοῖς ἄλλοις ὑποκείμεναι κυριώταται οὐσίαι λέγονται, οὕτως καὶ τὰ εἴδη καὶ τὰ γένη πρὸς τὰ ἄλλα πάντα ἔχει· « κατὰ γὰρ τούτων τὰ λοιπὰ κατηγορεῖται », λέγω δὲ τὰ συμβεβηκότα· ὡς γὰρ τὸν τινὰ ἄνθρωπον εἰπεῖν ἔστι γραμματικὸν καὶ τρίπηχυν καὶ ἀπὸ τῶν ἄλλων συμβεβηκότων παρωνύμως, οὕτως {δὲ} καὶ ἄνθρωπον καὶ ζῷον γραμματικὸν καὶ τρίπηχυν ἔστιν εἰπεῖν. Διὸ αἱ μὲν δεύτεραι οὐσίαι κατὰ τῶν πρώτων οὐσιῶν κατηγοροῦνται συνωνύμως· ὅλως γὰρ τὰ καθ᾽ ὑποκειμένου λεγόμενα συνωνύμως τῶν ὑποκειμένων λέγεται· τοῦ γὰρ ἀνθρώπου κατὰ τοῦ τινὸς ἀνθρώπου καθ᾽ ὑποκειμένου κατηγορουμένου συνωνύμως ὁ ἄνθρωπος ῥηθήσεται, ἐπεὶ γὰρ ὁ Σωκράτης καὶ ἄνθρωπος καὶ ζῷον λογικὸν θνητόν. Τὰ δὲ ἄλλα συμβεβηκότα κατὰ μὲν τὸν λόγον οὐκ ἂν ταῖς οὐσίαις συναρμόσειεν, κατὰ δὲ τοὔνομα ἐπὶ τινῶν μὲν κατηγορηθήσεται ὡς ἐπὶ τοῦ σώματος τὸ λευκόν (εἴποι γὰρ ἄν τις τὸ σῶμα λευκόν), ἐπὶ δὲ τινῶν οὔ (οὐκέτι γὰρ ἡ λευκότης ῥηθείη ἂν ἐπὶ τοῦ σώματος)· ὁ μέντοι λόγος τοῦ λευκοῦ οὐκ ἂν κατὰ τοῦ σώματος ῥηθείη ποτέ· οὐ γάρ ἐστι χρῶμα διακριτικὸν ὄψεως τὸ σῶμα.

17 Π. (*Int.*) add. Fel. u. sign. Ap || εἴδη A || **19** Ἀ. (*Resp.*) add. Fel. u. sign. Ap || **20** κυριώταται MA : κυριώτατα Arist. (2 b 38) || **21** ἔχει MA[1] : ἔχειν A (dub.) || **22** γὰρ τούτων MA : τ. γ. Arist. (3 a 3) || **24** δὲ (MA) delevi

Q. — Dis encore un autre motif d'appeler substances secondes les espèces et les genres des substances premières.

R. — Je prétends que les espèces et les genres sont ce qui ressemble le plus aux substances premières. Celles-ci, en effet, servent de sujets à tout le reste et c'est ce qui fait qu'elles sont dites substances à titre absolument principal; or leurs espèces et leurs genres sont exactement dans le même rapport avec ce qui reste, « car elles ont pour prédicats tout le reste », je veux parler des accidents. Si l'on peut dire en effet de tel homme qu'il est un lettré, qu'il mesure trois coudées et tirer des autres accidents les appellations dérivées qui lui conviennent, on peut aussi, de la même façon, dire l'homme ou l'animal lettré ou de trois coudées[1]. C'est pourquoi les substances secondes prédiquées des substances premières s'entendent de façon univoque[2], car, en général, ce qui se dit du sujet se dit de façon univoque des choses qui en sont le sujet. Si l'homme en effet se prédique de tel homme comme de son sujet, c'est que l'homme peut se dire de lui de façon univoque. Et de fait, Socrate est aussi bien homme qu'animal rationnel mortel. En revanche, les autres choses, qui sont des accidents, ne peuvent s'ajuster aux substances d'après leur formule définitoire, bien que, nominalement, elles puissent en être prédiquées pour certaines. Dans le cas du corps, par exemple, le prédicat « blanc » est possible; on peut dire en effet que le corps est blanc. Certains autres prédicats, cependant, sont impossibles; on ne peut plus dire en effet dans le cas du corps qu'il est blancheur. Mais si la formule qui définit le blanc, ne peut en l'occurrence se dire du corps, c'est parce que le corps n'est pas la couleur dissociatrice de la vue[3].

1. [92.20-25] Paraphrase de *C*, 3 a 1-6. La paraphrase contient la citation littérale de 3 a 3-4; elle ajoute ensuite un exemple (« de trois coudées ») à celui d'Aristote, et fait état d'appellations « dérivées » (παρωνύμως) selon la terminologie expliquée plus haut (69, 20 *sq.*).

2. [92.25-26] Cette proposition n'est pas tirée clairement de ce qui précède; elle constitue d'ailleurs le début d'une paraphrase de *C*, 2 a 19-27, passage qui ne suit pas celui que Porphyre commentait jusqu'ici, mais figure beaucoup plus haut dans l'exposé d'Aristote. Il semble que Porphyre tire argument du fait que substances premières et substances secondes se ressemblent étroitement, étant également les sujets des prédications accidentelles, pour établir que si les secondes se prédiquent des premières, ce ne peut être accidentellement, car sinon, elles seraient entre elles, dans le même rapport que la substance et l'accident : la substance première recevrait le nom, mais pas la formule définitionnelle des substances secondes. C'est une manière habile, mais non franchement claire, de rattacher *C*, 3 a 6 à *C*, 2 a 19.

3. [92.30-35] Paraphrase de *C*, 2 a 27-34. La définition supposée du blanc est empruntée à Aristote (cf. *Top.*, III, 5, 119 a 30-31).

<Π.>[Ἀλλ'] ἐπεὶ τὰ εἴδη καὶ τὰ γένη εἴρηκας εἶναι τ⌈ὰ⌉ς δευτέρας οὐσίας, ἆρα ἐπ' ἴσης ἂν ἔχοι τα⌈ῦ⌉τα{ς} πρὸς τὰς πρώτας οὐσίας;

<Ἀ.> Οὐδαμῶς· μᾶλλον γὰρ τὸ εἶδος οὐσία ἢ τὸ γένος.

93.1 <Π.> Διὰ τί;

<Ἀ.> Ἔγγιον γὰρ τὸ εἶδος τῇ ἀτόμῳ οὐσίᾳ ἢ τὸ γένος. Ἐὰν γὰρ τὴν πρώτην οὐσίαν ἀποδιδῷ τις τί ἐστιν, ἔγγιον <ἂν> ἀποδιδοῖ<το> τὸ εἶδος ἢ τὸ γένος, οἷον ⌈ὅ⌉τι ἄνθρωπός ἐστιν ἢ ὅτι ζῷον· τὸ δὲ τῇ μᾶλλον οὐσίᾳ ἔγγιον καὶ [αὐ]τὸ ἂν εἴη μᾶλλον οὐσία· τὸ μὲν γὰρ ἔγγιον καὶ ἴδιον μᾶλλον τοῦ [τι]νὸς ἀνθρώπου, λέγω δὲ ὁ ἄνθρωπος, κοιν⌈ό⌉τερον δὲ τὸ ζῷον.

<Π.> Εἰπὲ καὶ ἄλλην αἰτίαν, καθ' ἣν δείξεις μᾶλλον τὸ εἶδος οὐσίαν ἢ τὸ γένος.

<Ἀ.> Ἐπεὶ γὰρ [ὡς] αἱ πρῶται οὐσίαι διὰ τὸ τοῖς ἄλλοις ἅπασιν ὑποκεῖσθαι καὶ πάντα τὰ ἄλλα κατ' αὐτῶν ⌈ὡς⌉ καθ' ὑποκειμέν⌈ων⌉ κατηγορεῖσθαι [ἢ] ἐν αὐταῖς ὡς ἐν ὑποκειμέναις εἶναι διὰ τοῦτο μάλιστα οὐσίαι λέγονται, οὕτω καὶ τὸ εἶδος ἔχει· ὡς γὰρ αἱ πρῶται οὐσίαι πρὸς [τὸ] εἶδος καὶ τὸ γένος ἔχουσιν, οὕτω καὶ τὸ εἶδος πρὸς τὸ γένος, καὶ πάλιν ὡς αἱ πρῶται οὐσίαι πρὸς τὰ συμβεβηκότα ἔχουσιν, οὕτω καὶ τὸ εἶδος ἔχει· ὑπόκειται γὰρ τὸ εἶδος τ⌈ῷ⌉ μὲν γένει <ὡς> καθ' ὑποκειμένου κατηγορουμέν⌈ῳ⌉ αὐτοῦ· τὰ γὰρ γένη τῶν εἰδῶν οὕτω κατηγορεῖται· ὁμοίως δὲ καὶ τοῖς συμβεβηκόσιν ὑπόκειται τὸ εἶδος καὶ ἔστιν ἐν τούτῳ ὡς <ἐν> ὑποκειμέν⌈ῳ⌉· ὥστε καὶ ἐκ τού-

36 Π. (*Int.*) add. Fel. u. sign. Ap || Ἀλλ' A || τὰς Busse : τῆς MA || **37** ταῦτα Busse (cui haec lectio esse in M videbatur) : ταύτας MA || **38** Ἀ. (*Resp.*) add. Fel. u. sign. Ap || **93.1** Π. (Ἐρ.) add. Busse || **1-2** Διὰ τί — τὸ γένος M : om. A || **2** Ἀ. add. Busse || **3** ἂν addend. esse recte coni. Busse (in app.) || ἀποδιδοῖτο τὸ Busse : ἀπὸ δίδοι τὸ M ἀποδίδοι τὸ A ἀποδιδοῖτο p || **4** ὅτι[1] A || **5** αὐτὸ A || μᾶλλον[1] M : τὸ μᾶλλον ὂν A || τινὸς A || **7** Π. (*Int.*) add. Fel. u. sign. Ap || **9** Ἀ. (*Resp.*) add. Fel. u. sign. Ap || ὡς A || **10** κατ' αὐτῶν M : καθ' αὐτῶν A κατὰ τούτων Arist. (2 b 16) || ὡς καθ' ὑποκειμένων coni. recte Busse : ἢ καθ' ὑποκειμένου A M (ὑποκειμεν') || **11** ἢ A || **12** τὸ[2] A || **15** τῷ A : τὸ M || ὡς addidi || κατηγορουμένῳ Busse : κατηγορούμενον MA || **17** τούτῳ MA : τούτοις Busse || ἐν ὑποκειμένῳ scripsi : ὑποκείμενον MA

Q. — Mais dès lors que les espèces et les genres, as-tu dit, sont les substances secondes, est-ce que ces choses sont sur un pied d'égalité dans leur rapport aux substances premières ?

R. — Pas du tout ! L'espèce en effet est davantage substance que le genre[1].

|Q. — Pourquoi ? 93

R. — Parce que l'espèce est plus proche de la substance individuelle que ne l'est le genre. En effet, si, en présence de la substance première, on veut expliquer ce qu'elle est, on fournira une réponse plus proche de la réalité en disant son espèce qu'en disant son genre, par exemple en disant : « c'est un homme » qu'en disant : « c'est un animal ». Or ce qui s'approche le plus de ce qui est davantage substance, doit être, lui aussi, davantage substance. La plus proche, en effet, je veux dire l'homme, est aussi ce qui est davantage propre à tel homme particulier, tandis que l'animal est plus commun[2].

Q. — Dis encore un autre motif qui te permet de montrer que l'espèce est davantage substance que le genre.

R. — On a vu en effet que les substances premières servent de sujets à tout le reste, et que tout le reste est prédiqué d'elles comme d'un sujet ou leur est inhérent comme à des sujets ; c'est pour cela que ce sont elles avant tout qui sont dites substances[3]. Eh bien, l'espèce est exactement dans une situation semblable, car le rapport des substances premières à l'espèce et au genre est également celui de l'espèce au genre ; et de nouveau, le rapport des substances premières aux accidents est aussi celui de l'espèce aux accidents. L'espèce est en effet sous-jacente au genre prédiqué d'elle comme d'un sujet, car les genres sont prédiqués des espèces de cette façon-là ; et pareillement, l'espèce est encore sous-jacente aux accidents, c'est-à-dire qu'ils lui sont inhérents comme à un sujet[4]. Par conséquent, cela

1. [92.38] Proposition de *C*, 2 b 7-8 (légèrement modifiée).

2. [93.2-6] Paraphrase de *C*, 2 b 8-13. Porphyre, cette fois, omet le second exemple qu'Aristote fournit ensuite (2 b 13-14 : l'espèce arbre comparée au genre végétal).

3. [93.9-11] Paraphrase très littérale de *C*, 2 b 15-17.

4. [93.11-17] Paraphrase libre de *C*, 2 b 17-20. Aristote, pour sa part, n'explicite pas l'analogie qui consiste à identifier le rapport des substances premières avec les accidents au rapport de l'espèce avec les accidents. Il est en effet identique aussi au rapport du genre avec les accidents. La substance étant toujours le sujet des accidents, la hiérarchie entre ces substances se mesure au nombre de choses dont les sujets des accidents sont sujets par ailleurs :

των τὸ εἶδος μᾶλλον οὐσία. Αὐτῶν μέντοι τῶν εἰδῶν καὶ τῶν γενῶν ὅσα μὴ ὑπ' ἄλληλα ὄντα ἐστὶν οὐθὲν μᾶλλον τὸ ἕτερον τοῦ ἑτέρου οὐσία ἐστίν, κἂν τὸ μὲν τῇ ἀξίᾳ ὑπερέχ⌜ῃ⌝, τὸ δὲ λείπ⌜η⌝ται· « οὐθὲν γὰρ οἰκειότερον ἀποδίδωσι κατὰ τινὸς ἀνθρώπου <τὸν> ἄνθρωπον ἀποδιδοὺς ἢ κατὰ τινὸς ἵππου τὸν ἵππον ». Οὕτως δὲ ἔχει καὶ [ἐπὶ] τῶν πρώτων οὐσιῶν· οὐ γὰρ ἐπεὶ τῇ ἀξίᾳ ὁ Σωκράτης τοῦ Βουκεφαλᾶ ἵππου ἀξιώτερος, διὰ τοῦτο ⌜ἂ⌝ν μᾶλλον οὐσία λέγοιτο ὁ Σωκράτης τοῦ Βουκεφαλᾶ.

<Π.> Ἀλλὰ ἄχρι μὲν δὴ τούτων περὶ τῶν πρώτων οὐσιῶν καὶ τῶν δευτέρων διελέχθης· χρὴ δέ σε καὶ τὸ ἴδιον τῆς οὐσίας εἰπεῖν· ἐπήγγελσαι γὰρ τοῦτο παραστῆσαι, ὅτε ὅρους μὲν ἔφης μὴ ἐνεῖναι παραδοῦναι αὐτῆς, παραδείγματα δὲ καὶ τὸ ἴδιον. Καὶ δέδωκας μὲν παραδείγματα, τὸ δὲ ἴδιον παραδοῦναι ὀφείλεις.

<Ἀ.> Οὐκοῦν χρὴ πρῶτον ὑπογράψαι τί ἐστιν ἴδιον.

<Π.> Ὑπόγραψ<ον>.

<Ἀ.> Λέγω τοίνυν τριχῶς μὲν λέγεσθαι τὸ ἴδιον, τῶν δὲ τριῶν τρόπων ἕνα εἶναι τὸν κυρ<ι>ώτατον.

18 καὶ τῶν γενῶν MA : om. Simpl. (89,16) sec. Arist. (2 b 22-23) || **19** ὑπ' ἄλληλα ὄντα ἐστίν MA : ὑ. ἄ. ὄ. ἐ καὶ γένη Simpl. (89,17) ἐστι γένη Arist. (2 b 23) || τὸ … τοῦ MA : om. Simpl. (89,17) sec. Arist. (2 b 23) || **20** τῇ ἀξίᾳ post ὑπερέχῃ transp. Simpl. (89,18) || ὑπερέχῃ… λείπηται A cf. Simpl. (89,18 : ὑπερέχῃ… ἐλλείπῃ) : ὑπερέχει ... λείπεται M || **20-21** ἀποδίδωσι κατὰ τινὸς MA : ἀποδώσει ὁ κ. τοῦ τ. Simpl. (89,19) ἀποδώσει κ. τοῦ τ. Arist. (2 b 24) || **21** τὸν addidi (cf. eodem u. τὸν ἵππον) sec. Simpl. (89,19) et Arist. (2 b 25) || ἀποδιδοὺς ἢ κατὰ τινὸς MA : ἀ. ἢ κ. τοῦ τ. Arist. (2 b 25) ἀποδοὺς ἢ κ. τοῦ τ. Simpl. (89, 19-20) || **22** ἐπὶ Busse sec. Simpl. (89,20) : τὸ A || ἐπεὶ M : ἐπὶ A Simpl. (89,21) || **23** ἀξιώτερος MA : τιμιώτερος Simpl. (89,21) || ἂν scripsi : οὖν MA om. Simpl. (89,21) || **24** λέγοιτο M : λέγοιτ' ἂν A Simpl. (89,22) || **25** Π. (*Int.*) add. Fel. u. sign. Ap || **27** ἐνεῖναι M : εἶναι A || **29a** Ἀ. addidi ut coni. Busse (in app.) quod prob. Strange || **30** Π. addidi ut coni. Busse (in app.) quod prob. Strange || Ὑπόγραψον Busse : ὑπόγραψ M om. A || **31** Ἀ. (*Resp.*) add. Fel. u. sign. Ap || **32** κυριώτατον M^1A : κυρώτατον M

montre aussi que l'espèce est davantage substance. Toutefois, parmi les espèces et les genres eux-mêmes, dans la mesure où ils ne sont pas subordonnés, l'un n'est jamais davantage substance que l'autre, même si, en dignité, l'un est plus éminent et l'autre moins[1]. « Car on ne fournira nullement une explication plus adéquate en disant d'un certain homme qu'il est un homme qu'en disant d'un certain cheval qu'il est un cheval »[2]. Or il en va exactement de même dans le cas des substances premières. Ce n'est pas en effet parce que Socrate passe en dignité le cheval Bucéphale que Socrate, pour la cause, peut être dit davantage substance que Bucéphale[3].

Q. — Mais jusqu'ici, tu as discuté des substances premières et des substances secondes; or il te faut encore dire le propre de la substance, car tu as promis[4] de l'indiquer au moment où tu as prétendu qu'on ne peut en fournir de définitions, mais seulement des exemples, ainsi que le propre. Et tu as donné des exemples, mais tu dois fournir le propre.

R. — Dans ces conditions, il faut d'abord décrire ce qu'est un propre.

Q. — Vas-y !

R. — Eh bien, je déclare qu'il y a trois façons d'entendre le propre et que de ces trois façons, il y en a une qui est le sens vraiment strict[5].

– individu : sujet des accidents, de l'espèce et du genre.
– espèce : sujet des accidents et du genre.
– genre : sujet des accidents.

Porphyre, en revanche, ne mentionne pas (comme *C*, 2 b 21) que les espèces ne se prédiquent pas réciproquement des genres et il n'explique pas en quoi consiste, selon lui, le degré de substantialité qui varie en raison inverse du degré de généralité. La précision n'aurait pas été inutile, puisqu'Aristote dira plus loin (*C*, 3 b 33 *sq.*) que la substance n'admet pas le plus ou moins; ce qui entraînait, dans la tradition exégétique, certaines apories (*cf.* Simplicius, 10, 16 *sq.*). Porphyre assume seulement qu'une chose perd en substantiel ce qu'elle gagne en généralité.

1. [93.18-20] Paraphrase de *C*, 2 b 22-24. Aristote parle seulement des « espèces qui ne sont pas des genres »…, mais pour désigner les universels de même degré, comme l'a compris Porphyre. Ce dernier stipule par la même occasion – ce que ne fait pas Aristote – que malgré tout, deux substances de même généralité peuvent se distinguer par un degré de dignité. Il illustrera cela dans un instant, par un exemple.

2. [93.20-22] Citation de *C*, 2 b 24-26.

3. [93.22-24] Paraphrase de *C*, 2 b 26-28. Les exemples précis de Socrate et de Bucéphale sont de Porphyre.

4. [93.27-28] Cf. *supra*, 87, 17-22 et 88, 9-12.

5. [93.31-32] Dans l'*Isagôgè*, 12, 12 *sq.*, Porphyre propose en fait quatre façons d'entendre le propre. Contrairement à ce qu'affirme de Libera (*Porphyre. Isagoge*, p. 59, n. 91), ce texte en effet tient compte, non seulement de la définition du propre en *Topiques*,

94.1 <Π.> Λέγε τοὺς τρεῖς τρόπους.
<Ἀ.> Ἴδιον γάρ ἐστιν ὅ γε πᾶσι μὲν πρόσεστιν, οὐ μέντοι μόνοις, ἢ

94.1 Π. (*Int.*) add. Fel. u. sign. Ap || **2** Ἀ. (*Resp.*) add. Fel. u. sign. Ap

|Q. — Dis les trois façons. 94

R. — Est propre en effet le trait qui bien qu'il appartienne à tous les représentants d'un groupe, n'appartient cependant pas à eux seuls ; ou bien

I, 5 (102 a 18*sq.*) mais aussi des distinctions opérées en *Top.*, V, 1 (128 b 16*sq.*) entre différents types de propres, appelés « par soi » (καθ' αὑτό) ou « relatif » (πρὸς ἕτερον) ou « perpétuel » (ἀεί) ou « momentané » (ποτε). Est un propre par soi « ce qui est donné d'une chose comparée à toutes les autres et qui la met à part de tout le reste » (128 b 34-35). Est en revanche un propre relatif « ce qui définit une chose en la distinguant, non de tout le reste, mais d'une chose quelconque qu'on peut établir » (128 b 36-37). D'autre part, est un propre perpétuel « ce qui est vrai d'une chose à chaque moment et ne lui fait jamais défaut » (129 a 1) et un propre momentané, « ce qui est vrai d'une chose à un certain moment et n'en est pas toujours l'implication nécessaire » (129 a 3-4). Toutefois, la distinction entre propre perpétuel et propre momentané est secondaire. Le propre momentané, en effet, comme le prouvent les exemples d'Aristote (pour un certain homme, se promener sur l'agora ou au gymnase : 128 b 20-21 et 129 a 4-5) n'est au fond, pour lui, qu'un accident qu'on attribue à l'individu, non à l'espèce. Si l'on cherche le propre non accidentel de l'espèce, on ne peut donc être en quête que d'un propre perpétuel (soit par soi, soit relatif), à une réserve près qu'indique Aristote à l'aide d'exemples de propres relatifs : si l'on donne pour propre de l'âme rationnelle, par rapport à l'âme appétitive et agressive, le fait de commander, il se fait que ce n'est pas toujours le cas (129 a 13-14), parce qu'il arrive que certaines individualités dans l'espèce d'âme rationnelle ne commandent pas mais obéissent, chez les sujets intempérants, par exemple. Cette exception, cependant, n'est pas l'équivalent d'un propre momentané, même au niveau de l'espèce ; c'est un propre d'un autre type : il caractérise la plupart des individus d'une espèce (et non tous), alors que le propre momentané d'une espèce, autre type encore, caractériserait tous les individus de l'espèce, mais uniquement à un moment donné. Toutes ces considérations semblent avoir conduit Porphyre dans l'*Isagôgè* à distinguer quatre types parmi les propres d'une espèce. Ce sont, dans l'ordre où ils sont présentés :

(1) Le propre par soi, mais qui ne s'attribue pas à tous les individus de l'espèce.

(2) Le propre relatif, qui s'attribue à tous les individus de l'espèce, mais pas à elle seule.

(3) Le propre par soi momentané.

(4) Le propre par soi perpétuel.

Le répertoire de Porphyre assume la distinction principale d'Aristote opposant le propre par soi au propre relatif (2) et, avec cela, l'idée que tout propre par soi d'une espèce n'appartient qu'à cette seule espèce. Porphyre retient aussi d'Aristote que le propre par soi d'une espèce peut n'être pas le fait de tous les individus de cette espèce (1). Pour le reste, il semble encore récupérer chez Aristote la distinction secondaire entre propre momentané et propre perpétuel, pour introduire dans le propre par soi, attribuable à tous les individus de l'espèce, une distinction supplémentaire qu'Aristote ne fait pas à son propos : est momentané (3), juge-t-il, ce propre par soi qui appartient à tous les individus d'une espèce, à un certain moment (par exemple, grisonner est le propre de l'homme au moment de la vieillesse), mais perpétuel (4) le propre par soi qui appartient toujours à tous les individus de l'espèce (par exemple, pour l'homme, la capacité de rire). Ce dernier, remarque encore Porphyre, est le propre « au sens strict » (κυρίως), parce que c'est un prédicat qui se convertit avec son sujet ; remarque qui se fonde sur *Top.*, I, 5, 102 a 1-2 : « Le propre est ce qui (…) n'appartient qu'à une chose et s'échange avec elle en position de prédicat ».

ὃ μόνοις μέν, οὐ πᾶσι δέ, ἢ τὸ γοῦν κυριώτατον ὃ καὶ πᾶσι καὶ μόνοις.

<Π.> Λέγε τούτων παραδείγματα.

<᾿Α.> Εἴποιμ᾽ <ἂν> γὰρ ὅτι ἴδιον ἀνθρώπων τὸ εἶναι δίποδας, ἀλλὰ πᾶσι μὲν τοῦτο συμβέβηκεν, οὐ μέντοι μόνοις διὰ τὸ καὶ ἄλλα ζῷα εἶναι δίποδα. Πάλιν τὸ ῥητορεύειν καὶ χρυσοχοεῖν εἴποιμ᾽ ἂν εἶναι <ἴδιον> ἀνθρώπων· μόνοις μὲν γὰρ ἀνθρώποις ἐστὶ ταῦτα, οὐ πᾶσι δέ. ᾿Αλλ᾽ ὁρᾷς ὅτι ταῦτα οὐ κυρίως ἂν εἴη ἴδια, ἀλλ᾽ ἐκεῖνά γε ἃ καὶ πᾶσι καὶ μόνοις, ὡς τὸ γε-

4 Π. (*Int.*) add. Fel. u. sign. Ap || **5** ᾿Α. (*Resp.*) add. Fel. u. sign. Ap || Εἴποιμ᾽ ἂν scripsi (cf. infra, u. 7) : εἴποιμι MA || **7** ἴδιον addidi ut coni. Busse (in app.)

le trait qui n'appartient qu'à eux, mais pas à tous ; ou bien – et c'est là le sens vraiment strict – le trait qui à la fois appartient à tous et à eux seuls [1].

Q. — Donnes-en des exemples.

R. — Je peux dire en effet que le propre des hommes, c'est d'être bipèdes. Mais si c'est le cas de tous, ce n'est pas toutefois le cas d'eux seuls, vu qu'il y a aussi d'autres animaux bipèdes [2]. De nouveau, je puis dire qu'être rhéteur ou orfèvre, c'est le propre des hommes, puisqu'il n'y a que les hommes à pouvoir être cela, bien que tous ne le soient pas [3]. Mais, comme tu vois, ce ne sont pas là des propres au sens strict. Au contraire, le sont uniquement les traits qui, à la fois, appartiennent à tous et à eux seuls :

1. [94.2-3] On constate que le propre au sens (1) correspond au sens (2) présenté par l'*Isagôgè* (*cf.* n. précédente : c'est le propre relatif d'Aristote) et que le propre au sens (2) correspond au sens (1) de l'*Isagôgè* (c'est le propre par soi qui, selon Aristote, n'est pas le fait de tous les individus de l'espèce). En revanche, le propre au sens (3), qui est le propre au sens strict (κυριώτατον), correspond *de facto* au sens (4) de l'*Isagôgè* (c'est le propre par soi perpétuel d'Aristote), tandis que rien ici ne correspond au sens (3) de l'*Isagôgè*. On peut donc dire que Porphyre ignore ici le propre par soi momentané, qu'Aristote ne reconnaît pas explicitement, mais c'est peut-être qu'il laisse ici de côté la distinction secondaire entre perpétuel et momentané, de sorte que le propre par soi qui s'attribue à tous les individus de l'espèce se présente, sans le dire, comme un propre perpétuel. Cette simplification ne semble pas une correction des vues exposées dans l'*Isagôgè* (pas plus que ces vues ne paraissent une rectification de celles que Porphyre expose ici). Quelle que soit la chronologie relative des deux œuvres (que l'on ignore), l'une ne modifie pas le point de vue de l'autre qu'elle tiendrait pour périmé. Il semble plutôt que dans l'*Isagôgè,* Porphyre exprime toutes les nuances selon lui possibles, parce qu'il se place en dehors de tout contexte, alors qu'ici, dans le contexte particulier des genres catégoriaux, il se dispense volontairement des nuances inutiles et sacrifie le propre par soi momentané, car les genres catégoriaux n'ont pas de propriétés de ce type, qui apparaîtraient à tel moment.

2. [94.5-7] « Bipède » (propre relatif de l'homme) est aussi l'exemple de l'*Isagôgè* et l'un des exemples de *Top.*, V, 128 b 25, 30. Bien qu'il s'attribue aussi à d'autres espèces (certaines espèces d'oiseaux, par exemple), bipède est néanmoins un propre de l'homme, parce que, explique Aristote, il le caractérise proprement *par rapport* à une autre espèce (le cheval, par exemple, qui est quadripède).

3. [94.7-8] L'*Isagôgè* prend plutôt les exemples d'être médecin ou géomètre. Tous sont des exemples de sciences particulières, des qualités (d'après *C*, 9, 11 a 26), et plus généralement des accidents (selon les vues de Porphyre). Ces sciences, parce que particulières, ne sont pas le fait de tous les sujets humains, mais elles sont l'expression d'une capacité générale qui n'appartient qu'à l'homme et que *Top.*, V, 1, 128 b 31-36 donne pour le propre par soi de l'homme, appartenant à chaque homme (animal mortel *susceptible de science*). Ceci permet de voir qu'il y a une légère différence entre Aristote et Porphyre dans la manière de comprendre le propre d'une espèce qui ne s'attribue pas à tous les sujets de cette espèce. Pour Porphyre, c'est là une caractéristique elle-même spécifique dans un genre de propriété que possèdent tous les individus ; pour Aristote, c'est plutôt un genre de propriété potentielle, une

λαστικὸν πᾶσιν ἀνθρώποις πρόσεστι καὶ μόνοις. Ἐπεὶ τοίνυν οὐσίας ἴδιον ζητοῦμεν, εἴ τε πάσαις συμβέβηκε τοῦτο, μὴ μόναις δέ, ἢ μόναις μέν, οὐ πάσαι<ς> δέ, δόξειεν μὲν ἂν ἴδια ταῦτα εἶναι, οὐ μὴν κατὰ ἀλήθειαν ἔσται· μόνον δὲ ἂν ἐκεῖνο ἴδιον, ὃ καὶ μόναις καὶ πάσαις προσείη. Αὐτίκα τὸ « μὴ ἐν ὑποκειμένῳ εἶναι » κοινὸν καὶ τῶν πρώτων οὐσιῶν καὶ τῶν δευτέρων, ἀλλ᾽ οὐχὶ μόναις ταῖς οὐσίαις τοῦτο πρόσεστι, ἀλλὰ καὶ ταῖς διαφοραῖς τῶν οὐσιῶν· οὐ γάρ εἰσιν ἐν ὑποκειμένῳ. [96.23]<Ἔτι τὸ « συνωνύμως

12 πάσαις corr. A : πάσαι M || **16** Ἔτι - αὐτῆς 96,23-28 huc transposui

la capacité de rire par exemple appartient à tous les hommes et à eux seuls[1]. Mais c'est ce qui est propre à la substance que nous cherchons; si donc, ce trait se rencontre dans toutes les substances, mais pas en elles seulement, ou bien en elles seulement, mais pas dans toutes, il pourra sembler que ce sont des propres, mais en vérité ce n'en seront pas et le seul trait qui leur soit propre est celui qui appartient à la fois aux seules substances et à chacune d'elles[2]. D'entrée de jeu, le fait de « n'être pas inhérent à un sujet » est un trait commun à la fois des substances premières et des substances secondes[3]. Mais il n'y a pas que les substances à présenter ce trait; au contraire, il appartient aussi aux différences des substances, car elles ne sont pas inhérentes à un sujet[4]. | De plus, il y a le fait que **96.23**

capacité (celle de commander, par exemple : *cf.* n. *ad* 93, 31-32), que tous les individus ne réalisent pas en acte. Ce dernier genre de propriété est aussi considéré par Porphyre, mais dans le propre au sens strict (par exemple, la capacité de rire : cf *infra*), car l'homme ne rit pas toujours actuellement ! Cependant, comme dit l'*Isagôgè* (12, 19), « cette capacité appartient toujours à l'homme naturellement ». On voit en effet la différence entre capacité de rire (pour l'homme) et capacité de commander (pour l'âme rationnelle); la première, en effet, est donnée naturellement, et ne suppose pas une possibilité antérieure de l'acquérir ou non tandis que la seconde est acquise et suppose la capacité antérieure de l'acquérir; c'est pourquoi le seconde n'est pas universelle dans l'espèce, qui ne possède que la capacité antérieure, tandis que la première est naturellement universelle.

1. [94.8-10] Même exemple dans l'*Isagôgè*. On trouve, dans *Top.*, V, 1, 128 b 35-36 (on l'a vu note précédente) l'exemple du « mortel susceptible de science ».

2. [94.10-13] L'application de la distinction des propres au cas des substances doit cependant faire face à un cas très particulier. La distinction des propres à une espèce doit en effet prendre en compte, pour partie, les individus qui forment l'espèce, comme on l'a vu, et, pour partie, les autres espèces. Or outre le fait que la substance n'est pas une espèce, mais un genre suprême, elle ne réunit pas, comme une espèce, des individus sur le même pied, mais bien, dans la considération d'Aristote, des substances dites premières, d'un côté, et de l'autre, leurs espèces et leurs genres qui sont les substances dites secondes. Quand il s'agit donc de savoir si tel propre est commun à tout ce qui est substance (propre au sens strict ou propre relatif), la question ne revient pas à demander si telle propriété est le fait de tous les individus substantiels sans exception, mais si elle est le fait de ces individus *et aussi* des universels, espèce ou genre qui leur correspondent. Il est toujours acquis de manière implicite qu'une propriété est le fait de tous les individus substantiels ou n'est le fait d'aucun d'entre eux; et cela étant, la seule question qui se pose est alors de savoir si cette propriété est aussi ou seulement le fait des universels, espèce ou genre, qui leur correspondent. Si bien que les trois sortes de propres, envisageables dans le cas des substances, sont les suivants : (1) propre aux substances premières, aux substances secondes et à quelque chose qui n'est ni ceci ni cela; (2) propre aux substances premières ou aux substances secondes et à rien d'autre; (3) propre aux substances premières et aux substances secondes, mais à rien d'autre.

3. [94.13-14] Cf. *C*, 3 a 7-8 et ici même, p. 73, 28 *sq.*, où cela n'est pas donné pour le propre, mais pour le concept même de substance

4. [94.15-16] Cf. *C*, 3 a 21 *sq.* L'on doit songer à introduire ci-après, comme je l'ai fait, la section qui figure p. 96, 23-28 (où sont répertoriés deux autres « propres »), d'autant que cette section paraît commencer là de manière abrupte sans rapport avec ce qui précède, dans un

<πάν>τα τὰ ἀπ᾽ αὐτῶν κατηγορεῖσθαι», ἀλλ᾽ οὐ πάσ⌈αις⌉ ὑπάρχει ταῖς οὐσίαις τοῦτο· αἱ γὰρ ἄτομοι κατ᾽ οὐδενὸς κατηγοροῦνται· ἴδιον
96.25 δέ ἐστι τ⌈ὸ⌉ μόνῳ καὶ παντὶ ὑπάρχον, τοῦτο δὲ οὐ παντὶ ὑπάρχει· οὐκ ἄρα ἴδιον τῆς οὐσίας. Ἔτι εἴρηκεν ὅτι «τόδε τι δοκεῖ σημαίνειν ἡ οὐσία», ἀλλ᾽ οὐδὲ τοῦτο πάσῃ ὑπῆρχεν· τὰ <γ>οῦν γένη καὶ τὰ εἴδη οὐ τόδε τι ἀλλὰ τὸ τοιόνδε μᾶλλον σημαίνει· οὐκ ἄρα οὐδὲ τοῦτο ἴδιον αὐτῆς.>

94.17 <Π.> Ἀλλὰ πῶς φησιν ταῖς οὐσίαις κοινῶς προσεῖναι τὸ μὴ ἐν ὑποκειμένῳ εἶναι, ὅπου γε τὰ μέρη τῶν οὐσιῶν ὄντα οὐσίαι ἐν ὑποκειμένῳ ἐστὶ τῷ ὅλῳ· τὰ γὰρ μέρη ἐν τῷ ὅλῳ ἐστίν;

96.23 πάντα scripsi sec. Arist. (3 a 33) : τὰ MA ‖ πάσαις p : πᾶσιν MAC ‖ **25** τὸ Busse : τῷ MA ‖ **27** γοῦν coni. recte Busse quod prob. Strange : οὖν MA ‖ **94.17** Π. (*Int.*) add. Fel. u. sign. Ap ‖ **18** post εἶναι u. sign. p ‖ **19** post ὅλῳ[1] u. sign. A (dub.)

« toutes les choses prédiquées à partir d'elles le sont de façon univoque »[1]. Mais ce trait n'appartient pas à toutes les substances. Les substances individuelles en effet ne sont prédiquées de rien[2]; or le propre est ce qui appartient à un seul groupe de choses et à chaque chose du groupe; dès lors que ce trait n'appartient pas à chaque chose du groupe, il n'est donc pas le propre de la substance. Il a dit de plus que « la substance paraît indiquer telle chose précise »[3]. Mais cela non plus n'est pas un trait qui appartient à chaque substance. En tous cas, les genres et les espèces n'indiquent pas telle chose précise, mais plutôt telle sorte de chose; ce n'est donc pas non plus ce qu'elle a de propre[4].

| Q. — Mais comment peut-il prétendre que les substances ont pour trait **94.17**
commun de n'être pas inhérentes à un sujet, alors que pourtant les parties de substances, qui sont des substances, sont inhérentes au sujet que constitue le tout. Car les parties sont bien dans le tout ?[5]

passage corrompu et jugé lacunaire. On a supposé en effet qu'il s'agissait d'un bref résumé des discussions sur les premiers propres offerts par Porphyre à cet endroit, avant d'aborder le quatrième propre; mais le prétendu résumé ignore le premier des trois propres déjà traités ! Aucun de ces inconvénients n'existe si l'on replace la section ici car, jointe à la remarque sur le caractère relatif du premier propre, elle signale anticipativement que les deux suivants n'ont pas le caractère du propre au sens strict. Il n'y a non plus rien d'étrange à ce que le questionneur, après cela, revienne à l'énoncé du premier propre (p. 94, 17), pour soulever à ce propos une difficulté.

1. [96.23] *C*, 3 a 33-34, légèrement modifié, car d'emblée, Aristote attribue aussi cette propriété aux différences spécifiques; ce que Porphyre ne considère pas, de manière à distinguer ce propre du précédent. Celui-ci est en effet présenté comme un propre au sens (2) : il n'appartient pas à chaque sorte de substance, alors que le précédent était donné pour un propre au sens (1) : il appartient aussi au non-substantiel. Mais pour obtenir ce contraste, Porphyre est obligé d'ignorer que le prétendu propre au sens (2), qui n'appartient pas à chaque substance, présente aussi la caractéristique du propre au sens (1) : il appartient également au non-substantiel; autrement dit, il ne rentre clairement dans aucun des types de propres répertoriés auparavant.

2. [96.24] Cf. *C*, 3 a 36-37.

3. [96.26] Cf. *C*, 3 b 10.

4. [96.27-28] Cf. *C*, 3 b 15. Porphyre établit ainsi que c'est encore un propre au sens (2), mais pour une raison différente du précédent : comme le précédent supposé, il n'appartient pas à toutes les substances, mais tandis que le précédent n'appartenait pas aux substances premières, celui-ci, au contraire, n'appartient pas aux substances secondes.

5. [94.17-19] La question est inspirée par une déclaration d'Aristote lui-même, en *C*, 3 1 29 *sq.* Ce passage aurait pu être considéré plus haut (notamment, 77, 15 *sq.*) quand était expliquée la définition de l'accident (*C*, 1 a 24-25 : ἐν ὑποκειμένῳ δὲ λέγω…); les commentateurs s'interrogeaient d'ailleurs sur le motif qui avait conduit Aristote à ne pas placer plus haut une telle remarque (*cf.* Simplicius, 97, 2 *sq.*). Porphyre lui-même s'en était autorisé, p. 88, 21 pour suggérer que les « parties de substance » dont il est question dans ce passage visent la forme et la matière du composé substantiel. Dans la réponse qui va suivre, il ne retiendra plus cette interprétation.

<Ἀ.> Ἀλλ᾽ ἐν ὑποκειμένῳ ἐκεῖνο ἀπεδίδοτο τὸ «ἔν τινι μὴ ὡς μέρος ὑπάρχον», τὰ δὲ μέρη τῶν οὐσιῶν οἷον ἡ χεὶρ καὶ ὁ ὀφθαλμὸς ἐν τῷ ὅλῳ ἐστὶν μέρη, ὥστε ἐν ὑποκειμένῳ εἶναι ἀποδοθείη τὸ συμβεβηκός, τὰ δὲ μέρη τῶν οὐσιῶν ἐν τοῖς ὅλοις ὄντα οὐκ ἐν ὑποκειμένῳ ἐστίν, ἀλλ᾽ ὡς οὐσίαι καὶ οὐχ ὡς συμβεβηκότα· κοινὸν οὖν ταῖς οὐσίαις καὶ ταῖς διαφοραῖς τὸ μὴ ἐν ⌈ὑ⌉ποκειμέν⌈ῳ⌉ εἶναι· ἀλλ᾽ οὐκ ἴδιον ὡς <τὸ κυρίως λεγόμενον> ἴδιον τοῦτο ἀλλὰ τὸ παντὶ προσ⌈ὸ⌉ν καὶ μόνῳ· τὸ γὰρ <μὴ> ἐν ὑποκειμένῳ <εἶναι> πρόσεστι καὶ ταῖς διαφοραῖς, ὥστε τὸ κυρίως ἴδιον οὐκ ἂν προσείη τὸ μὴ ἐν ὑποκειμένῳ εἶναι.

<Π.> Πῶς οὖν ἡ διαφορὰ οὐκ ἔστιν ἐν ὑποκειμένῳ, καίτοι καθ᾽ ὑποκειμένου λεγομένη;

<Ἀ.> Ὅτι τὸ δίπουν καὶ τὸ πεζόν, ἅπερ εἰσὶν διαφοραί, ἐν τῷ ἀνθρώπῳ οὐκ εἰσὶν ὡς συμβεβηκότα· εἰ γὰρ ἦν ὡς τὰ συμβεβηκότα, οὐκ ἂν κατηγορεῖτ⌈ο⌉ τοῦ ἀνθρώπου καὶ κατὰ τοὔνομα καὶ κατὰ τὸν λόγον· νῦν δὲ τὸν ἄνθρωπον εἴποις ἂν πεζόν, εἴποις δ᾽ ἂν καὶ λόγον τοῦ πεζοῦ, ὅπερ

20 Ἀ. (*Resp.*) add. Fel. u. sign. Ap || ἀπεδίδοτο M : ἀποδίδοται A || **20-21** τὸ - ὑπάρχον Arist. (1 a 24-25) || **25** ἐν ὑποκειμένῳ A : ἐνὑποκείμενον M || τὸ κυρίως λεγόμενον addidi sicut coni. Busse (in app.) cf. infra, p.96,1-2 || **26** προσὸν A : πρὸ ὂν M || **26-27** μὴ … εἶναι addidi potius quam μὴ εἶναι ante ἐν Busse || **27** ὥστε MA : ὥστε ὡς coni Busse || τὸ² MA : τῷ p quod prob. Strange || **29** Π. (*Int.*) add. Fel. u. sign. M (ubi Πῶς οὖν inc. in mg) Ap || **31** Ἀ. (*Resp.*) add. Fel. u. sign. Ap || **33** κατηγορεῖτο Busse : κατηγοροῖτο A κατηγορεῖται M

R. — Oui, mais on a donné pour inhérent à un sujet « ce qui ne se trouve pas en quelque chose à titre de partie »[1]. Or les parties de substances, comme la main et l'œil, sont des parties se trouvant dans le tout. Par conséquent, ce qui peut être donné pour inhérent à un sujet, c'est l'accident, tandis que les parties de substances, bien qu'étant chacune dans un tout, ne sont pas inhérentes à un sujet; elles s'y trouvent au contraire à titre de substances et pas d'accidents. Donc, un trait commun aux substances et aux différences, c'est de n'être pas inhérentes à un sujet. Mais cela ne correspond pas au propre entendu au sens strict (lequel, au contraire, appartient à chaque chose du groupe et à elles seules) car n'être pas inhérent à un sujet appartient aussi aux différences. Par conséquent, le propre au sens strict des substances ne peut être le fait de n'être pas inhérentes à un sujet.

Q. — Mais comment se fait-il donc que la différence ne soit pas inhérente à un sujet, tout en étant dite malgré tout d'un sujet ?[2]

R. — C'est que les caractéristiques de bipède et de terrestre, qui sont des différences, ne se rencontrent pas dans l'homme à titre d'accidents. Si elles s'y trouvaient en effet à titre d'accidents, elles ne seraient pas prédiquées de l'homme à la fois nominalement et d'après leur formule définitoire. Or voilà, on peut dire l'homme « terrestre », mais on peut lui prêter aussi la

1. [94.20-21] *C*, 1 a 24-25, commenté plus haut par Porphyre (77, 15 *sq.*). Dans l'interprétation qu'il donne à cet endroit, Porphyre soutient que « dans quelque chose » doit s'entendre dans le sens où la forme se trouve dans la matière (78, 7) et non au sens où la partie est dans le tout (78, 14-15). Conformément à cette interprétation, il écarte ici l'hypothèse dont il s'était autorisé p. 88, 21 (*cf.* note précédente) dans la lecture de *C*, 3 a 29 *sq.* La dignité supérieure de Socrate par rapport à Bucéphale tient à une différence spécifique (rationnelle) qu'il est seul à présenter parmi tous les animaux. Aristote explique par là sa posture droite, tête haute, et le fait qu'il ait des mains (*Parties des animaux,* IV, 10, 686 a 25-687 b 5) pour ensuite esquisser une échelle des natures mortelles, dont l'autre extrémité est occupée par les plantes, qui ont, si l'on peut dire, la tête en bas. Dans *De l'âme,* II, 3, 414 a 29 *sq.*, il propose de manière semblable une hiérarchie des fonctions psychiques, dont le sommet est occupé par la fonction pensante (qui va de pair, chez l'homme, avec toutes les autres facultés) et la base, par la fonction nutritive (la seule que possèdent les végétaux). Cela n'empêche pas le philosophe de ranger, sans distinction, toutes les substances naturelles reconnues sur le même pied (cf. *Mét.*, H, 1, 1042 a 7-11). Porphyre semble ici sensible au fait paradoxal que l'égale substantialité des individus fait abstraction de l'échelle de dignité sur laquelle le naturaliste distribue les individus… où plutôt les espèces. Car, en fait, le naturaliste est bien entendu indifférent à la dignité relative des individus dans une même espèce : que Socrate soit plus vertueux qu'Alcibiade, ou Bucéphale meilleur coursier que tel canasson ne l'intéresse pas. Inutile d'ajouter que cette échelle des espèces n'a non plus rien à voir avec le degré de substantialité variable selon l'espèce ou le genre, dont il a été question plus haut.

2. [94.29-30] Ainsi libellée, la question revient à dire : pourquoi la différence n'est-elle pas au nombre des accidents universels, comme, par exemple, la science (*C*, 1 b 1) ? Une telle question conduit à faire la distinction entre la qualité accidentelle et la qualité substantielle qu'est la différence.

ἐστὶν ἐπὶ γῆς δι<ὰ> σκελῶν βαδιστικόν. Διὸ καὶ τοῦτο κοινὸν ταῖς οὐσίαις καὶ ταῖς διαφοραῖς τὸ συνωνύμως πάντα ⌈ἀπὸ⌉ τούτων λέγεσθαι, οὐ πάσαις δὲ οὐσίαις, ἀλλὰ ταῖς δευτέραις· ἡ μὲν γὰρ ἄτομος οὐσία διὰ τὸ μὴ καθ'
95.1 ὑποκειμένου λέγεσθαι συνωνύμως οὐ κατὰ τινὸς κατηγορ⌈εῖται⌉· οὐ γὰρ ἔχει ἄλλο ὑποκείμενον· τὸ δὲ καθ' ὑποκειμένου ἦν κατηγορεῖσθαι τὸ συνωνύμως τοῦ ὑποκειμένου κατηγορεῖσθαι. Ὥστε τὰ εἴδη καὶ τὰ γένη καθ' ὑποκειμένου λεγόμενα τῶν ἀτόμων συνωνύμως αὐτῶν κατηγορεῖται· ὁμοίως δὲ καὶ αἱ διαφοραί· πᾶσα γὰρ διαφορὰ καθ' ὑποκειμένου κατηγορεῖται, οὗ ἂν εἴη διαφορά, διὰ τοῦ τῶν ἀτόμων διαφορὰς μὴ εἶναι· διαφορὰ γάρ ἐστι, καθ⌈'⌉ ὃ ἕκαστον τῶν εἰδῶν ἄλλο ἄλλου διαφέρει [ἤτοι] <τὸ> κατὰ πλειόνων καὶ διαφερόντων τῷ εἴδει ἐν τῷ <ὁ>ποῖόν τί ἐστι κατηγορούμενον· εἰδῶν οὖν καὶ γενῶν αἱ διαφοραί, οὐκ ἀτόμων.

<Π.>[Εἰ οὖν μήτε οὐσία ἐστὶν] ἡ διαφορά (ἔφης γὰρ μὴ εἶναι οὐσίαν, εἰ καὶ {τ}αὕτη οὐκ ἔστιν ἐν ὑποκειμένῳ ὥσπερ καὶ ἡ οὐσία) μήτε συμβεβηκός (οὐ γάρ ἐστιν ἐν ⌈ὑ⌉ποκειμέν<ῳ>), μεταξὺ δὲ οὐσίας καὶ συμβεβηκότος οὐδέν ἐστιν ἄλλο· πάντα γὰρ τὰ ὄντα ἢ ἐν ὑποκειμένῳ ἐστὶν ἢ οὐκ ἐν ὑποκειμένῳ, πάντα γὰρ ἢ οὐσία<ι> ἢ συμβεβηκότα, συμβεβηκότα μὲν ὡς τὰ ἐν ταῖς ⌈ἐννέα⌉ κατηγορίαις, οὐσίαι δὲ ὡς ἔχει ἡ οὐσία· εἰ οὖν μήτε οὐσία μή-

35 διὰ σκελῶν M^x A : δισκελῶν M ‖ **36** τὸ - λέγεσθαι Arist. (3 a 33-34) ‖ πάντα (MA) ante συνωνύμως pos. Arist. (3 a 33) ‖ ἀπὸ recte coni. Busse quod prob. Strange sec. Arist. (3 a 34) (siue ὑπὸ dixit Busse, sicut p. 96,23) : κατὰ MA ‖ **95.1** κατηγορεῖται A : κατηγορούμενον M ‖ **3-4** ὑποκειμένου MA : ὑποκειμένων Busse ‖ **7** καθ' ὃ Busse : καθὸ MA ‖ ἤτοι A ‖ τὸ add. Busse ‖ **8** ὁποῖόν corr. A : ποῖον M ‖ **10** Π. (*Int.*) add. Fel. u. sign. Ap ‖ Εἰ — ἐστὶν A ‖ οὐσίαν M : om. A ‖ **11** αὕτη p : αὐτὴ coni. Busse (in app.) ταύτη MA ‖ **12** ἐν ὑποκειμένῳ A : ἐνυποκείμεν M ‖ **14** οὐσίαι A (dub.) : οὐσία M ‖ **15** ἐννέα A : θ' M

formule définissant le terrestre, c'est-à-dire « ce qui est capable de marcher sur terre au moyen de membres »[1]. C'est précisément pourquoi les substances et les différences ont en commun le trait suivant : « tout ce qui se dit à partir d'elles s'entend de façon univoque »[2]. C'est le cas cependant, non de toutes les substances, mais des substances secondes. La substance première en effet, vu qu'elle n'est pas dite | d'un sujet, ne se prédique pas de 95
façon univoque d'un sujet parce qu'elle n'en a aucun[3]; or, on l'a vu[4], être prédiqué d'un sujet, c'est l'être de façon univoque. Par conséquent, ce sont les espèces et les genres qui, se disant de sujets que sont les individus, sont prédiqués de ceux-ci de façon univoque. Et il en va pareillement encore des différences. Toute différence est, en effet, prédiquée comme d'un sujet, de cela dont elle peut être la différence[5], vu que les individus n'ont pas entre eux de différences[6]. La différence est en effet ce qui permet de distinguer chacune des espèces l'une de l'autre ou, si l'on veut, ce qu'on prédique de plusieurs choses spécifiquement différentes pour les qualifier d'une certaine façon. C'est donc entre espèces et entre genres que sont les différences, pas entre individus.

Q. — Dans ces conditions, la différence n'est donc pas une substance; c'est en effet ce que tu as prétendu, bien qu'elle ne soit pas inhérente à un sujet, exactement comme la substance[7]. Et elle n'est pas non plus un accident, puisqu'elle n'est pas inhérente à un sujet[8]. Mais entre substance et accident, il n'y a absolument rien d'autre, puisque tous les êtres ou bien sont inhérents à un sujet ou bien ne sont pas inhérents à un sujet. Ils sont tous en effet, soit des substances, soit des accidents : des accidents s'ils sont comme ce qu'impliquent les neuf prédications, et des substances s'ils se

1. [94.31-35] Le paragraphe qui précède reproduit en d'autres termes, mais avec les mêmes exemples, *C*, 3 a 21-28. Seule, la définition du terrestre est propre à Porphyre.

2. [94.36] Citation de *C*, 3 a 33-36 (à peine retouchée).

3. [94.37-95, 2] Cf. *C*, 3 a 36-37.

4. [95.2-3] Cf. *supra*, 81, 5-7.

5. [95.3-6] Résumé de *C*, 3 a 37-b 8.

6. [95.6] Cf. *Isagôgè*, 7, 23 *sq.* : « les propriétés de Socrate en effet ne peuvent se retrouver identiques chez l'un quelconque des autres particuliers, tandis que celles de l'homme (je veux donc dire l'homme commun), peuvent se retrouver identiques chez plusieurs individus, ou plutôt chez tous les hommes particuliers en tant qu'hommes ».

7. [95.10-11] Que la différence ne soit pas substance, cela ressort à l'évidence du fait qu'elle partage avec la substance des traits dont on a affirmé et démontré qu'ils n'étaient pas propres à la substance. Porphyre a aussi indiqué plus haut (82, 20) pourquoi, selon lui, elle n'était pas substance comme le sont l'espèce et le genre; elle répond, en effet, dans la prédication, à la question « De quelle qualité est la chose ? » (ποῖόν τι ἐστι;), alors que l'espèce et le genre répondent à la question « Qu'est-ce que c'est? » (τί ἐστι;). La différence n'indique donc pas l'essence, mais une qualité.

8. [95.12] Ce qui vient d'être démontré *supra*, 94, 31 *sq.*

τε συμβεβηκός <ἐστιν> ἡ διαφορά, τί ἂν εἴη;

<Ἀ.> Φησὶν ὁ Ἀριστοτέλης, ὅτι οὔτε ποιότης ἐστὶν μόνον (ἦν γὰρ ἂν συμβεβηκός), οὔτε οὐσία μόνον (ἦν γὰρ συγκαταριθμημένη ταῖς οὐσίαις ταῖς δευτέραις), ἀλλὰ τὸ ὅλον τοῦτό ἐστι ποιότης οὐσιώδης· διόπερ οὐκ ἐν τῷ τί ἐστι κατηγορεῖται ἑκάστου οὗ κατηγορεῖται, ἀλλ' ἐν τῷ ποιόν τι ἐστιν.

16 ἐστιν A : om. M || **17** Ἀ. (*Resp.*) add. Fel. u. sign. Ap || **18** συγκαταριθμημένη M : —μένος A || **18-19** οὐσίαις ταῖς δευτέραις M : δευτέραις οὐσίαις A

comportent comme la substance[1]. Si donc la différence n'est ni substance, ni accident, qu'est-ce qu'elle peut bien être ?[2]

R. — Aristote soutient qu'elle n'est ni exclusivement qualité, sinon elle serait un accident, ni exclusivement substance, sinon elle aurait été comptée dans le nombre des substances, avec les substances secondes, mais qu'elle est cet ensemble que forme une qualité substantielle. C'est précisément pourquoi la différence est prédiquée d'un sujet chaque fois qu'il s'agit d'exprimer, non son essence, mais une qualité de celui-ci[3].

1. [95.12-15] L'impossibilité du tiers exclu (moyen terme entre substance et accident) a été démontrée plus haut (73, 28 *sq.*) du fait que leurs définitions respectives sont contradictoires.

2. [95.16] La question du statut de la différence avait été en partie évacuée, plutôt que tranchée, par Aristote dans *Top.*, I, 4, 101 b 18-19 : « quant à la différence, puisqu'elle est générique, elle doit être placée au même rang que le genre ». Cependant, comme elle s'ajoute au genre dans la définition de l'espèce, certains tendaient plutôt à la ranger du côté de l'espèce : c'était le cas, semble-t-il, de Bœthos de Sidon (*cf.* Simplicius, 97, 28). Mais de toutes les façons, contrairement au genre et à l'espèce (*cf.* n. *ad* 95, 10-11), elle semble indiquer, non l'essence, mais la qualité ! Et à cet égard, comme semble l'avoir suggéré Alexandre d'Aphrodise (*cf.* Simplicius, 99, 19), elle devrait être inhérente à un sujet. Mais, on vient de voir tout ce qui s'oppose à cette conclusion. La question avait été partiellement débrouillée par Porphyre dans l'*Isagôgè,* qui répertorie les principaux points par lesquels la différence se distingue du genre (14, 14-15, 9) et de l'espèce (18, 16-19, 5) et donc ne peut être assimilée aux substances secondes. Mais l'effort laisse sans réponse une partie du problème : pourquoi la différence n'est-elle pas une qualité inhérente à un sujet ?

3. [95.17-21] Il est deux façons de traduire l'expression ποιότης οὐσιώδης : soit on dit « qualité substantielle », comme je l'ai fait, parce qu'ici Porphyre songe à mixer la qualité accidentelle et la substance; soit on dit « qualité essentielle », ce qui convient mieux pour rendre ce qu'Aristote entend lui-même lorsqu'il présente la différence comme étant « la qualité dans l'ordre de l'essence » (τῆς κατὰ τὴν οὐσίαν ποιότητος) ou lorsqu'il présente « la différence de l'essence » (ἡ διαφορὰ τῆς οὐσίας) comme une qualité tout à fait distincte de celles qui sont, par exemple, des affections ou des vertus (cf. *Mét.*, Δ, 14, respectivement, 1020 b 1 et 1020 a 33, 1020 b 15 *sq.*). Ces dernières qualités, dont il répertorie les espèces en *C*, 8 (8 b 26 *sq.*), sont celles en effet que réunit l'un des genres suprêmes tenus pas Porphyre pour des accidents, tandis que la qualité qu'Aristote identifie à la différence et qu'il appelle qualité à titre premier (*Mét.*, 1020 b 14), n'appartient à aucun genre, ni celui de la qualité, ni celui de la substance, ni celui de quoi que ce soit, mais constitue une réalité en quelque sorte transgénérique ou, si l'on veut, transcatégoriale. Il est donc erroné de présenter la différence, ainsi que le fait Porphyre, comme un « tout » constitué de deux catégories (la qualité et la substance). Si la différence est en effet une qualité, elle n'emprunte rien au genre de la qualité (sauf ce nom de qualité); et si elle est rattachée à l'essence (οὐσία), elle n'a aucun lien privilégié avec le genre de la substance (οὐσία), qui porte le même nom que l'essence : il est en effet des différences (génériques et spécifiques), non seulement dans l'ordre des réalités substantielles, mais dans tous les genres de réalités. C'est pourquoi, en définitive, s'il est vrai que le genre et l'espèce, *dans toutes les catégories,* répondent à la question de l'essence (τί ἐστι;), alors que la différence répond à la question « De quelle qualité ? » (ποῖόν τι;), la différence répond ainsi à la question de savoir quelle qualité *essentielle* s'attribue à la chose.

<Π.> Ἐπίδειξον οὖν, πῶς ποιότης οὐσιώδης ἐστὶν ἡ διαφορά.

<Ἀ.> Οὐσιώδεις εἰσὶν ποιότητ⌈ε⌉ς αἱ συμπληρωτικαὶ τῶν οὐσιῶν· συμπληρωτικὰ δέ εἰσιν ἐκεῖνα, ἅτινα ἀπογινόμενα φθείρει τὰ ὑποκείμενα· ἃ δὲ γ⌈ι⌉νόμενα καὶ ἀπογ⌈ι⌉νόμενα οὐ φθείρει, οὐκ ἂν εἴη οὐσιώδη· οἷον ἡ θερμότης πρόσεστι τῷ θερμῷ ὕδατι, πρόσεστι δὲ καὶ τῷ πυρί, ἀλλὰ τῷ μὲν ὕδατι οὐκ οὐσιωδῶς πρόσεστιν· [ἀρ]θείσης γὰρ τῆς θερμότητος οὐ φθείρεται ψυχρὸν γινόμενον τὸ ὕδωρ· τῷ δὲ πυρὶ οὐσιωδῶς πρόσεστιν· ἀρθεῖσα γὰρ ἡ θερμότης φθείρει τὸ ὕδωρ. Καὶ αἱ διαφοραὶ οὖν σχεδὸν τοιαῦταί [εἰσιν] ὡς ποιότητ⌈ε⌉ς οὐσιώδεις· τὸ γὰρ λογικὸν ἐὰν ἀρθῇ [ἀπὸ τοῦ ἀνθρ]ώπου, φθείρεται, καὶ τὸ χερσαῖον ἐὰν ἀρθῇ αὐτοῦ, φθείρεται, ἐπεὶ καὶ τὸ θνητὸν

21 Π. (*Int.*) add. Fel. u. sign. Ap || οὐσιώδης M : om. A rest. ante ποιότης A[1] (s.u.) || ἐστὶν M : post διαφορά transp. A || **22** Ἀ. (*Resp.*) add. Fel. u. sign. Ap || **24** γινόμενα… ἀπογινόμενα A : γενόμενα… ἀπογενόμενα M || **26** ἀρθείσης A || **28** εἰσιν A || **29** ἀπὸ τοῦ ἀνθρώπου A

Q. — Montre donc comment la différence constitue une qualité substantielle.

R. — Sont des qualités substantielles, celles qui sont complémentaires des substances[1]. Or sont complémentaires, les déterminations, quelles qu'elles soient, dont la disparition entraîne la destruction des sujets. En revanche, celles qui surviennent et disparaissent sans les détruire ne sont pas des propriétés substantielles[2]. Ainsi, la chaleur est une propriété de l'eau chaude et aussi une propriété du feu ; mais ce n'est pas une propriété substantielle de l'eau, car une fois que se dissipe la chaleur, l'eau qui devient froide ne disparaît pas ; tandis que c'est une propriété substantielle du feu, car la chaleur qui se dissipe fait disparaître le feu[3]. Les différences sont donc en quelque sorte ces qualités : ce sont des qualités substantielles. En effet, si l'on enlève le rationnel de l'homme, il disparaît, de même que si l'on enlève le terrestre, il disparaît aussi, puisque, dans l'hypothèse précise

1. [95.22] Le terme « complémentaires » (συμπληρωτικαί) est synonyme de « spécifiques » (εἰδοποιοί), qui désignait plus haut (85, 11 *sq.*) les différences constitutives des espèces. Il est employé aussi dans l'*Isagôgè,* 10, 9-10 : « Les différences divisives des genres deviennent complémentaires (συμπληρωτικαὶ) et constitutives (συστατικαὶ) des espèces ». Il faudrait, bien entendu, comprendre ici constitutives des *essences* (οὐσιῶν), plutôt que des *substances,* pour s'approcher au plus près de la pensée d'Aristote (*cf.* note précédente), et la remarque vaut pour tous les emplois de οὐσία dans l'exposé qui suit, même si les exemples dont Porphyre illustre sa pensée sont empruntés au genre substance.

2. [95.23-24] La distinction entre qualité essentielle (différence) et qualité accidentelle donne à comprendre la ressemblance que paraît voir Porphyre entre différence et substance : de la même façon que la substance première entraîne dans sa disparition celle de ses accidents et des substances secondes (cf. *supra,* 90, 12 *sq.*), ainsi la différence entraîne dans sa suppression celle des sujets dont elle est la différence. Mais la ressemblance est illusoire, car la différence, constitutive de l'espèce, a l'espèce pour sujet (l'homme est un mortel susceptible de science) ; il est donc tout aussi vrai de dire que la disparition du sujet entraîne celle de la différence, alors que réciproquement, la disparition de ses accidents ou de son espèce (qui n'est qu'un prédicat commun) n'entraîne pas celle de la substance première. Le lien indissociable que Porphyre paraît reconnaître entre différence et substance est donc en réalité celui qui unit différence et essence, y compris dans les genres non-substantiels, où toute espèce, définie par le genre et la différence, nécessite logiquement celle-ci.

3. [95.24-28] Porphyre semble en appeler ici à l'observation de la nature, plutôt qu'à la logique ; mais l'observation montre que si le feu disparaît, la chaleur disparaît aussi ; c'est la raison qui enseigne, partant de là, que la chaleur est un attribut constitutif du feu en tant qu'espèce. Il est donc étrange d'en appeler au phénomène naturel de « corruption » qui affecte des cas individuels. D'autre part, dans cet exemple (le feu), c'est une substance corporelle qui disparaît avec la chaleur, mais le cercle défini à l'aide de la différence « dépourvu d'angle », qui le spécifie parmi les figures géométriques (cf. *Mét.*, Δ, 14, 1020 a 35), n'est pas une substance, mais une espèce de qualité (cf. *C*, 8, 11 a 8) ; sa différence n'est donc pas une qualité substantielle, mais une qualité essentielle… d'une qualité !

ἐὰν ἀρθῇ αὐτοῦ, φθαρείη ἂν μεταβάλλ[ων] εἰς ἀθάνατον. Διὸ καὶ εἰς τὸν ὁρισμὸν τῆς οὐσίας περιλαμβάνεται ἡ διαφορὰ ὡς συμπληρωτικὴ οὖσα τῆς οὐσίας, τὰ συμπληρωτικὰ δὲ τῶν οὐσιῶν οὐσίαι· καὶ τὰ συμβεβηκότα μὲν οὐ δηλ[οῖ] τὴν οὐσίαν, ἡ διαφορὰ δὲ δηλοῖ· ζῴου γὰρ ὄντος τοῦ ἀνθρώπου, ποῖόν τι ζῷον, δηλοῦσιν αἱ διαφοραί· ἔσονται οὖν οὐσιώδεις ποιότητες. Τὸ μὲν οὖν μὴ εἶναι ἐν ὑποκειμένῳ πρ⌈ο⌉σ⌈ὸ⌉ν πάσαις ταῖς οὐσίαις οὐ μόναις
96.1 προσῆν, ἀλλὰ καὶ ταῖς διαφοραῖς· καὶ διὰ τοῦτο οὐκ ἂν εἴη ἴδιον ὡς τὸ κυρίως λεγόμενον ἴδιον.

<Π.> Δεῖξον οὖν καὶ ἄλλο δοκοῦν ἴδιον τῆς οὐσίας, οὐκ ὂν δέ.

<Ἀ.> « Τὸ τόδε τί φημι σημαίνειν. » Ὅταν γὰρ εἴπω Σωκράτης, τόδε τι σημαίνω.

<Π.> Ἆρα οὖν ἐπὶ πάσης οὐσίας ἔστι κατηγορῆσαι τὸ τόδε;

<Ἀ.> Οὐδαμῶς· οὐκέτι γὰρ ἐπὶ τῶν δευτέρων οὐσιῶν ἔστι φάναι τὸ τόδε ἀλλὰ μᾶλλον τὸ τοιόνδε· ὁ γὰρ ἄνθρωπος καὶ τὸ ζῷον οὐκ ἔστιν ἀφ⌈ω⌉ρισμένου τινὸς καὶ ἑνὸς δηλωτικόν· τί γὰρ μᾶλλον τὸν Σωκράτην ἐδή-

31 μεταβάλλων Busse (illius tempore in M legebatur) : μεταβάλλον A || **33** μὲν M : δὲ A || **34** δηλοῖ A || **36** προσὸν A : πρὸς ὧν M || **96.3** Π. (*Int.*) add. Fel. u. sign. Ap || **4** Ἀ. (*Resp.*) add. Fel. u. sign. Ap || Τὸ τόδε τί M : τόδέ τι A || **6** Π. (*Int.*) add. Fel. u. sign. Ap || **7** Ἀ. (*Resp.*) add. Fel. u. sign. Ap

où l'on enlève le mortel, il disparaîtrait en se muant en immortel[1]. C'est précisément pourquoi, pour définir la substance, on prend la différence, parce qu'elle est complémentaire de la substance; or les déterminations complémentaires des substances sont substances[2]. Les accidents, eux, ne font pas voir la substance, mais la différence le fait, parce que si l'homme est un animal, les différences font voir de quel animal particulier il s'agit; ce doivent donc être des qualités substantielles. Ainsi donc, le fait de n'être pas inhérent à un sujet, qui est une propriété de toutes les substances, ne constitue pas, on l'a vu, une propriété des seules substances, | mais 96
appartient également aux différences. Et c'est pour cela qu'il ne peut en être le propre, entendu au sens strict.

Q. — Montre donc encore un autre trait qui semble le propre de la substance, mais ne l'est pas.

R. — « Le fait, dirai-je, d'indiquer telle chose précise »[3]. Lorsque je dis « Socrate » en effet, j'indique telle chose précise.

Q. — Est-ce que, dans le cas de chaque substance, il y a donc prédication de cette chose précise ?

R. — Pas du tout ! Dans le cas des substances secondes en effet, il n'y a plus expression de telle chose précise, mais plutôt indication de telle sorte de chose. « L'homme » en effet ou « l'animal » n'est pas indicatif d'une chose déterminée et unique. Pourquoi en effet, parlant de « l'homme »,

1. [95.31] On ne sait si, envisageant cette hypothèse contradictoire (l'homme qui s'immortalise), Porphyre vise l'homme individuel ou l'espèce. Dans le premier cas, le plus probable, il met en cause l'aspiration bien connue de bon nombre de Grecs contemporains, en ce compris des philosophes.

2. [95.32-33] Il est probable, comme le pense Strange (p. 87, n. 199), que pour soutenir cette affirmation, Porphyre s'autorise de *C*, 3 b 29-32, où Aristote maintient que les parties de substances sont des substances. Mais dans ces conditions, il se rend coupable d'une confusion. Il attribue aux parties de la définition (genre et différence), ce qu'Aristote attribue aux parties d'un tout naturel (les pieds, les mains d'un homme). On peut croire cependant qu'ici, comme plus haut (88, 21-22), Porphyre entend que les parties de substances mentionnées par Aristote dans ce passage sont la matière et la forme. Dans ce cas, sachant que la différence, comme le genre, fait partie de la forme qui est elle-même partie de la substance composée de matière et de forme, il est vrai de dire qu'elle est elle-même substance. Cette conclusion qui intègre la différence à la substance comme partie constitutive d'un tout (l'espèce) s'accorde, semble-t-il, avec l'affirmation antérieure selon laquelle la différence « n'est pas seulement substance » (οὔτε οὐσία μόνον [95.18]), car dans ce tout qu'elle constitue, elle est précisément ce qui s'ajoute au genre, la seule chose qui soit proprement substance (seconde), à titre de matière. Mais elle fait voir surtout combien il est difficile d'intégrer à la substance la différence en tant que telle, car la différence constitutive de la blancheur (cf. *supra,* 92, 35) s'ajoute au genre « couleur » qui n'est pas substance, mais accident : elle est inhérente au sujet substantiel, le corps : cf. *supra,* 72, 21 : « le corps est substance et le blanc, accident »).

3. [96.4] Proposition de *C*, 3 b 10.

λωσα ἄνθρωπον εἰπὼν ἢ τὸν Πλάτωνα; Ὁμοίως δέ, κἂν τὸ ζῷον εἴπω, οὐδὲν μᾶλλον ἀκούεται ὑπὸ τῆς φωνῆς ταύτης ἄνθρωπος ἢ ἵππος ἢ βοῦς ἢ κύων ἤ τι τῶν ἄλλων ζῴων. Οὐκ ἐφαρμόζει οὖν ἐπὶ τῶν δευτέρων οὐσιῶν τὸ τόδε, ἀλλὰ μᾶλλον τὸ τοιόνδε.

<Π.> Τί οὖν ἐστιν ὃ ἔφη· « οὐχ ἁπλῶς δὲ τὸ ποιὸν σημαίνει » ὁ ἄνθρωπος καὶ τὸ ζῷον « ὥσπερ τὸ λευκόν », ἀλλὰ « περὶ οὐσίαν τὸ ποιὸν ἀφορίζει· ποιὰν γάρ τινα οὐσίαν σημαίνει »; Καὶ γὰρ τὸ λευκὸν καὶ [τὸ μέλαν] καὶ ὅσαι [εἰσὶ] ποιότητες περὶ οὐσίαν ἀφορίζουσι τὸ ποιόν· οὐ γὰρ ἄνευ οὐσίας δύνα<ν>ται εἶναι, ἀλλ᾽ ἐν αὐτῇ εἰσιν.

<Ἀ.> Λέγει δὲ ὅτι οὐχ ἁπλῶς ποιότητα παρίστησιν ὁ ἄνθρωπος ἀλλὰ δύο τινὰ τοὐλάχιστον· οὐσιώδη γὰρ ποιότητα καὶ κοινότητα τῶν ὑποβεβλημένων οὐσιῶν δηλοῖ. Τὸ δὲ λευκὸν οὔτε οὐσιώδη ποιότητα παρίστησιν

14 Π. (*Int.*) add. Fel. u. sign. Ap ‖ τὸ ποιὸν MA : ποιόν τι Arist. (3 b 18) ‖ **16-17** τὸ μέλαν A ‖ **17** εἰσὶ A ‖ **18** δύνανται Busse : δύναται MA ‖ **19** Ἀ. (*Resp.*) add. Fel. u. sign. Ap

indiquerais-je Socrate plutôt que Platon? Et pareillement, si je dis «l'animal», on n'entend pas du tout, sous ce vocable, un homme plutôt qu'un cheval, un bœuf, un chien ou l'un quelconque des autres animaux. Il ne convient donc pas, dans le cas des substances secondes, d'entendre telle chose précise, mais plutôt telle sorte de chose [1].

Q. — Qu'est-ce qu'il a donc voulu dire en soutenant que l'homme et l'animal «néanmoins n'indiquent pas simplement la qualité, comme le fait le blanc», mais «déterminent la qualité que met en jeu la substance; ils indiquent en effet une substance d'une certaine qualité» [2]? En effet, le blanc, le noir et tout ce qui est qualité déterminent la qualité que met en jeu la substance, puisque ces choses ne peuvent être sans substance et lui sont au contraire inhérentes.

R. — Aristote affirme cependant que «l'homme» indique, non simplement une qualité, mais deux choses au moins [3] : il fait voir, en effet, une qualité substantielle et aussi une communauté entre les substances qu'il comprend. Le blanc, en revanche, n'indique ni une qualité substantielle, ni

1. [96.7-8] Paraphrase très libre de *C*, 3 b 3. Porphyre ne signale pas, comme le fait Aristote, que les noms spécifiques ou génériques ont l'apparence d'indiquer (au moins à l'occasion) telle chose précise. Le nom commun sert en effet à l'occasion, de substitut au nom propre qui fait défaut. En *Mét.*, Z, 10, Aristote parle à cet égard d'équivocité : «De manière équivoque, on appelle cercle et celui qu'on appelle ainsi tout simplement et tel cercle particulier parce qu'il n'y a pas de nom propre pour les particuliers» (1035 b 1 a 3). Porphyre ne met pas non plus clairement en relief, comme Aristote, que c'est parce qu'il se dit de «plusieurs choses» et donc est un *universel* qu'un terme générique ou spécifique indique telle sorte de chose et non telle chose précise. En *Mét.*, Z, 13, 1039 a 1-2, Aristote stipule : «aucun des prédicats communs n'indique telle chose précise (τόδε τι), mais telle sorte de choses» (τοιόνδε). Porphyre avait peut-être quelque raison d'être ici assez vague, parce que, dans *Mét.*, Z, 13 justement, Aristote nie que l'universel soit substance! Ce qui, sans explication, paraît contraire à l'idée même de substances secondes. La *Mét.* défend en réalité la thèse que l'universel n'est substance de rien, c'est-à-dire essence (οὐσία), contestant par la même occasion que l'Idée platonicienne soit telle chose précise (τόδε τι). Ce dernier point faisait l'objet d'interrogation chez Chrysippe (*cf.* Simplicius, 105, 8).

2. [96.14-16] Citation modifiée et tronquée de *C*, 3 b 18-21. Elle laisse de côté la précision : «Car le blanc n'indique absolument rien d'autre qu'une qualité». Or c'est au prix de cette omission volontaire que le questionneur peut poursuivre en disant que les accidents précisent de quelle qualité est la substance, exactement comme le fait la différence.

3. [96.20] En précisant «au moins», Porphyre veut sans doute dire : en plus de signifier l'homme, et à titre d'universel, l'homme indique deux choses (à l'exclusion d'une qualité qui lui serait accidentelle).

οὔτε ἀνθρώπου οὔτε βοὸς οὔτε λίθου οὔτε ἄλλης οὐδεμιᾶς οὐσίας κοινότητα.

96.23-28 {Ἔτι - αὐτῆς}

96.29 <Π.> Τί οὖν πρὸς τούτοις καὶ ἄλλο λέγει;

<Ἀ.> « Τὸ μηδὲν εἶναι τῇ οὐσίᾳ ἐναντίον. » Δηλοῖ δὲ τοῦτο ἡ ἐπαγωγή· οὔτε γὰρ τῷ Σωκράτ⸢ει⸣ ἐστί τι ἐναντίον ἀλλὰ μὴν οὐδὲ τῷ λίθῳ οὐδὲ τῷ βοὶ οὐδέ τινι ἄλλῃ οὐσίᾳ.

<Π.> Ἆρα οὖν μόνῃ τῇ οὐσίᾳ τοῦτο πρόσεστιν, ἵνα ᾖ αὐτῆς τοῦτο ἴδιον;

<Ἀ.> Οὐδαμῶς· οὐδὲ γὰρ τῷ ἀφ⸢ω⸣ρισμένῳ ποσῷ ἔστι τι ἐναντίον· τοῖς γὰρ δύο τί ἂν εἴη ἐναντίον; ⸢Εἰ δέ⸣ τις τὰ τρία εἴποι, τί οὖν μᾶλλον [οὗτος

97.1 ἢ ἄλλος τις τῶν ἀφωρισμένων ἀριθμῶν; « Εἰ μή τις τὸ πολὺ τῷ ὀλίγῳ] [φαίη] ἐναντίον εἶναι ἢ τὸ μέγα τῷ μικρῷ », ἀλλὰ ταῦτα [οὐκ ἔστι τῶν] ἀφ[ω]ρισμένων ποσῶν, οἷς οὐκ ἐρ<ρ>έθη τ⸢ι⸣ εἶναι ἐναντίον, μήποτε ο⸢ὐδὲ⸣ γένους ἐστὶ ταῦτα τοῦ ποσοῦ, ἀλλὰ μᾶλλον τοῦ πρός τι, ὡς ἐν τῷ περὶ τοῦ πο-

23 quae verba hic (96,23-38) in MA leguntur, post ὑποκειμένῳ (supra, p. 94,16) transposui || **29** Π. (*Int.*) add. Fel. u. sign. Ap || **30** Ἀ. (*Resp.*) add. Fel. u. sign. p || εἶναι τῇ οὐσίᾳ ἐναντίον MA : αὐταῖς ἐναντίον εἶναι Arist. (3 b 24-25) || ante Δηλοῖ u. sign. A (haud recte) || **33** Π. (*Int.*) add. Fel. u. sign. Ap || **35** Ἀ. (*Resp.*) add. Fel. u. sign. Ap || **36** Εἰ δέ scripsi : ἴσως MA || **36-97.1** οὗτος — ὀλίγῳ restitui partim ex Simpl. (106,6-7) partim ex Arist. (3 b 30-31) : post μᾶλλον duo ultimi u. f° 170r perierunt in M (cf. p. 97,23) τὰ τρία ἢ τὰ τέσσαρα ἢ τὰ πέντε ἢ τὰ ἓξ add. A qui postea lac. indic. || **97.2** φαίη A || οὐκ ἔστι τῶν A || **3** τι coni. recte Busse quod prob. Strange : τὸ MA || post μήποτε spat. 2 litt. A || οὐδὲ coni. recte Busse quod prob. Strange : οὔτε MA || **4** post πρός τι spat. 2 litt. A

une communauté entre l'homme, le bœuf, la pierre et quelque autre substance[1]. [...][2]

| Q. — Quel autre trait signale-t-il donc encore, en plus de ceux-là ? 96.29

R. — Que « rien n'est contraire à la substance ». Et ce qui le montre, c'est l'induction. On ne trouve pas en effet de chose contraire à Socrate, ni, bien entendu, à la pierre, ni au bœuf, ni à quelque autre substance[3].

Q. — Est-ce que la substance est seule à présenter cette propriété, de telle sorte qu'elle en serait le propre ?

R. — Pas du tout ! Car il n'y a pas non plus de chose contraire à la quantité déterminée[4]. Qu'est-ce qui pourrait en effet être contraire à deux ? Et si l'on dit « trois », pourquoi alors ce nombre plutôt que n'importe quel autre nombre déterminé ? « À moins de prétendre que beaucoup est le
contraire de | peu ou grand de petit »[5], mais ces choses ne font pas partie des 97
quantités déterminées, lesquelles, on l'a dit, n'ont pas de contraire ; et peut-être même leur genre n'est-il pas la quantité, mais plutôt le relatif, comme

1. [96.20-23] Il a été dit plus haut déjà (91, 2-4) que l'universel, espèce ou genre, est un prédicat commun, conçu comme telle sorte de chose (qualité). L'universel véhicule en effet une notion qui unit communauté et qualité, parce qu'il est lui-même une qualité commune : par exemple, l'universel (l'espèce) est la qualité commune d'humanité. Mais ici, Porphyre semble plutôt considérer que l'homme indique, en fait de qualité, la qualité substantielle qui est sa différence spécifique : *le mortel susceptible de science* ! Il est vrai que l'espèce, comme sa différence spécifique, sont des qualités, mais tandis que la différence est une qualité essentielle de l'espèce, celle-ci est la qualité commune des individus.

2. [96.29] Le texte qui précède (96, 23-38) a été transposé plus haut, voir n. *ad* 94, 15-16. Il est possible en outre que soit perdu un fragment du commentaire (concernant la plus grande extension du genre par rapport à celle de l'espèce : *C*, 3 b 21-23). Mais ce n'est pas sûr.

3. [96.30-32] Citation approximative de *C*, 3 b 24-25 et paraphrase de la suite (3 b 25-27). Porphyre parle d'induction parce qu'Aristote se contente d'appuyer son propos d'un renvoi à des exemples et ne cherche pas à démontrer pourquoi il en est ainsi.

4. [96.35] Cf. *C*, 3 b 27-30. Porphyre ne dit pas seulement « quantité », comme Aristote en 3 b 9, mais précise d'emblée quantité « déterminée », parce qu'il anticipe sur la précision de 3 b 32. Ce passage d'Aristote est résumé plutôt que commenté.

5. [96.36-97, 1] Le manuscrit M étant déchiré le long de la ligne de réglage à cet endroit, le texte perdu n'est évidemment reconstituable que de façon conjecturale. Il est possible que la partie du texte notée par A corresponde à des traces d'écriture aujourd'hui indéchiffrables. Mais ce n'est pas certain. J'ai préféré reproduire à la place, le texte de Simplicius, sachant que ce peut être une paraphrase. La suite, en revanche, paraît être une citation de *C*, 3 b 30-31, qui se prolonge au-delà de la partie perdue.

σοῦ ἐπιδείξει. Οὐκ ἴδιον <οὖν οὐ>δὲ τὸ μὴ ἔχειν τι ἐναντίον τῆς οὐσίας.

<Π.> Τί οὖν ζητεῖ ἄλλο ἴδιον αὐτῆς;

<Ἀ.> «Τὸ μὴ ἐπιδέχεσθαι τὸ μᾶλλον καὶ τὸ ἧττον.» Οὐχ ἁπλῶς δέ, ἀλλὰ μετὰ διαστολῆς· ἡ γὰρ ἄτομος οὐσία οὔτε αὐτὴ ἑαυτῇ παραλαμβανομένη οὔτε ἀλλῃ ὁμοίως ἀτόμῳ μᾶλλον ἂν εἴη ἢ ἧττον οὐσία οὔτε ἡ κατὰ τὸ εἶδος καὶ τὸ γένος οὐσία οὔτε ἑαυτῇ οὔτε ἄλλῃ παραλαμβανόμενη ὁμοστοίχ[ῳ] οὐσίᾳ μᾶλλον ἂν εἴη οὐσία ἢ ἧττον.

<Π.> Εἰπὲ ἐπὶ παραδείγματων.

<Ἀ.> Ὁ Σωκράτης ἄτομος ὢν οὐσία οὐκ ἔστιν ὁ τήμερον τοῦ αὔριον μᾶλλον ἢ ἧττον Σωκράτης οὐδὲ <ὁ> αὔριον τοῦ τήμερον ἢ τοῦ πρὸ ἡμ[ερῶν] δέκα. [Οὐ]δέ γε μᾶλλον ἢ ἧττον <ὁ> Σωκράτης οὐσία ἢ <ὁ> Πλάτων, [οὐδὲ μὴν τὸ εἶδος ὁ ἄνθρωπος μᾶλλον ἢ αὐτὸς ἑαυτ⌈οῦ⌉ γένοιτο {μᾶλλον οὐσία} ἢ ἄλλου] ἀνθρώπου· οὐκοῦν καθ' αὐτὸ τοῦτο, καθό ἐστιν οὐσία, μᾶλλον οὔτε ἑαυ-

5 ἐπιδείξει MA : ἐπιδείξει λόγῳ Simpl. (106,14) ‖ οὖν οὐδὲ M[1] : δὲ M οὐδὲ A ‖ ἔχειν M : ἐστι A ‖ **6** Π. (*Int.*) add. Fel. u. sign. Ap ‖ **7** Ἀ. (*Resp.*) add. Fel. u. sign. Ap ‖ **11** ὁμοστοίχῳ Busse (illius tempore in M partim legebatur) : ὁμοστίχω A ‖ **12** Π. (*Int.*) add. Fel. u. sign. Ap ‖ **13** Ἀ. (*Resp.*) add. Fel. u. sign. Ap ‖ **14** ὁ M[1] (s.u.) A : om. M ‖ πρὸ M : om. A ‖ ἡμερῶν A ‖ **15** οὐδέ[1] A ‖ ante Σωκράτης et Πλάτων add. bis ὁ A ‖ **15-17** οὐδὲ[2] — ἄλλου A Busse (illius tempore in M partim legebatur) ‖ **16** post μᾶλλον[1] addend. esse οὐσία coni. Strange ‖ ἑαυτοῦ A : ἑαυτῷ M ‖ μᾶλλον οὐσία seclusi (cf. Strange sec. Fel.) : μᾶλλον tantum delend. esse coni. Busse (in app.) ‖ **17** ἀνθρώπου (MA) secludend. esse coni. Strange

Aristote le montrera dans l'exposé consacré au relatif[1]. Donc ne pas avoir de contraire ne peut être non plus le propre de la substance[2].

Q. — Quel autre trait cherche-t-il donc à lui attribuer en propre ?

R. — « N'être pas susceptible du plus et du moins »[3]. Cela n'est pas vrai purement et simplement, mais avec une précision[4] : la substance individuelle en effet, comparée à elle-même ou à une autre substance également individuelle, ne peut être plus ou moins substance, et la substance spécifique ou générique non plus, comparée à elle-même ou à une autre substance de même rang, ne peut être plus ou moins substance.

Q. — Prends des exemples.

R. — Socrate, qui est une substance individuelle, n'est pas aujourd'hui plus ou moins Socrate qu'hier, et il ne l'était pas hier plus ou moins qu'aujourd'hui ou que dix jours avant. Et en tout cas, Socrate n'est pas non plus plus ou moins substance que Platon. Et pas davantage l'espèce : l'homme ne devient pas plus ce qu'il est, comparé soit à lui-même, soit à un autre homme ; donc, en soi, c'est une chose qui, en tant que substance,

1. [97.4-5] En *C,* 5 b 14 *sq.*, texte commenté par Porphyre, p. 107, 32 *sq.*

2. [97.5] Cette propriété de la substance est du même type que la première (n'être pas inhérente à un sujet), qui représente le concept de substance. Le Ps.-Archytas ne traite pas ce type de caractéristique comme un propre, mais comme un trait commun aux substances (*op. cit.*, p. 26, 17 Th., p. 42 Szl.), faisant abstraction du fait qu'il est partagé par une autre catégorie. Plotin, de son côté, avait stipulé les limites dans lesquelles la proposition d'Aristote lui semblait vraie : « que rien ne soit contraire à la substance, on peut le croire des substances particulières : c'est établi par induction ; mais pour la substance en général, ce n'est pas établi » (*En.*, I, 8, 6, 28-30). Mais c'était là réserver la possibilité de poser la contrariété de l'être et non du non-être ou de la nature et du Bien ; possibilité que Porphyre n'a évidemment pas à considérer ici ; car dans les limites du monde naturel, Plotin lui-même s'en tenait à la position d'Aristote, se refusant à considérer, par exemple, le feu et l'eau comme des contraires : « si, dans leur cas, il n'y avait à considérer les propriétés constitutives de leur essence [*i.e.* le chaud, le froid, le sec et l'humide], sans leur trait commun [*i.e.* la matière], il y aurait entre eux contrariété et une substance serait ici contraire à une substance » (*En.*, I, 8, 6, 51-54).

3. [97.7] *C*, 3 b 33-34.

4. [97.8] Aristote précise en effet lui-même qu'il a montré antérieurement (*C*, 2 b 7 *sq.*) qu'il existe des degrés dans la substance et que la substance spécifique, par exemple, est davantage substance que la substance générique. Ce qui paraît invalider la nouvelle proposition avancée ici. La précision, qui permet de la justifier et de la présenter en somme comme complémentaire de la proposition précédente, consiste à noter, selon Porphyre, que les degrés dans la substance ne s'observent qu'en comparant entre elles des substances de rangs différents (plus ou moins proches de la substance première) : ils ne s'observent pas en comparant les substances de même rang, ni les mêmes substances à des moments différents.

τοῦ οὔτε ἄλλου δόξειεν <ἂν> εἶναι οὐσία. Τὸ μέντοι λευκὸν αὐτὸ ἑαυτοῦ μᾶλλον ἂν γένοιτο λευκὸ{τερο}ν καὶ ἄλλου μᾶλλον ἂν εἴη λευκόν. Ἄλλ[η] μέντοι ἄλλης οὐσία{ς} ἐρρέθη εἶναι μᾶλλον, ὅταν μὴ ὁμόστοιχος ᾖ, ἀλλ᾽ ἡ μὲν ἄτομος, ἡ δὲ γένος ἢ εἶδος· ἡ γὰρ ἄτομος οὐσία μᾶλλον τῆς κατὰ τὸ εἶδος καὶ τὸ γένος ἐρρέθη εἶναι οὐσία.

<Π.> Τίνας [οὖν οὐσίας φὴς ὁμοστοίχους εἶναι;]

18 ἂν addidi || **19** λευκὸν scripsi : λευκότερον MA || Ἄλλη Busse : ἄλλο A || **20** οὐσία Busse : οὐσίας MA || ὁμόστοιχος A^{1}M : ὁμόστιχος A || **22** εἶναι οὐσία M : om. A || **23** Π. (Ἐ.) add. Busse || **23-24a** οὖν — καὶ restitui (similia restituenda esse coni. Busse et Strange): post Τίνας duae ultimae lin. (ca. 90 litt.) f° 170^v perierunt (cf. p. 96, 36)

semblera n'être pas plus substance qu'elle-même ou qu'une autre[1], alors que le blanc, lui, peut devenir lui-même plus blanc qu'il n'est et être blanc plus qu'un autre[2]. Toutefois, on l'a dit, une substance l'est plus qu'une autre quand elle n'est pas de même rang, et que l'on compare, au contraire, la substance individuelle et celle qui constitue un genre ou une espèce. Car la substance individuelle, on l'a dit, est davantage substance que la substance spécifique ou générique[3].

Q. — Quelles substances prétends-tu être de même rang ?

1. [97.13-18] Aristote (*C*, 3 b 37-38) ne distingue pas explicitement entre individu et espèce lorsqu'il fait l'hypothèse : « supposons que cette substance soit [un/l'] homme », … Sans doute a-t-il à l'esprit un individu, la seule chose substantielle, au fond, qui soit susceptible de changer (accidentellement) au fil du temps ; bien qu'il lui attribue le nom de l'espèce, il pense en effet à l'individu, lorsqu'il ajoute : « l'un n'est pas plus homme que l'autre ». Mais Porphyre distingue très explicitement entre l'individu et l'espèce, et porte le même jugement sur les deux. Or dans le cas de l'espèce, il est difficile d'entendre exactement ce qu'il veut dire, car le texte est visiblement corrompu (*cf.* apparat critique). Il est entendu que l'homme, espèce ou forme spécifique, ne varie pas d'un instant à l'autre et que, comparé à lui-même, il ne peut être plus substance à tel moment qu'à tel autre ; mais, pour le reste, Porphyre veut-il dire (a) que l'espèce homme n'est pas plus substance qu'une autre espèce ? Auquel cas il faudrait supprimer, dans le texte, le second μᾶλλον (ligne 16), ainsi que ἀνθρώπου (ligne 17) ou le corriger en εἴδους. Ou bien veut-il dire (b) que la forme spécifique de l'homme n'est pas plus ce qu'elle est chez un homme que chez un autre ? Auquel cas, il faudrait supprimer l'expression μᾶλλον οὐσία, mais l'on pourrait conserver ἀνθρώπου (comme chez Simplicius, 111, 27-8 : ὁ γὰρ ἄνθρωπος οὔτε ἄλλου ἀνθρώπου μᾶλλον ἄνθρωπος). La seconde hypothèse (b) paraît ruiner le parallélisme que la première (a) maintient entre individu et espèce : de même que Socrate est comparé à lui-même et à Platon, de la même façon l'homme est comparé à une autre espèce. De plus, l'hypothèse (b) paraît comparer ainsi les mêmes individus que l'hypothèse (a) : l'homme, soutiendrait Porphyre, n'est pas différent de Socrate à Platon. Mais justement, n'est-ce pas ce qu'il souhaite observer, savoir que la forme humaine, puisqu'elle est commune, n'est pas différente d'un individu à l'autre au sein de la même espèce ? La première hypothèse (a) compare en effet des formes individuelles (« être Socrate » ou « être Platon ») et soutient que l'un n'est pas plus *substance* que l'autre, la seconde hypothèse en revanche compare la forme spécifique qui se trouve en Socrate, d'abord à elle-même, puis à celle qui se trouve en Platon et soutient en somme que Socrate n'est pas plus *homme* que Platon. Point question jusqu'ici de comparer entre elles deux substances secondes, d'espèces différentes. Ce n'est qu'ensuite qu'il conclut (οὐκοῦν), considérant cette espèce en tant que substance, qu'elle n'est pas plus substance qu'une autre, parce que toutes les espèces sont dans le même cas. J'incline à retenir cette seconde hypothèse (b) qui tient de la *lectio difficilior* et à regarder les mots μᾶλλον οὐσία comme l'ajout qui procède d'un malentendu.

2. [97.18-19] L'exemple du blanc (individuel), cité par contraste, est tiré aussi d'Aristote (*C*, 4 a 1), qui ajoute les exemples du beau (4 a 2) et du chaud (4 a 4).

3. [97.19-22] Sur tout ceci, voir *supra*, 92, 36 *sq*.

<Ἀ.> [Ταύτας φημὶ τὰς ἐπ᾽ ἴσης ἐχούσας οἵας τὰς μὲν ἀτόμους 24.a ταῖς ἀτόμοις, τὰς δὲ εἰδικὰς ταῖς εἰδικαῖς καὶ] τὰς γενικὰς ταῖς γενικαῖς.

<Π.> Ἆρα οὖν μόνῃ τῇ οὐσίᾳ πρόσεστιν;

<Ἀ.> Οὐδ[αμῶς]· οὐδὲ γὰρ τὸ διπλάσιον τὸ μᾶλλον καὶ ἧττον ἐπιδέχεται οὔτε ὁ πατήρ· τί γὰρ μᾶλλον Ὀδυσσεὺς τήμερον Τηλεμάχου πατὴρ ἢ ὅτε ἦν ἐν τῇ ⌈Ἰ⌉θάκῃ ἢ ὅτε ἐπανῆλθεν ἐκ τῆς Τροίας; Ὥστε οὐκ ἴδιον τῆς 98.1 οὐσίας μόνον τὸ μὴ ἐπιδέχεσθαι τὸ μᾶλλον καὶ τὸ ἧττον καθ᾽ ἑαυτήν τε ἐξεταζομένη καὶ τῶν ἄλλων τῶν ὁμοστοίχων.

<Π.> Τί οὖν μάλιστα οὐσίας λέγοιμεν <ἂν> ἴδιον εἶναι;

<Ἀ.> « Τὸ μίαν καὶ τ<ὴν> αὐτὴν οὖσαν ἀριθμῷ δεκτικὴν εἶναι τῶν ἐναντίων », οἷον Σωκράτης εἷς ὢν ἀριθμῷ δεκτικός ἐστιν ὑγείας καὶ νόσου καὶ ἡ αὐτὴ ψυχὴ φρονήσεως καὶ ἀφροσύνης.

25 Π. (*Int.*) add. Fel. u. sign. Ap ‖ **26** Ἀ. (*Resp.*) add. Fel. u. sign. Ap ‖ Οὐδαμῶς A : οὐδὲν M ‖ **98.3** Π. (*Int.*) add. Fel. u. sign. Ap ‖ ἂν addidi ‖ **4** Ἀ. (*Resp.*) add. Fel. u. sign. Ap ‖ τὴν αὐτὴν Busse : τ᾽ αὐτὴν M ταυτὴν A

R. — Ce sont, dis-je, celles qui sont sur pied d'égalité, telles que les substances individuelles pour les substances individuelles, ainsi que les spécifiques pour les spécifiques et les génériques pour les génériques [1].

Q. — Est-ce donc une propriété de la seule substance ?

R. — Pas du tout ! Le double en effet n'est pas non plus susceptible du plus et du moins, ni le père [2]. Pourquoi, en effet, Ulysse aujourd'hui serait-il davantage le père de Télémaque que lorsqu'il se trouvait en Ithaque ou qu'au moment de son retour de Troie [3] ? Par conséquent, il n'est pas propre
à la | substance seulement de n'être pas susceptible du plus et du moins, 98
à la fois considérée en elle-même et comparée aux autres de même rang.

Q. — Quel trait surtout pouvons-nous donc dire le propre de la substance ?

R. — C'est que « tout en étant une et la même numériquement, elle est capable de recevoir les contraires » [4]. Ainsi Socrate, qui est un numériquement, est susceptible de santé et de maladie ; et la même âme est susceptible de sagacité et de folie [5].

1. [97.23-24a) La restitution du texte, dans cet échange de répliques, est presque entièrement conjecturale. Mais sinon pour la lettre, du moins pour le sens, la conjecture est très probable. La difficulté que présente l'explication de Porphyre vient de ce que ni les substances spécifiques, ni les substances génériques ne sont toujours de même rang, étant donné qu'un genre, on l'a vu, est l'espèce des genres supérieurs. Il eût été plus exact de préciser que les substances de même rang se reconnaissent à leur égale distance par rapport aux individus ou à l'espèce infime.

2. [97.25-27] Aristote ne précise pas, quant à lui, que cette propriété de la substance appartient aussi à certaines choses non-substantielles (en l'occurrence, des relatifs). Porphyre s'autorise en fait d'une remarque qu'on trouve beaucoup plus loin (6 b 25-27) à propos du double et joint à cet exemple celui du père. Il aurait pu citer aussi tous les exemples de quantités déterminées (cf. *C*, 6 a 19-25).

3. [97.27-28] Bien que l'exemple soit clair, il est curieux de lire « Ulysse *aujourd'hui* » (τήμερον) ; car si par « aujourd'hui », il faut entendre « au moment où Porphyre écrit », il est évident qu'Ulysse, étant mort à ce moment-là, n'est plus le père de qui que ce soit.

4. [98.4-5] *C*, 4 a 10-11 (légèrement modifié).

5. [98.5-6] Les exemples sont de Porphyre. Il peut paraître étrange qu'une âme et l'individu Socrate soient pris également pour exemples de substances, car si, comme l'a dit Porphyre (88, 17), la substance que considère Aristote, est le composé de matière et de forme, Socrate est bien un exemple de substance, mais l'âme, qui est forme, n'est pas le type de substance ici considéré. Il est vrai que, pour lui, les parties de substances sont substances et qu'Aristote lui-même (cf. *C*, 1 a 26 et 28) tient l'âme et le corps pour les sujets (substantiels) d'inhérence des accidents. Mais c'est surtout que les (qualités) contraires dont un sujet substantiel est susceptible sont naturellement ou psychiques ou somatiques. Les deux exemples (Socrate et l'âme) sont donc, au fond, des exemples d'un même sujet substantiel, considéré tantôt sous le rapport du corps, tantôt comme étant de nature psychique.

<Π.> Τί δέ; Οὐχὶ καὶ ὁ λόγος εἷς ὢν ἀριθμῷ ἐπιδεκτικός ἐστι τῶν ἐναντίων, ποτὲ μὲν ἀληθής, ποτὲ δὲ ψευδὴς γενόμενος; Οἷον τὸ ἡμέρα ἐστὶν οὐχ ὁτὲ μὲν ἀληθές, ὁτὲ δὲ ψεῦδος; Μήτι οὖν οὐσία<ς> ἐστὶν ὁ λόγος;

<Ἀ.> Οὐκ ἔστιν.

<Π.> Ἀλλὰ τίνος κατηγο<ρίας;>

<Ἀ.> Τοῦ ποσοῦ.

<Π.> Οὐκ ἄρα ἴδιον τῆς οὐσίας τὸ ἐπιδεκτικὸν εἶναι τῶν ἐναντίων. Πῶς οὖν ἴδιον ἔφη εἶναι τῆς οὐσίας τοῦτο;

<Ἀ.> Ὅτι ἡ οὐσία ἐπιδεκτική ἐστι τῶν ἐναντίων αὐτὴ πάσχουσα, ὁ δὲ λόγος οὐδὲν πάσχει.

<Π.> Πῶς;

<Ἀ.> Ὅτι ὁ Σωκράτης ὁτὲ μὲν ὑγιαίνει, ὁτὲ δὲ νοσεῖ ὁ αὐτὸς μεταβάλλων, ὁ δὲ λόγος οἷον ὁ ἡμέρα ἐστίν ποτὲ μὲν ἀληθὴς γίνεται, ποτὲ δὲ ψευδὴς μὴ μεταβάλλων ἑαυτόν· ἀλλὰ τοῦ πράγματος περὶ οὗ λέγεται ματαβάλλοντος <ἑ>αυτό{ν}, μὴ δεχόμενος αὐτὸς μεταβολὴν ὁτὲ μὲν ἀληθὴς εὑρίσκεται, ὁτὲ δὲ ψευδής.

<Π.> Ἀλλὰ τὴν μὲν ἔνστασιν ἔλυσας· εἰ δὲ ἴδιόν ἐστι τ⌈ὸ⌉ παντὶ καὶ μόνῳ, δεῖξον ὅτι [πάσῃ] τε οὐσίᾳ τοῦτο πρόσεστι καὶ μόνῃ.

7 Π. (*Int.*) add. Fel. u. sign. Ap || **9** post ἐστὶν[1] et post ψεῦδος u. sign. p || οὐσίας scripsi : οὐσία MA || **10** Ἀ. (*Resp.*) add. Fel. u. sign. Ap || **11** Π. (*Int.*) add. Fel. u. sign. Ap || κατηγορίας Busse : κατηγο/ M κατηγορεῖται A || **12** Ἀ. (*Resp.*) add. Fel. u. sign. Ap || **13** Π. (*Int.*) add. Fel. u. sign. A || ἐπιδεκτικὸν M : ἐπιδεκτικὴν A || **15** Ἀ. (*Resp.*) add. Fel. u. sign. Ap || **17** Π. (*Int.*) add. Fel. u. sign. Ap || **18** Ἀ. (*Resp.*) add. Fel. u. sign. Ap || **21** ἑαυτό scripsi : αὐτὸν MA || ante μὴ addend. esse ὁ λόγος οὖν uel plura coni. Busse, addend. esse ὥστε coni. Strange || αὐτὸς M : om. A || **23** Π. (*Int.*) add. Fel. u. sign. Ap || τὸ Busse : τῷ MA || **24** post μόνῳ addend. esse προσόν coni. Busse (in app.) || πάσῃ A

Q. — Mais quoi ? Le discours lui aussi, tout en étant un numériquement, n'est-il pas susceptible des contraires, s'il devient un moment vrai, et à un autre moment faux ?[1] Par exemple, « il fait jour », n'est-ce pas tantôt vrai, tantôt faux ? Le discours ne tient tout de même pas de la substance ?

R. — Non.

Q. — Mais alors de quelle catégorie ?

R. — De la quantité[2].

Q. — Donc, le propre de la substance n'est pas sa capacité de recevoir les contraires. Comment donc as-tu pu soutenir que c'était le propre de la substance ?

R. — C'est que la substance est capable de recevoir les contraires en étant elle-même affectée, tandis que le discours n'est nullement affecté en quoi que ce soit[3].

Q. — Comment cela ?

R. — C'est que Socrate est tantôt bien portant et tantôt malade lorsque lui-même change, tandis que le discours, comme par exemple « il fait jour », devient un moment vrai et à un autre moment faux, sans se transformer lui-même. Mais si l'état de chose sur lequel il porte se modifie, lui, sans recevoir de changement, se retrouve tantôt vrai, tantôt faux[4].

Q. — Bien ! Tu as résolu l'objection. Mais si ce qui est propre appartient à chaque membre d'un groupe et à eux seulement, montre que cette propriété appartient à chaque substance et à la seule substance.

1. [98.7-9] L'objection, formulée par Aristote lui-même (*C*, 4 a 21-28), porte aussi sur l'opinion (δόξα), dont Porphyre curieusement ne dit rien. Ce silence s'explique peut-être du fait que l'opinion n'est pas classée expressément par Aristote dans l'une des neuf autres catégories, alors que le discours, comme on va le voir (*cf.* note suivante), paraît l'être. Porphyre choisissait ainsi, par simplification, de ne prendre en compte, dans l'objection qu'Aristote s'adresse à lui-même, que l'exemple le plus facile à traiter.

2. [98.12] Cf. *C*, 6, 4 b 31-37). Aristote déclare en effet que le discours fait partie des quantités discrètes, et par là, il entend « celui qui se produit avec la voix », soit le débit vocal qui se mesure et qui est vrai ou faux par accident, à l'exclusion du discours signifié.

3. [98.15-16] La réfutation sommaire, tirée du long développement de *C*, 4 a 27-b 19, met d'emblée l'accent sur l'impassibilité du discours, évoquée en 4 b 8. Porphyre, ici, présente une synthèse ramassée de la pensée aristotélicienne, alors qu'ailleurs, il s'efforce d'en donner une analyse détaillée. Cela s'explique : le passage qu'il doit commenter lui paraît accessoire, alors qu'il est pressé de valider l'affirmation essentielle de *C*, 4 a 10, selon laquelle c'est ceci avant tout (μάλιστα) qui est le propre de la substance. Cette validation se trouve p. 98, 23-100, 9.

4. [98.20-22] Porphyre ne se demande pas si le discours, vrai quand il est prononcé pendant le jour, n'est pas plutôt disparu quand, plus tard, il fait nuit. Cf. *C*, 4 b 8-10.

<Ἀ.> Ὅτι μὲν μόνῃ, δεῖξαι ἔχω, ὅτι δὲ πάσῃ, ἴσως δυνήσομαι.

<Π.> Δεῖξον οὖν ὅτι μόνῃ.

<Ἀ.> Τῶν μὲν γὰρ [ἄλλων] ὅ τι ἄν τις λάβ⌈ῃ⌉ οὐχ εὑρήσει ἓν καὶ ταὐτὸν τῷ ἀριθμῷ τυγχάνον τῶν ἐναντίων ὂν δεκτικόν, μόνην δὲ τὴν οὐσίαν τοῦτο ἐπιδεχομένην. Τὴν γοῦν πρᾶξίν φαμεν <ποτὲ μὲν> καλήν, ποτὲ δὲ καὶ αἰσχρὰν εἶναι, ἀλλ᾽ οὐ τὴν αὐτὴν καὶ ⌈μίαν⌉ οὖσαν ἀριθμῷ ἀλλὰ τὴν ἢ καιροῖς διαφόροις ληφθεῖσαν ἢ ἄλλως καὶ ἄλλως πραχθεῖσαν. Ἡ δὲ οὐσία οὐκ ἄλλη ἂν γένοιτο ἀλλὰ μία καὶ ἡ αὐτὴ μένουσα ἀγαθή τε καὶ αἰσχρά· καὶ οὕτως ἐπὶ τῶν ἄλλων.

<Π.> Ὅτι μὲν οὖν ἐπὶ μόνης τῆς ἀτόμου οὐσίας τοῦτο συμβαίνει, ἔδειξας, ἀλλ᾽ εἰ καὶ ἐπὶ πάσης, τότε ἂν εἴη ἴδιον τῆς οὐσίας τοῦτο.

<Ἀ.> Πρῶτον μὲν ἐπὶ τῶν ἀϊδίων οὐκ ἂν ἔχοιμεν τοῦτο δεῖξαι· οὔτε
99.1 γὰρ <ὁ><ἥλιος οὔτε ὁ> οὐρανὸς κινούμενος ἀεὶ καὶ ὢν οὐσία οὐκ ἄν ποτε στταίη· στάσει δὲ κίνησις ἐναντία. Ἀλλ᾽ ἔστω μὴ ἐπὶ τῶν ἀϊδίων ὁ λόγος οὐσιῶν·

25 Ἀ. (*Resp.*) add. Fel. u. sign. Ap ‖ post ἴσως 2 litt. erasae A ‖ **26** Π. (*Int.*) add. Fel. u. sign. Ap ‖ **27** Ἀ. (*Resp.*) add. Fel. u. sign. Ap ‖ ἄλλων A ‖ ὅ τι M : ὅτι A ‖ λάβηι A : λάβοι M ‖ **29** ποτὲ μὲν addidi ut coni. Busse (in app.) ‖ **30** μίαν A[1] : ἓν MA ‖ **34** Π. (*Int.*) add. Fel. u. sign. Ap ‖ συμβαίνει M : σημαίνει A ‖ **36** Ἀ. (*Resp.*) add. Fel. u. sign. p ‖ **99.1** ὁ M[1] (s.u.) A : om. M ‖ ἥλιος οὔτε ὁ addidi sec. Simpl. (114,23 et 26)

R. — Je suis en mesure de montrer que c'est la propriété de la seule substance et peut-être pourrai-je montrer qu'elle appartient à chacune.

Q. — Montre donc que c'est la propriété de la seule substance.

R. — Dans tout le reste en effet, que l'on prenne quoi que ce soit, on ne peut découvrir la moindre chose qui se trouve capable, restant une et la même numériquement, de recevoir les contraires[1], et l'on découvre que la substance seule a cette capacité. Nous disons, certes, que l'action est parfois belle, et parfois laide aussi, mais ce n'est pas la même action numériquement une ; c'est au contraire l'action ou bien prise en des circonstances différentes ou bien exécutée différemment d'un cas à l'autre ; tandis que la substance ne sera pas une autre substance, mais restera une et la même, en devenant bonne ou mauvaise[2], et c'est pareil dans les autres cas.

Q. — Tu as donc effectivement montré qu'il en va ainsi uniquement de la substance individuelle ; mais c'est dans l'hypothèse où il en irait encore ainsi de chaque substance que ce serait alors le propre de la substance[3].

R. — En premier lieu, nous ne serions pas en mesure de le montrer dans
le cas des substances éternelles, | car le soleil ou le ciel[4], qui est toujours 99
en mouvement et constitue une substance, ne peut jamais s'arrêter ; or le

1. [98.27-29] Paraphrase, semble-t-il, de *C*, 4 b 11-13.

2. [98.29-32] Paraphrase de *C*, 4 a 15-16. Porphyre omet le premier exemple d'Aristote (la couleur) et ne s'attarde pas à la première partie de l'argument développée par Aristote lui-même. Ce qui l'intéresse, c'est la seconde partie (toutes les substances sont dans le cas), parce qu'Aristote la laisse de côté. Au sens strict, l'action (que *C*, 5 b 2 donne pour une quantité par accident) est l'un des actes propres à la substance humaine, l'homme étant seul capable d'agir. Il est difficile de savoir si, quoique différente de la substance dont elle est l'acte, Porphyre la range dans une autre catégorie que la substance elle-même et si oui, laquelle. Son propos est seulement d'observer qu'elle reçoit les mêmes qualités contraires (belle ou laide, bonne ou mauvaise) que la substance, à cette différence près qu'une même action ne peut être successivement bonne ou mauvaise, parce qu'une seule action, par définition, ne se répète pas, tandis qu'une seule et même substance peut successivement bien et mal agir et, donc, en principe, devenir mauvaise, après avoir été bonne.

3. [98.34-35] Il n'a pas échappé au questionneur que l'argument précédent, tout à fait empirique, porte sur la seule substance individuelle (tel homme particulier) et que la substance universelle (l'homme en général) ne se distinguerait pas, sous ce rapport, de quelque chose comme l'action. On s'attendrait dans ces conditions à ce que la suite, comme demandé, cherche d'abord à étendre l'argument aux substances universelles ; mais Porphyre s'apprête à confesser, sur ce point, une difficulté (cf. *infra*, p. 99, 23 *sq.*) et il poursuit, au contraire, en apportant des réserves à ce qui semble acquis jusqu'ici : le propre dont il est question ne vaut même pas pour toutes les substances individuelles.

4. [99.1] L'addition ἥλιος οὔτε ὁ, inspirée par Simplicius, semble s'imposer en raison de la présence du premier οὔτε.

μονοειδῆ γὰρ ταῦτα καὶ ὡς ἐπὶ τὸ πλεῖστον οὐκ ἐπιδεκτ<ικ>ὰ τῶν ἐναντίων. Ἀλλὰ καὶ τὸ πῦρ τῶν φθαρτῶν ὂν θερμότητος μέν ἐστιν ἐπιδεκτικόν, ψυχρότητος δ' οὔ, καὶ ἡ χιὼν ψυχρότητος μὲν ἐπιδεκτική, θερμότητος δ' οὔ, καὶ τὸ ὕδωρ ὑγρότητος μέν, ξηρότητος δ' οὔ. Πρὸς δὴ ταῦτα φήσειεν ἂν ὁ Ἀριστοτέλης τὴν οὐσίαν εἶναι δεκτικὴν <τῶν ἐναντίων> φάναι ἀλλ' οὐχὶ οὐσιῶσθαι δύνασθαι ἐν τοῖς ἐναντίοις· τὸ δὲ πῦρ τὴν θερμότητα οὐκ ἐπεδέξατο ἀλλ' ἔστιν αὐτοῦ ἐν τῇ οὐσίᾳ ἡ θρεμότης· οὐκ ἔστι δὲ τὰ ἑαυτοῦ ἐπιδέχεσθαι ἀλλὰ τῶν ἔξωθέν τι· αὐτίκα καὶ τὸ ὕδωρ τ⌈ῷ⌉ μὴ οὐσιῶσθαι ἐν θερμότητι ἐπιδεκτικόν ἐστιν θερμότητος καὶ ψυχρότητος, ὑγρότητος δὲ οὐκ ἔστιν ἐπιδεκτικόν, ὥσπερ ἡ γῆ, ἐπειδὴ ἐν οὐσίᾳ ἐστὶν ἡ ὑγρότης αὐτοῦ· τῆς δὲ γῆς οὐκ ἐν οὐσίᾳ ἐστὶν ἡ ὑγρότης· διὸ ἐπιδέχεται καὶ ξηρότητα. Καὶ τὰ οὐράνια δὲ οὐκ ἐπιδέχεται ἐναντιότητα τὴν ἀντικειμένην τῇ οὐσιώδει αὐτῶν

3 ἐπιδεκτικὰ A : ἐπιδεκτὰ M || **7** τῶν ἐναντίων addidi sec. Simpl. (114,32) || **9** οὐκ ἔστι M : οὐκέτι A || **10** τῷ Busse : τὸ MA || **11** θερμότητος καὶ ψυχρότητος M : ψ. κ. θ. A || **13** post ἐπιδέχεται addend. esse ὑγρότητα coni. Busse (in app.) || **14** ἀντικειμένην M : κειμένην A || οὐσιώδει M : οὐσιώδη A

mouvement est contraire à l'arrêt[1] ! Mais il faut supposer que l'argument ne porte pas sur les substances éternelles, car elles sont de formes simples et le plus souvent impropres à recevoir les contraires[2]. Toutefois, même le feu, qui fait partie des corruptibles, est susceptible de chaleur, mais pas de fraîcheur; de même, la neige est susceptible de fraîcheur, mais pas de chaleur, et l'eau, susceptible d'humidité, mais pas de sécheresse[3]. Relativement à ces cas, Aristote prétendrait alors que ce qu'il soutient, c'est que la substance est susceptible des contraires, mais pas qu'elle peut avoir son essence dans les contraires; or le feu n'a pas reçu la chaleur; la chaleur, au contraire, se trouve dans son essence et l'on ne peut recevoir ce qui fait partie de soi-même, mais seulement quelque chose d'extérieur. Dès lors, c'est parce qu'elle n'a pas son essence dans la chaleur que l'eau est susceptible de chaleur et de fraîcheur. Mais elle est incapable de recevoir l'humidité, comme le peut la terre, puisque c'est dans son essence que réside sa propre humidité. En revanche, ce n'est pas dans l'essence de la terre que réside son humidité; de ce fait, elle admet aussi la sécheresse[4]. Du reste, les corps célestes sont aussi dans l'incapacité d'admettre la contrariété qui

1. [99.1-2] Les substances éternelles sont les substances astrales incorruptibles, mais corporelles et sensibles, qu'évoque *Mét.*, Λ, 1, 1069 a 30-31 ; 6, 1071 b 3, et dont le traité *Du ciel* (I, 3 *sq.*) démontre en outre le mouvement circulaire. Comme le soleil, le ciel dans sa totalité, assimilé à l'Univers, est une substance individuelle, dans la mesure où l'Univers est unique. Le mouvement, dans *C*, 15 b 1, n'est pas réputé le contraire de l'arrêt (στάσις), mais du repos (ἐρημία). La nuance, cependant, importe peu, même si l'arrêt est plutôt cessation de mouvement que position stable. Quant au mouvement circulaire, de droite à gauche par exemple, il a bien un contraire, celui de gauche à droite, mais le mobile ne peut en changer sans s'arrêter; ce qui est impossible en l'occurrence.

2. [99.2-3] Que veut dire « de forme simple » (μονοειδῆ)? Selon Aristote, les corps célestes sont tous d'un seul et même élément constitutif; ils présentent tous la même forme sphérique; ils ne s'accroissent, ni ne diminuent; ils n'ont aucune des qualités contraires entre elles comme la légèreté ou le pesanteur, et surtout, ils sont parfaitement inaltérables (cf. *Du ciel*, I, 3, 269 b 19-20 et 270 a 26 *sq.*). On ne voit pas très précisément si, oui ou non, Porphyre a en vue ensemble toutes ces déterminations communes, ni comment, en toute hypothèse, il peut soutenir que les corps célestes éternels n'admettent pas les contraires « le plus souvent », comme s'il y avait place pour des exceptions. Seule est claire sa supposition que les substances considérées dans le traité des *C* sont limitées au monde sensible corruptible. Il n'a même pas envisagé que la substance intelligible puisse être ici en cause.

3. [99.3-6] Ces observations constituent moins une objection qu'une occasion de préciser, comme le fera Porphyre dans la suite, que les contraires dont est susceptible la substance sont pour elle des accidents.

4. [99.10-13] Aristote n'affirmerait sans doute pas que l'eau est susceptible de *chaleur et de fraîcheur*, ni la terre susceptible d'humidité et de *secheresse*, car la fraîcheur, pour l'eau, et la sécheresse, pour la terre, sont des « différences » essentielles au même titre que l'humidité dans le premier cas, et la fraîcheur dans le second (cf. *Gén. et corr.*, II, 3, 330 b 1-7). Porphyre semble au contraire définir chaque corps élémentaire par une seule différence, comme si l'eau était essentiellement humide, sans plus, et la terre, essentiellement froide, sans plus.

ποιότητι· ὅθεν οὐδὲ ποιότητες ἁπλῶς αὗται ἀλλ᾿ οὐσιώδεις. Τῶν δὲ παρὰ τὰς συμπλη<ρωτι>κὰς οὐσίας ποιοτήτων ἐπιδεκτικαὶ <αἱ> οὐσίαι. Ἀνὰ μέρος μὲν <οὖν> οὐσίαι ⌜ὡ⌝<ς> εἰσιν ἓν ἀριθμῷ, ἐπιδέχονται τὰς ἔξωθεν ἐναντιότητας, ὅπερ οὐδὲν ἄλλο τῶν ⌜ἐννέα⌝ γενῶν· ὡς δὲ ἡ μία τῷ ἀριθμῷ ἡ ἄτομος τοῦτο πέπονθε, οὕτως καὶ αἱ δεύτεραι· εἰ γὰρ ὁ Σωκράτης σπουδαῖος καὶ ἄφρων, καὶ ἄνθρωπος ἂν εἴ<η> σπουδαῖος καὶ ἄφρων καὶ ζῷον δ⌜ι⌝<ὰ> τὸ τὸν Σωκράτην καὶ ἄνθρωπον <καὶ ζῷον> εἶναι· ὡς οὖν οὐσία, εἴπερ καὶ <ὁ> ἄνθρωπος οὐσία καὶ τὸ ζῷον οὐσία, ἐπιδεκτικὸν καὶ ὁ ἄνθρωπος <καὶ> τὸ ζῷον τῶν ἐναντίων. Ὡς δὲ καθόλου ὄντα οὐ ταῦτα ἂν εἴη ἐπιδεκτικά, ἀλλὰ τὰ ὑπ᾿αὐτά, ὥσπερ τὸ χρῶμα οὔτε λευκὸν οὔτε μέλαν, ὑπ᾿ αὐτὸ δὲ τὸ λευκὸν καὶ τὸ μέλαν,

15 ἁπλῶς post αὗται transp. A ‖ **16** συμπληρωτικὰς M[1] (s.u.) A : συμπληκὰς M ‖ ante ἐπιδεκτικαὶ addend. esse οὐκ coni. Strange haud recte ‖ αἱ M[1] (s.u.) A : om. M ‖ post οὐσίαι lac. coni. Busse ‖ **17** οὖν addidi ut coni. Busse (in app.) ‖ ὡς scripsi (cf. infra, u. 21) : ὃ MA ‖ **18** ἐννέα A : θ᾿ M ‖ **20** εἴη Busse : εἴ M ἢ A ‖ διὰ Busse : δὲ MA ‖ **21** καὶ ζῷον addidi : ante ἄνθρωπον addend. esse ζῷον καὶ coni. Strange ‖ ὁ addidi ut coni. Busse (in app.) ‖ **22** καὶ addidi ut coni. Busse(in app.) quod prob. Strange

s'oppose à leur qualité substantielle[1]; de là vient que leurs qualités ne sont pas non plus simplement qualités, mais qualités substantielles. Or les qualités, hormis celles qui sont complémentaires de la substance, les substances sont aptes à les recevoir[2]. Ainsi donc, des substances (vu qu'elles sont chacune numériquement une) admettent successivement les contrariétés extérieures, ce qui n'est rien d'autre que les neuf genres[3]. Mais si la substance individuelle, numériquement une, souffre cette affection, c'est exactement la même chose pour les substances secondes, car si Socrate peut être sérieux et insensé, l'homme aussi peut être sérieux et insensé, ainsi que l'animal, du fait que Socrate est également homme et animal[4]. À titre de substances par conséquent, puisque l'homme est substance aussi bien que l'animal, l'homme aussi bien que l'animal sont susceptibles des contraires. Mais à titre d'universels, ce ne sont pas eux qui en seront susceptibles, mais les particuliers qui leur sont subordonnés[5]. De même que la couleur n'est ni blanche ni noire, mais suppose le blanc et le noir, de

1. [99.14-15] Sur cette notion, qui est celle en fait de « différence », dite « complémentaire de la substance » (au sens d'essence), voir, *supra*, 95, 19 *sq.*

2. [99.16] La suggestion de Strange (introduire ici une négation) semble inspirée par une méprise sur le sens de la préposition παρὰ, qui ne signifie pas ici « d'après » ou « selon » (d'où sa traduction : « Substances are not receptive of qualities *that derive from* essential complements »), mais bien « en dehors de ». Il y a donc bien ici une affirmation : les substances sont susceptibles des qualités *en dehors de* celles qui sont leurs différences essentielles.

3. [99.18] Les neuf genres, que Porphyre, on l'a vu, ramène à la même notion d'accidents, ne contiennent pas chacun des contraires et sont parfois, sinon le contraire, du moins l'opposé l'un de l'autre (comme le sont « faire » et « subir »). Il faut donc comprendre, plus précisément, que les contraires susceptibles d'être reçus par la substance appartiennent d'une façon ou d'une autre aux catégories de l'accident.

4. [99.21] L'argument semble spécieux, car l'homme et l'animal Socrate sont des particuliers ou, pour mieux dire, sont la même substance première (tel homme précis, tel animal précis), non l'espèce et le genre de Socrate. En effet, pour l'espèce humaine et le genre animal, dont Socrate fait partie, sérieux et insensé sont des accidents également possibles et qui, bien que contraires, ne s'excluent pas mutuellement, tandis que pour Socrate, homme et animal particuliers, ils sont des attributs qui s'excluent, mais qu'il peut recevoir successivement. Il en est ainsi, parce que seule, la substance première est sujet d'altération (changement qualitatif), alors que les substances secondes, qui se disent d'elles, ne sont pas des sujets de changements.

5. [99.21-23] La distinction « à titre de substance » et « à titre d'universel », que fait Porphyre à propos de la notion de substance seconde, est une distinction trompeuse, car la notion de substance, « commune » à la substance première et à la substance seconde, correspond à celle de « n'être pas dans un sujet » (cf. *C*, 3 a 7-8) ou, si l'on veut, dans les termes de Porphyre, « n'être pas un accident ». Au simple titre de substance, la substance seconde n'implique donc pas la propriété attribuée ici à la substance première. En revanche, à titre d'universel, parce qu'elle « se dit d'un sujet », il est vrai que la substance seconde n'a pas la propriété du sujet dont elle se dit. Les espèces et les genres des sujets ultimes que sont les substances premières n'ont pas en effet cette propriété universelle des sujets ultimes de pouvoir s'altérer tout en restant eux-mêmes.

οὕτω δὲ καὶ ὁ ἄνθρωπος ⌜ᾗ⌝ κοινὸν καὶ τὸ ζῷον ⌜ᾗ⌝ κοινὸν καὶ κατὰ πλειόνων. Οὕτω μὲν οὖν οὔτε φρόν⌜ι⌝μος οὔτε ἄφρων οὔτε νοσῶν καὶ ὑγιαίνων, ὑπ᾽ αὐτὰ δὲ καὶ οἱ φρόν⌜ι⌝μοι καὶ οἱ ἄφρονες καὶ οἱ νοσοῦντες καὶ οἱ ὑγιαίνοντες. Καθὸ μέντοι οὐσίαι καὶ ὁ ἄνθρωπος καὶ τὸ ζῷον τῶν ἐναντίων ἀνὰ μέρος εἰσὶ δεκτικά· ἐπινοεῖται γὰρ καὶ ὁ ἄνθρωπος, καθόσον ἐστὶν οὐσία, ἐπιδεκτικὸς τῶν ἐναντίων ποιοτήτων καὶ τὸ ζῷον· ὑπομένει {ὑπομένει} γὰρ ἑκάτερ⌜ον⌝ μένον τὸ αὐτό. Τὸ δὲ χρῶμα ᾗ χρῶμα οὐκ ἐπινοεῖται μέλαν γινόμενον ταὐτὸν καὶ λευκόν, ἀλλὰ τὸ μὲν {ἐν}ὑποκείμενον τῷ χρώματι σῶμα ἀνὰ μέρος δέχεται τὸ λευκὸν καὶ τὸ μέλαν· τὸ δὲ χρῶμα τὸ μὴ
100.1 μέν⌜ο⌝ν οὐκ ἐπιδέχεται τὸ λευκὸν καὶ τὸ μέλαν, ἀλλ᾽ ἅμα τ⌜ῷ⌝ ἐξελθεῖν τὸ λευκὸν συναπῆλθεν, καὶ ἅμα τ⌜ῷ⌝ ἐπελθεῖν τὸ μέλαν συνεισῆλθεν· ἀλλ᾽ οὐχὶ μένει μὲν τὸ χρῶμα, ἔξεισι δὲ τὸ λευκὸν καὶ εἴσεισι τὸ μέλαν εἰς αὐτό.

25 ᾗ[1] A (dub.) : ἦ M ‖ ᾗ[2] Busse: ἦ MA ‖ **30** ὑπομένει M[1]A[1] : dittogr. M ὑπογένει A ‖ **31** ἑκάτερον scripsi (cf. infra, p. 100,5) : ἑκάτερα MA ‖ μένον τὸ αὐτό post σῶμα (u. 33) transponenda esse coni. Busse (in app.) ‖ **32** ὑποκείμενον coni. Strange (sec. Wallies) : ἐνὑποκείμενον MA[1] ἐν ὑποκειμένῳ A ‖ **100.1** μένον p : μένειν MAC ‖ τῷ p : τὸ MAC ‖ **2** τῷ p : τὸ MAC

la même façon, l'homme, de son côté, en tant que réalité commune, ou l'animal, en tant que réalité commune, se disent d'une pluralité. Ainsi donc, l'homme n'est ni sagace ni insensé, ni malade ou sain, mais suppose les sagaces et les insensés, les malades et les bien portants[1]. Reste qu'à titre de substances, l'homme et l'animal sont des êtres susceptibles des contraires tour à tour, car dans la pensée qu'on s'en fait en tant que substances, l'homme est susceptible des qualités contraires, ainsi que l'animal : l'un et l'autre sont en effet pour elles des sujets qui subsistent, identiques à eux-mêmes[2]. En revanche, on ne conçoit pas que la même couleur en tant que telle devienne noire et blanche; on pense au contraire que c'est le corps sous-jacent à la couleur qui admet tour à tour le blanc et le noir. La couleur pour sa part est ce qui ne subsiste pas : | loin de recevoir le blanc et le noir, **100**
elle s'en va au contraire en même temps que le blanc et revient en même temps que le noir. Et il est hors de question que la couleur reste tandis que le blanc s'en va et que le noir arrive dans le sujet[3]. Mais on doit voir si

1. [99.23-28] La comparaison est curieuse. Le genre qu'est la couleur et ses espèces que sont le noir et le blanc ne sont pas en effet dans le même rapport que l'espèce homme ou le genre animal et les accidents ici évoqués, vu que la couleur se dit de ses espèces comme de sujets, tandis que l'homme et l'animal se disent de sujets ultimes où, par ailleurs, sont inhérentes les qualités dont il est question. Par conséquent, si la couleur comprend des espèces contraires (le noir et le blanc), elle n'est nullement comparable à l'homme ou à l'animal, qui se disent de sujets susceptibles d'accidents contraires. Il est vrai qu'un genre (la couleur ou l'animal) se dit de plusieurs espèces et ne comporte pas les différences spécifiques, éventuellement contraires, qui caractérisent les espèces; vrai aussi que l'espèce (l'homme) se dit de plusieurs individus et ne comporte pas les particularités caractéristiques des individus, éventuellement celles de pouvoir admettre successivement des accidents contraires. Mais si l'homme ou l'animal, qui sont des substances secondes, ne sont pas susceptibles eux-mêmes des contraires, ce n'est pas du tout la raison expliquant que la couleur, qui est un genre de qualité, n'est pas spécifiquement ses espèces contraires.

2. [99.28-32] Il semble que Porphyre confonde ici le concept de substance et l'image d'une substance. L'homme que saisit la pensée conceptuelle en tant que substance est en effet un universel (substance seconde), distinct de l'image d'un même homme (substance première) qu'on peut se représenter tour à tour avec des attributs contraires. L'universel de nature substantielle, tel que conçu par la pensée, est ce qu'ont en commun tous les sujets substantiels de même espèce, et cela, l'idée de sujet sunstantiel, n'est pas ce qui peut recevoir tour à tour ces attributs contraires que peuvent recevoir les sujets dont elle est l'idée. L'homme universel, dans son unité spécifique, ne peut s'altérer, tandis que le sujet humain particulier peut, quant à lui, s'altérer en recevant les contraires, tout en restant le même dans son unité numérique.

3. [100.3] Ces considérations sont destinées à montrer sans doute que l'idée ou le concept de couleur n'est pas celui de substance, bien que la couleur puisse être noire ou blanche. Mais elles sont bien inutiles, dès lors que la possibilité, pour un genre, de comprendre des espèces contraires, comme il apparaît d'emblée, n'a rien à voir avec la possibilité, pour la substance, de recevoir des accidents contraires (cf. *supra*, n. *ad* 99, 28-32). De plus, ce sont des considé

Δεῖ τοίνυν καθόσον οὐσία ὁ ἄνθρωπος καὶ τὸ ζῷον σκοπεῖν, εἰ μὴ μέν⌜ει⌝ ἑκάτερον καὶ ἐπιδέχεται τὰ ἐναντία ἀνὰ μέρος, ὥστε κοινὸν πάσης οὐσίας καθὸ οὐσία τῶν ἐναντίων εἶναι δεκτικὴν ἀνὰ μέρος. Καὶ μόνης ⌜γ⌝ε ταύτης ἴδιον ἂν εἴη τοῦτο, τῆς μέντοι μεταβολ⌜ὴν⌝ δυναμένης ⌜δέχ⌝εσθαι καὶ οὐ τῆς ἐν τῷ εἶναι περιεχούσης τὸ ἀμετάβατον τῶν ποιοτήτων.

<Π.> Καὶ περὶ μὲν οὐσίας αὐτάρκως τὰ τοιαῦτα ἀποδέδωκας.

Διὰ τί οὖν ἡ τοῦ ποσοῦ καὶ οὐχ ἡ τοῦ ποιοῦ μετὰ ταῦτα κατηγορ⌜ία⌝;

4 καθόσον MA¹ (s.u.) : om. A || μένει A : μένη M || **6** γε scripsi ut coni. Busse (in app.) : τε MA || **7** μεταβολὴν δυναμένης δέχεσθαι coni. recte Busse quod prob. Strange : μεταβολῆς δ. γίνεσθαι MA || **9** Π. (*Int.*) add. Fel. u. sign. Ap || post ἀπέδωκας add. Περὶ ποσοῦ ut titulum M (inc. in mg) || **11** κατηγορία A¹ : κατηγορεῖ MA

l'homme et l'animal, en tant que substances, ne sont pas dans ce cas : ils restent en effet l'un et l'autre et admettent les contraires tour à tour, si bien qu'un trait commun à chaque substance en tant que telle serait d'être susceptible des contraires tour à tour[1]. Et il n'y a qu'elle en tout cas à présenter ce trait en propre, s'agissant bien entendu de la substance capable de changement et non de celle dont l'essence implique l'immuabilité de ses qualités[2].

Q. — Les sortes d'explications que tu as fournies à propos de la substance sont suffisantes. Pourquoi donc est-ce la catégorie de la quantité qui vient ensuite, et pas celle de la qualité ?[3]

rations maladroites, car s'il est vrai de dire que lors de l'altération d'un sujet qui, de noir, devient blanc, le sujet qui subsiste est le corps, non la couleur, en revanche, soutenir que la couleur est ce qui ne subsiste pas, ce qui part avec le noir et revient avec le blanc, cela paraît de nature à rendre obscur le fond de la pensée aristotélicienne, selon laquelle la couleur, comme genre, est une puissance, laquelle, durant l'altération, est attachée en permanence au sujet potentiellement colorable. Il est vraisemblable qu'en tout cela, Porphyre ait cherché à donner sens au propos de *C*, 4 a 14-15 : « la couleur, si elle est une et la même numériquement, ne sera pas blanche et noire » ; mais ce propos, qui exclut du genre qualité la caractéristique de la substance et qui porte en réalité, à titre exemple, sur tel blanc ou tel noir particuliers, oppose ces particuliers aux substances premières, elles aussi particulières. Autrement dit, il n'y a pas, chez Aristote, de comparaison entre la couleur en général et l'homme ou l'animal en général.

1. [100.4-6] Cette conclusion, d'allure prudente semble-t-il, mais de toute façon contestable, est en quelque sorte commandée à Porphyre par la conviction que la propriété principale de la substance énoncée par Aristote en *C*, 4 a 10-11 doit être vraie de toutes les substances, aussi bien secondes que premières ; ce qu'Aristote lui-même, non seulement ne dit nulle part, mais encore paraît exclure implicitement, dès lors que la substance dite par lui « numériquement une et la même » peut être difficilement autre chose que la substance individuelle et, donc, première, distincte des substances secondes, qui se disent de plusieurs individus et ne sont des unités que spécifiques ou génériques.

2. [100.6-8] Rappel des exceptions que constituent les corps célestes et les corps élémentaires : cf. *supra*, p. 98, 36-99, 15.

3. [100.11] La question suppose une discussion traditionnelle sur l'ordre des catégories en général et, plus particulièrement, la priorité ontologique de la substance étant démontrée (cf. *C*, 2 a 34 *sq.*), sur l'ordre des « accidents ». À ce propos, la discussion, semble-t-il, revenait à se demander laquelle des catégories que sont la quantité et la qualité, prend le pas sur l'autre, étant entendu que ces deux catégories précèdent les autres accidents. Ce sont en effet les seules qui, avec la substance, interviennent dans la détermination des sortes de mouvement (cf. *C*, 15 a 13 *sq.*). Aristote ne justifie espressément nulle part (ni dans *C*, ni ailleurs) l'ordre des genres non substantiels qu'il adopte à l'occasion et qui n'est pas toujours le même. On sait par Simplicius (206, 10 *sq.*) qu'Eudore d'Alexandrie, pour sa part, plaçait la qualité avant la quantité, mais nous en ignorons le motif ; le Pseudo-Archytas faisait de même (*op. cit.*, p. 22, 14 et 23, 21-22), pour la raison qu'il est impossible d'être quelque chose sans être « en même temps » telle chose, alors que la quantité se trouve liée à la (seule) substance naturelle, qui ne va pas sans corps, donc, sans grandeur. Cette position n'est conforme, ni à la séquence dans laquelle *C*, 1 b 26 présente les catégories, ni, *a fortiori*, à l'ordre des exposés consacrés à

<᾿Α.> Ὅτι ἅμα τέ ἐστι <τι> καὶ ἕν ἐστιν ἢ πολλά, τὸ δὲ ἓν ἢ πολλὰ τοῦ ποσοῦ, οὐ μὴν ἅμα τ⌈ῷ⌉ εἶναι πάντως ἢ ποιόν ἐστιν ἢ πρός τι {καὶ - ἐστι}. <Ἔπειτα> τὸ σῶμα, ἵνα μὲν σῶμα ᾖ, τριχῇ διαστατὸν εἶναι ὀφείλει· <καὶ γὰρ τὰ ποσὰ ἀριθμητά ἐστι>· ἵνα δὲ ποιὸν σῶμα ᾖ, τότε λευκὸν ἢ μέλαν εἶναι ὀφείλει· προηγεῖται δὲ τὸ σῶμα εἶναι τοῦ ποιὸν εἶναι σῶμα.

<Π.> Ἔχεις οὖν καὶ ἄλλην αἰτίαν εἰπεῖν τοῦ μετὰ τὴν οὐσίαν τὸ ποσὸν εἶναι καὶ οὐκ ἄλλην κατηγορίαν;

<᾿Α.> Ἔχω.

<Π.> Τίνα ταύτην;

<᾿Α.> Ὅτι τὰ πλεῖστα τῶν τῇ οὐσίᾳ προσόντων μᾶλλον πρόσεστι τῷ ποσῷ ἢ τοῖς ἄλλοις γένεσιν, οἷον τὸ μήτε ἐναντιότητα ἐπιδέχεσθαι μήτε τὸ μᾶλλον καὶ τὸ ἧττον· ταῦτα γὰρ οὐσίᾳ τε πρόσεστι καὶ τῷ ποσῷ. Ἔπειτα τὸ ποιὸν μὲν καὶ τὰ ἐν ταῖς ἄλλαις κατηγορίαις δηλούμενα εἰ ἀφέλοις τῆς

12 ᾿Α. (*Resp.*) add. Fel. u. sign. Ap || τι recte addend. esse coni. Busse quod prob. Strange (cf. Simpl., 120,30) || **13** τῷ Busse : τὸ MA || **13-14** καὶ — ἐστι (MA) post ὀφείλει (u.15) transposui : forte delenda esse coni. Busse (in app.) || **14** ἔπειτα addidi (sicut infra, u. 23) || **17** Π. (*Int.*) add. Fel. u. sign. Ap || **19** ᾿Α. (*Resp.*) add. Fel. u. sign. Ap || **20** Π. (*Int.*) add. Fel. u. sign. p || **21** ᾿Α. (*Resp.*) add. Fel. u. sign. Ap

R. — Parce que, en même temps qu'elle est, une chose quelconque est aussi une ou multiple ; or l'un et le multiple relèvent de la quantité ; mais son être ne s'accompagne pas toujours soit d'une qualité, soit d'un relatif[1]. Et puis le corps, pour être un corps, doit avoir trois dimensions (les quantités sont en effet nombrables)[2], mais pour être un corps qualifié, il doit alors être blanc ou noir ; or être un corps vient avant d'être un corps qualifié[3].

Q. — Peux-tu donc avancer encore un autre motif pour lequel c'est la quantité qui succède à la substance, et pas une autre catégorie ?

R. — Oui.

Q. — Quel est-il ?

R. — C'est qu'en très grande partie, les propriétés de la substance appartiennent plutôt à la quantité qu'aux autres genres, par exemple, n'admettre ni contrariété ni le plus et le moins ; ce sont là en effet des traits de la substance ainsi que de la quantité[4]. Et puis, si l'on retire de la substance la qualité et les indications que contiennent les autres catégories,

chacune d'elles, puisque, non seulement l'exposé sur la quantité précède l'exposé sur la qualité, mais celui-ci est encore précédé par l'exposé sur les relatifs. Plotin (*En.*, VI, 1) examine les différentes catégories aristotéliciennes dans l'ordre de ces exposés. Mais Dexippe (*In Cat.*, 64, 14-65, 7) prétend qu'il s'accordait personnellement, lui Plotin, avec les vues d'Eudore, plaçant la qualité avant la quantité. Strange (p. 94, n. 227) suppose que ce jugement faisait partie d'un enseignement oral dont Porphyre aurait été le témoin et dont il aurait fait état dans son commentaire à Gedalios, où Dexippe pouvait en avoir pris connaissance. Si c'est le cas, la justification, qu'il s'apprête à fournir ici, de la priorité de la quantité, serait le signe d'une certaine distance prise par rapport à Plotin.

1. [100.12-13] L'argument de la « simultanéité » était celui qu'avançait le Pseudo-Archytas, mais en faveur de la qualité (*cf.* note précédente) ! Il peut paraître spécieux dans la mesure où l'alternative « un ou multiple » laisse la possibilité d'une chose strictement une, sans quantité, telle l'Un de Plotin précisément, lequel, il est vrai, ne comprend pas non plus la qualité. Mais l'idée de Porphyre est probablement que, dès l'instant où quelque chose n'est pas strictement l'Un et donc *est* d'une certaine façon, elle participe de la quantité, même si elle n'a aucune grandeur. Ce jugement, s'il est inspiré par les doctrines plotiniennes, serait une manière de retourner, contre Plotin, sa propre pensée, pour réfuter la priorité qu'il aurait donnée à la qualité selon Dexippe (*cf.* note précédente). Mais tout cela est pure hypothèse.

2. [100.13-15] La phrase incise καὶ – ἔστι, qui figure dans les manuscrits après πρός τι (ligne 13) donne à cet endroit l'impression d'être une glose fourvoyée, dont Busse et Strange ont suspecté l'authenticité. Mais replacée après ὀφείλει (ligne 15), elle semble de nature à expliquer pourquoi, ayant trois dimensions, le corps (ou le solide), même un, est une quantité.

3. [100.14-16] Ce genre d'argument qui, au contraire du précédent, considère évidemment le seul monde naturel (les substances célestes ou sublunaires), semble prendre en compte un argument qu'Aristote expose en *Mét.*, Z, 3, 1029 a 10 *sq.*, où, pour atteindre la substance, le philosophe propose de supprimer d'abord les affections corporelles, puis les trois dimensions qui déterminent encore le corporel, comme si la qualité pouvait être détachée de la substance avant la quantité ; ce qui plaide en faveur du point de vue porphyrien, pour qui être un corps vient avant d'être un corps qualifié. Voir aussi *infra*, p. 100, 23-28.

4. [100.21-23] Cf. *C*, 3 b 24-25, 33-34 ; 5 b 11 et 6 a 19-20.

οὐσίας, καταλείποις δὲ <ἐν> αὐτῇ τὸ ποσόν, δύναται εἶναι ἔτι οὐσία· εἰ μέντοι τὸ ποσὸν αὐτῆς ἐξέλοις παντελῶς, τότε κατὰ τὸ συνεχὲς καὶ κατὰ τὸν διωρισμένον ἀριθμὸν οὐδὲν ἂν εἴη ἔτι· {ὅλ}⌜ὥ⌝στε πλησίον τῆς οὐσίας τὸ ποσὸν μᾶλλον ἢ τὰ ἄλλα συμβεβηκότα.

<Π.> Πόσαι οὖν τοῦ ποσοῦ διαφοραί;

<Ἀ.> Δύο.

<Π.> Τίνες αὗται;

<Ἀ.> Τὸ μὲν συνεχές, τὸ δὲ διωρισμένον.

<Π.> Ὅταν οὖν μετὰ ταύτην λέγ⌜η⌝ τὴν διαίρεσιν, « καὶ τὸ μὲν ἐξ
101.1 ἐχόντων θέσιν πρὸς ἄλληλα τῶν ἐν αὐτοῖς μορίων συνέστηκεν, τὸ δὲ οὐκ ἐξ ἐχόντων θέσιν », ποταπὴν ποιεῖται ταύτην;

<Ἀ.> Λέγω ὅτι τοῦ αὐτοῦ πάλιν ἐξ ὑπαρχῆς· τὸ γὰρ αὐτό, λέγω δὲ τὸ ποσόν, διαιρεῖται ἄλλως καὶ ἄλλως· κατὰ ἄλλην γὰρ καὶ ἄλλην ἐπιβολὴν οὐδὲν κωλύει γίνεσθαι τοῦ αὐτοῦ πλείους διαιρέσεις.

<Π.> Δεῖξον τοῦτο καὶ ἐπ᾽ ἄλλης κατηγορίας γινόμενον.

<Ἀ.> Δεικνύω· τὸ γὰρ ζῷον τέμνεται μὲν καὶ εἰς τὸ θνητὸν καὶ ἀθάνατον, καὶ πάλιν ἐξ ὑπαρχῆς εἰς τὸ λογικὸν καὶ ἄλογον, καὶ πάλιν εἰς <τὸ> ὑπόπουν καὶ ἄπουν, καὶ αὖθις ὅλον εἰς τὸ πτηνὸν καὶ πεζὸν καὶ ἔνυδρον. Οὕτως οὖν καὶ τὸ ποσὸν ὅλον τέμνεται εἰς τὸ συνεχὲς καὶ τὸ διωρισμένον,

25 δὲ ἐν αὐτῇ M^{3} : δὲ αὐτῇ M (dub.) A || ἔτι ante εἶναι transp. A || **27** ὥστε scripsi (cf. Simpl., 121,3) : ὅλως τε MA || **29** Π. (*Int.*) add. Fel. u. sign. Ap || διαφοραί MA : διαιρέσεις Frenkian || **30** Ἀ. (*Resp.*) add. Fel. u. sign. Ap || **31** Π. (*Int.*) add. Fel. u. sign. Ap || **32** Ἀ. (*Resp.*) add. Fel. u. sign. Ap || **33** Π. (*Int.*) add. Fel. u. sign. Ap || post ὅταν add. μὲν A || λέγῃ corr. A : λέγει M || τὸ M (cf. Arist., 4 b 21) : τὰ A || **100.34-101.1** ἐξ ἐχόντων θέσιν MA : ἐκ θ. ἐ. Arist. (4 b 21) || **101.2** τὸ MA (cf. Arist., 5 b 21) : τὰ M^{1} || post θέσιν u. sign. A || **3** Ἀ. (*Resp.*) add. Fel. u. sign. Ap || τὸ MA^{1} (s.u.) : om. A || **5** γίνεσθαι MA : γενέσθαι Simpl. (123,24) || **6** Π. (*Int.*) add. Fel. u. sign. Ap || **7** Ἀ. (*Resp.*) add. Fel. u. sign. Ap || **8** τὸ addidi ut coni. Busse (in app.)

mais qu'on préserve en elle la quantité, on peut encore avoir une substance; si toutefois l'on en retire complètement la quantité, alors il ne peut plus rien y avoir en elle de continu et qui corresponde à un nombre déterminé, si bien que la quantité se rapproche davantage de la substance que les autres accidents[1].

Q. — Donc, combien il y a-t-il de quantités différentes?

R. — Deux.

Q. — Quelles sont-elles?

R. — La quantité continue d'une part, et la quantité discrète d'autre part[2].

Q. — Alors, quand il déclare, à la suite de cette subdivision: « de plus, elle est constituée | ou bien de parties qui occupent une position les unes par 101
rapport aux autres dans les ensembles, ou bien de parties qui n'occupent pas de position »[3], quelle sorte de subdivision fait-il là?

R. — D'après moi, il présente une nouvelle subdivision de la même chose qu'au début. La même chose en effet, (je veux parler de la quantité) peut se diviser d'une façon ou d'une autre; car rien n'empêche d'adopter tantôt l'un tantôt l'autre point de vue, pour produire ainsi plusieurs subdivisions de la même chose.

Q. — Montre que c'est aussi le cas dans une autre catégorie.

R. — Voilà! L'animal, par exemple, se divise, d'un côté, en mortel et immortel, mais au départ, on peut à nouveau le diviser en rationnel et irrationnel, ou encore en pédestre et apode et il peut aussi dans son ensemble se diviser en ailé, terrestre et aquatique[4]. C'est donc ainsi que la quantité

1. [100.24-29] Cet argument ressemble au précédent (100, 14-16) et rappelle encore plus nettement le raisonnement de *Mét.*, Z. Mais il fait radicalement de la quantité une condition nécessaire de la substance (en fait, de la substance naturelle, ce qui est presque un truisme). L'allusion au continu et au nombre déterminé anticipe sur la distinction entre les deux espèces de quantités considérées dans la suite (100, 32). L'hypothèse d'un corps discontinu et d'unité indéterminée, comme une sorte de poussière, n'est cependant pas totalement absurde; mais elle ne correspond pas à l'idée vulgaire de corps.

2. [100.32] Cf. *C*, 4 b 20 (où la distinction est présentée dans l'ordre inverse); cf. *infra*, p. 101, 14.

3. [100.33-101, 2] *C*, 4 b 21-22 (citation très légèrement modifiée).

4. [101.7-9] Ces subdivisions de l'animal, dans la catégorie de la substance, ne sont pas, comme les subdivisions de la quantité, celles de la catégorie dans son ensemble. Il est même douteux que la troisième (ailé, terrestre, aquatique) soit une division de l'ensemble des animaux et comprenne aussi l'animal immortel de la première. Porphyre aurait pu produire un parallèle plus strict en utilisant la subdivision des substances en corporelles et incorporelles, qu'il évoque dans l'*Isag.*, 4, 20 *sq.*, ou la subdivision des substances en éternelles et corruptibles, qu'avance Aristote en *Mét*, Λ, 1.

καὶ πάλιν κατὰ ἄλλην ἐπιβολὴν εἰς τὸ ἐξ ἐχόντων θέσιν πρὸς ἄλληλα τῶν μορίων καὶ εἰς τὸ μὴ ἐξ ἐχόντων θέσιν.

<Π.> Ἀλλὰ τὰς τομάς, εἰς ἃς διῄρη<κε>ν, παράστησον.

<Ἀ.> « Τὸ μὲν τοῦ ποσοῦ, ἔφη, διωρισμένον, τὸ δὲ συνεχές. »

<Π.> Τί οὖν ἐστι τὸ διωρισμένον;

<Ἀ.> Οὗ μεταξὺ μηδὲν ἐντεθῆναι δύναται, ὥστε δεσμὸν εἶναι τῶν ὁμογενῶν ποσῶν. Εἴποιμι δ᾽ ἂν καὶ οὕτως· διωρισμένον ἐστὶ ποσόν, ἐφ᾽ οὗ μὴ ἔστι κοινὸν ὅρον λαβεῖν, πρὸς ὃν συνάπτει τὰ μέρη· τῶν γὰρ ⌜πέντε⌝ οὐκ ἔστιν ἡ μονὰς μόνη συνάπτουσα τὰ ⌜δύο⌝ καὶ τὰ ⌜δύο⌝ τὰ ἐφ᾽ ἑκάτερα· οὐ γὰρ συνῆπται οὐδὲ αὐτὴ ταῖς δύο ταῖς ἐφ᾽ ἑκάτερα· εἰ γὰρ συνῆπτο, κἂν εἴπ⌜ο⌝μεν τί ἐστι τὸ συνάπτον. Τῶν οὖν διῃρημένων ποσῶν εἴη ἂν ὁ ἀριθμός.

<Π.> Ἆρα οὖν ὁ ἀριθμὸς μόνος τῶν διωρισμένων ἐστὶ ποσῶν;

<Ἀ.> Οὐδαμῶς· καὶ γὰρ ὁ λόγος ποσοῦ ἐστι τοῦ διωρισμένου.

<Π.> Ποῖος λόγος;

<Ἀ.> Οὐχὶ ὁ ἐν τῇ διανοίᾳ, ὃς καὶ σιωπ⌜ώ⌝ντων ἡμῶν ἐγγίνεται· οὗτος μὲν γὰρ ἢ ἐνέργειά ἐστι τῆς διανοίας ἢ πάθος· ἀλλ᾽ οὐδὲ{ν} τὸ σημαινόμενον τὸ ἐκ τοῦ λόγου καθὸ σημαίνεταί ἐστιν ποσόν, ἀλλ᾽ ⌜ὃ⌝ν φθεγγόμεθα.

13 Π. (*Int.*) add. Fel. u. sign. Ap ‖ εἰς ἃς MA^1 (s.u.) : om. A ‖ διῃρήκεν scripsi : διήρησεν A διήρην M διήρκει M^3 διήρει Busse ‖ **14** Ἀ. (*Resp.*) add. Fel. u. sign. Ap ‖ **15** Π. (*Int.*) add. Fel. u. sign. Ap ‖ **16** Ἀ. (*Resp.*) add. Fel. u. sign. Ap ‖ **18** πέντε Busse : ε᾽ MAp ‖ **19** δύο (bis) Busse : β᾽ (utrobique) MAp ‖ **20** ἐφ᾽ M : ἀφ᾽ A ‖ **21** εἴπομεν Busse : εἴπωμεν MA ‖ **23** Π. (*Int.*) add. Fel. u. sign. Ap ‖ **24** Ἀ. (*Resp.*) add. Fel. u. sign. Ap ‖ **25** Π. (*Int.*) add. Fel. u. sign. Ap ‖ **26** Ἀ. (*Resp.*) add. Fel. u. sign. Ap ‖ σιωπώντων corr. A : σιωπόντων M ‖ **27** οὐδὲ p : οὐδὲν MAC ‖ **28** ὃν A : ὂν M

dans son ensemble se divise en continue et discrète et, d'après un autre point de vue, on peut à nouveau distinguer celle dont les parties occupent une position les unes par rapport aux autres et celle dont les parties n'occupent pas de position.

Q. — Bon, mais présente les sections de ses subdivisions.

R. — « Quant à la quantité, dit-il, elle est, pour une part, discrète et, pour l'autre, continue »[1].

Q. — Qu'est-ce donc que la quantité discrète ?

R. — Celle qui présente un intervalle où rien ne se place qui puisse faire le lien entre les quantités du même genre. Mais je puis encore m'exprimer de la manière suivante : est une quantité discrète celle où l'on ne peut saisir une borne commune à laquelle ses parties sont en contact[2]. Dans cinq, par exemple, on ne peut isoler l'unité qui mettrait en contact à la fois deux et deux de chaque côté, car elle n'est pas non plus elle même en contact avec ces deux de chaque côté. Si elle l'était, en effet, nous pourrions dire aussi quel est le point de contact[3]. C'est donc parmi les quantités discrètes qu'on doit ranger le nombre.

Q. — Est-ce qu'il n'y a que le nombre parmi les quantités discrètes ?

R. — Pas du tout ! Le discours en effet fait aussi partie de la quantité discrète[4].

Q. — Quelle sorte de discours ?

R. — Pas celui que l'on tient en pensée et qui prend place même quand nous nous taisons ; ce discours est en effet, soit un acte soit une affection de la pensée. Mais ce qui est signifié par le discours n'est pas non plus, en tant que tel, une quantité. Non, c'est le discours sonore que nous proférons[5].

1. [101.14] *C*, 4 b 20 (citation littérale).

2. [101.16-18] Cette seconde « définition » est directement inspirée d'Aristote (*C*, 4 b 25 *sq.*, spécialement 5 a 1-2) ; la première, propre à Porphyre, en est l'interprétation.

3. [101.18-21] L'exemple du nombre cinq est choisi pour ses propres parties, alors qu'il est choisi comme partie de dix chez Aristote (*C*, 4 b 26-28).

4. [101.24] Cf. *C*, 4 b 23 et 32-37.

5. [101.26-28] Aristote ne donne que la précision positive (*C*, 4 b 34-35 : « je veux parler du discours produit par la voix ») ; les précisions négatives sont fournies par Porphyre. L'opposition entre discours proféré et discours silencieux rappelle la distinction que l'on trouve plus haut (p. 64, 28 *sq.*) entre λόγος προφορικός et λ. ἐνδιάθετος. Comme acte ou affection de la pensée, le discours silencieux semble être, selon Porphyre, une qualité de la pensée, comme l'assure Simplicius (124, 21-22), qui s'autorise sans doute indirectement du

<Π.> Πῶς καὶ τίνα τρόπον;

<᾿Α.> Πᾶς λόγος ἐξ ὀνομάτων σύγκειται καὶ ῥημάτων καὶ τῶν λοιπῶν, ἃ λέγεται εἶναι τοῦ λόγου μέρη· ταῦτα δὲ πάντα ἐκ συλλαβῶν συνέστηκεν· αἱ δὲ συλλαβαὶ ἢ μακραί εἰσιν ἢ βραχεῖαι· αἱ δὲ μακραὶ πρὸς τὰς βραχείας ἔχουσιν, ὥσπερ τὰ δύο πρὸς [τὸ] ἕν· ἓν δὲ καὶ δύο ἀριθμός· ὁ δὲ ἀριθμὸς ποσὸν διωρισμένον ἐστίν· ὥστε καὶ αἱ συλλαβαί· ὁ δὲ λόγος ἐκ συλλαβῶν· τὸ δὲ συνε<σ>τὸς ἔκ τινων τοιοῦτόν ἐστιν, οἷά πέρ εἰσιν ἐκεῖνα, ἀφ᾽ ὧν συνέστηκεν· ποσὸν οὖν καὶ ὁ λόγος, καὶ διωρισμένον γε ποσόν.

102.1 <Π.> Διὰ τί;

<᾿Α.> Εἰ γὰρ διωρισμένον ἐστὶν ποσὸν ἐκεῖνο, οὗ μὴ ἔστι κοινὸν ὅρον λαβεῖν τῶν μορίων καὶ οὗ οὐδὲν ἔστι λαβεῖν κοινόν, ὃ συνδεῖ τὰ μόρια, οὐδὲν δὲ ἔστι λαβεῖν, ὃ συνδεῖ τὰς συλλαβὰς πρὸς ἀλλήλας, διωρισμένον ἄρα ποσὸν εἶεν ἂν αἱ συλλαβαὶ καὶ ὁ λόγος· οἷόν ἐστι ὄνομα Σωκράτης· τί δή ἐστι τὸ συνάπτον τὴν σω– συλλαβὴν πρὸς τὴν –κρα– ἢ τὴν –κρα– πρὸς τὴν –της, οὐκ ἂν ἔχοιμεν εἰπεῖν. Οὐ γὰρ τὸ <ση>μαινόμενον· καὶ γὰρ ἡ βλίτυρι φωνὴ ἁπλῶς ἔχει τὰς τρεῖς συλλαβὰς κειμένας καὶ οὐ συναπτομένας ὅρῳ· οὐδὲν γὰρ σημαίνει. Ποσὸν ἄρα διωρισμένον ὁ λόγος.

29 Π. (*Int.*) add. Fel. u. sign. Ap ‖ **30** ᾿Α. (*Resp.*) add. Fel. u. sign. Ap ‖ **33** τὸ A ‖ **34** ὥστε M (dub.) M^3 (cf. Simpl., 124,14) : οὕτω A ‖ **35** συνεστὸς Busse : συνετὸς M συνεχὲς p ‖ **102.1** Π. (*Int.*) add. Fel. u. sign. Ap ‖ **2** ᾿Α. (*Resp.*) add. Fel. u. sign. Ap ‖ **7** σημαινόμενον M^{1}A : μαινόμενον M ‖ post γὰρ add. καὶ A

Q. — Comment cela et de quelle façon est-ce une quantité ?

R. — Tout discours se compose de noms, de verbes, et de tout ce qu'on appelle les parties du discours. De leur côté, toutes ces parties se composent de syllabes[1]. Or les syllabes sont soit brèves, soit longues[2] et les longues, comparées aux brèves, sont dans le rapport de deux à un. Mais, un ou deux c'est un nombre, et le nombre, une quantité discrète. Par conséquent, les syllabes aussi[3]. Or le discours est fait de syllabes, et le composé de certaines choses est exactement du même genre que les choses dont il se compose. Donc le discours est aussi une quantité, et bien entendu, une quantité discrète.

|Q. — Pourquoi ? 102

R. — Parce que si une quantité discrète est celle où l'on ne peut saisir de borne commune à ses parties, celle autrement dit où l'on ne peut rien saisir de commun qui lie entre elles ses parties, et qu'on ne peut rien saisir qui lie les syllabes les unes aux autres, c'est donc que les syllabes et le discours doivent être une quantité discrète. Soit, par exemple, le nom « Socrate ». Alors qu'est-ce qui met en contact la syllabe « So– » avec la syllabe « –cra– » ou la syllabe « –cra– » avec la syllabe « –te » ? Nous ne pourrions pas le dire. Ce n'est pas en effet le signifié, car la parole « blituri »[4] comporte simplement ces trois syllabes, disposées sans être en contact à une borne, et ne signifie, en effet, rien du tout. Le discours est donc une quantité discrète.

commentaire à Gedalios. Le discours signifié paraît exclu de la quantité, parce que même le discours non signifiant est mesurable, mais l'on ne peut dire sûrement dans quelle catégorie Porphyre rangeait le signifié, sauf à croire que comme chose, il appartient possiblement à toutes les catégories ou qu'il est assimilable à la pensée, les mots renvoyant aux choses par l'intermédiaire des concepts.

1. [101.31] Éléments de base de la voix, selon *Mét.*, Δ, 3, 1014 a 27 *sq.*

2. [101.32] La longueur est ici une affaire de temps, comme la longueur d'une action, dont il sera question plus loin (*C*, 5 b 23) quand Aristote observe que l'action est, pour cela, une quantité par accident. Le même jugement pourrait peut-être donner à conclure que le discours prononcé est également une quantité par accident ; ce que Porphyre ne remarque pas ici. Dans son commentaire à Gedalios, si l'on se fie à Simplicius (131, 27 *sq.*), il précisait que la syllabe est brève ou longue par nature, non qu'elle est exprimée brièvement ou longuement.

3. [101.34] Le raisonnement est curieux et la conclusion dépasse ce qu'autorisent les prémisses, car le rapport de un à deux peut être établi entre les parties d'une longueur mesurable, comme la ligne, et cela ne fait pas nécessairement de la ligne une quantité discrète. Ce n'est donc pas la raison qui fait ici de deux syllabes successives une quantité discrète.

4. [102.8] Émission vocale de sons qui imitaient, semble-t-il, celui de la harpe. L'exemple était traditionnel depuis les stoïciens, dans les manuels de grammaire, pour illustrer les mots sans signification (*cf.* Diogène-Laërce, VII, 57).

<Π.> Ἀλλὰ τὸ <μὲν> διωρισμένον ποσὸν ὅ, τι ποτέ ἐστιν, ἔδειξας· τὸ δὲ συνεχὲς ὁποῖον ἂν εἴη, δεῖξον.

<Ἀ.> Φημὶ δὴ ἐκεῖνο εἶναι, ὃ τοὐναντίον πέπονθε τῷ διωρισμένῳ· ἐκείνῳ μὲν γὰρ οὐδὲν παρενέπιπτεν, ὃ συνέδει αὐτοῦ τὰ μόρια, τὸ δὲ συνεχὲς ἔχει κοινὸν ὅρον, ὃς συνάπτει πρὸς ἄλληλα τὰ μόρια· οἷον ἐπὶ τῆς γραμμῆς μήκο<υ>ς οὔσης ἀπλατο⌈ῦ⌉ς τὰ μόρια φαίνεται ἀλληλοῦχα· διὸ καὶ κινουνένῳ τῷ μορίῳ συγκινεῖται ἐφεξῆς τὰ μόρια. Ἐπεὶ δὲ τοῦ διωρισμένου οὐκ ἂν πάθ⌈οι⌉ τι τοιοῦτον τὰ μόρια· <οἷον> εἰ πυρῶν εἴη μόδιος γέμων, οὐκ ἂν δήπου ἑνὸς πυροῦ κινηθέντος συγκινο⌈ῖντο⌉ καὶ οἱ ἄλλοι πυροί· ἑνὸς δὲ πυροῦ μορίου τινὸς κινηθέντος κινεῖται ὅλος ὁ πυρὸς τ⌈ῷ⌉ ἀλληλουχεῖν τὰ μέρη. Ἡ γραμμὴ τοίνυν εἴη ἂν τοῦ ποσοῦ συνεχοῦς.

<Π.> Ἔχεις οὖν καὶ ἄλλο παράδειγμα συνεχοῦς ποσοῦ;

<Ἀ.> Ἔχω.

<Π.> Τί τοῦτο;

<Ἀ.> Τὴν ἐπιφάνειαν.

<Π.> Πῶς γὰρ συνεχὴς ἡ ἐπιφάνεια;

<Ἀ.> Ὅτι τέμνεται μὲν ἡ ἐπιφάνεια γραμμῇ· καθὸ δὲ τέμνεται, ὅταν ἐκείνη τῇ τομῇ προσῇ, κοινὸς ὅρος γίνεται ἡ ἐπινοουμένη γραμμή, ὥσπερ {ἡ} ἐπικειμένη ἄνωθεν, καθ' ἣν συνάπτεται ἀλλήλοις τὰ μέρη τῆς ἐπιφανείας. Ταύτην δὲ τὴν γραμμὴν εἰ ἐπινοήσειας ἐνεργείᾳ γινομένην καθ' ἑαυτὴν μεταξὺ τῶν μερῶν, τέμνοι ἂν τὸ ὅλον· ἐὰν δὲ οὐ τέμνῃ, τοῦ μὲν ὥσπερ πέρας θε<ω>ρουμένη {πέρας} μέρους τοῦ δὲ ὡς ἀρχὴ <καὶ> κοιν⌈ὸς οὖ⌉σα ἀμφοῖν ὅρος τοῖν μεροῖν συνάπτοι ἂν ταῦτα πρὸς ἄλληλα δι' ἑαυτῆς.

10 Π. (*Int.*) add. Fel. u. sign. Ap || μὲν add. A || **12** Ἀ. (*Resp.*) add. Fel. u. sign. Ap || **15** μήκους coni. recte Strange : μῆκος MA || ἀπλατοῦς Busse : ἀπλατοὺς M ἀπλατὲς A || **17** πάθοι corr. A : πάθη M || οἷον addidi ut coni. Busse (in app.) || **18** πυροῦ M : πυρὸς A || συγκινοῖντο scripsi ut coni. Busse (in app.): συγκινοῦνται MA || **19** τῷ Cp : τὸ MA || **21** Π. (*Int.*) add. Fel. u. sign. Ap || **22** Ἀ. (*Resp.*) add. Fel. u. sign. Ap || **23** Π. (*Int.*) add. Fel. u. sign. Ap || **24** Ἀ. (*Resp.*) add. Fel. u. sign. Ap || **25** Π. (*Int.*) add. Fel. u. sign. Ap || **26** Ἀ. (*Resp.*) add. Fel. u. sign. Ap || ὅταν MAC : τότε p (mg) || **27** ἐκείνη MA : ἐκείνῃ Cp corrigend. esse in δυνάμει vel ἐπινοίᾳ coni. Busse (in app.) || προσῇ MA : om. Cp || **28** ἡ (MA) delend. esse coni. recte Strange || **31** θεωρουμένη M[1]A : θερουμένη M || πέρας[2] (MA) secludend. esse coni. recte Busse (in app.) || καὶ addidi || κοινὸς οὖσα coni. Busse (in app.) : κοινωνοῦσα MA

Q. — Bon, tu as montré ce que peut être la quantité discrète; mais montre quelle sorte de chose serait la quantité continue.

R. — Alors, je prétends que c'est celle qui se présente au rebours de la quantité discrète. Dans celle-ci, en effet, rien n'intervient, on l'a vu, qui lie entre elles ses parties, alors que le continu, lui, contient une borne commune qui met en contact ses parties les unes avec les autres. Ainsi, dans le cas de la ligne, qui est une longueur sans largeur[1], les parties tiennent manifestement les unes aux autres[2]. C'est précisément pourquoi la partie qu'on bouge fait bouger immédiatement les autres avec elle[3]. En revanche, dans la quantité discrète, les parties ne peuvent être affectées d'une même façon. Si par exemple l'on a une mesure remplie de grains de blé[4], ce n'est certainement pas parce qu'on aurait bougé un seul grain que les autres grains aussi viendraient à bouger avec lui. Mais si une partie quelconque d'un seul grain vient à bouger, il y a mouvement du grain dans son ensemble, parce que ses parties tiennent les unes aux autres. La ligne, pour sûr, relève de la quantité continue.

Q. — As-tu donc encore un autre exemple de quantité continue ?

R. — Oui !

Q. — Quel est-il ?

R. — La surface[5].

Q. — Comment la surface est-elle effectivement continue ?

R. — C'est que la surface peut être coupée par une ligne et dans la mesure où elle peut l'être la ligne intersectrice que la pensée projette sur la surface devient une borne commune : tout le long de son tracé, les parties de la surface sont en contact les unes avec les autres. Bien sûr, si cette ligne, dans ta pensée, vient à réellement prendre place par elle-même entre les parties, elle sectionnera l'ensemble, mais sinon, quand tu la regardes comme la limite d'une partie et le point de départ de l'autre, c'est-à-dire comme étant la borne commune des deux parties, elle doit les mettre en contact l'une avec l'autre au travers d'elle-même[6].

1. [102.15] Sur cette définition, voir *Topiques*, VI, 6, 143 b 12.
2. [102.12-20] Cf. *C*, 5 a 1-2.
3. [102.15-16] Cf. *Mét.*, Δ, 6, 1016 a 5 *sq.*, que Porphyre a peut-être en mémoire.
4. [102.17] Exemple peut-être inspiré de *C*, 15 b 24.
5. [102.24] Cf. *C*, 4 b 24 et 5 a 2-4
6. [102.26-32] La ligne imaginaire que Porphyre projette sur une surface est celle qui marque la limite d'une division potentielle de celle-ci en deux parties. La ligne qui diviserait réellement la surface en parties n'introduirait pas entre celles-ci un espace, puisque la ligne est

<Π.> Ἆρα οὖν καὶ ἄλλο ἐστὶ παράδειγμα συνεχοῦς ποσοῦ ὥσπερ ἡ γραμμὴ καὶ ἡ ἐπιφάνεια;

<Ἀ.> Ναί.

<Π.> Ποῖον τοῦτο;

<Ἀ.> Τὸ σῶμα· καὶ γὰρ τὸ σῶμα ποσόν τέ ἐστι καὶ συνεχές· ποσὸν
103.1 μὲν γὰρ ὅτι τριχῇ διαστατόν, συνεχὲς δὲ ὅτι τὰ μόρια αὐτοῦ πρὸς κοινὸν ὅρον συνάπτει τὴν ἐπινοουμένην αὐτῶν μεταξὺ οἷον ἐπιφάνειαν.

<Π.> Διὰ τί οὖν ἔφης οἷον ἐπιφάνειαν;

<Ἀ.> Ὅτι ἡ ἐπιφάνεια πέρας μὲν σώματός ἐστι, μέρος δὲ οὔ.

<Π.> Τί γὰρ διαφέρει μέρος πέρατος;

<Ἀ.> Ὅτι ἐκ μὲν μερῶν συνίσταται τὸ ὅλον, ἐκ δὲ περάτων οὐκ ἂν συσταίη· οὔτε γὰρ ἡ γραμμὴ ἐκ σημείων ποτὲ ἂν συσταίη, ἀλλὰ περατοῦται μὲν εἰς σημεῖον, μέρος δὲ αὐτῆς οὐκ ἔστι τὸ σημεῖον ἀλλὰ πέρας, οὔτε ἡ ἐπιφάνεια <συ>σταίη ἂν ἐκ γραμμῶν, ἀλλὰ μέρη μὲν ἐπιφανείας ἐπιφάνειαι, περατοῦται δὲ γραμμαῖς, οὔτε μὴν σώματος μέρη αἱ ἐπιφάνειαι, ἀλλὰ μέρη μὲν σώματ<ος> σώμ<α>τ<α>, περατοῦται δὲ ἐπιφανείαις. Ἡ οὖν μεταξὺ τῶν μερῶν τοῦ σώματος ἐπινοουμένη ἐπιφάνεια οὐκ ἔστι κυρίως ἐπιφάνεια ἀλλ᾽ ἐπινοίᾳ· εἰ γὰρ γένοιτο ἐνεργείᾳ, τέμνει τὸ σῶμα καὶ πέρας ἐστὶ τῶν σωμάτων. Καθὸ δὲ τμηθῆναι δύναται ἐπι⌈φανείᾳ⌉ τοῦτο, ἐὰν ἐπινοήσῃς τοῦ μὲν τινὸς μέρους οἷον πέρας τοῦ δὲ ἀρχήν, κοινὸς ὅρος ⌈ἐ⌉στ⌈ὶν⌉ ἡ ἐπιφάνεια τῶν μερῶν τοῦ σώματος, οὐκ οὖσα μέν πως, ἐπινοουμένη δέ.

33 Π. (*Int.*) add. Fel. u. sign. Ap || **35** Ἀ. (*Resp.*) add. Fel.u. sign. Ap || **36** Π. (*Int.*) add. Fel. u. sign. Ap || **37** Ἀ. (*Resp.*) add. Fel.u. sign. Ap || **103.1** αὐτοῦ MA : om. p et Busse || **2** αὐτῶν M : αὐτοῦ A || **3** Π. (*Int.*) add. Fel. u. sign. Ap || **4** Ἀ. (*Resp.*) add. Fel. u. sign. Ap || **5** Π. (*Int.*) add. Fel. u. sign. M (ubi Τί γὰρ inc. in mg) Ap || **6** Ἀ. (*Resp.*) add. Fel. u. sign. Ap || **9** συσταίη Busse : σταίη MA || **11** σώματος σώματα A : σώματ σωμτ M || **14** σωμάτων M : στιγμάτων A || ἐπιφανείᾳ Busse : ἐπιφάνεια MAC ἐπιφάνειαν p || **16** ἐστὶν corr. A : ἔσται M

Q. — Est-ce qu'il y a encore un autre exemple de quantité continue à l'instar de la ligne et de la surface ?

R. — Oui.

Q. — Quel est-il ?

R. — Le corps[1] ; car le corps est à la fois une quantité et un continu : une
quantité, | parce qu'il a trois dimensions[2], et un continu, parce que ses **103**
parties sont en contact à une borne commune, la sorte de surface que l'on conçoit entre elles.

Q. — Pourquoi donc as-tu dit « la sorte de surface » ?

R. — Parce que la surface est une limite, mais pas une partie du corps.

Q. — Quelle est alors la différence entre partie et limite ?

R. — C'est que le tout est constitué de parties, mais ne peut être constitué de limites. La ligne en effet ne serait jamais constituée de points ; au contraire elle se limite au point ; et le point n'est pas une partie de la ligne, mais sa limite[3]. De même, la surface ne peut être constituée de lignes ; les parties d'une surface sont au contraire des surfaces ; mais elle est limitée par des lignes. Et les surfaces ne sont pas non plus des parties du corps ; les parties du corps au contraire sont des corps ; mais il est limité par des surfaces. Donc, la surface que la pensée place entre les parties du corps, n'est pas au sens strict une surface ; elle ne l'est au contraire qu'en pensée, car si elle le devient réellement, elle sectionne le corps et constitue une limite du corps. Mais dans la mesure où celui-ci peut être sectionné par une surface, si tu penses cette dernière comme limite d'une partie et point de départ de l'autre, c'est la surface qui est borne commune des parties du corps, bien qu'elle n'existe pas d'une certaine façon, sinon dans ta pensée[4].

sans largeur (cf. *supra*, 102, 15), mais, comme celle qui sépare une partie blanche d'une partie noire, elle marquerait la discontinuité des sections en contact : les sections blanche et noire seraient contiguës (cf. *Physique*, V, 3, 227 a 6-10). C'est ici peut-être le moment d'observer que la traduction « être en contact à une borne commune » ne rend pas de manière tout à fait exacte la notion de continuité, puisque celle-ci, dans la pensée d'Aristote, est plus qu'un simple contact et que la borne commune représente les points où les extrémités des parties sont unes.

1. [102.37] Cf. *C*, 4 b 24 et 5 a 4-6.

2. [103.1] Cf. *supra*, 100, 14.

3. [103.6-8] Doctrines strictement aristotéliciennes : cf. *Physique*, VI, 1, 231 a 24 ; 10, 241 a 3.

4. [103.9-17] Même raisonnement qu'à propos de la ligne, *supra*, 102, 26-32. La « quasi-surface », qui marque la limite d'une division potentielle du corps est l'équivalent de la ligne imaginaire supposée plus haut. Porphyre ne considère pas ici, comme dans son commentaire à Gedalios, selon Simplicius (124, 32-35), la spécificité du corps mathématique (le solide) par rapport au corps physique, qui est une substance, comme le remarquait Herminos.

<Π.> Ἆρα οὖν μόνα ταῦτα συνεχῆ ποσά;

<Ἀ.> Οὔ, ἀλλὰ καὶ παρὰ ταῦτά ἐστιν ὅ τε τόπος καὶ ὁ χρόνος.

<Π.> Πῶς ὁ τόπος ποσὸν καὶ π⌈ῶ⌉ς ⌈τοῦ⌉το συνεχές;

<Ἀ.> Ὅτι ὁ τόπος περὶ τὸ σῶμα θεωρεῖται καὶ ἐπηκολούθησ⌈ε⌉ τῷ σώματι, εἴπερ τὸ σῶμά ἐστι σῶμα· τὸ δὲ σῶμα ⌈ᾗ⌉ σῶμα τριχῇ διαστατόν· καὶ ὁ τόπος ἄρα, ⌈ᾗ⌉ σώματός ἐστι τόπος, τριχῇ ἂν εἴη διαστατός.

<Π.> Πῶς οὖν συνεχὴς ὁ τόπος;

<Ἀ.> Ὧι γὰρ λόγῳ τὰ τοῦ σώματος μόρια τοῦ ἐν τῷ τόπῳ τινὶ ὄντος πρός τινα κοινὸν ὅρον συνάπτει, τῷ αὐτῷ λόγῳ καὶ τὰ τοῦ τόπου μόρια, ἅπερ τὰ τοῦ σώματος μόρια κατέχει, πρός τινα κοινὸν ὅρον συνάψει καὶ πρὸς τοῦτόν γε, πρ⌈ὸ⌉ς ⌈ὃ⌉ν καὶ τὰ τοῦ σώματος μόρια.

<Π.> Πῶς οὖν ὁ χρόνος ποσόν;

<Ἀ.> Ποσὸν μέν, ὅτι ἐν διαστήματι θεωρεῖται καὶ καταμετρεῖται ποσῷ δή τινι ἀριθμῷ, οἷον ὡρῶν, ἡμερῶν τε καὶ νυκτῶν, μηνῶν τε καὶ ἐνιαυτῶν. Συνεχὲς δὲ ποσόν· συνδεῖ γὰρ τὸ παρεληλυθὸς {εἶναι} τῷ μέλλοντι τὸ νῦν, ὅπερ ἀρχὴ μέν ἐστι τοῦ μέλλοντος, τέλος δὲ τοῦ παρεληλυθότος.

<Π.> Πῶς οὖν ταῦτα ὁ Ἀριστοτέλης ἐξέθετο;

<Ἀ.> Ἐφεξῆς μὲν γραμμὴν λαβὼν καὶ ἐπιφάνειαν καὶ σῶμα, ἐπὶ τούτοις δὲ εἰπὼν « ἔτι δὲ παρὰ ταῦτα χρόνος καὶ τόπος ».

<Π.> Διὰ τί οὖν οὕτως ἐξέθετο;

<Ἀ.> Ὅτι γραμμὴ μὲν καὶ ἐπιφάνεια ⌈ἥ⌉νωτα⌈ί⌉ π⌈ω⌉ς τῷ σώματι· ὅρος
104.1 γὰρ ἐπιφανείας πρώτως μὲν γραμμή, γραμμῆς δὲ σημεῖον, σώματος δὲ ἐπιφάνεια· ὁ δὲ τόπος οὐχ ἥνωται τῷ σώματι, ἀλλ' ἔξωθεν ἐπηκολούθη-

18 Π. (*Int.*) add. Fel. u. sign. Ap || **19** Ἀ. (*Resp.*) add. Fel. u. sign. Ap || **20** Π. (*Int.*) add. Fel. u. sign. Ap || πῶς τοῦτο scripsi (cf. u. 24) : ποσὸν τὸ MA || **21** Ἀ. (*Resp.*) add. Fel. u. sign. Ap || ἐπηκολούθησε p (cf. infra, p. 104,2-3) : ἐπηκολούθησται MAC || **22** ᾗ corr. A : ἢ M || **23** ᾗ corr. A : ἣ M || **24** Π. (*Int.*) add. Fel. u. sign. Ap || ὁ τόπος M : om. A || **25** Ἀ. (*Resp.*) add. Fel. u. sign. p || **28** πρὸς ὃν corr. A : προσῶν M || **29** Π. (*Int.*) add. Fel. u. sign. Ap || **30** Ἀ. (*Resp.*) add. Fel. u. sign. Ap || **31** ἀριθμῷ M : ἀριθμοῦ A || **32** εἶναι seclusi || **34** Π. (*Int.*) add. Fel. u. sign. Ap || **35** Ἀ. (*Resp.*) add. Fel. u. sign. Ap || **36** ἔτι — τόπος Arist. 4 b 24-25 || δὲ MA[1] : om. A || **37** Π. (*Int.*) add. Fel. u. sign. Ap || **38** Ἀ. (*Resp.*) add. Fel. u. sign. Ap || ἥνωταί πως corr. A : ἥνωται πῶς M || **104.1** πρώτως MA (dub.) : πρῶτος A[1]

Q. — Sont-ce donc là les seules quantités continues ?

R. — Non ! Au contraire, à côté de cela, il y a encore à la fois le lieu et le temps[1].

Q. — Comment se fait-il que le lieu soit une quantité et celle-ci un continu ?

R. — C'est que le lieu tel qu'on le conçoit entoure le corps et l'accompagne, si le corps est bien un corps. Or le corps, en tant que tel, a trois dimensions. Donc, en tant que lieu du corps, le lieu doit avoir aussi trois dimensions[2].

Q. — Comment se fait-il donc que le lieu soit continu ?

R. — Parce que la même raison qui fait que les parties du corps situé dans un certain lieu sont en contact à une certaine borne commune, fait aussi que les parties du lieu qui sont précisément occupées par les parties du corps doivent être en contact à une certaine borne commune, celle-là même, du reste, où sont également en contact les parties du corps[3].

Q. — Comment se fait-il donc que le temps soit une quantité ?

R. — C'est une quantité, parce qu'il est conçu sous forme de distance et se mesure donc par une certaine quantité numérique, par exemple en heures, en jours et en nuits, en mois et en années[4]. Par ailleurs, c'est une quantité continue, car le lien du passé avec l'avenir, c'est le présent, lequel est point de départ du futur et fin du passé[5].

Q. — Comment donc Aristote a-t-il exposé cela ?

R. — Il a pris immédiatement les exemples de la ligne, de la surface et du corps ; là-dessus, cependant il a déclaré : … « mais aussi, en dehors de cela, le temps et le lieu »[6].

Q. — Pourquoi donc a-t-il exposé les choses ainsi ?

R. — Parce que ligne et surface forment une certaine unité avec le
corps ; | la ligne est en effet fondamentalement la borne de la surface, le 104
point, celle de la ligne et la surface, celle du corps. Le lieu, en revanche, ne

1. [103.19] Cf. *C*, 4 b 24-25 (modifié) ; cf. *infra, p.* 103, 36.

2. [103.21-23] Cette explication sur la nature du lieu (l'enveloppant) ne correspond à rien dans *C*, mais s'inspire librement de *Physique*, IV, 4, 212 a 2 *sq.*

3. [103.25-28] Abrégé de *C*, 5 a 8-14.

4. [103] Nouvelle allusion à *Physique*, IV, 12, 220 b 2 *sq.*, où Aristote pose que le temps est long ou bref, en tant que grandeur, et beaucoup ou peu, en tant que nombre.

5. [103.32-33] Paraphrase de *C*, 5 a 7-8.

6. [103.36] Citation littérale de *C*, 4 b 24-25, qui semble isoler le temps et le lieu des autres continus.

σεν, καὶ ὁ χρόνος ὁμοίως οὐδεμίαν <ἂν> ἔχοι συνάφειαν πρὸς τὸ σῶμα.

<Π.> Τίνα ἄλλην διαίρεσιν πεποίηται τοῦ ποσοῦ;

<Ἀ.> Εἰρήκαμεν ὅτι « καὶ τὸ μὲν ἐκ θέσιν ἐχόντων πρὸς ἄλληλα τῶν ἐν αὐτοῖς μορίων συνέστηκεν, τὸ δὲ οὐκ ἐξ ἐχόντων θέσιν ».

<Π.> Τί οὖν ἐστιν ὃ λέγει;

<Ἀ.> Φημὶ ὅτι εἰς ἄλλα τ{ι}μήματα πάλιν τὸ ὅλον ποσὸν διαιρεῖ λέγων ὅτι τοῦ ποσοῦ τὸ μέν τι συνέστηκεν ἐκ μορίων ἐχόντων θέσιν πρὸς ἄλληλα, τὸ δὲ ἐκ μορίων οὐκ ἐχόντων θέσιν πρὸς ἄλληλα.

<Π.> Τί οὖν τὸ μὴ ἔχειν θέ[σιν καὶ] τὸ ἔχειν, λέγε.

<Ἀ.> Τρία δεῖ ἐπὶ τῶν ἐχόντων θέσιν ἐπινοῆσαι· τόπον ὅπου κεῖται τὰ μόρια, αὐτὰ τὰ μόρια μὴ ἀφανιζόμενα, συνέχειαν τῶν μορίων ἀλληλο⌈ύ⌉χ⌈ω⌉ν. Ὅταν δὲ τινὰ τούτων προσῇ, λείπ⌈η⌉ δὲ τινά, δύναται τάξιν μὲν ἔχειν, θέσιν δὲ τὴν τοῦ ποσοῦ μὴ ἔχειν· οἷον τὰ δέκα κεράμια κεῖται μέν που ἐν ἐπιπέδῳ καὶ ἔστι τὸ μὲν δεῖξαι πρῶτον, τὸ δὲ δεύτερον, καὶ

3 ἂν addidi ‖ **4** Π. (*Int.*) add. Fel. u. sign. Ap ‖ **5** Ἀ. (*Resp.*) add. Fel. u. sign. Ap ‖ καὶ M (cf. Arist., 4 b 21) : om. A ‖ τὸ M (cf. Arist., 4 b 22) : τὰ A ‖ **6** τὸ MA[1] (cf. Arist., 4 b 22) : τὰ A ‖ **7** Π. (*Int.*) add. Fel. u. sign. Ap ‖ **8** Ἀ. (*Resp.*) add. Fel. u. sign. Ap ‖ τμήματα M[1]A : τιμήματα M ‖ **9** τὸ M : τὰ A ‖ **10** τὸ M : τὰ A ‖ **11** Π. (*Int.*) add. Fel. u. sign. Ap ‖ θέσιν καὶ A ‖ **12** Ἀ. (*Resp.*) add. Fel. u. sign. Ap ‖ **13-14** ἀλληλούχων Busse : ἀλληλοῦχον MA

forme pas d'unité avec le corps, mais il va l'accompagner de l'extérieur, et le temps pareillement ne peut avoir aucune attache avec le corps[1].

Q. — Quelle autre division a-t-il opérée dans la quantité ?

R. — Nous l'avons dit : « De plus, elle est constituée ou bien de parties qui occupent une position les unes par rapport aux autres dans les ensembles, ou bien de parties qui n'occupent pas de position »[2].

Q. — Qu'est-ce qu'il veut donc dire par là ?

R. — Je soutiens qu'il divise à nouveau la quantité dans son ensemble en d'autres sections, en disant qu'il y a une sorte de quantité qui est constituée de parties occupant une position les unes par rapport aux autres, et une autre, de parties qui n'occupent pas de position les unes par rapport aux autres[3].

Q. — Dis donc ce qu'est ne pas occuper de position et en occuper une.

R. — On doit avoir trois conditions à l'esprit pour concevoir les quantités occupant une position : il faut un lieu où se trouvent les parties, il faut que les parties elles-mêmes ne disparaissent pas, et il faut la continuité des parties, qui tiennent les unes aux autres[4]. Or quand certaines de ces conditions sont remplies, mais que l'une ou l'autre fait défaut, les parties peuvent présenter un ordre[5], mais pas occuper de position au sens où on l'entend pour la quantité. Ainsi, ces dix pots reposent quelque part sur le sol, et l'on peut aussi montrer l'un en premier et l'autre en second, on peut

1. [104.4] Il serait sans doute plus juste d'observer qu'à la différence du reste, qui fait l'objet, par abstraction, de la géométrie, le temps et lieu sont, pour Aristote, des objets de la physique, car ils ne se conçoivent pas sans le mouvement. Notons que Porphyre, par volonté de simplification sans doute, laisse après cela de côté des objections soulevées avant lui contre la première subdivision de la quantité, non seulemt par Plotin (*En.*, VI, 1, 4), mais aussi par Lucius et Nicostrate (*cf.* Simplicius, 127, 30 *sq.*), Athénodore (*cf.* Simplicius, 128, 7), etc.

2. [104.5-6] La citation reproduit *C*, 4 b 21-22 (où est aussi employé le singulier), plutôt que 5 a 15-16 (où est utilisé le pluriel).

3. [104.8-10] Cf. *supra*, 100, 3-5.

4. [104.12-14] La première condition est exprimée de manière maladroite, car les parties du lieu lui-même ne sont évidemment pas dans un lieu (cf. *Physique*, IV, 5, 212 b 27-28) ; elle est même, d'une certaine façon, inutile, car tout ce qui est physiquement est quelque part, et la deuxième condition fait allusion aux parties qui précisément disparaissent. Cette deuxième condition est, pour sa part, ambiguë. Est-ce à dire que les parties disparaissent du lieu où elles sont, parce que la quantité, comme tout, est en quelque sorte mobile ? Ou qu'elles disparaissent purement et simplement, l'une après l'autre, successivement ? Porphyre veut en réalité dire qu'elles doivent exister simultanément (ce qui n'est pas le cas des parties du temps). Quant à la troisième condition, elle permet de voir à l'avance que, seule, une partie des quantités continues répertoriées dans la subdivision antérieure appartient à ce groupe.

5. [104.15] Cf. *C*, 5 a 28-29 (à propos du temps et du nombre). Les deux exemples qui suivent (les dix pots et l'eau qui s'écoule de la clepsydre) ne figurent pas chez Aristote.

ὅτι τοῦτο μὲν ἐνθάδε, τοῦτο δὲ ἐνθάδε, καὶ οὐκ ἀπ⌈ό⌉λ{λ}ωλε τὰ μόρια ἀλλὰ μένει· οὐ μὴν ἀλληλοῦχα τὰ μόριά ἐστιν, ὥστε τάξιν μὲν ἔχειν, θέσιν δὲ οὔ. Πάλιν ἐπὶ τοῦ ῥέοντος ὕδατος ἐκ κλεψύδρας ἀλληλουχούμενα μὲν τὰ μόρια, οὐκέτι μέντοι δεικνύμενα τὰ πρῶτα οὐδὲ μένοντα, ἀλλ' ἅμα τ⌈ῷ⌉ προκύψαι ἐκ τοῦ τρυπήματος ἀπολλύμενα, ταῦτα τάξιν μὲν ἔχει, θέσιν δὲ οὐκ ἔχει. Καὶ ἐπὶ τοῦ χρόνου· τάξιν μὲν γὰρ αὐτοῦ ἔχει τὰ μόρια, θέσιν δὲ οὐκ ἔχει· οὐδὲν γὰρ ὑπομένει τοῦ χρόνου μόριον. Ἐν μὲν οὖν τοῖς διωρισμένοις ποσοῖς θέσις οὐκ ἔστιν, τάξις δὲ εἴη ἄ⌈ν⌉, ὥσπερ ἐν ἀριθμοῖς, καθὸ πρ⌈ό⌉τ<ερ>ον {μὲν} λέγομεν τὸ <ἓν> εἶναι <ἢ τὰ δύο καὶ> τὰ δύο ἢ τὰ τρία· ἐν δὲ τοῖς τοῦ λόγου μορίοις οὐδὲ τάξις· τί γὰρ μᾶλλον ἡ βα συλλαβὴ τῆς βη ἢ τῆς ψε προτέρα; Κἂν τάξιν ἔχῃ τινά, ἐὰν {μὴ} σὺ ὄνομα προενέγκας τάξιν ἐπιθήσῃς ταῖς συλλαβαῖς τοῦ ὀνόματος ἐοικότ⌈ω⌉ς τοῖς διωρισμένο⌈υ⌉ς ἀμφορέας συνθεῖσιν καὶ τοὺς μὲν ἐν πρώτῳ στοίχῳ θεῖσιν, τοὺς δὲ ἐν δευτέρῳ, καθάπερ παράταξίν τινα στρατιωτῶν ἐν πολέμῳ. Ἐν μὲν <οὖν> τοῖς

21 τῷ p : τὸ MAC || ἀπολλύμενα M : ἀπολύμενα A || μὲν (M) ante τάξιν transp. A || **22-23** Καὶ ἐπὶ — οὐκ ἔχει M : om. A || **24** ἄν scripsi : ἄρα MA || **25** πρότερον corr. p : πρῶτον MAC || μὲν (MA) delevi || ἓν… ἢ τὰ δύο καὶ addidi || **27** μὴ (MAC) delev. p quod prob. Strange || **28** εἰκότως Busse : εἰκότος MACp || διωρισμένους p : διωρισμένοις MAC || **29** στοίχῳ M : στίχῳ A || **30** οὖν addidi

dire aussi que celui-ci est à tel endroit celui-là, à tel autre, et les parties de la dizaine ne sont pas pour autant disparues, mais restent là; néanmoins, ces parties ne tiennent pas les unes aux autres, si bien qu'elles ont un ordre, mais pas de position[1]. Nouvel exemple : dans le cas de l'eau qui s'écoule de la clepsydre, ses particules tiennent les unes aux autres; toutefois, les premières ne se montrent plus et ne restent pas là, mais disparaissent à l'instant de leur propulsion hors de l'orifice; elles ont donc un ordre, mais n'occupent pas de position[2]. C'est aussi le cas du temps. Ses parties en effet ont un ordre, mais n'occupent pas de position, car aucune parcelle du temps ne se conserve[3]. Ainsi donc, les quantités discrètes n'ont pas de position, bien qu'elles puissent avoir un ordre comme il y en a dans les nombres, dans la mesure où nous disons qu'un vient avant deux, et deux avant trois[4]. Dans les parties du discours, en revanche, il n'y a même pas d'ordre. Pourquoi en effet, la syllabe « ba » serait-elle antérieure à la syllabe « bê » plutôt qu'à la syllabe « pse » ? Et si d'aventure elles présentent un certain ordre, c'est toi, alors que tu profères un nom, qui assignes une ordonnance aux syllabes de ce nom, à la manière de ceux qui mettent ensemble des amphores dispersées, plaçant les unes en première ligne et les autres en seconde, comme des rangées de soldats à la guerre[5]. Ainsi donc, dans les cas de la

1. [104.15-19] L'exemple des dix pots, naturellement distincts, permet de mieux illustrer la discontinuité des unités dans la dizaine que ne le pourraient les parties du nombre dix. Mais il rend moins claire la notion d'ordre. Celui-ci, dans le nombre, vient de ce que, parmi ses constituants, deux précède naturellemnt trois et ainsi de suite (parce que trois suppose deux, mais non réciproquement : cf. *C*, 5 a 30-32 et 14 a 31-35); or cela n'a rien à voir avec l'ordre que peuvent avoir dix pots rangés sur le sol, en raison de leur disposition les uns par rapport aux autres (cf. *Mét.*, Δ, 11, 1018 b 26-29, à propos des membres d'un choeur). Strange (p. 100, n. 254) paraît s'y être trompé.

2. [104.19-22] L'exemple, dans l'esprit de Porphyre, est l'image suggestive du « flux » temporel. Chaque goutte qui se détache de la quantité d'eau supérieure, pour ensuite tomber et se fondre dans la quantité d'eau inférieure, est peut-être aussi à l'image de l'instant qui sépare le passé disparu du futur qui n'est pas encore. Mais Porphyre se représente plus évidemment un filet d'eau qui se déverse en continu et où, partie après partie, dans un certain ordre, l'eau du dessus est transvasée en dessous; or, dans ce transvasement, les parties se déplacent, mais ne disparaissent pas. Comparaison n'est pas raison.

3. [104.22-23] Cf. *C*, 5 a 26-30.

4. [104.24-25] Cf. *C*, 5 a 30-31.

5. [104.25-30] Le texte de *C*, 5 a 33-36 ne fournit pas ces précisions supplémentaires. Aristote, en l'occurrence, ne laisse pas entendre expressément que le discours présente ou ne présente pas un certain ordre. Porphyre semble avoir interprété ce silence comme l'aveu qu'il n'en présente pas, sauf lorsque les syllabes sont prononcées dans une séquence précise. Mais il paraît oublier que c'est justement le discours prononcé qui constitue une quantité, comme l'a dit Aristote et comme il l'a observé lui-même au passage (*supra*, p. 101, 28). Comme

κατὰ τὴν γραμμὴν καὶ τὴν ἐπιφάνειαν καὶ τὸ σῶμα καὶ τὸν τόπον θέσις τίς ἐστι καὶ κατὰ τὸ κεῖσθαί που ἕκαστον τῶν μορίων καὶ κατὰ τὸ μένειν καὶ κατὰ τὸ ἀλληλοῦχα εἶναι τὰ μέρη ἀλλήλων· κατὰ δὲ τὸν χρόνον τάξις μέν [ἐστι], θέσις δὲ οὔ, τ⌜ῷ⌝ μὴ μένειν τὰ μόρια τοῦ χρόνου. Ἐπὶ δὲ τοῦ ῥέοντος ποταμοῦ καὶ θαλάσσῃ μιγνυμένου ἡ ἐπιφάνεια τοῦ μίγνυσθαι μέλλοντος καὶ πελάζοντος τῇ θαλάσσῃ θέσιν οὐκ ἔχει διὰ τὸ μὴ ἑστάναι ἀλλὰ κινεῖσθαι· οὕτω γὰρ καὶ ἡ κίνησις τῶν συνεχῶν μέν ἐστιν, οὐ μέντοι καὶ τῶν θέσιν ἐχόντων, ᾗ καὶ ὁ χρόνος ἐπιγινόμενος συνεχής ἐστι μὴ ἔχων θέσιν· ἡ δὲ κίνησις οὐ ποσόν, ποσοῦ δὲ μετέχουσα, ὡς ὕστερον δειχθήσεται. Ὥστε κατὰ μὲν τὴν πρώτην διαίρεσιν ⌜πέντε⌝ μὲν ἦν συνεχῆ, γραμμή, ἐπιφάνεια, σῶμα, χρόνος, τόπος, διωρισμένα δὲ δύο, ἀριθμὸς καὶ λόγος· κατὰ δὲ τὴν δευτέραν ⌜τέσσαρα⌝ μὲν ἐκ θέσιν ἐχόντων τῶν μορίων, γραμμή,

31 τὴν[1] M : om. A || **34** ἐστι A || τῷ corr. p : τὸ MAC || **105.5** πέντε A : ε' M || **6** διωρισμένα δὲ δύο MA : δύο δὲ δ. Simpl. (139,19) || **7** τέσσαρα A : δ' M || τῶν M : om.A

ligne, de la surface, du corps et du lieu, les parties occupent une certaine position, du fait que chacune d'elles se trouve quelque part, qu'elles restent en position et que ce sont des parties qui tiennent les unes aux autres. Dans le cas du temps, en revanche, il y a un ordre, mais pas de position, parce que les parties du temps ne se conservent pas. Et pour ce qui est du fleuve qui coule et se mélange à la mer, la surface de l'eau qui va se mélanger | et **105**
s'approche de la mer n'occupe pas de position, parce qu'elle n'est pas à l'arrêt, mais en mouvement[1]. C'est ainsi en effet que le mouvement fait partie des choses continues, mais sans position, dans la mesure où le temps qui s'y applique est lui aussi continu sans occuper de position[2]. Le mouvement cependant n'est pas une quantité, mais participe de la quantité, ainsi qu'il sera montré plus tard[3]. Par conséquent, tandis que d'après la première subdivision, il y avait cinq quantités continues (ligne, surface, corps, temps, lieu) et deux discrètes (nombre et discours), d'après la seconde en revanche, quatre se composent de parties occupant une position

l'observe Strange (p. 101, n. 258) qui s'en tient là, il est évident qu'en dehors du discours prononcé, les syllabes isolées n'ont pas d'ordre; mais elles ne sont pas non plus, alors, une quantité! De plus, Porphyre semble oublier que dans le discours-quantité, ce n'est pas la nature phonétique (voyelles ou consonnes) de la syllabe qui compte, mais bien sa longueur et sa brièveté. Ce dernier point, cependant, n'est pas certain, car il compare une syllabe brève (ba) à une syllabe longue (bê) et à une autre syllabe brève (pse).

1. [104.34-105, 2] Le fleuve rappelle l'image de l'eau qui s'écoule de la clepsydre (*supra*, 104, 19-22); mais son exemple est introduit dans le dessein d'apporter les précisions qui suivent à propos du mouvement. Rien dans le texte de *C* n'appelle ces précisions (sauf à supposer, chez Porphyre, une anticipation de 5 b 3, qui fait allusion au mouvement). Mais tout porte à croire qu'en raison du statut ontologique contesté du mouvement, certains interprètes songeaient à en faire une quantité, comme plus tard Jamblique (*cf.* Simplicius, 140, 8) et donc s'interrogeaient probablement sur la manière de le classer parmi les sortes de quantités. Porphyre semble avoir saisi l'occasion et peut-être éprouvé le besoin de s'exprimer ici là-dessus.

2. [105.2-4] La relation entre temps et mouvement est trop intime pour que les deux soient totalement dissociables. Fidèle à l'enseignement qui précède dans *C* (où, seul, le temps paraît être une quantité par soi), Porphyre tient que le mouvement lui doit sa quantification. Aristote, dans la *Mét.*, Δ, 13, 1020 a 32, adopte cependant le point de vue inverse : le temps est quantité en raison du mouvement, et celui-ci, ajoute-t-il, en raison de la distance mesurable parcourue par le mobile. Ce qui a pour résultat de ranger ensemble le mouvement et le temps parmi les quantités d'une certaine façon accidentelles. Difficile de concilier parfaitement ces points de vue pour ce qui concerne le statut du temps; mais d'une façon ou de l'autre, le mouvement n'est pas, quant à lui, une pure quantité (par soi). Porphyre a peut-être d'autant plus de raisons de s'en tenir là que Plotin (*En.*, VI, 1, 15) regarde le mouvement comme l'un des « genres » suprêmes dans la tradition du *Sophiste* de Platon.

3. [105.4-5] Dans *C*, 5 a 38 *sq.* (spécialement 5 b 3). *Cf.* le commentaire de Porphyre, p. 108, 36 *sq.* En disant ici que le mouvement « participe » de la quantité, Porphyre laisse comprendre qu'il n'est pas une quantité par soi, mais évite de se prononcer positivement sur son statut.

ἐπιφάνεια, σῶμα, τόπος, τρία δ⌈'⌉<ἐκ> θέσιν μὴ ἐχόντων, ἀριθμός, λόγος, χρόνος, ὧν τὰ μὲν δύο τάξιν ἔχει, ἀριθμός, χρόνος, ὁ λόγος δέ πως μὲν ἔχει τάξιν, πως δὲ οὔ.

<Π.> Ἆρα οὖν ταῦτά ἐστι μόνα τοῦ ποσοῦ εἴδη;

<'Α.> Προηγουμένως μὲν ταῦτα, κατὰ συμβεβηκὸς δὲ καὶ ἄλλα.

<Π.> Τί γάρ ἐστι τὸ προηγουμένως καὶ τί τὸ κατὰ συμβρβηκός;

<'Α.> Προηγουμένως μὲν τὸ καθ' α⌈ὑ⌉τό τι τοιοῦτον, κατὰ συμβεβηκὸς δὲ τὸ κατ' ἄλλο· οἷον προηγουμένως μὲν ποσὰ τὰ εἰρημένα ἅπαντα, κατὰ συμβεβηκὸς δὲ οἷον τὸ λευκὸν πολὺ λέγεται, οὐ καθόσον ἐστὶ λευκόν, ἀλλ' ὅτι ἡ ἐπιφάνεια, ἐν ᾗ ἔστιν, πολλή ἐστιν, καὶ ὁ ἄνθρωπος μακρός, οὐ καθόσον ἄνθρωπος, καθόσον δὲ τὸ μῆκος αὐτοῦ τοιοῦτον.

<Π.> Εἴη ἂν οὖν καὶ α⌈ὕ⌉τη διαφορὰ τοῦ ποσοῦ;

<'Α.> Ναί.

<Π.> Πῶς προφερομένη;

<'Α.> Ὅτι τοῦ ποσοῦ τὸ μέν ἐστι προηγουμένως, τὸ δὲ κατὰ συμβεβηκός.

8 δ' ἐκ scripsi ut coni. Busse (in app.) : δὲ MA ‖ λόγος χρόνος MA : χ. λ. Simpl. (139,21) ‖ **9** τὰ μὲν δύο MA : δύο μὲν Simpl. (139,21) ‖ post ἀριθμός add. καὶ Simpl. (139,21) ‖ post χρόνος u. sign. A ‖ ὁ om. Simpl. (139,22) ‖ **9-10** πως (bis) M : πῶς (utrobique) A ‖ **11** Π. (*Int.*) add. Fel. u. sign. A (dub.) p ‖ **12** 'Α. (*Resp.*) add. Fel. u. sign. Ap ‖ **13** Π. (*Int.*) add. Fel. u. sign. Ap ‖ **14** 'Α. (*Resp.*) add. Fel. u. sign. Ap ‖ αὐτό A : αὑτό M ‖ **17** ᾗ MA : ῇ Busse ‖ **19** Π. (*Int.*) add. Fel. u. sign. Ap ‖ αὕτη Busse sec. Fel. : αὐτὴ MACp ‖ **20** 'Α. (*Resp.*) add. Fel. u. sign. Ap ‖ **21** Π. (*Int.*) add. Fel. u. sign. Ap ‖ **22** 'Α. (*Resp.*) add. Fel. u. sign. Ap

(ligne, surface, corps, lieu) et trois de parties sans position (nombre, discours, temps), dont deux présentent un ordre (nombre, temps), alors que le troisième (le discours) présente un ordre d'une certaine façon, mais non d'une autre.

Q. — Sont-ce donc là les seules espèces de la quantité ?

R. — Principalement, oui ! Mais par accident, il en est encore d'autres[1].

Q. — Que veut dire alors « principalement » et « par accident » ?

R. — Est principalement telle, la chose qui l'est par elle-même, tandis que c'est par accident, si elle l'est en vertu d'une autre[2]. Ainsi, sont principalement des quantités, toutes celles dont on a parlé, tandis que c'est par accident que, par exemple, le blanc est dit très large : ce n'est pas en tant qu'il est blanc, mais parce que la surface sur laquelle il se trouve est très large. L'homme aussi est grand, non en tant qu'homme, mais dans la mesure où sa taille est telle[3].

Q. — Serait-ce donc là encore une différence à introduire dans la quantité ?

R. — Oui[4].

Q. — Comment l'expliciter ?

R. — En disant que dans la quantité, il y a, d'une part, ce qui l'est principalement et, d'autre part, ce qui l'est par accident.

1. [105.12] Cf. *C*, 5 a 38-39 (où l'on trouve κυρίως au lieu de προηγουμένως).

2. [105.14] L'explication est conforme à *C*, 5 b 9-10 (où καθ' αὑτό remplace κυρίως).

3. [105.15-18] Paraphrase presque littérale de *C*, 5 a 38 et b 1-2, mais Porphyre ajoute lui-même l'exemple de l'homme grand.

4. [105.19-20] Il est curieux que cette différence soit placée sans réserve sur le même pied que la précédente ou que la différence entre quantités discrètes et quantités continues, car la quantité par accident, par définition en quelque sorte, regroupe tout ce qui n'a pas été répertorié jusqu'ici dans l'ensemble du genre (y compris la substance, l'homme dans l'exemple de 105, 17-18). C'est comme si Porphyre voyait dans « par accident » et « principalement » (ou par soi) des différences qui déterminent des espèces à l'intérieur du genre quantité, alors que ce n'est évidemment pas le cas. Tandis que, par exemple, la différence « discrète » et la différence « continue » permettent de définir la pluralité dénombrable et la grandeur mesurable au sein de la quantité (cf. *Mét.*, Δ, 13, 1020 a 8-9), la distinction « par accident » permet d'étendre, au delà de ce genre là, l'appellation de quantité à ce qui, par soi, est autre chose. Certes, comme le prouve *Mét.*, Δ, 13, 1020 a 26-29, « par accident » peut vouloir dire plusieurs choses et peut s'appliquer à des quantités purement accidentelles, comme le blanc, et à des quantités non purement accidentelles, comme le mouvement ; mais Porphyre, très manifestement, englobe tout cela sous la même étiquette. Il y a donc là une position qui souffre de quelque confusion.

<Π.> Τί τὸ προηγουμένως ποσόν;

<᾽Α.> Τὸ καθ᾽ αὑτὸ καὶ μὴ κατ᾽ {ὰ} ἄλλο, οἷον δή τι ἀριθμός, χρόνος καὶ τὰ ὅμοια.

<Π.> Τί τὸ κατὰ συμβεβηκὸς ποσόν;

<᾽Α.> Τὸ καθ᾽ ἕτερον λεγόμενον, οἷον τὸ λευκὸν πολὺ λέγεται κατὰ τὴν ἐπιφάνειαν καὶ ὁ ἄνθρωπος μακρὸς καθόσον τὸ μῆκος. Πάλιν τὸν πυρετὸν εἴποιμεν ἂν πολύν, ἐπειδὴ ἐν πολλῷ παρετάθη χρόνῳ (ὡς ἐάν γε μὴ τὸν ἐπὶ πλεῖστον παρατείνοντα εἴπ⌈η⌉ τις πολὺν ἀλλὰ τὸν σφοδρόν, οὐ κυρίως τῇ λέξει κέχρηται ὁ τοιοῦτος ποιόν τε μᾶλλον ἢ ποσὸν εἴρηκεν· τὸ γὰρ σφοδρὸν τῆς ποιότητός ἐστιν). Κἂν εἴπωμεν δὲ ὅτι ὁ δεῖνα πολὺ δεδράμηκεν τὴν κίνησιν ἀναλογιζόμενοι, ὅτι ἐν πολλῷ γεγένηται χρόνῳ, ἀπὸ χρόνου πολύν φαμεν γεγενῆσθαι τὸν δρόμον.

<Π.> Τί γάρ; Ἡ κίνησις οὐκ ἔστι ποσόν;

<᾽Α.> Οὐδαμῶς· οὐδὲ γὰρ κατείλ⌈ε⌉κται ἐν τοῖς ποσοῖς.

24 Π. (*Int.*) add. Fel. u. sign. Ap || **25** ᾽Α. (*Resp.*) add. Fel. u. sign. Ap || κατ᾽ ἄλλο corr. A : κατὰ ἄλλο M || **27** Π. (*Int.*) add. Fel. u. sign. Ap || **28** ᾽Α. (*Resp.*) add. Fel. u. sign. Ap || **31** εἴπη A (dub.) p : εἴποι MA[1] || **36** Π. (*Int.*) add. Fel. u. sign. Ap || **37** ᾽Α. (*Resp.*) add. Fel. u. sign. Ap || κατείλεκται corr. A : κατείληκται M

Q. — Qu'est-ce que la quantité principalement ? [1]

R. — Celle qui l'est par elle-même, et non en vertu d'une autre ; par conséquent, quelque chose comme le nombre, le temps et les choses semblables.

Q. — Qu'est-ce que la quantité par accident ?

R. — Ce qu'on appelle ainsi en vertu d'autre chose ; par exemple, le blanc est dit très large en raison de la surface, et l'homme grand en raison de sa taille. Autre exemple [2] : nous pouvons dire que la fièvre est longue dès l'instant où elle s'étend durant une longue période (car si pour parler de la fièvre qui dure très longtemps, on ne dit pas qu'elle est très longue, mais qu'elle est forte, on n'utilise pas le mot propre dans ces conditions et l'on exprime la qualité plutôt que la quantité, car la force relève de la qualité [3]). Et si nous disons par ailleurs qu'un tel a couru beaucoup, en faisant le compte du mouvement, parce qu'il s'est déroulé pendant beaucoup de temps, c'est alors le temps qui nous fait dire qu'il a couru beaucoup [4].

Q. — Mais quoi ? Le mouvement n'est pas une quantité ?

R. — Pas du tout ! Et il ne figure pas effectivement dans le catalogue des quantités [5].

1. [105.22] Cette question et le passage qui suit (jusqu'à la ligne 29 au moins) paraissent une répétition un peu inutile de 105, 12-18. Les exemples de 105, 28-29 sont d'ailleurs les exemples déjà cités en 105, 16-18. Après avoir d'abord expliqué les mots « principalement » et « par accident » avec des exemples de quantités, il n'était pas nécessaire d'encore demander ce qu'est la quantité principalement et ce qu'est la quantité par accident. Mais la répétition fait peut-être partie des caractéristiques d'un enseignement élémentaire pour débutants !

2. [105.29] L'exemple ne figure pas chez Aristote.

3. [105.30-33] Si cette phrase, qu'on a mise entre parenthèses, n'est pas une glose fourvoyée, on peut croire que Porphyre a en quelque sorte saisi l'occasion d'évacuer ici une objection possible à la subdivision aristotélicienne de la quantité, objection selon laquelle le philosophe aurait omis de répertorier des choses comme l'intensité, le poids, etc., comme le faisaient, par exemple, le Pseudo-Archytas (*op. cit.*, p. 75, 1-2 Th.) et Athénodore (*cf.* Simplicius, 128, 5 *sq.*). On sait en effet qu'Aristote rangeait la lourdeur et la légèreté parmi les qualités (cf. *Mét.*, Δ, 14, 1020 b 10).

4. [105.33-35] Paraphrase succincte de *C*, 5 b 2-6 (où il est question d'action et non de course).

5. [105.37] L'argument de fait ou, si l'on veut, d'autorité dispense Porphyre d'expliquer une nouvelle fois ce qu'il a dit plus haut (105, 2-5) et de préciser positivement quel est le genre du mouvement, s'il n'est pas lui-même un genre, comme le pensait Plotin.

<Π.> Πῶς οὖν πολλὴ κίνησις καὶ μακρὰ λέγεται; « Κίνησις γὰρ αὕτη μεγάλη », ἔφη ὁ Θουκυδίδης.

106.1 <᾿Α.> Οὐ καθ᾽ αὑτήν φησιν ἀλλὰ τ⌈ῷ⌉ ὑπάρχειν αὐτὴν <ἐν> χρόνῳ· ἐπὶ δὲ τῷ χρόνῳ ὑπάρχει τὸ πολὺ καὶ τὸ ὀλίγον καὶ τὸ μακρὸν ἢ βραχὺ καὶ τὸ μέγα ἢ μικρόν. Κατὰ τὸν χρόνον οὖν ἐν ᾧ ὑπάρχει ταῦτα ὄντι ποσῷ, κατὰ συμβεβηκὸς δὲ καὶ τῇ κινήσει προσεῖναι ῥηθήσεται. Ἐὰν οὖν ἀποδιδῷ τις τὸ πολὺ καὶ τὸ ὀλίγον τῆς κινήσεως ἢ τῆς πράξεως, τὸ ποσὸν αὐτῆς τῷ χρόνῳ ὁριεῖ ἐνιαυσιαίαν ἢ μηνιαίαν ἢ ἄλλως ἀποδιδούς.

<Π.> Ἀλλὰ τίνα μὲν τὰ κυρίως ποσά, τίνα δὲ τὰ κατὰ συμβεβηκός, ἀποδέδωκας, τίνα τε <τὰ> θέσιν ἔχοντα τῶν μορίων καὶ τίνα τὰ θέσιν οὐκ ἔχοντα, ἔτι τε τίνα τὰ συνεχῆ καὶ τίνα τὰ διωρισμένα. Τὸ δὲ ἴδιον ἀφορίσαι χρὴ τί ἂν εἴη τοῦ ποσοῦ.

<᾿Α.> Φημὶ τοίνυν ὅτι ὑπάρχει τῷ ποσῷ τὸ μηθὲν ἔχειν ἐναντίον.

<Π.> Ἀλλ᾽ ἐπεὶ τὸ ἴδιον τὸ παντὶ καὶ μόνῳ προσὸν εἶναι ὀφείλει, ἐπίδειξον εἰ μηδενὶ τῶν κατειλεγμένων κυρίως ποσῶν ἔστι τι ἐναντίον.

<᾿Α.> Οὔτε γὰρ τῇ γραμμῇ καθόσον γραμμὴ ἔστι τι ἐναντίον.

<Π.> Πῶς οὖν ἡ μ⌈ὲ⌉ν τ⌈ι⌉ς γραμμ⌈ή⌉{ς} ἐστιν εὐθεῖα, ἡ δὲ κυρτή;

<᾿Α.> Ἀλλὰ τὸ εὐθὺ καὶ κυρτὸν τῇ γραμμῇ οὐ καθὸ γραμμὴ πρόσεστι οὐδὲ καθό ἐστι ποσόν, ἀλλὰ καθὸ ποιά ἐστι γραμμή, τοῦτο συμβέ

38 Π. (*Int.*) add. Fel. u. sign. Ap ‖ post λέγεται u. sign. Ap ‖ **39** μεγάλη MA : μεγίστη Thuc. (I, 1,2) ‖ **106.1** ᾿Α. (*Resp.*) add. Fel. ‖ τῷ Busse : τὸ MA ‖ ἐν addidi ut coni. Busse quod prob. Strange ‖ **2** βραχὺ MA[1] : βραχὺς A ‖ **7** Π. (*Int.*) add. Fel. u. sign. Ap ‖ **8** τε τὰ scripsi sicut coni. Busse : τε MA δὲ Cp ‖ **9** διωρισμένα MA : διωρισμέναι (sic) Busse ‖ **11** ᾿Α. (*Resp.*) add. Fel. u. sign. Ap ‖ **12** Π. (*Int.*) add. Fel. u. sign. Ap ‖ **14** ᾿Α. (*Resp.*) add. Fel. ‖ **15** Π. (*Int.*) add. Fel. u. sign. p ‖ τις γραμμή scripsi (cf. infra, u. 34) : τῆς γραμμῆς MA γραμμή coni. Busse ‖ κυρτή M : κιρτή A ‖ **16** ᾿Α. (*Resp.*) add. Fel. u. sign. Ap ‖ κυρτὸν M : κιρτὸν A (dub.) ‖ post γραμμῇ spat. 15 siue 16 litt. eras. A

Q. — Comment se fait-il donc qu'on parle d'un long et d'un grand mouvement? « Ce fut là, en effet, un grand mouvement », disait Thucydide[1].

R. — | Il ne prétend pas qu'il l'était par lui-même, mais du fait qu'il **106**
prenait place dans le temps. Or c'est au temps que s'appliquent les attributs « beaucoup » et « peu », « long » ou « bref », « grand » ou « petit ». C'est donc en raison du temps où ils prennent place, et qui est une quantité, que l'on peut dire, mais c'est par accident, que ce sont aussi, des attributs du mouvement. Si par conséquent l'on veut préciser qu'il y a là beaucoup ou peu de mouvement ou d'action, on doit déterminer sa quantité par le temps qu'elle a duré, en expliquant qu'elle a pris une année, un mois ou un autre laps de temps[2].

Q. — Bien, tu as expliqué quelles sont les quantités au sens strict et quelles sont celles par accident; tu as dit aussi lesquelles, parmi les parties d'une quantité, occupent une position et lesquelles n'en occupent pas et de plus, lesquelles sont continues et lesquelles sont discrètes. Mais il faut déterminer ce que peut être le propre de la quantité.

R. — Eh bien, je prétends qu'un attribut de la quantité, c'est de n'avoir aucun contraire[3].

Q. — Mais puisque le propre doit être ce qui convient à chaque représentant du genre et au seul genre, fais voir si aucune des quantités au sens strict qu'on a répertoriées n'a de contraire[4].

R. — Ce n'est pas en effet le cas de la ligne : en tant que ligne, elle n'a pas de contraire.

Q. — Comment se fait-il donc que telle ligne soit droite et une autre courbe ?

R. — Mais le droit et le courbe ne sont pas des propriétés de la ligne en tant que telle et ce n'est pas en tant que quantité, mais en tant que qualifiée

1. [105.38-39] Chez Thucydide (I, 1, 2), on lit μεγίστη, au lieu de μεγάλη, sans que cela change quoi que ce soit à la pertinence de la citation. L'historien vise cependant par ces mots la grandeur des troubles occasionnés par la guerre du Péloponnèse, plutôt que la longue durée de ces troubles, ceci impliquant naturellement cela. Comparez avec l'exemple de la fièvre cité plus haut (29-33).

2. [106.4-6] Paraphrase de *C*, 5 b 4-6.

3. [106.11] Cf. *C*, 5 b 11.

4. [106.12-13] Aristote, notons-le, n'a pas prétendu que cette caractéristique était un « propre » de la quantité.

βηκεν αὐτῇ. Οὐδὲ ἡ γραμμὴ οὖν τῇ γραμμῇ ἐναντία, ἀλλ᾽ ἡ κυρτότης τῇ εὐθύτητι· οὔτε τῇ ἐπιφανείᾳ καθόσον ἐπιφάνεια ἔστι τι ἐναντίον.

<Π.> Πῶς οὖν ἡ μὲν μέλαινα λέγεται ἐπιφάνεια, ἡ δὲ λευκή;

<Ἀ.> Ἀλλὰ καθὸ μέλαινα καὶ καθὸ λευκή, ἐναντιώτατον, ὅτι καὶ τὸ μέλαν καὶ τὸ λευκὸν ἐναντί⌈α⌉· οὕτως δὲ καὶ τὸ τραχὺ <καὶ> τὸ λεῖον· καθὸ μέντοι ἐπιφάνεια, ἐναντίωσις οὐκ ἔσται πρὸς ἐπιφάνειαν. Ὁμοίως δὲ καὶ τ⌈ῷ⌉ σ⌈ώ⌉μα<τι> καθὸ σῶμα οὐκ ἔστι τι ἐναντίον.

<Π.> Τὸ οὖν ἀσώματον οὐκ ἐναντίον τῷ σώματι;

<Ἀ.> Οὐδαμῶς· τὰ γὰρ ἐναντία ὑπὸ τὸ αὐτὸ ἂν εἴη γένος· τοῦ δὲ σώματος καὶ ἀσωμάτου οὐδέν ἐστι κοινὸν γένος. Ἔτι τὰ ἐναντία ἐν καταφάσει λέγεται οἷον γλυκύ, πικρόν, τὸ δὲ ἀσώματον ἐν στερήσει. Ἀλλὰ

20 Π. (*Int.*) add. Fel. u. sign. Ap ‖ **21** Ἀ. (*Resp.*) add. Fel. u. sign. A ‖ ante ὅτι u. sign. p ‖ **22** ἐναντία scripsi : ἐναντίον MA ‖ καὶ³ A : om. M ‖ τὸ³ M : om. A ‖ **23-24** τῷ σώματι p : τὸ σῶμα MAC ‖ **24** ἔστι MA : ἔχει corr. Busse ex Simpl. (141,27) haud recte ‖ τι M : om. A ‖ **25** Π. (*Int.*) add. Fel. u. sign. Ap ‖ **26** Ἀ. (*Resp.*) add. Fel. u. sign. Ap

que la ligne présente ces accidents[1]. Donc, ce n'est pas non plus la ligne qui est contraire à la ligne, mais la courbe à la droite. Quant à la surface, en tant que telle, elle n'a pas non plus de contraire.

Q. — Comment se fait-il donc qu'une surface soit dite noire et l'autre blanche ?

R. — Mais en tant que noire et en tant que blanche. elles sont un cas parfait de contrariété ! Car le noir et le blanc sont précisément des contraires et c'est aussi le cas du rugueux et du lisse[2]. Néanmoins, en tant que surface, il n'est pas possible à une surface d'être contraire à une autre. Et il en va encore de même du corps : en tant que corps, il n'a pas de contraire.

Q. — L'incorporel n'est donc pas contraire au corps ?

R. — Pas du tout ! Car les contraires doivent rentrer sous le même genre[3] ; or le corps et l'incorporel n'ont aucun genre commun[4]. De plus, les contraires s'expriment sous la forme affirmative : on dit par exemple « doux » et « amer » ; or l'incorporel exprime une privation[5]. Mais j'en

1. [106.16-18] L'argument est évidemment correct, mais on peut discuter de la qualité reconnue au droit et au courbe (d'après *C*, 10 a 12-13). Celle-ci est-elle un accident, comme le blanc ou le noir, attribués aussi à la ligne, ou plutôt une qualité essentielle, autrement dit une différence spécifique entre les lignes ? Aristote tient en effet qu'il n'y a que deux grandeurs linéaires simples : la droite ou le cercle (cf. *Du ciel*, I, 2, 268 b 19-20).

2. [106.21-22] Notons que rugueux et lisse (d'après *C*, 10 a 16-24) ne sont pas proprement des qualités. Quant aux couleurs, blanc ou noir, ce sont bien des qualités attribuées par soi à la surface, et non de manière accidentelle, car elles tiennent à son essence (cf. *Mét.*, Δ, 18, 1022 a 15-17).

3. [106.26] Le principe est contredit par *C*, 14 a 19-20 : « Il est par ailleurs nécessaire que tous les contraires ou bien se rangent dans le même genre, ou bien dans des genres contraires ou bien soient eux-mêmes des genres. » Cf. *Mét.*, Δ, 10, 1018 a 25-31.

4. [106.26-27] C'est l'un des arguments qu'employait Plotin (*En.*, VI, 1, 2, 1-8 et 2, 1, 16-28) pour nier que la substance puisse être un genre véritable, réunissant l'intelligible et le sensible dans quelque chose de commun qui ne serait ni corporel, ni incorporel. L'argument n'a pas été avancé plus haut par Porphyre, afin de procéder, comme Plotin, à la mise en question d'un genre substantiel, parfaitement un, parce qu'il tient qu'Aristote, dans *C*, ne s'occupe au fond que des sensibles de notre monde, on l'a vu ; mais, on le voit ici, cela n'empêche pas son adhésion à l'argument plotinien, même si, notons-le, le corps est tenu en l'occurrence pour une quantité mesurable (opposée au non mesurable) et non pour une réalité substantielle.

5. [106.27-28] Sur les différences entre ces formes d'opposition, voir *C*, 12 b 16-13 a 36. Porphyre veut dire simplement que, même si l'on admet que l'opposition du corporel et de l'incorporel est pertinente, c'est un cas d'opposition entre état et privation, qui ne met pas en cause l'affirmation d'Aristote, laquelle porte uniquement sur l'opposition des contraires. Il n'envisage pas que par ailleurs les trois quantités dont il vient de parler (ligne, surface et corps) soient des exemples de quantités continues et qu'à ce titre, elles pourraient éventuellement s'opposer aux quantités discrètes dans le même genre (la quantité) et donc avoir ensemble pour contraires, et non pour privations, ces mêmes quantités discrètes.

μὴν οὐδὲ τῷ χρόνῳ ἔστι τι ἐναντίον, καθὸ χρόνος ἐστίν· ἡ γὰρ νὺξ καὶ <ἡ> ἡμέρα εἰ ἐναντίως ἔχουσιν, ἀλλ' οὐχὶ καθὸ ἐν χρόνῳ εἰσὶ τὴν ἐναντιότητα ἔχουσι, καθόσον δὲ ἡ μὲν ἡμέρα ἀήρ ἐστι πεφωτισμένος, ἡ δὲ νὺξ ἀήρ ἐστιν ἐπεσκι[ασμένος]· ὁ δὲ ἀὴρ οὐ ποσόν, καθόσον ἀήρ. Ἀλλὰ μὴν οὐδὲ τῷ λόγῳ ἔστι τι ἐναντίον, καθὸ ⌜ποσός⌝ ἐστιν.

<Π.> Πῶς οὖν ὁ μέν τις ἀληθὴς λέγεται, ὁ <δὲ> ψευδής;

<Ἀ.> Ἀλλ' οὐ καθὸ σημαντικός ἐστιν εἴληπται τοῦ ποσοῦ εἶναι γένους, ἀλλὰ καθόσον ἐν προφορᾷ θεωρούμενος καταμετρεῖται μακρᾷ ἢ βραχείᾳ συλλαβῇ· κατὰ τοῦτο δὲ οὐκ ἂν ἔχοι τὸ ἀληθὲς καὶ τὸ ψεῦδος οὐδέ τινα ἐναντίωσιν. Ἀλλ' οὐδὲ ἐν τῷ ἀριθμῷ ἔστι τι ἐναντίον· τοῖς γὰρ δύο καθὸ δύο τί ἂν εἴη ἐναντίον; Ἢ τοῖς ⌜πέντε⌝ ἢ ὅλως τινὶ τῶν ἀριθμῶν;

107.1 <Π.> Τί οὖν ἐπὶ τοῦ τόπου; Ἆρα οὐδὲ ἐπὶ τοῦ τόπου ἐναντιότης θεωρεῖται ὄντος ε⌜ἴ⌝δο<υ>ς τοῦ ποσοῦ;

<Ἀ.> Ἴσως ἐπὶ τούτου, εἴ γε τὸ ἄνω <καὶ> τ⌜ὸ⌝ κάτω τόπου μὲν μέρη ἢ εἴδη ὑπάρχει, ἔστι [δὲ ταῦτα] ἐναντία ἀλλήλοις.

<Π.> Διὰ τί οὖν τὸ ἴσως ἔφης;

<Ἀ.> Ὅτι τινὲς τὸ κάτω καὶ τὸ ἄνω οὐδὲ εἶναι βούλονται τόπους ἀλλὰ σχέσεις τόπου· τὸ μὲν γὰρ ὑπὲρ κεφαλὴν ἡμῶν εἶναι ἄνω, τὸ δὲ ὑπὸ τοὺς πόδας κάτω· σφα⌜ί⌝ρα<ς> δὲ ὄντος τοῦ παντὸς μηδὲν εἶναι μήτε κάτω μήτε ἄνω καθ' αὑτό. Εἰ μέντοι λάβοιμεν τὸ ἄνω καὶ τὸ κάτω

29 ἡ^{2} addidi || **32** ἐπεσκιασμένος A || ποσόν post ἀήρ^{2} transp. A || **33** ποσός scripsi (sec. Simpl., 142,22) : λόγος MA || **34** Π. (*Int.*) add. Fel. u. sign. Ap || τις M : om. A || δὲ A : om. M || **35** Ἀ. (*Resp.*) add. Fel. u. sign. Ap || **39** πέντε A : θ' M || **107.1** Π. (*Int.*) add. Fel. u. sign. M (ubi Τί οὖν inc. in mg) Ap || **2** εἴδους Busse : εἶδος MA || **3** Ἀ. (*Resp.*) add. Fel. u. sign. Ap || καὶ add. p || τὸ^{2} M^{3} (dub.) A^{1} (dub.p.ras.) Cp : τω MA (dub.) || **4** δὲ ταῦτα M^{3} || **5** Π. (*Int.*) add. Fel. u. sign. Ap || **6** Ἀ. (*Resp.*) add. Fel. u. sign. Ap || τὸ κάτω — βούλονται M : τὸ ἄνω καὶ τὸ κάτω οὐδὲ βούλονται εἶναι A || **8** σφαίρας p : σφαῖρα MAC

viens au temps. Lui non plus, en tant que tel, n'a pas de contraire. Car si la nuit et le jour sont en position de contraires, remarquons bien que ce n'est pas du fait qu'ils sont intégrés au temps qu'ils présentent cette contrariété, mais du fait que le jour est de l'air en lumière et la nuit, de l'air à l'ombre; or l'air n'est pas une quantité, en tant qu'air[1]. Enfin, le discours lui non plus n'a pas de contraire en tant que quantité.

Q. — Comment se fait-il donc que l'un soit dit vrai et l'autre faux ?

R. — Ça, c'est du fait qu'il sert à signifier, mais ce n'est pas à ce titre qu'il est compris dans le genre de la quantité; c'est au contraire du fait qu'au point de vue de son expression orale, il est mesuré par une syllabe longue ou brève[2]; or de ce point de vue, il ne peut impliquer le vrai et le faux, ni une quelconque opposition de contraires. Enfin, dans le nombre non plus, il n'y a pas de contraire. Par exemple, deux, en tant que tel, que pourrait-il avoir comme contraire? Ou bien cinq? Ou en général, quelque nombre que ce soit?[3]

|Q. — Qu'en est-il alors dans le cas du lieu? Est-ce qu'on n'observe pas **107**
non plus de contrariété dans le cas du lieu, qui est une espèce de quantité?

R. — Peut-être bien dans son cas, du moins si le haut et le bas sont des parties ou des espèces du lieu, vu que celles-ci sont contraires l'une à l'autre[4].

Q. — Pourquoi dis-tu donc « peut-être bien » ?

R. — C'est que certains se refusent même à penser que le bas et le haut soient des lieux, plutôt que des rapports de lieux. Pour eux en effet, c'est ce qui est au-dessus de nos têtes qui est le haut, tandis que ce qui est sous nos pieds est le bas; or, disent-ils, l'Univers étant une sphère, rien n'est ni bas ni haut par soi[5]. Si toutefois nous prenons le haut et le bas, sans rien considérer

1. [106.29-32] Aristote tient que l'obscurité de la nuit paraît le contraire de la lumière du jour, mais qu'elle en est en réalité la privation (*De l'âme*, II, 7, 418 b 18-19).

2. [106.35-38] Cf. *supra*, p. 101, 30 *sq.*

3. [106.38-39] Porphyre a raison d'invoquer pour preuves des exemples de nombres particuliers. Avant même de discuter les autres espèces de quantités, il aurait pu prendre aussi les cas particuliers qui correspondent à chacune d'elles et sont des quantités déterminées, ainsi que le fait Aristote (*C*, 5 b 12-13); il apparaît en effet d'emblée que « de trois coudées », qui est une longueur particulière, déterminée, correspondant à la grandeur spécifique qu'est la ligne, n'a pas de contraire, et toutes les objections réfutées jusqu'ici seraient tombées par avance, parce qu'elles procèdent toutes du même malentendu.

4. [107.3-4] Cf. *C*, 6 a 12-13.

5. [107.6-9] Il s'agit vraisemblablement d'une allusion au *Timée*, 62 C-63 A, comme l'a vu Strange (p. 105, n. 274). Selon cet argument, aucun lieu de l'Univers, limites ou parties aux antipodes, n'est haut ni bas, puisque, dans une sphère, les opposés se ressemblent en tous

οὐ καθ' ἡντιναοῦν ἄλλην διάστασιν ἀλλὰ κατὰ τὴν τοῦ παντός, ὥστε σφαιροειδοῦς ὄντος τοῦ παντὸς κάτω μὲν εἶναι τὸ πρὸς τὴν μέσην χώραν τοῦ παντός, ἄνω δὲ τὰ ἀπὸ τοῦ μέσου πρὸς τὰ πέρατα, ἐναντίον ἂν εἴη τὸ ἄνω τ⌈ῷ⌉ κάτω διὰ τὸ πλείστην τῷ μέσῳ διάστασιν πρὸς τὴν ἔξω εἶναι ἐπιφάνειαν, ὡς ἐν κύκλῳ καὶ σφα⌈ί⌉ρ⌈ᾳ⌉ πρὸς τὰ πέρατα· ἐν γὰρ ταύτῃ καὶ τὸ ἄνω μόνως ἄνω ἐστὶ καὶ τὸ κάτω μόνως κάτω, ἐν δὲ ταῖς ἄλλαις διαστάσεσιν, ἐφ' ὃ τὸ ἄνω καὶ τὸ κάτω λέγεται, πρὸς ἕτερον καὶ ἕτερον λαμβανόμενον τὸ αὐτὸ καὶ ἄνω καὶ κάτω εἶναι δοκεῖ. Διὸ ἐκεῖνα καθ' αὑτὰ ὄντα ὡς τόπου διαφοραὶ καὶ ποσὰ τὸ ἄνω καὶ τὸ κάτω ἐναντίωσιν ἐπιδέχοιτο ἄν, ὥστε εἶναι περὶ μόνον τὸν τόπον ἐν τῷ ποσῷ ἐναντιότητα. Ὅτι δὲ ἐν <τῷ> τόπῳ ἐναντιότης, ἐοίκασιν δηλοῦν καὶ οἱ τὰ ἐναντία ὁρισάμενοι « τὰ πλεῖστον ἀλλήλων διεστηκότα »· ἀπὸ γὰρ τῆς κατὰ τὸν τόπον ἐν τῷ ἄνω καὶ κάτω ἐναντιώσεως ἐοικάσι τὸν ὁρισμὸν εἰ⌈λ⌉ηφέναι· τὸ γὰρ

13 τῷ[1] A : τὸ M || τῷ[2] μέσῳ M : τὸ μέσον A || **14** σφαίρᾳ A : σφαῖρα M || **20** τῷ M[1] (s.u.) A : om. M || **22** εἰληφέναι M[1]A : εἰρηφέναι (sic) M

d'autre que la distance qui sépare les pôles de l'Univers, de telle sorte que, celui-ci étant sphérique, le bas soit la région médiane de l'univers et le haut, les espaces qui vont du milieu aux limites, dans cette hypothèse, le haut sera le contraire du bas, parce que la plus grande distance, pour ce qui est au milieu, est celle qui conduit à la surface extérieure, comme dans un cercle ou une sphère, c'est celle qui conduit à ses limites. Placés à cette distance l'un de l'autre en effet, le haut reste toujours le haut et le bas reste toujours le bas, tandis qu'à toutes les autres distances, les choses qu'on appelle le haut et le bas sont toujours conçues l'une relativement à l'autre et la même chose semble être à la fois le haut et le bas [1]. C'est pourquoi lorsqu'ils sont par eux-mêmes des distinctions au sein du lieu en quelque sorte et des quantités, le haut et le bas sont susceptibles de contrariété. Si bien qu'il n'y aurait que dans le cas du lieu que la quantité implique une contrariété [2]. Du reste, que la quantité contienne de la contrariété, c'est ce que semblent aussi faire voir ceux qui ont défini les contraires en disant que « ce sont les choses qui se trouvent les plus distantes l'une de l'autre » ; car ils semblent avoir tiré leur définition de la contrariété locale qu'impliquent le haut et le bas [3].

points. Le haut et le bas ne sont donc définis que par rapport à nous et varient selon le lieu où nous sommes : pour quelqu'un s'approchant de l'un des pôles célestes, tête en avant, le haut serait la petite section de l'univers qui l'en sépare, et le bas, tout le reste ! Il n'y a pas d'allusion à ce genre de jugement dans *C*.

1. [107.9-17] C'est à cette opinion, qui assimile le centre de l'Univers au bas et les extrémités à ses parties hautes, que fait allusion *C*, 6 a 13-15. C'est une opinion parfaitement reçue de tout le monde, dit Aristote en *Physique*, IV, 4, 212 a 22-24. Dans le lieu qu'occupe un corps quelconque, on peut donc distinguer le haut comme étant la surface extérieure qui l'enveloppe du côté de l'extérieur de l'Univers, et le bas, comme étant la surface extérieure qui l'enveloppe du côté orienté vers le centre de la Terre.

2. [107.17-20] Ces conclusions ne sont pas exactement celles d'Aristote et ne sont pas tirées par lui. L'opinion dont elles sont tirées et qu'il rapporte est celle, dit-il, qui fait croire (δοκεῖ) que la contrariété est une caractéristique de la quantité. Mais c'est une croyance que, lui, ne partage visiblement pas. Et s'il rapporte l'opinion, quant à elle recevable, sur le haut et le bas dont elle s'autorise, c'est pour expliquer pourquoi cette croyance illusoire est tellement ancrée. La raison pour laquelle Aristote se refuse à verser dans cette illusion est la même, fondamentalement, que celle qui l'empêche d'admettre la contrariété dans toutes les autres espèces de quantités. Si, en effet, l'enveloppe haute d'un corps et son enveloppe basse sont contraires en vertu des positions qu'elles occupent dans l'Univers, leurs mesures respectives, quelles qu'elles soient, exprimées en surfaces, n'ont rien de contraire : ce par quoi elles sont des quantités, trois pieds carrés en haut et cinq pieds carrés en bas, ne sont pas des contraires, exactement comme trois coudées n'est pas le contraire de cinq coudées, même si la première mesure est celle de la partie supérieure et la seconde, celle de la partie inférieure d'une ligne verticale dont une extrémité est au soleil et l'autre à l'ombre.

3. [107.20-24] Paraphrase de *C*, 6 a 15-18, comprenant la définition des contraires, reproduite littéralement par Porphyre. Cf. *infra*, *C*, 14 a 19-20 ; *Topiques*, IV, 3, 123 b 3-4, 6-7, 9-10 et *Mét.*, Δ, 10, 1018 a 27-31.

διεστηκέναι πρώτως ἐν τόπῳ ἐστίν· ὥστε ἐν μόνῳ τ⌈ῷ⌉ τόπῳ εἴη [ἂν ἡ] ἐναντίωσις.

<Π.> Ἀλλὰ πῶς ὁ Ἑρμ⌈ῖ⌉νος ἀπήντηκεν;

<Ἀ.> Λέγων ὅτι τὸ ἄνω καὶ τὸ κάτω οὐ τόπον σημαίνει ἀλλὰ ποῦ, ὥσπερ οὐδὲ τὸ χθὲς οὐδὲ τὸ αὔριον χρόνον ἀλλὰ ποτέ· ἔστι δὲ ὡς τὸ ποτὲ κατὰ χρόνον, οὕτως καὶ τὸ ποῦ κατὰ τόπον· ἕτερον δὲ ποσοῦ εἶναί τι, ἕτερον δὲ τὸ ποσόν. Ἀλλὰ καὶ ὁ Ἑρμῖνος οὕτως ἀφῄρει τοῦ ποσοῦ τὴν ἐναντίωσιν.

<Π.> Ἆρα οὖν ἐν τοῖς ἄλλοις ποσοῖς οὐκ ἂν εἴη ἐναντίωσις;

<Ἀ.> Ἐν μὲν τοῖς ⌈ὡ⌉ρισμένοις οὐδαμῶς, ἐν δὲ τοῖς ἀορίστοις ποσοῖς δόξειεν ἂν εἶναι ἐναντίωσιν.

<Π.> Τίνα [οὖν ἐστι] τὰ ἀόριστα ποσά;

23 τῷ A : τὸ M || ἂν ἡ A || **25** Π. (*Int.*) add. Fel. u. sign. Ap || ἀπήντηκεν M : ἀπήντησεν A || **26** Ἀ. (*Resp.*) add. Fel. u. sign. p || **29** post ποσόν u. sign. A || ἑρμῖνος A : ἑρμῆνος M Ἀνδρονικός coni. Busse (in app.) sec. Simpl., 143,1 || **31** Π. (*Int.*) add. Fel. u. sign. Ap || **32** Ἀ. (*Resp.*) add. Fel. u. sign. Ap || **33** ἐναντίωσιν MAC : ἐναντίωσις p || **34** Π. (*Int.*) add. Fel. u. sign. Ap || οὖν ἐστι A

S'étendre en distance en effet, au sens premier du terme, c'est être en un lieu. Par conséquent, l'opposition des contraires ne se trouverait que dans le cas du lieu.

Q. — Mais comment Herminos[1] a-t-il répliqué ?

R. — En disant que « haut » et « bas » ne signifient pas le lieu, mais la localisation, tout comme « hier » et « aujourd'hui » ne signifient pas non plus le temps, mais le moment. Il se peut que le moment soit déterminé d'après le temps et que, de la même façon, la localisation le soit d'après le lieu ; néanmoins, se rattacher à une quantité est une chose et être cette quantité en est une autre[2]. Quoi qu'il en soit, c'est ainsi que Herminos, lui aussi, éliminait l'opposition des contraires de la quantité[3].

Q. — Est-ce donc qu'il ne peut y avoir de contrariété parmi les autres quantités ?

R. — Dans le cas des quantités déterminées, c'est tout à fait exclu[4] ; mais dans le cas des quantités indéfinies, il semblerait y en avoir une.

Q. — Que sont donc les quantités indéfinies ?

1. [107.25] L'appel à Herminos, de la part du questionneur, s'explique sans doute du fait que le répondeur a invoqué plus haut (p. 59, 17) son autorité en matière d'exégèse d'Aristote.

2. [107.26-29] Ce jugement témoigne d'une interprétation orthodoxe, dans la mesure où il maintient une distinction nette entre les trois catégories d'Aristote. Certains, en effet, qui plaidaient en faveur du rattachement de la localisation au lieu et du moment au temps, étaient partisans de la suppression de ces deux catégories, ainsi absorbées dans la quantité (*cf.* Plotin, *En.*, VI, 1, 13 et 14 et, à ce sujet, Simplicius, 358, 8 *sq.*) ; d'autres suggéraient en revanche de sortir le temps et le lieu de la quantité, pour constituer des catégories indépendantes auxquelles se rattacheraient et seraient subordonnés, respectivement, le moment et la localisation (c'était, semble-t-il, le cas d'Andronicos, du Pseudo-Archytas, de Lucius et Nicostrate, d'après Simplicius, 134, 5-7 ; 257, 28-29 ; 342, 22-25 ; 347, 6 *sq.*).

3. [107.29] Du fait que Simplicius (143, 1) attribue aussi à Andronicos de Rhodes l'opinion selon laquelle haut et bas signifient des localisations (non des lieux), il ne s'ensuit pas qu'il faille ici substituer son nom à celui d'Herminos, même si Simplicius doit son information au grand commentaire de Porphyre lui-même. Simplicius n'ajoute pas en effet qu'Andronicos tirait de cette opinion la conclusion qu'il n'y a pas de contrariété dans la quantité. Il est même probable que cette conclusion ne s'imposait pas à lui, pour la même raison, car, nous le savons (*cf.* les témoignages cités n. précédentes) le temps et le lieu étaient pour lui des choses à soustraire de la quantité, pour former, avec le moment et la localisation qui leur sont respectivement subordonnés, des genres (catégories) indépendants. Dans ces conditions, le haut et le bas ne pouvaient relever, pour lui, de la quantité de toute façon, quand bien même ils seraient rattachés au lieu, plutôt qu'à la localisation, comme il le soutenait.

4. [107.32] Porphyre l'a déjà stipulé clairement *supra*, p. 96, 35.

<Ἀ.> Τὰ οὕτω ἐκφερόμενα οἷον πολὺ ἢ ὀλίγον, μέγα ἢ μικρόν· ποσὸν γάρ τι ὂν πολὺ ἢ ὀλίγον ἐστὶ καὶ μέγα ἢ μικρόν.

108.1 <Π.> Ἆρα οὖν ποσὰ ταῦτα κυρίως;

<Ἀ.> Οὐ πάνυ τι δόξει.

<Π.> Διὰ τί;

<Ἀ.> Οὐδὲ γὰρ σημαίνει ποσόν, ἀλλὰ μᾶλλον πρός τι ἂν εἴη.

<Π.> Τί οὖν; Ἐναντία ἐστὶ ταῦτα;

<Ἀ.> Οὐδαμῶς, ἀλλὰ ἀντίκειται μὲν ἀλλήλοις, ἀντίκειται δὲ οὐχ ὡς τὰ ἐναντία, ἀλλ᾽ ὡς τὰ πρός τι, ὥστε κἂν τῶν πρός τι ᾖ, οὐκ ἔστι ἐναντία ἀλλὰ ἀντικείμενα.

<Π.> Πῶς τοῦτο ἔφης;

<Ἀ.> Ὅτι τῶν ἀντικειμένων τὰ μὲν ἀντίκειται ὡς κατάφασις καὶ ἀπόφασις, τὰ δὲ ὡς στέρησις καὶ ἕξις, τὰ δὲ ὡς τὰ πρός τι, τὰ δὲ ὡς ἐναντία, ὥστε τὰ πρός τι ἀντικείμεν[α] μέν ἐστιν, ἐναντία δὲ οὔ.

<Π.> Ἆρα οὖν τῶν πρός τί ἐστι τὸ μέγα καὶ τὸ μικρὸν καὶ τὸ πολὺ καὶ τὸ ὀλίγον;

<Ἀ.> Οὐ μόνον τῶν πρός τι, ἀλλὰ {γὰρ} καὶ ἁπλῶς σημαίνει ποσὸν ἀόριστον ἕκαστον τούτων· διχῶς γὰρ λέγεται τὸ μέγα καὶ διχῶς τὸ μικρὸν καὶ ὁμοίως τὸ πολὺ καὶ ὀλίγον, τὸ μὲν ἁπλῶς, τὸ δὲ τῶν πρός τι.

35 Ἀ. (*Resp.*) add. Fel. u. sign. Ap || **108.1** Π. (*Int.*) add. Fel. u. sign. Ap || **2** Ἀ. (*Resp.*) add. Fel. u. sign. Ap || τι M : τοι A || **3** Π. (*Int.*) add. Fel. u. sign. Ap || **4** Ἀ. (*Resp.*) add. Fel. u. sign. Ap || **5** Π. (*Int.*) add. Fel. u. sign. Ap || **6** Ἀ. (*Resp.*) add. Fel. u. sign. Ap || **9** Π. (*Int.*) add. Fel. u. sign. Ap || **10** Ἀ. (*Resp.*) add. Fel. u. sign. Ap || **12** ἀντικείμενα A || **13** Π. (*Int.*) add. Fel. u. sign. Ap || **15** Ἀ. (*Resp.*) add. Fel. u. sign. Ap || ἀλλὰ A : ἀλλὰ γὰρ (aut γε legebat Vitelli) M (dub.)

R. — Celles qu'on exprime en disant, par exemple, « beaucoup » ou « peu », « grand » ou « petit », parce qu'être en certaine quantité veut dire beaucoup ou peu, et grand ou petit[1].

|Q. — Est-ce que ce sont là des quantités au sens strict ?[2] 108

R. — Il semblerait bien que non.

Q. — Pourquoi ?

R. — Parce qu'elles ne signifient pas non plus une quantité, mais seraient plutôt des relatifs[3].

Q. — Et alors quoi ? Ce sont tout de même des contraires ?

R. — Pas du tout ! Elles s'opposent, certes, les unes aux autres, mais leur opposition n'est pas celle de contraires, mais celle de relatifs. Par conséquent, même si elles se rangent dans les relatifs, ce ne sont pas des contraires mais des opposés[4].

Q. — Comment peux-tu dire ça ?

R. — C'est que parmi les opposés, certains s'opposent à la façon de l'affirmation et de la négation, certains à la façon de la privation et de l'état, certains à la façon des relatifs et certains à la façon des contraires. Si bien que les relatifs sont des opposés, mais pas des contraires[5].

Q. — Est-ce que c'est donc parmi les relatifs que se rangent le « grand », le « petit », le « beaucoup » et le « peu » ?

R. — Pas uniquement parmi les relatifs. Au contraire, chacun d'eux signifient aussi tout simplement une quantité indéfinie. Car le mot « grand » a deux sens, exactement comme le mot « petit », et pareillement les mots « beaucoup » et « peu » : le sens pur et simple et le sens de relatifs[6].

1. [107.35-36] Cf. *C*, 5 b 14-15 (mêmes exemples). Aristote cependant ne propose pas de voir là des exemples de quantités indéfinies ; cette proposition vient, semble-t-il, d'Andronicos (*cf.* Simplicius, 144, 7-9).

2. [108.1] Plotin (*En.*, VI, 1, 4, 45-46) trouvait aussi inadéquat d'appeler ces choses des quantités, sans qu'elles le soient au sens strict (οὐ τῷ κυρίως ποσῷ).

3. [108.4] C'est ainsi qu'Aristote les présente tout d'abord (*C*, 5 b 16), bien qu'il envisage plus loin (5 b 30) l'éventualité qu'il écarte ici !

4. [108.6-8] C'est l'argument implicite d'Aristote ; il ressemble à celui qui a déjà été employé plus haut (p. 106, 27-28), à propos de l'opposition du corporel et de l'incorporel, qui est celle, non des contraires, mais plutôt de l'état et de la privation.

5. [108.10-12] Cf. *C*, 11 b 17-19.

6. [108.16-17] Cette distinction permet de concilier l'affirmation de *C*, 5 b 16 et l'éventualité envisagée au passage, en *C*, 5 b 30.

<Π.> Τὰ ἁπλῶς σημαινόμενα ποσὰ ποταπὰ εἶναι λέγεις;

<᾿Α.> ᾿Αόριστα.

<Π.> Διὰ τί ἀόριστα;

<᾿Α.> Ὅτι οὐκ ἔστι λαβεῖν τὸ μέγα π⌈όσῳ⌉ μέγα, οὐδὲ τὸ μικρὸν π⌈όσῳ⌉ μικρόν. Εὐθὺς οὖν φέρεται ἡ διάνοια ἐπί τι μικρόν, ὅταν εἴπῃ <τις> μέγα, ἵνα διανοηθῇ, π[όσῳ] τὸ μέγα ῥηθὲν ⌈ἐστιν⌉.

<Π.> Διὰ τί οὖν οὐ πρός τι μόνον αὐτὰ λέγεις, ἀλλὰ καὶ ἁπλῶς ποσόν;

<᾿Α.> Ὅτι ἐκ πρώτης ποσὸν μᾶλλον, καὶ οὕτως λέγεται μέγα καὶ μικρὸν καὶ πλέον καὶ ἔλαττον· τὸ δὲ μέγα καὶ μικρὸν καὶ τὸ πολὺ καὶ ὀλίγον ἐμφαίνει {ἐμφαίνει} τὸ ἁπλῶς καὶ μὴ κατὰ τὴν πρὸς ἄλληλα σχέσιν οὕτως λέγεσθαι, ἐμφαίνει δὲ καὶ τὸ πρὸς ἄλλο· διὸ δύο σημαίνεσθαι ἐξ αὐτῶν ἔφαμεν καὶ ἀπόλυτον καὶ πρός τι.

<Π.> Ἆρα οὖν ὁ ᾿Αριστοτέλης τῶν δύο σημαινομένων ἐμνήσθη;

<᾿Α.> Οὐδαμῶς.

<Π.> ᾿Αλλὰ τίνος;

<᾿Α.> Τοῦ κατὰ τὸ πρός τι μόνον ἀπ᾿ αὐτοῦ λαμβανομένου, ὃ καὶ πειρᾶται διὰ πλειόνων ἐπιδεῖξαι.

<Π.> Τίς οὖν πρῶτος λόγος εἰς τὴν τούτου ἀπόδειξιν λαμβάνεται;

18 Π. (*Int.*) add. Fel. u. sign. Ap || **19** ᾿Α. (*Resp.*) add. Fel. u. sign. Ap || **20** Π. (*Int.*) add. Fel. u. sign. Ap || **21** ᾿Α. (*Resp.*) add. Fel. u. sign. Ap || πόσῳ (bis) Busse : ποσῷ (utrobique) MACp || **22** τις A : om. M || **23** πόσῳ… ἐστιν Busse : ποσῷ… εἶναι MACp || **24** Π. (*Int.*) add. Fel. u. sign. A (dub.) || **25** ᾿Α. (*Resp.*) add. Fel. u. sign. Ap || **26** τὸ² M : om. A || **27** ἐμφαίνει M¹ (p. exp.) A : dittogr. M || **30** Π. (*Int.*) add. Fel. u. sign. Ap || **31** ᾿Α. (*Resp.*) add. Fel. u. sign. Ap || **32** Π. (*Int.*) add. Fel. u. sign. Ap || **33** ᾿Α. (*Resp.*) add. Fel. u. sign. Ap || **35** Π. (*Int.*) add. Fel. u. sign. Ap

Q. — Quand on signifie simplement des quantités, qu'est-ce qu'on signifie, selon toi ?

R. — Des choses indéfinies.

Q. — Pourquoi indéfinies ?

R. — Parce qu'on ne peut saisir dans quelle mesure le grand est grand, ni dans quelle mesure le petit est petit. Par conséquent, lorsqu'on dit « grand », la pensée se porte d'emblée sur quelque chose de petit, pour évaluer dans quelle mesure est grand ce qu'on dit l'être[1].

Q. — Pourquoi alors déclares-tu que ce ne sont pas seulement des relatifs, mais encore des indications de simple quantité ?

R. — Parce qu'au départ, elles indiquent plutôt une quantité, et que c'est ainsi qu'on entend « grand » et « petit », de même que « plus » et « moins ». Cependant, si les mots « grand » et « petit », « beaucoup » et « peu » expriment des choses qu'on entend simplement ainsi, et non d'après leurs relations mutuelles, ils expriment également un relatif. C'est pourquoi nous prétendions qu'on signifie par là deux choses : l'absolu et le relatif.

Q. — Est-ce qu'Aristote alors a mentionné les deux significations ?

R. — Pas du tout !

Q. — Mais laquelle a-t-il mentionnée ?

R. — Celle du relatif, la seule qu'il conçoive[2]. C'est elle qu'il s'efforce de mettre en lumière par plusieurs exemples.

Q. — Quel est donc le premier argument qu'il prend pour sa démonstration ?

1. [108.22-23] C'est peut-être l'interprétation porphyrienne de la proposition *C*, 5 b 16-17 : « cela fait référence à autre chose ». Mais cette proposition, chez Aristote, explique pourquoi l'indication est celle d'un relatif, non pourquoi la quantité indiquée serait indéterminée. C'est d'ailleurs ainsi que paraît comprendre le questionneur; d'où la question qu'il soulève ensuite.

2. [108.33] Aristote ne conçoit pas qu'une expression comme « grand » ou « plus grand » puisse désigner ensemble deux genres différents, et soutient qu'elle signifie quelque chose dans le genre (catégorie) des relatifs. Mais, comme on le voit clairement par ailleurs (en 6 a 37-b 14 et en *Mét.*, Λ, 15), il admet parfaitement que dans le genre (catégorie) des relatifs, il y ait place pour des différences et il distingue effectivement des autres relatifs ceux qui se rapportent au nombre ou à la grandeur. Dans l'expression de cette espèce de relatifs, il conçoit donc bien, lui aussi, que l'on signifie deux choses, non deux genres de choses cependant, mais un genre avec sa différence spécifique.

<'Α.>Ὁ ἐκ τῆς ἐπαγωγῆς· «οὐδὲν [γὰρ] αὐτὸ καθ' αὑτὸ μέγα λέγεται ἢ μικρόν, ἀλλὰ πρὸς ἕτερον ἀναφέρεται», ὡς παραστήσει ἡ ἐπαγωγή· οἷον [ὄ]ρος μικρὸν λέγεται καίτοι ἁπλῶς οὕτως οὐκ ὂν μικρόν, ἀλλὰ δῆλον τὸ
109.1 πρὸς ἕτερον ὁμογενὲς αὐτ⌈οῦ⌉ μεῖζον γίνεσθαι τὴν ἀναφοράν. Καὶ πάλιν ἡ κέ<γ>χρος πάντων οὖσα μικροτέρα ὅμως λέγεται μεγάλη, δηλονότι ἀναφερομένη πρὸς ἄλλην κέ<γ>χρον.

<Π.>Τί οὖν τοῦτο πρὸς ἀπόδειξιν ποιεῖ ⌈τοῦ τὸ⌉ μέγα καὶ τὸ μικρὸν λέγεσθαι κατὰ τὸ πρός τι;

<'Α.>Ὅτι [εἴ]περ {τ}αὐτ⌈ῶ⌉ν ἑκάτερον καθ' ἑαυτὸ ἐλέγετο καὶ μὴ πρὸς ἄλλο τι τῶν ὁμογενῶν ἡ ἀναφορὰ ἐγίνετο αὐτῶν, οὐκ ἂν τὸ μὲν ⌈ὄ⌉ρος μικρὸν ἐλέγετο, ἡ δὲ κέ<γ>χρος μεγάλη.

<Π.>Πῶς οὖν ἂν εἴποις συντόμως τοῦτο [καὶ συ]λλογιστικῶς;

<'Α.>Οὕτως· τὸ ποσὸν οὐ λέγεται πρὸς ἕτερον οἷον τὸ δίπηχυ, τὸ τρίπηχυ, ἡ ἐπιφάνεια καὶ τὰ ἄλλα· τὸ δὲ μέγα καὶ τὸ μικρὸν ἑτέρου λέγεται· οὐκ ἄρα ἔστι τὸ μέγα καὶ τὸ μικρὸν ποσά. Πάλιν ἄλλως· τὸ ποσὸν καθ' ἑαυτὸ λέγεται, ὃ δείκνυται τῇ ἐπαγωγῇ· τὸ δὲ μέγα καὶ τὸ μικρὸν καθ' ἑαυτὸ οὐ λέγεται· οὐκ ἄρα τὸ μέγα καὶ τὸ μικρόν ἐστι ποσά.

<Π.>Ὅτι μὲν οὖν τὸ μέγα καὶ τὸ μικρὸν οὐ ποσά, ἀλλὰ πρός τι, ἀπέδειξας· δεῖξον δὲ ὅτι μὴ καὶ τὸ πολὺ καὶ τὸ ὀλίγον ποσά, ἀλλὰ πρός τι.

36 'Α. (*Resp.*) add. Fel. u. sign. Ap || γὰρ A || αὐτὸ M : om. A || μέγα post λέγεται transp. A || **38** ὄρος p : ὅρος MAC || **109.1** αὐτοῦ coni. Busse quod prob. Strange : αὐτὸ MA || **4** Π. (*Int.*) add. Fel. u. sign. Ap || τοῦ τὸ A : τοῦτο M || **6** 'Α. (*Resp.*) add. Fel. u. sign. Ap || εἴπερ A || αὐτῶν scripsi : ταὐτὸν MA τούτων Strange || ἑαυτὸ M : αὐτὸ A || **7** ὄρος A : ὅρος M || **9** Π. (*Int.*) add. Fel. u. sign. Ap || καὶ συλλογιστικῶς A || **10** 'Α. (*Resp.*) add. Fel. u. sign. Ap || τὸ[3] M : om. A Busse || **12** τὸ[1] MA[1] (s.u.) : om. A || post ἄλλως u. sign. M (dub) || **13** τὸ[2] M : om. A || **15** Π. (*Int.*) add. Fel. u. sign. Ap

R. — L'argument tiré de l'induction. « Rien en effet n'est dit en soi-même grand ou petit ; au contraire, tout cela fait référence à autre chose »[1], comme on peut l'induire à partir d'exemples. C'est ainsi qu'une montagne est déclarée petite, bien que dans l'absolu, elle ne le soit pas, mais c'est évidemment | qu'on fait le rapprochement avec une autre chose du même **109**
genre, plus grande qu'elle. Autre exemple encore : le grain de mil, qui est le plus petit de tous, est malgré tout déclaré grand, parce qu'évidemment, il est rapproché d'un autre grain de mil.

Q. — En quoi cela contribue-t-il donc à démontrer que « grand » et « petit » s'entendent relativement ?

R. — C'est que si dans chacun des deux exemples, on voulait dire « en soi-même » et que l'on ne procédait pas au rapprochement avec une autre chose du même genre, on ne pourrait pas dire la montagne petite et le grain de mil grand[2].

Q. — Comment donc exprimerais-tu cet argument de manière concise et sous forme de syllogisme ?[3]

R. — Voici : La quantité n'est pas dite relativement à autre chose (c'est vrai, par exemple, de « deux coudées », de « trois coudées », ou de la surface, comme du reste). Or « grand » et « petit » se disent par comparaison avec autre chose. Donc, le grand et le petit ne sont pas des quantités. Autre façon encore : La quantité est dite par soi, ce qu'on montre par l'induction. Or le grand et le petit ne sont pas dits par soi. Donc, le grand et le petit ne sont pas des quantités[4].

Q. — Ainsi donc, tu as démontré que le grand et le petit ne sont pas des quantités, mais des relatifs[5]. Montre cependant que beaucoup et peu ne sont pas non plus des quantités, mais des relatifs.

1. [108.36-37] *C*, 5 b 16-18. La citation littérale est suivie d'une paraphrase des exemples aristotéliciens utilisés en 5 b 18 *sq*.

2. [109.6-8] Paraphrase (presque citation) du raisonnement *ab absurdo* exposé en *C*, 5 b 20-22.

3. [109.9] Porphyre paraît supposer que la preuve inductive, par l'exemple, ne suffit pas et nécessite un argument apodictique, autrement dit scientifique, qui repose sur un principe général. Ce principe est énoncé dans les majeures (la première négative) des raisonnements qui suivent. Mais ces majeures sont elles-mêmes établies par induction.

4. [109.10-14] Ces deux syllogismes de la seconde figure sont formellement concluants, selon le mode *cesare* dans le premier cas, selon le mode *camestres* dans le second ; et matériellement, ils établissent la même proposition.

5. [109.15] En fait, les deux syllogismes ont établi, négativement, qu'ils n'étaient pas des quantités, mais non, positivement, qu'ils étaient des relatifs.

<᾿Α.> Ἐν μὲν γὰρ ταῖς ᾿Αθήναις εἰ τύχοι τρισχιλίων ὄντων ἀνθρώπων, φαμὲν ὀλίγους εἶναι, ἐν δὲ τῇ κώμῃ κἂν ὦσι τριακ⌈όσιοι⌉, λέγ⌈ο⌉μεν πολλοί εἰσιν, καίτοι πολλαπλασίων ὄντων ᾿Αθήναζ⌈ε⌉. Καὶ ἐν μὲν τῇ οἰκίᾳ οἱ πεντακ⌈όσιοι⌉ πολλοί, ἐν δὲ τῇ πόλει κἂν πολλαπλάσιοι τούτων ὦσιν, ὀλίγοι λέγονται. Πρὸς ἕτερον οὖν ἡ ἀναφορὰ τοῦ πολλοῦ καὶ ὀλίγου λέγεται.

<Π.> Καὶ ἄλλο ἐπιχεί[ημα] <ἔχεις>;

<᾿Α.> Τὸ μὲν δίπηχυ καὶ τρίπηχυ καὶ τὰ δύο καὶ ⌈πέντε⌉ ποσὸν ἕκαστον σημαίνει· τὸ δὲ πολὺ καὶ τὸ ὀλίγον οὐκ εἰσὶν τοῦ ποσοῦ δηλωτικά· ἐκ γὰρ τοῦ φάναι πολὺ ἢ ὀλίγον οὐ σημαίνεται ἀριθμός· ὡσαύτως δὲ οὐκ ἂν εἴπωμεν μέγα ἢ μικρόν, οὐ δηλοῦται διωρισμένον τι ποσόν· οὐκ ἄρα ποσὰ ταῦτα.

<Π.> Ἆρα οὖν καὶ ἄλλο ἐπάγεις εἰς τὸ αὐτὸ ἐπιχείρη[μα];

<᾿Α.> Ἐπάγω.

<Π.> Ποῖον τοῦτο;

<᾿Α.> Τῷ γλυκεῖ τὸ πικρὸν ἐναντίον ὂν καθ᾿ ἑαυτὸ λέγεται καὶ νοεῖται· κἂν γὰρ μὴ ᾖ πικρόν, νοεῖται τὸ γλυκὺ καθ᾿ ἑαυτό, κἂν μὴ ᾖ γλυκύ, νοεῖται τὸ πικρὸν καθ᾿ αὑτό. Ὁμοίως δὲ καὶ τὸ λευκὸν καὶ τὸ μέλαν καὶ τὸ ψυχρὸν καὶ τὸ θερμὸν πάντα ταῦτα ἐναντίωσιν ἐπιδεχόμενα πάντως καθ᾿ ἑαυτὰ νοεῖται πρότερον. Τὸ δὲ μέγα καὶ τὸ μικρὸν καὶ τὸ πολὺ καὶ τὸ ὀλίγον οὐκ ἔστι καθ᾿ ἑαυτὰ πρῶτον εἰπεῖν, ἀλλὰ ἀνάγκη συνεπινοεῖσθαι [αὐτῶν] ἑκάστῳ, πρὸς ὃ τὴν ἀναφορὰν ἔχει· ⌈τό τε⌉ γὰρ μέγα οὐκ ἔστιν οὔτε [εἰπεῖν] οὔτε νοῆσαι μὴ οὐχὶ ἀνενεγκόντα ἐπί τι ἕτερον, πρὸς ὃ ἀποβλ[έπων]
110.1 μέγα φήσει τις εἶναι αὐτ⌈ό⌉. Ὁμοίως δὲ καὶ τὰ λοιπὰ τὰ τρία· [τί] γὰρ ⌈ὠ⌉ρισμ<έν>ον ἔστι νοῆσαι ἐκ τοῦ ἀκοῦσαι μέγα ἢ μικρὸν ἢ πολὺ ἢ ὀ[λίγον], οὐκ

17 ᾿Α. (*Resp.*) add. Fel. u. sign. Ap || **18** τριακόσιοι A : τριακγο/ M || λέγομεν A : λέγωμεν M || **19-20** πεντακόσιοι A : πεντακγο/ M || **22** Π. addidi || ἐπιχείρημα A || ἔχεις addidi || **22a** ᾿Α. addidi u. sign. M (inc. Τὸ in mg) || πέντε A : ε᾿ M || **25** οὐ M : om. A || **27** Π. (*Int.*) add. Fel. u. sign. Ap || ἄλλο MA[1] (s.u.) : om. A || ἐπιχείρημα Busse : πρός τι A || **28** ᾿Α. (*Resp.*) add. Fel. u. sign. Ap || **29** Π. (*Int.*) add. Fel. u. sign. Ap || **30** ᾿Α. (*Resp.*) add. Fel. u. sign. Ap || **31** ἑαυτό M : αὑτό A || **33** ἐπιδεχόμενα M : δεχόμενα A || **35** ἑαυτὰ M : αὑτὰ A || **36** αὐτῶν A : lacer. M || τό τε scripsi : τότε MA || **37** εἰπεῖν A || ἀποβλέπων A || **110.1** τις ante μέγα transp. A || αὐτό M[1] A : αὐτῶ M || τί A || **2** ὡρισμένον scripsi (cf. supra, p. 107,32) : ὁρισμὸν MA ὁριστόν Busse || ὀλίγον A

R. — En effet, si dans Athènes, il n'y a d'aventure que trois mille personnes, nous disons que c'est peu, tandis que dans ce village, si elles sont trois cents, nous déclarons que c'est beaucoup, alors qu'elles sont beaucoup de fois plus nombreuses à Athènes. De même, dans la famille, cinq cents personnes, c'est beaucoup, tandis que dans la cité, seraient-ils beaucoup de fois plus que cela, on dit que c'est peu. C'est donc par référence à autre chose qu'on parle de beaucoup et de peu[1].

Q. — Peux-tu encore faire la preuve autrement ?[2]

R. — Deux ou trois coudées, deux ou cinq, cela signifie chaque fois une quantité. Or beaucoup et peu ne sont pas des indications de quantité, car on a beau dire « beaucoup » ou « peu », par là on ne signifie pas de nombre. Et de la même façon, si nous disons « grand » ou « petit », il n'y a pas indication de quantité déterminée. Donc, ce ne sont pas des quantités[3].

Q. — Est-ce que tu peux encore avancer une autre preuve en faveur de la même thèse ?

R. — Oui.

Q. — Laquelle ?

R. — L'amer, qui est le contraire du doux, on le dit et on le pense par lui-même. Car s'il n'y a pas d'amer, le doux est concevable par lui-même, et s'il n'y a pas de doux, l'amer est concevable par lui-même. Pareillement d'ailleurs, le blanc et le noir, le froid et le chaud, qui sont chacun objet de contrariété, sont de toute façon concevables par eux-mêmes auparavant. Or, « grand » ou « petit », « beaucoup » et « peu », ne peuvent être dits par eux-mêmes d'abord, mais il faut nécessairement concevoir, en même temps que chacun d'eux, ce par rapport à quoi il soutient la comparaison. Il est en effet impossible de dire et de penser une chose grande aussi longtemps qu'on ne l'a pas comparée avec une autre chose, en considération de laquelle
tion de laquelle | on peut soutenir qu'elle est grande. Et il en va encore de **110**
même dans les trois cas qui restent. Qu'est-ce que la pensée peut en effet

1. [109.17-21] Paraphrase de *C*, 5 b 22-25. Les chiffres (douteux) sont l'invention de Porphyre. Le second exemple, qui oppose la famille et la cité, est substitué à celui qui oppose, chez Aristote, la famille (ou plutôt la maison) et le théâtre.

2. [109.22 et 22a] Le changement de réplique paraît s'imposer, sur le modèle des lignes 25 *sq.* L'addition de ἔχεις est cependant très conjecturale, car on pourrait tout aussi bien restituer un verbe à la troisième personne du singulier, dont le sujet sous-entendu serait Aristote, puisque les deux premiers exemples de l'argument cité (deux ou trois coudées) sont empruntés à Aristote (5 b 26).

3. [109.22a-26] Ces propos (paraphrase de *C*, 5 b 26-29) sont difficilement conciliables avec ceux qui ont été tenus plus haut par Porphyre en son propre nom (p. 108, 25 *sq.*).

ἔστιν εἰπεῖν. Εἰ τοίνυν τὰ μὲν ἔχοντα ἐναντιότητα καθ᾽ ἑαυτὰ πρώτως λέγεται, τὰ δὲ τέτταρα τὰ εἰρήμενα οὐκ ἔστιν εἰπεῖν πρώτως καθ᾽ ἑαυτά, οὐκ ἂν ἐπιδέχοιτο ἐναντιότητα.

<Π.> Ἔτι ἄλλο ἐπιχείρημα ποῖον ἔχεις εἰπεῖν;

<᾽Α.> Τοῦτο· εἰ ἔσται τὸ μέγα <καὶ> τὸ μικρὸν ἐναντία, ἐπ[ειδὴ] πρὸς τὸ μεῖζον ⌜εἴ τί τις⌝ ἀφορ⌜ί⌝σαι μικρὸν ἂν δόξειεν εἶναι τὸ ἕτερον, πρὸς δὲ τὸ ἔλαττον πάλιν μέγα, καὶ τοῦτό γε κατὰ τὸν αὐτὸν καιρὸν συμβαίνει, συμβήσεται αὐτὸ ἑαυτῷ ἐναντιοῦσθαι· [οὐκ] ἄρα τὸ μέγα καὶ τὸ μικρόν εἰσιν ἐναντία. Ὁ αὐτὸς δὲ λόγος καὶ [ἐπὶ] τοῦ πολλοῦ καὶ ὀλίγου. Ἀλλ᾽ εἰ μήτε [ἐν] τούτοις ἐναντίωσις μήτε ἐν τῷ τόπῳ ὥς τισιν ἐδόκει, οὐκ ἔσται δήπου ἐν τῷ ποσῷ ἐναντίον.

<Π.> Ἆρα οὖν διὰ τοῦτο ἴδιον τοῦ ποσοῦ τοῦτο;

<᾽Α.> Οὐδαμῶς· [οὐ]δὲ γὰρ ἐπὶ τῆς οὐσίας ἐδείχθη ἐναντίωσις, καὶ ἐπὶ τινῶν δὲ τῶν τοῦ ποιοῦ δειχθήσεται μὴ προσοῦσα ἐναντίωσις, ὥστε οὐκ ἴδιον τοῦ ποσοῦ τοῦτο, κἂν παντὶ ποσῷ μηδὲν ᾖ ἐναντίον.

<Π.> Εἰπὲ τοίνυν εἰ καὶ ἄλλο τι αὐτ⌜ῷ⌝ πρόσεστιν.

<᾽Α.> Φημὶ δὴ ὅτι οὐ τὸ μᾶλλον καὶ ἧττον ἐπιδέχεται τὸ ποσόν.

Τοῦτο δὲ δῆλον ἐπιοῦσ⌜ι⌝ τὰ κατὰ μέρος· γραμμή τε γὰρ γραμμῆς καθὸ γραμμὴ οὐκ ἔστιν μᾶλλον γραμμὴ οὐδὲ ἐπιφάνεια ἐπιφανείας οὐκ ἔστιν μᾶλλον ἢ ἧττον ἐπιφάνεια, οὐδὲ σῶμα ⌜ᾖ⌝ σῶμα οὐδὲ τόπος ⌜ᾖ⌝ τόπος οὐδὲ

6 Π. (*Int.*) add. Fel. u. sign. Ap || **7** ᾽Α. (*Resp.*) add. Fel. u. sign. Ap || ἔσται M : ἔστι A || καὶ A : om. M || ἐπειδὴ A || **8** εἴ τί τις scripsi : ἐν τούτοις MA : εἴ τίς τι coni. Busse || ἀφορίσαι p : ἀφορῆσαι MAC || **10** οὐκ A || εἰσιν M : om. A || **11** ἐπὶ A || **12** ἐν[1] rest. Busse : om. A in lac. || **13** ἐν τῷ ποσῷ M : om. A || **14** Π. (*Int.*) add. Fel. u. sign. Ap || **15** ᾽Α. (*Resp.*) add. Fel. u. sign. Ap || οὐδὲ A || **18** Π. (*Int.*) add. Fel. u. sign. AM (ubi Εἰπὲ inc. in mg) Ap || τι M : om. A || αὐτῷ p : αὐτὸ MAC || **19** ᾽Α. (*Resp.*) add. Fel. u. sign. Ap || **20** ἐπιοῦσι A[1] : ἐπιοῦσα MA || **22-23** ᾖ (quater) A : ἢ (ubique) M

saisir de défini[1] lorsqu'on entend « grand » ou « petit », « beaucoup » ou « peu » ? C'est impossible à dire. Or si les choses qui présentent une contrariété sont dites par elles-mêmes au sens premier, mais que les quatre dont on vient de parler ne peuvent être dites au sens premier par elles-mêmes, c'est qu'elles ne sont pas susceptibles de contrariété[2].

Q. — As-tu encore un autre genre de preuve à déclarer ?

R. — Celle-ci. Supposons que grand et petit soient des contraires ; vu qu'une chose semblera petite si on la compare à une plus grande, mais grande si on la compare à une plus petite, alors, que cela arrive au même moment, et cette chose sera, à l'occasion, le contraire d'elle-même ! Donc, grand et petit ne sont pas des contraires. Et le même argument vaut aussi pour beaucoup et peu. Mais s'il n'y a place pour une opposition de contraires, ni dans ces cas, ni dans le cas du lieu, comme certains le pensent, alors c'est qu'il ne peut vraiment y avoir de contraires au sein de la quantité[3].

Q. — Est-ce que c'est une raison d'en faire le propre de la quantité ?

R. — Pas du tout ! Car il n'y a pas non plus de contrariété dans le cas de la substance, on l'a montré[4]. Et l'on montrera aussi que dans le cas de certaines qualités, il n'y a pas de contrariété[5]. Par conséquent, ce n'est pas le propre de la quantité, même si aucune quantité du tout n'a de contraire.

Q. — Mais dis-moi : est-ce qu'elle possède encore une autre propriété ?

R. — Alors, je soutiens que la quantité n'est pas susceptible de plus ou moins. Et c'est évident pour qui considère les quantités particulières. Une ligne en effet, en tant que telle, n'est pas plus ligne qu'une autre ligne ; ni une surface, plus ou moins surface qu'une autre surface, ni un corps en tant que tel, ni un lieu en tant que tel, ni un nombre en tant que nombre, ni non

1. [110.2] La correction ὡρισμένον que je propose, en m'autorisant de ce qu'on dit p. 107, 32, me paraît préférable à la correction ὁριστόν par Busse, car ce dernier mot n'est jamais employé par Porphyre.

2. [109.30-101, 5] Paraphrase très libre de 5 b 30-33. Elle conclut de la même façon que le court propos d'Aristote, mais ce n'est pas exactement ce que demandait la question posée ; la question réclamait, semble-t-il, une autre preuve que petit, grand, etc. sont des relatifs, plutôt que des quantités, non la preuve qu'ils n'ont pas de contraires. Porphyre en est donc revenu subrepticement à la préoccupation principale d'Aristote dans le contexte. La remarque vaut *a fortiori* pour la suite immédiate.

3. [110.7-13] Résumé sommaire de *C*, 5 b 33-6 a 11.

4. [110.15] *Supra*, p. 96, 29-32.

5. [110.16] *Infra*, p. 135, 26 *sq.*

ἀριθμὸς ⌈ῃ̣⌉ ἀριθμὸς οὐδὲ μὴν χρόνος ⌈ῃ̣⌉ χρόνος. Ἀφ' ὧν δὴ δῆλον ὅτι οὐκ ἐπιδέχεται τὸ ποσὸν τὸ μᾶλλον καὶ τὸ ἧττον.

<Π.> Ἆρα οὖν ἴδιον τοῦ ποσοῦ τοῦτο;

<Ἀ.> Οὐδαμῶς· οὐ γὰρ ὑπάρχει αὐτῷ μόνῳ, εἰ καὶ παντί· ἐδείχθη γὰρ ὅτι καὶ ἡ οὐσία οὐδὲν μᾶλλόν ἐστιν ἑτέρα ἑτέρα<ς> οὐσία{ς}.

<Π.> Τί οὖν ἴδιον τοῦ ποσοῦ ἂν εἴη;

<Ἀ.> « Τὸ ἴσον τε καὶ ἄνισον λέγεσθαι. » Γραμμή τε γὰρ γραμμ⌈ῃ̣⌉{ς} ἢ ἴση ἢ ἄνισός ἐστι καὶ σῶμα σώματι καὶ ἐπιφάνεια ἐπιφανεί⌈ᾳ⌉{ς}.

<Π.> Ὅταν οὖν λέγῃ τις ἐπὶ λευκοῦ, ὅτι τόδε τῷδε ἴσον, πῶς λέγει;

<Ἀ.> Οὐ⌈κυρίως⌉ ἀλλὰ καταχρώμ[ενος] ἀν<τὶ τοῦ> ὅμοιον.

<Π.> Πῶς δὲ [ὁ] ἄνθρωπος ἀνθρώπῳ λέγεται ἴσος καὶ πύργος πύργῳ, οὐκ ὄντα πο[σά];

<Ἀ.> Κατὰ συμβεβηκός.

111.1 <Π.> Πῶς κατὰ συμβεβηκός;

<Ἀ.> Οὐχ ὅτι οὐσία ἐστίν, ἀλλ' ὅτι μέγεθος ἔχει· ποσὰ γάρ ἐστιν περὶ τὴν ἡμετέραν οὐσίαν πρῶτ[α] αἱ καλούμεναι διαστάσεις· αὗται δέ εἰσιν μῆκος, πλάτος, βάθος.

<Π.> [Μετὰ] <δὲ> τὸ ποσὸν τίς ἐστι τρίτη κατηγορία τῇ τάξει;

<Ἀ.> [Ἡ] τῶν πρός τι.

25 Π. (*Int.*) add. Fel. u. sign. Ap || **26** Ἀ. (*Resp.*) add. Fel. u. sign. Ap || **27** ἑτέρας οὐσία p : ἑτέρα οὐσίας M ἑτέρας οὐσίας AC || **28** Π. (*Int.*) add. Fel. u. sign. Ap || **29** Ἀ. (*Resp.*) add. Fel. u. sign. Ap || γραμμῇ Busse : γραμμῆς MA || **30** σώματι M : σώματος A || ἐπιφανείᾳ Busse : ἐπιφανείας MA || **31** Π. (*Int.*) add. Fel. u. sign. Ap || τῷδε MA : τοῦδε A[1] || **32** Ἀ. (*Resp.*) add. Fel. u. sign. Ap || οὐ κυρίως A : οὐδαμῶς M (in οὐ κυρίως supra corr. M[1] teste Busse, sed pars sup. f° nunc periit) || καταχρώμενος p : καταχρωμένου AC || ἀντὶ τοῦ ὅμοιον p : αὐόμοιον M ἀνόμοιον AC || **33** Π. (*Int.*) add. Fel. u. sign. Ap || ὁ A || **34** ποσά Busse : om. et lac. indic. A || **35** Ἀ. (*Resp.*) add. Fel. || **111.1** Π. (*Int.*) add. Fel. u. sign. A || **2** Ἀ. (*Resp.*) add. Fel. u. sign. A || ante Οὐχ add. τέλος τοῦ ποσοῦ M[3] (mg) || ἐστίν MA : εἰσιν coni. Busse || **3** πρῶτα Busse : πρώτως A || **5** Π. (*Int.*) add. Fel. u. sign. Ap || Μετὰ M[3]A || δὲ A : om. M || τρίτη M : om. A || post τάξει add. ut titulum περὶ τῶν πρός τι M quod accepit (u. 6) Busse || **7** Ἀ. (*Resp.*) add. Fel. u. sign. Ap || Ἡ M[3] : om. A

plus un temps comme tel. D'où l'on voit donc que la quantité n'est pas susceptible de plus ou de moins[1].

Q. — Est-ce donc le propre de la quantité ?

R. — Pas du tout ! Car ce trait ne lui appartient pas à elle seule, bien qu'il appartienne à chaque quantité. On a en effet montré[2] que la substance aussi est dans ce cas : l'une n'est aucunement plus substance que l'autre.

Q. — Quel serait donc le propre de la quantité ?

R. — « Être dite égale et inégale »[3]. Une ligne en effet est égale ou inégale à une autre ligne, un corps à un autre corps et une surface à une autre surface.

Q. — Donc, lorsque quelqu'un déclare du blanc : « Celui-ci est égal à celui-là », comment l'entend-il ?[4]

R. — Ce n'est pas au sens strict, mais en employant le mot de manière abusive, au lieu de « semblable ».

Q. — Mais comment se fait-il que l'homme soit dit l'égal d'un autre homme, ou une tour l'égale d'une autre tour, alors que ce ne sont pas des quantités ?

R. — C'est par accident[5].

|Q. — Comment « par accident » ? **111**

R. — Il n'est pas question de dire que c'est une substance, mais qu'elle a une grandeur. En effet, les quantités qui affectent en premier notre substance à nous, sont ce qu'on appelle ses dimensions, c'est-à-dire la longueur, la largeur et la profondeur[6].

| Q. — Après la quantité, quelle est la troisième catégorie par le rang ? 111.5

| R. — Celle des relatifs. 111.7

1. [110.19-24] Paraphrase de *C*, 6 a 19-25, mais il semble que par quantités « particulières », Porphyre entende les espèces (la ligne en tant que telle, etc.), plutôt que les grandeurs linéaires déterminées (deux coudées, etc.), comme Aristote.

2. [110.26] Cf. *supra*, p. 97, 6-24.

3. [110.29] Citation littérale de *C*, 6 a 26-27.

4. [110.31] La question est inspirée de *C*, 6 a 33-34, ainsi que la réponse qui suit. Mais Aristote affirme, quant à lui, que cela ne se dit pas ; il paraît donc ne pas reconnaître l'emploi abusif de « égal » au sens de « semblable ».

5. [110.35] Sur la quantité par accident, voir *supra*, p. 105, 16 et 27-35.

6. [111.2-4] Rappel de ce qui est dit de la substance corporelle, p. 100, 12-15, pour justifier la priorité de la quantité parmi les « accidents » ; ce qui permet une transition commode avec l'étude des relatifs. Cette transition renoue avec le problème de l'ordre des accidents.

<Π.> Διὰ τί μᾶλλον μὴ τὸ ποιόν;

<’Α.> Ὅτι προϋφεστη[κότος] μήκους, πλάτους, βάθους ἐπιγίνεται τὸ μεῖζον καὶ τὸ ἔλατ[τον, ἅ]περ ἐστὶ πρός τι.

<Π.> Διὰ τί μετὰ τὸ ποσὸν εὐθὺς τ⌈ὴν⌉ τῶν πρός τι [ἐπήγαγεν];

<’Α.> Καὶ διὰ ταύτην μὲν τὴν αἰτίαν, καὶ διότι ἐμνήσθη τῶν πρός [τι] ἐν τῷ ποσῷ. Ἔδει οὖν εἰς τὸ εὐσύνοπτα γενέσθαι πῶς εἴρηται [καὶ τὸ] μέγα καὶ τὸ μικρὸν καὶ τὸ πολὺ καὶ τὸ ὀλίγον διδάξαι εὐθύς, [τίνα πο]τέ ἐστι τὰ πρός τι.

<Π.> Τίνα οὖν ποτέ ἐστι τὰ πρός τι;

<’Α.> Ὅρον μὲν [αὐτῶν] γενικωτάτ⌈ω⌉ν <ὄντων> οὐκ ἔστι ποιήσασθαι, ὡς οὐδ’ {ε} ἐπὶ τῶν ἄλλων, [τὴν δὲ] ἐπίνοιαν ἔστιν συλλαβόντας ἀποδοῦναι, ὃ πεποίηκεν

8 Π. (*Int.*) add. Fel. u. sign. A || **9** ’Α. (*Resp.*) add. Fel. u. sign. A || προϋφεστηκότος M^3A : προϋφεστῶτο Simpl. (158,5) || ante μήκους add. τοῦ A || **10** ἔλαττον ἅπερ M^3 : ἔλαττον ὅπερ A || **11** Π. (’Ε.) add. Busse u. sign. A || τὴν coni. Busse (in app.) : τὰς MA || ἐπήγαγεν Busse : ἐπίγαγεν M^3 om. et lac. indic. A || **12** ’Α. add. Busse || τι M^3A || **13** ante πῶς u. sign. A || καὶ τὸ M^3 : om. et lac. indic. A || **14** τίνα ποτέ M^3A || **16** Π. (*Int.*) add. Fel. u. sign. Ap || **17** ’Α. (*Resp.*) add. Fel. u. sign. Ap || αὐτῶν M^3A || γενικωτάτων ὄντων scripsi sicut coni. Busse (in app.) : γενικώτατον MA || οὐδ’ A : οὐδὲ M || **18** τὴν δὲ M^3 : τὴν μὲν A || συλλαβόντας MA^1 (s.u.) : λαβόντας A

Q. — Pourquoi pas plutôt la qualité ?[1]

R. — Parce que une fois présupposées la longueur, la largeur et la profondeur à la dimension, surviennent ce qui est plus grand et ce qui est plus petit, lesquels sont précisément des relatifs[2].

Q. — Pourquoi, à la suite de la quantité, a-t-il immédiatement présenté la catégorie des relatifs ?

R. — Précisément pour ce motif, et parce qu'il a fait mention des relatifs au sein de la quantité. Pour que l'on puisse voir facilement de quelle façon on a entendu « grand » et « petit », « beaucoup » et « peu », il devait donc enseigner immédiatement ce que peuvent bien être les relatifs[3].

Q. — Que peuvent donc bien être les relatifs ?

R. — On ne peut en produire une définition, puisqu'ils forment un genre suprême, pas plus qu'on ne le peut dans les autres cas[4]. Mais il est possible d'en donner la notion[5], et c'est précisément ce qu'a fait Aristote en

1. [111.8] La qualité venait en effet avant les relatifs dans la liste de *C*, 1 b 26 ; cet ordre est donc modifié ici sans raison invoquée et, selon certains, contre toute raison. En effet, le Pseudo-Archytas (p. 24, 4-5 Th.) soutenait, par exemple, que les relatifs ne sont envisageables qu'après ce qui accompagne la substance (la qualité et la quantité). D'après Simplicius (156, 17 *sq.*), Lucius soutenait aussi que les relatifs sont moins intimement liés à la substance que les qualités. Porphyre se sent donc une nouvelle fois contraint de justifier l'attitude d'Aristote.

2. [111.9-10] La raison invoquée, quel que soit son fondement en elle-même, ne prend en compte qu'une seule sorte, très particulière, de relatifs, non l'ensemble ; elle est donc peu propre à justifier solidement pourquoi les relatifs, en tant que genre, précèdent naturellement ou ontologiquement les qualités. D'où la seconde question qui suit. En vérité, Aristote stipule dans la *Mét*, N, 1, 1088 a 24-25, que les relatifs sont ce qui a le moins de substance et sont donc, de ce point de vue, postérieurs à la qualité et à la quantité, grand ou petit étant des affections de la quantité. Ce qui prouve que l'ordre adopté ici est étranger à ces considérations ontologiques.

3. [111.12-15] Porphyre invoque cette fois un motif moins suspect, qui n'est plus d'ordre ontologique, mais d'ordre pédagogique, tiré du fait qu'il a déjà été question précédemment des relatifs, en 5 b 16 *sq.* Mais à ce tarif, il eût fallu parler de la qualité immédiatement après avoir examiné la substance, puisque, dès 3 b 18, il avait été question de la qualité d'une manière qui appelait des précisions. Dans son commentaire à Gedalios sans doute, si l'on en croit Simplicius (158, 27 *sq.*), Porphyre justifiait de manière plus originale la place de la qualité, après la quantité et les relatifs, du fait qu'elle procède de la rencontre des deux, étant en somme une quantité relative ou une affection de la quantité, si l'on comprend bien ; ce qui, encore une fois, paraît ne prendre en compte que certains relatifs.

4. [111.17-18] Sur cette impossibilité, voir *supra*, p. 60, 15 *sq.*

5. [111.18] Exprimée dans une formule plutôt descriptive que proprement définitoire (*cf.* plus loin, ligne 38 : ὑπογραφή). Mais comme l'a noté Strange (p. 112, n. 305), Aristote parlera bel et bien de définition en 8 a 29 et 33, pour désigner la formule qu'il propose au départ.

καὶ Ἀρι[στοτέλης] εἰπὼν πρός τι εἶναι ταῦτα, « ὅσα αὐτὰ ἅπερ ἐστὶν ἑτέρων εἶν[αι λέ]γεται ἢ ὁποσοῦν ἄλλως πρὸς ἕτερον ».

<Π.> Τί οὖν διὰ ταύτης τῆς ἀπο[δόσεως] παραστῆσαι βούλεται;

<Ἀ.> Πρῶτον μὲν ὅτι ἐπὶ πλήθους λέγεται τὰ πρ[ός τι] ὡσανεὶ τινῶν ὄντων πρός τι, ἑνὸς δὲ οὔ. Ἀλλὰ καὶ τοῦ ἑνὸς [τ]ῶ[ν] πρός τι ὄντος οὐ μὴν τοῦτο πρός τι ὀρθῶς ἂν ῥηθείη. Ὥσπερ οὖν οὐκ ἂν εἴποις τ⌈ὸ⌉{ῦ} πρὸς ἄλληλα ἀλλὰ τ⌈ὰ⌉ πρὸς ἄλληλα, οὕτως οὐ τ⌈ὸ⌉{ῦ} πρός τι ἀλλὰ τ⌈ὰ⌉ πρός τι. Δι' ἣν αἰτίαν καὶ περὶ οὐσίας καὶ περὶ ποσοῦ ἑνικῶς εἶπεν, περὶ δὲ τῶν πρός τι πληθυντικῶς ἔφη « πρός τι δὲ τὰ τοιαῦτα λέγεται ». Ἔπειτα ἡ ἐκκειμένη ὑπογραφὴ Πλατ⌈ω⌉νικὴ εἶ[ναι] λέγεται, ἣν καὶ παρελθὼν διορθοῦται.

112.5 <Π.> <Ἑξῆς δὲ τί προσέθηκεν;

<Ἀ.> « <Ἢ> ὁπωσοῦν ἄλλως πρὸς [ἕτερον ἔχ]ει. »>

111.30 <Π.> Τί οὖν παρίστησι καὶ τί [βούλ]εται ἡ προσθήκη ἡ προκειμένη « ἢ ὁπωσοῦν ἄλλως πρὸς ἕτερον ἔχει »;

<Ἀ.> [Λέγω ὅ]τι τῷ τὰ μὲν πρός τι λέγεσθαι φάναι {εἶναι} ἐκεῖνα, « ὅσα
112.1 αὐτὰ [ἅπερ ἐστ]ὶν ἑτέρων <εἶναι> λέγε⌈τ⌉αι », παρίστησιν ὅτι οὐκ ἔστιν

19 Ἀριστοτέλης M^{3}A ‖ **19-20** ὅσα - ἕτερον Arist., 6 a 36-37 ‖ **20** εἶναι λέγεται M^3 : εἶναι λέγονται A ‖ **21** Π. (*Int.*) add. Fel. u. sign. Ap ‖ ἀποδόσεως M^{3}A ‖ **22** Ἀ. (*Resp.*) add. Fel. u. sign. Ap ‖ πρός τι M^{3}A ‖ **23** τῶν M^{3}A ‖ **24-25** τὸ… τὰ…τὸ... τὰ scripsi (cf. Simpl., 159,29-31) : τοῦ… τῶν… τοῦ… τῶν MA ‖ **26** περὶ[1] — ποσοῦ M : περὶ ποσοῦ καὶ περὶ οὐσίας A ‖ **28** εἶναι M^{3}A ‖ post u.29 sicut coni. Busse (quod prob. Strange) inserui quae infra post πτῶσιν (p. 112,4) leguntur in MA ‖ **112.5** Π. (*Int.*) add. Fel. u.sign. Ap ‖ **6** Ἀ. (*Resp.*) add. Fel. u. sign. Ap ‖ Ἢ addidi ut coni. Busse (in app.) ex Arist., 6 a 37 (cf. supra, p.111, 20 et infra, p.111, 30) ‖ ἕτερον ἔχει M^3 cf. infra 111,31 : ἕτερον A ‖ **111.30** Π. (*Int.*) add. Fel. u. sign. p ‖ βούλεται M^{3}A ‖ **31** ἔχει M : om. A (cf. Arist., 6 a 37) ‖ **32** Ἀ. (*Resp.*) add. Fel. u. sign. Ap ‖ Λέγω ὅτι M^3 : λέγει ὅτι A ‖ τῷ p : τὸ MAC ‖ **112.1** ἅπερ ἐστὶν M^{3}A ‖ εἶναι hic inserui ut coni. Busse (cf. supra, p. 111,20) : ante ἐκεῖνα (p. 111,34) transp. MA ‖ λέγεται p : λέγεσθαι MA

déclarant que sont des relatifs « toutes les sortes de choses qui sont dites être elles-mêmes ce qu'elles sont de choses différentes ou bien, d'une manière ou d'une autre, relativement à une chose différente »[1].

Q. — Alors qu'est-ce qu'il souhaite montrer par ces données ?

R. — Tout d'abord, que c'est au pluriel qu'on parle des relatifs. Autrement dit, certaines choses sont des relatifs, mais pas une toute seule[2]. Mieux encore, quand l'un des relatifs est tout seul, il serait incorrect de l'appeler relatif[3]. De même donc qu'on ne peut dire d'une chose qu'elle est en relation réciproque, mais qu'on le dit seulement de plusieurs, de la même façon, on ne peut parler *du* relatif, mais *des* relatifs. Et la raison qui l'a fait s'exprimer au singulier en parlant de la substance et de la quantité, l'a fait en revanche s'exprimer au pluriel en parlant des relatifs : « Mais, dit-il, sont appelées des relatifs *toutes les sortes de choses* qui (etc.) »[4]... La description qui se trouve proposée ensuite est celle, dit-on, de Platon, mais qu'il rectifie au passage[5].

| Q. — Mais juste après qu'a-t-il ajouté ?[6] 112.5

| R. — ... « ou bien, d'une façon ou d'une autre, relativement à une 112.6
chose différente »[7].

| Q. — Alors qu'est-ce à dire ? Et que veut faire entendre l'addition 111.30
proposée : « ... ou bien, sont d'une façon ou d'une autre, relativement à une chose différente » ?

R. — À mon avis, en soutenant que sont des relatifs « toutes ces choses
qui | sont dites être elles-mêmes ce qu'elles sont de choses différentes », **112.1**
il indique que les relatifs ne sont pas des absolus, mais résident

1. [111.19-20] Citation littérale de *C*, 6 a 36-37.

2. [111.22-23] Ce genre de remarque avait été faite par un certain Achaïcos (associé au nom de Sotion par Simplicius, 159, 24 *sq.* ; là-dessus, voir Moraux, *Der Aristotelismus*, II, p. 211 et 217 et R. Goulet dans *Dictionnaire des Philosophes Antiques*, I, p. 47-48). Elle s'accompagnait de critiques à l'endroit de tous les commentateurs plus anciens (Boethos, Ariston, Andronicos, Eudore, Athénodore, ...), qui parlaient à l'occasion *du* relatif (au singulier), sans égard pour les considérations que Porphyre rapporte dans la suite.

3. [111.23-24] Anticipation des observations sur la simultanéité des relatifs (*C*, 7 b 15 *sq.*).

4. [111.27] Répétition de *C*, 6 a 36, déjà cité lignes 19-20.

5. [111.38] Si l'on en croit Simplicius (159, 9-22), Boethos de Sidon avait observé que la formule, dans sa première partie, démarque une définition de Platon, probablement celle de l'Autre dans le *Sophiste* (255 D) : cf. *Rép.*, IV, 438 A. La rectification introduite serait, selon lui, l'ajout que le questionneur va demander de répéter.

6. [112.5 et 6] La transposition à cet endroit des deux répliques (Q.-R.) est une correction unanimement reconnue, l'alternative (ἤ κ.τ.λ.) étant présentée comme un ajout à une définition platonicienne, qui est ainsi corrigée.

7. [112.6] *C*, 6 a 37.

ἀπόλυτα τὰ [πρός] τι ἀλλ᾽ ἐν σχέσει τινὸς πρὸς ἄλλο τι, καὶ <τῇ προσθήκῃ> ὅτι τινὰ μὲν ἑτέρων λέγεται [κα]τὰ πτῶσιν τὴν αὐτὴν ἄμφω, τινὰ δὲ καθ᾽ ἑτέραν, τινὰ δὲ [οὐ κατὰ] πτῶσιν. [112.5-6]{Ἑξῆς - ἔχει}

<Π.> Σαφῆ ποίησον ⌈ἃ⌉ λέγεις διὰ παρα<δει>γμάτων.

<Ἀ.> Κατὰ πτῶσιν [μὲν] τὴν αὐτὴν λέγεται τῶν πρός τι τὰ τοιαῦτα· πατὴρ υἱοῦ πατήρ, υἱὸς [πατρὸς] υἱός· ἀφ᾽ οὗ τε γὰρ ἡ σχέσις, κατ᾽ ὀρθὴν εἴρηται πτῶσιν, καὶ πρὸς ὅν, [κα]τὰ γενικήν, † καὶ πάλιν δοῦλος μὲν κατ᾽ εὐθεῖαν, δεσπότου δὲ κατὰ γε[νικήν]. Ταῦτα μὲν <οὖν> κατὰ τὰς πτώσεις ἐξισάζει· αἴσθησις δὲ αἰσθη[τοῦ] αἴ[σθη]σις, εὐθείας μὲν τὸ ἀφ᾽ οὗ, γενικῆς δὲ τὸ πρός ⌈ὅ⌉, τὸ δὲ αἰσθη[τὸν] αἰ[σθήσ]ει αἰσθητόν, εὐθείας μὲν τὸ αἰσθητόν, πρὸς ὃ δὲ λέγεται, αἰσθή[σει, κατ]ὰ δοτικὴν πτῶσιν καὶ οὐ κατὰ γενικήν. Ἐνήλλακται οὖν τὰ τῶν πτώσεων ἐνταῦθα. Τὸ μέγα δὲ ὡς μὲν πρὸς τὸ μικρὸν λέγεται, οὐκέτι μέντοι [ἂν] ῥηθείη μικροῦ μέγα, οὐδὲ τὸ μικρὸν μεγάλου μικρόν, ἀλλ᾽ εἰ μὲν ἐπινο⌈ίᾳ⌉ ἐπινοεῖται, κατ᾽ ἐκφορὰν δὲ οὐκέτι πτωτικὴν τοιαύτην τάδε προφέρεται. Ταῦτα οὖν « ὁπωσοῦν ἄλλως πρὸς ἑτε-

2 πρός[1] M^3A ‖ τῇ προσθηκῇ addidi ‖ **3** κατὰ M^3A ‖ **4** οὐ κατὰ M^3A ‖ post πτῶσιν verba quae ante Τί οὖν (p. 111,30) inserui hic leguntur in MA ‖ **7** Π. (*Int.*) add. Fel. u. sign. Ap ‖ ἃ Busse : ὃ MA ‖ παραδειγμάτων M^1A : παραγμάτων M ‖ **8** Ἀ. (*Resp.*) add. Fel. u. sign. Ap ‖ μὲν M^3A ‖ **9** πατήρ[2] M : om. A ‖ υἱὸς[1] M : om. A ‖ πατρὸς M^3A ‖ **10** κατὰ M^3A ‖ post γενικὴν lac. esse coni. recte Busse et Strange (aut verba mutilata dixit Busse) ‖ **11** γενικήν M^3A ‖ οὖν addidi ‖ **12** αἰσθητοῦ A ‖ αἴσθησις[2] M^3A ‖ **13** ὅ A : οὗ M ‖ αἰσθητὸν[1] A ‖ αἰσθήσει M^3A ‖ **14** αἰσθήσει κατὰ M^3A ‖ **16** ἂν A ‖ **17** εἰ MAC : ἡ p ‖ ἐπινοίᾳ Busse : ἐπίνοια MA

dans la relation d'une certaine chose avec une autre; et par le moyen de l'addition[1], il précise que certains des relatifs s'expriment tous les deux au même cas grammatical, certains autres à des cas différents, certains autres encore sans flexion grammaticale.

Q. — Fais voir clairement ce que tu veux dire au moyen d'exemples.

R. — S'expriment au même cas les corrélatifs du genre suivant : le père, qui est dit « père du fils », et le fils, qui est dit « fils du père », car le terme au départ de la relation a été exprimé au nominatif, et le terme corrélé, au génitif (...)[2]. Ainsi donc, ces corrélatifs, du point de vue des cas, sont équivalents. D'un autre côté, la sensation est « sensation du sensible », nominatif pour le terme de départ et génitif pour le terme corrélé, tandis que le sensible est « sensible à la sensation » : c'est le nominatif pour « le sensible », mais le corrélatif exprimé, « à la sensation », se trouve, lui, au datif, non au génitif. Donc la forme des cas se trouve ici changée[3]. En revanche, « grand », quoiqu'il se dise par rapport à « petit », ne peut cependant plus être dit « grand du petit », ni « petit », « petit du grand » ; au contraire, la pensée conçoit bel et bien ces corrélatifs, mais ils ne s'expriment plus à l'aide de ce genre d'expression casuelle[4]. Donc, ces choses sont

1. [112.2] L'addition τῇ προσθήκῃ paraît nécessaire du fait que la question posée (111, 30-31) comporte deux sous-questions, portant, l'une sur la partie platonicienne de la définition, l'autre sur l'ajout aristotélicien. C'est plus spécialement la portée de ce dernier qui est expliquée en 112, 2-4. Vu que, selon Porphyre, on peut distinguer trois sortes de relatifs d'après l'expression formelle de la relation, l'ajout, d'après lui, permet de prendre en compte les relatifs de la troisième sorte. La suite permet de clarifier tout cela.

2. [112.10-11] Les mots καὶ πάλιν – γενικήν ne suffisent pas à exprimer de façon satisfaisante un second exemple analogue à celui qui précède. Comme l'a noté Busse, il faut supposer un texte mutilé ou corrompu par l'intrusion des mots en question. Strange incline pour la première hypothèse, parce que Boèce (271 C-D) présente le second exemple (maître-esclave) ; et il restitue en traduction : « <Also in the case of « master » and « slave », « master » is given in the nominative case and « of a slave » in the genitives>, and conversely, « slave » is given in the nominative case and « of a master » in the genitive ». C'est vraisemblable, mais il est impossible de garantir la restitution du texte grec omis, sans doute par saut du même au même (καὶ πάλιν). Nous avons donc posé la marque de corruption (†), sans traduire par ailleurs les mots litigieux. Il se fait que l'exemple du maître et de l'esclave est un exemple aristotélicien (cf. *C*, 6 b 29), tandis que l'exemple du père et du fils ne l'est pas. L'analyse qu'en fait Porphyre, tenant compte des particularités flexionnelles de la langue grecque, se comprend aisément, dès l'instant où l'on voit que les termes corrélés sont simplement le premier et le second qui apparaissent dans les expressions « père du fils » ou « fils du père » : le premier terme, en grec, se trouve au nominatif, tandis que le second terme, précédé en français de la préposition « du », se trouve, en grec, au génitif.

3. [112.12-14] Cette modification dans l'expression, avec le même exemple, est signalée dans *C*, 6 b 33-35, mais Aristote n'en tire pas argument, comme Porphyre, pour distinguer systématiquement différentes sortes de relatifs d'un point de vue formel.

4. [112.17] Cf. *supra*, p. 108, 22-23.

ρον ἔχει », οὐ μὴν κατ᾽ ἐκφορὰν ἢ ὡς πτῶσις ἀνὰ λόγον τοῖς ἄλλοις ἐκφέρεται. Πάντα δὲ ταῦτα ἅπερ ἐστὶν οὐ καθ᾽ αὑτὰ λέγεται ἀλλ᾽ ἑτέρων τινῶν.

<Π.> Τίνα οὖν παραδείγματα ὁ Ἀριστοτέλης κεκόμικεν;

<Ἀ.> Τὸ μεῖζον ἐλάττονος μεῖζον καὶ τὸ [ἔ]λαττον μείζονος ἔλαττον, ἔτι δὲ καὶ τὸ δι[πλά]σιον ἡμίσεως διπλάσιον καὶ ἥμισυ διπλασίονος ἥμισυ, ἔτι φησὶν « ἕξις, διάθεσις, [αἴ]σθησις, ἐπιστήμη, <θέσις>· πάντα γὰρ τὰ εἰρημένα τ⌈α⌉ῦτ⌈α ἅ⌉περ ⌈ἐστὶν⌉ [ἑτέ]ρων εἶναι λέγεται ». Οὐκέτι τοίνυν καὶ κατὰ τὴν αὐτὴν πτῶ[σιν ἀν]τιστρέφει ἀλλήλοις· ἐπιστήμη μὲν γὰρ ἐπιστητοῦ ἐπιστήμη καὶ [αἴσθ]ησις αἰσθητοῦ αἴσθησις, οὐκέτι δὲ τὸ ἐπιστητὸν ἐπιστήμης [ἐπιστη]τόν, οὐδὲ τὸ αἰσθητὸν αἰσθήσεως αἰσθητόν, ἀλλ᾽ [ἐπιστήμῃ] ἐπιστητὸν καὶ αἰσθήσει αἰσθητόν. Ὡσαύτως δὲ καὶ ἡ μὲν ἕξις [ἐκ]τοῦ ἕξις, τὸ δὲ ἑκτὸν ἕξει ⌈ἑ⌉κτόν, καὶ ἡ θέσις θετοῦ θέσις, τὸ δ[ὲ θ]ετὸν θέσει θετόν. Ταῦτα μὲν ἄρα αὐτὰ ἅπερ ἐστὶν ἑτέρων εἶναι λ[έγετ]αι.

<Π.> Τῶν δὲ ὁπωσοῦν ἄλλως πρὸς ἕτερον λεγομένων τίνα [ἐπ]άγει παραδείγματα;

<Ἀ.> Αὐτὸς φανερὸν πεποίηκεν· προσθ[εὶς γὰ]ρ « ἢ ὁπωσοῦν ἄλλως πρὸς ἕτερον », ἐπάγει « ⌈ὄ⌉ρος μέγα λέγεται ». Π[ρὸς] γὰρ τὸ μικρὸν ⌈ὄ⌉ρος λέγεται μέγα, ἀλλ᾽ οὐχὶ καὶ τῇ πτώσει· οὐ γὰρ [λέγετ]αι τὸ μέγα μικροῦ
113.1 μέγα οὐδὲ τὸ μικρὸν μεγάλου μικρόν, ἀλλὰ τὸ μεῖζον μικροτέρου μεῖζον

22 Π. (*Int.*) add. Fel. u. sign. Ap ‖ **23** Ἀ. (*Resp.*) add. Fel. u. sign. Ap ‖ ἔλαττον^{1} M^{3}A ‖ **24** διπλάσιον^{1} M^{3}A ‖ **25** αἴσθησις M^{3}A ‖ θέσις addidi sicut coni. Busse (cf. infra, u. 31 et Arist., 6 b 3) ‖ **26** ταῦτα ἅπερ A^{2} (s.u.) p (cf. Arist., 6 b 4) : τοῦτο ὅπερ MA ταῦτα αὐτὰ ἅπερ cautissime coni. Busse ‖ ἐστὶν A (cf. Arist., 6 b 4) : εἰσιν M ‖ ἑτέρων M^{3}A ‖ **27** πτῶσιν ἀντιστρέφει M^{3}A ‖ **28** αἴσθησις^{1} M^{3}A ‖ ἐπιστητὸν^{2} M^{3}A ‖ **29** ἐπιστήμῃ A : ἐπιστήσει M^{3} ‖ **30** ἑκτοῦ M^{3}A ‖ **31** ἑκτόν A : ἐκτὸν M ‖ δὲ θετὸν M^{3}A ‖ **32** λέγεται M^{3}A ‖ **33** Π. (*Int.*) add. Fel. u. sign. p ‖ ἐπάγει M^{3}A ‖ **35** Ἀ. (*Resp.*) add. Fel. u. sign. p ‖ προσθεὶς γὰρ M^{3}A ‖ **36** ὄρος (bis) A : ὅρος (utrobique) M ‖ Πρὸς^{2} M^{3}A ‖ **37** λέγεται^{2} M^{3}A

« d'une façon ou d'une autre, relativement à une chose différente »[1], mais cela ne se dit pas explicitement ou, si l'on veut, par le moyen d'un cas grammatical, d'une façon analogue aux autres. Toutes ces choses, cependant, sont dites ce qu'elles sont, non par soi, mais de certaines autres.

Q. — Quels sont donc les exemples qu'Aristote apporte ?

R. — Le majeur, dit ainsi par rapport au mineur, et le mineur, dit ainsi par rapport au majeur. Ou encore le double, qui est double du demi, et le demi, demi du double. Ou encore, dit-il, « l'état, la disposition, la sensation, la science, la position car toutes ces choses qu'on vient de mentionner sont dites être ce qu'elles sont de choses différentes »[2]. Pourtant, ce n'est plus au même cas que sont formulés les réciproques. La science en effet est science « du » scientifiquement connaissable et la sensation, sensation « du » sensible, mais on ne dit plus que le scientifiquement connaissable est connaissable « de » la science, ni que le sensible est sensible « de » la sensation ; on dit au contraire : connaissable « par » la science et sensible « à » la sensation[3]. Et c'est encore ainsi que l'état est état « pour » ce qui est capable d'état, tandis que ce qui en est capable, est capable « de » l'état ; de même, la position est position « pour » ce qui est capable de position, tandis que ce qui en est capable, est capable « de » position[4]. Toutes ces choses, donc, sont dites être cela même qu'elles sont de choses différentes.

Q. — Et celles qui sont dites, d'une façon ou d'une autre, relativement à une chose différente, quels exemples en fournit-il ?

R. — Lui-même a produit des exemples très clairs, car après avoir ajouté : « … ou bien d'une façon ou d'une autre, relativement à une chose différente », il poursuit : « la montagne, par exemple, est dite grande »[5]. C'est en effet relativement à la petite montagne qu'elle est dite grande. Mais cela ne s'exprime pas au moyen du cas grammatical, car on ne dit pas que la grande | est grande « de » la petite, ni que la petite est petite **113**

1. [112.18-19] *C*, 6 a 37.
2. [112.23-26] *C*, 6 a 36-b 4 (citation partiellement littérale).
3. [112.27-30] Cf. *C*, 6 b 34-36.
4. [112.30-31] Ces précisions ne sont pas données dans *C*, mais on lit dans *Topiques*, IV, 4, 124 b 33-34 : « La science a en effet pour corrélat l'objet connu scientifiquement, alors que l'état et la disposition ont pour corrélat, non pas cet objet, mais l'âme. » Strange (p. 115, n. 320) rappelle que ἑκτά et peut-être θετά sont des termes techniques de la philosophie hellénistique ; mais ils ne sont pas utilisés ici comme termes techniques. Dans la traduction, les prépositions « par », « à » et « pour » correspondent, en grec, à un datif.
5. [112.35-36] *C*, 6 b 7-8.

καὶ τὸ μικρότερον μείζονος μικρότερον.

<Π.> Τῶν δὲ τῇ αὐτῇ χρωμένων πτώσει τ⌈ίς⌉ διαφορ⌈ά⌉;

<Ἀ.> Ὅτι τὰ μὲν καὶ τῷ αὐτῷ ὀνόματι χρῆται, τὰ δὲ ἑτέρῳ.

<Π.> Τίνα οὖν ἐστιν, ἃ τῷ αὐτῷ ὀνόματι χρῆται;

<Ἀ.> Οἷον τὸ ὅμοιον, [τὸ] ἴσον, τὸ ἀνόμοιον, [τὸ] ἄνισον· ὅμοιον γὰρ τόδε τῷδε καὶ τὸ ἕτερον τῷ ἑτέρῳ ἀνό[μοι]όν τε, ὡσαύτως καὶ ἐπὶ τῶν ἄλλων.

<Π.> Τίνα δὲ τῇ μὲν αὐτῇ [πτ]ώσει, οὐ τῷ αὐτῷ δὲ ὀνόματι;

<Ἀ.> Οἷον τὰ τοιαῦτα· πατὴρ υἱοῦ [πατήρ], υἱὸς δὲ πατρὸς υἱός.

<Π.> <Τίνα δὲ καὶ οὐ τῇ αὐτῇ πτώσει;>

<Ἀ.> <Τὰ εἴδη τῆς θέσεως· ὥσπερ γὰρ> ἡ θέσις, καὶ τὰ εἴδη τῆς θέσεως τῶν [πρός τ]ι· <θε[τοῦ γὰ]ρ θέσις ἡ θέσις ἂν εἴη> καὶ τὸ θετὸν θέσει θετόν· εἰ δὲ ἡ θέσις τῶν πρός τι, {θετοῦ - εἴη} <καὶ τὰ εἴδη τῆς θέσεως τῶν πρός τι>.

<Π.> Τίνα οὖν εἴδη θέσεως;

113.3 Π. (*Int.*) add. Fel. u. sign. p ‖ τίς διαφορά p : τῇ διαφορᾷ MAC ‖ **4** Ἀ. (*Resp.*) add. Fel. u. sign. p ‖ **5** Π. (*Int.*) add. Fel. u. sign. p ‖ **6** Ἀ. (*Resp.*) add. Fel. u. sign. p ‖ τὸ[2] A ‖ τὸ[4] A ‖ **7** ἀνόμοιόν A ‖ **8** Π. (*Int.*) add. Fel. u. sign. p ‖ πτώσει M^3A ‖ **9** Ἀ. (*Resp.*) add. Fel. u. sign. p ‖ πατὴρ[2] M^3A ‖ δὲ M : om. A ‖ **10-11** Π. Τίνα δὲ - θέσεως ὥσπερ γὰρ addidi : lac. notav. Busse (qui supplenda haec fere esse coni. Ἐ. Τέλος δὲ τίνα ἐπάγει παραδείγματα; Ἀ. Τὰ εἴδη τῆς θέσεως· καὶ γάρ) ‖ **11a** πρός τι M^3A ‖ θετοῦ - εἴη hic inserui sicut coni. Busse : post πρός τι (u. 11 b) leguntur in MA ‖ θετοῦ γὰρ M^3 : θέσεως γὰρ A ‖ **11b** δὲ MA (cf. Simpl., 165,4) : δὴ coni. Strange ‖ καὶ — πρός τι addidi ex Simpl. (165,4) sicut coni. Busse ‖ **12** Π. (*Int.*) add. Fel. u. sign. p

« de »la grande, mais que la plus grande est plus grande que la plus petite et la plus petite, plus petite que la plus grande[1].

Q. — Et les relatifs qui s'expriment à l'aide du même cas, quelle différence présentent-ils entre eux ?

R. — C'est que certains s'expriment à l'aide du même nom et d'autres, au moyen d'un nom différent.

Q. — Quels sont alors ceux qui s'expriment par le même nom ?

R. — Par exemple, le semblable, l'égal, le dissemblable, l'inégal[2]. Car si telle chose est semblable à telle autre, cette dernière est aussi semblable à la première ; pareillement si elles sont dissemblables et dans les autres cas.

Q. — Et quels sont ceux qui s'expriment à l'aide du même cas, mais pas du même nom ?

R. — Par exemple, ceux du genre suivant : le père, qui est père du fils, et le fils, qui est fils du père.

Q. — Et quels sont encore ceux qui ne s'expriment pas à l'aide du même cas ?[3]

R. — Les espèces de la position. Comme la position, en effet, les espèces de la position font partie des relatifs. Car la position est position « pour » ce qui est capable de position et ce qui en est capable est capable « de » position ; or si la position fait partie des relatifs, les espèces de positions en font partie aussi.

Q. — Quelles sont donc les espèces de positions ?

1. [113.1-2] Il faudrait peut-être expliciter : « ...mais *l'on pense* que la plus grande, etc. » (cf. *supra*, p. 112, 17), car on n'exprime pas cela et les comparatifs qui suivent sont eux-mêmes exprimés au moyen du génitif.

2. [113.6] Seul, le premier exemple figure chez Aristote en *C*, 6 b 9.

3. [113.10-11 b] Le texte est restitué. Busse soupçonnait à bon droit une lacune avant ἡ θέσις (113, 10) et proposait de la combler par une nouvelle question, suivie du début de sa réponse. Il avait aussi parfaitement reconnu que les mots θετοῦ – ἂν εἴη étaient fourvoyés et devraient être replacés après le premier τῶν πρός τι, non après le second ; ce qui commande l'addition, après le second, d'un petit bout de phrase emprunté au texte parallèle de Simplicius (165, 1-4). Toutes ces suggestions sont recevables, mais compte tenu du fragment de réponse conservé, il faut imaginer une question qui demande que soient produites, non seulement « les espèces de la position », mais aussi la raison pour laquelle ces espèces se rangent parmi les relatifs qui ne s'expriment pas au même cas. D'où ma suggestion, bien entendu très conjecturale.

<Ἀ.> Ἀνάκλισις, [στάσις,] καθέδρα. Ἀνάκλισίς τε γὰρ ἀνακειμένου ἐστὶν ἀνάκλι[σις κα]ὶ ὁ ἀνακείμενος ἀνακλίσει ἐστὶν {ἀνάκλισις - ἐστίν} ἀ[νακ]είμενος, ⌈ἥ⌉ τε στάσις ⌈ἑστῶτός⌉ ἐστι στάσις καὶ ὁ ἑστὼς στάσει ἐστὶν ἑστώς, ἥ τε καθέδρα τοῦ [καθημ]ένου ἐστὶ καθέδρα καὶ ὁ καθήμενος καθέδρᾳ ἐστὶ καθήμενος.

<Π.> Ἆρα οὖν ἐπειδὴ ἡ ἀνάκλισις τῶν πρός τι καὶ ἡ [στάσις] καὶ ἡ καθέδρα, καὶ τὸ ἀνακεῖσθαι ἢ ἑστάναι ἢ καθ[ῆ]σθαι [τῶν] πρός τι ἂν εἴη;

<Ἀ.> Οὐδαμῶς.

<Π.> Διὰ τί;

<Ἀ.> Ὅτι ἡ μὲν θέσις καὶ τὰ εἴδη [τ]ῆς [θέσε]ως ἦν πρός τι, ταῦτα δὲ οὔ<τε>θέσ<ε>ις ἐστὶν οὔτε εἴδη ἐστὶ θέσε[ως], ἀλλὰ παρώνυμα ἀπὸ τῶν εἰρημένων θέσεων· οὐδὲν [δὲ τῶν π]αρωνύμων ταὐτόν ἐστι τ⌈ῷ⌉ ἀφ' οὗ παρωνόμασται· οὔτε [γὰρ γραμμ]ατικὸς ταὐτὸν τῇ γραμματικῇ ἥ τε γυνὴ ὅταν ἀπὸ [τῆς γρα]μματικῆς γραμματικὴ ῥηθείη, οὐκ ἔστι παρώνυμον.

<Π.> Τί οὖν [ἐρ]εῖς τὸ καθέζεσθαι καὶ πῶς ἔχειν πρὸς τὸν καθήμενον;

<Ἀ.> Λέγω [ὅτι συ]μβέβηκεν μὲν αὐτῷ, οὐ μὴν ἐπεὶ συμβέβηκεν τοῦτο τῶν π[ρός τ]ι ἂν εἴη.

<Π.> Ὥσπερ τοίνυν ἐπὶ τῆς οὐσίας καὶ τοῦ ποσοῦ ζητῶν [τὸ ἴδιο]ν πρῶτον ἐζήτησας, τὸ ἔχειν ἐναντίον ἢ μὴ ἔχειν εἰ ἴδιον αὐτῶν ἐστιν καὶ ζητήσας ἀπέδειξα<ς> ὅτι μὴ ἦν ἴδιον αὐτῶν τὸ μὴ ἔχειν ἐναντίον, οὕτως καὶ

13 Ἀ. (*Resp.*) add. Fel. u. sign. p ‖ στάσις M^{3}A ‖ **14** ἀνάκλισις καὶ M^{3}A ‖ ἀνάκλισις — ἐστὶν (AM) dittogr. (u. 13) ‖ ἀνακείμενος M^{3}A ‖ **15** ἥ M^{1}A : εἰ M ‖ ἑστῶτός M^{3} (mg) A : ἐστωτος M ‖ **16** καθημένου M^{3}A ‖ **17** Π. (*Int.*) add. Fel. u. sign. Ap ‖ στάσις M^{3}A ‖ **18** καθῆσθαι p : καθεῖσθαι MAC ‖ τῶν M^{3}A ‖ **19** Ἀ. (*Resp.*) add. Fel. u. sign. Ap ‖ **20** Π. (*Int.*) add. Fel. u. sign. Ap ‖ **21** Ἀ. (*Resp.*) add. Fel. u. sign. Ap ‖ τῆς θέσεως M^{3}A ‖ ἦν M : ἐστι A ‖ **22** οὔτε^{1} M^{1}A : οὐ M ‖ θέσεις A (cf. Simpl., 165,17) : θέσις M ‖ ἐστὶν^{1} M (cf. Simpl., 165,10) : εἰσὶν A ‖ θέσεως M^{3}A : θέσεων Cp ‖ ante ἀλλὰ u. sign. p ‖ **23** δὲ τῶν παρωνύμων M^{3}A ‖ τῷ M^{3} : τὸ MA ‖ **24** γὰρ γραμματικὸς A ‖ **25** τῆς γραμματικῆς A ‖ **26** Π. (*Int.*) add. Fel. u. sign. Ap ‖ ἐρεῖς M^{3}A ‖ **27** Ἀ. (*Resp.*) add. Fel. u. sign. Ap ‖ ὅτι συμβέβηκεν A ‖ **28** πρός τι M^{3}A ‖ **29** Π. (*Int.*) add. Fel. ‖ τὸ ἴδιον M^{3}A ‖ **31** ἀπέδειξας Busse (sec. Fel.) : ἀπέδειξα MA ‖ μὴ^{2} M : om. A ‖ post ἐναντίον add. ἢ τὸ μὴ ἔχειν p ‖ οὕτως M : οὕτω A

R. — Les positions couchée, debout, assise[1]. La position couchée en effet est position « du » couché et celui qui est couché est ainsi « en vertu de » sa position couchée ; la position debout est position « de » celui qui est debout et celui qui est debout, est ainsi « en vertu de » sa position debout ; de même la position assise est position « de » celui qui est assis et celui qui est assis est ainsi « en vertu de » sa position assise.

Q. — Puisque la position couchée fait partie des relatifs, ainsi que les positions debout et assise, est-ce que dans ces conditions être couché ou être debout ou bien être assis font également partie des relatifs ?

R. — Pas du tout ![2]

Q. — Pourquoi ?

R. — Parce que si la position et les espèces de positions, on l'a dit, font partie des relatifs, en revanche, être dans une position n'est pas une position ni une espèce de position, mais un dérivé de la position en question[3]. Or un dérivé n'est jamais identique à ce dont il est un dérivé. Un lettré n'est pas en effet la même chose que la science des lettres — et la femme de lettres, quand on l'appelle ainsi d'après ses lettres, n'est pas un dérivé[4].

Q. — Que vas-tu dire alors du fait d'être assis ? Et quel rapport a-t-il avec le sujet assis ?

R. — Je dis que c'est pour lui un accident, mais ce n'est pas parce que c'est un accident que cela fera partie des relatifs[5].

Q. — Mais dans le cas de la substance et de la quantité, tu as recherché le propre en te demandant d'abord si avoir un contraire ou n'en pas avoir est un trait qu'elles ont en propre ; et en fin de compte, tu as démontré qu'il ne leur était pas propre de n'avoir pas de contraire. Procède donc aussi à cette

1. [113.13] Cf. *C*, 6 b 11-12. Les explications qui précèdent et celles qui suivent ne sont pas d'Aristote, lequel se contente de dire que ce sont là des positions particulières (θέσεις τινες), non d'espèces de la position en général, et de rappeler (puisqu'il l'a noté déjà en 6 b 3) que la position en général fait partie des relatifs.

2. [113.19] Même négation en *C*, 6 b 12-13.

3. [113.22] Cf. *C*, 6 b 13-14. Sur les dérivés (paronymes), voir 1 a 12 *sq*.

4. [113.24-25] Cf. *supra*, p. 70, 8-14 (et note *ad loc.*). La femme de lettres (en grec, γραμματική) n'est pas un dérivé, parce qu'elle est désignée par le même nom qui désigne aussi la science des lettres (en grec, γραμματική) qu'elle possède et en raison de laquelle on l'appelle ainsi.

5. [113.27-28] L'accident en question relève en fait de la catégorie du « positionnement » (κεῖσθαι), selon *C*, 1 b 27 et 2 a 2-3. Et le rapport, en effet accidentel, entre le sujet qui est substance et son positionnement, qui peut ou non lui appartenir, comme le blanc, n'a rien à voir avec la relation en quelque sorte essentielle qui, selon Aristote, lie toujours la position au positionnable (capable de position), comme la sensation au sensible.

ἐπὶ τῶν πρός τι ζήτησον, ⌜εἰ⌝ ἴδιον αὐτῶν τὸ ἔχειν ἐναντίον ἢ {τὸ} μὴ ἔχειν.

114.1 <Ἀ.> Φημὶ τοίνυν ὅτι ἐν τοῖς πρός τί ἐστιν ἐναντιότης.

<Π.> Ἐπίδειξον.

<Ἀ.> Οἷον ἡ ἀρετὴ τῇ κακίᾳ ἐναντίον ἐστίν, ἡ δὲ ἀρετὴ καὶ ἡ κακία ⌜τῶν πρός τι⌝· πᾶσα ⌜γὰρ ἕ⌝ξις εἴρηται ὅτι τῶν πρός τι καθό τινος ⌜ἕ⌝ξις· ἀλλὰ μὴν ἡ ἀρετὴ καὶ ἡ κακία ἕξεις [εἰσίν]· τῶν πρός τι δὴ ἂν εἴη ἡ ἀρετὴ καὶ [ἡ κακία]· ἥ τε γὰρ ἀρετή τινός ἐστι ⌜ἕ⌝ξις ἥ τε κακία.

<Π.> Ἀλλὰ πῶς προ[ελθὼν] ποιότητα λέγει τὴν ἀρετὴν καὶ <τὴν> κακίαν;

<Ἀ.> Ὅτ⌜ι⌝ προελθὼν τὰς ἕξεις ἐρεῖ ποιότητας· τὸ αὐτὸ γὰρ πρᾶγμα κατ' ἄλλο καὶ ἄλλο οὐδὲν κωλύεται εἰς πλείους κατηγορίας ἀνάγεσθαι. Ὥσπερ [λ]έγ[ει], ἡ ποιότης καθὸ μὲν ποιοὺς παρέχει τοὺς μετέχοντάς τι αὐ[τῆς], [τῆς] τοῦ ποιοῦ ἂν εἴη κατηγορίας, καθὸ δέ τινός ἐστι ποιότης (ποιοῦ γὰρ ποιότης ἡ ποιότης) τῶν πρός τι ἂν εἴη. Ἄνευ δὲ ἑτέρ[ας] κατηγορίας οὐκ ἔστιν ἐπινοῆσαί τι τῶν πρός τι καθ' ἑαυτά· [διὸ] ἐὰν μὲν ἐπὶ κατηγορίας ὀφθῇ ἐπιδεχομένης ἐναντίωσιν, [δέχεται] <καὶ αὐτὸ ἐναντίωσιν>, ἐὰν δὲ ἐπὶ κατηγορίας

32 εἰ scripsi : μὴ MA || τὸ² delevi || **114.1** Ἀ. (*Resp.*) add. Fel. || **2** Π. (*Int.*) add. Fel. u. sign. Ap || **3** Ἀ. (*Resp.*) add. Fel. u. sign. Ap || **4** τῶν πρός τι A : ἕξις (sic) M || γὰρ scripsi : δὲ MA || ἕξις (bis) A : ἕξις (utrobique) M || **4-5** ἀλλὰ μὴν M : ἀλλ' εἰ οὖν A || **4-6** ἀλλὰ - τε κακία (MA) forte delend. esse coni. Busse (in app.) || **5** εἰσίν A : ἐστί M || δὴ MA¹ (s.u.) : om. A || **5-6** ἡ κακία A || **7** Π. (*Int.*) add. Fel. sign. Ap || προελθὼν Busse : om. et lac. indic. A || τὴν² M¹ (s.u.) A : om. M || **8** Ἀ. add. Busse || Ὅτι scripsi : ὅτε MA ante ὅτε addend. esse αὐτὸς δηλώσει τοῦτο coni. Busse quod prob. Strange || post ποιότητας add. *Resp.* Fel. || **10** λέγει, ἡ scripsi : φέρε ἡ coni. Diels om. et lac. (6 litt.) indic. A || αὐτῆς Busse : om. et lac. indic. A || **11** τῆς A || **12** ἑτέρας A || **13** ἑαυτά M (dub.) AC (cf. Simpl., 176,5) : ἑαυτό p || διὸ restitui (cf. Simpl., 176,6 : διὰ τοῦτο) : διότι Busse om. et lac. (2 siue 3 litt.) indic. A || **14** δέχεται restitui et καὶ αὐτὸ ἐναντίωσιν addidi ut coni. recte Busse quod prob. Strange (cf. infra, 15 et Simpl., 117,7) : om. et lac. (5 uel 6 litt.) indic. A

recherche dans le cas des relatifs et vois s'ils ont en propre d'avoir un contraire ou de n'en pas avoir.

|R. — Eh bien, je soutiens que parmi les relatifs, il y a place pour la contrariété[1]. **114**

Q. — Montre-le.

R. — Par exemple, la vertu est le contraire du vice. Or la vertu et le vice font partie des relatifs[2]. Tout état, on l'a dit[3], fait en effet partie des relatifs, comme état de quelque chose, et bien sûr la vertu et le vice sont des états. Donc, ils font parties des relatifs, parce que la vertu est état de quelque chose et le vice aussi.

Q. — Mais comment se fait-il que plus loin, il appelle la vertu une qualité et le vice aussi ?[4]

R. — Parce que[5] plus loin, il appellera les états des qualités. Rien ne s'oppose en effet à ce que la même chose, selon des points de vue différents, rentre dans plusieurs catégories[6]. D'après ce qu'il déclare, c'est le cas de la qualité : du fait qu'elle permet de qualifier ceux qui participent d'elle d'une certaine façon, elle doit relever de la catégorie de la qualité; mais du fait qu'elle est qualité de quelque chose, puisque la qualité est qualité d'un qualifié, elle fera partie des relatifs[7]. Il est d'ailleurs impossible, sans une catégorie différente, de concevoir l'un des relatifs par soi[8]. C'est pourquoi si on le considère dans une catégorie susceptible d'avoir un contraire, il

1. [114.1] Cf. *C*, 6 b 15 (cité presque littéralement).

2. [114.3-4] Paraphrase de *C*, 6 b 15-16.

3. [113.4] *Supra*, p. 112, 25.

4. [114.7] Allusion à *C*, 8 b 29, 32-34.

5. [114.8] La simple correction de ὅτε en ὅτι, en réponse à la question πῶς; (comme plus loin, p. 115, 1), permet de ne pas supposer de lacune, contrairement à ce que soupçonnent Busse et Strange.

6. [114.8-9] Aristote s'en explique lui-même plus loin (*C*, 11 a 20 *sq.*), en considérant précisément le cas des états qui sont tenus pour des relatifs et apparaissent comme des qualités.

7. [114.10-12] L'argument d'Aristote (en 11 a 24-28) est différent et rattache le genre aux relatifs, mais les particuliers aux qualités (cf. *Topiques*, IV, 3, 124 b 15-22). Il n'est pas sûr qu'il aurait accepté de voir dans la qualité (ποιότης) et le qualifié (ποιόν) des corrélatifs, car il emploie les deux mots indifféremment dans le même sens, comme Porphyre le remarque lui-même plus loin (p. 127, 26-27).

8. [114.12-13] Cet argument est contestable. Il est vrai qu'un relatif ne peut exister par soi, ni donc être considéré à l'instar du substantiel, mais cela est vrai de n'importe quelle catégorie non substantielle. Il est également exact qu'un relatif ne peut être conçu sans son corrélatif, comme Porphyre l'a déjà dit (p. 109, 34 *sq.*), mais le corrélatif appartient à la même catégorie. Enfin, il paraît faux de dire que le relatif ne peut être conçu par soi, car tout relatif peut être défini par un genre qui appartient à cette catégorie.

μὴ

ἐπιδεχομένης, οὐδὲ αὐτὸ δέχεται· οἷον ἐπὶ τῆς [ποιό]τητος ἐπιδέχεται {γὰρ} ἐναντίωσιν· ποιότης γὰρ οὖσα ἡ ἀρετὴ ἐναντία ἐστὶ τῇ κακίᾳ· καὶ τῶν πρός τι ἄρα τὸ κατ᾽ ἀρετὴν καὶ κακίαν ἐναντίωσιν ἔχει· ἡ δέ γε οὐσία καθὸ οὐσία οὐκ ἐπιδέχεται ἐναντίωσιν· Σωκράτης δὲ καὶ ὅλως οὐσία ὑπόκειται τῷ [πατρὶ] ⌈ἢ⌉ υἱῷ καὶ τῷ δεσπότῃ καὶ τῷ δούλῳ· ὥστε οὐδὲ τὰ τοιαῦτα [τῶν] πρός τι οὐκ ἐπιδέχεται ἐναντίωσιν· οὐδὲ τὸ διπλάσιον οὖν, [ᾧ ὑπό]κειται ποσόν, ἐναντίωσιν οὐκ ἐπιδέχεται· τί γὰρ δύο πρὸς ἓν ἢ τέσσαρα πρὸς δύο ἐναντίον; Οὐδὲ τὸ ἥμισυ. Ὅθεν οὐκ ἂν ἴδιον εἴη τῶν πρός τι τὸ ἐπιδέχεσθαι ἐναντίωσιν.

<Π.> Διὰ τί;

<Ἀ.> Ὅτι οὔτε πᾶσιν ὑπάρχει οὔτε μόνοις.

<Π.> Τί οὖν; Τὸ μᾶλλον καὶ τὸ ἧττον ἆρά γε τὰ τ⌈ῶν⌉ πρός τι ἐπιδέχεται;

<Ἀ.> Ἐπιδέχεται μέν, ἀλλ᾽ οὐ πάντα.

15 ποιότητος A ‖ γὰρ (MA) delevi ‖ **18** πατρὶ A ‖ ἢ corr. A : καὶ τῷ M ‖ **19** τῶν A ‖ οὐκ M : om. A ‖ **20** ᾧ ὑπόκειται A ‖ **21** οὐκ M : om. A ‖ **23** Π. (*Int.*) add. Fel. u. sign. Ap ‖ **24** Ἀ. (*Resp.*) add. Fel. u. sign. Ap ‖ **25** Π. (*Int.*) add. Fel. u. sign. Ap ‖ τῶν A : τοῦ M ‖ **27** Ἀ. (*Resp.*) add. Fel. u. sign. Ap

admet lui aussi la contrariété; mais si c'est dans une catégorie qui ne l'admet pas, lui non plus ne l'admet pas[1]. Ainsi, dans la qualité, il admet la contrariété, car étant une qualité, la vertu est contraire au vice et donc, parmi les relatifs, celui qui traduit vertu ou vice présente une contrariété. En revanche, la substance, elle, en tant que telle, n'admet pas de contrariété, et c'est Socrate ou en général la substance qui servent de sujets au père ou au fils et au maître et à l'esclave; si bien que les relatifs de ce genre ne sont pas non plus susceptibles de contrariété. Donc, le double non plus[2], qui a pour sujet une quantité, n'admet pas de contrariété. En quoi deux par rapport à un ou quatre par rapport à deux seraient-ils en effet leurs contraires? Ce n'est pas non plus le cas du demi. Il en résulte qu'être susceptible de contrariété ne sera pas le propre des relatifs[3].

Q. — Pourquoi?

R. — Parce que ce n'est pas une propriété de tous les relatifs, ni d'eux seulement.

Q. — Alors, quoi? Est-ce qu'au moins les réalités qui font partie des relatifs sont susceptibles du plus et du moins?

R. — Oui, mais pas toutes[4].

1. [114.13-15] De l'argument contestable critiqué à la note précédente, Porphyre semble tirer l'idée que les relatifs ne forment pas un genre déterminé comme les autres catégories, mais plutôt quelque chose de commun à plusieurs genres catégoriaux et que, par conséquent, selon les genres où l'on trouve des relatifs, ceux-ci partagent les caractéristiques du genre.

2. [114.20] C'est le seul exemple produit sans explication par *C*, 6 b 18 (en même temps que l'exemple du triple), pour défendre la thèse que tous les relatifs n'admettent pas de contraire.

3. [114.15-22] Ce qui précède semble montrer que selon Porphyre, les relatifs, manquant peut-être d'unité (comme disait Plotin, *En.*, VI, 1, 6), n'ont pas, à la limite, de genre propre, mais se répartissent nécessairement en trois catégories (au moins), parce qu'ils ont pour sujets, soit une qualité, soit une substance, soit une quantité. Mais en réalité, la substance qui sert de sujet au fils ou au père est aussi le genre qui sert de sujet au double et au demi, ainsi qu'à l'état, vertu ou vice. Autrement dit, ce qui distingue entre eux les relatifs, ce n'est pas qu'ils ont pour sujets des genres catégoriaux différents. Leur différence vient de ce que le relatif lui-même, comme l'indique *Mét.*, Δ, 15, s'entend de plusieurs façons: le père et le fils, par exemple, illustre la relation de l'actif et du passif (1021 a 23-25), tandis que le double et le demi illustrent la relation entre l'excédent et l'excédé (1020 b 26-28). Quant à la question de savoir si certains relatifs admettent un contraire, elle est biaisée, chez Aristote lui-même, du fait que l'opposition des relatifs est précisément distinguée, on l'a vu, de l'opposition des contraires. Si donc le vice et la vertu sont vraiment des contraires, c'est à titre de qualités particulières, non parce qu'ils appartiennent par leur genre (l'état) à la catégorie des relatifs.

4. [114.27] Cf. *C*, 6 b 20 *sq.*

<Π.> Πῶς οὖν ἐπιδέχεται;

<Ἀ.> Ὅμοιον γὰρ μᾶλλον λέγομεν τόδε τῷδε, τὸ δὲ ὅμοιον καὶ τὸ ἴσον ἐλέγετο τῶν πρός τι εἶναι.

<Π.> Καὶ πῶς, εἰ τὸ ποσὸν μὲν οὐκ ἐπιδέχεται τὸ μᾶλλον καὶ τὸ ἧττον, τὸ δὲ ἴσον καὶ τὸ ἄνισον ἐπιδέχεται τὸ μᾶλλον καὶ τὸ ἧττον, ἴδιον ἂν εἴη τοῦ ποσοῦ τὸ ἴσον καὶ τὸ ἄνισον;

115.1 <Ἀ.> Ὅτ⌜ι⌝ τὸ μὲν ποσὸν ⌜ᾗ⌝ ποσὸν οὐκ ἐπιδέχεται τὸ μᾶλλον καὶ ἧττον τὰ δὲ συμβεβηκότα τῷ ποσῷ ἐπιδέχοι{ν}τ' ἂν τὸ μᾶλλον καὶ ἧττον, ὥσπερ καὶ ἡ οὐσία οὐκ ἐπιδέχεται ἐναντίωσιν, συμβέβηκε δὲ τῇ οὐσίᾳ τῶν ἐναντίων ἀν⌜ὰ⌝ μ⌜έ⌝ρο⌜ς⌝ εἶναι δεκτικήν. Καὶ ἐνταῦθα [οὖν ἄλλο] μὲν ποσόν, ἄλλο δὲ τὸ ἴδιον τοῦ ποσοῦ· ἔστι γὰρ τὸ ἴδιον ποιό[της καὶ] πάθος οὐσιῶδες τοῦ ποσοῦ· αἱ δὲ ποιότητες καὶ τὰ πάθη ἐπιδέχονται τὸ μᾶλλον καὶ τὸ ἧττον· ἐπιδέχοιτ' <ἄρα> ἂν καὶ τὸ ἴσον καὶ τὸ ἄνισον τὸ μᾶλλον καὶ ἧττον, καίτοι τοῦ ποσοῦ μὴ ἐπιδεχομένου.

<Π.> Ἀλλ' [εἰ] πάθη ποσοῦ τὸ ἴσον καὶ τὸ ἄνισον, πῶς ἂν εἴη τῶν πρός τι [τὸ ἴσ]ον <καὶ τὸ ἄνισον>;

<Ἀ.> Ὅτι τὸ ἴσον ἴσῳ λέγεται ἴσον καὶ τὸ ἄνισον ἀνίσῳ ἄνισον· [αὐ]τὰ γὰρ ἅ ἐστι τὸ ἴσον καὶ τὸ ἄνισον ἑτέρου λέγεται.

28 Π. (*Int.*) add. Fel. u. sign. Ap || **29** Ἀ. (*Resp.*) add. Fel. u. sign. Ap || post γὰρ (MAC) add. καὶ ἴσον p quod prob. Strange at potius delend. esse καὶ τὸ ἴσον (29-30) coni. Busse (in app.) || **31** Π. (*Int.*) add. Fel. u. sign. Ap || **32** ante ἴδιον u. sign. p || **115.1** Ἀ. (*Resp.*) add. Fel. u. sign. A (dub.) || Ὅτι τὸ Busse (cf. Simpl., 177,7) : ὅταν MA || ᾗ A (cf. Simpl., 117,7) : ἡ M || οὐκ M (cf. Simpl., 177,7) : om. A || ἧττον M : τὸ ἧττον A || **2** ἐπιδέχοιτ' p : ἐπιδέχοιντ' MAC || ἧττον M : τὸ ἧττον A || **4** ἀνὰ μέρος Cp : ἀνάμερον MA || οὖν ἄλλο A || **5** ποιότης καὶ Busse : ποιότης A || **7** ἄρα (uel οὖν) addend. esse coni. recte Busse (in app.) quod prob. Strange || ἧττον² M : τὸ ἧττον A || **9** Π. (*Int.*) add. Fel. u. sign. Ap || εἰ A || **10** τὸ ἴσον A || καὶ τὸ ἄνισον addidi ut coni. Busse (in app.) || **11** Ἀ. (*Resp.*) add. Fel. u. sign. Ap || αὐτὰ A || **12** ἅ M : om. A

Q. — Comment donc est-ce le cas ?

R. — Dans le cas du semblable, par exemple, nous disons : ceci ressemble plus à cela ; or le semblable ainsi que l'égal, on l'a dit[1], font partie des relatifs[2].

Q. — Et pourtant si la quantité, elle, n'admet pas le plus et le moins, mais que l'égal et l'inégal sont susceptibles du plus et du moins, comment se fait-il que l'égal et l'inégal puissent être le propre de la quantité ?[3]

|R. — C'est que la quantité, en tant que telle, n'est pas susceptible du **115**
plus ou moins, tandis que les accidents de la quantité le peuvent, exactement comme la substance n'admet pas la contrariété, mais peut, par accident, recevoir les contraires tour à tour[4]. Donc, ici également, la quantité est une chose, le propre de la quantité en est une autre ; le propre est en effet une qualité et une affection essentielle de la quantité ; or les qualités et les affections admettent le plus et le moins[5] ; donc, l'égal et l'inégal peuvent aussi admettre le plus ou moins, bien que la quantité ne l'admette pas[6].

Q. — Mais si l'égal et l'inégal sont des affections de la quantité, comment l'égal et l'inégal peuvent-ils faire partie des relatifs ?

R. — C'est que l'égal est dit égal à l'égal et l'inégal inégal à l'inégal. L'égal et l'inégal en effet sont dits eux-mêmes ce qu'ils sont d'une chose différente.

1. [114.30] *Supra*, p. 113, 6.

2. [114.29-30] Ce sont les exemples de *C*, 6 b 21-24. Les corrections suggérées par Busse ou Strange ne s'imposent pas, car le texte reste parfaitement intelligible.

3. [114.31-33] D'après ce qui a été dit en *C*, 6 a 26-27.

4. [115.1-4] Bien que la suite corrige cette impression, Porphyre paraît ici confondre l'accident et le propre. Recevoir les contraires tour à tour n'est pas en effet, pour la substance, un accident, puisque c'est ce qu'elle a de plus propre, même si cela ne la définit pas. D'autre part, évoquant ici « les accidents de la quantité », Porphyre semble ignorer sa propre conception, selon laquelle les accidents sont les genres non substantiels, plutôt que les attributs non essentiels.

5. [115.5-7] Dans ces deux propositions, qui servent, respectivement, de majeure et de mineure au raisonnement, la qualité dont il est question n'est pas exactement la même. Dans la majeure, où elle est identifiée au propre, il s'agit de la qualité essentielle, qui sert ailleurs à définir la différence : inséparable du sujet dont elle est la différence ou le propre, elle lui appartient par soi (cf. *Isag.*, 9, 10 *sq.*) et n'a rien à voir avec une qualité comme le blanc des cheveux, par exemple (cf. *supra*, p. 96, 21). Dans la mineure, en revanche, la qualité, comme l'affection, sont du même ordre que le blanc et appartiennent à la catégorie que Porphyre range parmi les accidents : elle sera examinée plus loin et c'est d'elle que *C*, 10 b 25 affirme qu'elle admet le plus ou moins. Or une qualité propre, essentielle, comme la différence spécifique, n'admet pas le plus ou moins. Le raisonnement de Porphyre est donc boîteux.

6. [115.7-8] Cette conclusion elle-même n'est pas tirée des prémisses, car si l'égal et son contraire, l'inégal, sont le propre de la quantité, ils ne sont eux-mêmes, ni des quantités, ni non plus des qualités, mais des relatifs, comme la suite le rappellera à bon escient.

<Π.> Ἆρα οὖν πάντα [τὰ ὑ]πὸ τὰ πρός τι ἐπιδέχεται τὸ μᾶλλον καὶ ἧττον;

<Ἀ.> Οὐδαμῶς· [οὔτε γ]ὰρ τὸ διπλάσιον ῥηθείη ἂν μᾶλλόν τινος διπλάσιον ἢ ἧττον οὔτε τὸ ἥμισυ ῥηθείη ἂν μᾶλλον ἢ ἧττόν τινος ἥμισυ.

<Π.> Τί οὖν τοῖς πρός τι ὑπάρχει ἴδιον, καθόσον εἰσὶν πρός τι;

<Ἀ.> Τὸ πρὸς ἀντιστρέφοντα λέγεσθαι.

<Π.> Τί ἐστι τὸ πρὸς ἀντιστρέφοντα λέγεσθαι;

<Ἀ.> <Τὸ> τὰ πρὸς ἃ λέγεται τὰ πρῶτα, ὁμοίως καὶ <αὐτὰ> τὰ δεύτερα λέγεσθαι πρὸς τὰ πρῶτα· οἷον εἰρήσθω ὁ πατὴρ πρῶτος, ὁ δὲ υἱὸς δεύτερος, καὶ ἔστω ὁ πατὴρ υἱοῦ πατήρ· οὐκοῦν ἀντιστρέψωμεν καὶ τὸν υἱὸν προτ[άξω]μεν, καὶ ἔστι καὶ ὁ υἱὸς πατρὸς υἱός.

<Π.> Ἆρα οὖν πάντα οὕτως ἔχει;

<Ἀ.> Πάντα μὲν κατ᾽ ἐπίνοιαν, οὐ πάντα δὲ κατ᾽ ἐκφώνησιν, ἀλλὰ τὰ μὲν κατὰ τὰς αὐτὰς πτώσεις ἔχει ἀντι[στέφ]ον[τα] τοῖς πρώτοις λεγομένοις, ὡς ὁ πατὴρ υἱοῦ πατὴρ καὶ ὁ υἱὸς πατρὸς υἱός (ἐπ᾽ ἀμφοῖν γὰρ πρὸς γενικὴν πτῶσιν γέγονεν ἡ [προφο]ρά), τὰ δὲ οὐ πρὸς τὰς αὐτὰς πτώσεις, ὡς ἤδη ἔ[δει]ξ[εν]· αἴσθησις μὲν γὰρ αἰσθητοῦ αἴσθησις πρὸς γενικὴν [ἐρ]ρέθη πτῶσιν, τὸ δὲ αἰσθητὸν αἰσθήσει αἰσθητὸν πρὸς δοτικὴν τὸ ἀντιστρέφον συνετάχθη. Τινὰ δὲ κατ᾽ ἐκφορὰν οὐκ ἐπιδέχεται, πρὸς ὃ λέγεται· οὐ λέγομεν γὰρ <μέγα> μικροῦ μέγα οὐδὲ μικρὸν μεγάλου μικρόν. Ταῦτα δὲ εἴρηται πρότερον.

13 Π. (*Int.*) add. Fel. u. sign. Ap || τὰ ὑπὸ A || **14** ἧττον M : τὸ ἧττον A || **15** Ἀ. (*Resp.*) add. Fel. u. sign. Ap || οὔτε γὰρ A || **17** Π. (*Int.*) add. Fel. u. sign. Ap || **18** Ἀ. (*Resp.*) add. Fel. u.sign. A || **19** Π. (Ἐ.) add. Busse || Τί ἐστι — λέγεσθαι M : om. A || **20** Ἀ. add. Busse || Τὸ addidi || τὰ πρὸς ἃ MA (cf. Simpl., 179,29 : τὸ πρὸς ὃ) : τὸ ὡς πρὸς τὰ δεύτερα coni Busse quod prob. Strange || καὶ αὐτὰ τὰ scripsi (cf. Simpl., 179,29 : καὶ αὐτὰ) : καὶ τὰ MA || **22** προτάξωμεν A || **23** ἔστι M : ἔστω A || **24** Π. (*Int.*) add. Fel. u. sign. Ap || **25** Ἀ. (*Resp.*) add. Fel. u. sign. Ap || **26** ἀντιστρέφοντα A || **28** προφορά A || **29** ἔδειξεν A || **30** ἐρρέθη A || **32** μέγα[1] add. p : om. MAC

Q. — Alors est-ce que tout ce qui se range sous des relatifs est susceptible de plus ou moins ?

R. — Pas du tout ! On ne peut pas dire en effet que le double est plus le double de quelque chose ou qu'il l'est moins, ni que la moitié est plus ou moins la moitié de quelque chose[1].

Q. — Quelle est alors la caractéristique que les relatifs ont en propre, en tant que relatifs ?

R. — Se dire relativement à des réciproques[2].

Q. — Qu'est-ce que se dire relativement à des réciproques ?

R. — Ça veut dire que les termes seconds, relativement auxquels se disent les premiers, se disent eux-mêmes relativement aux premiers de la même façon[3]. Disons, par exemple, que le père est premier et le fils second, ce qui veut dire : le père est père du fils ; dès lors, si nous prenons la réciproque, en plaçant le fils en premier, on dira de la même façon que le fils est aussi fils du père.

Q. — Est-ce que tous les relatifs sont par conséquent das ce cas ?

R. — Tous, si l'on en juge d'après leur notion, mais pas tous, si l'on s'en tient à la manière dont on les exprime[4]. Car alors, il y en a, certes, dont la réciproque se présente au même cas grammatical que dans l'expression du premier terme : ainsi, le père est père « du » fils et le fils, fils « du » père ; dans les deux cas, en effet, l'expression fait appel ici à un génitif. Mais il en est d'autres qui ne font pas appel au même cas, ainsi qu'Aristote l'a déjà montré, car la sensation, on l'a vu[5], est dite sensation « du » sensible, à l'aide du génitif, tandis que le sensible est sensible « à » la sensation : la réciproque a donc été construite en faisant appel au datif. Par ailleurs, il y en a d'autres encore qui ne se laissent pas exprimer avec leur corrélatif : nous ne disons pas en effet que le grand est grand « du petit », ni le petit, petit « du grand » ; mais on l'a noté précédemment[6].

1. [115.15-16] Paraphrase de *C*, 6 b 25-26.

2. [115.18] Cf. *C*, 6 b 28.

3. [115.20-21] À propos des termes premiers (au départ de la relation exprimée) et les termes seconds (corrélés), voir *supra*, p. 112, 9 *sq*.

4. [115.25] Cf. *C*, 6 b 33.

5. [115.30] *I.e.* p. 112, 12-15. Cf. *C*, 6 b 33-36 (avec, en plus, l'exemple de la science).

6. [115.33] *I.e.* p. 112, 15-20.

116.1 <Π.> Ἆρα οὖν τοῦτο ἁπλῶς καὶ ὡς ἔτυχεν γένοιτ' {ο} ἄν;

<'Α.> Οὐδαμῶς.

<Π.> Ἀλλὰ τί δεῖ παραφυλάττειν;

<'Α.> Τὸ οἰκείως ποιεῖσθαι τὴν ἀπόδοσιν, πρὸς ὃ ἂν ἀποδοθῇ.

<Π.> Τί δὲ τοῦτό ἐστιν;

<'Α.> Οἷον τὸ πτερὸν ἂν εἴπωμεν ὄρνιθος εἶναι πτερόν, ὑγ{ε}ίως μὲν λέγομεν, οἰκείως δὲ οὔ· διὸ οὐκ ἀντιστρέφει· οὐκέτι γὰρ λέγομεν ὄρνις πτεροῦ. Αἴτιον δὲ οὐ τὸ ἀντιστ[ρέφειν], ἀλλὰ τὸ <τὸ> πρῶτον οἰκείως {οἰκείως} μὴ ἀποδεδόσθαι· τὸ γὰρ πτερὸν οὐ καθὸ ὄρνιθός ἐστι λέγεται πτερόν, ἀλλὰ καθὸ πτερωτοῦ· διὸ ἂν οὕτως ἀπο{δι}δῷς τὸ πτερ{ωτ}ὸν πτερωτοῦ πτερόν, ἀντιστρέφει· [καὶ] γὰρ τὸ πτερωτὸν πτερῷ πτερωτόν· πολλῶν γὰρ καὶ ἄλλων ἔστι πτερά, ἃ οὐκ ἔστιν ὄρνιθες, μελισσῶν, σφ⌈η⌉κῶν, [ἀκρί]δων, τετ<τ>ίγων καὶ μυρίων ἄλλων.

<Π.> Ἆρα οὖν ἐπὶ πάντων [εὑ]ρήσομεν ὀνόματα ἐν τῇ συνηθείᾳ, πρὸς ἃ ποιησόμεθα τὴν τῶν πρός τι ἀπόδοσιν;

<'Α.> Οὐ πάντων.

<Π.> Τί οὖν ἐφ' ὧν οὐκ ἔστιν;

<'Α.> [Εὑρήσο]μεν αὐτοί, φησίν, <ἐὰν> π<λ>άσωμεν οἰκεῖα ὀνόματα.

<Π.> Πῶς οὖν πλάσ[ο]μεν;

<'Α.> Ἀπὸ τῶν πρώτων ποιήσ⌈ο⌉μεν τὰ δεύτερα [ὀνο]μ[α]τοπ[οιοῦντες]· οἷόν ἐστι κεφαλὴ λεγομένη, ἀλλ' αὐτὴ ἐὰν ἀ[ποδοθ]ῇ ζῴου κεφαλή, σφαλησόμεθα·

116.1 Π. (*Int.*) add. Fel. u. sign. Ap ‖ γένοιτ' A : γένοιτο M ‖ **2** 'Α. (*Resp.*) add. Fel. u. sign. Ap ‖ **3** Π. (*Int.*) add. Fel. u. sign. Ap ‖ **4** 'Α. (*Resp.*) add. Fel. u. sign. Ap ‖ **5** Π. (*Int.*) add. Fel. u. sign. Ap ‖ **6** 'Α. (*Resp.*) add. Fel. u. sign. Ap ‖ ὑγιῶς p : ὑγειῶς MAC ‖ **7** δὲ M : δ' A ‖ **8** ἀντιστρέφειν A ‖ τὸ² M¹ (s.u.) A : om. M ‖ οἰκείως M¹A : dittogr. M ‖ **10** ἀποδῷς Busse : ἀπιδιδῶς MAC ἀποδιδῷ p ‖ πτερὸν¹ A : πτερωτὸν M ‖ **11** καὶ¹ A ‖ **12** post ὄρνιθες (M) add. οἷον A ‖ ἀκρίδων A ‖ τεττίγων M¹ (s.u.) A : τετίγων M ‖ **14** Π. (*Int.*) add. Fel. u. sign. Ap ‖ Ἀρα M : ἆρ' A ‖ εὑρήσομεν A ‖ **16** 'Α. (*Resp.*) add. Fel. u. sign. Ap ‖ Οὐ πάντων MAC : οὐδαμῶς p ‖ **17** 'Α. (*Resp.*) add. Fel. u. sign. Ap ‖ **19** 'Α. hic addidi : ante ἐφ' ὧν (u. 18) inser. Busse et illic u. sign. ACp ‖ Εὑρήσομεν A ‖ ἐὰν addidi : καὶ add. A ‖ πλάσωμεν M¹ (s.u.) AC : πάσωμεν M πλάσομεν p ‖ **20** Π. (*Int.*) add. Fel. u. sign. Ap ‖ πλάσομεν M¹ (s.u.) A¹ (dub.) : πλάσωμεν MA ‖ **21** 'Α. (*Resp.*) add. Fel. u. sign. Ap ‖ ποιήσομεν p : ποιήσωμεν MAC ‖ ὀνοματοποιοῦντες A ‖ **22** αὐτὴ MA : αὕτη coni. Busse ‖ ἀποδοθῇ A

|Q. — Est-ce que, dans ce dernier cas, on s'exprimerait ainsi tout simplement, au hasard ?[1] 116

R. — Pas du tout !

Q. — Mais quelle précaution doit-on prendre ?

R. — Produire adéquatement le corrélatif dans le cas donné[2].

Q. — Et qu'est-ce à dire ?

R. — Si nous disons, par exemple, que l'aile est « aile d'oiseau », nous nous exprimons selon le bon sens, mais pas de façon adéquate. C'est pourquoi, il n'y a pas réciprocité, car nous ne disons plus qu'il y a « oiseau d'aile ». Or le motif n'est pas cette réciproque, mais le corrélatif inadéquat qu'on a fourni en premier lieu. On ne dit pas en effet que l'aile est une aile du fait qu'elle appartient à l'oiseau, mais du fait qu'elle apppartient à l'ailé. C'est la raison pour laquelle si l'on donne cette explication : l'aile est aile « de l'ailé », il y a réciprocité, parce que précisément l'ailé, lui aussi, est ailé « en raison de l'aile ». Beaucoup d'autres animaux, en effet, ont des ailes, qui ne sont pas des oiseaux : les abeilles, les guêpes, les sauterelles, les cigales et des myriades d'autres[3].

Q. — Alors, est-ce que, dans tous les cas, nous sommes en mesure de trouver des noms en usage dont nous puissions faire des corrélatifs ?

R. — Pas dans tous.

Q. — Que faire alors dans les cas où il n'y en a pas ?

R. — Nous les inventerons nous-mêmes, dit-il, en forgeant des noms adéquats[4].

Q. — Comment alors les forgerons-nous ?

R. — À partir des premiers termes nous tirerons de quoi faire les seconds, en fabriquant de nouveaux noms[5]. Ainsi, il y a ce qu'on appelle « la tête » ; mais si l'on explique qu'elle est elle-même « tête d'animal »,

1. [116.1] L'éventualité de procéder au hasard, qui va être exclue, est évoquée en *C*, 7 a 24 et est aussi écartée par Aristote.

2. [116.4] Cf. *C*, 6 b 36-38.

3. [116.6-13] Paraphrase de *C*, 6 b 38-7 a 5. Seuls, les exemples (les espèces d'insectes) sont de Porphyre.

4. [116.18-19] Cf. *C*, 7 a 5-7.

5. [116.21] Aristote dit aussi qu'il faut « fabriquer des noms » (ὀνοματοποιεῖν · *C*, 7 a 5-6) ; c'est l'expression que Porphyre lui a déjà empruntée au début de son commentaire (p. 56, 5). Et il affirme aussi qu'il peut (faut ?) les créer « à partir des premiers noms » (ἀπὸ τῶν πρώτων : *C*, 7 a 19). C'est pourquoi Porphyre peut appeler « seconds » (δεύτερα) les noms ainsi créés pour désigner proprement les corrélatifs. Il précisera plus loin (116, 27), que le terme second est un « dérivé » (παρώνυμον).

πολλὰ γάρ ἐστι ζῷα, ἃ μὴ ἔχει κεφαλήν, ὡς ὄστρεα, καρκίνοι καὶ τὰ παραπλήσια. Ἐὰν οὖν ἀποδῶμεν ἡ κεφαλὴ ζῴου κεφαλή, οὐχ{ὶ} ὑγ{ε}ιὲς τὸ ἀντιστρέ[φον] καὶ φάναι τὸ ζῷον κεφαλῇ ζῷον διὰ τὸ πολλὰ εἶναι ἀκέφαλα ζῷα.

<Π.> Πῶς οὖν ποιήσομεν;

<Ἀ.> Ἀπὸ τῆς κεφαλῆς παρώνυμον ποιήσ⌈ο⌉μεν κεφαλωτόν, καὶ οὕτως ἀντιστρέφει· κεφαλὴ γὰρ κεφαλωτοῦ κεφαλὴ καὶ τὸ κεφαλωτὸν κεφαλῇ κεφαλωτόν. Ὁμοίως δὲ καὶ ἐπὶ τοῦ πηδαλίου· τὸ μὲν γὰρ εἰπεῖν πηδάλιον πλοίου πηδάλιον οὐκ ἐπὶ πάντων ἁρμόσει διὰ τὸ εἶναι πολλὰ πλοῖα, ἃ μὴ πηδαλίῳ εὐθύνεται, ὥσπερ τὰ μ⌈ι⌉κρὰ καὶ ὑπὸ [ἐρετ]ῶν [ἐλαυν]όμενα μόνως· διὸ οὐκ ἀντιστρέφει· οὐ γὰρ ὑγιὲς φάναι πλοῖον πηδαλίῳ πλοῖον. Ἐὰν δὲ ἀπὸ τοῦ πηδαλίου παρώνυμον ποιήσωμεν ὄνομα οἷον πηδαλιωτόν, ὑγ{ε}ιῶς ἐροῦμεν οἷον « πηδάλιον πηδαλιωτοῦ πηδάλιον » καὶ ἀντιστρέψομεν « πηδαλιωτὸν πηδαλίῳ πηδαλιωτόν ». Οὐχ ἁπλῶς οὖν ῥητέον, ὅτι πάντα τὰ πρός τι πρὸς ἀντιστρέφοντα λέγεται.

<Π.> Ἀλλὰ τί προσθετέον;

<Ἀ.> Τὸ « ἐὰν οἰκείως ἀποδίδωται ».

117.1 <Π.> Τί ἄλλο πρὸς [τ]οῦ[το] τεκμήριον ἔφη;

<Ἀ.> Ὅτι « ἐὰν μὴ οἰκείως ἡ ἀπόδοσις γένηται μηδὲ πρὸς αὐτὸ <ὃ> λέγεται, οὐκ ἀντιστρέφει, οὐδὲ <ἐπὶ> τῶν ὁμολογουμένως πρὸς ἀντιστρέφοντα λεγομένων καὶ ὀνόματα ἐχόντων κείμενα », ὡς ὁ δοῦλος καὶ ὁ δεσπότης·

24 οὐχ A : οὐχὶ M || ὑγιὲς Cp : ὑγειὲς MA || **24-25** ἀντιστρέφον A || **26** Π. (*Int.*) add. Fel. u. sign. Ap || ποιήσομεν Mp : ποιήσωμεν AC || **27** Ἀ. (*Resp.*) add. Fel. u. sign. Ap || ποιήσομεν Busse : ποιήσωμεν M om. ACp || **31** μικρὰ A : μακρὰ M || ἐρετῶν ἐλαυνόμενα A || **32** πλοῖον[1] M : πλοίῳ A || **33** ὑγιῶς p : ὑγειῶς MA || **34** ἀντιστρέψομεν M : —φομεν A (dub.) —ψωμεν A[1] || **35** post πηδαλιωτόν u. sign. p et Ἐ. add. Busse || **37** Π. (*Int.*) add. Fel. u. sign. A || **38** Ἀ. (*Resp.*) add. Fel. u. sign. Ap || **117.1** Π. (*Int.*) add. Fel. u. sign. Ap || τοῦτο AC : τούτῳ p || **2** Ἀ. (*Resp.*) add. Fel. u. sign. Ap || ὃ add. recte Busse (cf. Arist., 7 a 24 et 28) || **2-3** λέγεται M : λέγηται A || **3** ἐπὶ add. Busse sec. Simpl. (185,29) || ὁμολογουμένως M (cf. Simpl., 185,30 et Arist., 7 a 25-26) : —μένων A

nous allons faire fausse route, parce qu'il y a beaucoup d'animaux qui n'ont pas de tête, comme les huîtres, les crabes et les bêtes qui leur ressemblent[1]. Si, donc, nous expliquons : « la tête est tête d'animal », il n'y a pas moyen de trouver du sens à la réciproque et de prétendre que l'animal est animal en raison de sa tête, vu qu'il est beaucoup d'animaux sans têtes.

Q. — Comment alors ferons-nous ?

R. — À partir de « la tête », nous créerons un dérivé : « têté »[2]. Et ainsi, il y a réciprocité, car la tête est tête de têté et le têté l'est en raison de sa tête. Et il en va encore de même dans le cas du gouvernail. Dire en effet que le gouvernail est gouvernail « de bateau » ne peut convenir à tous les cas, vu qu'il est beaucoup de bateaux qui ne se dirigent pas au moyen d'un gouvernail, comme les petits bateaux et ceux qui se propulsent uniquement par rames. De ce fait, il n'y a pas réciprocité, car le bon sens empêche de prétendre que le bateau est bateau en raison d'un gouvernail. Mais si, à partir du « gouvernail », nous pouvons créer un nom dérivé, comme « gouvernaillé », il y aura du bon sens à dire, par exemple : « le gouvernail est gouvernail du gouvernaillé »; et nous pourrons dire réciproquement : un gouvernaillé est ce qu'il est en raison du gouvernail[3]. Donc il ne faut pas déclarer purement et simplement que tous les relatifs se disent relativement à des réciproques.

Q. — Mais que faut-il ajouter ?[4]

R. — Que c'est « à la condition d'avoir été explicités de façon adéquate »[5].

|Q. — Quelle autre indice probant Aristote a-t-il apporté à cela ? **117**

R. — C'est que « si l'explicitation n'est pas adéquate et n'identifie pas le corrélatif lui-même, il n'y a pas réciprocité même dans le cas des relatifs dont on s'accorde à reconnaître qu'ils se disent en relation avec des réciproques et qu'ils possèdent des noms établis », comme l'esclave et le

1. [116.22-23] Cf. *C*, 7 a 16-18. Les exemples d'animaux acéphales sont produits par Porphyre, mais ils sont ici différents de ceux, toujours de son crû, qu'il a mentionnés p. 56, 4.

2. [116.27] Le dérivé « têté » (κεφαλωτόν) est présenté ici comme un néologisme, conformément à ce que laisse comprendre Aristote, alors qu'il a été présenté p. 56, 1 *sq.* comme un terme en usage, dont, seule, la signification est nouvelle.

3. [116.29-35] Tout ce qui précède est une simple paraphrase de *C*, 7 a 7-15.

4. [116.35-37] La phrase οὐχ ἁπλῶς – λέγεται (35-36) clôture la réplique du répondant. Elle est la réponse à la question posée, p. 116, 1 : ἆρα οὖν τοῦτο ἁπλῶς;. Contrairement à ce qu'a imprimé Busse, mais comme l'avait soupçonné Feliciano, la nouvelle question semble être uniquement Ἀλλὰ τί προσθετέον; (p. 116, 37).

5. [116.38] La formule est empruntée à *C*, 6 b 36 ; 7 a 3-4, 14 et 22-23.

δούλου γὰρ δεσπότης <ὁ δεσπότης>· ἐὰν δέ τις μὴ πρὸς δεσπότην λάβῃ τὸν δοῦλον λέγεσθαι ἀλλὰ πρὸς ἄλλον, « ἢ πρὸς δίποδα ἢ ὁτιοῦν τῶν τοιούτων, οὐκ ἀντιστρέφει »· λεγέσθω γὰρ ὁ δοῦλος ἀνθρώπου δοῦλος, ἀλλ᾽ οὐκέτι ἄνθρωπος δούλου ἄνθρωπος ῥηθήσεται.

<Π.> Ποῖον ἄλλο ἔτι πρὸς τοῦτο κομίσαις ἂν τεκμήριον;

<Ἀ.> Ὅτι « ἐὰν μὲν οἰκείως ᾖ ἀποδεδομένον πρὸς ὃ λέγεται, πάντων περι[αιρ]ουμένων τῶν ἄλλων ὅσα συμβεβηκότα ἐστίν, λειπομένου δὲ τούτου μόνου πρὸς ὃ ἀπεδόθη, ἀεὶ πρὸς αὐτὸ ῥηθήσεται »· οἷον ὁ δοῦλος πρὸς δεσπότην λέγεται· ἐὰν τοίνυν περιέλῃς τὸ δίπουν, τὸ ἐπιστήμης δεκτικόν, τὸ θνητόν, τὸ{ν} ἄνθρωπον, μέν⌈ῃ⌉ δὲ τὸ δεσπότην εἶναι, « ἀεὶ ὁ δοῦλος πρὸς δεσπότην ῥηθήσεται ». Καὶ ἔμπαλιν ἐὰν μὲν τ[η]ρήσ[ῃς] πάντα, περιέλῃς δὲ τὸ{ν} δεσπότην, περιεῖλες καὶ τὸ δοῦλον εἶναι, κἂν ἄνθρωπος ᾖ, κἂν δίπους, κἂν ζῷον λογικὸν θνητόν· δεσπότου γὰρ μὴ ὄντος πρὸς οὐδὲν τῶν μεινάντων δοῦλος οἰκείως ῥηθήσεται· ὡσαύτως καὶ ἐπὶ ὄρνιθος ἐὰν περι⌈αι⌉ρεθῇ τὸ εἶναι πτερωτόν, οὐδὲ τὸ πτερὸν ἔσται τῶν πρός τι μὴ ὄντος πτερωτοῦ ἐν τοῖς πράγμασιν.

<Π.> Τί οὖν ἐκ τούτου συνάγεταί σοι;

<Ἀ.> Ὅτι « δεῖ μὲν ἀποδιδόναι, πρὸς ἃ δήποτε οἰκείως λέγεται ». Ἀλλ᾽ ἐὰν μὲν ᾖ ὄνομα κείμενον, τῷ κειμένῳ δεῖ χρῆσθαι, μὴ ὄντος δὲ ὀνοματοποιεῖν αὐτό· « οὕτ<ω> γὰρ ἀποδιδομένων φανερὸν ὅτι πάντα πρὸς ἀντιστρέφοντα ῥηθήσεται ».

<Π.> Διὰ τί οὖν τοῦτο συμβαίνει;

<Ἀ.> Ὅτι τὰ ἀντιστρέφοντα δεῖ ἐξ ἴσου εἶναι καὶ μήτε πλεονάζειν θάτερον μήτε ἐλλείπειν. Ὅταν μὲν οὖν θάτερον πλεονάζῃ ὡς τὸ πτερὸν ὄρνιθος, θάτερον δὲ ἐλλείπ⌈ῃ⌉ ὡς τὸ πηδάλιον τοῦ πλοίου, ἀμήχανον ἀντι-

5 ὁ δεσπότης addidi || **9** Π. (*Int.*) add. Fel. u. sign. Ap || κομίσαις M : κομίσῃς A || **10** Ἀ. (*Resp.*) add. Fel. u. sign. Ap || ᾖ ἀποδεδομένον MA : ἀ. ᾖ Arist. (7 a 32) || **11** περιαιρουμένων A || λειπομένου MA : καταλ- Arist. (7 a 33) || **12** ἀπεδόθη MA : ἀ. οἰκείως Arist. (7 a 34) || **14** τὸ² A¹ : τὸν MA || μένῃ p : μένει MAC || **15** τηρήσῃς A || **16** τὸ¹ A : τὸν M || **18** περιαιρεθῇ A : —ηρεθῇ M || **21** Π. (*Int.*) add. Fel. u. sign. Ap || συνάγεται M : συμβήσεται A || **22** Ἀ. (*Resp.*) add. Fel. u. sign. Ap || ἃ M : οἷα A ὅ Arist. (7 b 10) || δήποτε MA : ποτε Arist. (7 b 10) || **23** δεῖ M : om. A || **24** οὕτω A : οὔτ᾽ M || γὰρ MA : δὲ Arist. (7 b 12) || πάντα M : ante ῥηθήσεται (u. 25) transp. A π. τὰ πρός τι Arist. (7 b 13) || **26** Π. (*Int.*) add. Fel. u. sign. Ap || **27** Ἀ. (*Resp.*) add. Fel. u. sign. Ap || **28** θάτερον¹ M : om. A || **29** ἐλλείπῃ A : ἐλλείπει M

maître[1]. L'esclave, en effet, est esclave du maître. Or si l'on ne comprend pas que l'esclave s'entend par rapport au maître et qu'on le pense au contraire relativement à autre chose, « que ce soit au bipède ou à n'importe quoi de ce genre, il n'y a pas réciprocité ». Car supposons que l'esclave soit dit esclave d'un homme, eh bien alors on ne pourra plus dire que l'homme est homme d'esclave[2].

Q. — Quel autre genre d'indice probant a-t-il encore pu ajouter à cela ?

R. — Que « si l'on a fourni adéquatement le corrélatif, lorsqu'on supprime tout le reste qui est accidentel, pour ne laisser que ce corrélatif, on pourra toujours parler de relatif à son égard »[3]. Ainsi, l'esclave se dit relativement au maître. Si toutefois, on fait abstraction que celui-ci est un bipède, un être capable de science, un mortel, un homme, mais qu'on garde qu'il est un maître, on pourra toujours parler de l'esclave comme d'un relatif à l'égard du maître[4]. Et à l'inverse, si l'on conserve toutes ces données, mais qu'on oublie qu'il est un maître, on a aussi oublié qu'il est un esclave, même s'il reste un homme, même s'il reste un bipède et un animal rationnel mortel. Sans l'existence du maître en effet, on ne peut adéquatement parler d'esclave relativement à l'une quelconque des réalités qui restent. Et c'est pareil dans le cas de l'oiseau : si l'on supprime l'existence de l'ailé, l'aile non plus ne fera pas partie des relatifs, faute de l'ailé dans la réalité des choses[5].

Q. — Alors, qu'est-ce qui en résulte selon toi ?

R. — Qu'« on doit fournir l'éventuel corrélatif de façon adéquate », mais aussi, dans l'hypothèse où il a un nom établi, se servir de ce nom établi et s'il n'en a pas, fabriquer un nom pour lui. « Avec ces précisions, en effet, on voit que tous les relatifs peuvent se dire en relation avec des réciproques »[6].

Q. — Pourquoi donc en va-t-il ainsi ?

R. — Parce que les réciproques doivent être d'égale extension et que l'un ne doit pas recouvrir plus, ni moins que l'autre. Ainsi donc, quand l'un des deux recouvre plus de choses, comme l'aile comparée à l'oiseau, ou qu'il en recouvre moins, comme le gouvernail par rapport au bateau, il n'y a

1. [117.2-4] Citation libre de *C*, 7 a 24-28.
2. [117.4-7] Citation partiellement littérale de *C*, 7 a 28-31.
3. [117.10-12] Citation presque entièrement littérale de *C*, 7 a 32-34.
4. [117.12-15] Citation partiellement littérale de *C*, 7 a 34-39.
5. [117.15-20] Paraphrase de *C*, 7 b 1-9.
6. [117.22-25] Citation presque entièrement littérale de *C*, 7 b 10-14.

στρέψαι ταῦτα, ἂν μη τὸ ἐπίσης αὐτὰ ἔχειν ἢ εὑρὼν τὸ ἐπίσης ὄνομα ἢ ποιήσας παράσχῃς.

<Π.> Ἀλλ᾽ ἐπεὶ τὸ πρὸς ἀντιστρέφοντα λέγεσθαι ἀπέδειξᾶς εἶναι τῶν πρός τι, ἐάνπέρ τις οἰκείως ἀποδιδῷ πρὸς ἃ λέγεται τὰ πρός τι, τί ἄλλο ἴδιον τῶν πρός τι ἂν εἴη;

<Ἀ.> Τὸ ἅμα τῇ φύσει λέγεσθαι.

<Π.> Δίδαξον ἡμᾶς τοῦτο.

118.1 <Ἀ.> Αὐτὸς μὲν προϊὼν ἰδίᾳ περὶ τῶν ἅμα ποιήσεται διδασκαλίαν καὶ ποσαχῶς λέγεται παραστήσει· ἓν δὲ τῶν ἅμα ἐστὶ καὶ τὰ τῇ φύσει ἅμα εἶναι λεγόμενα, ἃ δὴ καὶ τοῖς πρός τί [φησι] προσεῖναι.

<Π.> Τίνα οὖν ἐστι ταῦτα <ἃ> φῂς εἶναι ἅμα;

<Ἀ.> Τὰ συνεισάγοντά τε ἄλληλα καὶ συναναιροῦντα· ὅταν γάρ τινα {ἅμα} συνεισάγῃ ἄλληλα ἢ συναναιρῇ, ἅμα ἂν εἴη ταῦτα.

32 Π. (*Int.*) add. Fel. u. sign. Ap || **35** Ἀ. (*Resp.*) add. Fel. u. sign. Ap || **36** Π. (*Int.*) add. Fel. u. sign. Ap || **118.1** Ἀ. (*Resp.*) add. Fel. u. sign. Ap || ante διδασκαλίαν add. τὴν A || **3** φησι A || **4** Π. (*Int.*) add. Fel. u. sign. Ap || ἃ AM[1] (s.u.) : om. M || **5** Ἀ. (*Resp.*) add. Fel. u. sign. Ap || **6** ἅμα (MA) secludend. esse coni. recte Busse quod prob. Strange

pas moyen d'établir leur réciprocité[1], sauf à mettre en lumière qu'il y a des choses d'égale extension soit en découvrant soit en créant le nom d'égale extension.

Q. — Bien, tu as démontré que se dire en relation avec des réciproques est un trait des relatifs, pour autant que l'on fournisse adéquatement les corrélatifs des relatifs ; mais quel autre trait serait le propre des relatifs ?

R. — C'est qu'ils sont dits simultanés par nature[2].

Q. — Enseigne-nous cela.

|R. — Aristote lui-même va plus loin consacrer en propre aux **118**
simultanés une partie de son enseignement et indiquer combien de façons il y a d'entendre ces choses[3]. Mais un genre de simultanés, c'est justement ceux qu'on dit être simultanés par nature[4]. Ce sont donc eux très précisément qu'il prétend caractéristiques des relatifs.

Q. — Quelles sont donc ces choses qui, dis-tu, sont simultanées ?

R. — Celles qui à la fois s'entraînent mutuellement et se suppriment ensemble. Lorsqu'en effet, certaines choses s'entraînent mutuellement ou se suppriment ensemble, elles doivent être simultanées[5].

1. [117.27-30] Ces considérations restent implicites chez Aristote. Elles ne reviennent pas à dire que les corrélatifs s'étendent à un même nombre d'individus (un même père peut être le père de plusieurs fils), mais qu'une espèce de relatifs et celle de son corrélatif ont exactement les mêmes limites, puisque chacune est un genre de chose qui a l'autre pour différence spécifique en quelque sorte.

2. [117.35] Cf. *C*, 7 b 15. Strange (p. 122, n. 358) observe que « ils sont dits » (λέγεσθαι) paraît l'équivalent de « il semble que » (δοκεῖ), qu'on lit chez Aristote. Mais il n'est pas du tout sûr que Porphyre anticipe ici sur ce qu'il dira seulement plus loin de façon claire (p. 119, 5 : δοκεῖ τισιν). Il semble au contraire qu'il donne plus loin comme une opinion reçue celle qui est contraire au jugement avancé ici.

3. [118.2] Cf. *infra*, *C*, 14 b 24 *sq*.

4. [118.3] Ce genre de simultanés est présenté en *C*, 14 b 27-32 d'après l'exemple du double et du demi, qui sont des corrélatifs, mais selon une définition que, curieusement, ne retient pas Porphyre : « sont naturellement simultanées toutes les choses qui impliquent réciproquement la conséquence de leur existence, mais dont ni l'une ni l'autre n'est en quelque façon responsable de l'existence de son réciproque ».

5. [118.5-7] Vu la question, la réponse ne précise pas qu'il s'agit précisément de simultanés qui le sont *naturellement*, ni en quoi ils le sont. L'identification se fait d'après l'indication de *C*, 7 b 19-20 (« il se suppriment réciproquement »), critère dont Aristote se sert explicitement à plusieurs reprises dans la suite et auquel Porphyre joint un second critère : « ils s'entraînent mutuellement ». En fait, les deux critères, l'un de manière négative, l'autre de façon positive, expriment la même idée qu'il est *dans la nature* de certaines choses d'être simultanées, parce que l'une ne va pas sans l'autre.

<Π.> Λέγε σαφέστερον ὃ [λέγεις].

<Ἀ.> Οἷον ὁ πατὴρ σὺν τῷ υἱῷ ἐστι πατήρ· σὺν τούτῳ γὰρ ἔχει τὸ εἶναι πατήρ, καὶ τότε γίνεταί τις πατήρ, ὅτε καὶ υἱός τις αὐτῷ γίνεται. Συνεισάγει οὖν ὁ μὲν πατὴρ ἑαυτῷ υἱόν, ὁ δὲ υἱὸς ἑαυτῷ πατέρα. Καὶ πάλιν [υἱοῦ] μὴ ὄντος οὐκ ἔστι πατήρ, οὐδὲ πατρὸς μὴ ὄντος υἱὸς οὐκ ἂν εἴη· οὐκοῦν [ἐ]πειδ[ὴ] ὁ πατὴρ καὶ ὁ υἱὸς συνεισάγουσιν ἀλλήλους καὶ ἀναιρεθέντος [θατέ]ρου καὶ θάτερον ἀναιρεῖται, ἅμα ἂν εἴη τὰ τοιαῦτα φύσει. Δοκεῖ δὲ τὰ πρός τι τοιαῦτα εἶναι πάντα εἰσάγειν τε ἄλληλα [ὅσα] αὐτὰ ἅπερ ἐστὶν ἑτέρων λέγεται καὶ ἀναιρεῖν ὁμοίως ἄλληλα. Τοιαῦτα μὲν δὴ τὰ ἅμα τῇ φύσει.

<Π.> Ἀλλ᾽ ἐπειδὴ ἀναγκαῖον ἡμᾶς μαθεῖν, τίνα μὲν πρότερα καὶ τίνα ὕστερα, ἀφ᾽ ὧν ἔξω τὰ ἅμα ἂν εἴη, λέγε τίνα μὲν τὰ πρότερα, τίνα δὲ τὰ ὕστερα.

<Ἀ.> Ἀλλ᾽ ἐρεῖ μὲν καὶ περὶ τούτων ὁ Ἀριστοτέλης μετὰ ταῦτα. Λεγέσθω δὲ καὶ νῦν, ἐπειδὴ καὶ [τούτοις] χρῆσθαι μέλλει ἐν τῇ θεωρίᾳ τῶν πρός τι.

<Π.> Εἰπὲ τοίνυν, τίνα αὐτῶν πρότερα καὶ τίνα ὕστερα.

<Ἀ.> Εἰσὶν μὲν καὶ τῶν προτέρων καὶ τῶν ὑστέρων πολλαὶ διαφοραί· πολλαχῶς γὰρ καὶ ταῦτα λέγεται. Ὁ δὲ νῦν ζητούμενος τρόπος ἐκεῖνος ἂν εἴη· λέγομεν γὰρ πρότερον ὃ συναναιρεῖ μέν, οὐ συναναιρεῖται δέ· οἷον

7 Π. (*Int.*) add. Fel. u. sign. Ap || λέγεις A || **8** Ἀ. (*Resp.*) add. Fel. u. sign. Ap || **11** υἱοῦ p : οὗ AC || **12** ἐπειδὴ A || **13** θατέρου A || **14** ὅσα A || **15** post ἑτέρων add. εἶναι A || **17** Π. (*Int.*) add. Fel. u. sign. Ap || ante πρότερα add. τὰ A || καὶ τίνα M : τίνα δὲ τὰ A || **18** post εἴη u. sign. A || **20** Ἀ. (*Resp.*) add. Fel. u. sign. Ap || **21** τούτοις A || **23** Π. (*Int.*) add. Fel. u. sign. Ap || **24** Ἀ. (*Resp.*) add. Fel. u. sign. Ap

Q. — Exprime plus clairement ce que tu veux dire.

R. — Le père, par exemple, est père avec le fils; car c'est avec lui qu'il détient sa paternité; autrement dit, quelqu'un devient père au moment précis où lui naît un fils. Donc, le père entraîne avec lui le fils et le fils, avec lui le père. Et à l'inverse, s'il n'y a pas de fils, il n'est pas de père et s'il n'est pas de père, il ne peut y avoir de fils non plus[1]. Par conséquent, puisque le père et le fils s'entraînent mutuellement et que, si l'un des deux est supprimé, l'autre est aussi supprimé, les réalités de ce genre doivent être simultanées de nature. Or les relatifs semblent être tous des réalités de ce genre : ils s'entraînent mutuellement, puisque tous sont des réalités dites elles-mêmes ce qu'elles sont de choses différentes, et semblent se supprimer mutuellement de la même façon. Voilà donc le genre de réalités que sont les choses simultanées de nature.

Q. — Mais il est nécessaire que nous apprenions quelles choses leur sont antérieures et lesquelles sont postérieures, d'où peuvent ressortir, par exclusion, les choses simultanées; dis donc lesquelles sont antérieures et lesquelles postérieures.

R. — Mais Aristote va également s'expliquer à leur sujet dans la suite[2]. Il faudrait cependant le dire aussi maintenant, puisque aussi bien il s'apprête à utiliser ces termes dans l'étude des relatifs[3].

Q. — Alors dis-le: lesquelles de ces choses sont antérieures et lesquelles postérieures.

R. — Les choses antérieures tout comme les choses postérieures présentent aussi plusieurs différences, car il y a plusieurs façons d'entendre ces termes. Mais la façon qui nous intéresse pour le moment doit être celle-là : nous disons antérieure la chose qui entraîne une autre dans sa

1. [118.11-12] On notera que cela, très précisément, était contesté par Plotin dans *En.*, VI, 1, 7, 38-41 : « Quant à l'hypothèse que ces corrélatifs subsistent aussi ensemble, il s'avère plutôt, dans le cas du père et du fils et des choses semblables, que le père une fois décédé, il y a encore le fils, ou que le frère survit au frère, puisque nous affirmons justement : «Celui-ci ressemble au défunt !» ». Porphyre a peut-être délibérément manifesté ici son désaccord avec Plotin, car il a substitué à l'exemple choisi par Aristote pour illustrer son propos (celui du maître et de l'esclave), l'exemple précis du père et du fils auquel Plotin s'était arrêté. Il est vrai cependant qu'il peut aussi avoir écarté l'exemple d'Aristote comme plus difficile à traiter, vu que, selon toute apparence, on peut naître esclave par nature, sans encore avoir de maître, et le rester naturellement après la mort de son maître !

2. [118.20] En *C*, 14 a 26 *sq.*

3. [118.21-22] À partir de *C*, 7 b 24.

ἡ μονὰς τῆς δυάδος ἐστὶ προτέρα· μονὰς μὲν γὰρ ἀναιρεθεῖσα ἀναιρεῖ τὴν δυάδα, δυὰς δὲ ἀναιρεθεῖσα οὐκ ἀναιρεῖ τὴν μονάδα· ἐπεὶ οὖν ἡ μόνας συναναιρεῖ μέν, οὐ συναναιρεῖται δέ, προτέρα ἂν ε[ἴη ἡ μο]νὰς τῆς δυάδος. Κατὰ μὲν οὖν τὴν ἀναίρεσιν πρότε[ρον τὸ] ἀναιροῦν τοῦ μὴ συναναιροῦντος, κατὰ δὲ τὸ εἶναι οὗ ὄντος ἐξ ἀνάγκης τι εἶναι ἔμπαλιν οὗ ὄντος οὐκ ἀνάγκη τι εἶναι ὕστερον τὸ οὗ ὄντος ἐξ ἀνάγκης εἶναί τι· δυάδος γὰρ οὔσης ἀνάγκη μονάδα εἶναι, μονάδος δὲ οὔσης οὐκ ἀνάγκη δυάδα εἶναι· ὑστέρα ἄρα ἡ δυὰς τῆς μονάδος. Εἰ τοίνυν δυοῖν ὄντοιν θατέρου μὲν ὄντος οὐκ ἀνάγκη θάτερον εἶναι, θατέρου δὲ ὄντος ἀνάγκη θάτερον εἶναι, οἷον ἐπὶ οὐσίας καὶ συμβεβηκότος· συμβεβηκότος γὰρ ὄντος ἀνάγκη οὐσίαν εἶναι, οὐσίας δὲ οὔσης οὐκ ἀνάγκη συμβεβηκὸς εἶναι· προτέρα ἄρα ἡ οὐσία τοῦ συμβε-
119.1 βηκότος. Ὥστε ἔμπαλιν [ἔχει] ἡ ἀναίρεσις πρὸς τὴν ὕπαρξιν· τὸ μὲν γὰρ συναναιροῦν καὶ μὴ συναναιρούμενον πρότερον, τὸ δὲ συνεισάγον καὶ μὴ συνεισαγόμενον ὕστερον ἐξ ἀνάγκης.

<Π.> Ἆρα οὖν πάντα τὰ πρός τι ἅμα τῇ φύσει;

29 εἴη ἡ μονάς A ‖ **30** πρότερον τὸ A ‖ ἀναιροῦν MA : συναναιροῦν coni. Busse (in app.) ‖ μὴ συναναιροῦντος M : ἀναιροῦντος A ‖ **31** εἶναι² MA : ἐστιν coni. Busse (in app.) ‖ οὗ² MA : τοῦ οὗ coni. Busse (in app.) ‖ **32** εἶναι² MA : ἐστι coni. Busse (in app.) ‖ **33** μονάδα MA : καὶ μ. Simpl. (191,30) ‖ **37** συμβεβηκὸς εἶναι MA : εἶ. σ. Simpl. (191,33) ‖ **119.1** ἔχει A ‖ **4** Π. (*Int.*) add. Fel. u. sign. Ap

suppression, sans être entraînée dans la suppression de celle-ci[1]. Ainsi, la monade est antérieure à la dyade, parce que si on la supprime, on supprime la dyade, tandis que si on supprime la dyade, on ne supprime pas la monade. Puisque la monade entraîne la dyade dans sa suppression, mais n'est pas entraînée dans la suppression de celle-ci, la monade sera donc antérieure à la dyade. Par conséquent, si l'on considère la suppression, ce qui entraîne une suppression a priorité sur ce qui n'entraîne pas de suppression. Mais s'il existe une chose dont l'existence implique nécessairement celle d'une autre, la chose qui est dans ce cas est, à l'inverse, postérieure à celle dont l'existence n'implique pas nécessairement celle de quoi que ce soit[2]. En effet, si la dyade existe, nécessairement la monade existe aussi, tandis que si la monade existe, la dyade n'existe pas nécessairement; donc la dyade est postérieure à la monade. Or l'hypothèse que si deux choses existent, l'existence de l'une n'implique pas nécessairement l'existence de l'autre, alors que l'existence de celle-ci implique nécessairement l'existence de celle-là, est une hypothèse qui correspond à la situation de la substance et de l'accident[3]. En effet, si l'accident existe, nécessairement il y a substance, tandis que si une substance existe, il n'y a pas nécessairement accident. Donc, la substance est antérieure à l'accident[4]. | Par conséquent, la suppres- 119
sion est avec l'existence dans un rapport convertible. En effet, ce qui entraîne avec soi la suppression d'une chose, sans être entraîné par la suppression de celle-ci, est antérieur, tandis que ce qui implique l'existence d'une chose, sans être impliqué par celle-ci, est nécessairement postérieur[5].

1. [118.26] Comparez *C*, 14 a 29-35, où est produit l'exemple que Porphyre utilise dans la suite, mais où la définition est différente : « Est antérieure la chose qui n'implique pas, à titre de réciproque, la conséquence d'une existence. » La formulation de Porphyre est plus proche de *Mét.*, Δ, 11, 1019 a 3-4 : « Sont antérieures toutes les choses qui peuvent être sans d'autres, alors que celles-ci ne peuvent être sans celles là ».

2. [118.30-32] La traduction de cette phrase, très lourde stylistiquement (sinon corrompue), est hypothétique dans la forme, mais l'exemple qui suit garantit l'idée. Celle-ci permet à Porphyre de lier logiquement à la notion d'antérieur celle de postérieur, en conformité avec la définition que suggère le passage de *Mét.* signalé à la note précédente.

3. [118.36] De l'accident tel que l'entend Porphyre évidemment (cf. *supra*, p. 73, 22 *sq.*), c'est-à-dire du non substantiel.

4. [118.37] Cf. *Mét.*, Δ, 11, 1019 a 4-6 : « Puisque l'être s'entend de plusieurs façons et que le sujet est antérieur, c'est la raison pour laquelle la substance est antérieure. » Si, par exemple, le blanc inhérent au corps implique nécessairement celui-ci, le corps, qui est sujet et substance, n'implique pas nécessairement le blanc, qui est son accident.

5. [119.1] La suppression de y par la suppression de x est synonyme de l'antériorité de x par rapport à y, et l'existence de y en raison de x est synonyme de la postériorité de y par rapport à x. Du coup, la relation « suppression-existence » correspond à la relation « antérieur-postérieur » (aRp), dont Porphyre semble dire qu'elle est telle que aRp >pRa.

<Ἀ.> Κατὰ ἀλήθειαν μὲν πάντα, δοκεῖ [δέ] τισιν μὴ πάντα, ἐξ ὧν ὁ Ἀριστοτέλης κατὰ τὸ ἔνδοξον κατασκευάζει.

<Π.> Εἰπὲ σαφέστερον, τί λέγεις.

<Ἀ.> Ὁ Ἀριστοτέλης τῶν πρός τι τιθεὶς εἶναι τὴν ἐπιστήμην (ἔστι γὰρ ἐπιστήμη ἐπιστητοῦ ἐπιστήμη καὶ τὸ ἐπιστητὸν ἐπιστήμῃ ἐπιστητόν) καὶ ⌈ἔτι⌉ τῆς αἰ[σθή]σεως οὔσης καὶ αὐτῆς τῶν πρός τι (ἔστι γὰρ ἡ αἴσθησις αἰσθητοῦ αἴσθησις καὶ τὸ αἰσθητὸν αἰσθήσει αἰσθητόν)· κειμέν⌈ου⌉ οὖν <τοῦ> τῶν πρός τι εἶναι τὴν ἐπιστήμην καὶ τὴν αἴσθησίν φησιν μήτε τὴν ἐπιστήμην ἅμα τῷ ἐπιστητῷ εἶναι μή[τε] τὴν αἴσθησιν ἅμα τῷ αἰσθητῷ πάντως· εἰ γὰρ ἅμα ἦν [τὰ] συνεισάγοντα ἄλληλα καὶ συναναιροῦντα, οὔτε δὲ τὸ [αἰσθητὸν συνεισ]άγει τὴν αἴσθησιν οὔτε τὸ ἐπιστητὸν τὴν ἐπιστήμην οὔτε ἀναιρουμένη ἡ ἐπιστήμη ἢ ἡ αἴσθησις [συναναιρεῖ] τὸ ἐπιστητὸν ἢ τὸ αἰσθητόν, οὐκ ἂν εἴη ἄρα ἅμα οὔτε τὸ αἰσθητὸν τῇ αἰσθήσει οὔτε τὸ ἐπιστητὸν τῇ ἐπιστήμῃ.

<Π.> Ἀλλ᾽ εἰ μὴ ἅμα, τί ἂν εἴη ἐπ᾽ αὐτοῖς;

<Ἀ.> Ὅτι τὰ μὲν πρότερα, τὰ δὲ ὕστερα.

<Π.> Δεῖξον οὖν, πῶς οὐχ ἅμα.

<Ἀ.> Ἴσως γὰρ δῆλον ἔσται, τ⌈ινὰ⌉ <μὲν> πρότερα, τ⌈ινὰ⌉ δὲ ὕστερα αὐτῶν δι᾽ [ὃ] ἀνάγκη μὴ εἶναι αὐτὰ ἅμα· τὸ <γὰρ> αἰσθητὸν καὶ τὸ ἐπιστητόν, κἂν ἀναιρεθῇ ἡ ἐπιστήμη καὶ ἡ αἴσθησις, ὅμως μένει, τοῦ δὲ αἰσθητοῦ καὶ

5 Ἀ. (*Resp.*) add. Fel. u. sign. Ap || δέ A || **7** Π. (*Int.*) add. Fel. u. sign. Ap || **8** Ἀ. (*Resp.*) add. Fel. u. sign. Ap || **10** ἔτι scripsi : ἐπὶ MA || αἰσθήσεως A || **11-12** κειμένου οὖν τοῦ coni. Busse (in app.) : κειμένων οὖν MA || **13** μήτε A || **14** τὰ A || **15** αἰσθητὸν συνεισάγει A || **16** συναναιρεῖ coni. recte Busse quod prob. Strange : ἀνήρηται MA || **19** Π. (*Int.*) add. Fel. u. sign. p || **20** Ἀ. (*Resp.*) add. Fel. u. sign. p || **21** Π. (*Int.*) add. Fel. u. sign. Ap || **22** Ἀ. add. Busse u. sign. A || τινὰ (bis) Busse : τίνα (bis) MACp || μὲν A : om. M || **23** ὃ Busse (cf. u. 26 : διὰ τοῦτο) : οὗ A || ante τὸ[1] add. *Resp.* Fel. || γὰρ addidi sicut coni. Busse (in app.) || κἂν M (dub.) : ἐὰν A

Q. — Alors, est-ce que tous les relatifs sont simultanés de nature ?

R. — En vérité, oui ; mais certains sont d'avis que non et Aristote leur emprunte un exposé conforme à cette opinion reçue[1].

Q. — Exprime plus clairement ce que tu veux dire.

R. — Aristote a rangé la science parmi les relatifs. La science est en effet science du scientifiquement connaissable et le scientifiquement connaissable est connaissable par la science[2]. Et de plus, la sensation, elle aussi, fait également partie des relatifs, puisque la sensation est sensation du sensible et le sensible, sensible à la sensation[3]. Ayant donc établi que la science et la sensation font partie des relatifs, il nie à la fois que la science soit simultanée au scientifiquement connaissable et que la sensation soit simultanée au sensible, de façon absolue. En effet si, comme on l'a vu, sont simultanées les choses qui s'entraînent mutuellement et se suppriment l'une avec l'autre, mais que le sensible n'entraîne pas la sensation, ni le connaissable scientifiquement, la science, et que si on supprime la science ou la sensation, on ne supprime pas du même coup le scientifiquement connaissable ou le sensible, on ne peut donc conclure à la simultanéité ni du sensible et de la sensation, ni du scientifiquement connaissable et de la science[4].

Q. — Mais s'il n'y a pas simultanéité, que peut-on dire dans leurs cas ?

R. — Qu'il y a, d'une part, des choses antérieures et d'autre part, des choses postérieures.

Q. — Montre donc comment il se fait qu'il n'y a pas simultanéité.

R. — Peut-être en effet verra-t-on à l'évidence lesquelles sont antérieures et lesquelles postérieures, ce qui exclut nécessairement qu'elles soient simultanées. Le sensible en effet et le scientifiquement connaissable, une fois supprimées la science et la sensation, demeurent malgré tout,

1. [119.5-6] Aristote dit d'abord : « il semble (δοκεῖ) que les relatifs soient simultanés par nature » (*C*, 7 b 15) ; il précise ensuite : « dans la très grande majorité des cas, c'est vrai (ἀληθές) (...) cependant, tous les cas ne permettent pas de le vérifier, semble t il » (οὐκ ἀληθὲς δοκεῖ : *C*, 7 b 15 et 22-23). C'est ce dernier jugement opinatif qui permet à Porphyre d'affirmer qu'Aristote exprime ensuite une opinion reçue, plutôt que la vérité. Les mots ἂν δόξειεν (en 7 b 24) δοκεῖ (en 7 b 36), et ἂν δόξειεν (en 8 a 11-12) peuvent effectivement laisser croire qu'il expose une simple opinion, mais cela ne veut pas dire nécessairement que celle-ci soit fausse à ses yeux : l'exception peut être vraie autant que la règle, dès lors que celle-ci est modulée par l'expression « dans la très grande majorité des cas ».

2. [119.9] Cf. *C*, 6 b 3 et 5, 34-35.

3. [119.11] Cf. *C*, 6 b 5 et 35-36.

4. [119.11-18] Résumé sommaire de *C*, 7 b 23-8 b 12. Le détail sera repris dans la suite.

ἐπιστητοῦ ἀναιρεθέντος οὔτε ἡ αἴσθησις οὔτε ἡ ἐπιστήμη μένει. Ὥστε οὐχ ἅμα διὰ τοῦτο τὸ αἰσθητὸν καὶ ἡ αἴσθησις καὶ ἡ ἐπιστήμη καὶ τὸ ἐπιστητόν, ἀλλὰ πρότερον μὲν τὸ αἰσθητὸν αἰσθήσεως καὶ τὸ ἐπιστητὸν ἐπιστήμης.

<Π.>Πῶς οὖν ἐπιστήμης μὴ οὔσης εἴη ἂν τὸ ἐπιστητόν, καὶ αἰσθήσεως μὴ οὔσης εἴη ἂν τὸ αἰσθητόν, καὶ ἔμπαλιν ὄντος ἐπιστητοῦ <καὶ> αἰσθητ⌈οῦ⌉οὐ πάντως ἂν εἴη ἐπιστήμη καὶ αἴσθησις, δεῖξον.

<Ἀ.>Λέγω ὅτι ὅτε κομιδῇ βρέφη ἐτυγχάνομεν ὄντες, οὐδεμίαν ἐπιστήμην εἴχομεν οὐδενός· τὰ δὲ ἐπιστητὰ ἀδύνατον μὴ εἶναι ἀεί· οὐδὲ γὰρ ἂν ἐλάβ⌈ο⌉μεν μαθόντες καὶ παιδευθέντες ἐπιστήμην, εἰ μὴ ἦν αὐτά. Ἀλλὰ μὴν καὶ εἴ τις φθείρειεν τὰ ζῷα, ὥσπερ φασὶν οἱ ἀπὸ τῆς στοᾶς ἐν τῇ ἐκπυρώσει γίνεσθαι, αἴσθησις μὲν οὐκ ἔστιν ζῴ[ου] μὴ ὄντος, αἰσθητὸν μέντοι ἔσται· τὸ γὰρ πῦρ ἔσται. Ὡμολόγηται δὲ καὶ τὰ μαθήματα ὅτι ὀψὲ εἰς
120.1 τοὺς Ἕλληνας ἦλθεν, οἷον ἡ γεωμετρία καὶ ἡ ἀριθμητικὴ καὶ ἡ ἀτρο-

27 μὲν M : om. A ‖ **29** Π. (*Int.*) add. Fel. u. sign. Ap ‖ **30** καὶ² A : om. M ‖ **30-31** αἰσθητοῦ A : αἰσθητὸς M ‖ **32** Ἀ. (*Resp.*) add. Fel. u. sign. Ap ‖ **34** ἐλάβομεν A : ἐλάβωμεν M ‖ ἐπιστήμην M : ἐπιστήμης AC ἐπιστημῇ p ‖ **36** ζῴου A ‖ μὴ ὄντος M : om. A

tandis que, une fois supprimés le sensible et le scientifiquement connaissable, ni la sensation ni la science ne demeurent. Par conséquent, il n'y a pas, dans ces conditions, simultanéité du sensible et de la sensation, ni de la science et du scientifiquement connaissable, mais antériorité du sensible par rapport à la sensation et du scientifiquement connaissable par rapport à la science[1].

Q. — Montre comment il se fait que si la science n'existe pas, le scientifiquement connaissable peut exister, ainsi que le sensible sans la sensation, et aussi qu'à l'inverse, si le scientifiquement connaissable existe, ainsi que le sensible, il n'y a pas pour autant science et sensation de toute façon.

R. — Mon argument, c'est qu'au moment où nous n'étions que simples nourrissons, nous n'avions la moindre science de rien, mais il est impossible que les objets de science, eux, n'existent pas perpétuellement, car nous n'aurions pas non plus acquis de science en apprenant et recevant une éducation, si ce n'était pas le cas[2]. Par ailleurs, supposons encore qu'on fasse périr les animaux, comme les tenants du Portique prétendent qu'il arrivera lors de l'embrasement universel : il n'y a plus alors de sensation, s'il n'y a plus d'animal, néanmoins il y aura du sensible, puisque le feu existera[3]. On admet par ailleurs encore que les connaissances mathématiques sont arrivées tard | en Grèce, par exemple, la géométrie, l'arithmétique **120**

1. [119.23-28] L'argument qui envisage la « suppression » est propre à établir l'antériorité (en l'occurrence, du connaissable par rapport à la connaissance). La question qui suit suppose corrélativement la postériorité (de la connaissance par rapport au connaissable) établie par l'argument qui envisage l'« existence ». La supposition est logique. Mais la question, elle, vise à expliquer ce qui est logique par la considération et l'analyse des faits en rapport avec l'apparition et la disparition des connaissances.

2. [119.32-33] Paraphrase, semble-t-il, de *C*, 7 b 23-25. L'argument, qui porte uniquement sur la science (non sur la sensation), s'accommode parfaitement de l'innéisme des Idées-Formes, dans la mesure où l'apprentissage individuel de la science serait conçu sur le mode de la réminiscence. Il est donc recevable avant tout dans une perspective qui ne serait pas celle de l'épistémologie strictement aristotélicienne.

3. [119.34-37] Paraphrase, semble-t-il, de *C*, 8 a 3-11 (qui contient en fait deux arguments distincts), assortie d'une évocation de la thèse stoïcienne de la conflagration universelle, évidemment étrangère à Aristote. Notons que la thèse stoïcienne, prise dans l'esprit de ses auteurs, illustre mal le propos de Porphyre, car, réduit au feu, l'Univers est ainsi assimilé à Dieu, livré à ses propres pensées, donc à la connaissance (*cf.* Sénèque, *Lettres*, IX, 16 = *SVF*, II, 1065). Porphyre cherche seulement à évoquer l'exemple d'un sensible éternel (à l'instar de l'intelligible) que n'élimine pas la disparition du sentitif et qui précède aussi son apparition avec celle des animaux individuels dans l'organisation de l'Univers recomposé périodiquement. De leur côté, les arguments d'Aristote n'envisagent pas la suppression de tous les animaux à l'échelle de l'Univers, mais plutôt celle de chaque animal mortel, dont le corps retourne, après corruption, à ses éléments constitutifs. Corrélativement, il envisage aussi que l'existence des éléments précède celle des corps vivants dont ils sont constitués.

νομία· ἀλλ᾽ ὅμως ἦν ἐπιστητά, καίπερ τῶν Ἑλλήνων αὐτὰ μὴ ἐπισταμένων.

<Π.> Ἂν δὲ καὶ μηδενὸς φιλοπονεῖν ἐθέλοντος ἀπόληται γεωμετρία, [ἆρ]α διὰ τοῦτο οὐκ ἔστ<α>ι τὰ γεωμετρικά;

<᾽Α.> Οὐδαμῶς· ἐπεὶ ⌜γὰρ⌝ ἐν [τῇ μουσ]ικῇ τὸ μὲν πάλαι τοῦ δι⌜ε⌝σιαίου διαστήματος ἤκουον οἱ μουσικοί, ὕστερον δὲ ἀμεληθείσης τῆς ἐναρμονίου μελῳδίας, κα[θ᾽ ἣν τὸ διεσιαῖον] διάστημα ἐμελῳδεῖτο, οὐκέτι τοῦ τοιούτου αἴσθησίς ἐστι διαστήματος· κα⌜ί⌝<τοι> δῆλον ὅτι ἐν τῇ φύσει ἐστὶ τὸ αἰσθητὸν τοῦτο διάστημα, εἰ καὶ ἡ αἴσθησις ἐκλέλοιπεν. Ἀριστοτέλης δὲ ἐπιστητοῦ μὲν ὄντος, ἐπιστήμης δὲ αὐτοῦ μὴ οὔσης μέμνηται τὸν τοῦ κύκλου τετραγωνισμόν. Ἔστι δὲ τὸ τοιοῦτον [ζήτη]μα, ὁποῖον ἐζητεῖτο παρὰ τοῖς παλαιοῖς, εἰ ὥσπερ <ἐπὶ> [τῶν] ἄλλων σχημάτων ἔστι τοσοῦτον χωρίον περιλαβεῖν, ὅσον[περ] ὁ κύκλος, οὕτως καὶ ἐπὶ τοῦ τερταγώνου. Καὶ φαίνεται μὲν ὅτι ἔστι τις ἀπόδειξις, καθ᾽ ἣν ἔστι τετράγωνον σχῆμα κύκλῳ περιλαβεῖν ὥσπερ καὶ ἄλλα σχήματα, οὐχ εὕρηται δὲ πῶς, ἢ εἰ καὶ εὕρηται, ὥς φασί τινες, ἀλλ᾽ ἐπὶ [᾽Αριστοτέ]λ⌜ου⌝ς ο⌜ὔ⌝πω εὕρητο. Ὥστε ὄντος ἐπιστητοῦ τοῦ π⌜ε⌝ρ⌜ι⌝-

120.4 Π. (*Int.*) add. Fel. u. sign. p ‖ **5** ἆρα A ‖ ἔσται scripsi sicut coni. Busse (in app.) : ἔστι MA ‖ **6** ᾽Α. (*Resp.*) add. Fel. u. sign. Ap ‖ γὰρ scripsi : καὶ MA ‖ τῇ μουσικῇ A ‖ διεσιαίου p : διαισιαίου MA διαισίου C ‖ **8** καθ᾽ ἣν τὸ διεσιαῖον p : κ. ἣν τ. διαισιαῖον AC ‖ ἐμελῳδεῖτο M : εἰμελωδεῖτο A ‖ **9** καίτοι scripsi : καὶ MA ‖ **12** ζήτημα A ‖ **13** ἐπὶ addidi sicut coni. Busse (in app.) quod prob. Strange ‖ τῶν A ‖ **14** ὅσονπερ A ‖ **15** ἣν MA : ὃ Simpl. (192,26) ‖ τετράγωνον σχῆμα MA : σχ. τ. Simpl. (192,27) ‖ περιλαβεῖν MA : παραλ- Simpl. (192,27) ‖ **16** ἄλλα MA Simpl. (192,27) : τὰ ἄλλα coni. Busse ‖ πῶς MA : πω coni. Busse ‖ **17** ᾽Αριστοτέλους A ‖ οὔπω A : οὔπω (?) M ‖ **17-18** περιλαβεῖν scripsi ut coni. Busse (cf. u.13) : παραλ- MA cf. Simpl. (192,27)

et l'astronomie ; mais malgré tout, l'objet de ces sciences existait même si les Grecs n'en avaient pas la science[1].

Q. — Mais supposons aussi que faute de quelqu'un qui veuille se donner la peine de l'étudier, la géométrie disparaisse : est-ce que de ce fait, les choses géométriques ne cesseront pas d'exister ?[2]

R. — Pas du tout ! Car si en musique, les musiciens de l'ancien temps, distinguaient à l'oreille l'intervalle du quart de ton et que, plus tard, à force de négliger le chant harmonique où se pratiquait l'intervalle du quart de ton, on n'a plus eu la sensation de ce genre d'intervalle, néanmoins, il reste évident que dans la nature existe le sensible que représente cet intervalle, bien que la sensation en soit perdue[3]. Aristote de son côté, à fait état d'un objet scientifiquement connaissable qui existe, bien qu'on n'en ait pas la science : la quadrature du cercle[4]. C'est d'ailleurs le genre de recherche à laquelle on se vouait chez les Anciens : savoir si, comme dans les autres figures, on peut aussi, de la même façon, enfermer dans un périmètre carré une superficie égale à celle du cercle. Et visiblement il existe quelque démonstration permettant de donner une figure carrée équivalant au cercle, comme on peut en donner d'autres figures équivalentes, mais on n'a pas découvert comment procéder ou du moins, si on l'a découvert, comme le prétendent certains, on ne l'avait pas encore fait du temps d'Aristote ; par conséquent, bien que convertir une aire de cercle en une aire carrée fût objet

1. [119.37-120, 3] Allusion indirecte à *C*, 7 b 30-33. L'exemple mathématique d'Aristote sera évoqué plus loin, p. 120, 11. L'argument de Porphyre transpose à l'histoire d'un peuple (les Grecs) ce qu'il a dit de l'histoire des individus : l'avènement de la science n'est pas celui de son objet, quant à lui, éternel. Simplicius (191, 6), qui paraît suivre Porphyre dans ce passage, est plus précis : les éclipses existèrent avant la connaissance scientifique que Thalès de Milet a pu en acquérir. Malgré le parallélisme avec l'apprentissage individuel de la science, notons que Porphyre ne dit pas que les Grecs (à partir de Thalès) ont été éduqués par d'autres peuples.

2. [120.4-5] L'éventualité de l'oubli de la science n'est pas envisagée dans le cas, pourtant moins aléatoire, de l'individu savant. Elle l'est dans le cas plus spectaculaire de l'humanité, qui perdrait une partie de son savoir.

3. [120.6-10] La réponse est un peu curieuse, car la question portait sur l'objet de la *science*, alors que Porphyre fait valoir ici la permanence de l'objet *sensible*. L'exemple du quart de ton que ne perçoivent plus les musiciens s'ajoute donc plutôt à l'argument avancé plus haut (119, 34-37) qui envisageait la disparition du sensitif. La différence entre les deux arguments, portant également sur la permanence du sensible, est que, contrairement à celui-là, celui-ci assume la conservation de la puissance sensitive chez le musicien, mais constate son incapacité d'encore passer à l'acte.

4. [120.10-12] Cf. *C*, 7 b 31-33.

λαβεῖν τετράγωνον χωρίον κύκλῳ οὐδέπω ἡ ἐπιστήμη εὕρητο. Ἐπεὶ καὶ τὸ τὰς ἐκλείψ⌈ει⌉ς τοῦ ἡλίου καὶ τῆς σελήνης γνῶναι καὶ προειπεῖν ἔστιν μέν, ὥσπερ καὶ εὕρηται, πρὸ μέντοι Θαλοῦ οὐδέπω ἦν ὄντος τοῦ ἐπιστητοῦ. Ἀλλὰ « τὸ μὲν ἐπιστητὸν ἀναιρεθὲν ἀνέλοι ἂν καὶ τὴν ἐπιστήμην, ἐπι[στήμη δὲ ἀναιρεθεῖσα οὐκ <ἂν> ἀνέλοι τὸ ἐπιστ]ητόν ». Πρότερον ἄρα τὸ ἐπιστητόν, ὑστέρα δὲ ἡ ἐπιστήμη, πρός τι δὲ ὄντα, οὐχ ἅμα, ὥστε οὐκ ἐν πᾶσι τοῖς πρός τι εἴη ἂν τὸ ἅμα φύσει, ὥστε ο⌈ὐδὲ⌉ ἴδιον ἂν εἴη τοῦτο τῶν πρός τι.

<Π.> [Ἆρα οὖν] κατὰ ἀλήθειαν οὕτως ἔχει;

<Ἀ.> Οὐδαμῶς· οὐδὲ γὰρ τὸ [αἰσθητὸν] καθὸ αἰσθητὸν μέν<ει ἢ> ἔστιν μὴ οὔσης αὐτοῦ αἰσθήσεως, [οὐδὲ] τὸ ἐπιστητὸν καθὸ ἐπιστητὸν μένει ἢ ἔστιν μὴ οὔσης αὐτοῦ [ἐπιστήμης]. Ἀλλ' εἰ μὲν ἔστιν ἐπιστητόν, δυνάμει ἔσται μὴ οὔσης αὐτοῦ [ἐπιστήμης], ἐνεργείᾳ δὲ οὐκ ἔσται ἐπιστητόν, ἐὰν μὴ καὶ ἡ ἐπιστήμη ᾖ [αὐτοῦ]· ἀλλ' εἰ δυνάμει ἐστὶν ἐπιστητόν, ὅτι δύναται αὐτοῦ ἐπιστήμη [γενέσθαι], δυνάμει ἂν εἴη καὶ ἡ ἐπιστήμη, ὅτι δύναται αὐτ⌈ὸ⌉{ῦ} ἐπιστη[τὸν εἶναι]. Μήποτε δὲ κα⌈ὶ⌉ ἐν ἀνθρώποις μὴ εἴη ἐπιστήμη τιν[ὸς ἐπιστητοῦ], ἀλλ' ἐν τῇ φύσει ἐστὶν ἡ ἐπιστήμη πάντων τῶν ἐπιστη-

19 ἐκλείψεις A : ἐκλείψης M || **21-22** ἐπιστήμη δὲ — τὸ ἐπιστητόν A || **22** ἂν p : om. AC (et M dixit Busse) || **24** οὐδὲ Busse : οὔτε MA || **26** Π. (Ἐ.) add. Busse || Ἆρα οὖν M^3 : om. et lac. indic. A || ante κατὰ add. *Int.* Fel. || κατὰ MAC : κατ' p || **27** Ἀ. (*Resp.*) add. Fel. u. sign. Ap || αἰσθητὸν^1 M^{3}A || μένει ἢ A (cf. u. 28-29) : μεν M || **28** ante αἰσθήσεως add. τῆς A || οὐδὲ M^{3}A || **29** ante ἐπιστήμης add. τῆς A || ἐπιστήμης M^{3}A || **30** ἐπιστήμης M^{3}A || **31** αὐτοῦ M^3 : om. et lac. indic. A || **32** γενέσθαι M^{3}A || **33** αὐτὸ scripsi : αὐτοῦ MA || ἐπιστητὸν εἶναι restitui sicut coni. Strange : ἐπιστήμη εἶναι coni. Busse om. et lac. indic. A || καὶ A : κἂν M κἄν Simpl. (194,21) || εἴη MA : ᾖ Simpl. (194,22) || **34** τινὸς ἐπιστητοῦ M^{3}A

de science, la science n'en avait pas encore fait la découverte[1]. De même, bien qu'on puisse connaître et prédire les éclipses du soleil et de la lune, comme l'a prouvé cette découverte, avant Thalès cependant, ce n'était pas encore le cas, alors que la chose était connaissable scientifiquement. Mais « si l'on supprime ce qui est scientifiquement connaissable, dans cette hypothèse, on supprime du même coup la science, tandis que si l'on supprime la science, on ne doit pas du même coup supprimer ce qui est scientifiquement connaissable »[2]. Donc, ceci est antérieur, tandis que la science est postérieure, et bien qu'elles soient des relatifs, ces deux choses ne sont pas simultanées. Par conséquent, tous les relatifs ne peuvent avoir la propriété d'être simultanés par nature, si bien que ceci ne peut être non plus le propre des relatifs.

Q. — Alors, est-ce qu'en vérité il en est ainsi ?

R. — Nullement ![3] En effet, le sensible en tant que tel ne reste pas, ou plutôt n'existe pas sans la sensation qu'on en a. Et ce qui est scientifiquement connaissable, en tant que tel, ne reste pas non plus, ou plutôt n'existe pas sans la science qu'on en a. En fait, s'il est connaissable, il existera en puissance même quand on n'en a pas la science, sauf qu'il ne sera pas réellement objet de connaissance, si la science ne le saisit pas aussi. Or s'il est potentiellement connaissable du fait qu'on peut en acquérir la science, alors la science aussi existera potentiellement, du fait qu'il est possible à cet objet d'être connu par elle[4]. Peu importe par ailleurs aussi que, parmi les hommes, il n'y ait pas de science d'un certain objet scientifiquement connaissable : de toute façon, dans la nature existe la science de

1. [120.15-17] Simplicius (192, 16-30) recense, d'après Jamblique, la liste de ceux qui pouvaient se flatter d'avoir établi la quadrature du cercle, mais il ajoute que Porphyre récusait leur prétention, doutant que leurs méthodes fussent vraiment démonstratives.

2. [120.21-22] Citation presque littérale de *C*, 7 b 27-29.

3. [120.27] Ayant exposé jusqu'ici ce qu'il juge être l'opinion reçue évoquée dans *C* (cf. *supra*, p. 119, 5-6), Porphyre expose à partir de maintenant ce qu'il tient pour la vérité et pour l'opinion d'Aristote lui-même.

4. [120.27-33] Ces propos sont partiellement d'allure aristotélicienne. Ils visent à considérer la prétendue antériorité du connaissable sur la connaissance, dont il a été question, comme celle du potentiel sur le réel (ou l'actuel) : cf. *Mét.*, Δ, 11, 1019 a 7 *sq.* Porphyre soutient dès lors que cette antériorité est en somme illusoire, parce qu'à l'objet potentiellement connaissable correspond simultanémemt une connaissance, elle aussi, potentielle, et qu'à l'objet actuellement connu correspond simultanément une connaissance actuelle. Mais il néglige, dans cette affaire, un point capital : c'est que la connaissance potentielle n'est rien d'actuel avant de connaître, tandis que le connaissable est quelque chose d'actuel en dehors de la connaissance. Cf. *Mét.*, Γ, 5, 1010 b 36-1011 a 2 : « Il y a quelque chose d'autre encore en dehors de la sensation et dont l'existence est nécesairement antérieure à la sensation (…) et

τῶν [νοῦ τοῦ] ἀϊδίου καὶ πάντα ἐπισταμένου τὰ ὄντα, καὶ ἀ[εὶ εἰς] [τοὺς ἀνθρώ]πους κάτεισιν ἡ τῶν πολλῶν ἐπιστήμη. Ὥσ[τε] αἰσθ[ητ]οῦ ὄντος ἔστι καὶ καθόλου αἴσθησις καὶ ἐπιστη[τοῦ] ὄντος ἔστι καθόλου ἐπιστήμη, καὶ ἅμα τ⌈ῇ⌉ <φύσει> ἐστὶ τὰ πρός τι.

<Π.> Ἀλλ᾽ ἐπεὶ [ἔφη] ὁ Ἀριστοτέλης τὸ « ὡς ἐπὶ <τὸ> πολὺ <προ>ϋπαρχόντων πραγ[μάτων] τὰς ἐπιστήμας λαμβάνομεν, ἐπ᾽ ὀλίγων γὰρ ἢ ἐπ᾽ οὐδενὸς [ἴδοι] τις ἂν ἅμα τῷ ἐπιστητῷ τὴν ἐπιστήμην γινομένην », ἐπὶ [τίνων] ἅμα ⌈ἡ⌉ ἐπιστήμη συνυφίσταται;

<Ἀ.> Φημὶ ὅτι ἐπὶ τῶ[ν ἀν]α[πλασ]μάτων· ἅμα γὰρ τ⌈ῷ⌉ ἀναπλάσαι χίμαιραν ὑπέστη [ἅμα] [καὶ] ἡ ἐπιστήμη τῆς χιμαίρας καὶ τὸ φάντ[ασμα αὐτῆς, καὶ ὁ πρῶτος] [ἰγρ]άμματα διδάξας ἅμα τῇ ἐπιστήμῃ τῶν γραμμάτων εἰσήγαγεν τὰ γράμματα, καὶ ὁ ζωγραφίαν εὑρὼν πρῶτο⌈ς⌉ [ἅμα] τῇ ζωγραφίᾳ εἰσήγαγε τὰς εἰκόνας.

35 νοῦ τοῦ M^{3} : νοῦ et lac. indic. A ‖ ἀεὶ εἰς M^{3}A ‖ **35-121.1** τοὺς ἀνθρώπους A ‖ **121.1** Ὥστε αἰσθητοῦ M^{3}A ‖ **2** ἐπιστητοῦ M^{3}A ‖ **3** τῇ φύσει scripsi : τέ MA γέ coni. Busse ‖ **4** Π. (*Int.*) add. Fel. u. sign. Ap ‖ ἔφη M^{3}A ‖ τὸ ὡς M : τῶν A ‖ τὸ^{2} add. A (sec. Arist., 7 b 24) : om. M ‖ **4-5** προϋπαρχόντων Busse ex Arist., 7 b 24 : ὑπαρχόντων MA ‖ **5** πραγμάτων M^{3}A ‖ **6** ἴδοι A ‖ **7** τίνων M^{3}A ‖ ἡ ἐπιστήμη p : τῇ ἐπιστήμῃ MAC ‖ **8** Ἀ. (*Resp.*) add. Fel. u. sign. Ap ‖ τῶν ἀναπλασμάτων M^{3}A ‖ τῷ Busse : τὸ MA ‖ **9** ἅμα M^{3}A ‖ καὶ^{1} A^{1} (s.u.) : om. A ‖ **9-10** φάντασμα — πρῶτος A ‖ **10** γράμματα M^{3}A ‖ **10-11** εἰσήγαγεν M : ἐπήγαγε A ‖ **11** πρῶτος corr. A : πρῶτον M ‖ ἅμα M^{3}A

tout ce qui est scientifiquement connaissable; c'est l'apanage de l'intelligence éternelle, qui sait tout ce qui est, et la science | de la plupart de ces 121
choses descend constamment dans les hommes[1]. Par conséquent, si le sensible existe, la sensation existe aussi universellement et si ce qui est scientifiquement connaissable existe, la science universelle aussi; autrement dit, ces relatifs sont naturellement simultanés.

Q. — Mais Aristote prétend ceci : « le plus souvent, les choses sont déjà préalablement là quand nous arrivons à obtenir les connaissances scientifiques; ce n'est que rarement en effet, sinon jamais, qu'on peut voir la science advenir en même temps que ce qui peut être su »[2]. Par conséquent, dans quels cas la science vient-elle à exister en même temps ?

R. — Je prétends que c'est dans le cas d'objets fictifs. En effet, au moment même où a été forgée la chimère, à ce même instant sont venues à l'existence et la science de la chimère et sa représentation. De même, le premier homme à avoir enseigné l'écriture a introduit les caractères d'écriture en même temps que la science qu'on en a. Et celui qui a découvert la peinture le premier a introduit les images en même temps que l'art de les peindre[3].

même si ce sont là des termes qui se disent corrélativement, l'antériorité n'en existe pas moins. » En parlant du connaissable « en tant que tel », Porphyre cherche sans doute à évacuer du connaissable cette réalité antérieure, mais c'est sur elle que repose la pensée d'Aristote et c'est même ce qui fait, selon lui, que la connaissance n'est pas purement subjective, mais objective dans son principe (cf. *Mét.*, Δ, 15, 1021 a 31 *sq.*).

1. [120.33-121, 1] Ces considérations répondent à l'objection que constitue le fait bien connu, indiqué plus haut, en faveur de l'antériorité du connaissable : la science advient chez les individus et chez les peuples, alors que son objet est éternel. Ce sont des considérations qui mettent en jeu la noétique et la philosophie première, et l'on peut s'étonner que Porphyre s'enhardisse à de tels propos dans une explication destinée, en principe, aux débutants, quoiqu'il procède ici avec réserve. Est-ce une allusion à la pensée qui se pense de *Mét.*, Λ ? Si c'est le cas, elle suppose probablement une Intelligence divine en quelque sorte platonisée, à la manière du Démiurge du *Timée*, qui contemple la totalité des Intelligibles. Est-ce aussi une allusion discrète à l'intellect dit « agent » du traité *De l'âme*, III, 5, 430 a 15 *sq.* ? Possible ! Cet intellect devrait alors ne faire qu'un avec l'Intelligence divine, distincte de l'intelligence humaine, peut-être tenue pour passive. Mais l'on ne peut faire, sur tout ceci, que des conjectures invérifiables.

2. [121.4-7] Citation littérale de *C*, 7 b 24-27. Ce passage obscur n'intéresse Porphyre que dans la mesure où il semble envisager que, contrairement à ce qui vient d'être dit, certaines sciences acquises par l'homme s'ajouteraient à la science universelle qu'il tient de l'Intelligence éternelle. Ces sciences surgiraient en effet en même temps que leurs objets respectifs, lesquels ne feraient donc pas partie de la totalité des Intelligibles, présents éternellement dans l'Intelligence divine.

3. [121.8-12] La Chimère, exemple parfait de fiction et sans doute objet de l'imagination, peut-elle faire sérieusement l'objet d'une science? Porphyre songe vraisemblablement, à

<Π.> Διὰ τί οὖν προσέ[θηκ]εν τὸ « ἢ ἐπ᾽ οὐδενός »;

<᾽Α.> Ὅτι μήποτε καὶ ταῦτα ἦν ἐν τῇ φύσει, [τὰς] δὲ ἐπιστήμας ὕστερον ἔλαβον.

<Π.> Αἰσθήσεως οὖν μὴ [οὔσης] πῶς φὴς καὶ τὸ αἰσθητὸν μὴ εἶναι;

<᾽Α.> Ὅτι φέρε αἰσθή[σεως] μὴ οὔσης μέλι μέν ἐστιν, γευστὸν {αἰσθητὸν} δὲ οὐκ ἔστιν. Καὶ [λευκὸν μὲν] ἔσται, ὁρατὸν δὲ οὐκ ἔσται ὁράσεως μὴ οὔσης.

<Π.> Ἑξῆς [ὁ Ἀριστοτέλης] τίνα τούτοις ἐπάγει ζητήματα;

<᾽Α.> Λέγω ὅτι [ἐὰν] κατὰ [τὸν] [ἀποδοθέ]ντα οἷον ὁρισμὸν ἀποδοθῇ τὰ πρός τι, ἔσται τινὰ [τῆς οὐσ]ίας τῶν πρός τι.

<Π.> Διὰ τί οἷον ὁρισμὸν εἴρηκας, καὶ [τίνα] τ⌈ῶ⌉ν [πρός τι];

<᾽Α.> [Οἷον] μὲν ὁρισμὸν ἔφην, ἀλλ᾽ οὐχ ὁρισμόν, ὅτι τῶν ἀ[νωτά]τω[ν] οὐκ ἔστιν ὅρους ἀποδοῦναι , ἀνώτατα δὲ γένη τὰ ταῖς κατηγορίαις ὑποπίπτοντα· οἷον δὲ ὅρος τῶν πρός τι ἀπεδόθη τὸ εἶναι τὰ πρός τι ἐκεῖνα, ἅπερ <αὐτὰ ἅ> ἐστιν ἑτέρων λέγεται. Κατὰ δὲ ταύτην τὴν ὑπογραφὴν ἔσονταί

13 Π. (*Int.*) add. Fel. u. sign. Ap ‖ προσέθηκεν M^3A Simpl. (191,15-16) ‖ **14** ᾽Α. (*Resp.*) add. Fel. u. sign. Ap ‖ τὰς M^3A ‖ **15** ἔλαβον MA : ἐλάβομεν p Simpl. (191,18) ἔλαβεν C ‖ **16** Π. (*Int.*) add. Fel. u. sign. Ap ‖ οὔσης M^3A ‖ **17** ᾽Α. (*Resp.*) add. Fel. u. sign. Ap ‖ αἰσθήσεως M^3A ‖ supra γευστὸν scr. γλυκὺ M^2 ‖ **17-18** αἰσθητὸν (MA) delend. esse recte coni. Busse quod prob. Strange ‖ **18** λευκὸν μὲν M^3 : μὲν et lac. antea indic. A ‖ **20** Π. (*Int.*) add. Fel. u. sign. Ap ‖ post Ἑξῆς add. οὖν A ‖ ὁ ᾽Αριστοτέλης M^3A ‖ **21** ᾽Α. (*Resp.*) add. Fel. u. sign. Ap ‖ ἐὰν scripsi : εἰ MA ‖ τὸν M^3A^1 (s.u.) : om. A ‖ ἀποδοθέντα scripsi (cf. infra, p. 122,8) : δοθέντα M^3A ‖ **22** τῆς οὐσίας M^3A ‖ **23** Π. (*Int.*) add. Fel. u. sign. Ap ‖ τίνα M^3A ‖ τῶν M^1 (s.u.) A : τον M τοῦτον M^3 Busse ‖ πρός τι restitui : φής Busse om. et lac. indic. A ‖ **24** ᾽Α. add. Busse ‖ Οἷον M^3 (s.u.) : om. et lac. indic. A ‖ ἔφην M : ἔφης A ‖ post ὁρισμόν add. *Resp*. Fel. u. sign. Ap ‖ ἀνωτάτων p : ἀνωτάτω M^3 om. et lac. indic. AC ‖ **26** ὅρος M : ὄρος A ‖ post ἐκεῖνα add. ἃ Busse ‖ **27** αὐτὰ ἃ addidi sicut p. 123,12 ‖ post ἑτέρων add. εἶναι A (sicut Arist., 6 a 37)

Q. — Pourquoi, dans ces conditions, a-t-il ajouté : « sinon jamais » ?

R. — Parce qu'il n'est pas impossible que même ces objets aient existé dans la nature et qu'on en ait acquis la science plus tard [1].

Q. — Si donc la sensation n'existe pas, comment peux-tu prétendre [2] que même le sensible ne peut exister ?

R. — Parce que si la sensation n'existe pas, le miel, mettons, existe quant à lui, mais il n'est pas perceptible au goût; il y aura du blanc aussi, mais il ne sera pas visible, à défaut de la vue [3].

Q. — Qu'est-ce qu'Aristote se met à rechercher immédiatement après cela ?

R. — À mon avis, il se demande si, étant donné le semblant de définition qu'il a fourni des relatifs, certains des relatifs ne vont pas tenir de la substance [4].

Q. — Pourquoi as-tu dit « semblant de définition » ? Et de quels relatifs s'agit-il ?

R. — J'ai dit « semblant de définition », mais pas définition, parce qu'on ne peut fournir de définition des genres suprêmes [5]. Or les genres suprêmes sont ceux qui tombent sous les catégories. Par ailleurs, le semblant de définition qu'il a fourni des relatifs est la suivante : les relatifs sont ces choses qui sont dites cela même qu'elles sont de choses différentes.

travers elle, à tous les objets mythiques qu'inventent les poètes et, donc, à la science poétique. Comme les signes d'écriture et les images picturales, ces objets sont des *artefacta*, objets des sciences productives, non des *naturalia*, dont l'intelligibilité relève de la science divine.

1. [121.14-15] L'éventualité que Porphyre entrevoit ainsi correspond vraisemblablement à une perspective plutôt platonicienne, selon laquelle les *artefacta* imiteraient, non les *naturalia*, mais certaines Formes Idéales. Dans cette éventualité, en effet, les créations des sciences productives auraient, tout autant que les *naturalia*, un modèle intelligible dans la nature divine.

2. [121.16] Cf. *supra*, p. 120, 27-28.

3. [121.17-19] Cette précision est destinée à expliquer, sinon à corriger *C*, 8 a 3-6, où Aristote soutient que sans animal pour le percevoir, un corps reste sensible, parce que chaud, froid, etc. Porphyre s'exprime toutefois de manière inadéquate : ce n'est pas le miel qui est imperceptible au goût dans la sensation, mais sa saveur (sa douceur), exactement comme la couleur (le blanc), imperceptible sans la vue. Or si le blanc existe, qui est le visible par soi, et le doux, qui est le sapide par soi, c'est que le sensible existe (potentiellement), même sans la sensation, puisqu'il est une propriété de l'objet, avant d'être relatif à la connaissance (cf. *supra*, n. *ad* 120, 27-33).

4. [121.21-22] Ceci vise le développement aporétique qui commence en *C*, 8 a 13. La sorte de définition évoquée est celle, d'origine platonicienne, qu'Aristote a fournie en *C*, 6 a 36-37.

5. [121.25] Cf. *supra*, p. 110, 17. Au lieu de « définition », Porphyre dit « description » deux lignes plus loin (121, 27).

[τιν]ες οὐσίαι τῶν πρός τι.

<Π.> Τί οὖν ἄτοπον;

<Ἀ.> Ὅτι τ⌈ὰ⌉ μὲν πρός τι συμβεβηκό⌈τα⌉ ἐστίν, ἡ δὲ οἰσία οὐδαμῶς συμβεβηκός. Εἰ [οὖν] τῶν πρός τί τινες ἔσονται κατ᾿ αὐτὸ ὅ εἰσιν οὐσίαι, ἔσται [ἡ οὐσί]α [κα]θόσον οὐσία τῶν συμβεβηκότων.

<Π.> Πῶς οὖν τοῦτο [ἐπι]δείξεις;

122.1 <Ἀ.> Εἰ γὰρ τ⌈ὰ⌉ πρός τι τοι⌈α⌉ῦτ⌈ά⌉ ἐστιν ⌈ἃ⌉ πρός τι ἕτερον [λέγεται], ἔστι δὲ χεὶρ ἀνθρώπου πρός τι ἕτερον λεγομένη, γενήσεται ἡ χεὶρ τῶν πρός τι. Ὡσαύτως δὲ καὶ ὁ πούς καὶ ὁ ὀφθαλμὸς καὶ τὰ ἄλλα μέρη, ἐξ ὧν ἕκαστος ἡμῶν συνέστηκεν.

<Π.> Καὶ τί οὖν ἄτοπον;

<Ἀ.> Ὅτι [εἰ τὰ] μέρη [τῶν] οὐσιῶν μὴ ἔστιν οὐσίαι, καὶ τὸ ὅλον οὐκ ἔστιν οὐσία· [τὸ γὰρ] μὴ ἐξ οὐσιῶν συγκείμενον, οὐδὲ αὐτὸ ἔσται οὐσία. Τούτου δ[ὲ οὐδὲν] ἀτοπώτερον γένοι[τ᾿ ἄν]· ἢ τὸν ὁρισμὸν οὖν τὸν ἀποδοθέντα διορθωτέον ἢ ἐάν περ τοῦτον ὡς ὑγ{ε}ιῶς ἔχοντα ἐ[άσωμεν], χαλεπὸν τὸ δεῖξαι ὅτι οὐδεμία οὐσία τῶν πρός [τί ἐστιν].

<Π.> [Πῶς] οὖν ἐπιδείξεις ὅτι ἔσται κατὰ τὴν ἀπόδοσιν τῶν πρός τι τῶν οὐσιῶν τι τῶν πρός τι;

<Ἀ.> Διαιρ[ῶ]ν τοῦτον τὸν [τρόπον] [τὰς] οὐσίας· ἐρῶ γὰρ ὅτι ἤτοι τὴν ἄτομον οὐσίαν ἢ [τὰ μέρη αὐτῆς] λεκτέον τῶν πρός τι, ἢ τὴν κοινήν, τοῦτ᾿ ἔστι τὰ [γένη καὶ τ]ὰ εἴδη τῶν οὐσιῶν, ἢ τὰ μέρη τῶν εἰδῶν καὶ τῶν γενῶν [ἢ οὐ]δὲν αὐτῶν. Ὅτι μὲν οὖν ἐπὶ τῶν πρώτων οὐσιῶν, τ[οῦτ᾿ ἔστι] τῶν ἀτόμων, οὐκ ἔστιν εἰπεῖν ὅτι τῶν πρός τί [ἐστί τις], οὐ χαλεπὸν δεῖξαι·

28 τινες M^3A || **29** Π. (*Int.*) add. Fel. u. sign. Ap || **30** Ἀ. (*Resp.*) add. Fel. u. sign. Ap || τὰ A (cf. Simpl., 197,7) : τὸ M || συμβεβηκότα scripsi ex Simpl. (197,7) : —κός MA || **31** οὖν M^3A || τινες M : post ἔσονται transp. A sicut supra, u. 28 (τινες) || αὐτὸ M : αὑτὸ A || **32** ἔσται M : ἔστιν A || ἡ οὐσία M^3A || καθόσον M^3A || **33** Π. (*Int.*) add. Fel. u. sign. Ap || ἐπιδείξεις M^3A || **122.1** Ἀ. (*Resp.*) add. Fel. u. sign. Ap || τὰ... τοιαῦτά... ἃ A : τὸ... τοιοῦτον... ὃ M || λέγεται A || **5** Π. (*Int.*) add. Fel. u. sign. Ap || **6** Ἀ. (*Resp.*) add. Fel. u. sign. Ap || εἰ τὰ M^3A || τῶν A || **7** τὸ γὰρ M^3 || τὸ γὰρ — οὐσία om. A || **8** δὲ οὐδὲν M^3A || γένοιτ᾿ ἄν scripsi : γένοιτο MA || **9** ὑγιῶς p : ὑγειῶς MA || ἐάσωμεν M^3A || **10** τί ἐστιν M^3A || **11** Π. (*Int.*) add. Fel. u. sign. Ap || Πῶς M^3A || ἐπιδείξεις M : δείξεις A || **13** Ἀ. (*Resp.*) add. Fel. u. sign. Ap || Διαιρῶν A : διαιρὸν M || τρόπον M^3A || τὰς M^3 : τῆς A || ὅτι M : om. A || **14** τὰ μέρη αὐτῆς M^3A || **15** γένη καὶ τὰ M^3A || **16** ἢ οὐδὲν M^3A || τοῦτ᾿ ἔστι M^3A || **17** ἐστί τις M^3A

Or d'après cette description, il peut y avoir certaines substances parmi les relatifs.

Q. — Pourquoi donc est-ce déplacé ?[1]

R. — Parce que, pour leur part, les relatifs sont des accidents, tandis que la substance n'est accident d'aucune façon[2]. Si donc parmi les relatifs, on doit compter certaines substances en vertu de ce qu'elles sont, la substance, en tant que substance, fera partie des accidents.

Q. — Comment donc peux-tu montrer cela ?

|R. — Si les relatifs en effet sont les genres de choses qui se disent relativement à une chose différente et qu'une main d'homme est dite relativement à une chose différente, la main va devenir un des relatifs. Et il en va encore de même du pied, de l'œil et des autres parties dont est constitué chacun d'entre nous[3]. **122**

Q. — Et pourquoi donc est-ce déplacé ?

R. — Parce que si les parties de substances ne sont pas des substances, le tout non plus n'est pas substance, car ce qui n'est pas composé de substances, ne peut non plus être lui-même substance[4]. Et rien ne serait plus absurde que cela. Donc, ou bien la définition qui a été fournie doit être rectifiée, ou bien, si nous l'admettons comme ayant du sens, il devient difficile de montrer qu'aucune substance ne fait partie des relatifs[5].

Q. — Comment donc peux-tu montrer que d'après la description fournie des relatifs, il y aura, parmi les substances, quelque chose qui relève des relatifs ?

R. — En divisant de la manière suivante les substances. Selon moi en effet, il faut dire que soit la substance individuelle se range parmi les relatifs, soit ses parties, soit la substance commune, c'est-à-dire les genres et les espèces des substances, soit les parties des genres et des espèces, ou alors aucune de ces choses ne s'y range. Prenons donc le cas des substances premières, c'est-à-dire individuelles. Qu'on ne puisse dire qu'une quelconque d'entre elles fait partie des relatifs, ce n'est pas difficile à

1. [121.29] Il a en effet été admis que certaines choses peuvent relever de plusieurs catégories (cf. *supra*, p. 114, 8-9) et de plus, que certains relatifs ne peuvent se concevoir sans substance (p. 114, 12 et 18 *sq.*).

2. [121.30-31] Cf. *supra*, p. 71, 3-5, à propos des contradictoires.

3. [122.1-3] Cf. *C*, 8 a 25-28, où Aristote fait état de la tete, de la main et des autres parties du corps, qui sont des substances secondes, au même titre que le corps.

4. [122.6-7] Cf. *Mét.*, Δ, 8, 1017 b 10-13 : « Sont dits substances les corps simples (...) les animaux qui en sont composés (...), ainsi que leurs parties. »

5. [122.8-10] Paraphrase de *C*, 8 a 28-31.

ὁ γὰρ Σωκράτης οὐ λέγεται τινός τις Σωκράτης· εἰ γάρ τις ἐρεσχελῶν θεοῦ λέγοι εἶναι τὸν Σωκράτην, [ἀλλὰ καὶ ἀ]ναστρέψας ἐρεῖ τὸν θεὸν Σωκράτους εἶναι θεόν, ὅπερ ἄτο[πον]· ἔσται γὰρ τοῦ λίθου καὶ τῶν τυχόντων οὐσιῶν ὁ θεός, [καὶ οὐ] μόνον τῶν λογικῶν ζῴων· ἔπειτα ὡς κτήματα εἴ[η ἂν τοῦ θεοῦ] τὰ κατὰ μέρος τῶν ἐν κοσμῷ, ζητοῦμεν δὲ οὐχὶ ὡ[ς τὰ κτήματα] εἰ εἰσὶν οὐσίαι κτ[ήματα] τινῶν, ἀλλ' εἰ καθὸ [οὐσίαι] εἰ[σὶν] τινῶν οὐσίαι αἱ οὐσίαι, ὅπερ οὐκ ἔστιν ἐπιδεῖξαι ἐπὶ τῶν ἀτόμων οὐσιῶν. Ἀλλὰ μὴν οὐδὲ τὰ μέρη τῶν ἀτόμων οὐσιῶν εἴη ἂν τῶν πρός τι· οὐδὲ γὰρ ἡ τ⌈ὶ⌉{νο}ς χεὶρ εἴη ἂν τινὸς χείρ, ὥστε εἰπεῖν ἂν ἡ τ⌈ὶ⌉{νο}ς χεὶρ τινός τις χείρ ἐστιν, ἀλλὰ ἁπλῶς λέγομεν τινὸς χείρ, ἐπεὶ καὶ ἡ κεφαλὴ τινὸς λέγεται κεφαλή, ἀλλ' οὐχὶ τινός [τις] κεφαλή.

<Π.> Ἀλλ' ὅτι μὲν οὐχ οἷόν τε εἰπεῖν ἐστι πρός τι τὰς ἀτόμους οὐσίας οὐδὲ τὰ μέρη αὐτῶν, διὰ τούτων ἀπέδειξας. Ἐπίδειξον οὖν καὶ ἐπὶ τῶν δευτέρων οὐσιῶν αὐτῶν τε καὶ τῶν μερῶν αὐτῶν αὐτὸ τοῦτο συμβαῖνον.

<Ἀ.> Ἐπὶ μὲν οὖν τῶν δευτέρων οὐσιῶν δείξαιμι ἂν τὸ αὐτὸ τοῦτο συμβαῖνον, « οἷον ὁ ἄνθρωπος, ὃν κοινῶς [κατηγοροῦ]μεν ἄνθρωπον, οὐ λέγεται
123.1 τινὸς ἄνθρωπος οὐδὲ ὁ βοῦς τινὸς βοῦς οὐδὲ τὸ ξύλον τινὸς ξύλον, ἀλλ' εἰ ἄρα, κτῆμα ». Ὅτι δὲ ἕτερόν ἐστι τούτων ἑκάστῳ τὸ εἶναι ἀνθρώπῳ ἢ βοὶ ἢ ξύλῳ, καὶ ἕτερον τὸ κτῆμα εἶναι δῆλον.

19 ἀλλὰ καὶ ἀναστρέψας M^3A ‖ **20** ἄτοπον M^3A ‖ **21** καὶ οὐ M^3 : καὶ μὴ A ‖ μόνον M : μόνων A ‖ **21-22** εἴη ἂν τοῦ θεοῦ M^3A ‖ **22-23** ὡς τὰ κτήματα M^3A ‖ **23** κτήματα^2 coni. Busse (in app.) quod prob. Strange : κτημάτων MA aut delend. esse κτημάτων coni. Busse ‖ οὐσίαι εἰσὶν M^3A ‖ τινῶν^2 M : in τινα corr. M^3 om. et lac. indic. A ‖ **25-26** ἡ τὶς χείρ (bis) recte coni. Strange (cf. Simpl., 197,24) : ἡ τινὸς χ. (utrobique) MA ‖ **28** τις A ‖ **29** Π. (*Int.*) add. Fel. u. sign. A (dub.) p ‖ **30** post οὖν (M) add. εἰ A ‖ **31-32** συμβαῖνον M (cf. u. 34) : συμβαίνοι A (dub.) ‖ **33** Ἀ. (*Resp.*) add. Fel. u. sign. p ‖ δείξαιμι M : δείξαιμ' Busse om. et lac. indic. A ‖ **34** κατηγοροῦμεν A

montrer. Socrate en effet n'est pas dit Socrate de quelqu'un[1]. Si un chicanier déclare en effet que Socrate est la possession du dieu[2], alors, il lui faudra encore renverser la proposition et dire que le dieu est cela que possède Socrate; ce qui est absurde, car à ce tarif, le dieu sera la possession de la pierre et de n'importe quelle substance, et pas des seuls animaux rationnels[3]. Et puis, c'est comme troupeaux en possession du dieu que seraient alors envisagés les êtres particuliers contenus dans l'Univers; or nous ne voulons pas savoir, comme pour les troupeaux, s'il y a des substances qui appartiennent à certaines autres, mais si en tant que substances, les substances sont substances de certaines choses; ce qui est impossible à montrer dans le cas des substances individuelles. Mais on ne peut supposer non plus que les parties des substances individuelles soient au nombre des relatifs. Une main particulière en effet ne sera pas une main de quelqu'un au point qu'on pourrait dire: «une certaine main est une certaine main de quelqu'un»; au contraire, nous dirons simplement: «c'est la main de quelqu'un», tout comme dit, pour la tête, «c'est la tête de quelqu'un», mais pas «une certaine tête de quelqu'un»[4].

Q.—Bien. Il est impossible de dire que les substances individuelles soient des relatifs et leurs parties non plus, tu l'as démontré par ces arguments. Mais montre donc encore que c'est la même chose dans le cas des substances secondes et aussi dans le cas de leurs parties.

R.—Dans le cas des substances secondes, oui, je peux montrer que c'est la même chose. «Ainsi, l'homme, celui auquel nous donnons le prédicat commun d'homme, n'est pas dit | l'homme de quelque chose, ni le 123
bœuf, le bœuf de quelque chose, ni le bois, le bois de quelque chose, mais le cas échéant, on dit qu'il est la possession de quelqu'un»[5]; cependant, il est évident que, dans chacun de ces cas, être homme, être bœuf ou être du bois, c'est bien différent d'être une possession.

1. [122.16-18] Cf. *C*, 8 a 15-18. On pourrait aussi traduire: «Socrate de quelque chose», vu l'ambiguïté de τινός. C'est pour faciliter la compréhension de la suite que nous avons préféré «...de quelqu'un».

2. [122.19] Comme le dit Socrate lui-même de tous les hommes, dans le *Phédon* (62 B). L'idée, que développe le *Critias* (109 B *sq.*), est que les dieux dirigent les hommes par la pensée, comme le berger dirige le troupeau qu'il possède, à l'aide de sa houlette.

3. [122.20-21] L'opinion selon laquelle le dieu conduit les hommes comme un troupeau, mais par la pensée, peut donner sens à la proposition que le dieu, identifié à la pensée, est cela que possède l'homme et, notamment, Socrate, mais elle exclut que le dieu puisse avoir pour possession, dans son troupeau, des substances dépourvues de raison: celles-ci ne possèdent pas le dieu identifié à la pensée.

4. [122.25-28] Paraphrase de *C*, 8 a 18-21.

5. [122.34-123, 2] Citation à peine modifiée de *C*, 8 a 23-24.

<Π.>᾿Αλλ᾿ ὅτι μὲν τῶν τ{οι}ούτων οὐδὲν ⌈ἢ⌉ τοι[ούτων] τῶν πρός τί ἐστιν, ἀπέδειξας. Δεῖξον οὖν καὶ ἐπὶ τῶν μερῶν τῶν δευτέρων οὐσιῶν, εἰ μὴ τῶν πρός τι αὐτοῖς εἶναι συμβήσεται, καθόσον τῶν δευτέρων οὐσιῶν ἐστι μέρη.

<᾿Α.>᾿Αλλ᾿ οὐκ ἔστι μοι τοῦτο ⌈ἐ⌉π⌈ι⌉δεῖξαι δυνατόν.

<Π.>Διὰ τί;

<᾿Α.>῞Οτι ἡ κεφαλὴ καθόσον κεφαλὴ τινός ἐστι κεφαλή, ὥσπερ καὶ τὸ πηδάλιον τινός ἐστι πηδάλιον· κοινῶς γὰρ ἡ κεφαλὴ λεγομένη κοινῶς ἂν εἴη τινὸς κεφαλή, τοῦ κεφαλωτοῦ δηλονότι, καὶ ἡ χεὶρ χειροδότου ἂν εἴη χείρ· εἰ δὲ πρός τί ἐστιν ἐκεῖνα ἅπερ αὐτὰ ἅ ἐστιν ἑτέρων λέγεται, τὰ μέρη πάντα τῶν [δευτέρων οὐσι]ῶν ἑτέρου λεγόμενα τῶν πρός τι ἂν εἴη· λέγεται γὰρ κεφαλὴ εἶναι τοῦ κεφαλὴν ἔχοντος καὶ ἡ χεὶρ καὶ ὁ ὀφθαλμὸς καὶ ⌈ἡ⌉ ῥὶν καὶ ὁ πούς, ὅσα κοινῶς λέγεται, τινὸς ἂν ῥηθεί[η εἶναι] καὶ αὐτὰ ἅπερ ἐστὶ τὰ μέρη τοῦ ὅλου λέγεται εἶναι μέρη. ῞Ωσπερ τὰ μέρη τῶν δευτέρων οὐσιῶν κατὰ τὸν ἀποδοθέντα ὅρον τῶν πρός τι ἔσται πρός τι.

<Π.>῎Εστι γὰρ εἴδη καὶ γένη τῶν μερῶν τῆς οὐσίας;

<᾿Α.>Ναί.

<Π.>Πῶς;

<᾿Α.>῾Η γὰρ τὶς χεὶρ ἔχειν ὀφείλει εἶδος καὶ γένος, εἶδος μὲν τὴν χεῖρα, γένος δὲ τὸ μέλος· δεύτεραι οὖν οὐσίαι καὶ αὗται, ἡ χεὶρ καὶ ὁ πούς· ἀλλ᾿ ⌈ἡ⌉ χεὶρ τινὸς χεὶρ καὶ ὁ ποὺς τινὸς πούς· τῶν πρός τι ἄρα.

<Π.>᾿Αλλ᾿ ἐπεὶ ἄτοπον τῶν πρός τί τινας παραδέξασθαι τῶν οὐσιῶν, τί πεποίηκεν ὁ ᾿Αριστοτέλης;

<᾿Α.>Παραιτησάμενος τὴν προτέραν ὑπογραφὴν ἑτέρα ἀποδίδωσιν αὐτοῖς.

123.4 Π. (*Int.*) add. Fel.u. sign. Ap || τούτων scripsi : τοιούτων MA || ἢ τοιούτων scripsi : ἤτοι αὐτὰ MA om. p delenda coni. Busse quod prob. Strange || **7** ᾿Α. (*Resp.*) add. Fel. u. sign. Ap || ἐπιδεῖξαι A : ὑποδεῖξαι M || **8** Π. (*Int.*) add. Fel.u. sign. Ap || **9** ᾿Α. (*Resp.*) add. Fel. u. sign. Ap || καθόσον κεφαλὴ M : om. A || **10** γὰρ M (dub.) : δὲ A || **13** δευτέρων οὐσιῶν M³A || **15** ἡ corr. A : ὁ M || ῥηθείη εἶναι A || **18** Π. (*Int.*) add. Fel. u. sign. Ap || τῶν μερῶν ante εἴδη transp. A || τῆς M : εἰπεῖν A || **19** ᾿Α. (*Resp.*) add. Fel. u. sign. Ap || **20** Π. (*Int.*) add. Fel. u. sign. Ap || **21** ᾿Α. (*Resp.*) add. Fel. u. sign. A || **23** ἀλλ᾿ ἡ scripsi sicut coni. Busse (in app.) : ἀλλὰ MA ἀλλὰ καὶ (dub.) M^x (s.u.) || ὁ M : om. A || **24** Π. (*Int.*) add. Fel. || **26** ᾿Α. (*Resp.*) add. Fel. u. sign. p || ὑπογραφὴν MA^1 (s.u.) : γραφὴν A

Q. — Bien ! Tu as démontré qu'aucune de ces choses ou des réalités de ce genre ne fait partie des relatifs. Mais montre-le donc encore dans le cas des parties des substances secondes ; vois si elles ne peuvent d'aventure se ranger parmi les relatifs, en tant que parties des substances secondes.

R. — Non, il m'est impossible de montrer ça.

Q. — Pourquoi ?

R. — Parce que la tête en tant que telle est tête de quelque chose[1], exactement comme le gouvernail est gouvernail de quelque chose[2]. En effet, ce qu'on appelle « la tête » en général, sera tête de quelque chose en général, en l'occurrence « le têté ». De même, la main sera main du pourvu de mains. Or si les relatifs sont ces choses qui sont dites elles-mêmes ce qu'elles sont de choses différentes, toutes les parties de substances secondes, vu qu'elles sont dites d'une chose différente, seront au nombre des relatifs. En effet, l'on dit que la tête fait partie de ce qui possède une tête. De même, la main, l'œil, le nez et le pied, dont on parle en général, on dit que tout cela fait partie de quelque chose, et cela même qu'elles sont, les parties sont dites l'être du tout[3]. Par conséquent, d'après la définition qu'on a fournie des relatifs, les parties de substances secondes seront des relatifs.

Q. — Y a-t-il en effet des espèces et des genres qui sont ceux des parties de la substance[4] ?

R. — Oui.

Q. — Comment ça ?

R. — Telle main doit en effet avoir une espèce et un genre : son espèce, c'est la main et son genre, le membre. Voilà donc aussi des substances secondes : la main et le pied. Mais la main est main de quelque chose et le pied est pied de quelque chose ; ils font partie des relatifs par conséquent.

Q. — Mais puisqu'il est absurde d'admettre parmi les relatifs certaines des substances, qu'est-ce qu'a fait Aristote ?

R. — Il a suggéré d'abandonner la description précédente des relatifs pour en fournir une seconde.

1. [123.9] Cf. *C*, 8 a 26-27.

2. [123.10] Cf. *supra*, p. 56, 1 et 116, 22 *sq.*

3. [123.14-16] Il semble que Porphyre comprenne ici que les parties d'un tout ne peuvent se définir que par le tout dont elles font parties. Il peut ainsi rendre compte du fait que, seules, les parties de substances secondes sont ici en cause, car les parties de substances premières ne se définissent pas plus que ces substances elles-mêmes.

4. [123.18] La question paraît naïve, mais elle vise probablement à écarter l'objection selon laquelle la substance seconde, qui est elle-même espèce du genre, aurait pour parties seulement les individus qu'elle réunit.

<Π.> Τίνα ταύτην;

<᾿Α.> Πρός τι εἶναι, φησίν, « οἷς τὸ εἶναι ταὐτόν ἐστι τ⌈ῷ⌉ πρός <τί> πως ἔχειν ».

<Π.> ᾿Αλλὰ ἀσαφὴς ἡ ὑπογραφὴ καὶ δι᾿ αὐτοῦ γε τοῦ ζητουμένου ἀποδιδομένη.

<᾿Α.> Διὰ τί;

<Π.> Ὅτι ζητουμένου τίνα ἐστὶ <τὰ> πρός τι, ἀποδέδωκ⌈εν τὸ⌉ πρός τι εἶναι ἐκεῖνα, οἷς τὸ εἶναι ταὐτόν ἐστι τ⌈ῷ⌉ πρός τι αὐτοῖς εἶναι· ἀσαφής τε γὰρ ἡ ἀπόδοσις ζητο⌈υμένου⌉, τίνα τὰ πρός τι, λέγειν ὅτι τὰ πρός τί ἐστι τὰ πρός τι καὶ δι᾿ αὐτοῦ τοῦ ζ[ητου]μένου τὴν ἀπόδοσιν ἔχειν.

124.1 <᾿Α.> ᾿Αλλ᾿ οὕτως μέν σου ἐπισύραντος τὴν ἀπόδοσιν φανήσεταί σοι ὀρθῶς ἀποδιδομένη καὶ ἀλ⌈εί⌉πτως.

<Π.> Ἐξήγησαι οὖν, τί βούλεται διὰ τῆς ἀποδόσεως.

<᾿Α.> Πολλὰ τῶν πραγμάτων ἄλλως μὲν ὑφέστηκεν, ἄλλως δὲ [ὑπογράφεται, ἀλλὰ] δεῖ διαστέλλοντα δεικνύναι, ποταπὴν τὴν ὑπογραφὴν ἔχειν ὀφείλει. Οἷον τὸ λευκὸν ἔστι μὲν καὶ ἐπὶ τῆς λευκότητος [εἰπεῖν]· [λέγο]μεν γὰρ τὸ χρῶμα λευκόν· ἔστι δὲ καὶ ἐπὶ τοῦ σώματος τοῦ [μετέχοντος] τῆς λευκότητος· ἔστι γὰρ εἰπεῖν σῶμα λευκόν. Ἐὰν οὖν <ὁ μὲν> τὸ λευκὸν εἴπῃ χρῶμα διακριτικὸν ὄψεως, ὁ δὲ ἀ[κούσῃ] μὴ ἐπὶ τῆς λευκότητος ἀλλ᾿ ἐπὶ

28 Π. (*Int.*) add. Fel. u. sign. Ap || **29** ᾿Α. (*Resp.*) add. Fel. u. sign. A || τῷ A (cf. Arist., 8 a 32) : τὸ M || **30** τί M^1 (s.u.) A (cf. Arist., 8 a 32) : om. M || **31** Π. (*Int.*) add. Fel. || **33** ᾿Α. add. Busse u. sign. Ap || **34** Π. (᾿Ε.) add. Busse u. sign. Ap || τὰ addidi (cf. u. 36) || ἀποδέδωκεν τὸ scripsi : ἀποδεδωκότος MA ἀποδέδωκεν αὐτὸς coni. Busse (in app.) quod prob. Strange ἀποδέδωκας p || **35** τῷ p : τὸ MA || **36** ζητουμένου p : ζητούμενα MAC || **37** ζητουμένου A || **124.1** ᾿Α. (*Resp.*) add. Fel. u. sign. A || ἐπισύραντος M : ἐπισύροντος A || **2** ἀλείπτως p : ἀλήπτως MAC || **3** Π. (*Int.*) add. Fel. u. sign. p || **4** ᾿Α. (*Resp.*) add. Fel. u. sign. Ap || **4-5** ὑπογράφεται ἀλλὰ A || **6** εἰπεῖν scripsi ex Simpl. (202,13) : τάξαι MA || λέγομεν A : ἔστι μεν M^3 || **7** post λευκόν u. sign. A (dub.) || μετέχοντος M^3A^1 (s.u.) ἔχοντος A || **8** Ἐὰν M : ἂν Busse (ex Simpl., 202,13) ἐπεὶ A || ὁ μὲν M^1 (s.u.) A : ὁ μέν τις Simpl. (202,13) om. M || **9** ὁ δὲ MA : ὁ δέ τις Simpl. (202,14) || ἀκούσῃ M^3 Simpl. (202,14) : om. et lac. indic. A

Q. — Quelle est cette dernière ?

R. — Les relatifs, dit-il, sont « les choses dont l'être se réduit à être dans une certaine relation avec quelque chose »[1].

Q. — Mais cette description n'est pas claire ! Et elle est fournie au moyen de cela même qu'on cherche à décrire ![2]

R. — Pourquoi ?

Q. — Parce que, alors qu'on cherche à décrire ce que sont les relatifs, il a répondu en disant que les relatifs sont ces choses dont l'être se réduit à être des relatifs. La réponse en effet n'est pas claire, puisqu'on demande ce que sont les relatifs et qu'on dit que les relatifs sont les relatifs, fournissant ainsi une réponse au moyen de cela même qu'on cherche à savoir.

|R. — Et pourtant, bien que tu t'objectes à la définition donnée, tu vas 124
voir qu'elle est correcte et sans défaut.

Q. — Explique donc ce qu'il a voulu dire par cette réponse.

R. — Beaucoup de choses existent d'une certaine façon, mais se décrivent d'une autre façon[3]. Alors, il faut distinguer pour montrer quelle sorte de description elles doivent avoir. Ainsi, peut-on parler du blanc à propos de la blancheur, puisque nous disons la couleur blanche, mais on le peut aussi à propos du corps qui participe de la blancheur, puisqu'on peut dire un corps blanc[4]. Donc, si telle personne dit que le blanc est la couleur dissociatrice de la vue[5] et que telle autre l'entend, non de la blancheur, mais

1. [123.29-30] *C*, 8 a 32. D'après Simplicius (199, 32-35), Porphyre soutenait, sans doute dans le commentaire à Gedalios, que les deux définitions étaient équivalentes, parce que les choses qu'on dit être elles-mêmes ce qu'elles sont d'autres choses ne tiennent cette caractéristique que du fait que leur être se réduit à être dans une certaine relation avec quelque chose. On verra plus loin (p. 125, 7 *sq.*) que c'est bien son opinion.

2. [123.31-32] L'observation n'était pas nouvelle : comme en témoigne Simplicius (201, 34 *sq.*), Boethos de Sidon et un certain Ariston (peut-être Ariston d'Alexandrie, selon Moraux [*Der Aristotelismus*, II, p. 181-182]) reprochaient à cette définition de contenir le *definiendum* ; ce que niait cependant Achaïcos (dont il est question *supra*, n. *ad* 111, 22-23), en prétendant que le second πρός τι, dans la définition, était employé pour πρὸς ὁτιοῦν.

3. [124.4-5] C'est le cas des composés de matière et de forme, qui se décrivent ou se définissent par la forme spécifique et non, tels qu'ils existent, par le composé. C'est aussi le cas des accidents (au sens porphyrien du terme), qui se définissent par leur genre et une différence, sans considérer la substance où ils sont inhérents et où ils existent.

4. [124.6-8] Donc, le blanc se définit par la couleur, non tel qu'il existe dans le corps. On ne peut confondre en effet l'être du blanc avec le blanc.

5. [124.9] Sur cette définition, cf. *supra*, p. 92, 35.

τοῦ σώματος, ἄτοπόν τι [ἂν εἴ]η χρῶμα διακριτικὸν ὄψεως· ἔστιν οὖν διόρθωσις, ὅτι τὸ λευκὸν [καθὸ] λευκὸν εἴη ἂν χρῶμα διακριτικὸν ὄψεως καὶ οὐχ ᾧ τὸ λευκὸν [εἶναι] συμβέβηκεν, ἤγουν τὸ σῶμα, ὥστε ἐν αὐτῷ τῷ ὅρῳ τοῦ [λευ]κοῦ περιλαμβάνει<ν> τὸ ⌜ἧ⌝ λευκὸν εἶναι καὶ μὴ εἶναι μήτε ἁμάρ[τημα] μήτε τὸ ζητούμενον λαμβάνεσθαι εἰς ἐξήγησιν τοῦ ζητουμένου. Καὶ ἐνταῦθα οὖν οὐχ ἁπλῶς ἐρρήθη ὅτι ἔστι τὰ πρός τι ⌜τὰ αὐτὰ⌝ τ⌜ῷ⌝ πρός τί πως ἔχειν, ἀλλὰ πρόσκειται « οἷς τὸ εἶναι ταὐτὸν τ⌜ῷ⌝ πρός τί πως ἔχειν »· τὸ γὰρ εἶναι τῶν πρός τί ἐστι τὸ σχέσιν ἔχειν πρὸς ἕτερον καὶ ἐκείνου, πρὸς ὃ λέγεται, ταὐτοῦ ὄντος τῇ σχέσει τῇ πρὸς ὃ λέγεται· τὸ γὰρ διπλάσιον <καὶ τὸ ἥμισυ>, ἔστω δὲ καὶ τέσσαρα καὶ δύο, οὐ καθὸ τέσσαρά ἐστι τῶν πρός τι οὐδὲ ⌜καθὸ⌝ δύο, ἀλλὰ καθὸ τὰ τέσσαρα τῶν δύο ἐν λόγῳ ἐστὶ [διπλασ]ίονι καὶ τὰ δύο τῶν τέσσαρα ἐν λόγῳ ἐστὶν ἡμίσει. Τὰ [οὖν] πρό[ς τί ἐσ]τιν ἡ σχέσις <τῶν> ὑποκειμένων πρὸς ἄλληλα, οὐ⌜κ α<ὐ>τὰ⌝ [τὰ] ὑποκείμ[ενα τῇ σ]χέσει, οἷς οὐ τὸ εἶναι ταὐτόν ἐστι τῇ πρὸς [ἄλληλα σχέσει· ἡ] δὲ πρὸς ἄλληλα σχέσις τῶν πρός τι τὸ πρός τί πως ἔχειν ἐστίν. Ταῦτα οὖν πρός τί ἐστιν, οἷς τὸ εἶναι ταὐτόν ἐστι τ[ῷ] πως ἔχειν πρὸς ἄλληλα.

<Π.> Σαφῶς εἰπέ, τί ποτε λέγεις.

<Ἀ.> Φημὶ ὅτι βούλεται λέγειν, τὰ πρός τί ἐστι μὲν ὑπό τινων ὑποκειμένων ὑφιστάμεν[α], οὐ μὴν καθὸ ὑπόκειται τὰ ὑποκείμενά ἐστι πρός τι,

10 ἂν εἴη restitui (cf. u. 11) : ἔσται τὸ Busse καὶ A δόξει· οὐ γάρ ἐστι τὸ σῶμα addend. esse coni. Strange (ex Simpl., 202,15) sed 3 uel 4 litt. tantum oblitt. in M quarum ultima η uidetur || χρῶμα MAC : σῶμα p || **10-11** ἔστιν οὖν — ὄψεως M : om. A || **11** καθὸ M^3 || **12** εἶναι M^3 : om. et lac. indic. A || ἤγουν M : ἠου A || **13** λευκοῦ Busse : om. et lac. indic. A || περιλαμβάνειν τὸ ἧ scripsi : περιλαμβάνει ἢ τὸ MA τὸ περιλαμβάνειν ἧ (et addend. esse διόρθωσιν post λευκὸν) coni. Busse (in app.) περιλαμβάνειν ἧ τὸ coni. Strange || **14** ἁμάρτημα A || **15** τὰ αὐτὰ scripsi (ex Simpl., 202,20) sicut coni. Busse (in app.) : ταὐτὸν MA || τῷ A : τὸ M || **16** τῷ Busse (cf. Arist., 8 a 31) : τὸ MA || **19** καὶ τὸ ἥμισυ addidi || **20** καθὸ scripsi (ex Fel.) sicut coni. Busse (in app.) : τὰ MA || **21** διπλασίονι A || **21-22** οὖν πρός τί ἐστιν A || **22** τῶν addidi (cf. Simpl., 202,27) ut coni. Busse (in app.) || οὐκ αὐτὰ scripsi : οὐ κατὰ MA || **22-23** τὰ ὑποκείμενα τῇ σχέσει A || **23** ἄλληλα σχέσει· ἡ A || **25** τῷ A : τὸ M || **26** Π. (*Int.*) add. Fel. u. sign. Ap || **27** ᾿Α. (*Resp.*) add. Fel. u. sign. Ap || **28** ὑφιστάμενα A

du corps, « couleur dissociatrice de la vue » sera une absurdité[1]. On peut donc rectifier en disant que c'est le blanc en tant que tel qui est la couleur dissociatrice de la vue, et pas le sujet dont le blanc est un accident, à savoir le corps. Par conséquent, on peut inclure dans la définition même du blanc la précision « en tant que blanc » ou « pas en tant que blanc » sans que ce soit une faute, ni introduire ce qu'on cherche à savoir dans l'explication de ce qu'on cherche à savoir. Donc, ici, c'est la même chose : Aristote n'a pas dit simplement que les relatifs se réduisent à être dans une certaine relation avec quelque chose, mais ajouté que « ce sont les choses dont l'être se réduit à être dans une certaine relation avec quelque chose »[2]. Car l'être des relatifs, c'est d'avoir rapport avec autre chose, cependant que cette autre chose, le corrélatif, se réduit, elle aussi, au rapport avec un corrélatif. Le double, par exemple, et le demi – supposons que soient en cause quatre et deux –, ne font pas partie des relatifs en tant que quatre, ni en tant que deux, mais du fait que quatre par rapport à deux est en proportion double et deux par rapport à quatre, en proportion de moitié. Donc, les relatifs sont la relation mutuelle des sujets, non les sujets eux-mêmes que suppose la relation et dont l'être ne se réduit pas à la relation mutuelle qu'ils ont entre eux[3]. Or la relation mutuelle des relatifs consiste à être dans un certain rapport avec quelque chose. Les relatifs sont donc les choses dont l'être se réduit à être dans un certain rapport mutuel.

Q. — Exprime clairement ce que peut bien vouloir dire ton argument.

R. — Je prétends qu'Aristote veut dire que les relatifs sont soutenus dans l'existence par certains sujets. Toutefois, ce n'est pas du fait que ceux-ci leur servent de sujets qu'ils sont des relatifs ; c'est au contraire du fait

1. [124.9-10] Strange (p. 132, n. 398) estime que le texte est ici corrompu et lacunaire ; il propose donc de corriger ἂν εἴη en δόξει et d'ajouter ensuite <οὐ γάρ ἐστι τὸ σῶμα>. Mais grammaticalement, rien ne justifie cela et le sens est parfaitement clair : la définition du blanc en tant que tel est une absurdité si on l'entend comme une description du corps blanc.

2. [124.12-16] La comparaison n'est pas très adéquate. Dans le cas du blanc, en effet, la précision « en tant que blanc » ne fait pas proprement partie du *definiens* ; elle appartient plutôt au *definiendum*, alors que dans le cas des relatifs, c'est le *definiens* qui contient l'expression πρός τι. De plus, l'ajout οἷς τὸ εἶναι, par rapport à la première définition, n'est pas ce qui a suscité l'objection d'introduire le *definiendum* dans le *definiens* ! Cela dit, il est vrai que l'ajout en question empêche de considérer la définition ou la description comme une simple tautologie. Mais la comparaison avec le blanc embrouille les choses, plus qu'elle ne les clarifie.

3. [124.21-23] Il est vrai que 2, qui est le demi de 4, et 4, qui est le double 2, ne sont pas, par soi, des relatifs : ce sont des quantités. Pour autant, le demi de 4 et le double de 2 ne sont pas, comme le dit ici Porphyre, la relation mutuelle de ces nombres, mais, comme il l'indiquera plus loin, ce que sont ces nombres relativement, c'est-à dire en vertu de leur relation réciproque.

ἀλλὰ καθὸ τὰ ὑποκείμενα κατὰ σχέσιν τὴν πρ⌈ὸ⌉<ς> ἄλληλα πλεο[εκτοῦν]τα φαίνεται· τὰ γὰρ τέσσαρα πρὸς τὰ δύο σχέσει πλεονάζει, ὅταν τ⌈ὰ⌉ μὲν
125.1 διπλά<σια> ῥηθῇ, τ⌈ὰ⌉ δὲ ἥμισυ· οὐ γὰρ μόνον τὰ ⌈τέσσαρα⌉ τέσσαρα καλεῖται, ἀλλὰ καὶ διπλάσια πλεονάσαντα [ταύ]τῃ τῇ προσηγορίᾳ, καθὸ λόγος ἐπ᾽ αὐτῶν θεωρεῖται ὁ τοῦ διπλασίου· καὶ τὰ δύο, καθὸ ἥμισυ λέγεται· καθὸ δὲ λόγου μετέχει τοῦ διπλασίου καὶ τοῦ ἡμίσεως, ⌈ἔστι⌉ πρός τι· ὁ δὲ λόγος ἐπὶ δυοῖν σχέσιν ἐχόντων πρὸς ἄλληλα θεωρεῖται.

<Π.> Ἀλλὰ πῶς καὶ ὁ πρότερος λόγος οὐ τὸ αὐτὸ παρίστησιν;

<Ἀ.> Ὅτι παρακολούθημα μὲν παρίστη παρακολουθοῦν τὰ πρός τι, τί δέ ἐστιν, οὐκ ἀπεδίδου· εἰ μὲν γάρ τί ἐστι πρός τι, πρός τι πάντως καὶ τινὸς λέγεται, οὐ μὴν εἰ τινὸς λέγεται, πάντως ἂν εἴη καὶ πρός τι· ἐπὶ πλέον γὰρ τὸ τινὸς εἶναι· οἷον <οὐκ εἴ τι> θνητόν, πάντως τοῦτο ἄνθρω-

29 πρὸς ἄλληλα A : προάλληλα M ‖ πλεονεκτοῦντα A ‖ **30** τὰ μὲν corr. A : τὸ μὲν M ‖ **125.1** διπλάσια A : διπλ^{α} M διπλάσιον uel διπλάσιονα A[1] (s.u.) ‖ τὰ δὲ corr. A : τὸ δὲ M ‖ τέσσαρα[1] Busse : δ᾽ MACp ‖ **2** ταύτῃ A ‖ **3** post ἥμισυ addend. esse τῶν τεσσάρων ἥμισυ coni. Busse (in app.) ‖ **4** ἔστι scripsi ut coni. Busse (in app.) : εἰσὶ MA ‖ **6** Π. (*Int.*) add. Fel. u. sign. Ap ‖ **7** Ἀ. (*Resp.*) add. Fel. u. sign. Ap ‖ **8** alterum πρός τι (MA) delend. esse coni. Busse (in app.) ‖ **10** οὐκ εἴ τι addidi : εἴ τι μὲν ἄνθρωπος, πάντως τοῦτο θνητόν, οὐκ ἔτι δὲ εἴ τι addend. esse coni. Busse (in app.) quod prob. Strange forsitan recte ‖ πάντως M : om. A

qu'étant donné leur relation mutuelle, ils sont visiblement plus que sujets. Quatre, par exemple, vu sa relation à deux, devient quelque chose de plus quand | on dit qu'il en est le double et que deux en est la moitié. Quatre en **125**
effet n'est pas seulement appelé quatre, mais aussi le double et il est devenu quelque chose de plus par cette appellation, du fait qu'on observe en lui la proportion du double. Deux aussi, du fait qu'il est dit le demi. Et c'est du fait qu'ils participent à la proportion du double et du demi, que ce sont des relatifs. Quant à la proportion, elle s'observe dans le cas de deux sujets qui ont une relation réciproque[1].

Q. — Mais comment se fait-il que la première formule définitoire ne fournisse pas, elle aussi, la même indication ?

R. — Parce qu'elle indiquait un corollaire que les relatifs entraînent à leur suite, mais ne donnait pas l'idée de ce qu'ils sont. En effet, si une chose est un relatif, de toute façon elle se dit aussi relativement à quelque chose et de quelque chose ; mais il n'est pas vrai que si elle se dit de quelque chose, de toute façon elle sera aussi un relatif, car « être de quelque chose » a plus

1. [124.27-125, 5] Ce passage est probablement, de tout le Commentaire, celui qui reflète de plus près un long exposé de Plotin. Il vaut la peine de considérer celui-ci. Dans *En*, VI, 1, Plotin analyse la notion aristotélicienne de relatif et, comme le fait ici Porphyre à sa suite, distingue entre les sujets qui ont un rapport entre eux et la relation elle-même (σχέσις). Il commence par demander : « Quant à la relation, qu'est-ce d'autre, sinon notre jugement quand nous comparons les êtres qui sont par eux-mêmes ? » (6, 21-22). Façon de suggérer, sans le dire franchement, que les relatifs appartiennent à la subjectivité du jugement, plutôt qu'à la réalité objective. Mais, plus loin, Plotin se ravise un peu et concède : « Dans tous les cas de relatifs que nous désignons, la relation réciproque existe après les sujets, et nous-mêmes constatons son existence » (7, 11-13). La relation est désormais rendue à la réalité objective, où elle fait suite aux sujets de la relation. Dans cette optique, qu'adoptera Porphyre, Plotin propose alors une définition des relatifs qui démarque celle d'Aristote : « Il faut donc entendre par relatifs (…) tout ce dont la réalité ne provient strictement que de la relation, une réalité, s'entend, qui n'est pas celle des sujets, mais celle de leur rapport à quelque chose » (7, 24 et 26-28). Suit une illustration qui préfigure les propos de Porphyre dans notre passage : « Par exemple, le double relatif au demi ne donne leur réalité, ni à deux coudées, ni à deux, ni à une coudée, ni à un ; mais ceux-ci étant, leur rapport ajouté au fait qu'il y a deux ici et un là, permet à deux d'être appelé et d'être le double, et à un, le demi. Ils ont donc ensemble donné naissance, à partir d'eux-mêmes, à autre chose, le double et le demi, qui sont engendrés l'un par rapport à l'autre et dont l'être exclut autre chose que leur rapport mutuel : celui du double tient à ce qu'il excède le demi, et celui du demi, à ce qu'il en est excédé » (7, 28-37). Il ne fait pas de doute que Porphyre propose, en gros, la même analyse. Celle-ci se caractérise d'un bout à l'autre par la distinction, qu'Aristote ne fait pas explicitement au passage, entre la relation en vertu de laquelle deux êtres sont des relatifs et, d'autre part, les sujets de la relation. Aristote n'évoque pas les sujets de la relation, pour la raison peut-être que ces sujets, pour lui, ne sont pas des quantités (2 et 4, par exemple), mais les substances affectées d'une quantité (par exemple des portions d'eau).

πος, καὶ ὁμοίως ἐπὶ τοῦ λιγικοῦ. Διὸ καὶ εἴ τι μὲν τῶν πρός τι, πάντως τοῦτο τινός, οὐκ ἔτι δὲ εἴ <τι> τινός ἐστιν, πάντως τοῦτο πρός τι. Δι᾿ ἣν αἰτίαν πολλὰ τῶν οὐ πρός τι περιελάμβανεν ἐν τοῖς πρός τι, ὡς ἂν δὴ τοῦ τινὸς εἶναι ἀποδοθέντος μόνοις [τοῖς πρός τι εἶναι. Ἀλλ᾿ ὁ δεύτερος λόγος] οὐ το[ύτῳ] ἐπερείδεται τῷ τινὸς εἶναι, ⌈ἀλλ᾿⌉ ἐν τῇ σχέσει τινῶν τ⌈ῇ⌉ πρός {τι} ἄλληλα τὸ εἶναι ἔχει{ν} τὰ πρός τι· οἷον γὰρ μέσον τί ἐστιν τῶν ὑποκειμένων ἡ σχέσις, καθ᾿ ἣν ὑφίσταται τὰ πρός τι, πλεονάζουσα παρὰ τὰ ὑποκείμενα οὐκ ἄλλῳ τινί, ἀλλὰ τ⌈ῷ⌉ μηνύειν ποιάν τινα συνάφειαν αὐτοῖς πρὸς ἄλληλα ἐπιθεωρουμένην, καθὸ τούτοις καλεῖται τοῖς ὀνόμασιν. Ἵνα δὲ μὴ δοκῇ αὐτ⌈ὸ⌉ τοῦτο ὑπογραφῆς ἀξιούμενον λαμβάνεσθαι εἰς τὴν αὐτοῦ ὑπογραφήν, ἠξίουν τινὲς οὕτως ὑπογράφειν· « οἷς τὸ εἶναι ταὐτόν ἐστι τ⌈ῷ⌉ πρὸς ὁτιοῦν πως ἔχειν », ἢ ὡς Ἀνδρόνικος, « οἷς τὸ εἶναι <τ>αὐτόν ἐστι

12 τι add. Busse ‖ **13** οὐ MA[1] (s.u.) : om. A ‖ **14** τοῖς — λόγος A ‖ **15** τούτῳ Busse : τοῦτο MA ‖ ἀλλ᾿ scripsi : καὶ MA ante καὶ addend. esse ἀλλὰ τῷ ἐν πρός τί πως ἔχειν coni. Busse post καὶ addend. esse λέγει coni. Strange ‖ **15-16** τῇ πρὸ ἄλληλα correxi sicut coni. Busse (in app.) : τῶν πρός τι ἄ. MA τῶν πρός τι πρὸς ἄ. coni. Strange ‖ **16** ἔχει p : ἔχειν MAC ‖ **18** τῷ p : τὸ MAC ‖ **21** οἷς M (dub.) Simpl.(202,7) : οὗ A ‖ τῷ p : τὸ MAC ‖ **22** ταὐτόν p Simpl.(202,4) : αὐτόν M αὐτῶν A

d'extension[1]. Ainsi, ce n'est pas parce qu'une chose est mortelle, que de toute façon ce sera un homme, et pareillement dans le cas du rationnel[2]. C'est précisément pourquoi si une chose fait partie des relatifs, elle sera de toute façon de quelque chose, mais il n'est plus vrai que si une chose est de quelque chose, elle sera de toute façon un relatif. Et c'est le motif pour lequel la première formule définitoire englobait beaucoup de non-relatifs parmi les relatifs, comme si justement « être de quelque chose » pouvait être donné pour caractéristique des seuls relatifs. Mais la deuxième formule définitoire n'est pas, elle, fondée sur le fait d'être de quelque chose ; c'est au contraire dans la relation que certaines choses ont l'une avec l'autre que se trouve l'être des relatifs. En effet la relation qui permet l'existence des relatifs est une sorte de milieu entre les sujets[3] : elle représente quelque chose de plus, en dehors des sujets, tout simplement en indiquant la sorte de liaison qui, en plus, s'observe entre eux du fait qu'on les désigne par ces noms-là. Cependant, pour ne pas sembler reprendre dans la description cela même qui mérite une description, certains ont cru devoir décrire les relatifs de la façon suivante : « les choses dont l'être se réduit à être d'une certaine façon en rapport avec une chose quelconque »[4]. Ou encore, comme le

1. [125.7-10] Paraphrase de *C*, 8 a 33-35. Pour Porphyre, la seconde définition corrige donc la première, plutôt qu'elle ne la dénonce, puisqu'elle apporte le motif essentiel pour lequel cette première définition est recevable à titre de corollaire. Comme, à ce titre, la première n'est pas vraie sans restriction, la seconde permet d'écarter du nombre des relatifs les substances secondes qui paraissent en faire partie du seul fait qu'elles partagent avec eux un trait propre à tous les relatifs, mais non à eux seuls. Quel est ce trait que retient la première définition ? Serait-ce « *se dire* de quelque chose » et la première définition, selon Porphyre, serait-elle *secundum dici* ? Il ne semble pas qu'il en juge ainsi ; rien ne montre en tout cas que, d'après lui, la première définition prête à la méprise parce qu'elle se réfère à une façon de dire. Il semblerait plutôt que c'est parce qu'elle fait appel à une appartenance (tous les relatifs sont quelque chose d'autre chose) qui caractérise aussi des non relatifs. C'est pourquoi, ainsi définie, la catégorie paraît inclure les membres du corps (le pied est aussi quelque chose d'autre chose). Si ce n'est pas le cas, c'est que l'appartenance d'un relatif (à son corrélatif) résulte spécifiquement du fait qu'il est un être de relation, distinct de ce que Porphyre appelle les sujets de la relation. Ainsi, croit-il sans doute pouvoir distinguer le pied relatif, appartenant au pédestre (ce qui est pourvu de pieds), du pied substantiel, appartenant au corps et sujet du pied relatif.

2. [125.10-11] Le texte grec, ici corrompu, doit être minimalement corrigé par une addition : <« ce n'est pas parce qu'une chose est »> (*cf.* apparat critique). Il n'est pas nécessaire d'encore ajouter au préalable, comme le fait Strange (p. 134) : <« if something is a man, it will always be mortal, but »>.

3. [125.16] J'ai traduit μέσον τι par « une sorte de milieu », plutôt que « an intermediate term » (Strange, p. 134), parce que la relation n'est aucunement un troisième terme entre deux extrêmes.

4. [125.21-22] Simplicius (202, 7-8] attribue cette formule à Achaïcos : cf. *supra*, n. *ad* 123, 31-32.

τῷ πρὸς ἕτερόν πως ἔχειν, ἐκεῖνά ἐστι πρός τι ».

<Π.> Τί οὖν παρίστησιν ὁ τοιοῦτος λόγος;

<Ἀ.> Ὅτι ἐν τοῖς ὑποκειμένοις ἐστὶν οὔτε ὡς οὐσίας συμπληρωτικὸν οὔτε ὡς ἄλλο τι τῶν συμβεβηκότων, ἃ ἐν αὐτοῖς τοῖς ὑποκειμένοις γίνεται, οἷον πάθος ἢ ἐνέργεια, ἀλλά τι ἔξωθεν. Διὸ καὶ μὴ πασχόντων τῶν ὑποκειμένων γίνεται καὶ ἀπογίνεται.

<Π.> Ἀριστοτέλης δὲ τί ἔφη περὶ τῆς τοιαύτης ὑπογραφῆς τῶν πρός τι;

<Ἀ.> Ὅτι « ἐάν τις εἰδῇ τι ὡρισμένως, κἀκεῖνο πρὸς ὃ λέγεται ὡρισμένως εἴσεται ».

<Π.> Διὰ τί ἢ πῶς;

<Ἀ.> « Εἰ γὰρ οἶδέν τις ὅτι τὰ ⌈τέσσαρα⌉ τῶν πρός τί ἐστιν, ἔστι δὲ τ⌈ὸ⌉
126.1 εἶναι τοῖς πρός τι ταὐτὸν τῷ πρός τί πως ἔχειν, κἀκεῖνο οἶδεν, πρὸς ὃ τοῦτό πως ἔχει », ὅτι τὰ ⌈τέσσαρα⌉ πρὸς τὰ ⌈δύο⌉ [τὸν διπλασίονα λό]γον ἔχει,

24 Π. (*Int.*) add. Fel. u. sign. Ap || **25** Ἀ. (*Resp.*) add. Fel. u. sign. Ap || **29** Π. (*Int.*) add. Fel. u. sign. Ap || **31** Ἀ. (*Resp.*) add. Fel. u. sign. Ap || εἰδῇ M (cf. Arist., 8 a 36) : ἴδη A || post ὡρισμένως add. τῶν πρός τι Arist. (8 a 36-37) || **33** Π. (*Int.*) add. Fel. u. sign. Ap || **34** Ἀ. (*Resp.*) add. Fel. u. sign. A || τέσσαρα A : δ' M || τὸ corr. A : τῷ M || **126.2** ante ὅτι u. sign. p || τέσσαρα A : δ' M || δύο A : β' M || τὸν διπλασιόνα λόγον A

suggère Andronicos : « sont des relatifs ces choses dont l'être se réduit à être dans un certain rapport avec une chose différente »[1].

Q. — Qu'est-ce qu'indique alors ce genre de formule ?

R. — Que les relatifs ne sont inhérents à leurs sujets, ni comme l'est un complément essentiel, ni comme l'est l'un quelconque des accidents qui arrivent au sein des sujets eux-mêmes, par exemple, une affection ou une activité, mais qu'ils sont quelque chose d'extérieur. C'est précisément pourquoi ils apparaissent et disparaissent sans que leurs sujets ne soient affectés[2].

Q. — Et Aristote, que prétend-il de pareille description des relatifs ?

R. — Que « si l'on en connaît un de façon déterminée, on doit aussi connaître de façon déterminée son corrélatif »[3].

Q. — Pourquoi ? Ou plutôt comment est-ce possible ?

R. — « En effet si l'on sait que quatre fait partie des relatifs et que, d'autre part, | l'être des relatifs se réduit à être dans une certaine relation 126
avec quelque chose, on sait aussi ce avec quoi il est en relation »[4] : on sait

1. [125.22-23] La même formule, à une inversion de mots près, est attribuée par Simplicius (202, 3-4] à Sotion, ainsi qu'à Andronicos. Ce sont des variantes, où les mots πρός τι sont remplacés par πρὸς ὁτιοῦν ou par πρὸς ἕτερον.

2. [125.25-27] Les sujets dont parle Porphyre ne sont pas nécessairement, on l'a vu, les substances (encore que ce soit le cas, par exemple, pour le père, dont on voit mal comment il ne serait pas, pour l'homme, un accident). Son propos est de trouver et de donner aux relatifs un statut qui ne serait pas celui de la différence spécifique (« complément essentiel »), ni non plus celui de l'accident proprement dit, parce que ce dernier, inhérent au sujet, l'affecte d'une certaine façon, même si ce n'est pas de façon essentielle. Ce propos est logique dans le contexte, bien qu'il soit en contradiction avec la thèse selon laquelle tout ce qui n'est pas sujet des accidents (c'est-à-dire substance) est nécessairement accident ; mais la logique de son analyse plotinienne des relatifs le conduit à dépasser, sinon à oublier cette contradiction. L'idée de voir tout de même dans les relatifs des accidents, mais des accidents à coup sûr très particuliers, en ceci qu'ils n'affectent en rien les sujets, lui vient des exemples (comme celui de double et demi) dont Plotin s'était servi dans sa propre analyse et qu'Aristote classe sous la rubrique « excédent-excédé » (*Mét.*, Δ, 15, 1020 b 26-28). Or, pour Aristote, ces relatifs n'ont pas pour sujets des quantités ; ce sont des relatifs numériques (ou si l'on veut quantifiables en nombre), qui ont pour sujets des substances. Par ailleurs la substance qu'on dit le double d'une autre (c'est-à-dire, par exemple, deux fois plus grande qu'une autre) est « affectée » par cet attribut relatif, tout autant que par la quantité (absolue) qu'on lui attribue (quatre pied de long, par exemple). Cherchant une justification de la pensée aristotélicienne aux moyens des analyses de Plotin, Porphyre en arrive ainsi à quelque peu dénaturer cette pensée, au risque de se contredire lui-même.

3. [125.31-32] Citation littérale de *C*, 8 a 36-37.

4. [125.34-126, 3] Citation presque littérale de *C*, 8 a 38 b 3, où seul, pratiquement, le mot τέσσαρα (125, 38) remplace les mots τόδε τι (8 a 38), Porphyre cherchant à illustrer par un

« εἰ δὲ μὴ οἶδεν ὅλως, πρὸς ὅ πως [ἔχει], οὐδ' ⌈ὅ⌉τι [πρός τί πως ἔχει εἴσεται] ». [᾽Α]μήχανον γὰρ εἰδέναι μὲν ὅτι διπλάσιά ἐστι τὰ ⌈τέσσαρα⌉, μὴ εἰδέναι δὲ ὅτι τῶν δύο διπλάσιά ἐστιν. Καὶ εἰ οἶδεν ὅτι πατήρ ἐστι Σωφρονίσκος ὡρισμέν[ω]ς, οἶδεν καὶ ὅτου πατήρ ἐστιν, ὅτι Σωκράτους, καὶ τὸν Σωκράτην ὅτι [υἱὸς] Σωφρονίσκου <ε>ἴσεται.

<Π.> Ἀλλ' ἐπεὶ ἐπὶ τῶν πρός τι τοῦτο ἀπεδείχθη, τί ἐκ τούτων συμβήσεται ὧν εἴρηκας;

<᾽Α.> Τ<ιν>ὶ συμβήσεται τὰ τῶν οὐσιῶν μέρη αὐτὰ μὲν ἅπερ ἐστὶν ὡρισμένως [εἰδέναι] πρὸς [ἃ λέγεται δὲ οὐκ ἀναγκαῖον ὡρισμένως εἰδέναι]. Δεικνυμένης γὰρ φέρε χειρὸς ὅτι μέν τινός ἐστι χεὶρ ὁρίσειεν ἄν τις, τίνος δέ, πότερον Δίωνος ἢ Θέωνος ἤ τινος ἄλλου τῶν κατὰ μέρος, οὐκ ἂν ε⌈ἰ⌉δ<εί>η καίτοι ὁρῶν [αὐτὴν] καὶ δεικνὺς ὅτι αὕτη χείρ ἐστιν. Ἀλλ' εἰ τὰ πρός τι ἀόριστα μὲν πρὸς ἀόριστα λέγεται, ὡρισμένα δὲ πρὸς ὡρισμένα, τὰ δὲ τῶν οὐσιῶν μόρια ὡρισμένως γινωσκόμενα πρὸς ἃ λέγεται οὐκ ἀναφέρεται ὡρισμένως, οὐκ ἂν εἴη τὰ τοιαῦτα τῶν πρός τι. « Τὴν γὰρ κεφαλὴν καὶ τὴν χεῖρα καὶ

3 ἔχει A ‖ ὅτι Busse : ἔτι MA ‖ πρός τι — εἴσεται A ‖ **4** ᾽Αμήχανον A ‖ τέσσαρα A : δ' M ‖ **5-6** ὡρισμένως corr. A : ὡρισμένος M ‖ **7** υἱὸς A ‖ εἴσεται A : ἴσεται M ‖ **8** Π. (*Int.*) add. Fel. u. sign. Ap ‖ **10** ᾽Α. addidi u. sign. A ‖ Τινὶ συμβήσεται scripsi : τί συμβήσεται MA quae delenda esse coni. Busse quod prob. Strange ‖ post συμβήσεται add. *Resp.* Fel. u. sign. p ‖ **11** εἰδέναι restitui : εἴσεται A εἴσεταί τις Busse ‖ ἃ λέγεται — εἰδέναι M^1 (mg) A : om. M ‖ δὲ M^1 : post ἃ transp. A forsitan recte ‖ post Δεικνυμένης add. μὲν A ‖ **13** εἰδείη p : εἴδη MAC ‖ **14** αὐτὴν A

que par rapport à deux, quatre est dans la proportion du double. « En revanche, si l'on ne sait pas globalement ce avec quoi il est dans un certain rapport, on ne saura pas non plus qu'il est en rapport avec quelque chose »[1]. Car il n'y a pas moyen de savoir que quatre est le double en ignorant par ailleurs qu'il est le double de deux. De même si l'on sait que Sophronisque est père de façon déterminée, on sait aussi de qui il est le père, en l'occurrence Socrate, et on saura également de Socrate qu'il est fils de Sophronisque[2].

Q. — Mais étant donné ce qui vient d'être démontré à propos des relatifs, qu'est-ce qui va résulter des propos que tu as tenus ?

R. — Il pourra arriver[3] que quelqu'un sache de façon déterminée ce que sont elles-mêmes les parties de substances, sans nécessairement savoir de façon déterminée ce à quoi elles se rapportent. En effet, mettons que l'on montre une main : on peut déterminer que c'est la main d'un certain individu, mais duquel ? Est-ce de Dion, de Théon, ou d'un autre des particuliers ? On ne peut le savoir, bien qu'on la voie et la pointe du doigt en disant que c'est une main[4]. Or voilà : si les relatifs indéfinis se disent relativement à des objets indéfinis et les relatifs déterminés relativement à des objets déterminés, mais que les parties de substances connues de façon déterminée ne sont pas rapportées de façon déterminée à leurs corrélatifs, les choses de ce genre ne peuvent faire partie des relatifs[5]. « En effet, la tête, la

exemple (« quatre ») l'expression indéterminée d'Aristote (« cette réalité-ci »). Hélas !, l'exemple est on ne peut plus malheureux, car quatre n'est pas un relatif, mais une quantité discrète déterminée. Si l'on veut en effet illustrer le propos d'Aristote, il faut prendre l'exemple d'un relatif précis, comme il le fait lui-même plus loin (8 b 4 *sq.*) en prenant l'exemple du double, et il faut dire ici : « Si l'on sait que ceci est le double, l'on sait aussi le double de quoi… ». La bévue de Porphyre est d'autant plus curieuse qu'il vient de montrer lui-même que quatre n'est pas un relatif, mais le sujet d'une relation, que n'affecte en rien, pense-t-il, sa relation à un autre nombre, sujet de la même relation.

1. [126.2-3] Citation littérale de *C*, 8 b 2-3.

2. [126.5-7] L'exemple du père remplace celui du plus beau de *C*, 8 b 8 *sq.*

3. [126,10] Les mots τί συμβήσεται des manuscrits, rattachés à la fin de la réplique précédente, ont paru une dittographie à supprimer. La simple correction Τινὶ συμβήσεται, que je propose, permet de voir qu'il s'agit du début de la réponse à la question posée. La restitution εἰδέναι (plutôt que εἴδεται d'après le manuscrit A) rend le texte parfaitement intelligible.

4. [126.11-14] Ce texte est une paraphrase de la citation qui est produite plus loin (p. 126, 17-21). Mais la citation prend les exemples de la tête et de la main *en général* ; ce sont en effet les parties de substances *secondes* qui ont soulevé la question de savoir si certaines substances n'étaient pas des relatifs. Or Porphyre choisit l'exemple d'une main particulière, celle d'un certain individu ! Sa paraphrase n'est donc pas très appropriée.

5. [126.14-17] La distinction entre relatifs déterminés et relatifs indéterminés n'est pas d'Aristote, lequel semble distinguer seulement entre une façon déterminée et une façon indéterminée de connaître un relatif.

ἕκαστον τῶν τοιούτων, ἅ εἰσιν οὐσίαι, αὐτὰ μὲν ἅπερ ἐστὶν ὡρισμένως ἔστιν εἰδέναι, πρὸς ⌈ἃ⌉ δὲ λέγεται, οὐκ ἀναγκαῖον· τίνος γὰρ αὕτη ἡ κεφαλὴ ἢ τίνος ἡ χείρ, οὐκ ἔστιν εἰδέναι ὡρισμένως· οὐκ ἂν οὖν εἴη ταῦτα τῶν πρός τι». Περὶ δὲ τούτω<ν> ἦν ἡ ἀμφισβήτησις μόνον, εἰ οὐσίαι ὄντα τῶν πρός τι ἂν εἴη. Ἀλλ' εἰ μηδὲ [ἔστι] τῶν πρός τι, οὐδὲ ἄλλη τις οὐσία οὐδὲ τὰ μέρη αὐτὰ [δηλα]δὴ καθόσον οὐσίαι τῶν πρός τί ἐστιν.

<Π.>[Ἆρα] οὖν ἀποφαί[νεσ]θαι [δεῖ αὖ]τις ὅ[τι] οὐκ ἔ[στιν] οὐσία τῶν πρός τι;

<Ἀ.>[Σφοδρῶς μὲν] οὐκ ἀξιοῖ ὁ Ἀριστοτέλης «μὴ πολλάκις ἐπεσκεμμένους, τὸ μέντοι [διηπ]ορηκέναι ἐφ' ἑκάστου αὐτῶν οὐκ ἄχρηστον εἶναι». Δυνατὸν γάρ τινα εἰπεῖν κἀπὶ τῶν μερῶν ὅτι ὡρισμένως <ε>ἴσεται· ὁ γὰρ ἰδὼν τίς [ἡ χείρ] ἐστιν, ὅτι καὶ τοῦδέ ἐστιν <ε>ἴσεται ὡρισμένως· ὁ γὰρ δὴ τοῦ ἐγκεκαλυμμένου ὁρῶν χεῖρα γινώσκει μὲν χεῖρα, <ἀορίστως δὲ χεῖρα>· τὸν γάρ τινά ἐστιν εἰδέναι τὸ τήνδε γινώσκειν εἰ ἔστι τοῦδε. Διὰ τοίνυν τὰς τοιαύτας ἀπορίας προσέθηκεν τὸ μὴ δεῖν σφοδρῶς ἀποφαίνεσθαι ὅτι οὐκ ἔστιν οὐσία τῶν πρός τι.

<Π.> Μετὰ <δὲ> τὴν τῶν πρός τι κατηγορίαν τίς ἂν ἑξῆς εἴη;

<Ἀ.>Ἡ τοῦ ποιοῦ, ὅτι μετὰ τὴν οὐσίαν καὶ τὸ ποσὸν ἀμφισβητήσιμον ἦν, μὴ τὴν τοῦ ποιοῦ τάττειν ἔδει· πολλῶν δὲ ζητημάτων γεγονότων ἐν τῇ περὶ ποσοῦ κατηγορίᾳ περὶ τῶν πρός τι, ἀνάγκη γέγονεν περὶ τούτων ἐφεξῆς τῷ ποσῷ διδάξαι. Μετ[ὰ οὖν τὴν] τῶν πρός τι [κα]τηγορίαν ἕπεται περὶ τοῦ ποιοῦ σκέψασθαι. Καὶ γὰρ δὴ μετὰ τὸ μέγεθος, ὅ ἐστι ποσόν, καὶ μετὰ τὸ μεῖζον, ὅ ἐστι τῶν πρός τι, ἐκφύεται τὰ πάθη οἷον

18 οὐσίαι M : οὐσία A || αὐτὰ μὲν ἅπερ MA : αὐτὸ μὲν ὅπερ Busse ex Arist. (8 b 16-17) || **19** ἃ scripsi : ὃ MA (cf. Arist., 8 b 17) || **20** οὖν MA : ὥστε (ante οὐκ) Arist., 8 b 19 || **21** τούτων corr. A : τούτω M || **22** ἔστι suppleui (ex Arist., 8 b 20) : ταῦτα Busse om. et lac. indic. A || **23** αὐτὰ MA (cf. supra, u. 10) : αὐτῶν coni. Strange || δηλαδὴ Diels Busse et Strange : lac. indic. ante δὴ A || **24** Π. (*Int.*) add. Fel. u. sign. p || Ἆρα A || ἀποφαίνεσθαι δεῖ αὖτις ὅτι οὐκ ἔστιν restitui (cf. u.31-32) : om. et lac. indic. A || **25** Ἀ. (*Resp.*) add. Fel. u. sign. Ap || Σφοδρῶς μὲν A || **25-26** ἐπεσκεμμένους MA : —μένον Arist. (8 b 22-23) || **26** διηπορηκέναι restitui ex Arist. (8 b 23) : ἠπορηκέναι A || **27** εἴσεται corr. A : ἴσεται M || **28** εἴσεται corr. A : ἴσεται M || ἡ χείρ A || **29** ἀορίστως δὲ χεῖρα addidi (ex Simpl., 202,15) : οὐχ ὡρισμένως δέ addend. esse coni. Busse (in app.) || τὸν MA : τὸ aut τὴν coni. Busse || **32** post πρός τι add. τέλος τῶν πρός τι et postea ut titulum Εἰς τὸ ποιὸν καὶ τὴν ποιότητα M || **127.2** Π. (*Int.*) add. Fel. u. sign. Ap || δὲ add. A || **3** Ἀ. (*Resp.*) add. Fel. u. sign. Ap || **6** Μετὰ οὖν τὴν A || κατηγορίαν A || **8** ἐκφύεται M : ἐφύεται A ἐμφύεται Simpl. (207,23)

main et chacune des parties de ce genre, qui sont des substances, on est en mesure de savoir de façon déterminée ce qu'elles sont elles-mêmes, sans nécessairement savoir leurs corrélatifs, puisqu'on peut ne pas savoir de façon déterminée de qui est cette tête ou de qui est cette main; donc ces choses ne feront pas partie des relatifs »[1]. Or ce sont elles seulement qui étaient sujets à controverse dans la question de savoir si, quand elles sont substances, des choses peuvent faire partie des relatifs. Mais si elles non plus ne font pas partie des relatifs, ni une autre substance, ni ses parties elles-mêmes évidemment, en tant que substances, ne seront au nombre des relatifs[2].

Q. — Alors est-ce qu'on doit déclarer une nouvelle fois qu'il n'y a pas de substance parmi les relatifs ?

R. — Aristote ne croit pas devoir « se prononcer fermement sans un examen répété, bien qu'à son avis, il ne soit pas sans intérêt d'avoir soumis à l'interrogation chacune des éventualités »[3]. Il se peut en effet que quelqu'un dise, même dans le cas des parties, pouvoir en posséder une connaissance déterminée, puisque celui qui a vu quelle est la main en question, saura aussi de façon déterminée qu'elle est celle de telle personne précise. En effet, celui qui voit bel et bien la main de quelqu'un qui se cache reconnaît une main, mais une main de façon indéterminée; car savoir qu'elle est une main particulière, c'est reconnaître que cette main-ci appartient à cette personne-ci. C'est toutefois en raison de pareilles interrogations qu'Aristote a pris sur lui d'ajouter qu'il ne fallait pas déclarer fermement qu'il n'y a pas de substance parmi les relatifs.

| Q. — Et après la catégorie des relatifs, quelle est celle qui doit suivre ? **127.2**

R. — Celle de la qualité, car après la substance et la quantité, on soulevait déjà la question de savoir s'il ne fallait pas placer celle de la qualité, mais vu que beaucoup de problèmes s'étaient posés à propos des relatifs dans la catégorie portant sur la quantité, il était apparu nécessaire d'enseigner la nature de ceux-ci immédiatement après la quantité[4]. Donc, après la catégorie des relatifs, la suite de l'examen porte sur la qualité. Et de fait, après la grandeur, qui est quantité, et après le majeur, qui fait partie des

1. [126.17-21] *C*, 8 b 16-19 (très légèrement modifié).
2. [126.21-23] Paraphrase de *C*, 8 b 20-21.
3. [126.25-26] *C*, 8 b 22-24. La citation est en style indirect. L'adverbe σφοδρῶς qui introduit la réponse, et le verbe ἀποφαίνεσθαι, que comporte la question (ligne 24), sont aussi d'Aristote : *cf.* ci-après, ligne 32.
4. [127.3-6] Cf. *supra, p.* 100, 11-28 et 111, 8-15, avec les notes afférentes.

θερμόν, ψυχρόν, ξηρόν, ὑγρόν, ἅ ἐστι [ποι]ά.

<Π.> Τίνι διαφέρει ποιὸν ποιότητος;

<Ἀ.> Ὅτι τὸ μὲν ποιὸν διχῶς λέγεται· καὶ γὰρ αὐτὴ ἡ ποιότης ποιὸν λέγεται καὶ τὸ ἔχον [τὴν] ποιότητα· ποιὸν γὰρ καὶ τὴν λευκότητα ποιότητα [λέγουσι πολλάκις] οἱ ἀρχαῖοι, καὶ πάλιν τὸ λευκὸν ποιόν. [Ἡ [δὲ] ποιότης οὐκ ἔτι διχῶς] λέγεται, ἀλλὰ ἁπλῶς· ἡ γὰρ θερμότης καὶ ἡ λευκότης ποιότης λέγεται, οὐκ ἔτι δὲ καὶ λευκὸν ποιότης. Οὐδ' ὅλως τὸ μετέχον ποιότη<το>ς ῥηθείη ἂν ποιότης, ἀλλὰ ποιὸν μόνον, ἡ ποιότης δὲ ἂν ῥηθείη καὶ ποιόν.

<Π.> Σαφέστερον εἰπέ, ὃ λέγεις.

<Ἀ.> Ἔστι τὸ μέν τι λευκότης, τὸ δὲ ἔχον τὴν λευκότητα· ἡ μὲν λευκότης καὶ τὸ ἔχον τὴν λευκότητα ῥηθείη ἂν ποιόν, τὸ δὲ ἔχον τὴν

9 ἅ MA : ἅπερ Simpl. (207,25) || ποιά A || **10** Π. (*Int.*) add. Fel. u. sign. Ap || **11** Ἀ. (*Resp.*) add. Fel. u. sign. Ap || **12** τὴν^1 A || ποιὸν MA : λευκὸν Busse (sec. Fel.) || **13** λέγουσι πολλάκις A || **13-14** ἡ δὲ — διχῶς scripsi : ἡ γὰρ — διχῶς A pars infima f° 192^r in M periit || **14-15** ποιότης MA^1 : ποιὸν A || **15-16** ποιότητος corr. A^1 (s.u.) : ποιότης MA || **18** Π. (*Int.*) add. Fel. u. sign. Ap || **19** Ἀ. (*Resp.*) add. Fel. u. sign. Ap || **20-21** τὸ δὲ — ῥηθείη MAC : om. p

relatifs, ce qui se présente naturellement ce sont les affections telles le chaud, le froid, le sec, l'humide, qui sont des qualifiés[1].

Q. — Quelle différence y a-t-il entre qualifié et qualité ?

R. — C'est que « qualifié » pour sa part peut s'entendre de deux façons. En effet, la qualité elle-même est dite un « qualifié », ainsi que ce qui possède cette qualité; car on appelle souvent « qualifié » la qualité qu'est la blancheur dans le langage des anciens, et on dit encore que le blanc est « qualifié »[2]. En revanche, la qualité ne s'entend plus de deux façons, mais d'une seule façon[3]. En effet, la chaleur ou la blancheur est dite une « qualité », mais on ne dit plus qu'un blanc est une « qualité ». Et en général ce qui participe d'une qualité ne sera pas dit non plus une « qualité », mais seulement un « qualifié », alors que la qualité peut être également dite un « qualifié ».

Q. — Sois un peu plus clair : que veux-tu dire ?

R. — Il y a, d'un côté, la blancheur, c'est une chose, et de l'autre, ce qui possède la blancheur. Or la blancheur et ce qui possède la blancheur

1. [127.7-9] À la raison pédagogique s'ajoute donc une raison ontologique de reléguer l'étude de la qualité après celle des relatifs. Mais cette raison invoquée tire argument d'un certain type de relatifs particuliers (*cf.* « le plus grand ») qui se rattache à la grandeur. Un autre type de relatifs (par exemple, « propre à chauffer » : cf. *Mét.*, Δ, 15, 1020 b 29), qui se rattache au chaud, plaiderait en faveur d'un examen préalable de la qualité. Rappelons que toutes ces considérations douteuses répondent à des préoccupations étrangères à Aristote.

2. [127.11-13] Ce jugement nous apprend plusieurs choses : a) qu'au temps de Porphyre, on distingue soigneusement « qualité » (ποιότης) et « qualifié » (ποιόν); b) que les anciens, du temps d'Aristote, ne faisaient pas cette distinction; c) que, de ce fait, les anciens parlaient de « qualifié » au sens actuel du terme et aussi au sens actuel de « qualité »; d) mais que « qualité » n'avait, chez eux, que le sens actuel du terme; e) enfin, que « qualifié » au sens actuel du terme se dit exclusivement de ce qui possède une qualité. Il semble, comme l'observe Strange (p. 137, n. 417), que cet usage restrictif reflète l'influence du stoïcisme, dont les habitudes de langage n'aident donc pas à comprendre exactement Aristote. Est-ce pour cela, parce que le lecteur d'Aristote, influencé par l'usage stoïcien, risque de mal le comprendre, que Porphyre avertit de la différence entre « qualité » et « qualifié » ? C'est possible. Mais la raison majeure tient sans doute au fait, signalé plus loin (p. 127, 22), que le texte de *C* qu'il commentait comportait, à l'occasion, certains sous-titres et qu'ici, le sous-titre annonçant le chapitre sur la qualité était Περὶ ποιοῦ καὶ ποιότητος, comme si les deux termes étaient équivalents.

3. [127.14] Porphyre soutient que la qualité s'entend d'une seule façon (ἁπλῶς), alors que, selon *C*, 8 b 26, elle s'entend de plusieurs façons (πλεοναχῶς) ! Ce n'est pas contradictoire. Aristote, en effet, annonce ainsi qu'il y a plusieurs genres de qualités et ne prétend pas que « qualité » a plusieurs sens, comme « qualifié ».

λευκότητα ποιὸν μὲν λέγεται, ποιότης δὲ οὐκ ἂν ῥηθείη.

<Π.> Διὰ τί οὖν ἐπέγραψεν Περὶ ποιοῦ καὶ ποιότητος;

<Ἀ.> Τινὲς μὲν οὔ φασιν αὐτοῦ εἶναι τὸ ἐπίγραμμα· μηδὲ γὰρ ἐν ταῖς ἄλλαις κατηγορίαις προσγράψαι, ἀλλ' ἄνευ ἐπιγράμματος τεχνολογῆσαι περὶ ἑκάστης. Τινὲς δὲ εἰς ἔνδειξιν τῆς χρήσεως τῶν ὀνομάτων· διὰ γὰρ τὸ τὴν ποιότητα λέγεσθαι καὶ ποιόν, διὰ τοῦτο ἐπιγράψαι σημαίνοντα ὅτι ἀδιάφορόν ἐστι ποιότητα λέγειν τὴν κατηγορίαν ἢ ποιόν· ⌈εἰ⌉ γὰρ τὸ μάλιστα ποιὸν οὐ τὴν ποιότητα μόνον σημαίνει ἀλλὰ καὶ τὸ ἔχον αὐτήν, ἀναγκαῖον ἦν εἰδέναι, ὅτι κατά τι σημαινόμενον ταῦτα δηλοῦται ἐκ τοῦ τῆς ποιότητος ὀνόματος καὶ τοῦ ποιοῦ.

<Π.> Πῶς ὑπέγραψε τὴν ποιότητα ὁ Ἀριστοτέλης;

<Ἀ.> « Ποιότης ἐστὶ καθ' ἥν τινες ποιοὶ λεγόμεθα. »

128.1 <Π.> Καὶ πῶς οὐκ ἄτοπον ὑπογράψαι βουλόμενον τί [ἐστι] ποι[ό]της διὰ τὸ εἶναι ἄδ[ηλον τ]ί ἐστι π[οιόν, ἣν ἔχει ὁ ποιὸς ἀπο]δοῦ[ν]αι; [Εἰ] ἄ[δηλον] γὰ[ρ τὸ ποιόν, ὁμοίως καὶ ἡ] ποιότης [ἀ]γν[οεῖται. Ἀλλὰ πρό]τερον [τῆς

22 Π. (*Int.*) add. Fel. u. sign. Ap || **23** Ἀ. (*Resp.*) add. Fel. u. sign. Ap || μηδὲ M : om. et lac. indic. A || **27** εἰ corr. A : ἡ M || **28** ἔχον M : ἔχειν A || post αὐτήν spat. 2 uel 3 litt. in modo lac. in A || **29** δηλοῦται M : δηλονότι A || **31** Π. (*Int.*) add. Fel. u. sign. Ap || **32** Ἀ. (*Resp.*) add. Fel. u. sign. Ap || Ποιότης ἐστὶ MA : ποιότητα δὲ λέγω Arist., 8 b 25 || τινες ποιοὶ M : ποιοί τ. A sicut Arist., 8 b 25 (cf. Simpl., 211, 5-6) || λεγόμεθα MA : λέγονται Arist., 8 b 25 (cf. Simpl., 211,6) || **128.1** Π. (*Int.*) add. Fel. u. sign. A || **1-5** τί — φυσικῇ dubitanter partim restitui (cf. Simpl., 211,7 et sqq. : ἀλλ' ἄτοπον κ. τ.λ.) : post βουλόμενον ubi 5 extremi u. folii 192^{v} paene oblitt. in M lac. indic. A

peuvent être dits des « qualifiés », alors que ce qui possède la blancheur est dit un « qualifié », mais ne peut être dit une « qualité » [1].

Q. — Pourquoi donc Aristote a-t-il intitulé son exposé « Du qualifié et de la qualité » ?

R. — Certains prétendent que cet intitulé n'est pas de lui, car, disent-ils, il n'a pas non plus utilisé de sous-titres dans les autres catégories, mais exposé sans titre sa théorie sur chacune d'elles [2]. Pour certains autres, en revanche, il a voulu ainsi attirer l'attention sur l'usage des noms. En effet, disent-ils, vu que la qualité est aussi appelée un « qualifié », de ce fait, il a voulu indiquer par le titre qu'il était indifférent d'appeler « qualité » ou « qualifié » la catégorie en question, car si le mot « qualifié », au sens large, désigne non seulement la qualité, mais aussi ce qui la possède, il était nécessaire de savoir qu'en un certain sens, ces choses sont désignées par les noms « qualité » et « qualifié » [3].

Q. — Comment Aristote a-t-il décrit la qualité ?

R. — « Est qualité, ce en vertu de quoi nous sommes expressément qualifiés d'une certaine façon » [4].

|Q. — Et comment, s'il veut décrire ce qu'est la qualité, ne pas trouver **128**
étrange qu'il dise : « C'est ce que possède le qualifié », vu qu'on ne sait pas ce qu'est le qualifié ? Car si l'on ne voit pas ce qu'est le qualifié, on ignore

1. [127.19-21] Il faut donc s'attendre, selon Porphyre, à ce que, chez Aristote, le mot « qualité » (ποιότης) désigne toujours la qualité elle-même, tandis que le mot « qualifié » (ποιόν) désigne tantôt la chose qui participe de la qualité, tantôt, comme le mot « qualité », la qualité elle-même. En français, nous serons donc naturellement enclin à traduire ποιόν, tantôt par « qualifié », tantôt par « qualité », selon les passages.

2. [127.23-25] Simplicius (208, 4 *sq.*) attribue cette opinion à Achaïcos et à Alexandre (d'Aphrodise ?). Leur argument semble attester que les exemplaires de *C* à leur disposition ne comportaient pas d'autres sous-titres que celui-là ; ce qui paraît étrange et n'était pas nécessairement le cas, notons-le, de l'exemplaire de Porphyre, lequel a pu omettre de parler jusqu'ici d'autres sous-titres, parce qu'ils étaient, non pas redondants, mais simples (Περὶ οὐσίας, etc.). Cela expliquerait qu'il envisage ensuite l'hypothèse selon laquelle le sous-titre serait authentique. Mais l'important n'est pas là ; ce qu'il importe d'observer, c'est que les partisans de l'athétèse, pour qui le titre ne pouvait être d'Aristote, avaient probablement le sentiment que le titre était fautif ; il témoignait, selon eux, d'une confusion qu'on ne peut prêter à Aristote lui-même et qui consiste à poser sans nuance ni réserve l'équivalence de ποιόν et de ποιότης.

3. [127.25-30] On ne sait pas quels sont les commentateurs auxquels Porphyre fait allusion. Mais celui-ci leur emprunte visiblement un type de jugement propre à exempter Aristote de confusion (*cf.* note précédente).

4. [127.32] Citation adaptée de *C*, 8 b 25.

ποιότητος] καὶ τὸ ποιὸν τὸ ἀπ' [αὐτῆς λεγόμεν]ον τὴν τῇ φυσικ⌜ῇ⌝ […]† εἰ ἔστι δὲ ποιὸν τὸ ἔχον ποιότητα, δῆλον ὡς καὶ τὸν γνῶναι θέλοντα, τί ἐστι ποιόν, ἀναπέμψει εἰς τὴν ποιότητα. Καὶ οὕτως γίνεται ποιότης μὲν ἣν ἔχει ὁ ποιός, ποιὸς δὲ ὁ ἔχων ποιότητα. Ἄδηλον δὲ τίς ἡ ποιότης καὶ ὅμοιον τῷ ἐρομέν⌜ου⌝ τινὸς τί ἐστι ποιότης ἀποκρίνεσθαι, ὅτι ποιότης· εἰ γὰρ ἡ ποιότης διὰ τοῦ ποιοῦ δείκνυται, τὸ δὲ ποιὸν διὰ τῆς ποιότητος, ἡ ποιότης ἔσται διὰ τῆς ποιότητος ἀποδεδειγμένη.

11.a <Ἀ.> Ἀλλ' εἰ μὲν ⌜ὁ⌝ρισμὸς ἦν ἀποδεδομένος, ὑπῆρχεν <ἂν> ἁμάρτημα τὸ [τοιο]ῦτον· ἐπεὶ δὲ οὐκ ἔστιν ⌜ὁ⌝ρισμὸς τῶν ἀνωτάτ<ων>, οὐ χρὴ αἰτιᾶσθαι· διὰ γὰρ τοῦ γνωριμ⌜ω⌝τέρου τὸ ἧττον γνώριμον παρέστησεν· μᾶλλον γὰρ γνώριμον τὸ ποιὸν τῆς ποιότητος· τὸ γὰρ λευκὸν τῆς λευκότητος γνωριμώτερον καὶ ὁ γραμματικὸς τῆς γραμματικῆς.

<Π.> Ἀλλ' εἰ τὰ ὁμωνύμως λεγόμενά φησιν αὐτὸς πλεοναχῶς λέγε-

7 ἀναπέμψει M (dub.) : ἀναπέμψαι A ‖ **9** ἐρομένου p : ἐρωμένω MAC ‖ ἀποκρίνεσθαι M : ἀποκρίνασθαι A ‖ **11a** Ἀ. (*Resp.*) add. Fel. ‖ ὁρισμὸς p : ὡρισμὸς MAC ‖ **12** ἂν addidi ‖ τοιοῦτον A ‖ ἐπεὶ δὲ οὐκ ἔστιν M : dittogr. A ‖ ὁρισμὸς corr. A : ὡρισμὸς M ‖ **12-13** ἀνωτάτων Busse : ἀνωτάτ' M ἀνωτάτω A ‖ **13** αἰτιᾶσθαι M : αἰτιάσασθαι A ‖ γνωριμωτέρου corr. A : γνωριμοτέρου M ‖ **16** Π. (*Int.*) add. Fel. u. sign. Ap

aussi du même coup ce qu'est la qualité. Or voilà, avant la qualité, ce qui est expressément qualifié d'après elle, [...] [1] Si en revanche est qualifié ce qui possède une qualité, il est bien évident que quiconque veut savoir ce qu'est le qualifié va être renvoyé à la qualité. Et c'est ainsi que devient une qualité ce que possède la personne qualifiée et la personne qualifiée, celle qui possède une qualité, mais on ne voit pas ce qu'est la qualité et c'est comme de répondre à qui le demande : « C'est la qualité » ! Car si la qualité se fait voir par le moyen du qualifié, et le qualifié, par le moyen de la qualité, la qualité l'aura été par le moyen de la qualité !

R. — Oui, mais c'est dans l'hypothèse où l'on aurait ainsi donné une définition ! Alors, oui, l'on constaterait ce genre de faute. Mais dès lors qu'il n'y a pas de définition des genres suprêmes [2], il ne faut pas se récrier, car en fait Aristote a fait connaître le moins familier par le plus familier. Le qualifié est en effet plus familier que la qualité ; le blanc, par exemple, l'est plus que la blancheur et le lettré que la science des lettres [3].

Q. — Mais s'il prétend lui-même que les choses qui se disent de façon équivoque s'entendent de plusieurs façons [4], comment Aristote

1. [128.1-5] La restitution du texte ici effacé (espace de deux lignes) est tout à fait impossible, même de façon conjecturale. Après ἀγνοεῖται, la phrase qui débute par Ἀλλὰ est en grande partie illisible et les mots τὴν τῇ φυσικῇ de la partie lisible n'ont pas été traduits, faute de savoir à quoi ils se rattachent. Busse en son temps croyait encore pouvoir déchiffrer quelques lettres [... λισιν πε... (ligne 4), ...κ... ἐ...ντ... τί...ο... (ligne 5)] ; le déchiffrement me semble, à l'autopsie, très douteux et je ne l'ai pas indiqué, même dans l'apparat critique. Cette lacune n'empêche pas de suivre l'idée développée ; celle-ci, dont témoignent les passages parallèles de Boèce (240 A-B) et Simplicius (211, 7-10), met en cause un procédé de définition qui consiste en somme à définir par le *definiendum* (cf. *supra*, p. 123, 33-37, où le même procédé vicieux est évoqué).

2. [128.12-13] Cf. *supra*, p. 87, 17-18.

3. [128.13-15] Le procédé s'autorise vaguement du principe général de la gnoséologie aristotélicienne, selon lequel la connaissance procède du connu à l'inconnu ou du plus connu au moins connu ; mais, en l'occurrence, il suppose vraisemblablement les réflexions du *Théétète* (182 A) sur la relative obscurité du nom « qualité », en regard du mot « qualifié » : vu que l'un dénote une réalité conceptuelle (abstraite) et l'autre, une réalité observable (concrète), il semble que la connaissance, par exemple, de la blancheur doive passer par celle des objets blancs. *Cf.* là-dessus, Simplicius (211, 21-23), qui pourrait être tributaire du Commentaire de Porphyre à Gedalios et précise plus loin (213, 11 *sq.*) que le même Porphyre appelait « conceptuelle » (ἐννοηματικός) le genre de définition à partir du plus connu.

4. [128.16-17] Aristote ne le dit pas explicitement, mais selon sa définition des équivoques (*C*, 1 a 1-2), l'équivocité implique nécessairement la pluralité des significations. Busse suggère que l'on pourrait ici (après λέγεσθαι) introduire la proposition τῶν δὲ – γένος

σθαι, πῶς πλεοναχῶς λέγεσθαι τὴν ποιότητά φ⌈η⌉σιν ὁ Ἀριστοτέλης;

<Ἀ.> Οὐχὶ τῶν ὁμωνύμων λέγω ἂν εἶναι τὴν ποιότητα· τῶν δὲ ὁμωνύμων κατὰ ταὐτὸν οὐδὲν δήπου γένος, ὥστε οὐδὲ τῆς ποιότητος ἓν ἂν εἴη γένος. Ἀλλὰ τὸ πλεοναχῶς λέγεσθαι ἓν μὲν σημαίνει τὸ ὁμωνύμως, ἕτερον δὲ τὸ διαφόρως λέγεσθαι· νῦν δὲ οὐ τὸ σημαῖνον τὸ ὁμωνύμως λέγεσθαι εἴληπται, ἀλλὰ τὸ διαφόρως. Εἰ μὲν οὖν τὸ πλεοναχῶς εἴληπτο ἀντὶ τοῦ ὁμωνύμως, ἡ διαίρεσις [ἂν ἐ]γ[έν]ετο φωνῆ<ς> εἰς σημαινόμενα· ἐπεὶ δὲ τὰ πλεοναχῶς πολλαχῶς [εἴλη]πται ἀντὶ τοῦ διαφόρως, ἡ διαίρεσις αὐτῷ γίνεται γένους εἰς [εἴδη].

17 post ποιότητά u. sign. AC || φησιν corr. A : φασιν M || **18** Ἀ. (*Resp.*) add. Fel. u. sign. p || **18-19** τῶν δὲ — γένος ante πῶς (u. 17) transponenda esse coni. Busse (in app.) || **23** ἂν ἐγένετο restitui : ἐγένετο A || φωνῆς p : φωνὴ MAC || ante ἐπεὶ u.sign. p || **24** εἴληπται A || **25** εἴδη A

peut-il soutenir que la qualité s'entend de plusieurs façons ?[1]

R. — Ce n'est pas, dirais-je, que la qualité fasse partie des équivoques. Les équivoques d'ailleurs ne se rangent jamais dans le même genre, si bien que la qualité non plus ne pourrait rentrer dans un seul genre. En réalité « s'entendre de plusieurs façons » veut dire, en un sens, « de manière équivoque », mais en un autre sens, « s'entendre différemment ». Or pour l'instant, le sens adopté n'est pas « s'entendre de manière équivoque », mais « différemment »[2]. Si donc l'expression « de plusieurs façons » avait été prise au sens de l'expression « de manière équivoque », sa division aurait été celle d'un vocable en ses significations, mais dès lors que les expressions « de plusieurs façons » ou « de beaucoup de façons » sont prises au sens de « différemment », sa division devient celle d'un genre en espèces[3].

qu'on lit aux lignes 18-20 dans la réplique du répondant; mais il n'y a pas de raison de modifier le texte, car le répondant est le maître, non l'élève, comme le croyait Busse, et il est naturel de trouver dans sa réplique cette précision qui permet d'expliciter la conséquence irrecevable (ὥστε...).

1. [128.17] *C*, 8 b 25-26. La question soulevée par Porphyre est de grande portée, car si la qualité s'entend vraiment de manière équivoque, elle n'a pas l'unité d'un genre, les différentes qualités n'ayant en commun que le nom. C'est très exactement l'objection que formulait Plotin (*En*., VI, 1, 10, 4-5).

2. [128.18-22] Porphyre ne prend donc pas la peine d'examiner, à la suite de Plotin, si les différentes qualités répertoriées par Aristote ont ou non quelque chose en commun, ce qui justifierait de poser la qualité comme genre ; il écarte *a priori* la nécessité de pareil examen, par le double argument que « s'entendre de plusieurs façons » peut vouloir dire simplement « de façon différente » et que c'est en ce sens qu'Aristote emploie ici l'expression. Cette dernière affirmation sera justifiée plus loin (p. 128, 29 *sq.*). La première le sera du même coup, mais elle s'appuie implicitement sur l'évidence que les choses multiples ne sont pas nécessairement des choses équivoques, puisque multiples sont les espèces du même genre et les individus d'une même espèce. Il s'ensuit que si « de manière équivoque » entraîne nécessairement « de plusieurs façons », en revanche « de plusieurs façons » n'entraîne pas nécessairement « de manière équivoque ». Ce qu'Aristote confirme dans *Topiques*, I, 15, où, indiquant les moyens de voir si les choses s'entendent de plusieurs façons, il suggère, par exemple, de voir si ces choses répondent au profil des équivoques, qui n'ont pas la même définition (comme le bélier qu'est l'animal et le bélier qu'est une machine de siège : 107 a 18-21), mais aussi de voir si l'une des choses possède un contraire et l'autre non (comme le plaisir corporel, qui a pour contraire la souffrance, et le plaisir intellectuel du mathématicien, qui n'a pas de contraire : 106 a 36-b 1) ; si, comme il l'affirme alors, le plaisir s'entend de plusieurs façons, cela ne veut pas dire que les plaisirs sont équivoques, puisqu'on peut définir le plaisir pareillement dans les deux cas (cf. *Éthique à Nicomaque*, X, 4, 1174 b 31 *sq.*).

3. [128.22-25] La division des équivoques est présentée comme la distinction des significations d'un vocable, parce que les équivoques n'ont en commun que le nom, la seule chose donc qui se prête à quelque distinction. Celle des espèces, en revanche, qui ont quelque chose (le genre) en commun, outre le nom, n'est plus nominale ou verbale : c'est le genre qui s'entend « différemment », d'après les « différences » spécifiques.

<Π.>[Πῶς οὖν δηλοῖ αὐτὸς ὁ Ἀριστοτέλης] [ὅτι γ]ένους εἰς [εἴ]δη ποιεῖται τὴν διαίρεσιν καὶ οὐ φωνῆς εἰς σημαινόμενα;

<Ἀ.>Ὅτι ἐπήγαγεν «[ἓν μὲν] οὖν εἶδος ποι[ότητος] ἕξις καὶ διάθεσις λεγέσθωσαν», ἀλλ᾽ οὐχὶ ἔφη ἓν μὲν οὖν σημαινόμενον ποιότητος· τὰ μὲν γὰρ ὁμώνυμα εἰς σημαινόμενα διαιρεῖται διάφορα, τὰ δὲ μὴ ὁμώνυμα ἀλλὰ γένη εἰς εἴδη διαιρεῖται διά[φορα]· εἰδῶν δὲ μέμνηται διαφόρων, ἀλλ᾽ οὐχὶ σημαινομένων. Ὥστε τ⌈ῷ⌉ πολλαχῶς λέγεσθαι οὐ τὸ ὁμωνύμως λέγεσθαι παρίστησιν ἀλλὰ τὸ διαφόρως.

<Π.>Πόσα ποιότητος εἴδη;

129.1 <Ἀ.>⌈Τέσσαρα⌉.

<Π.>Τίνα ταῦτα;

<Ἀ.>Ἓν μὲν ἕξις καὶ διάθεσις.

<Π.>Ἆρα [οὖν] ὡς εἴδη ταῦτα διαφέρει ἀλλήλων, ἕξις καὶ διάθεσις, ἢ ἀριθμῷ ἀλλήλων διενήνοχεν;

<Ἀ.>[Ὡς] μὲν εἴδη ἀλλήλων οὐ διενήνοχεν ὥσπερ ὁ ἄνθρωπος τοῦ βοός· οὐ γὰρ διαφέρει ἀλλήλων εἰδοποιοῖς διαφοραῖς ὥσπερ ὁ ἵππος τοῦ ἀνθρώπου. Ἀριθμῷ δὲ <οὐδὲ> ἀλλήλων διενήνοχεν ὥσπερ Σωκράτης Πλάτωνος·

26 Π. (*Int.*) add. Fel. u. sign. Ap || Πῶς - Ἀριστοτέλης restitui ex Simpl. (220,15) : Διὰ τί λέγεις Busse om. et lac. indic. A || ὅτι γένους A || εἴδη A || **28** Ἀ. (*Resp.*) add. Fel. u. sign. p || ἓν μὲν A || **28-29** ἓν - λεγέσθωσαν Arist., 8 b 26 || **29** ποιότητος A || **31** ἀλλὰ γένη MA[1] (mg) : om. A || διάφορα A || **32** τῷ p : τὸ MAC || **34** Π. (*Int.*) add. Fel. u. sign. Ap || **129.1** Ἀ. (*Resp.*) add. Fel. u. sign. Ap || τέσσαρα A : δ᾽ M || **2** Π. (*Int.*) add. Fel. u. sign. A || **3** Ἀ. (*Resp.*) add. Fel. u. sign. Ap || **4** Π. (*Int.*) add. Fel. u. sign. A || οὖν Busse : om. et lac. indic. A || ὡς M : om. A || **6** Ἀ. (*Resp.*) add. Fel. u. sign. Ap || Ὡς A || ὁ MAC : om. p || **7** ὁ ἵππος MAC : ἵππος p ὁ βοῦς coni. Busse quod prob. Strange || **8** οὐδὲ addidi (cf. Simpl., 220,16) : ante διενήνοχεν addend. esse οὐ coni. Strange

Q. — Comment Aristote lui-même[1] fait-il voir que la division qu'il opère consiste à distinguer les espèces d'un genre et non les significations d'un vocable ?

R. — Parce qu'il a avancé : « Ainsi donc, une *espèce* de qualité doit être appelée état ou encore disposition »[2], mais n'a pas dit : « Ainsi donc, l'une des *significations* de « qualité » » (etc). Ce sont en effet les choses équivoques qui se répartissent en significations différentes, tandis que celles qui ne le sont pas, mais forment des genres, se divisent en espèces différentes. Or il fait état d'espèces différentes et non de significations différentes. Par conséquent, par l'expression « s'entendre de beaucoup de façons », il veut dire s'entendre, non pas de façon équivoque, mais de façon différente.

Q. — Combien y a-t-il d'espèces de qualités ?

|R. — Quatre[3]. 129

Q. — Que sont ces espèces ?

R. — L'une est l'état et la disposition.

Q. — Est-ce que ces choses diffèrent entre elles spécifiquement – je parle de l'état et de la disposition – ou bien n'y a-t-il entre elles qu'une différence numérique ?

R. — Spécifiquement, il n'y a pas de différences entre elles, comme il y en a entre l'homme et le bœuf, car elles ne se distinguent pas entre elles par des différences qui font l'espèce, contrairement au cas du cheval et de l'homme[4]. Mais la différence entre elles n'est pas non plus numérique[5],

1. [128.26] La restitution du texte, que j'emprunte à Simplicius (220, 15) a l'avantage de faire porter la question sur la position d'Aristote (ce que suggère la citation donnée en réponse), plutôt que sur l'affirmation du répondant lui-même, comme le fait la suggestion gratuite de Busse (λέγεις).

2. [128.28-29] *C*, 8 b 26-27.

3. [129.1] La deuxième, la troisième et la quatrième ne sont pas appelées des « espèces », mais des « genres » par Aristote (*C*, 9 a 14, 28 et 10 a 11), lequel emploie les mots γένος et εἶδος de façon moins stricte que Porphyre, « du fait que leur différence n'était pas encore reconnue », disait Alexandre (selon Simplicius, 229, 10-11).

4. [129.6-8] Cela implique, dans le jugement de Porphyre, qu'elles doivent, l'une et l'autre, se définir de la même façon : cf. *infra*, ligne 13. Je ne vois pas pourquoi suivre ici la suggestion de Busse et corriger le texte, en remplaçant « cheval » par « boeuf », comme si l'auteur était obligé de répéter l'exemple de la ligne précédente.

5. [129.10] Ainsi que l'a bien observé Strange (p. 140, n. 430 et 431), la correction qui consiste à introduire une négation s'impose ici, car le répondant refuse l'alternative soulevée par la question qui lui a été posée : la différence entre état et disposition n'est ni spécifique, ni proprement numérique. J'ai ajouté ἀριθμῷ καὶ (ligne 10), car il semble naturel qu'après avoir dit négativement que Socrate ne se ditingue pas spécifiquement de Platon (ligne 9), Porphyre précise ici positivement que la différence tient à la même singularité numérique qui distingue Platon de Socrate.

εἰδοποιοῖς μὲν γὰρ διαφοραῖς οὐ διενήνοχεν Σωκράτης Πλάτωνος, ἰδιότητι δὲ συνδρομῆς ποιοτήτων, καθ' ἣν <ἀριθμῷ καὶ οὐκ> εἰδοποιῷ διενήνοχεν Πλάτων Σωκράτους. Ὥσπερ οὖν τὸ λευκὸν τὸ πολυχρονιώτερον τοῦ ἐφημέρου λευκοῦ τῷ εἴδει μὲν οὐ διαφέρει (καθὸ γὰρ λευκόν ἐστιν, οὐ διαφέρει), χρόνῳ δὲ διαφέρει, ἑκατέρου δὲ ὁ αὐτὸς λόγος (ἄμφω γὰρ χρώματά ἐστι διακριτικὰ [ὄψεως], ἐπεὶ κἂν μέλι μέλιτος ⌜ἢ⌝ γλυκύτερον, οὐδὲν ἧττόν ἐστι μέλι), [οὕτως ἡ]

9 μὲν γὰρ M : om. A || **10** ἀριθμῷ καὶ οὐκ εἰδοποιῷ scripsi : εἰδοποιῷ MA οὐκ εἰδοποιῷ p quod prob. Strange || **13** ὄψεως A || **14** ἢ A : εἰ M || οὕτως ἡ Busse : om. et lac. indic. A

comme celle entre Socrate et Platon. Ce ne sont pas en effet des différences spécifiques qui distinguent Socrate de Platon, mais un concours de qualités qui lui est propre; ce qui permet de distinguer aussi numériquement Platon de Socrate, sans différence spécifique[1]. Par conséquent, il faut songer à la différence du blanc qui dure assez longtemps, par rapport au blanc éphémère[2]: le premier ne se distingue pas spécifiquement du second, puisque en tant que blanc, il ne présente pas de différence, mais il s'en distingue par la durée, bien que chacun des deux ait la même formule définitoire; tous deux sont en effet des couleurs dissociatives de la vue. Alors, puisque le miel, même s'il est plus doux dans un cas que dans l'autre, n'en est pas moins du miel, de la même façon, l'état[3], bien qu'il soit

1. [129.8-10] Il n'y a pas, pour Porphyre, de formes individuelles et les individus d'une même espèce se distinguent entre eux par des propriétés dont la réunion ne se retrouve jamais identiquement la même de l'un à l'autre : cf. *Isag.*, 7, 21 *sq.* La différence entre les substances premières n'est donc pas à chercher dans une qualité essentielle, commune à plusieurs, mais, comme Porphyre le dit ici, dans un « concours de qualités », semble-t-il, accidentelles. Le mot « qualité », en l'occurrence, n'est pas à prendre au sens strict, car les propriétés visées incluent d'autres déterminations accidentelles (la taille, etc.). Cette vue des choses, quoique non aristotélicienne, permet certes d'énoncer un principe d'individuation dans l'ordre substantiel, où les individus sont précisément sujets de multiples propriétés non essentielles; mais comment expliquer l'individualité des réalités non substantielles? Comment tel blanc, par exemple, diffère-t-il de tel autre blanc? Il semble que Porphyre réponde à cette question, au moins partiellement, en supposant que leur différence est pareille à celle qui distingue un même blanc de lui-même au fil du temps, car la suite évoque deux blancs qui ne se distinguent que par la durée. Et c'est ainsi, on va le voir, que Porphyre suggère de comprendre la différence entre état et disposition : celle-ci n'est pas du même ordre que la différence numérique qui sépare deux substances premières, mais du même ordre que la différence, tout à fait particulière, qui sépare le même attribut non substantiel de lui-même.

2. [129.12] L'exemple du blanc paraît inspiré de l'*Éthique à Nicomaque*, I, 4, 1096 b 4-5 (« le blanc qui dure longtemps ne l'est pas plus que celui qui est éphémère ») ou de l'*Éthique à Eudème*, I, 8, 1218 a 13-14 (« le blanc qui dure plusieurs jours n'est nullement plus du blanc que celui qui ne dure qu'un jour »), comme l'a noté Strange (p. 140, n. 432). Mais il ne fait qu'illustrer *C*, 8 b 28 : τῷ μονιμώτερον καὶ πολυχρονιώτερον εἶναι (*cf.* 9 a 5, 9). Cette illustration, cependant, est trompeuse. Aristote, en effet, signale, dans *C*, un trait commun à tous les états, par rapport à toutes les dispositions. Porphyre, quant à lui, signale la singularité d'un blanc particulier, par rapport à un autre blanc particulier. Or s'il est vrai qu'un même blanc peut être éphémère ou alors durer longtemps tout en demeurant ce qu'il est, en revanche, une disposition particulière, par nature éphémère, si elle durait longtemps, ne resterait pas la même disposition, mais deviendrait un état. La durée et la stabilité ne distinguent pas en effet, entre elles, des dispositions particulières, mais l'état dans le genre disposition, comme le feraient des différences spécifiques. La thèse aristotélicienne est peut-être, en cela, problématique, mais elle n'est pas exactement celle que dépeint Porphyre.

3. [129.14-15] Une nouvelle fois, la comparaison n'est pas entièrement satisfaisante. L'identité d'un sujet substantiel (le miel) sous les variations, en plus ou en moins, d'un accident et celle, essentielle, de deux substances numériquement distinctes, mais qu'affecte le

ἕξις εἰ καὶ ὅτι μάλιστα μονιμωτέρα ἐστὶ τῆς διαθέσεως, [τῷ] μὲν μονιμωτέρα εἶναι δόξειεν ἂν διαφέρειν τῆς διαθέσεως, [οὐ μὴν τῷ] γε εἶναι ποιότης [...]

[πυκτικὴ μέν ἐστιν ἡ] τοῦ πυκτεύειν ἐπιστ[ήμη]· ὁ δὲ πυκτικὸς οὐδέπω [ἐπίσταται, ἐπιτηδείως δὲ ἔχει πρὸς τὸ ἀν]αλαβεῖν τὴν πυκτικὴν ἐπιστήμην. Λέγω τοίνυν [ἀνονόμ]αστον εἶναι τὴν φυσικὴν δύναμιν καὶ ὅλως ἀνώ[νυμον] τὸ τῆς ποι[ότητος] εἶδ[ος]· [εἰ δὲ δεῖ ὄνομα αὐ]τῇ θέσθαι, λέγοιντο ἂν αἱ τοιαῦται ποιότητες διὰ λόγου· [ἐπιτη]δειό[της γὰρ] πρὸς τὸ πυκτεύειν ῥηθείη ἄν, ἀφ᾽ ἧς ὁ πυκτικός, καὶ ἐπιτηδειότης [πρὸς] τὸ νοσεῖν, ἀφ᾽ ἧς λέγεται ὁ νοσερὸς καὶ νοσώ[δης]· [ὡσ]αύτως δὲ καὶ ὁ ὑγιεινὸς ἀπὸ

15 τῷ p : ὅτι AC || **16** οὐ μὴν τῷ A || **17** post ποιότης lac. indic. A : ca 35 litt. ultimae f° oblitt. in M maiorem lac. esse suspicatur Busse || **17a** πυκτικὴ μέν ἐστιν ἡ restitui ex Simpl. (243,9) || ἐπιστήμη A || **18** ἐπίσταται — ἀναλαβεῖν A || πρὸς τὸ scripsi ut recte coni. Busse quod Strange prob. (cf. Simpl., 242,20) : πρὸ τοῦ A || **19** ἀνονόμαστον A || **20** ἀνώνυμον A || ποιότητος A || εἶδος A || εἰ δὲ δεῖ ὄνομα αὐτῇ scripsi : εἴτε ὄνομα αὐτῇ A εἰ δὲ οὐκ ἔστιν ὄνομα αὐτῇ Strange εἰ δὲ ὄνομα χρὴ Busse || **21** ἐπιτηδειότης γὰρ A || **22** πρὸς A || **23** νοσώδης A || ὡσαύτως A

incomparablement plus durable que la disposition, c'est du simple fait qu'il est plus durable qu'il sera, semble-t-il, différent de la disposition, et certainement pas du fait qu'il est une qualité [...] [1].

L'art du pugilat consiste à savoir se battre [2]; le batailleur, cependant, n'a pas encore ce savoir, mais une aptitude qui le dispose à l'apprendre. Néanmoins, je l'avoue, cette capacité naturelle n'a pas reçu de nom et plus généralement cette espèce de qualité n'en a pas non plus. Mais, si l'on doit la nommer [3], on peut exprimer les qualités de cette espèce au moyen de la définition; on peut en effet parler d'une aptitude à se battre en disant que c'est celle qui fait le batailleur, et d'une aptitude à être malade en disant que c'est celle qui fait qu'un tel est dit souffreteux ou maladif. Et si un tel est dit sain, c'est encore de la même façon, à partir de son aptitude à conserver

même accident admettant le plus et le moins (supposé que le doux soit, pour le miel, un accident) ne sont pas l'identité de nature générique que partagent un état et la disposition dont elle est la forme particulière (cf. *C*, 9 a 10-11). Avec la durée, en effet, la disposition acquiert une stabilité qui la transforme en état et n'est pas, pour elle, un accident qu'elle peut avoir ou non en restant la même.

1. [129.17] Une lacune est ici incontestable et de grande ampleur. Sont perdus, semble-t-il, non seulement le commentaire de *C*, 8 b 29-9 a 13, où se poursuit l'exposé relatif à la première espèce de qualité, mais aussi le commentaire portant sur le début de l'exposé relatif à la deuxième espèce de qualité (*C*, 9 a 14-17). Le texte disparu trouve un long parallèle chez Boèce (242 A-245 A) et un plus long encore chez Simplicius (229, 21-242, 1). Il est probable qu'un feuillet entier de manuscrit, sinon, plusieurs, aient été détachés, puis égarés au cours de la transmission de notre texte. La perte est antérieure à M, notre plus ancien témoin, qui recopie en continu les mots entre lesquels on suppose ladite lacune.

2. [129.17a] Poursuivant un exposé qu'on ne lit plus, le répondant indique ici la différence entre la capacité naturelle de batailleur (πυκτικός), évoqué comme premier exemple de qualité de la seconde espèce (*C*, 9 a 14 et 19) et l'état correspondant de celui qui sait se battre, lequel état relève, comme la science, de la première espèce de qualité.

3. [129.20-21] Le texte des manuscrits est visiblement corrompu. Busse et Strange s'accordent à proposer la correction de εἶτε en εἰ δὲ (correction palmaire), mais divergent quant à la façon de restituer ce qui est notoirement omis. Busse suggère d'ajouter χρὴ après ὄνομα et Strange, d'ajouter οὐκ ἔστιν après δὲ, car, dit-il, il faut ici une négation, bien que le texte de Simplicius (243, 10) dont il s'autorise n'en comporte pas (εἰ χρὴ σημῆναι ... αὐτὰ) et fasse même penser à la conjecture de Busse! Sachant que Porphyre tient la formule définitionnelle pour l'équivalent du nom, tous deux ont parfaitment compris, évidemment, qu'il songe à désigner les choses anonymes par leurs formules définitionnelles. La question est de savoir s'il a voulu dire qu'il recourait au procédé, parce qu'il faut les désigner ou parce qu'elles sont anonymes. Je crains que la première hypothèse soit la bonne et qu'il faille corriger dans le sens de Busse, en ajoutant cependant δεῖ après δὲ, car il est plus facile, paléographiquement, d'expliquer la disparition de pareil mot après δὲ que celle de χρὴ après ὄνομα. L'expression ὄνομά τινι θέσθαι (« nommer quelque chose »), quand la chose n'a pas de nom, veut dire en effet la signifier verbalement.

τῆς πρὸς τὸ ὑγιαίνειν ἐπιτηδειότητος. Ὁ δὲ Ἀριστοτέλης [κατὰ δύν]αμ[ιν] καὶ ἀδυναμίαν αὐτ⌈ὸν⌉ προσηγόρευσεν.

<Π.> Πῶς οὖν τῶν ἐναντίων ἐπιδεκτικός [τις ἂν εἴη] [κατὰ τὸ αὐτό]; Ἐναντία γὰρ ἡ δύναμις τῇ ἀδυναμίᾳ.

<Ἀ.> Οὐδὲν ἄτοπον· [ὅση γὰρ δύναμις ὑπάρχει] τινός, τόσην καὶ ἀδυναμίαν εὑρήσομεν παρακολουθοῦσαν· εἰ γάρ τις δύναμιν τυγχάνει ὑγείας ἔχων, οὗτος ἀδυναμίαν ἂν ἔχοι τοῦ ῥᾳδίως νοσῆσαι, καὶ ὅτ⌈ῳ⌉ το<ῦ> γε[νέσθαι] πυκτικὸ⌈ν⌉ ὑπάρχει δύναμις, τούτῳ τοῦ μὴ γενέσθαι πρόσεστιν ἀδυναμία.

130.1 <Π.> [Πῶς οὖν τοῦτο] εἴρηκεν ὁ Ἀριστοτέλης;

<Ἀ.> Ἐν τῷ λέγειν « ὑγιεινοὶ δὲ λέγονται τ⌈ῷ⌉ δύναμιν ἔχειν φυσικὴν τοῦ μηδέν τι πάσχειν ὑπὸ τῶν τυχόντων ῥᾳδίως », ὡς εἰ ἔλεγεν τ⌈ῷ⌉ ἀδυναμίαν ἔχειν τοῦ πάσχειν τι ῥᾳδίως ὑπὸ τῶν νόσων.

<Π.> Διὰ τί οὖν ἐν τῷ εἰρημένῳ εἴδει τῶν ποιοτήτων ὁ Ἀριστοτέλης ἔταξεν καὶ τὸ σκληρὸν καὶ τὸ μαλακόν;

<Ἀ.> Ὅτι τὸ μὲν σκληρὸν δύναμιν ἔχει τοῦ μὴ ἂν δια[κο]πῆν[αι] ῥᾳδίως· οὐδὲν γὰρ τῶν ἐν γενέσει καὶ φθορᾷ σῶμα [οὐκ ἂν] διακοπείη· τὸ δὲ μαλακόν, ὅτι δύναμιν ἔχει τοῦ ῥᾳδίως ἂν διακοπῆναι.

<Π.> [Τί δὲ τὸ] τρίτον γένος ποιότητος;

<Ἀ.> « Παθητι καὶ ποιότητες καὶ πάθη. »

<Π.> Τί οὖν βούλεται τ⌈ῷ⌉ παθητικὰς εἶναι ποιότητας καὶ πάθη;

<Ἀ.> Ὅτι τὸ εἶδος τουτὶ [τῆς] ποιότητος πάθους [παράστασιν] ἔχει, [οὐ μέντοι κατὰ τὸ] αὐτὸ οὐδὲ καθ' ἕνα [τρόπον].

24 κατὰ δύναμιν A || **25** αὐτὸν scripsi : αὐτοῦ MA αὐτὸ coni. Busse quod prob. Strange (uel αὐτὰς dixit Busse) || **26** Π. (*Int.*) add. Fel. u. sign. A || τις ἂν εἴη A || κατὰ τὸ αὐτὸ scripsi ut coni. Busse : κατ' αὐτὸ A || ante Ἐναντία u. sign. p || **28** Ἀ. (*Resp.*) add. Fel. u. sign. A || ὅση — ὑπάρχει A || **30** ὅτῳ τοῦ scripsi : ὁ τοῦτο M ὅταν τοῦ M²A ὅτῳ ἂν τοῦ coni. Diels ὅταν τινὶ τοῦ coni. Busse || γενέσθαι A || **31** πυκτικὸν Busse : πυκτικὸς MA || ὑπάρχει MAC : ὑπάρχῃ p || **130.1** Π. (*Int.*) add. Fel. u. sign. Ap || Πῶς οὖν τοῦτο A || ὁ M : om. A || **2** Ἀ. (*Resp.*) add. Fel. u. sign. p || τῷ² p (cf. Arist., 9 a 21) : τὸ MAC || **3** τι M : om. A sec. Arist. || **4** τῷ p : τὸ MAC || **5** Π. (*Int.*) add. Fel. u. sign. Ap || ὁ Ἀριστοτέλης M : om. A || **7** Ἀ. (*Resp.*) add. Fel. u. sign. Ap || διακοπῆναι A (cf. Simpl., 242,24) : διαιρεῖσθαι Arist. (9 a 26) || **8** καὶ φθορᾷ MA : om. Simpl. (242,25) || οὐκ ἂν restitui ex Simpl. (242,25) : ἐστι μὴ ἂν A ἐστι ὁ μὴ ἂν coni. Diels quod prob.Strange || διακοπείη M (dub.) Simpl. (242,25) : κατακοπείη A || **10** Π. (*Int.*) add. Fel. || Τί δὲ τὸ restitui : Τί δὲ Busse om. et lac. indic. A || **11** Ἀ. (*Resp.*) add. Fel. || **12** Π. (*Int.*) add. Fel. u. sign. Ap || τῷ scripsi : τὸ MA || **13** Ἀ. (*Resp.*) add. Fel. u. sign. Ap || τῆς A || παράστασιν A || **13-14** οὐ μέντοι κατὰ τὸ A || **14** τρόπον A

la santé. Aristote d'ailleurs l'a formellement déclaré : on se réfère à la capacité et à l'incapacité[1].

Q. — Comment quelqu'un est-il donc susceptible des contraires du même coup ?[2] Car la capacité est contraire à l'incapacité.

R. — Il n'y a là rien d'étrange, car plus grande est la capacité de quelqu'un, plus grande est aussi l'incapacité que nous allons lui trouver par corollaire. En effet, si d'aventure quelqu'un possède la capacité d'être sain, il sera dans l'incapacité de tomber facilement malade et quiconque possède la capacité de devenir pugiliste a en lui l'incapacité de ne pas le devenir[3].

|Q. — Comment Aristote a-t-il donc exprimé cela ? **130**

R. — Dans les termes suivants : « On est dit en revanche une personne saine parce qu'on possède une capacité naturelle de facilement supporter sans en souffrir tout ce qui nous affecte au hasard »[4]. C'est comme s'il avait dit : « … parce qu'on est dans l'incapacité de facilement pâtir des maladies ».

Q. — Pourquoi est-ce dans ladite espèce de qualités qu'Aristote a rangé le dur et le mou ?[5]

R. — Parce que le dur a la capacité de ne pouvoir être découpé facilement ; tout corps en effet, dans le domaine de la génération et de la corruption, se laisse découper ; et le mou, c'est parce qu'il a la capacité d'être facilement découpé[6].

Q. — Et quel est le troisième genre de qualité ?

R. — « Les qualités affectives et les affections »[7].

Q. — Qu'est-ce qu'il veut dire en affirmant qu'il y a des qualités affectives et des affections ?

R. — Que cette espèce-ci de qualité correspond à l'affection, mais pas toujours entendue de la même façon ni en un seul sens.

1. [129.25] Aristote (*C*, 9 a 16) dit que cette seconde espèce de qualité exprime une capacité « ou » (ἢ) une incapacité, non pas l'une « et » l'autre. Mais la capacité de quelque chose implique l'incapacité de l'opposé. D'où l'expression de Porphyre, qui soulève la question suivante.

2. [129.30] On a vu plus haut (p. 98, 4 *sq.*) que la substance est susceptible de contraires, certes, mais successivement.

3. [129.27-31] Paraphrase de *C*, 9 a 16-24.

4. [130.2-3] Cf. *C*, 9 a 21-23.

5. [130.5-6] En *C*, 9 a 24-25.

6. [130.7-9] Paraphrase de *C*, 9 a 25-27.

7. [130.11] *C*, 9 a 28-29.

<Π.> [Σαφῶς δεῖξον ὃ λέγεις].

<᾿Α.> [Εἰσί] [τινες ποιότητες], αἳ πάθη ἐμποιοῦσι τοῖς αἰσθη<τικ>οῖς ζῴοις κατὰ τὰς αἰσθήσεις, καὶ ταύ[τῃ] εἰκότως παθητικαὶ ποιότητες λέγονται, ἄλλαι δὲ πάλιν, αἵτινες ἀ[πὸ] πάθους ἐν τοῖς ἔχουσιν αὐτὰς γεγένη<ν>ται. Οἷον γλυκύτης καὶ πικρότης καὶ στρυφνότης, ὅτι μὲν ποιότητές ⌈εἰσι⌉ δῆλον· ποιὰ γὰρ κατὰ ταύτας τὰ δεδεγμένα αὐτὰς λέγεται· γλυκὺ γὰρ τὸ μέλι λέγεται ἀπὸ τῆς γλυκύτητος καὶ στρυφνὸς ὁ οἶνος ἀπὸ τῆς στρυφνότητος λέγεται καὶ πικρὸν τὸ ἀψίνθιον ἀπὸ τῆς πικρότητος. Παθητικαὶ δὲ ποιό[τητες] αὗται λέγονται τ⌈ῷ⌉ πάθη ἐμποιεῖν ταῖς αἰσθήσεσιν, καὶ ἡ θερμότης δὲ καὶ ἡ ψυχρότης [οὐ] [τῷ] αὐτὰς πεπονθέναι ἢ τὸ κατὰ ταύτας ποιόν, ἀλλὰ τ⌈ῷ⌉ πάθος ἐν ἑτέρῳ ἐργάζεσθαι.

<Π.> Τοῦτο μὲν οὖν τὸ εἶδος τῆς ποιότητος ἀπέδειξας· πῶς δὲ παθητικαὶ πάλιν ποιότητες λέγονται, δεῖξον.

<᾿Α.> Ἡ λευκότης φημὶ καὶ ἡ μελανία καὶ αἱ ἄλλαι χροιαὶ παθητικαὶ ποιότητες λέγονται τῷ πεπονθέναι τὰ ἔχοντα· ὠχρὸς γάρ τις φοβηθεὶς καὶ ἐρυθρὸς αἰσχυνθεὶς παθόντος τοῦ σώματος ἐγένετο. Ὥσπερ οὖν κατὰ πάθος τὸ ἀπὸ τῆς αἰσχύνης ἐρυθριᾶσαι ἢ ἀπὸ φόβου ὠχριᾶσαι, οὕτως καὶ ἀπὸ πάθους φυσικοῦ συμβαίνειν φησὶ τὸ σῶμα τοιαύτης χροιᾶς τυχεῖν· ἀλλ᾿ ἐπὶ μὲν τ⌈οῦ⌉ φόβο⌈υ⌉ καὶ τ⌈ῆς⌉ αἰσχύνη⌈ς⌉ φαντασίαι προκατάρ-

15 Π. (*Int.*) add. Fel. u. sign. Ap ‖ Σαφῶς — λέγεις A ‖ **16** ᾿Α. (*Resp.*) add. Fel. u. sign. Ap ‖ Εἰσί A[1] (mg) : om. A εἰσὶν γὰρ coni. Busse (in app.) ‖ τινες ποιότητες A ‖ αἰσθητικοῖς p quod prob. Strange : αἰσθητοῖς MAC ‖ **17** καὶ M (dub.) : κατὰ A ‖ ταύτῃ scripsi : ταύτας A αὗται Busse ‖ **18** ἀπὸ A ‖ γεγένηνται A : γεγένηται M ‖ **19** μὲν M : δὲ A ‖ εἰσὶ A : ἐστὶ M ‖ **21-22** καὶ στρυφνὸς — λέγεται M : om. A ‖ **22** ποιότητες A ‖ **23** τῷ p : τὸ MAC ‖ **24** οὐ p : om. AC ‖ τῷ[1] A ‖ τῷ[2] p : τὸ MAC ‖ **25** post πάθος add. καὶ A ‖ ἐργάζεσθαι M : ἐργάζονται A ‖ **26** Π. (*Int.*) add. Fel. u. sign. Ap ‖ **27** πάλιν (M) ante δεῖξον transp. A ‖ **28** ᾿Α. (*Resp.*) add. Fel. u. sign. Ap ‖ **31** ἀπὸ M : om. A ‖ **33** τοῦ φόβου καὶ τῆς αἰσχύνης p : τὸν φόβον κ. τὴν αἰσχύνην MAC

Q. — Montre clairement ce que tu veux dire.

R. — Il y a certaines qualités qui produisent des affections chez les animaux sensitifs au gré de leurs sensations et, de ce fait, on les appelle tout normalement qualités affectives, alors qu'il y en a d'autres encore qui sont nées d'une affection au sein des êtres qui les ont[1]. « Ainsi, prenons la douceur, l'aigreur, l'âpreté : qu'il s'agisse de qualités, c'est évident puisque les objets qui les ont reçues sont expressément qualifiés d'après elles »[2]; le miel, par exemple, est dit doux à partir de sa douceur, le vin est dit âpre à partir de son âpreté et l'absinthe, aigre à partir de son aigreur[3]. Or ces qualités sont appelées affectives parce qu'elles produisent une affection sur les sens, comme le font du reste la chaleur et la fraîcheur; ce n'est pas parce qu'elles-mêmes ou plutôt ce qui est qualifié d'après elles subit une affection, mais parce qu'elles produisent une affection dans un autre sujet[4].

Q. — Tu as démontré ce qu'est cette espèce de la qualité, mais montre en quel sens encore des qualités sont dites affectives[5].

R. — La blancheur, dis-je, la noirceur et les autres teints sont appelés des qualités affectives parce que les sujets qui les possèdent en sont affectés. Par exemple, on est devenu pâle parce qu'on a eu peur, et l'on est devenu rouge, parce qu'on a eu honte, le corps ayant été affecté à l'occasion[6]. De même donc que l'affection résultant de la honte fait rougir et celle qui résulte de la peur fait pâlir, exactement de la même façon, prétend Aristote, il arrive que ce soit une affection naturelle qui donne au corps un teint semblable, sauf que dans le cas de la peur et de la honte, des représentations sont à l'origine du phénomène, | tandis que dans le cas des affections **131**

1. [130.16-17] De ces deux sortes de qualités affectives, la seconde ne sera plus évoquée dans la suite immédiate, avant que le questionneur n'y revienne, lignes 26-27. Porphyre ne considère, dans la suite immédiate, que la première sorte, soit les qualités que perçoit le sujet connaissant du fait de l'impression que certains objets produisent sur sa sensibilité.

2. [130.19] Citation de *C*, 9 a 29-30. Porphyre omet provisoirement les autres exemples d'Aristote; la citation tronquée n'est pas destinée à illustrer la seconde sorte des qualités affectives (*cf.* note précédente), mais bien la première, et elle ouvre une nouvelle phrase. C'est parce que cela lui a échappé, semble-t-il, que Strange écrit (p. 142, n. 443) : « Something seems to be wrong with the text here (…) since sweetness, bitterness, and sourness are examples of the *first* sort of affective qualities. »

3. [130.19-22] Paraphrase de *C*, 9 a 31-35, où n'apparaît que l'exemple du doux, qualité attribuée au miel.

4. [130.22-25] Paraphrase de *C*, 9 b 2-9.

5. [130.26-27] L'explication doit porter sur la deuxième sorte de qualités évoquée plus haut (p. 130, 18 : le même mot πάλιν est répété ici); cette deuxième sorte comporte les teintes de la peau et spécialement du visage, dont Aristote (*C*, 9 b 9-10) signale qu'elles ne sont pas appelées affectives au même titre que les précédentes (οὐ τὸν αὐτὸν τρόπον); ci-dessus (p. 130, 14), Porphyre a prévenu de cette différence (οὐδὲ καθ' ἕνα τρόπον).

6. [130.28-30] Paraphrase de *C*, 9 b 9-14.

131.1 χουσιν, ἐπὶ δὲ τῶν φυσικῶν ποιοὶ κρᾶσιν. Ὅτι δὲ ποιότητες καὶ αὗται, δηλοῖ τὸ ἀπὸ τῆς λευκότητος λευκὸν γενέσθαι καὶ ἀπὸ τῆς μελανίας μέλαν.

<Π.> Ἆρα οὖν ποιότητες ἁπλῶς πᾶσαι αὗται λέγονται;

<Ἀ.> Οὐδαμῶς.

<Π.> Ἀλλὰ τί γνώρισμα ἐπ' αὐτῶν ἔστι θέσθαι;

<Ἀ.> Τὸ ἐμμόνους καὶ δυσκινήτους εἶναι καὶ πολυχρονίους· οὐ γὰρ ὁ ἐξ ἡλίου μέλας γενόμενος πρὸς ὀλίγον μέλας ἂν εἴη ὡς ὁ ἐκ γενετῆς γενόμενος μέλας, οὐδὲ ὁ δι' αἰσχύνης ἐρυθριάσας ἐρυθρὸς ἂν εἴη ὡς ὁ τοιοῦτος γεννηθεὶς διὰ τοῦτο καὶ καλούμενος ἐρυθρίας. Ἐπεὶ τοίνυν ποιοὶ κατὰ τὰς τοιαύτας χροιὰς οὐ γίνονται, οὐδὲ ποιότητες ἂν εἶεν τοιαῦται περὶ τοὺς τὰ τοιαῦτα πάσχοντας, ἀλλὰ πάθη.

<Π.> Ἐπεὶ τοίνυν ἀποδέδωκας τὰς περὶ τὸ σῶμα [πα]θητι[κὰς] ποιότητας καὶ τὰ πάθη, δεῖξον καὶ ἐπὶ τῆς [ψυχῆς τὸ ἀνάλογον.

<Ἀ.> Φημὶ τοίνυν ποιότητας μὲν εἶναι ἐκ πάθους] γεγονυίας, ὅσαι ἐπίμον⌈ο⌉ι καὶ δυσμετάβλητοι, οἷον [ἡ] [φιλαργυρία καὶ ἡ] μανικὴ ἔκστασις [καὶ ἡ] ὀργή· οὐ γὰρ δὴ ὁ ἅπαξ ὀργισθεὶς καὶ ὁ ἐπὶ προσήκουσιν ὀργιζόμενος ὀργίλος ἂν εἴη ἀλλ' ὁ ἐπαχθ⌈ὴ⌉ς καὶ τοῦτο πεπονθὼς ἢ διὰ νόσον ἢ διὰ δια-

131.3 Π. (*Int.*) add. Fel. u. sign. Ap || **4** Ἀ. (*Resp.*) add. Fel. u. sign. Ap || **5** Π. (*Int.*) add. Fel. u. sign. Ap || **6** Ἀ. (*Resp.*) add. Fel. u. sign. Ap || **10** γίνονται M : λέγονται A || **12** Π. (*Int.*) add. Fel. u. sign. Ap || τὰς M : om. A || παθητικὰς A || **13-14** ψυχῆς — πάθους A : nunc oblitt. M || **14** Ἀ. (*Resp.*) add. Fel. u. sign. Ap || **14-15** ἐπίμονοι A : ἐπίμοναι M || **15** ἡ restitui ut coni. Busse || φιλαργυρία καὶ ἡ A || **16** καὶ ἡ A || **17** ἐπαχθὴς A : ἐπαχθεὶς M

naturelles, les personnes sont telles par complexion[1]. Mais qu'il s'agisse de qualités là aussi, c'est ce que montre le fait qu'on devient blanc par suite de sa blancheur et qu'on devient noir par suite de sa noirceur[2].

Q. — Est-ce que toutes ces qualités sont donc simplement appelées des qualités ?

R. — Pas du tout !

Q. — Alors, quel trait peut-on leur attribuer qui permette de les reconnaître ?

R. — Le fait qu'elles soient stables, malaisées à changer et qu'elles durent longtemps[3]. En effet, l'individu exposé au soleil qui a pris un teint noir pour peu de temps n'aura pas le même teint noiraud que celui qui a reçu son teint noir de naissance, ni celui qui a rougi de honte, le même teint que l'individu qui est né comme ça et qui, de ce fait, est appelé rougeaud. Au contraire, dès lors qu'ils ne sont pas qualifiés d'après ce genre de teints, ce ne sont pas non plus des qualités qu'on trouvera chez les personnes affectées ainsi, mais des affections[4].

Q. — Mais dès lors que tu as donné les cas de qualités affectives et d'affections qui concernent le corps, montre aussi que l'analogue existe dans le cas de l'âme[5].

R. — Eh bien je dis que sont des qualités nées d'une affection, toutes celles qui sont durables et difficilement modifiables, comme la cupidité, le délire du fou et la colère[6]. En effet, celui qui s'est mis une fois en colère ou celui qui s'irrite à propos ne sera pas un colérique[7], mais bien celui qui est

1. [130.30-131, 1] Paraphrase de *C*, 9 b 14-19. Porphyre ajoute à l'analyse d'Aristote que la frayeur ou la honte passagères, qui font pâlir ou rougir, trouvent leur origine dans des représentations (φαντασίαι) de l'effrayant et du honteux et rattache ainsi ces phénomènes à quelque forme de connaissance sensitive : cf. *De l'âme*, III, 3, 428 b 11-12. Il appelle aussi « complexion » (κρᾶσις) ce qu'Aristote appelle « constitution naturelle » (φυσικὴ σύστασις), signifiant par là qu'Aristote vise un mélange de constituants corporels, peut-être d'humeurs.

2. [131.1-2] Cf. *C*, 9 a 34-35.

3. [131.6] Cf. *C*, 9 b 19-24. Porphyre ignore la suite (*C*, 9 b 24-27), où Aristote envisage l'éventualité selon laquelle ces teintes seraient aussi la conséquence durable de graves maladies.

4. [131.6-11] Cette réplique n'est qu'une paraphrase de *C*, 9 b 28-33.

5. [131.13] Même distinction en *C*, 9 b 33-35.

6. [131.14-16] Cf. *C*, 9 b 35-10 a 1. Le premier exemple cité par Porphyre (φιλαργυρία) ne figure pas dans ce texte d'Aristote (voir, à son sujet, *Éthique à Eudème*, III, 4, 1232 a 4-6), car la cupidité est un vice qui a rapport à l'argent et peut difficilement passer pour une tare « de naissance » comme celles dont parle Aristote (9 b 35). Elle est d'ailleurs mentionnée plus loin par Porphyre (131, 28) comme étant le résultat de mauvaises habitudes.

7. [131.16-17] Cf. *C*, 10 a 6-10.

στροφήν. Δεῖ δὲ ὀργίλον λαμβάνειν [οὐ τὸν ἐπιτηδείως ἔχοντ]α πρὸς τὸ ὀργίζεσθαι (αὕτη μὲν γὰρ τοῦ δευτέρου ἂν εἴη [εἴδους), ἀλλὰ τὸν] πρὸς τὸ ὀργίζεσθαι π[εφυκότα] καὶ ὥσπερ νόσημα τοῦτο ἔχοντα. [Τοιαῦται] δὲ ποιότητες καὶ ἡ φιλία καὶ ἐρωτομανία. Πάθη δὲ ἂν εἶεν καὶ οὐ ποιότητες τὰ <μὴ> ἐπίμονα, <ἀλλ' ἀπό τινων ἐπ' ὀλίγον συμβαίνοντα, ὡς> ὀργὴ καὶ ἐπιθυμία.

<Π.>Τίνι οὖν διαφέρουσιν αἱ ποιότητες αὗται τοῦ πρώτου εἴδους τῶν ⌜ἐπιμ⌝ό⌜ν⌝ων;

<'Α.>Ὅτι αἱ μὲν ἦσαν ἐκ διδασκαλίας καὶ ἔξωθεν τελειούμεναι· αἱ ἐπιστῆμαι γὰρ καὶ αἱ ἀρεταὶ ἐκ διδασκαλίας τὸ πλέον λαμβάνουσιν· αὗται

18 οὐ τὸν ἐπιτηδείως ἔχοντα restitui sicut coni. Busse quod prob. Strange : om. et lac. indic. A || **19** εἴδους ἀλλὰ τὸν restitui : εἴ. ἀ. τ. φύσει coni. Busse quod prob. Strange om. et lac. indic. A || **20** πρὸς τὸ ὀργίζεσθαι M : om. et lac. indic. A || πεφυκότα restitui : πεποιωμένον coni. Busse quod prob. Strange om. et lac. indic. A || **20-21** Τοιαῦται A || **21** ἐρωτομανία M : ἐρωτωμανία A || **22** μὴ add. p : om. MAC || ἀλλ' ἀπό τινων ἐπ' ὀλίγον συμβαίνοντα ὡς addidi ex Simpl. (253,15) : addend. esse οἷον ἡ ἐπ' ὀλίγον coni. Busse (cf. p. 132,16) quod prob. Strange || **23** Π. (*Int.*) add. Fel. u. sign. Ap || **24** τῶν ἐπιμόνων scripsi : τῶν ἀτόμων MA τῶν ποιοτήτων coni. Strange sec. Boethium (249 D) τῆς ποιότητος aut delend. coni. Busse || **25** 'Α. (*Resp.*) add. Fel. u. sign. Ap

agressif et souffre d'agressivité, soit en raison d'une maladie, soit en raison d'une perturbation quelconque[1]. Cependant, il ne faut pas concevoir le colérique comme celui qui aurait l'aptitude de se mettre en colère, car cette qualité relève plutôt de la deuxième espèce, mais comme celui qui incline naturellement à la colère et chez qui ce penchant est morbide[2]. Sont par ailleurs encore des qualités de cette espèce, l'amour et l'obsession sexuelle[3]. Seront toutefois des affections, et non des qualités, les accès de passion, comme ceux de colère et de désir[4], qui ne durent pas, mais sont le résultat peu durable de certaines choses.

Q. — En quoi ces qualités diffèrent-elles donc des états durables de la première espèce ?[5]

R. — C'est que ceux-là étaient le résultat final de l'enseignement et d'un agent extérieur. Les sciences et les vertus proviennent en effet, pour

1. [131.17-18] Cf. *C*, 10 a 2-5.

2. [131.18-20] La nuance est à peine perceptible et Aristote ne la fait pas, car il ne mentionne aucune qualité proprement morale dans la deuxième espèce. Porphyre pose vraisemblablement que les colériques proprement dits (troisième espèce) sont naturellement enclins à l'excès vicieux par maladie, tandis que ceux qui ont une simple aptitude à la colère (deuxième espèce) sont ainsi faits qu'ils peuvent tout autant incliner au vice qu'à la vertu (qualités de la première espèce), car la vertu exige aussi une aptitude à la colère (juste). Les portions de textes restituées, notons-le, ne prêtent guère à discussion ; même si elles ne sont pas absolument garanties, le sens de la phrase ne fait pas de doute.

3. [131.21] Aucune mention de cela dans *C*. Il est possible que Porphyre songe aux excès qu'Aristote range dans les travers bestiaux, maladifs ou maniaques, décrits dans *Éthique à Nicomaque*, VII, 6 (spécialement, 1148 b 24 *sq.*).

4. [131.22] Le texte des manuscrits est irrecevable, car la colère ou le désir ne sont précisément des affections que s'ils ne sont pas durables. L'introduction de la négation (<μὴ> ἐπίμονα) paraît donc nécessaire, comme l'a vu l'éditeur de P. La suite a été corrigée par Busse, d'après l'expression que l'on trouve plus loin (p. 132, 16 : ἡ ἐπ᾽ ὀλίγον θέρμανσις) et qui rappelle le texte de Simplicius parallèle à notre passage (p. 252, 15 : πάθη δὲ τὰ ἀπό τινων ἐπ᾽ ὀλίγον συμβαίνοντα, ὡς κ.τ.λ.). Mais vu qu'il s'agit d'un parallèle inspiré du modèle, on peut se demander si Simplicius ne reproduit pas la partie positive du texte de Porphyre, en laissant tomber simplement <μὴ> ἐπίμονα <ἀλλ᾽>. C'est pourquoi j'ai préféré combler ainsi la lacune supposée (*cf.* apparat critique). Les deux exemples d'affection sont aussi, dans l'ordre inverse, ceux que fournit d'abord l'*Éth. à Nic.*, II, 4, 1105 b 21-22, dans la liste des affections, distinguées des capacités et des états.

5. [131.24] La correction nécessaire de τῶν ἀτόμων (texte des manuscrits, qui n'a pas de sens) en τῶν ποιοτήτων (proposition de Strange, d'après Boèce, 249 D) ou en τῆς ποιότητος (proposition de Busse) permet de restituer le sens, mais explique peut-être moins la faute paléographique que la correction τῶν ἐπιμόνων que je suggère ; celle-ci a, en outre, l'avantage de faire voir que Porphyre, dans sa comparaison, ne vise pas globalement tout ce que comprend la première espèce de qualités, mais, dans celle-ci, les seules qualités durables, c'est-à-dire les états.

δὲ οὐ διὰ διδασκαλίας, ἀλλὰ φύσει τὸ τέλειον ἔχουσιν· ἡ γὰρ μελανία καὶ ἡ λευκότης καὶ ἡ γλυ[κύτης] φύσει, ἥ τε οἰνοφλ⌈υ⌉γία καὶ ἡ φιλαργυρία οὐ διὰ διδασκαλίας, ἀλλὰ διὰ ⌈ἐ⌉θῶν πονηρῶν ἐγγίνονται αἱ τοιαῦται κακίαι.

<Π.> Ἀλλ᾽ εἰ φύσει καὶ ἔθεσιν αὗται ἐγγίνονται, πῶς τοῦ ἑτέρου εἴδους διαφέρουσιν;

<Ἀ.> Ὅτι αἱ μὲν ἐν τῇ δυνάμει ἐθεωροῦντο καὶ ἐν ψιλαῖς ταῖς ἐπιτηδειότησιν, αἱ δὲ ἐν τῷ τρίτῳ εἴδει ἐν τῷ τὸ τέλειον ἔχειν ἤδη ὑφίστανται· λευκότης γὰρ καὶ οἰνοφλ⌈υ⌉γία ποιότητές εἰσιν ἔμμονοι ἤδη ἀπηρτισμέναι καὶ τετελεσμέναι.

132.1 <Π.> Ἀλλὰ πῶς ἐν μὲν τῷ πρώτῳ εἴδει τὰς θερμότητας καὶ τὰς ψύξεις καὶ νόσον καὶ ὑγείαν ἐν ταῖς διαθέσεσιν κατηρίθμησεν, ἐνταῦθα δὲ ὡς εἰ<ς> ἄλλο εἶδος κἀκείνο<υ> διαφέρον πάλιν καταλέγει τὴν θερμότητα καὶ ψύξιν;

<Ἀ.> Ὅτι ἐκεῖ μὲν κατὰ τὸ διακεῖσθαί πως τὸ θερμὸν καὶ τὸ ψυχρόν, εἰ καὶ μὴ ἐπιμόνως, διαθέσεις ἔλεγεν, ἐνταῦθα δὲ κατὰ τὸ πάθος ἐμποιεῖν εἰς ἄλλο· τὸ δὲ αὐτὸ κατ᾽ ἄλλο καὶ ἄλλο λαμβανόμενον δύναται ἄλλου καὶ ἄλλου εἶναι εἴδους, ὡς ὁ πατὴρ καθὸ μὲν Σωκράτης, [οὐσία ἂν εἴη, καθὸ δὲ πατήρ, τῶν] πρός τι· οὕτω γὰρ καὶ ἡ θερμότης κα[θὸ μὲν διατίθησί

28 γλυκύτης A ‖ οἰνοφλυγία A : οἰνοφλοιγία M ‖ **29** ἐθῶν Busse : ἠθῶν MA ‖ **30** Π. (*Int.*) add. Fel. u. sign. Ap ‖ **32** Ἀ. (*Resp.*) add. Fel. u. sign. Ap ‖ **34** οἰνοφλυγία A : οἰνοφλοιγία M ‖ **132.1** Π. (*Int.*) add. Fel. u. sign. Ap ‖ post εἴδει add. τῆς ποιότητος Simpl. (256, 16) ‖ τὰς (bis) MA : om. Simpl. (256,17) ‖ **2-3** ὡς εἰς Busse ex Simpl. (256,18) : ὡσεὶ MA ‖ **3** κἀκείνου διαφέρον Busse : κἀκεῖνο δ. M κἀκεῖνο δ. A om. Simpl. (256,18) ‖ πάλιν καταλέγει M : παθητικὴν λέγει A τὴν παθητικὴν ποιότητα… καταλέγει Simpl. (256,18) ‖ **4** Ἀ. (*Resp.*) add. Fel. u. sign. Ap ‖ **4-5** πως — ἔλεγεν MA : οὕτω καὶ πῶς ἔχει θέσεως κατὰ τὸ θερμὸν καὶ ψυχρὸν ἐλαμβάνετο Simpl. (256,19-20) ‖ **6** post ἄλλο¹ add. ἡ παθητικὴ ποιότης θεωρεῖται Simpl. (256,21) ‖ **6-7** δύναται — εἴδους MA : οὐδὲν κωλύει ὑπ᾽ ἄλλο τάττεσθαι καὶ ἄλλο γένος Simpl. (256,22) ‖ **7** πατὴρ — Σωκράτης MA : Σωκράτης καθὸ μὲν ἄνθρωπος Simpl. (256,23) ‖ **7-8** οὐσία — τῶν A Simpl. (256,23) ‖ **8** οὕτω — θερμότης MA : καὶ ἡ οὖν Simpl. (256,24) ‖ **8-9** καθὸ — ἂν A Simpl. (256,24-25) ‖ **8** διατίθησί Simpl. (256,24) : διατίθεσθαι AC διατίθεται p

une grande part, de l'enseignement[1]. En revanche, ces qualités-ci ne sont pas dues à l'enseignement, mais doivent leur complète existence à la nature. La noirceur, en effet, la blancheur et la douceur sont naturelles[2]. Quant à l'ivrognerie et la cupidité, elles ne sont pas dues à l'enseignement, mais ce sont des genres de vices qui résultent de vilaines habitudes[3].

Q. — Mais si la nature et les habitudes les produisent, comment se distinguent-elles de la seconde espèce ?

R. — C'est que celles-là, nous l'avons observé, résident dans la simple capacité et consistent en de pures aptitudes, sans plus, tandis que celles que réunit la troisième espèce n'existent que dès l'instant où elles ont atteint leur complet épanouissement. La blancheur et l'ivrognerie en effet sont des qualités durables déjà réalisées et complètement achevées.

|Q. — Mais comment se fait-il que dans la première espèce, Aristote ait 132
énuméré les cas de chaleur et de fraîcheur, ainsi que la maladie et la santé, parmi les dispositions[4], alors qu'ici, il enregistre à nouveau la chaleur et la fraîcheur dans une autre espèce qui diffère aussi de celle-là ?[5]

R. — C'est que là, il déclarait dispositions le chaud et le froid du fait qu'ils sont des choses disposées d'une certaine façon, bien que non durablement, alors qu'ici, il les enregistre du fait qu'ils produisent une affection sur autre chose. Or la même chose, selon qu'on la conçoit d'une façon ou d'une autre, peut appartenir à des espèces différentes : par exemple le père, en tant que Socrate, peut être substance, alors qu'en tant que père, il fait partie des relatifs[6]. C'est en effet exactement ainsi que la chaleur, d'une

1. [131.26] Cela n'est vrai, pour Aristote, que des vertus intellectuelles, car les vertus morales viennent de l'habitude : cf. *Éth. à Nic.*, II, 1, 1103 a 15-17 (très explicite là-dessus). Les vertus morales sont, à cet égard, dans la même situation que les vices correspondants, auxquels Porphyre fait allusion deux lignes plus loin.

2. [131.27-28] La douceur est une qualité affective au premier sens, signalé p. 130, 19, alors que la noirceur et la blancheur sont des qualités affectives au deuxième sens ; mais toutes sont naturelles.

3. [131.28] L'ivrognerie est un cas d'intempérance qui, selon l'*Éth. à Nic.*, III, 7, 1114 a 27, peut conduire à la cécité !

4. [132.1-2] *C*, 8 b 37-38. D'après Simplicius (256, 16), cette question viendrait à l'origine d'Eudore.

5. [132.2-3] *C*, 9 a 30-31.

6. [132.7-8] Comme l'a estimé Strange (p. 144, n. 456), Busse suppose à tort une corruption du texte à cet endroit, en invoquant Simplicius (256, 23-24 : « Socrate en tant qu'homme est substance, et en tant que père, relatif »). La paraphrase de Simplicius ne va d'ailleurs pas sans autres modifications (voir apparat critique, spécialement *ad* 132, 4-5 et 6). Aristote, pour sa part, comme ici Porphyre, évoque la possibilité de considérer un relatif (l'esclave) comme une substance (l'homme) par accident (7 a 36-37). La bizarrerie, si l'on peut dire, dans notre passage, c'est que Porphyre considère le père, non pas en tant qu'homme

πως τὸ ὑποκείμενον, διάθεσις ἂν] εἴη, κἂν ἔμμονος γένοιτο καὶ δυσανάλυτος, ἕξις ἂν γένοιτο, [καθὸ δὲ] τ⌈ὴν⌉ αἴσθησ⌈ιν⌉ θερμαίνει [τῶν πε]λ[αζ]όντ[ων], παθητικὴ ἂν εἴη ποιότης.

<Π.> [Ἡ δὲ] πρὸς καιρὸν θέρμαν[σις πάθος] οὖσα ἆρά γε ἡ αὐτὴ ἂν εἴη τῇ διαθέσει;

<Ἀ.> Ἡ τοῦ μὲν ἔχοντος σώματος καὶ ἐπάγοντος ἄλλῳ τὸ θερμαίνεσθαι ἂν εἴη διάθεσις, τοῦ δὲ θερμαινομένου οὕτως, ὡς ἄ[ν μὴ] δύ[νασ]θαι ἄλλο σῶμα θερμᾶναι, πάθος ἂν εἴη ἡ πρόσκαιρος καὶ ἐπ' ὀλίγον θέρμανσις, ὥστε πάθους μὲν ἐπίτασιν τὴν διάθεσιν, ⌈ἥ⌉τις ἂν εἴη καὶ παθητικὴ ποιότης, ἐπίτασιν δὲ τῆς δια[θέσεως] τὴν ἕξιν καὶ τὴν μάλιστα παθητικὴν ποιότητα.

<Π.> Τί οὖν ἐστι τὸ ⌈τέταρτον⌉ εἶδος τῆς ποιότητος;

<Ἀ.> « Σχῆμα καὶ ἡ περὶ ἕκαστον μορφή. »

<Π.> Τί οὖν ἐστι τὸ σχῆμα καὶ πῶς αὐτὸ ὡρίσαντο οἱ γεωμέτραι;

<Ἀ.> Σχῆμά ἐστι τὸ ὑπό τινος γραμμῆς ἤ τινων γραμμῶν περιεχόμενον.

<Π.> Ἆρα οὖν καθὸ ὑπὸ μιᾶς ἢ τριῶν φέρε ἢ τεσσάρων γραμμῶν περιέχοιτο;

<Ἀ.> Οὐδαμῶς· ποσότης γὰρ ἂν εἴη ἡ κατὰ πλῆθος ὑπόστασις, οὐ ποιότης.

9-10 κἂν — γένοιτο MA : om. Simpl. (256,25) || **10** καθὸ δὲ A Simpl. (256,25) || τὴν αἴσθησιν Simpl. (256,25) : τῇ αἰσθήσει MA || θερμαίνει ante τὴν αἴσθησιν transp. Simpl. (256,25) || **10-11** τῶν πελαζόντων παθητικὴ ἂν εἴη ποιότης MA : παθητικὴ ποιότης Simpl. (256,25) || **12** Π. (*Int.*) add. Fel. u.sign. p || Ἡ δὲ A || πρὸς καιρὸν MA : πρόσκαιρος Simpl. (234,30) || θέρμανσις πάθος A Simpl. (234,30) || οὖσα MA : ἔχουσα Simpl. (234,30) || ἆρά M Simpl. (234,31) : ἄρα A || **14** Ἀ. (*Resp.*) add. Fel. u. sign. p || Ἡ M Simpl. (234,31) : ἢ A || **15** ἂν εἴη MAC : εἴη ἂν p Simpl. (234,32) || δὲ θερμαινομένου MA : θ. δὲ Simpl. (234,32) || ἂν μὴ δύνασθαι A : μὴ ἂν δ. Simpl. (234,33) || **16** σῶμα MA : om. Simpl. (234,33) || πρόσκαιρος MA : πρὸς καιρὸν Simpl. (234,33) || **17** μὲν MAC : μὲν εἶναι p Simpl. (234,34) || ἥτις A Simpl. (234,34) : εἴ τις M || **18** διαθέσεως A Simpl. (235,1) || **20** Π. (*Int.*) add. Fel. u. sign. Ap || τέταρτον A : δ' M || **21** Ἀ. (*Resp.*) add. Fel. u. sign. Ap || Σχῆμα MA : σχῆμά τε Arist. (10 a 11) || ἕκαστον MA : ἕ. ὑπάρχουσα Arist. (10 a 12) || **22** Π. (*Int.*) add. Fel. u. sign. Ap || **23** Ἀ. (*Resp.*) add. Fel. u. sign. Ap || τινος — γραμμῶν MA : τινος ἢ τινῶν ὅρων Simpl. (261,23) || **25** Π. (*Int.*) add. Fel. u. sign. Ap || **27** Ἀ. (*Resp.*) add. Fel. u. sign. Ap

part, peut être disposition du fait que son sujet se trouve disposé d'une certaine façon, et même, si elle devient durable, c'est-à-dire malaisée à dissiper, devenir un véritable état, mais que, d'autre part, du fait qu'elle donne la sensation de chaud à ceux qui l'approchent, elle peut être une qualité affective.

Q. — Mais l'échauffement occasionnel, qui est une affection, sera-ce encore le même que la disposition ?[1]

R. — Celui du corps qui a de la chaleur et la transmet à un autre sera une disposition, mais celui du sujet exposé à la chaleur sans pouvoir la transmettre à un autre corps, cet échauffement-là, occasionnel et peu durable, sera une affection. Par conséquent, la disposition doit être une extension de l'affection et peut constituer aussi une qualité affective, tandis que l'état est une extension de la disposition et constitue la qualité affective au sens fort du terme[2].

Q. — Quelle est donc la quatrième espèce de la qualité ?

R. — « La figure et la forme extérieure de chaque chose »[3].

Q. — Qu'est-ce donc que la figure et comment l'ont définie les géomètres ?

R. — La figure est ce que circonscrit une certaine ligne ou plusieurs[4].

Q. — Est-ce du fait qu'une ligne ou, mettons, trois ou quatre lignes circonscrivent un espace, qu'il s'agira d'une qualité, si l'espace est circonscrit par autant de lignes ?

R. — Du tout ! Ce qui existe dans l'ordre du multiple est en effet une quantité, non une qualité.

(la substance seconde correspondant au père en général), mais en tant que Socrate (la substance première correspondant à tel père particulier). De son côté, la thèse qu'une même chose peut relever de plusieurs catégories selon les points de vue a déjà été soutenue *supra* (p. 114, 8-9). Elle peut être invoquée *a fortiori* pour garantir qu'une même chose peut aussi, selon les points de vue, appartenir à différentes espèces dans la même catégorie considérée comme un genre.

1. [132.12-13] Une réponse positive à cette question signifierait, semble-t-il, que la perception du chaud par un sujet implique, à l'occasion, un échauffement du sujet, pareil à celui de l'objet perçu. Mais ce n'est pas clair.

2. [132.17-19] L'extension (ἐπίτασις) est le simple allongement dans la durée, sans variation de degré, semble-t-il. Dans ces conditions, si Porphyre admet que de l'affection à la disposition, on passe d'une espèce à une autre espèce de qualité, alors que de la disposition à l'état, on reste dans la même espèce, c'est probablement parce que l'affection est une qualité du sujet percevant et que tout le reste est qualité de l'objet perceptible. Mais, encore une fois, cela n'est pas clair.

3. [132.21] Citation presque littérale de *C*, 10 a 11.

4. [132.23-24] Cette définition est celle des figures planes uniquement ; elle ne s'applique pas aux figures « solides », déterminées par des surfaces : *cf.* Simplicius, 261, 23-24.

<Π.> Πῶς οὖν τὸ σχῆμα ἐν ποιότητι ἔταξεν;

<Ἀ.> Ὅτι οὐχ ἁπλῶς καθὸ τριῶν γραμμῶν ἀριθμὸς ποιεῖ σχῆμα, ἀλλ᾽ οὕτως πως τεθεισῶν πρὸς ἀλλήλας καὶ γωνιασθεισῶν πρὸς ἀλλήλας· ὅταν γὰρ γραμμαὶ ἀλλήλαις κατὰ γωνίας τρεῖς συναφθεῖσαι χωρίον τι ἀποτέμωσι καὶ πε<ρι>λάβωσιν αὐτό πως καὶ κατ᾽ αὐτὰς [α<ὐ>τὸ] ἀποπερατώσ⸢ωσιν⸣, τρίγωνον γίνεται τὸ σχῆμα καὶ ἔστι ποιότης, οὐ καθὸ τρεῖς ἔχει γωνίας,
133.1 καθόσον δὲ μορφή τις φαίνεται ἐπὶ ταῖς τρισὶν γραμμαῖς καὶ ταῖς τρισὶ γωνίαις, ποιότης, οὐ κατὰ χρῶμα μὲν ὑφισταμένη πάντως, κατὰ δὲ τὸν τῆς ἐπιφανείας ποιὸν σχηματισμόν. Οὕτω καὶ τῆς ὑποκειμένης ἐπιφανείας κυκλ⸢ο⸣ειδῶς γεγονυίας φαίνεται κύκλος καὶ ἔστι ποιότης ὁ κύκλος. Καὶ τὸ τρίγωνον σχῆμα καὶ [τὸ] τετράγωνον καὶ τὰ ἄλλα πάντα τὰ γεωμετρικὰ εἰς ἕν τι εἶδος ποιότητος ἀνάγ⸢ε⸣ται, [ὃ γένος ὃ] καταριθμεῖται ὁ Ἀριστοτέλης ἐπὶ τέλει. Καὶ ἡ γραμμὴ οὖν καθόσον μῆκος ἀπλατές, [ποσότης] ἂν εἴη, ἡ δὲ εὐθεῖα γραμμὴ καθόσον εὐθεῖα, [ποιότης ἂν εἴη· καὶ ἡ ἐπιφ]άνεια δὲ καθόσον ἐπιφάνεια, ποσότης· μήκει γὰρ καὶ πλάτει ἡ ἐπιφάν[εια ὁρίζεται, ἅ ἐστι τοῦ ποσοῦ]. [Ἡ δὲ] [ἐπίπεδος] ἐπιφάνεια καθὸ ἐπίπεδος, εἴη ἂν τοῦ ποιοῦ.

<Π.> Ἀλλὰ [τί μὲν τὸ σχ]ῆμα καὶ πῶς ληφθὲν εἴη ἂν ποιότης, εἴρηκας· ἡ μορφὴ δὲ πῶς ποιότης, δεῖξον.

29 Π. (*Int.*) add. Fel. u. sign. Ap ‖ ἔταξεν M : ἔταξας A ‖ **30** Ἀ. (*Resp.*) add. Fel. u. sign. Ap ‖ **33** περιλάβωσιν M : λάβωσιν A ‖ αὐτὸ^{2} M^{3} (s.u.) A : ἀτὸ M ‖ ἀποπερατώσωσιν A : ἀποπερατώσουσαι M ‖ **34** ἔχει M : ἔχειν A ἔχον A^{1} (s.u.) ‖ **133.4** κυκλοειδῶς p : κυκλωειδῶς AC ‖ **5** τὸ A ‖ **6** ἀνάγεται scripsi : ἀνάγονται MA ‖ ὃ γένος ὃ restitui (cf. Simpl., 261,20) : om. et lac. indic. A addend. esse ὃ εἰκότως coni. Busse sec. Simpl. (261,20) ποιότητος, ὃ coni. Strange ‖ **7** ποσότης A ‖ **8** ποιότης — ἐπιφάνεια A : ποῖα ἂν νοηθείη· καὶ ἡ ἐ. Simpl. (262,21) ‖ **9-10** ἐπιφάνεια ὁρίζεται — ποσοῦ A ‖ **10** Ἡ δὲ add. Busse : om. et lac. indic. A ‖ ἐπίπεδος^{1} A (cf. Simpl., 262,22) ‖ ἐπίπεδος^{2} M : ἐπίπεδον A ‖ **12** Π. (*Int.*) add. Fel. u. sign. p ‖ τί μὲν τὸ σχῆμα Busse : om. et lac. indic. A

Q. — Comment se fait-il alors qu'Aristote ait rangé la figure dans la qualité ?

R. — Parce que ce n'est pas simplement un nombre de trois lignes qui fait la figure, mais leurs positions les unes par rapport aux autres et les angles qu'elles forment les unes avec les autres. En effet, quand des lignes se rattachent entre elles à trois angles pour découper un espace qu'elles entourent d'une certaine façon et délimitent le long de leurs tracés, la figure produite est un triangle et c'est une qualité, non du fait qu'elle a trois angles,
| mais dans la mesure où quelque forme apparaît par-dessus les trois lignes **133**
et les trois angles ; une qualité dont l'existence ne tient pas du tout à la couleur[1], mais à telle configuration de la surface. C'est ainsi également que si la surface supposée est devenue circulaire, apparaît un cercle, et le cercle est une qualité. De plus, la figure triangulaire ou quadrangulaire, ainsi que toutes les autres figures géométriques se ramènent à une seule et même espèce de qualité, ou à un même genre, celui qu'Aristote énumère à la fin[2]. Ainsi donc la ligne, en tant que longueur sans largeur, sera une quantité[3], mais la ligne droite, en tant que droite, sera une qualité[4]. De même, la surface, en tant que telle, est une quantité, puisque la surface se détermine par une longueur et une largeur qui sont des quantités[5], mais la surface plane, en tant que plane, relèvera du qualifié[6].

Q. — Bien, tu as dis ce qu'est la figure et comment on peut comprendre qu'elle est une qualité. Mais la forme, montre un peu comment elle peut être une qualité.

1. [133.2] Toute surface corporelle étant naturellement colorée, elle possède aussi une qualité de la troisième espèce, dont la configuration se distingue.

2. [133.6] La conjecture de Strange (ποιότητος ὃ) pour combler la lacune à cet endroit paraît irrecevable, car ποιότητος est déjà exprimé deux mots auparavant. Celle de Busse (ὃ εἰκότως) s'appuie avantageusement sur le passage parallèle de Simplicius (261, 20-21 : τετάρτην εἰκότως καὶ τελευταῖαν ἀποδίδωσιν τούτῳ τῷ γένει ἤτοι εἴδει ποιότητος τάξιν, διότι κ.τ.λ.). J'ai, pour ma part, restitué ἢ γένος ὃ, en m'inspirant de l'alternative présente dans ce même texte, parce que Porphyre paraît tenir compte du mot employé par Aristote (10 a 11 : τέταρτον δὲ γένος) et ne justifie pas à cet endroit la place donnée au quatrième genre, comme le fait Simplicius en disant εἰκότως…διότι (« tout naturellement, parce que… »).

3. [133.7] Cf. *supra*, p. 102, 15.

4. [133.8] Cf. *C*, 10 a 12, qui parle de la droiture, non de la ligne droite, comme le signalera Porphyre plus loin (p. 133, 21).

5. [133.9] Cf. *supra*, p. 102, 26 *sq.*

6. [133.10-11] L'exemple ne se trouve pas dans *C* (où ἐπιφάνεια apparaît comme l'équivalent de ἐπίπεδον) ; Porphyre entend « plane » par opposition à « courbe », dans le cas des surfaces composant les solides, comme dans le cas des lignes composant les surfaces, alors que sa définition de la figure ne s'applique pas aux solides, on l'a vu.

<'Α.>Ἡ μορφὴ διχῶς λέγεται παρὰ τῷ Ἀριστοτέλει· καθ' ἓν μὲν γὰρ σημαινόμενον τὰς οὐσιώδεις μορφὰς λέγει, καθ' ἕτερον δὲ τὰ{ς} ἐπὶ τοῖς οὐσιώδεσιν εἴδεσιν ἐπιφαινόμενα καὶ {κα}τὰ τ⌜ῆ⌝ς ἐπιφανείας τυπώματα, καθ' ἃ καλά τε λέγομεν καὶ εὔμορφα τὰ εἴδη οὐδὲν ἐφαπτόμενοι τῶν οὐσιωδῶν. Κατὰ τὰς τοιαύτας οὖν μορφὰς καὶ ἡ μορφὴ ποιότης ἂν εἴη τῷ σχήματι παραπλησίως.

<Π.>Τίνας ἄλλας εἴρηκ⌜ε⌝ ποιότητας;

<'Α.>Εὐθύτητα καὶ καμπυλότητα, πρσθεὶς « καὶ εἴ τι τούτοις ὅμοιον ».

<Π.>Τίνα οὖν ἄλλα τούτοις ὅμοια;

<'Α.>Οἱονεί τινα ἑλικοειδῆ εἰσιν ἢ κ⌜ω⌝νοειδῆ ἢ φακοειδῆ καὶ εἴ τι τοιοῦτον ἔχει σχῆμα.

<Π.>Πόθεν οὖν ὅτι ποιότητές εἰσιν αὗται;

<'Α.>Ὅτι ἀπεδόθη μὲν λόγος τῆς ποιότητος, ὅτι τὰ παρωνομασμένα ἀπ' αὐτῆς ἐστι [ποιά]· εἰ δὲ ἀπὸ τῶν ἐκκειμένων παρωνομασμένα ἐστὶ ποιά, εἴησαν ἂν ποιότητες, ἀφ' ὧν παρωνόμασται ταῦτα.

<Π.>'Αλλ' εἰ τὰ παρώνυμα ἀπό τινων ὡς ποιὰ ποιότητας ἀποφαίν⌜ει⌝ ἐκείνας, ἀφ' ὧν παρ⌜ο⌝νομάζεται, ἀπὸ δὲ τῆς μανότητος παρωνόμασται τὸ μανὸν καὶ ἀπὸ τῆς πυκνότητος τὸ πυκνόν, ἀπὸ δὲ τῆς λειότητος τὸ λεῖον καὶ ἀπὸ τῆς τραχύτητος τὸ τραχύ, διὰ τί μὴ καὶ τὴν μανότητα καὶ πυκνότητα καὶ λειότητα καὶ τραχύτητα ποιότητας φήσ⌜ο⌝μεν εἶναι;

14 'Α. (*Resp.*) add. Fel. u. sign. Ap || **15** τὰς… μορφὰς MA : τὰ… εἴδη Simpl. (261,28) || τὰ A : τὰς M || **16** τὰ τῆς scripsi ut Simpl. (261,28) : κατὰ τὰς MA || καθ' ἃ M : καθὸ A || **20** Π. (*Int.*) add. Fel. u. sign. Ap || εἴρηκε scripsi ut coni. Busse quod prob. Strange : εἴρηκας MA || **21** 'Α. (*Resp.*) add. Fel. u. sign. Ap || Εὐθύτητα καὶ καμπυλότητα MA : εὐθύτης καὶ καμπυλότης Arist. (10 a 12-13) || **22** ὅμοιον MA : ὅμοιόν ἐστιν Arist. (10 a 13) || **23** Π. (*Int.*) add. Fel. u. sign. Ap || **24** 'Α. (*Resp.*) add. Fel. u. sign. Cp || εἰσιν M : om. A et Simpl. (262,27) || κωνοειδῆ p Simpl. (262,27) : κονοειδῆ MAC || **26** Π. (*Int.*) add. Fel. u. sign. Ap || **27** 'Α. (*Resp.*) add. Fel. u. sign. Ap || **28** ποιά A || **30** Π. (*Int.*) add. Fel. u. sign. Ap || ἀποφαίνει p : ἀποφαίνη MAC || **31** παρονομάζεται A : παρωνομάζεται M || **34** φήσομεν A : φήσωμεν M

R. — La forme s'entend de deux façons chez Aristote[1]. En effet, selon une signification, il appelle ainsi les formes substantielles[2], mais selon l'autre, il parle ainsi des apparences que revêtent des formes substantielles et des aspects de leur surface : en vertu de quoi nous disons que celles-ci sont belles et bien conformées sans que cela touche en rien les formes substantielles. C'est donc par référence à ce genre de formes que la forme aussi peut être une qualité, à peu près au même titre que la figure.

Q. — Quelles autres choses a-t-il dites des qualités ?

R. — La droiture et la courbure, en ajoutant : « et le cas échéant, ce qui leur ressemble »[3].

Q. — Que sont donc les autres choses qui leur ressemblent ?

R. — Il y a, par exemple, des choses en forme d'hélice ou de cône ou de lentille ou éventuellement de figure semblable[4].

Q. — D'où vient donc qu'il s'agisse de qualités ?

R. — C'est qu'il a donné une formule définitoire de la qualité montrant que sont qualifiées les choses désignées par un nom dérivé d'une qualité[5]. Or s'il est des choses qualifiées par des noms dérivés des figures en question, c'est alors que sont des qualités les figures au départ de ces dénominations[6].

Q. — Mais si les dérivés de certaines choses, parce qu'ils sont des qualifiés, manifestent que sont des qualités ces choses dont ils tirent leur nom par dérivation et que, d'autre part, le rare tire son nom de la rareté, le dense, de la densité, le doux, de la douceur et le rugueux, de la rugosité, pourquoi ne disons-nous pas que la rareté, la densité, la douceur et la rugosité sont des qualités ?[7]

1. [133.14] C'est très exactement ce que constate Bonitz (*Index Ar.*, *s.u.* μορφή, 474 a 11 et 28-29) : « I. externa figura ac forma (...) 2. principium formale, quod peculiari nomine εἶδος Ar appellat. »

2. [133.15] On devrait pouvoir traduire « essentielles », n'était que Porphyre comprend vraisemblablement les formes (essentielles) des substances sensibles, comme la suite l'indique.

3. [133.21] Citation adaptée de *C*, 10 a 12-13.

4. [133.24-25] Il n'est pas sûr qu'Aristote songe à ces figures complexes de solides, plutôt qu'aux analogues de la courbe et de la droite qui qualifient les objets physiques (par exemple, le camus dans le cas du nez), voire les analogues de la figure dans le cas des nombres (pair et impair, par exemple).

5. [133.27-28] Cf. *C*, 8 b 25. Ce texte ne fait pas état expressément des dérivés, mais ceux-ci sont illustrés, en 1 a 14-15, par des exemples de qualifiés. Voir aussi, plus loin, les remarques de 10 a 27-28.

6. [133.28-29] Cf. *C*, 10 a 13-16.

7. [133.30-34] Cette exclusion paradoxale est affirmée en *C*, 10 a 15-19.

134.1 <Ἀ.> Ὅτι αἱ τοιαῦται τῶν ὑποκειμένων διαφοραὶ εἰ καί πως ἔχειν αὐτὰ παρέχουσιν, ἀλλ' οὐχὶ κατὰ τὸ ποιόν [εἶναι τὴν] προσηγορίαν παρέχουσιν, ἀλλὰ μᾶλλον τὸ κατὰ θέσιν τινὰ ἀπ' αὐτῶν θεωρεῖσθαι [τῶν μορίων]· « πυκν⌈όν⌉ μὲν γὰρ λέγεται τ⌈ῷ⌉ τὰ μόρια σύνεγγυς ἀλλήλων κεῖσθαι », ὡς μηδὲν ἑτερογενὲς σῶμα μεταξὺ αὐτοῦ παρεμπίπτειν δύνασθαι, ὡς ἔχει ἐπὶ τοῦ χρυσοῦ καὶ τοῦ σιδήρου καὶ τῶν τοιούτων σωμάτων. Μανὸν δὲ τ⌈ῷ⌉ οὕτως αὐτοῦ διεστηκέναι τὰ μόρια, ὡς ἑτερογενὲς σῶμα δύνασθαι [μεταξὺ] αὐτῶν παρεμπίπτειν, οἷαί εἰσιν αἱ σπογγίαι καὶ αἱ κ⌈ι⌉σήρ⌈ει⌉ς καὶ τὸ ἔρ{α}ιον. Καὶ λεῖον μέν ἐστιν, οὗ τὰ μόρια ἐξ ἴσου ἀλλήλοις σύγκειται οὕτως, ὡς μηδαμῶς τὸ ἕτερον ὑπερέχεσθαι ὑπὸ τοῦ ἑτέρου· τραχὺ δέ, οὗ τὰ [μόρια οὕτως ἔχει] θέσεως, ὡς ὑπερέχειν τ⌈ε⌉ ἀλλήλων καὶ ὑπερέχεσθαι, ὡς ἔχει τοῦ [πρίονος τὰ μόρια.

<Π.> Ἀλλὰ τί ἐκ τῶν ὅρων τούτων] συνάγεις;

<Ἀ.> Τί δὲ ἄλλο [ἢ] ὅτι θέσεών [εἰσιν] εἴδη ἡ μανότης καὶ [ἡ πυκνότης καὶ] ἡ λειότης καὶ ἡ τραχύτης.

<Π.> Καὶ τί τοῦτο πρὸς τὸ μὴ ποιότητας εἶναι παρίστησιν;

<Ἀ.> Ὅτι <ἐπεὶ> τὴν [θέσιν] τῆς τ⌈ῶν⌉ πρός τι κατηγορίας ἀπέδειξεν, τὸ δὲ μανὸν καὶ τὸ πυκνὸν καὶ τὸ λεῖον καὶ τὸ τράχυ θέσεις τινές εἰσιν, τῆς τ[ῶν] πρός τι κατηγορίας εἴη καὶ ταῦτ' ἂν καὶ οὐ τοῦ ποιοῦ.

<Π.> Ἆρα οὖν μόνα ταῦτ' ἔστι τὰ εἰρημένα ⌈τέσσαρα⌉ εἴδη τῆς ποιότητος;

134.1 Ἀ. (*Resp.*) add. Fel. u. sign. Ap || εἰ καὶ M : εἶναι M²A || **2** εἶναι τὴν M (nunc oblitt.) : εἶναι καὶ τὴν A || **3** τῶν μορίων Busse (cf. Simpl., 263,1) : τῶν μορφῶν A || **4** πυκνὸν scripsi ex Simpl. (262,35) : πυκνὰ MA || τῷ p : τὸ MAC || **4-6** ἀλλήλων… σῶμα… αὐτοῦ… δύνασθαι… ἔχει… τοῦ… τοῦ… καὶ τῶν τοιούτων σωμάτων MA : om. Simpl. (262,36-263,1) || **6** post σιδήρου add. θεωρεῖται Simpl. (263,1) || τῷ p : τὸ MAC || **6-7** οὕτως — μόρια MA : τὰ μόρια διεστηκέναι ἀπ' ἀλλήλων Simpl. (262,34) || **7-8** ἑτερογενὲς — παρεμπίπτειν MA : παρεμ. τι ἑτερογ. σῶμα Simpl. (262,34-35) || **7** μεταξὺ M (nunc oblitt.) : κατ' A || **8** κισήρεις Busse : κισσήρεις Simpl. (262,35) κίσσηρις p κήσηρες MAC || ἔριον A : ἔραιον M || **9** ἐξ' ἴσου — οὕτως MA : ἐπ' εὐθείας ἐπ' ἴσης κεῖται Simpl. (263,3) || **9-10** ὡς — ἑτέρου : om. Simpl. || **10** μόρια οὕτως ἔχει A || **10-11** τὰ μόρια — ὑπερέχεσθαι (M)A : μὴ ἐπ' ἴσης κεῖται, ἀλλὰ τὰ μὲν ὑπερέχει, τὰ δὲ ἐλλείπει Simpl. (263,4-5) || **11** ὑπερέχειν τε Busse : ὑπέρέχεινται M ὑπερέχειν τι A || ἔχει MA : ἐπὶ Simpl. (263,5) || **11-13** πρίονος — τούτων A || **11-12** τὰ μόρια A : om. Simpl. (263,5) || **13** Π. (*Int.*) add. Fel. u. sign. Ap : nunc oblitt. M || **14** Ἀ. (*Resp.*) add. Fel. u. sign. Ap || ἢ A || εἰσιν A : ἐστι M || **14-15** ἡ πυκνότης καὶ A || **16** Π. (*Int.*) add. Fel. u. sign. p || **17** Ἀ. (*Resp.*) add. Fel. u. sign. p || ἐπεὶ addidi || θέσιν A || τῶν p Simpl. (263) : τοῦ MA¹ (s.u.) C om. A || **19** τῶν A : τοῦ M || ταῦτ' M : ταῦτα A || **20** Π. (*Int.*) add. Fel. u. sign. Ap || ταῦτ' M : ταῦτα A || τέσσαρα A : δ' M

R. — Parce que ces sortes de différences entre les sujets, bien qu'elles traduisent un certain état de ceux-ci, ne leur valent pas malgré tout leur appellation du fait qu'ils sont tels, mais plutôt du fait d'être considérés d'après une certaine position de leurs parties elles-mêmes[1]. « Une chose est appelée dense en effet, parce que ses parties sont très rapprochées les unes des autres »[2], si bien qu'on ne pourrait insérer le moindre corps d'un autre genre dans l'intervalle; c'est, par exemple, le cas de l'or, du fer et des corps semblables. Mais elle est rare quand ses parties sont à telle distance qu'on pourrait insérer entre elles un corps d'un autre genre, comme c'est le cas des éponges, des pierres ponces et de la laine. De même, est doux ce dont les parties sont placées au même niveau, l'une à côté de l'autre, si bien que l'une n'est jamais dépassée par l'autre. En revanche, est rugueux ce dont les parties sont disposées de telle sorte que les unes dépassent et les autres sont en retrait, comme les dents de la scie[3]. 134

Q. — Mais qu'est-ce que tu conclus de ces définitions ?

R. — Quoi d'autre, sinon que la rareté, la densité, la douceur et la rugosité sont des espèces de positions ?[4]

Q. — En quoi cela contribue-t-il à indiquer que ce ne sont pas des qualités ?

R. — C'est que dès l'instant où Aristote a démontré que la position appartient à la catégorie des relatifs[5], et que, d'autre part, le rare, le dense, le doux et le rugueux sont des sortes de positions, alors ce sont aussi des choses qui appartiennent à la catégorie des relatifs, non de la qualité[6].

1. [134.1-3] Cf. *C*, 10 a 19-20.

2. [134.4] Citation presque littérale de *C*, 10 a 20-21.

3. [134.5-12] Paraphrase de *C*, 10 a 21-24. Les exemples sont de Porphyre.

4. [134.14-15] Cf. *C*, 10 a 19-20, déjà paraphrasé plus haut (p. 134, 3).

5. [134.17-18] *C*, 6 b 3 et 6.

6. [134.17-19] L'argument paraît spécieux, parce que la position relative des parties dans un tout, par exemple, la position « rapprochée », est à distinguer du tout défini par cette position, par exemple, le « dense ». Sans cela, les quantités continues, comme la ligne, définies par la position relative de leurs parties (*cf.* 5 a 15 *sq.*), seraient aussi des relatifs.

<᾽Α.> Ἴσως.

<Π.> Διὰ τί ἔφης ἴσως;

<᾽Α.> Ὅτι καὶ ὁ Ἀριστοτέλης ἔφη « ἴσως οὖν καὶ ἄλλος τρόπος φανείη ἂν ποιότητος ».

<Π.> ⌈Ποῦ⌉ οὖν τοίνυν περὶ τούτου ἐζήτησεν;

<᾽Α.> Ἐν τοῖς Μετὰ τὰ φυσικά.

<Π.> Διὰ τί οὖν ἐν[ταῦθα] εἴασεν τὴν ἀκριβῆ ζήτησιν;

<᾽Α.> Ὅτι πρὸς εἰσαγω⌈μέν⌉ους ἔγραψε τὴν τῶν Κατηγοριῶν στοιχείωσιν, πρὸς δὲ τοὺς ἤδη τελείους <τὰ> Μετὰ τὰ φυσικά.

<Π.> Ἀλλὰ διὰ τί ἔφη « Ποιότητες μὲν οὖν αἱ εἰρημέναι, [ποιὰ δὲ τὰ κ]ατὰ ταύτας παρωνύμως λεγόμενα ἢ ὁπωσοῦν ἀπ᾽ αὐτῶν »;

Διὰ τί γὰρ οὐκ ἔφη [ποιὰ δὲ] [εἶ]ναι τὰ κατὰ ταύτας παρωνύμως λεγόμενα, [προσέθ]ηκεν [δὲ ἢ ὁπωσοῦν] ἀπ᾽ αὐτῶν;

21 ᾽Α. (*Resp.*) add. Fel. u. sign. Ap ‖ **22** Π. (*Int.*) add. Fel. u. sign. Ap ‖ **23** ᾽Α. (*Resp.*) add. Fel. u. sign. Ap ‖ οὖν MA : μὲν οὖν Simpl. (263,12) Arist. (10 a 25) ‖ **23-24** τρόπος φανείη ἂν MA : ἂν φ. τρ. Simpl. (263,14) ἄν τις φ. τρ. Arist. (10 a 25) ‖ **25** Π. (᾽Ε.) add. Busse u. sign. A ‖ Ποῦ p : Τί MAC ‖ **26** ᾽Α. add. Busse u. sign. A ‖ **27** Π. (*Int.*) add. Fel. u. sign. Ap ‖ ἐνταῦθα A ‖ **28** ᾽Α. (*Resp.*) add. Fel. u. sign. Ap ‖ εἰσαγωμένους scripsi : εἰσαγωγικοὺς M (προσ)εισαγωγικοὺς A ‖ **29** τὰ add. Busse ‖ **30** Π. (*Int.*) add. Fel. u. sign. Ap ‖ μὲν οὖν MA : μὲν οὖν εἰσὶν Arist. (10 a 27) εἰσιν Simpl. (264,5) ‖ **30-31** ποιὰ δὲ τὰ κατὰ A ‖ **31** κατὰ ταύτας MA Arist. (10 a 27-28) : κατ᾽ αὐτὰς Simpl. (264,6) ‖ ὁπωσοῦν MA Simpl. (264, 6-7) : ὁ. ἄλλως Arist. (10 a 28) ‖ **32** ποιὰ δὲ A ‖ εἶναι Busse : om. et lac. indic. A ‖ **33** προσέθηκεν A ‖ δὲ ἢ ὁπωσοῦν Busse : om. et lac. indic. A

Q. — Alors, est-ce que la qualité ne comporte que les quatre espèces qu'on a mentionnées ?

R. — Oui, peut-être !

Q. — Pourquoi as-tu dit « peut-être » ?

R. — Précisément parce que Aristote l'a dit : « Peut-être bien qu'on découvrirait encore une autre sorte de qualité »[1].

Q. — Mais où donc a-t-il procédé à son examen ?

R. — Dans ses exposés de la *Métaphysique*[2].

Q. — Pourquoi donc a-t-il renoncé à présenter ici son enquête rigoureuse ?[3]

R. — Parce que c'est à l'intention de débutants[4] qu'il a rédigé l'enquête élémentaire des *Catégories,* alors que la *Métaphysique* s'adresse à ceux qui sont déjà complètement formés.

Q. — Mais pourquoi a-t-il dit : « Ce sont donc les qualités qu'on vient de mentionner. Quant aux qualifiés, ce sont les êtres dénommés d'après elles, par dérivation ou selon quelque procédé à partir d'elles »[5]. Pourquoi, en effet, n'a-t-il pas dit : « Quant aux qualifiés, ce sont les êtres dénommés d'après elles par dérivation » ? Pourquoi avoir ajouté : « ...ou selon quelque procédé à partir d'elles » ?

1. [134.23-24] Citation presque littérale de *C*, 10 a 25-26.

2. [134.26] La référence est à *Mét.*, Δ, 14, 1020 a 33 *sq.* Aristote, dans ce texte, commence par identifier, sous le nom de « qualité », la différence essentielle ou spécifique, qu'il appelle ensuite la « qualité première » (1020 b 14-15) et qu'il oppose à toutes les autres formes de qualités. Celles-ci, les seules que répertorie *C* et que Porphyre tienne pour les espèces d'un même genre catégorial, laissent donc la place à une autre sorte de qualité, la différence, une qualité transcatégoriale, plus fondamentale, à laquelle, selon Porphyre, Aristote se borne ici à faire brièvement allusion.

3. [134.27] La rigueur que Porphyre reconnaît aux analyses de *Mét.*, Δ, 14, tient à ceci qu'Aristote distingue, au fond, « deux manières » d'entendre la qualité (1020 b 13) selon que l'on parle de la différence spécifique ou des autres qualités (affections, états, etc.). Et ce sont là deux manières apparemment irréductibles. Plotin l'avait lui-même observé : « Quant aux différences qui permettent de distinguer les substances les unes des autres, ce sont des qualités de façon équivoque » (ὁμωνύμως : *En.*, VI, 1, 10, 21-22). Selon Plotin, autrement dit, étant des actes et des raisons d'être, les différences n'ont en commun que le nom de qualité avec les qualités proprement dites, c'est-à-dire les puissances en vertu desquelles l'on est qualifié.

4. [134.28] L'adjectif εἰσαγωγικοὺς (leçon des manuscrits) se défend difficilement, car il a le sens d'« introductif » (ou encore « destiné à l'importation », comme εἰσαγώγιμος) et ne s'applique pas aux personnes qui débutent [« beginning students » (Strange)]. C'est pourquoi, j'ai corrigé en εἰσαγωμένους, qui peut s'autoriser du passage de la p. 75, 29, où l'on peut lire εἰσαγωμένων.

5. [134.30-31] Citation presque littérale de *C*, 10 a 27-29.

135.1 <Ἀ.> Ὅτι ἡ συνήθεια ἀνώμαλος.

<Π.> Πῶς καὶ τίνα τρόπον;

<Ἀ.> Ἐφ᾽ ὧν μὲν γὰρ καὶ ἡ ποιότης καὶ τὸ ποιὸν [ἀμφότερα] ὠνόμασται, οἷον γραμματικὴ μὲν ἡ ποιότης, γραμματικὸς δὲ ὁ ποιός, ἀμφότερα ὠνόμασται ταῦτα. [Ὅτι δὲ ἐπ᾽ ἐνίων] μόνον ὠνόμα<σται> θά[τερον], τὸ [ποιόν], ἀλλ᾽ οὐχὶ καὶ ἡ ποιότης, ἢ ἡ ποιότης μέν, οὐχὶ δὲ καὶ τὸ ποιόν, ἐπὶ τοῦ δευτέρου εἴδ[ους] ἐλέγετο τῆς ποιότητος· αὐταῖς μὲν γὰρ ταῖς φυσικαῖς ἐπιτηδειότησιν [οὐκ] [ἔστιν] ὀνόματα· πυκτικὸς δὲ λέγεται καὶ δρομικὸς καὶ ὑγιεινὸς οὐκ ἀφ᾽ ἧς ἤδη ἔχει ποιότητος ἀλλ᾽ ἀφ᾽ ἧς ἕξει· ἀπὸ μὲν γὰρ τῆς πυκτικῆς ἐπιστήμης λέγονται οἱ πύκτ⌈αι⌉ [καὶ ἀπὸ] τῆς παλαιστικῆς οἱ παλαισταί, ἀπὸ δὲ τῶν δυνάμεων οὐ παρ⌈ο⌉νομάζονται οἱ πυκτικοὶ καὶ οἱ πα[λαι]στικοί, ἀλλὰ τ⌈ῷ⌉ ἔχειν ἐπιτηδειότητα τοῦ δέχεσθαι τὰς ἐπιστήμας, ὥστε τὴν προσηγορίαν ἔχειν α[ὐ]τ[οὺ]ς [ἀπὸ] τῆς ἐλπίδος· ἐπειδὴ γὰρ ἐλπίζοντες ἔσεσθαι τὴν ἐπιστήμην <ἣν> λαβόντες οἱ μὲν πύκται, οἱ δὲ παλαιστ[αί] [εἰσιν], τοὺς μὲν πυκτικούς, τοὺς δὲ παλαιστικοὺς προσαγορεύομεν. Τούτους μὲν οὖν ποιοὺς ὄντας οὕτω καλοῦμεν τῆς ποιότητος οὔσης ἀνωνύμου ἐπ᾽ αὐτῶν. Ἐφ᾽ ὧν δὲ ἡ μὲν ποιότης ὠνόμασται, ἀπ᾽ αὐτ⌈ῆς⌉ δὲ οἱ παρώνυμοι οὐκ ἔτι λέγονται· τῆς γὰρ ἀρίστης ἕξεως [ἀρετῆς καλουμένης ὁ ἀ]π᾽ αὐτῆς παρωνύμως οὐκ ἔτι λέγεται· οὔτε γὰρ ἀρεταῖος ἐν τῇ συνηθείᾳ εἴρηται οὔτε [ἐνάρετος ῥηθείη ἄν· οὐδὲ γὰρ ἐγγράμματος ὁ ποιὸς] ἀπὸ τῆς

135.1 Ἀ. (*Resp.*) add. Fel. u. sign. Ap || **2** Π. (*Int.*) add. Fel. u. sign. Ap || **3** Ἀ. (*Resp.*) add. Fel. u. sign. Ap || ἀμφότερα A || **5** Ὅτι δὲ ἐπ᾽ ἐνίων restitui ex Simpl. (264,11) : ἐπὶ ἐνίων δὲ ὅτι inseruit Busse om. et lac. indic. A || ὠνόμασται A : ὠνομα M || θάτερον rest. Busse : om. A || **6** ποιόν[1] A || δὲ M : om. A || **7** δευτέρου M : βοῦ A || εἴδους A || **8** οὐκ Busse : om. et lac. indic. A || ἐστὶν scripsi : εἰσὶν M (dub.) om. et lac. indic. A || δὲ MA[1] (s.u.) : om. A || **10** λέγονται MA[1] (s.u.) : λέγεται A || πύκται Busse (cf. Simpl., 264,15) : πυκτικοὶ MA || καὶ ἀπὸ A || **11** παρονομάζονται corr. A : παρων- M || **12** παλαιστικοὶ A || τῷ p : τὸ MAC || **13** αὐτοὺς A || ἀπὸ scripsi ex Simpl. (264,17) : κατὰ M ἐκ A || **14** ἣν addidi || **14-15** παλαισταί A[1] (s.u.) : παλαιστικοὶ A || **15** εἴσιν rest. Busse : om. et lac. indic. A || **16** οὕτω MA[1] (s.u.) : om. A || **17** αὐτῆς coni. Busse (in app.) : αὐτῶν MA || **18** ἀρετῆς καλουμένης ὁ ἀπ᾽ αὐτῆς A || **20** ἐνάρετος — ποιὸς A || **20-21** ἀπὸ τῆς γραμματικῆς M (cf. Simpl., 264,20) : κατὰ γραμματικὴν A

|R. — Parce que l'usage est irrégulier[1]. 135

Q. — Comment cela et en quel sens ?

R. — Dans certains cas, en effet, la qualité et le qualifié ont tous deux un nom. Par exemple, la qualité qu'on appelle « grammaire » et le qualifié qu'on appelle « grammairien » ont ainsi tous les deux un nom[2]. Mais dans quelques cas, seule, l'une des deux choses possède un nom, le qualifié, mais la qualité, ou alors la qualité, mais pas le qualifié ; on l'a dit à propos de la deuxième espèce de qualité[3]. Les aptitudes naturelles, en effet, n'ont pas elles-mêmes de noms, et si l'on parle de « batailleur », de « coureur », ou d'une personne « saine », ce n'est pas à partir d'une qualité qu'elle possède déjà, mais à partir de la qualité qu'elle est susceptible d'avoir. Si c'est en effet à partir d'un art du combat, comme le pugilat ou la lutte, on parle de « pugilistes »[4] et de « lutteurs ». Or les appellations de « batailleurs » et de « pugnaces » ne sont pas dérivées de leurs capacités respectives, mais leur sont données du fait qu'ils ont une aptitude à apprendre l'art du combat, de sorte qu'ils tiennent leurs dénominations de l'espoir qu'ils suscitent. C'est en effet dans l'espoir qu'ils vont acquérir l'art qui fera d'eux soit des pugilistes soit des lutteurs que nous appelons les uns des « batailleurs », les autres des « pugnaces ». Ainsi donc, nous les qualifions ainsi parce qu'ils sont tels, alors que la qualité qu'on leur prête est anonyme[5]. Dans d'autres cas, c'est la qualité qui a un nom, mais les personnes qualifées d'après elle ne sont plus expressément désignées par un nom dérivé. Par exemple, bien qu'on appelle « vertu » l'état parfait, la personne désignée d'après cet état n'est plus expressément désignée par un dérivé de « vertu » ; en effet, « vertueux » n'est pas dans l'usage[6] et on ne peut pas dire « envertué », car on ne dit pas non plus « enlettré » celui qu'on qualifie d'après la science des

1. [135.1] Selon Strange (p. 148, n. 468), Porphyre prête ici à Aristote l'opinion du stoïcien Chrysippe, d'après qui le langage ordinaire n'est pas fixé par des règles générales. C'est peut-être trop dire, vu que l'irrégularité vise ici de rares exceptions à un usage commun (σχεδὸν ἐπὶ πάντων παρωνύμως : *C*, 10 a 29-30).

2. [135.3-5] Cf. *C*, 10 a 29-32. Aristote cite d'autres exemples et signale que c'est presque toujours le cas.

3. [135.7] *Supra*, p. 129, 17-21.

4. [135.10] La correction de Busse (πύκται pour πυκτικοὶ) est garantie par Simplicius (264, 15) ; elle permet de retrouver le parallèle avec παλαισταί (ligne suivante), distingué de παλαιστικοί ; le parallèle réapparaît à la ligne 14.

5. [135.5-17] Tout le passage est une paraphrase de *C*, 10 a 32-b 5.

6. [135.19] Entendez : l'équivalent du français « vertueux », tiré de « vertu », n'existe pas en grec. Le mot *ἀρεταῖος qu'exprime ici Porphyre et qu'il tire de ἀρετή (« vertu ») est un mot qu'il forge à l'occasion.

γραμματικῆς εἴρηται· ἀλλ' ἀπὸ τῆς ἀρετῆς ὁ [σπουδαῖος] λέγεται ἢ ἀγαθός· ἔτι δὲ ὁπωσοῦν καὶ τὰ τοιαῦτα λέγεται, ὡς ἀπὸ τῆς δικαιοσύνης [ὁ] δίκαιος· [οὐδὲν] γὰρ λέγεται ἀπὸ τῆς δίκης δίκαιον, καὶ ἀπὸ τῆς σωφρο[σύνης οὐδὲν] [σω]φρόσυνον, [ὡς] ἀπὸ τῆς [εὐ]φροσύν[ης] εὐφρόσυνος. Εὕροι δ' ἂν τις καὶ ἐπὶ ἄλλων πλειόνων τῆς συνηθείας [τὴν ἀνωμ]αλίαν.

<Π.> Ἐπεὶ δὲ ἐν ταῖς ἄλλαις κατηγορίαις τά <τε> κοινὰ {καὶ} πρὸς ἄλλας κ[αὶ τ]ὰ [ἴδ]ια ἑκάστης ἐζήτησεν, ἆρά γε καὶ ἐνταῦθα πεποίηκεν τὸ ὅμοιον;

<Ἀ.> Πεποίηκεν.

<Π.> Πῶς;

21 ἀλλ' M : ἀλλὰ A ‖ σπουδαῖος A ‖ **22** ὁ A ‖ **23** οὐδὲν rest. Vitelli (Busse et Strange) : om. et lac. indic. A ‖ σωφροσύνης οὐδὲν restitui : σωφροσύνης et lac. indic. A ‖ **24** σωφρόσυνον … ὡς … εὐφροσύνης A ‖ **25** τὴν ἀνωμαλίαν p : τὴν ἀνομαλίαν AC ‖ **26** Π. (*Int.*) add. Fel. u. sign. Ap ‖ τά τε κοινὰ scripsi ex Simpl. (277,15) : τὰ κοινὰ καὶ MA ‖ **27** καὶ τὰ ἴδια A ‖ **28** 'A. (*Resp.*) add. Fel. u. sign. Ap ‖ **29** Π. (*Int.*) add. Fel. u. sign. Ap

lettres[1]; celui qu'on désigne à partir de sa vertu est au contraire appelé « sérieux » ou « bon »[2]. Et voilà encore des exemples où on s'exprime « selon un procédé quelconque » : c'est à partir de la justice qu'on parle du juste, car il n'y a rien qui soit dit juste à partir du juste[3], et à partir de la tempérance, il n'y a rien qu'on dise « tempéré », alors qu'à partir de la joie, on peut dire « joyeux » ![4] Et l'on découvrira encore en de très nombreux autres cas l'irrégularité de l'usage.

Q. — Mais étant donné que, dans les autres catégories, Aristote s'est mis en quête à la fois de traits qu'elles ont en commun avec d'autres et des traits propres à chacune, est-ce qu'ici encore, il a fait la même chose ?

R. — Oui, il l'a faite.

Q. — Comment ?

1. [135.20-21] Le mot ἐνάρετος existe bel et bien; quoique rare et tardif, peut-être d'invention stoïcienne, comme le dit Strange (p. 149, n. 470), il semble même avoir été créé pour qualifier techniquement celui qui a acquis la vertu et donc pour suppléer à l'absence d'adjectif usuel correspondant à ἀρετή ! Porphyre semble récuser ce terme artificiel (que j'ai rendu, faute de mieux, par l'artificiel « envertué », antonyme fictif de « encanaillé »), non seulement parce qu'il n'est pas usuel, mais parce qu'il lui paraît inapproprié, comme le serait ἐγγράμματος (que j'ai traduit par « enlettré ») pour qualifier quelqu'un d'après sa science des lettres. En effet, ἐγγράμματος est un mot qui existe, lui aussi, mais il signifie « consigné par écrit ». Porphyre semble donc juger que, formé à l'aide du même préfixe ἐν–, l'artificiel ἐνάρετος voudrait plutôt dire « mis en forme de vertu », et non « vertueux ».

2. [135.21] Cf. *C*, 10 b 5-9. Strange (p. 149, n. 472) prétend à tort que Porphyre s'écarte ici d'Aristote et que, pour ce dernier, « appeler quelqu'un d'après quelque chose » signifie précisément l'appeler παρωνύμως d'après cette chose. Aristote dit bien, au contraire, que l'homme dit « sérieux » (σπουδαῖος) est qualifié d'après sa vertu, ἀλλ' οὐ παρωνύμως ἀπὸ τῆς ἀρετῆς.

3. [135.22-23] Cet exemple et les suivants ne sont pas d'Aristote, qui signale que les cas analogues (à celui de la vertu en général) sont peu nombreux (*C*, 10 b 9). Porphyre, au contraire, tente d'illustrer par des exemples de vertus particulières la désignation non proprement dérivée, qu'il appelle « selon un procédé quelconque » (ὁπωσοῦν) et fait observer, en l'occurrence, qu'une personne est qualifée de « juste » (δίκαιος), non par dérivation du « juste » (δίκη, c'est-à-dire, en fait, le verdict du juge), mais à partir de la justice (δικαιοσύνη, c'est-à-dire, la vertu qu'on possède). C'est évidemment en contradiction avec ce que dit Aristote en *C*, 10 a 29-32, où l'appellation de « juste » (δίκαιος), donnée à partir de la « justice » (δικαιοσύνη), est bel et bien présentée comme une appellation dérivée (παρωνύμως).

4. [135.23-24] L'exemple est parallèle à celui du juste. À partir de la « tempérance » (σωφροσύνη), l'on parle de « tempérant » (σώφρων) sans dérivation, car le véritable dérivé serait ici *σωφρόσυνος (qui n'existe pas et que, toujours faute de mieux, j'ai traduit par « tempéré »). Porphyre, à l'occasion, souligne un paradoxe, en signalant l'existence d'un dérivé de même racine, εὐφρόσυνος (« joyeux »), tiré de εὐφροσύνη (« la joie »). En observant ainsi les caprices de la langue, il restreint la conception qu'Aristote se faisait des dérivés, ce qui est la caractéristique principale de son commentaire dans ce passage.

<Ἀ.> Φησὶ γὰρ [ὅτι « ὑπά]ρχει καὶ ἐναντιότης [κατ]ὰ τὸ ποιόν ».

<Π.> Διὰ τί οὖν ἔφη καὶ ἐναντιότης, ἀλλ᾽ οὐχὶ ἁπλῶς [ἄν]ευ τοῦ καὶ συνδέσμου ὅτι ὑπάρχει ἐναντιότης;

136.1 <Ἀ.> Ὅτι καὶ ἄλλα ἔδειξε τῇ ποιότητι [ὑπ]άρχοντα· πρὸς οὖν τοῖς [ἄλλοις] εἰδέναι φησὶ χρή, ὅτι καὶ ἐναντιότης αὐτῇ ὑπάρχει.

<Π.> Ἆ[ρα οὖ]ν καὶ πάσῃ καὶ μόνῃ;

<Ἀ.> Οὐδαμῶς· [ὅτι μόνῃ] μὲν γὰρ ἡ ἐναντιότης οὐχ ὑπάρχει, δῆλον ἐκ τοῦ καὶ τῇ τῶν [πρός] τι [προσ]εῖναι· οὐ πάσῃ δέ, ὅτι οὔτε τῇ κατὰ <τὸ> σχῆμα ποιότητι οὔτε τῷ ὠχρῷ ἢ τῷ [πυρρ]ῷ ἢ τῷ [φωτ]ίζοντι ἤ τινι ἄλλῃ χροιᾷ ἐστί τι ἐναντίον τῶν μεταξύ· καίτοι τὸ μέ[λαν] τῷ λευκῷ ἐναντίον· [ἄκρα γάρ]· τοῖς δὲ μέσοις οὐδὲν ἐναντίον, ὡς εἴρηται.

<Π.> Πῶς τῇ κατὰ <τὸ> σχῆμα ποιότητι οὐκ ἔστι τι ἐναντίον;

<Ἀ.> Ὅτι μήτε τῷ τριγώνῳ ἐστί τι ἐναντίον μήτε τῷ [τετραγώ]νῳ σχήματι ἤ τινι τῶν τοιούτων.

30 ᾽Α. (*Resp.*) add. Fel. u. sign. Ap || ὅτι ὑπάρχει A || καὶ MA : δὲ καὶ Arist. (10 b 12) et Simpl. (277,17) || κατὰ A || **31** Π. (*Int.*) add. Fel. u. sign. Ap || ἄνευ A || **136.1** ᾽Α. (*Resp.*) add. Fel. u. sign. Ap || ὑπάρχοντα Busse (cf. Simpl., 277,18) : om. et lac. indic. A || πρὸς M : πρὸ A || **2** ἄλλοις rest. Busse : om et lac. indic. A || **3** Π. (*Resp.*) add. Fel. u. sign. Ap || Ἆρα οὖν A || **4** ᾽Α. (*Resp.*) add. Fel. u. sign. Ap || ὅτι μόνῃ rest. Busse : om. et lac. indic. A || **5** πρός A || προσεῖναι rest. Busse (cf. Simpl., 277,33 : πρόσεστιν) : om. et lac. indic. A || **6** τὸ A (cf. Simpl., 277,28) : om. M || τῷ ὠχρῷ ἢ τῷ M (paene oblitt.) : om. et lac. indic. A || πυρρῷ ἢ τῷ φωτίζοντι restitui : πυρρῷ ἢ τῷ μελανίζοντι rest. Busse : om. et lac. indic. A || ἢ[3] M : καὶ A || **7** μέλαν A || **8** ἄκρα γάρ Busse : om. et lac. indic. A || **9** Π. (*Resp.*) add. Fel. u. sign. Ap || τὸ addidi (cf. u. 6) || **10** ᾽Α. (*Resp.*) add. Fel. u. sign. Ap || μήτε… μήτε M : οὔτε… οὔτε A || τετραγώνῳ A

R. — Il soutient en effet qu'« il y a aussi de la contrariété dans la qualité »[1].

Q. — Pourquoi donc a-t-il dit : « il y a *aussi* de la contrariété… », et pas simplement, sans la conjonction *aussi* : « il y a de la contrariété » ?

|R. — Parce qu'il a montré que la qualité a aussi d'autres propriétés[2]. **136**
Il faut donc savoir en outre, dit-il, qu'il y a aussi de la contrariété en elle.

Q. — Est-ce que chacune des qualités est donc dans ce cas, et elles seulement ?

R. — Pas du tout ! Que ce ne soit pas la seule catégorie à faire place à la contrariété, c'est ce que montre le fait que celle des relatifs aussi a cette propriété[3]. Par ailleurs, toutes les qualités ne sont pas dans le cas, puisque ni la qualité qui correspond à la figure, ni le pâle, le roux, le lumineux, ni aucune autre teinte intermédiaire n'a de contraire[4] ; bien sûr, le noir est le contraire du blanc, car ce sont des extrêmes, mais les teintes moyennes n'ont aucun contraire, ainsi qu'il a été dit[5].

Q. — Comment se fait-il que la qualité correspondant à la figure n'ait pas de contraire ?

R. — C'est qu'il n'y a pas de contraire au triangle, ni à la figure quadrangulaire, ni à aucune figure de ce genre.

1. [135.30] *C*, 10 b 12.

2. [136.1] Strange (p. 150, n. 475) estime que si Porphyre a écrit « il a montré » (ἔδειξε), il parle ici des caractéristiques déjà montrées par Aristote dans ce qui précède (*C*, 8 b 25 et 10 a 27-29). Mais l'hypothèse est contredite par la question soulevée p. 135, 26-28, où l'on peut voir, à l'évidence, que rien dans ce qui précède n'est considéré comme propriété de la qualité. En écrivant qu'Aristote « a montré » cela, Porphyre peut parfaitement vouloir dire qu'il l'a fait dans une partie du texte qui va être considérée plus loin !

3. [136.4-5] C'est le cas, du moins, de certains relatifs : cf. *C*, 6 b 15-19.

4. [136.5-7] Cf. *C*, 10 b 15-17 (où il est question seulement du pâle et du roux). La mention du dernier exemple, qu'Aristote ne donne pas, est en partie effacée dans les témoins manuscrits (trois lettres sont illisibles) ; le mot est restitué sans argument par Busse, à l'aide de cinq lettres : <μελαν>ίζοντι (ligne 6) ; cette restitution est, de plus, délicate pour le sens (« ce qui est noir ou tire au noir »), vu qu'il est question du noir (ligne 7) comme d'un extrême et non comme d'un intermédiaire. Aristote cite expressément plus loin (12 a 21) des intermédiaires entre le noir et le blanc : le pâle, comme ici, et le gris clair (φαιόν). J'ai risqué ici <φωτ>ίζοντι (« le lumineux »), couleur des astres, qui est un jaune-orange.

5. [136.8] Ce jugement, que n'exprime pas Aristote, ne correspond pas exactement à sa pensée, si l'on se rapporte à ce qu'il dit des vertus et des vices (qualités de la première espèce) : « Les extrêmes ont plus de contrariété l'un par rapport à l'autre qu'ils n'en ont par rapport au moyen » (*Éth. à Nic.*, II, 8, 1108 b 27-28). Mais Porphyre a raison si, comme le fait volontiers Aristote lui-même, on entend par contraires les choses les plus distantes l'une de l'autre (cf. *Ibid.*, 1108 b 3-4 et *C*, 6 a 17-18).

<Π.> Ἆρα οὖν [καὶ] τοῖς ποιοῖς τοῖς κατ⌈ά⌉ τ<ιν>ας {ἐπι}⌈λεγ⌉ομέν⌈οι⌉ς ποιό[τητ]άς τις ἐναντίωσίς ἐστιν;

<Ἀ.> « Οἷον ⌈τὸ ἄδικον τῷ δικαίῳ⌉ ἐναντίον καὶ τὸ λευκὸν {καὶ} τῷ μέλανι ἐναντίον. »

<Π.> Κἂν θάτερον ποιὸν ᾖ τ[ῶν] ἐναντίων, ἆρά γε [καὶ τὸ ἐναντίον αὐτῷ] ποιὸν ἔσται;

<Ἀ.> Ναί.

<Π.> Πῶς;

<Ἀ.> « Εἰ γὰρ ἡ δικαιοσύνη ἐναντία τῇ ἀδικίᾳ ἐστὶ καὶ ἡ δικαιοσύνη ποιότης, καὶ ἡ ἀδικία πάντως ποιότης ἔσται »;

<Π.> Διὰ τί οὖν ἔφη <εἰ> ἡ δικαιοσύνη ἐναντία [τῇ ἀδικίᾳ καὶ] οὐχὶ ἐπεὶ ἡ δικαιοσύνη ἐναντία τῇ ἀδικίᾳ;

<Ἀ.> Ὅτι ἦσάν τινες οἳ τῇ δικαιοσύνῃ οὐκ ἐδίδοσαν ἐναντί⌈ο⌉ν εἶναι [τὴν ἀδικίαν], [ἀλλὰ] τὴν μὲν ἐναντίαν ἕξιν ἀνώνυμον εἶναι, τὴν δὲ ἀδικίαν στέρησιν εἶναι καὶ οὐχ ἕξιν· τὰς γὰρ ἕξεις [κατα]φατικῶς δεῖν [προσαγορεύειν, τὰς δὲ στερήσεις] ἀρνητικῶς.

12 Π. (*Resp.*) add. Fel. u. sign. Ap ‖ καὶ A ‖ κατά τινας λεγομένοις scripsi ex Arist. (10 b 14) : κατὰ τὰς ἐπιδεχομένας MA ‖ ποιότητάς Busse : om. et lac. indic. A ‖ **14** Ἀ. (*Resp.*) add. Fel. ‖ τὸ ἄδικον τῷ δικαίῳ scripsi ex Arist. (10 b 14-15) : δικαιοσύνη ἀδικίᾳ MA lac. post ἐναντίον coni. Busse (in app.) quod prob. Strange qui add. καὶ λευκότης μελανίᾳ καὶ τὸ ἄδικον τῷ δικαίῳ ‖ τὸ λευκὸν M : τῶ λευκῶ A ‖ καὶ[2] (M) om. A recte ‖ **14-15** τῷ μέλανι M : τὸ μέλαν A ‖ **16** Π. (*Int.*) add. Fel. ‖ τῶν Busse : om. A ‖ ἐναντίων M : om. et lac. ind. A ‖ **16-17** καὶ τὸ ἐναντίον αὐτῷ scripsi sicut coni. Busse (in app.) ex Simpl. (278, 2) : καὶ αὐτὸ A καὶ τὸ λοιπὸν Arist. (10 b 18) ‖ **18** Ἀ. (*Resp.*) add. Fel. u. sign. Ap ‖ **19** Π. (*Resp.*) add. Fel. u. sign. Ap ‖ **20** Ἀ. (*Resp.*) add. Fel. u. sign. Ap ‖ ἐναντία MA : ἐναντίον Arist., 10 b 20 ‖ ἐστὶ ante ἡ pos. Arist., 10 b 19 ‖ **20-21** καὶ … ποιότης MA : ποιὸν δὲ Arist., 10 b 20 ‖ **21** πάντως - ἔσται MA : ποιὸν ἄρα quae ante καὶ pos. Arist., 10 b 21 ‖ **22** Π. (*Resp.*) add. Fel. u. sign. Ap ‖ εἰ add. Busse ‖ τῇ ἀδικίᾳ καὶ Busse : καὶ δίκαιον A ‖ **24** Ἀ. (*Resp.*) add. Fel. u. sign. Ap ‖ οἳ MA[1] (mg) : om. A ‖ ἐναντίον scripsi ex Simpl. (278,22) : ἐναντίαν MA ‖ **24-25** τὴν ἀδικίαν Simpl. (278,22) : τῇ ἀδικία A ‖ **25** ἀλλὰ A Simpl. (278,22) ‖ **26** καταφατικῶς A Simpl. (278,23) ‖ **26-27** προσαγορεύειν, τὰς δὲ στερήσεις A : πρ. καὶ τὰς στ. Simpl. (278,23-24)

Q. — Est-ce que les choses qualifiées expressément d'après certaines qualités admettent donc une contrariété ?[1]

R. — Oui, « par exemple, l'injuste est le contraire de juste et le blanc le contraire du noir »[2].

Q. — Et si l'un des deux contraires est une qualité, est-ce que son contraire aussi sera une qualité ?[3]

R. — Oui.

Q. — Comment ça se fait ?

R. — « Si la justice en effet est contraire à l'injustice et que la justice est une qualité, l'injustice aussi, de toute façon, sera une qualité »[4].

Q. — Pourquoi donc a-t-il dit : « *Si* la justice est contraire à l'injustice… », et non pas : « *Puisque* la justice est contraire à l'injustice… » ?

R. — Parce qu'il était certaines personnes qui ne concédaient pas qu'à la justice on pût donner l'injustice pour contraire. Pour elles, l'état contraire est anonyme, et l'injustice est une privation, non un état ; les états doivent en effet, disent-elles, s'exprimer positivement et les privations négativement[5].

1. [136.12] La question vise l'affirmation de *C*, 10 b 14-15 (d'où j'ai tiré la correction du texte : *cf.* apparat critique).

2. [136.14] Le texte des manuscrits, visiblement corrompu, doit être corrigé. Busse et Strange ont supposé inutilement une lacune à combler après ἐναντίον. Je crois que, tout simplement, les deux mots δικαιοσύνη ἀδικίᾳ sont altérés, car la phrase qui commence par οἷον est une citation à peine retouchée de *C*, 10 b 14-15 ; d'où ma correction : τὸ ἄδικον τῷ δικαίῳ.

3. [136.16-17] La question vise l'affirmation de *C*, 10 b 17-18, où ποιόν a le sens de qualité ; c'est d'ailleurs ainsi que Porphyre l'entend.

4. [136.20-21] Citation modifée de *C*, 10 b 19-21.

5. [136.24-27] Aristote ignore ces considérations dans *C* et l'on ne sait pas quelles personnes Porphyre vise ici. Mais l'on sait que certains commentateurs, avant lui, prétendaient distinguer, comme le Pseudo-Archytas (*op. cit.*, p. 31, 9-10 et 15-17 Th.), entre les êtres désignés dans une affirmation, les êtres désignés dans une négation et les êtres désignés dans une privation : par exemple, dans l'ordre de la qualité, lorsqu'on dit que quelqu'un est tel (ποιὸν εἶναι), qu'il n'est pas tel (μὴ εἶναι ποιόν) ou qu'il est privé de cette qualité (ἄποιον). Ce genre de distinction, qui maintient la différence aristotélicienne entre négation et privation, est de nature à montrer pourquoi l'on ne peut confondre, par exemple, ce qui n'est pas juste et ce qui est injuste ; mais elle a l'inconvénient de tenir l'injuste (ἄ-δικον) pour la privation d'une qualité, uniquement, selon toute apparence, du fait qu'il s'exprime par un terme négatif (avec l'alpha privatif). Or c'est ce qu'allèguent les personnes inconnues évoquées dans notre passage. Convaincues, comme Aristote, que la privation s'oppose à l'état, celles-ci croient donc pouvoir soutenir que l'injustice ne désigne pas un état, celui-ci devant être exprimé par un terme positif. Entre ces personnes et le Pseudo-Archytas, il y a donc un jugement commun que Porphyre s'apprête à dénoncer et selon lequel un terme de forme négative exprime simplement la privation d'un état.

<Π.> Ἆρα οὖν καλῶς διαστάττονται οἱ τούτων [λόγοι];

<Ἀ.> [Οὐδαμῶς]· [καὶ γὰρ ἕξεις στερητικῶς] [προσαγορεύομεν] πολλάκις, ὥσπερ τὴ[ν] τῇ σ[ω]φροσύνῃ ἐναντίαν ἕξιν ἀκολασίαν καὶ [τὴν τῇ]
137.1 [φρο]νήσει ἀφροσύνην καὶ τὴν τῇ ἐλευθεριότητι ἀνελευθεριότητα καὶ <τὴν> τῇ εὐ[σεβ]είᾳ {τὴν} [ἀσ]έβειαν καὶ <τὴν> τῇ ὁσιότητι ἀνοσιότητα καὶ στερήσεις καταφατικῶς, ὡς τὴν τυφλότητα καὶ κωφότητα καὶ νωδότητα καὶ χωλ[ότητ]α καταφατικῶς προφέρομεν στερήσεις οὔσας.

<Π.> Ἐὰν ζητῶμεν, ἐν ποίῳ γένει [ἔστι τι ταῖς κατηγορίαις ὑπάρχον] ἐν αἷς ἐστιν ἐναντίωσις, πῶς μεθοδεύσομεν τὴν ζήτ⌈ησιν⌉ καὶ ἐν ποίῳ [γένει] [ἐστίν, εἰ]σόμεθα;

<Ἀ.> Ληψόμεθα [τὸ ἀντι]κείμενον τοῦ ζητουμένου, ὅ ἐστι γνωριμώτερον, κα[ὶ ἐὰν γνωσθῇ] ἐν ποίᾳ κατηγορίᾳ κατειλημμένον, εἰσόμεθα ὅτι καὶ τούτου τὸ ἐναντίον ἐν τῇ αὐτῇ κατηγορίᾳ [τα]κτέον ἐστίν. Οἷον εἰ{ς} τὴν ἀδικίαν ζητοῖ τις ποίας ἐστὶ κατηγορίας, λ[η]πτέον τὴν δικαιοσύνην· ἔστι δὲ [ἡ δικαι]οσύνη ποιότης· καὶ ἡ ἀδικία ἄρα ποιότης ἔσ[ται· ὡσαύτως δὲ καὶ] ἐὰν ζη[τῇ τ]ι[ς ἡ τυ]φλότης ποίας κατηγορίας ἐστίν, ληπτέον ἡ ὅρασις ποίας [κατηγορ]ί[ας ἐστίν· καὶ εἰ] ποιότητος, καὶ ἡ τυφλότης ἐν αὐτῇ εἶναι λέγεται.

28 Π. (*Int.*) add. Fel. u. sign. Ap ‖ λόγοι Busse : om. et lac. indic. A ‖ **29** Ἀ. (*Resp.*) add. Fel. ‖ Οὐδαμῶς A ‖ καὶ γὰρ ἕξεις στερητικῶς scripsi ex Simpl. (278,24) : οὐ γ. τὰς ἕ. σ. A ‖ προσαγορεύομεν A ‖ **30** τὴν¹ Busse : om. A ‖ τὴν τῇ² Busse : τῇ A ‖ **137.1** φρονήσει A ‖ τὴν M : om. A ‖ ἀνελευθεριότητα M : ἀνευθεριότητα A ‖ **2** τὴν¹ addidi ‖ εὐσεβείᾳ A ‖ τὴν² (M) om. A recte ‖ ἀσεβείαν A ‖ τὴν³ addidi ‖ **3-4** καὶ χωλότητα restitui ex Simpl. (278,26) : καὶ ὠχρότητα Busse om. A ‖ **5** Π. (*Int.*) add. Fel. ‖ ἔστι τι ταῖς κατηγορίαις ὑπάρχον restitui : post γένει ca 14 litt. oblitt. M lac. indic. et ἑκάστην scr. A τί ἐστι λαβόντες τῶν κατηγοριῶν ἑκάστην coni. Busse (in app.) ‖ **6** μεθοδεύσομεν M : μεθοδεύσωμεν A ‖ ζήτησιν scripsi ut coni. Busse (in app.) : ζητουμένην MA εὕρεσιν Simpl. (278,13) ‖ γένει A ‖ **6-7** ἐστίν, εἰσόμεθα Busse : om. et lac. indic. A ‖ **8** Ἀ. (*Resp.*) add. Fel. ‖ τὸ ἀντικείμενον Busse : τὸ προκείμενον A τὸ ἐναντίον Simpl. (278,13) ‖ **9** καὶ ἐὰν γνωσθῇ restitui ex Simpl. (278,4) ut coni. Busse (in app.) : om. et lac. indic. A ‖ κατηγορίᾳ κατειλημμένον MA : ἐστὶν ἐκεῖνο κατηγορίᾳ Simpl. (278,14) ‖ **9-10** τούτου τὸ MA : τὸ οὗ ἐστιν Simpl. (278,15) ‖ **10** αὐτῇ M Simpl. (278,15) : αὐτῆς A ‖ τακτέον A Simpl. (278,15) ‖ εἰ A Simpl. (278,16) : εἰς M ‖ **11** ζητοῖ τις M : ζητεῖ τις A ζητῶμεν Simpl. (278,16) ‖ ποίας ἐστι κατηγορίας MA : ἐν ποίῳ ἐστὶν γένει Simpl. (278,16) ‖ ληπτέον Busse (cf. Simpl., 278,15) : om. et lac. indic. A ‖ **11-12** ἡ δικαιοσύνη A : αὕτη Simpl. (178,17) ‖ **12** ἔσται· ὡσαύτως δὲ καὶ A : καὶ Simpl. (278,17) ‖ **13** ζητῇ τις ἡ τυφλότης A ‖ **13-14** κατηγορίας ἐστίν· καὶ εἰ A ‖ **14** τυφλότης M : ποιότης A

Q. — Est-ce que leurs arguments ainsi présentés sont corrects ?

R. — Pas du tout ! Car nous désignons souvent des états de façon privative : par exemple, l'état contraire à la tempérance, c'est l'intempérance, celui contraire à la prudence, | c'est l'imprudence, celui contraire à la 137
gratitude, c'est l'ingratitude, celui contraire à la piété, c'est l'impiété, celui contraire à la révérence, c'est l'irrévérence[1]. Et nous désignons positivement des privations : par exemple, nous exprimons positivement la cécité, la surdité, la carie, la claudication, alors que ce sont des privations[2].

Q. — Si nous cherchons dans quel genre placer quelque chose appartenant aux catégories où se trouve la contrariété[3], comment allons-nous procéder dans notre recherche et savoir dans quel genre elle se place ?

R. — Nous allons prendre l'opposé de la chose qui fait l'objet de la recherche, lequel est plus familier, et si nous pouvons savoir dans quelle catégorie il est inclus, nous saurons que son contraire aussi doit être rangé dans la même catégorie. Si, par exemple, l'on cherche à quelle catégorie appartient l'injustice, il faut prendre la justice. Or la justice est une qualité ; donc, l'injustice aussi sera une qualité[4]. De la même façon encore, si l'on cherche à quelle catégorie appartient la cécité, il faut prendre la vue. À quelle catégorie appartient-elle ? Si c'est également à la qualité, la cécité aussi est dite se trouver là.

1. [137.1-2] Les termes ἐλευθεριότης (« générosité », plutôt que « gratitude ») et ὁσιότης (« sainteté », plutôt que « révérence ») ont été traduits de façon très évidemment approximative, pour pouvoir mieux exprimer leur contraire d'un seul mot négatif.

2. [137.3] « Carie » et « claudication » sont de mauvaises traductions de νωδότης et de χωλότης, qui désignent le fait d'être édenté ou d'avoir un membre atrophié, mais il n'y a pas, en français, de mots simples pour exprimer cela. Le terme χωλότητα, qu'on lit aussi dans le texte parallèle de Simplicius (278, 26), est préférable à la restitution que propose Busse (ὠχρότητα), car la pâleur est moins évidemment une privation que le fait d'avoir une jambe trop courte, mais la question ne se pose pas de savoir s'il est préférable, car les lettres χωλ se lisent encore dans M.

3. [137.5] La restitution proposée par Busse est à coup sûr trop longue pour correspondre à la petite portion de texte perdu. J'ai proposé un texte plus court (*cf.* apparat critique) et substitué ὑπάρχον à ἑκάστην que croyait lire A dans la partie du texte de M aujourd'hui indéchiffrable. Le texte parallèle de Simplicius (278, 11-13) est, lui aussi, corrompu et n'est ici d'aucune aide sérieuse pour établir un texte plus satisfaisant.

4. [137.10-12] Cf. *C*, 10 b 19-23.

<Π.>Ἐπεὶ δὲ καὶ περὶ τοῦ μᾶλλον [καὶ ἧττον] ἐζ[ήτησε] [ἐν ταῖς] φθασάσ<α>ι<ς> κατηγορίαις εἰ ἐπιδέχονται, φήσομεν ἐπὶ τῆς ποιότητος ἆρά γε ἐπιδέχε[ται τὸ] μᾶλλον καὶ τὸ ἧττον;

<Ἀ.>Ἐπιδέχεται μέν, ἀλλ᾽ οὔτε μόνη (ἐπεδέχετο γὰρ [καὶ τὰ πρός τι]), οὔτε πᾶσα ([τριγω]νότης γὰρ μᾶλλον καὶ ἧττον οὐκ ἂν γένοιτο οὐδὲ κύκλος μᾶλλον καὶ ἧττον οὐδὲ ἡ τελεία ἀρετὴ οὐδὲ <ἡ> τελεία τέχνη). Πολλαὶ δὲ [ἄλλαι] ποιότητες ἐπιδέχονται τὸ μᾶλλον καὶ τὸ ἧττον· « λευκὸν γὰρ μᾶλλον καὶ ἧττον ἕτ[ερον] ἑτέρου λέγεται ».

<Π.>Σαφέστερον εἰπὲ καὶ εὐκρινέστερον, εἰ ἐπιδέχονται αἱ ποιότητες καὶ οἱ [ἀπ᾽ αὐτ]ῶν ποιοὶ τὸ μᾶλλον καὶ <τὸ> ἧττον.

<Ἀ.>Καὶ πῶς ἂν γένοιτο σαφῶς τι περὶ τούτων εἰπεῖν, ὅπου γε πλείονες γεγ[όνασιν αἱ]ρέσεις περὶ τούτων; Οἱ μὲν γὰρ τάς τε ἕξεις τῶν ὑλῶν πάσας καὶ τοὺς ποιοὺς ἐπίτασιν [καὶ ἄνεσιν] λαμ[βάνειν] ἐτίθεσαν, ὡς ἂν καὶ αὐτῆς τῆς ὕλης τὸ μᾶλλον καὶ τὸ ἧττον εἶναι [ἐπιδεχο]μέν[ης]· ταύτης δὲ τῆς δόξης ἦσάν τινες τῶν Πλατ⌈ω⌉νικῶν. Οἱ δὲ τινὰς μὲν ἕξεις [καὶ τοὺς κατὰ ταύτας ποιοὺς] [διελόμενοι] ὑπελάμβανον μὴ ἐπιδέχεσθαι τὸ μᾶλλον

15 Π. (*Int.*) add. Fel. ‖ καὶ ἧττον restitui ex Simpl. (283,29) : καὶ τοῦ ἧττον Busse om. et lac. indic. A ‖ ἐζήτησε restitui ex Simpl. (283,29) : ἐζητεῖτο Busse om. et lac. indic. A ‖ ἐν ταῖς Busse : ἐν πάσαις ταῖς Simpl. (283,29) ταῖς A ‖ **16** φθασάσαις Busse : φθάσασι MA ‖ post ποιότητος u. sign. A haud recte ‖ **17** ἐπιδέχεται τὸ Busse : om. et lac. indic. A ‖ **18** Ἀ. (*Resp.*) add. Fel. u. sign. Ap ‖ καὶ τὰ πρός τι restitui : κ. τὸ π. τ. Busse om. et lac. indic. A ‖ **19** τριγωνότης Busse ex Simpl. (278,10) : om. et lac. indic. A ‖ **20** οὐδὲ ἡ² Cp : οὐδὲ MA καὶ ἡ Simpl. (284,11) ‖ **21** ἄλλαι A ‖ **22** ἕτερον A ‖ **23** Π. (*Int.*) add. Fel. u. sign. Ap ‖ **24** ἀπ᾽ αὐτῶν A ‖ τὸ² add. A ‖ **25** Ἀ. (*Resp.*) add. Fel. u. sign. Ap ‖ **26** γεγόνασιν αἱρέσεις A ‖ **27** καὶ ἄνεσιν A : nunc oblitt. M ‖ λαμβάνειν Busse : λαμ et lac. indic. A ‖ **28** ἐπιδεχομένης Busse (cf. Simpl., 284,15) : om. et lac. indic. A ‖ **29** Πλατωνικῶν Cp : Πλατονικῶν MA ‖ ante Οἱ δὲ u. sign. A (dub.) ‖ **29-30** καὶ τοὺς — ποιοὺς A : nunc oblitt. M ‖ **30** διελόμενοι restitui ex Simpl. (284,32) : om. et lac. indic. A addend. esse τελείους coni. Busse

Q. — Mais dès lors qu'Aristote s'est encore interrogé sur le plus ou moins dans les catégories précédentes, quant à savoir si elles en étaient susceptibles, allons-nous dire, dans le cas de la qualité, qu'effectivement, elle admet le plus et le moins ?[1]

R. — Oui, elle l'admet, mais ce n'est pas la seule, puisque, on l'a vu, les relatifs l'admettent aussi[2]; et toutes les qualités ne l'admettent pas[3]. En effet, la triangularité n'est pas susceptible du plus ou moins et un cercle n'est pas plus ou moins un cercle[4], ni la vertu parfaite, ni l'art parfait[5]. Mais il est beaucoup d'autres qualités qui admettent le plus et le moins : « le blanc, par exemple, est dit plus ou moins blanc d'un cas à l'autre »[6].

Q. — Exprime-toi plus clairement et de façon plus précise ; est-ce que les qualités et ceux qu'on qualifie d'après elles admettent le plus et le moins ?

R. — Et comment arriver à dire quoi que ce soit de clair à ce propos, quand justement, il y a plusieurs écoles sur le sujet ?[7] La position des uns était en effet que tous les états matériels et les êtres qualifiés peuvent s'intensifier et se relâcher, car la matière elle-même peut admettre le plus et le moins ; et certains platoniciens étaient de cet avis[8]. D'autres, en revanche, avaient fait une distinction et supposaient que certains états, ainsi que les

1. [137.15-17] La question vise l'affirmation de *C*, 10 b 26.

2. [137.18] Du moins certains relatifs : cf. *C*, 6 b 20 *sq.*

3. [137.19] Cf. *C*, 10 b 29-30.

4. [137.20] Cf. *C*, 11 a 5-9.

5. [137.20] Allusion possible à *C*, 11 a 1-2 (la grammaire et les autres dispositions).

6. [137.21-22] *C*, 10 b 27.

7. [137.26] Aristote, dans *C*, 10 b 32-33, signale seulement l'hésitation de quelques uns, qu'il ne nomme pas, à propos des qualités de l'espèce état ou disposition : cf. *infra*, p. 138, 4. Les querelles entre écoles postaristotéliciennes à ce ce sujet, telles que Porphyre les évoque, ne semblent pas avoir leur source dans l'interprétation de notre passage.

8. [137.26-29] Il n'est pas facile de savoir exactement ce que Porphyre entend exactement par « états matériels » (ou, comme il l'écrit, « des matières » : ὑλῶν). Dans la mesure où l'expression est restrictive et exclut les états immatériels, dont il sera question plus loin (p. 138, 24), on suppose qu'il s'agit des dispositions durables du corps et de l'âme appartenant au devenir. Réceptacles de ces états, le corps et l'âme seraient les matières ou puissances qualifiées qui, elles-mêmes, sont susceptibles de plus ou moins, l'un, parce qu'il peut croître et décroître ou devenir plus dense, l'autre, parce qu'elle peut se concentrer sur elle-même ou, au contraire, se relâcher en s'abîmant dans le corporel. Simplicius (284, 14) assure que cette opinion était notamment celle de Plotin et un passage d'*En.*, VI, 3 (20, 40-42), qui soulève la question de savoir si la santé et la justice peuvent admettre le plus ou moins, concède en effet que même ces états le peuvent, si chacun implique une « largeur ». Cette largeur, selon Simplicius (284, 21) est celle de la participation à l'état matériel. Dans l'hypothèse où Porphyre inclut Plotin parmi les Platoniciens, on remarquera qu'il en parle au passé.

138.1 καὶ <τὸ> ἧττον [ὡς] <τὰς ἀρετὰς καὶ> [τοὺς κατὰ ταύτας] [ποιούς, τινὰς δὲ ἕξεις] καὶ ποι[οὺς ἐπιδ]έχεσθαι [ἐπίτασιν καὶ] ἄνεσιν, ὡς πά[σας τὰς] μ[έσας] [τέχνας] καὶ τ[ὰς] μέσ[ας] ποιό[τητας καὶ] τοὺς κατὰ [ταύτ]ας ποιούς· ἧς γεγόνασι δόξης οἱ ἀπὸ τῆς Στοᾶς. Τρίτ[η δὲ] γ[έ]γ[ο]ν[εν], ἧς καὶ ὁ Ἀριστοτέλης μέμνηται, ⌈ἣ⌉ τὰς [μὲν] ἕξεις ἀνεπιτάτους καὶ ἀνανέτους ὑπελάμβανεν εἶναι, τοὺς δὲ κ[α]τ᾽ αὐ[τ]ὰς ποιοὺς ἐπιδέχεσθαι τὸ μᾶλλον καὶ τὸ ἧττον, οὐ πάντας μέντοι.

<Π.> Πῶς οὖν ταύτης φῂς τὸν Ἀριστοτέλη μνήμην [ποιεῖσθαι] τῆς αἱρέσεως;

<Ἀ.> Φημὶ ὅταν λέγῃ «ἔνιοι δὲ ἀμφισβητοῦσιν δικαιοσύνην μὲν δικαιοσύνης [οὐ πά]νυ τι συγχωροῦντες μᾶλλον καὶ ἧττον λέγεσθαι οὐδὲ μὴν ὑγιείαν ὑγιείας, ἧττον μέντοι ἕτερον ἑτέρου ὑγιείαν λέγοντες ἔχειν (...) καὶ δικαιότερον καὶ ὑγιεινότερον (...) καὶ τρίγωνον μέντοι καὶ τετράγωνον μὴ ἐπιδέχεσθαι τὸ μᾶλλον οὐδὲ τῶν ἄλλων σχημάτων οὐδέν· τὰ μὲν γὰρ ἐπιδεχόμενα τὸν <τοῦ> τριγώνου λόγον καὶ τὸν τοῦ κύκλου λόγον πάντα ὁμοίως τρίγωνα

138.1 τὸ A : om. M ‖ ὡς A ‖ τὰς ἀρετὰς καὶ add. Busse ex Simpl. (284,33) : om. A ‖ τοὺς κατὰ ταύτας A ‖ **1-2** ποιούς, τινὰς δὲ ἕξεις rest. Busse : om. et lac. indic. A ‖ **2** ποιοὺς ἐπιδέχεσθαι ἐπίτασιν καὶ A ‖ **2-3** πάσας τὰς μέσας Busse : πάσας et lac. indic. A ‖ **3** τέχνας A : nunc oblitt. M ‖ καὶ τὰς μέσας ποιότητας καὶ A ‖ ταύτας A[1] ‖ **4** Τρίτη δὲ γέγονε ?A ‖ ὁ M : om. A ‖ **5** ἣ Cp : ἢ MA ‖ μὲν A ‖ ἀνεπιτάτους M : ἀνεπιτάκτους A ‖ ἀνανέτους M : ἀνέτους A ‖ ὑπελάμβανεν M : ὑπελάμβανον A ‖ **6** κατ᾽ αὐτὰς A ‖ **7** Π. (*Int.*) add. Fel. u. sign. Ap ‖ μνήμην M : μνείαν A ‖ ποιεῖσθαι A ‖ **9** Ἀ. (*Resp.*) add. Fel. u. sign. Ap ‖ δὲ ἀμφισβητοῦσιν MA : γὰρ διαμφισβητοῦσι περὶ τῶν τοιούτων Arist. (10 b 32-33) ‖ μὲν MA : μ. γὰρ Arist. (10 b 33) ‖ **10** οὐ πάνυ A ‖ τι συγχωροῦντες MA : φασὶ Arist. (10 b 34) ‖ **11** μὴν MA : om. Arist. (10 b 34) ‖ μέντοι M : μέν τι A ‖ **12** λέγοντες MA : φασι Arist. (10 b 35) ‖ ἔχειν MA : καὶ δικαιοσύνην ἧττον ἕτερον ἑτέρου ἔχειν Arist. (10 b 35-11 a 1) ‖ καὶ δικαιότερον καὶ ὑγιεινότερον MA : κ. δ—ρος κ. ὑ—ρος Arist. (11 a 4-5) ‖ **12-13** καὶ τρίγωνον μέντοι MA : τρ. δὲ καὶ Arist. (11 a 5) ‖ **13** μὴ ἐπιδέχεσθαι τὸ μᾶλλον MA : οὐ δοκεῖ τὸ μ. ἐπ. Arist. (11 a 6) ‖ **14** τοῦ add. A Arist. (10 b 35) : om. M ‖ **15** καὶ MA : ἢ Arist. (11 a 8) ‖ λόγον[2] MA : om. Arist. (11 a 8)

personnes qualifiées d'après eux n'admettent pas le plus et | le moins (par 138
exemple, les vertus et ceux qu'on qualifie d'après elles), mais que certains autres états, ainsi que les êtres qualifiés d'après eux, sont susceptibles de s'intensifier et de se relâcher, comme c'est le cas de tous les arts intermédiaires et de toutes les qualités intermédiaires, ainsi que des personnes qualifiées d'après elles. Ce qui était l'avis des stoïciens[1]. Mais il y a une troisième opinion, dont Aristote précisément fait mention, selon laquelle les états sont, eux, incapables d'intensification et de relâchement[2], mais que les personnes qualifiées d'après eux sont susceptibles du plus et du moins, quoiqu'il y ait des exceptions.

Q. — Comment donc, d'après ce que tu dis, Aristote fait-il mention de cette école ?

R. — D'après moi, c'est lorsqu'il déclare : « Certains cependant se posent la question, car d'un côté, ils conviennent qu'on ne peut pas vraiment comparer justice et justice selon le plus ou moins, ni santé et santé, mais on peut dire, assurent-ils, qu'un tel a moins la santé qu'un autre (...), qu'il est plus juste et plus sain (...). Ils prétendent aussi que le triangle, en revanche, et le carré ne sont pas susceptibles du plus, ni aucune des autres figures, car celles qui admettent la formule définitoire du triangle ou celle du cercle sont toutes pareillement des triangles ou des cercles, alors que parmi celles qui ne l'admettent pas, il n'y en a pas une qui puisse être dite

1. [137.29-138.4] *Cf.* Simplicius (284, 32-34), témoignage inclus dans *SVF*, II, 393. Diogène Laërce rapporte ausssi, à propos des doctrines stoïciennes en général : « Ils considèrent également qu'il n'y a rien entre la vertu et le vice, alors que les Péripatéticiens disent qu'entre la vertu et le vice, il y a le progrès (moral). De même, disent-ils, qu'il faut qu'un bout de bois soit droit ou courbé, de même on est juste ou injuste, on n'est pas plus juste ou plus injuste, et il en va de même pour les autres vertus » (VII, 127, trad. R. Goulet, Paris, 1999, p. 866). Le critère qui, selon les stoïciens, permet de distinguer ce qui admet et ce qui n'admet pas le plus ou moins est en effet fourni par l'existence ou non d'un intermédiaire (*cf.* μέσας ποιότητας, p. 138, 3) entre les extrêmes contraires. Or, pour Aristote, cet intermédiaire existe, sinon entre le vice et la vertu, du moins entre le vicieux et le vertueux, mais il n'a pas de nom et doit être désigné par la négation des deux extrêmes : « ce qui n'est ni bon ni mauvais, ni juste ni injuste » (*C*, 12 a 24-25). Pour les stoïciens, en revanche, ce qui n'est ni bon ni mauvais n'est pas un intermédiaire entre le bon et le mauvais, mais ce qui, comme la richesse, ne profite ni ne nuit (*cf.* Diogène Laërce, VII, 102). Cela permet de comprendre, au rebours, leur notion d'« art intermédiaire », signalée ici par Porphyre : est un art intermédiaire celui qui contribue à un autre art et qui constitue une étape vers l'acquisition de cet art-là.

2. [138.5] Porphyre a déjà employé le mot ἐπίτασις, mais avec le sens d'extension dans la durée, pour qualifier l'état par rapport à la simple disposition (p. 132, 19). Il l'emploie ici au sens stoïcien, pour signifier que l'état est le degré supérieur de la même disposition (*cf.* p. 137, 20 : « la vertu parfaite »), un degré par définition insurpassable, dont on ne pourrait se départir, par relâchement, sans que la vertu elle-même, qui est un sommet, disparaisse.

ἢ κύκλοι εἰσίν· τῶν δὲ μὴ ἐπιδεχομένων οὐδὲν ἕτερον ἑτέρου μᾶλλον ῥηθήσεται· οὐθὲν γὰρ μᾶλλον τὸ τετράγωνον τοῦ ἑτερομ[ή]κους κύκλος ἐστίν· οὐδέτερον γὰρ ἐπιδέχεται τὸν τοῦ κύκ[λου λόγον] ».

<Π.> ῏Αρα οὖν καὶ [τετάρτην] τ[ι]ν<ὰ> ἱστορήσειας δόξαν περὶ τῆς ἐν τοῖς ποιοῖς καὶ ταῖς ποιότησιν ἐπιτ[ά]σεως καὶ ἀνέσεως;

<᾿Α.> Ναί.

<Π.> Καὶ τίς αὕτη;

<᾿Α.> (῏Η]ν γάρ τις ⌜ἢ⌝ τὰς μὲν ἀΰλους καὶ καθ᾿ αὑτὰς ποιότητας μὴ ἐπιδέχεσθαι τὸ μᾶλλον καὶ τὸ ἧττον ἔλεγεν, τὰς δὲ ἐνύλους πάσας καὶ τοὺς κατ᾿ αὐτὰς ποιοὺς ἐπιδέχεσθαι.

<Π.> Καὶ ὀρθῶς γέ σοι ἐδοκοῦν οὗτοι λέγειν;

<᾿Α.> Οὐδαμῶς.

<Π.> Διὰ τί;

16 ἢ M Arist. (11 a 8) : καὶ A || **17** τὸ M Arist. (11 a 10) : ὃν A || **17-18** ἑτερομήκους A Arist. (11 a 10-11) : ἑτερομικοὺς M || **18-19** κύκλου λόγον A Arist. (11 a 12) || **20** Π. (*Int.*) add. Fel. u. sign. Ap || τετάρτην τινὰ Vitelli : δ᾿ τὴν M om. et lac. indic. A || **21** ἐπιτάσεως A || **22** ᾿Α. (*Resp.*) add. Fel. u. sign. Ap || **23** Π. (*Int.*) add. Fel. u. sign. Ap || **24** ᾿Α. (*Resp.*) add. Fel. u. sign. Ap || ῏Ην Busse : ἣν MC ἧν A εἰ p || τις ἢ Busse : τις ἢ MACp ἥτις Simpl. (285,1) || **25** ἔλεγεν M Simpl. (285,2) : ἔλεγον A || **27** Π. (*Int.*) add. Fel. u. sign. Ap || γέ M : δέ A || **28** ᾿Α. (*Resp.*) add. Fel. u. sign. Ap || **29** Π. (*Int.*) add. Fel. u. sign. Ap

ceci ou cela plus qu'une autre. En effet, le carré n'est absolument pas plus un cercle que le rectangle, puisque ni l'un ni l'autre n'admettent la formule du cercle »[1].

Q. — Est-ce que tu peux encore faire état d'une quatrième opinion au sujet de l'intensification et du relâchement inhérents aux qualifiés et aux qualités ?

R. — Oui.

Q. — Et quelle est-elle ?

R. — Il y avait en effet une opinion selon laquelle les qualités immatérielles, qui existent par elles-mêmes, n'admettent pas le plus et le moins, alors que toutes les qualités matérielles l'admettent, ainsi que les personnes qualifiées d'après elles[2].

Q. — Et cette opinion est-elle correcte, à ton avis ?

R. — Pas du tout !

Q. — Pourquoi ?

1. [138.9-19] *C*, 10 b 32 *sq.* C'est la plus longue citation littérale que contienne le commentaire. En fait elle est tronquée. Après ἔχειν (ligne 12), Porphyre omet pratiquement toute la section de *C*, 10 b 35-11 a 5 (καὶ δικαιοσύνην – ὡσαύτως) et, avec elle, la mention du troisième exemple d'Aristote (la science des lettres). Les quatre mots suivants sont, dans la foulée, l'écho de *C*, 11 a 4-5 (καὶ δικαιότερος καὶ ὑγιεινότερος). En outre, il est un peu étrange que la seconde partie du texte (lignes 12 à 19), qui correspond à *C*, 11 a 5-12, figure sans autre précaution dans la même citation, car les qualités de la quatrième espèce ne sont pas évoquées par Aristote pour illustrer exactement la même thèse. Ce sont, dit Aristote, des qualités qui n'admettent pas le plus ou moins, mais il n'ajoute pas que les qualifiés d'après elles l'admettent. Porphyre comprend sans doute que le circulaire, qualifié d'après le cercle, peut être, non seulement plus ou moins grand, mais plus ou moins circulaire, comme le sont les figures sensibles, matérielles (non les cercles mathématiques). Sans une interprétation de ce genre, il n'y a pas de raison de fondre ici le passage qui les concerne avec celui qui concerne la justice et la santé, d'autant qu'il a déjà été fait allusion à ces qualités géométriques, p. 137, 19-20. On ne peut non plus soupçonner le texte de Porphyre d'être ici corrompu et supposer une lacune avant καὶ τρίγωνον (ligne 12), car la suite (ligne 20 *sq.*) renoue avec les trois opinions mentionnées sur ce sujet et en évoque une quatrième.

2. [138.24-26] Cette quatrième opinion est en réalité une variante de la première (*cf.* p. 137, 26-29) et, comme celle-ci, elle paraît attribuable à « certains platoniciens », bien que Porphyre ne le signale pas. Elle prend en effet en compte l'existence des Formes séparées, c'est-à-dire celle des Idées, qui sont une donnée significative du platonisme. Mais d'après Porphyre et pour une raison qu'on va voir, elle trahit en les dénaturant le platonisme et, donc, la vérité que défendent ceux-là mêmes qui sont convaincus de l'existence des Idées. C'est probablement pourquoi cette opinion, selon lui pseudo-platonicienne au fond, n'est pas attribuée expressément à l'école de Platon, comme l'a été la première, plus orthodoxe.

<Ἀ.>Ὅτι αἱ ⌈ἄϋ⌉λοι ποιότητες καὶ καθ' αὑτὰς ὑφεστηκυῖαι οὐκ εἰσὶ ποιότητες ἀλλ' οὐσίαι, καὶ διὰ τοῦτο ἐπίτασιν οὐκ ἐπιδέχονται, διότι [οὐδὲ] αἱ ἄλλαι οὐσίαι.

<Π.>Ποῖον οὖν ὁ Ἀριστοτέλης καθόλου δέδωκεν θεώρημα εἰς τὸ
139.1 εὑρ⌈ί⌉σκειν, [τίνα οὐκ ἂν] [ἐπιδέχοιτο] τὸ μᾶλλον καὶ τὸ ἧττον τῶν πραγμάτων καὶ τίνα οἷά τ' ἂν εἴη ἐπιδέχεσθαι;

<Ἀ.>[Ἀποδείκνυσιν] [ὅτι] ὅσα μὲν οὐκ ἐπιδέχεται τὸν τοῦ προκειμένου λόγον, ταῦτα οὐ δύναται λέγεσθαι μᾶλλον καὶ ἧττον· [οἷον τὸ τρίγωνον οὐκ ἐπι]δέχεται τὸν τοῦ τετραγώνου λόγον οὐδὲ τὸ τετράγωνον <τὸν> τοῦ κύκλου, καὶ διὰ τοῦτο [οὐκ ἔστιν ἐν αὐτοῖς τὸ μᾶλλον καὶ τὸ ἧττον. Τὸ μέντοι λευκὸν] ἱμάτιον καὶ ἡ χιὼν καὶ πολλὰ λευκὰ ἐπιδέχεται [τὸν τοῦ λευκοῦ λόγον]· [ἐν τούτοις οὖν τὸ μᾶλλον καὶ τὸ ἧττον].

30 Ἀ. (*Resp.*) add. Fel. u. sign. Ap || ἄϋλοι Busse : ἔνυλοι MA || **31** ἐπίτασιν οὐκ MA : οὔτε ἄνεσιν οὔτε ἐ. Simpl. (285,7) || διότι MA : ὥσπερ Simpl. (285,7) || οὐδὲ A Simpl. (285,8) || **33** Π. (*Int.*) add. Fel. u. sign. Ap || καθόλου M : post θεώρημα transp. A καθολικὸν Simpl. (285,14) || **139.1** εὑρίσκειν corr. A : εὑρήσκειν M || τίνα οὐκ ἂν rest. Busse : om. et lac. indic. A || ἐπιδέχοιτο A || **2** πραγμάτων MA : σχημάτων Busse || οἷά τ' ἂν εἴη M : οἷοιτ' ἂν A || **3** Ἀ. (*Resp.*) add. Fel. || Ἀποδείκνυσιν rest. Busse ex Simpl. (285,13) : om. et lac. indic. A || ὅτι A || **4** δύναται M : δύνανται A || **4-5** οἷον — ἐπιδέχεται A || **5** τὸν[2] addidi ut coni. Busse (in app.) cf. Simpl., 285,18 || **6-7** οὐκ — λευκὸν A || **7-8** τὸν τοῦ λευκοῦ λόγον rest. Busse ex Simpl. (285,20) : om. et lac indic. A || **8** ἐν — ἧττον A

R. — Parce que les qualités immatérielles qui existent par elles-mêmes ne sont pas des qualités, mais des substances, et de ce fait n'admettent pas d'intensification, puisque les autres substances n'en admettent pas non plus[1].

Q. — Quelle règle générale à observer a donc fournie Aristote pour | découvrir quelles choses ne sont pas susceptibles du plus et du moins et **139**
quelles choses pourraient l'admettre ?[2]

R. — Il démontre que si des choses excluent la formule définitoire de ce qui est proposé, on ne peut jamais dire qu'elles le sont plus ou moins : par exemple, le triangle ne reçoit pas la formule du carré, ni le carré celle du cercle et de ce fait, ils excluent en eux-mêmes le plus et le moins. En revanche, le manteau blanc, la neige et beaucoup de choses blanches admettent la formule du blanc ; donc, elles impliquent le plus et le moins[3].

1. [138.30-32] Cette thèse, comme l'a bien vu Evangeliou (*Aristotle's Categories and Porphyry*, p. 87, n. 57) est conforme à la pensée de Plotin. Celui-ci, en effet, pose la question de savoir si les qualités d'ici-bas et celles du monde idéal se ramènent à l'unité, question, dit-il, « qui concernent ceux qui posent des qualités dans ce monde-là aussi » (*En.*, VI, 1, 12, 45). C'est précisément la position que dénonce ici Porphyre, ainsi que Plotin. Celui-ci considère en effet qu'il n'y a rien de commun entre les qualités d'ici-bas et les réalités du même nom qui sont, là-haut, de nature substantielle ; et au passage, il laisse même entendre qu'Aristote lui aussi témoigne en faveur de pareille opinion. C'est à lui en effet que Plotin fait allusion en envisageant l'hypothèse de « quelqu'un qui n'accorde pas l'existence des Idées, mais parle de l'intelligence comme d'un état » (*Ibid.*, 46) ; considérant alors le rapport entre l'intelligence d'ici-bas, qui a statut de qualité (en tant qu'état), et l'Intelligence séparée que pose Aristote dans la *Métaphysique* et qui a statut de substance, Plotin déclare : « Supposons qu'elle s'entende de façon univoque, la qualité sera commune ici et là, à moins qu'on dise que tout ce qui est là est substance » (*Ibid.*, 49-51). De cette charge polémique, il ressort qu'entre les qualités dont parle Aristote dans *C* et les réalités séparées du même nom, seul, le nom est commun. Porphyre a retenu la leçon : le nom commun que l'on donne à la justice d'ici-bas et à son Idée (la Justice intelligible) masque la vérité selon laquelle la première seule est proprement une qualité, admettant le plus et le moins, au gré de sa participation à la seconde, qui est substance et chose étrangère au plus ou moins, comme tout ce qui est substantiel. Notre passage, qui expose et défend sommairement le vrai platonisme, est l'un de ceux qui manifestent le mieux la fidélité de Porphyre aux enseignements de Plotin. Comme il expose aussi une théorie présentée expressément comme différente de celle d'Aristote, c'est également un passage qui permet de voir que l'aristotélisme de Porphyre est franchement limité aux considérations non métaphysiques.

2. [138.33-139, 2] Porphyre prend en compte ici *C*, 11 a 12 *sq.*, c'est-à-dire le texte qui suit immédiatement le passage cité p. 138, 13-19. Comme l'a bien vu Strange (p. 153-154, n. 489), c'est le mot ἁπλῶς, posé en ouverture de la phrase d'Aristote (en 11 a 12), qui a suggéré à Porphyre l'idée d'un καθόλου θεώρημα (p. 138, 33), lequel exclut la correction restrictive de Busse, p. 139, 1 : σχημάτων pour πραγμάτων.

3. [139.3-8] L'interprétation que nous donne ici Porphyre des propos d'Aristote procède, semble-t-il, d'une méprise, qui le conduit à un jugement embarrassant. La méprise vient, au

<Π.>[῏Αρα] οὖν πάντα τὰ τὸν αὐτὸν λόγον ἐπιδεχόμενα ἐπιδέχεται τὸ μᾶλλον καὶ ἧττον;

<Ἀ.>[Οὐδαμῶς· ἐπι]δέχονται μὲν γὰρ ἅ[παντες] οἱ κατὰ μέρος ἄνθρωποι τὸν τοῦ ἀνθρώπου λόγον, ἄνθρωπος δὲ ἀ[νθρώπου μᾶλλον] καὶ ἧττον οὐκ ἔστιν ἄνθρωπος. Τὸ δὲ μὴ ἐπιδεχόμενον τὸν αὐτὸν λόγον ἀδύνατον τὸ μᾶλλον καὶ ἧττον ἐπιδέχεσθαι· πρὸς γὰρ [τὰ ἐν τῷ αὐτῷ λόγῳ] καὶ αἱ συγκρίσεις αἱ κατὰ τὸ μᾶλλον καὶ ἧττον, οὐ πρὸς τὰ [ἐκβεβηκότα τὸν αὐτὸν λόγον].

<Π.>Ἀλλ' εἰ μηδὲ τοῦτο ἴδιον [τῆς] ποιότητος, τί ἂν εἴη ταύτης ἴδιον;

<Ἀ.>« Τὸ ὅμοιον [καὶ ἀμόμοιον] »· κατὰ μόνας γὰρ τὰς ποιότητας ὅμοιον ἕτερον ἑτέρου λέγεται· τὸ δὲ ὅμοιον εἶναι ἢ ἀνόμοιον [κατὰ] [πάσας τὰς ποιότητας κατηγορεῖται], « ὥστε ἂν εἴη ἴδιον ποιότητος τὸ ὅμοιον [καὶ] ἀνόμοιον λέγεσθαι ».

<Π.>Ἀπορήσειεν δ' ⌈ἄν⌉ τις, πῶς διεξιὼν τὰ εἴδη τῶν πρός τι καὶ τὰς ἕξεις συγκατέλεξ⌈ε⌉ν [αὐτ]οῖς, ἐν δὲ τοῖς περὶ ποιότητος εὐθὺς ἓν εἶδος ποιό-

9 Π. (*Int.*) add. Fel. u. sign. Ap ‖ ῏Αρα A ‖ **11** Ἀ. (*Resp.*) add. Fel. u. sign. Ap ‖ Οὐδαμῶς· ἐπιδέχονται A ‖ ἅπαντες Busse : πάντες A Simpl. (285,23) ‖ **12** ἀνθρώπου μᾶλλον A ‖ **14** τὰ — λόγῳ rest. Busse : (τὰ) ὑπὸ τὸν αὐτὸν λόγον Simpl. (285,32) om. et lac. indic. A ‖ **15-16** ἐκβεβηκότα τὸν αὐτὸν λόγον rest. Busse ex Simpl. (285,34) : om. et lac. indic. A ‖ **17** Π. (*Int.*) add. Fel. ‖ τῆς A ‖ **18** Ἀ. (*Resp.*) add. Fel. u. sign. Ap ‖ καὶ ἀνόμοιον A ‖ **19** κατὰ A ‖ **19-20** πάσας τὰς ποιότητας κατηγορεῖται scripsi : μόνας τ. π. κ. M (nunc oblitt.) τῶν ποιοτήτων μόνον κ. A ‖ **20** ἂν εἴη ἴδιον M : εἴη ἂν ἴδιον A ἴδιον ἂν εἴη Arist. (11 a 18) ‖ καὶ A Arist. (11 a 18) : ἢ M ‖ **21** λέγεσθαι M : om. et lac. indic. A λ. κατ' αὐτήν Arist. (11 a 19) ‖ **22** Π. (*Int.*) add. Fel.u. sign. Ap : add. ἀπορία M² (mg) ‖ δ' ἄν A : δέ M ‖ **23** συγκατέλεξεν αὐτοῖς Busse : συνκατέλεξαν …. οι M om. et lac. indic. A

Q. — Est-ce que toutes les choses susceptibles de la même formule sont susceptibles du plus ou moins ?

R. — Pas du tout ! En effet, tous les hommes particuliers reçoivent la formule de l'homme, mais un homme n'est pas plus ou moins homme qu'un autre homme[1]. Cependant, ce qui n'admet pas la même formule n'est pas en mesure d'admettre le plus ou moins, car les jugements qui expriment le plus ou moins considèrent les choses comprises dans la même formule, non celles qui sortent de la même formule[2].

Q. — Mais si ce n'est pas non plus le propre de la qualité, qu'est-ce qui en sera le propre ?

R. — « Le semblable et le dissemblable ». Ce sont en effet les seules qualités qui font qu'une chose est dite semblable à une autre et, d'autre part, le fait d'être semblable ou dissemblable peut être attribué à chacune des qualités, « de sorte que le propre de la qualité sera d'être dite semblable ou dissemblable »[3].

Q. — On peut cependant se demander comment il se fait qu'en parcourant les espèces de relatifs, Aristote ait aussi enregistré parmi eux les états[4], alors que, dans son exposé sur la qualité, il a d'emblée soutenu que

départ, de ce que la généralisation d'Aristote porte seulement sur les *figures* différentes, et non sur *toutes les choses*. Elle revient à dire : (a) Toutes les figures qui ne répondent pas à la définition de x ne sont pas plus ou moins x. D'autre part, cette proposition vient après un exposé d'où se tire cette autre proposition : (b) Toutes les figures particulières qui répondent à la définition de x ne sont pas plus ou moins x, mais également x (*C* 11 a 7-9). Chez Porphyre, la proposition (a) devient plus générale : (a') Toutes les choses qui ne répondent pas à la définition de x ne sont pas plus ou moins x ; ce qui naturellement s'applique au cas particulier des figures différentes (triangle, carré, cercle) qu'il prend pour exemples. Mais le pendant de (b), qui envisage le cas de toutes les choses de même définition, devient embarrassant, car la proposition (b'), que formulera le questionneur dans un instant (p. 138, 9-10), est non seulement plus générale que (b), mais sa négation ! Porphyre, en attendant, se borne à l'illustrer vaille que vaille par l'exemple des choses blanches, qui paraît la vérifier, mais il est d'emblée évident que *toutes* les choses particulières de même définition n'admettent pas, pour cela, le plus ou moins, puisqu'Aristote fournit l'exemple du contraire.

1. [139.11-13] Cf. *C*, 3 b 35-4 a 9.

2. [139.13-16] Pour valider la proposition contestable dont il a été question ci-dessus (*cf.* n. *ad* 139, 3-8) et, avec elle, le critère général de distinction qu'il suppose défini par Aristote, Porphyre est obligé d'admettre que cette proposition énonce une simple condition nécessaire, mais non suffisante. Ce qui, en l'occurrence, fait du critère proposé un critère sans aucune portée, car non seulement il ne permet pas d'exclure la possibilité qu'un homme soit plus homme qu'un autre, mais il ne permet pas non plus d'exclure la possibilité qu'un cercle soit plus cercle qu'un autre, contrairement à ce que pourraient laisser croire les exemples de figures et donc de qualités apportés plus haut.

3. [139.17-21] Paraphrase et citation partielle de *C*, 11 a 15-19.

4. [139.23] Cf. *C*, 6 b 3 et 4-5.

τητος ἔφη εἶναι ἕξ⌜ιν⌝ καὶ διάθεσ⌜ιν⌝· [εἰ γὰρ ἡ ἕξις] δύο κατηγοριῶν ἔσται, καὶ τῆς τῶν πρός τι καὶ τῆς ποιότητος, καὶ συμβήσεται μίαν [οὖσαν] τὴν ἕξιν ἑτέραις τῷ εἴδει χρ⌜ή⌝<σα>σθαι {ταῖς} διαφοραῖς· « τῶν γὰρ ἑτερογενῶν καὶ μὴ ὑπ' ἄλληλα [τεταγ]μέν[ων] ἕτεραι τῷ εἴδει καὶ αἱ διαφοραί ». Δεῖ οὖν τινα αἰτίαν εὑρεῖν, ἥτις τὴν τοιαύτην ἀπορίαν λύσει.

<'Α.> Ἀλλὰ καὶ ὁ Ἀριστοτέλης ἔγνω, ὅτι τοῦτο ταράξει πολλούς, καὶ δύο λύσεις εἰσκεκόμικε τῆς ἀπορίας.

<Π.> Τίνας ταύτας λέγει;

<'Α.> Μίαν μέν, ὅτι πολὺ διενήνο⌜χ⌝ε [τὰ γένη τῶν εἰδῶν καὶ τῶν] καθ' ἕκαστον· γένος μὲν γὰρ ἡ ἐπιστήμη, εἶδος δὲ ἡ γραμματική, καὶ ἔτι γε ἄτομον Ἀριστάρχου γραμματική. Ἡ μὲν οὖν ἀναβεβηκυῖα πασῶν τῶν εἰδικῶν καὶ τῶν μερικῶν ἐπιστημῶν ἐπιστήμη [καὶ] ἕξις τῶν πρός τι εἶναι ἐρρέθη· αἱ δὲ <ε>ἰδικαὶ ἐπιστῆμαι καὶ ἔτι γε μᾶλλον αἱ ἄτομοι καὶ μερικαὶ [ποιότητες] [ἂν εἶεν]· ἥ τε γὰρ ἄτομος γραμματικὴ ἡ Ἀριστάρχου καὶ ἡ ἄτομος μουσικὴ οἷον ἡ Ἀριστοξένου{ς} [καὶ ἡ ἄ]τομος ἰατρικὴ οἷον <ἡ> Ἱπποκράτους ποιότητες ἂν εἶεν καὶ οὐδαμῶς τῶν [πρός τι]· [οἱ γὰρ κατ'] αὐτὰς ποιοὶ ἀπ' αὐτῶν λέγονται· ποιότητες δὲ ἦ<σα>ν, καθ' ἃς οἱ ποι[οὶ παρονομάζονται] [ἢ ὁπωσοῦν] ἄλλως λέγονται ἀπ' αὐτῶν. Εἰ δέ τις αὐτὰς τῶν πρός τι εἶναί φη[σιν],

24 ἕξιν καὶ διάθεσιν p : ἕξις καὶ διάθεσις MAC || εἰ γὰρ ἡ ἕξις restitui ex Simpl. (291,25) : ἡ γὰρ ἕξις Busse om. et lac. indic. A || **25** οὖσαν rest. Busse ex Simpl. (291,26) : om. et lac. indic. A || **26** χρήσασθαι διαφοραῖς scripsi sec. Simpl. (291,26) : χρῆσθαι ταῖς δ. MA || ἑτερογενῶν MA : ἑτερωγενῶν A[1] (s.u.) ἑτέρων γενῶν Simpl. (291,27) || **27** τεταγμένων A Simpl. (291,27) || **29** 'Α. (*Resp.*) add. Fel. u. sign. Ap || **30** εἰσκεκόμικε M : κεκόμικε A || **140.1** Π. (*Int.*) add. Fel. u. sign. Ap || **2** 'Α. (*Resp.*) add. Fel. u. sign. Ap || διενήνοχε A : διενήνοκεν M || τὰ γένη τῶν εἰδῶν καὶ τῶν restitui : τὸ γένος τοῦ εἴδους κ. τ. coni. Busse (in app.) om. et lac. indic. A || **5** καὶ[2] A || **7** ποιότητες A || ἂν εἶεν rest. Busse : om. et lac. indic. A || ante ἡ[2] add. οἷον Busse || **8** Ἀριστοξένου p : Ἀριστοξένους MAC || καὶ ἡ ἄτομος A || ἡ[3] AM[1] (s.u.) : om. M || **9** πρός τι A || οἱ γὰρ κατ' rest. Busse : om. et lac. indic. A || **10** ἦσαν Busse : ἣν M om. A || ἃς p : ἣν MAC || ποιοὶ παρονομάζονται A || **11** ἢ ὁπωσοῦν rest. Busse : om. et lac. indic. A || φησιν A

l'état et la disposition constituent une espèce de qualité[1]. Si l'état appartient en effet à deux catégories, celle du relatif et celle de la qualité, il va se faire aussi que l'état, bien qu'il soit un, présente des différences spécifiquement distinctes. « Les choses de genre différent et non subordonnées les unes aux autres ont un effet aussi des différences spécifiquement distinctes »[2]. On doit donc trouver quelque explication qui puisse résoudre pareille difficulté.

R. — Mais précisément, Aristote a reconnu là une source de trouble pour beaucoup de monde[3] et il apporte deux solutions à la difficulté.

|Q. — Que sont ces solutions selon lui ? **140**

R. — L'une consiste à dire qu'il y a une grande différence entre les genres et les espèces ou les particuliers[4]. La science, en effet, est un genre, tandis que la science des lettres est une espèce, et de plus il y a, au plan individuel, la science des lettres que possède Aristarque[5]. Ainsi donc la science, c'est-à-dire l'état qui recouvre toutes les sciences spécifiques et particulières appartient aux relatifs, comme il l'a dit[6], tandis que les sciences spécifiques et à plus forte raison les sciences individuelles ou particulières seront des qualités[7]. La science individuelle des lettres que possède Aristarque, comme la science musicale particulière, par exemple, celle d'Aristoxène[8], et la science médicale particulière, par exemple, celle d'Hippocrate[9], seront en effet des qualités, et pas du tout des relatifs, parce que ceux qui sont qualifiés d'après elles sont expressément désignés à partir d'elles. Or sont des qualités, on l'a vu[10], les choses d'après lesquelles les personnes sont expressément qualifiées par dérivation ou à l'aide de l'un ou l'autre procédé à partir d'elles. Si l'on soutient en revanche que ce sont des relatifs, l'être relatif renvoie alors, non aux sciences particulières, mais à leur genre[11], car la science des lettres, on l'a vu, est dite

1. [139.24] Cf. *C*, 8 b 26-27.

2. [139.26-27] *C*, 1 b 16-17.

3. [139.29] Cf. *C*, 11 a 20-22.

4. [140.2-3] Cf. *C*, 11 a 23 *sq.*, qui est ensuite longuement et laborieusement paraphrasé.

5. [140.4] Même exemple p. 71, 33 et 76, 1.

6. [140.4-6] Cf. *C*, 6 b 3-4.

7. [140.6-7] Cf. *C*, 8 b 29.

8. [140.8] Aristoxène de Tarente (IVe siècle avant notre ère) est le péripatéticien dont les *Elementa harmonica*, partiellement conservés, avaient établi la réputation.

9. [140.8-9] Hippocrate de Cos (Ve siècle avant notre ère), crédité d'un vaste Corpus, passait pour le maître des études médicales.

10. [140.10-11] Cf. *C*, 8 b 25 et 11 a 32-33.

11. [140.12] La reconstitution du texte, inspirée de la suggestion de Busse (*cf.* apparat critique), est conjecturale, mais en tout état de cause, elle semble refléter correctement l'idée.

[οὐ πρὸς τὰς καθ' ἕκαστα ἀναφέρει τὸ] πρός τι εἶναι ἀλλὰ πρὸς τὸ γένος αὐτῶν· ἡ γὰρ [γραμματικὴ ἐλέγετό τινος ἐπιστήμη, ἀλλ' οὐχὶ ἡ γραμματικὴ {ἡ} Ἀριστάρχου γραμματική]· ἀλλ' εἰ οὕτως ἐρεῖ [καὶ ἀντι]στρέψει, καὶ εἴπ⌜ο⌝ι ['Αρίσταρχος γ]ραμματικῆς Ἀρίσταρχος, [ὅ]περ [ἄτο]πον. Φημὶ τοίνυν ὅτι τὸ μὲν γένος τοῦτ' ἔστι τὴν ἐπιστήμην τῶν [πρός τι] εἶναι (ἔστι γὰρ ἐπιστητοῦ ἐπιστήμη καὶ τὸ ἐπιστητὸν ἐπιστήμῃ ἐπιστητόν), τὸ δὲ [καθ'] ἕκαστον τοῦτ' ἔστι τὴν γραμματικὴν Ἀριστάρχου οὐκ ἔτι τῶν πρός τι εἶναι, ἀλλὰ ποιότητ⌜α⌝, ἐπειδὴ [καὶ ὁ Ἀρίσταρχος] καὶ ἕκαστο⌜ς⌝ τῶν ἑκάστην ἐχόντων τῶν ἄλλων ἐπιστημῶν οὐκ ἀπὸ τῆς γενικῆς ἐπιστήμης εἰσὶ παρω[νο]μασμέν⌜ο⌝ι, ἀλλ' ἐκ τῆς καθ' ἕκαστα, Ἀρίσταρχος μὲν ἀπὸ τῆς ἑαυτοῦ γραμματικῆς, Ἀριστόξενος δὲ ἀπὸ τῆς ἑαυτοῦ μουσικῆς, καὶ οἱ λοιποὶ δὲ ὁμοίως ἀπὸ τῶν οἰκείων ἐπιστημῶν, αἳ τῶν καθ' ἕκαστά εἰσιν.

<Π.>Ἀλλὰ μίαν μὲν ταύτην ἀποδέδωκας λύσιν· ἔφης δὲ εἶναι ⌜δύο⌝· ὥστε λέγε καὶ τὴν ἑτέραν.

<Ἀ.>Φημὶ τοίνυν ὡς εἰ μή τις ταύτην προσ{ε}ίεται, ἀλλ' ἐκείνην γε λαμβανέτω, ὅτι οὐδὲν κωλύει ἐν δυσὶ κατηγορίαις τὸ αὐτὸ τετάχθαι· οὐ γὰρ τοῦτο ἄτοπον, ἀλλ' εἰ κατὰ τὸ αὐτὸ εἴη καὶ εἰ αὐτό τι εἰς δύο γένη κατηγο-

12 οὐ — τὸ restitui paene sicut coni. Busse (in app.) ‖ πρὸς[3] MA : delend. esse coni. Strange ‖ **13-14** γραμματικὴ[1] — Ἀριστάρχου γραμματική A ‖ **13** ἡ γραμματικὴ[2] MA : del. Busse (cf. Simpl., 292,5) ‖ ἡ[3] delevi ‖ **14** καὶ ἀντιστρέψει A ‖ εἴποι A : εἴπει M ‖ **14-15** Ἀρίσταρχος γραμματικῆς A ‖ **15** ὅπερ ἄτοπον rest. Busse (cf. Simpl., 292,19) : om. et lac. indic. A addend. esse ὅπερ ἀδύνατον coni. Strange ‖ **16** πρός τι A ‖ **17** καθ' A ‖ **18** ποιότητα scripsi ut coni. Busse (in app.) : ποιότητος MA ‖ **19** καὶ ὁ Ἀρίσταρχος A ‖ ἕκαστος p : ἕκαστον MAC ‖ **20** παρωνομασμένοι p : παρωνομασμέναι AC ‖ **24** Π. (*Int.*) add. Fel. u. sign. Ap ‖ δύο A : β' M ‖ **26** Ἀ. (*Resp.*) add. Fel. u. sign. Ap ‖ προσίεται A : προσεΐεται M ‖ **28** εἴη M (dub.) : om. A ‖ καὶ εἰ αὐτό M : om. et lac. indic. A

science de quelque chose, mais on ne dit pas que la science des lettres est science d'Aristarque, et si on peut le dire en un sens, qu'on donne la réciproque et l'on devra dire aussi « Aristarque est Aristarque de la science des lettres », ce qui n'a pas de sens [1]. Mais je soutiens que le genre, c'est-à-dire la science, fait partie des relatifs parce qu'elle est science du scientifiquement connaissable et que celui-ci est scientifiquement connaissable par la science, tandis que le particulier, c'est-à-dire la science qu'Aristarque a des lettres, ne fait plus partie des relatifs, mais constitue une qualité, dès lors qu'Aristarque et chacun de ceux qui possèdent l'une des autres sciences particulières se trouvent désignés par un nom dérivé, non de la science générique, mais de la science particulière qu'ils ont : Aristarque l'est à partir de sa propre science des lettres, Aristoxène, à partir de sa propre science musicale, et tous les autres le sont de la même façon à partir de leurs sciences personnelles, qui sont des choses particulières.

Q. — Bien ! Tu as donné là une solution. Mais tu as prétendu qu'il y en avait deux ; par conséquent, dis l'autre aussi.

R. — Eh bien, je dis que si l'on ne se rallie pas à celle-là, que l'on adopte alors celle-ci : rien n'empêche de ranger la même chose dans deux catégories ! [2] Ce n'est pas absurde en effet, sauf si c'est sous le même rapport et qu'on fait ainsi rentrer une même chose sous deux genres d'attributions

Strange, qui dit prendre en compte le parallèle de Boèce (260 A), traduit : « <he would not mean that the particular cases of knowledge> are relatives » (p. 155). Mais c'est *C*, 11 a 28-29 qu'il faut prendre en compte et l'idée est que si l'on exprime une science particulière (la musique, par exemple) comme un relatif, c'est qu'on renvoie à son genre (en disant : la musique est science de quelque chose), non à la science particulière en question (on ne dit pas que la musique est musique de quelque chose).

1. [140.13-15] Le grec, dans ce passage, se laisse malaisément traduire, car τινος et 'Αριστάρχου peuvent être des génitifs objectifs et des génitifs subjectifs. Mais l'ambiguïté n'affecte pas vraiment le début de l'explication (ἡ γραμματικὴ ἐλέγετό τινος ἐπιστήμη) : cela veut dire « science de quelque chose » (génitif objectif), et non, comme traduit Strange (p. 155), « knowledge belonging to someone » (génitif sujectif), car la proposition illustre clairement une espèce de science présentée comme un relatif par référence à son genre. La suite est encore moins ambiguë. En fait, Porphyre observe qu'on ne dit pas que la grammaire est grammaire d'Aristarque ('Αριστάρχου γραμματική) en pensant que la grammaire a pour objet Aristarque (et donc est relative à lui), mais dans un autre sens, en pensant à la grammaire qui a pour sujet Aristarque ; or en ce sens, l'expression ne note plus un relatif, mais une qualité possédée, et ce qui le prouve, c'est l'absurdité de la réciproque. Tout cela est conforme à *C*, 11 a 23-36.

2. [140.26-27] Cf. *C*, 11 a 37-38. L'explication qui suit est entièrement de Porphyre, lequel tente de justifier ce qu'il tient pour une affirmation générale. Mais il n'est pas certain qu'Aristote soutienne qu'en général, une même chose puisse appartenir à deux genres ; il paraît concéder plutôt que les états sont un cas particulier en ceci que la chose même qui est la qualité de quelqu'un peut être considérée comme un relatif, parce que son genre est un relatif.

ριῶν διάφορα ἀναφέροιτο καὶ μὴ ὑπάλληλα· <ἀλλ'> [ἐπει]δὴ κατὰ ἄλλο καὶ ἄλλο σημαινόμενον οὐδεμία ἐστὶν ἀτοπία, ἐπεὶ καὶ ὁ Σωκράτης πολλὰ πεπονθὼς ἐπιδειχθήσεται· καθὸ μὲν γὰρ ἄνθρωπος οὐσία ἐστίν, καθὸ δὲ τρίπηχυς, εἰ τύχοι, ποσόν, καθὸ δὲ πατὴρ ἢ υἱὸς τῶν πρός τι, καθὸ δὲ σώφρων ποιός, καὶ οὕτως εἰς τὰς ἄλλας κατηγορίας κατά τινας διαφορὰς ἀνάγεται. Εἰ οὖν ἓν ὢν <πολλὰ> εὑρίσκεται ὁ Σωκράτης κατ' ἄλλο καὶ ἄλλο, τί ἄτοπον, εἰ καὶ ἡ ἕξις κατ' ἄλλο μὲν ἂν ῥηθείη πρός τι, κατ' ἄλλο δὲ ποιότης;

<Π.> Ἀλλὰ τέτταρας μὲν ἤδη κατηγορίας διελήλυθεν, αἵπερ ἐδόκουν ἀπορίας δεῖσθαι πλείονος, αἱ λοιπαὶ δὲ τίνες εἰσίν;

<Ἀ.> Ἡ {περὶ} τοῦ ποιεῖν καὶ <ἡ> τοῦ πάσχειν ἥ τε τοῦ κεῖσθαι καὶ ἡ τοῦ ποτὲ καὶ ἡ τοῦ ποῦ καὶ ἡ τοῦ ἔχειν.

<Π.> Τί οὖν; Αἱ ἓξ αὗται οὐκ ἐπιδέχονται λόγους;

<Ἀ.> Καὶ αὗται πολλοὺς ἐπιδ[έ]χ[ον]ται μέν, ἀλλὰ πρὸς ἀρχομένους μαν-

29 ἀλλ' addidi || ἐπειδὴ A || post ἐπειδὴ add. τὰ αὐτὰ A || κατὰ MA[1] (s.u.) : om. A || **30** πεπονθὼς (M) post ἐπιδειχθήσεται (u.31) transp. A || **141.3** ὢν M : ὃν A || πολλὰ addidi (ut p. 140,30) || post ἄλλο[2] addend. esse εἰς ἄλλην καὶ ἄλλην κατηγορίαν ἀναγόμενος coni. Busse quod prob. Strange || **4** post ποιότης add. τέλος τοῦ ποιοῦ M (mg) et περὶ τοῦ ποιεῖν καὶ πάσχειν ut titulum add. MA || **6** Π. (*Int.*) add. Fel. u. sign. Ap || **8** 'A. (*Resp.*) add. Fel. u. sign. Ap || περὶ delevi || ἡ[2] addidi ut coni. Strange || ἡ[4] M : om. A || **10** Π. (*Int.*) add. Fel. u. sign. Ap || **11** 'A. (*Resp.*) add. Fel. u. sign. Ap || πολλοὺς M (cf. Simpl., 295,7) : om. et lac. indic. A || ἐπιδέχονται A

différents et non subordonnés. Mais dès lors qu'on le fait tantôt d'après une signification, tantôt d'après l'autre, il n'y a aucune absurdité, car même Socrate peut être montré sous bien des points de vue correspondant à ses affections : en tant qu'homme, il est en effet substance; du fait qu'il est de trois coudées, supposons, | il est quantité; en tant que père ou fils, il compte **141**
parmi les relatifs; en tant que tempérant, il est qualifié, et il entre de la même façon dans les autres catégories, au gré de certaines autres différences. Si donc, bien qu'il soit un, Socrate est découvert multiple au gré de telle ou telle différence, quoi d'étrange à ce que l'état, lui aussi, puisse être dit, sous un rapport, relatif et sous un autre, qualité [1].

Q. — Mais jusqu'ici, quatre catégories ont été passées en revue, celles-là qui semblaient réclamer le plus d'interrogations [2]. Quelles sont les autres cependant?

R. — Celle du faire et celle du subir, ainsi que celle du positionnement, celle du moment, celle de la localisation et celle de la tenue [3].

Q. — Et alors, ces six catégories ne soulèvent pas de discussions ?

R. — Elles aussi peuvent soulever bien des discussions [4], mais pour ceux qui commencent à peine leur apprentissage, il suffit de savoir

1. [140.30-141, 4] L'argument, de type *a fortiori*, repose, semble-t-il, sur une base fallacieuse. Car c'est par soi, en tant que tel, et non en tant qu'homme, que Socrate est une substance, en l'occurrence, une substance première. Il est par conséquent difficile de juger que Socrate appartient à plusieurs carégories parce qu'il peut être considéré autrement qu'en lui-même (en tant qu'homme, père, tempérant, de telle taille, etc.), comme si Socrate pouvait avoir plusieurs significations (!) et n'être pas toujours le sujet ultime d'attributs, essentiels ou accidentels.

2. [141.6-7] Ce jugement procède uniquement de la considération du fait qu'Aristote lui-même leur consacre, à chacune, un exposé significativement plus long, sans pratiquement se préoccuper des autres. Ce silence paraît avoir été partiellement réparé, lors de la transmission du texte de *C*, de deux façons : 1) par la transposition du paragraphe 11 b 1-7 (qui figurait probablement, au départ, après 11 a 14) à l'endroit où le lisait Porphyre (c'est-à-dire avant 11 b 8) et 2) par l'introduction dans le texte d'une remarque marginale apocryphe (11 b 8-14), destinée précisément à justifier l'absence d'analyse consacrée à plusieurs catégories; voir, là-dessus, notre éd. de *C* (Paris, LBL, 2001, p. 50 et 52, avec les notes).

3. [141.8-9] D'après la liste de *C*, 1 b 26-27.

4. [141.11] Porphyre pouvait en trouver le témoignage chez les commentateurs qui l'avaient précédé. Elles portaient principalement sur la distinction entre « faire » et « subir », qui, selon certains, pourraient être ramenés à l'unité, sous la catégorie du « mouvement » (*cf.* Simplicius, 302, 5-16) et sur la question de savoir si le « moment » est différent du temps (quantité), la « localisation », du lieu (quantité) et le « positionnement », de la position (relatif). Ce genre de questions et celle qui porte sur la différence entre « faire » et « subir » (ainsi qu'une série d'autres, portant sur les six catégories « restantes ») avaient été abordées par Plotin (*En.*, VI, 1, 15 *sq.*). De son côté, le Pseudo-Archytas (*op. cit.*, p. 46, 17 *sq.* Th.) s'était aussi préoccupé d'établir « le propre » de ces catégories.

θάνειν ἄρτι ἀπόχρη τὸ εἰδέναι, ὅσα [ἐν ἀρχῇ] ποεῖ, ἵ[να ἔχωσιν] ἕκαστον τῶν ἁπλῶν εἰς ταύτας ἀνάγειν, ἐπεὶ περί γε τοῦ ποιεῖν καὶ τοῦ πάσχειν ἱκανῶς [ἐν τοῖς Περὶ γενέσεως καὶ φθορᾶς] [ἐπραγ]ματεύσατ[ο], περὶ δὲ τοῦ ποτέ, ὅπερ χρόνον σημαίνει, καὶ περὶ τοῦ ποῦ [ἐν τῇ Φυσικῇ ἀκροάσ]ει, ἔνθα περὶ τόπου καὶ χρόνου ἐπραγματεύσατο, καὶ περὶ πασῶν δὲ [τούτ]ων [ἐν] τοῖς Μετὰ τὰ φυσικά. Νυνὶ δὲ δήλου ὄντος ὅτι τὸ μὲν [ψύχ]ειν καὶ {τὸ} ⌈θερμ⌉αί<ν>ειν ἐνέργειαν δηλ[οῖ], τ[ὸ δὲ] θερμαίνεσθαι καὶ ψύχεσθαι πάθος, φησὶν ὅτι καὶ τὸ ποιεῖν καὶ τὸ πάσχειν τοῦ ἐναντίου ἐστὶν ἐπιδεκτικά· ἐναντίον γὰρ δήπου προφανῶς τὸ θερμαίνειν τοῦ ψύχειν καὶ τὸ θερμαίνεσθαι τοῦ ψύχεσθαι καὶ τ⌈ὸ⌉ ἥδεσθαι τοῦ λυπεῖσθαι.

<Π.> Μόνη οὖν ἐναντιότης αὐτοῖς παρακολουθεῖ;

<Ἀ.> Οὐ μόνη ἀλλὰ καὶ τὸ μᾶλλον καὶ ἧττον· λέγομεν γὰρ μᾶλλον θερμαίνειν καὶ ἧττον, ὁμοίως δὲ καὶ θερμαίνεσθαι μᾶλλον καὶ ἧττον καὶ λυπεῖν καὶ λυπεῖσθαι, ὡς εἶναι καὶ ποιεῖν ἧττον καὶ μᾶλλον καὶ πάσχειν ὁμοίως.

<Π.> Τοσαῦτα μὲν περὶ τοῦ ποιεῖν καὶ τοῦ πάσχειν εἴρηται [ὑπὸ] Ἀριστοτέλους· περὶ δὲ τοῦ κεῖσθαι τί ἂν εἴποις;

<Ἀ.> Ὅτι ἡ μὲν θέσις τῶν πρός τι δέδεικται ἤδη, τὸ δὲ κεῖσθαι οὐκ ἔτι, ἀλλὰ παρώνυμον· ἄλλης γάρ ἐστι κατηγορίας, τῆς τοῦ κεῖσθαι.

<Π.> Σαφέστερον εἰπέ, ὅ τι ποτὲ λέγεις.

12 ἐν ἀρχῇ rest. Busse ex Simpl. (295,9-10) : om. et lac. indic. A || ποεῖ M : om. et lac. indic. A || ἵνα ἔχωσιν rest. Busse (cf. Simpl., 295,8) : om. et lac. indic. A || **14** ἐν τοῖς — φθορᾶς A : ἐν τῇ κ.τ.λ. Simpl. (295,11) nunc oblitt. M || ἐπραγματεύσατο A || **15** ἐν τῇ Φυσικῇ ἀκροάσει A Simpl. (295,12) || **16** τούτων A || **17** ἐν τοῖς A : ἐν τῇ Simpl. (295,13) || Νυνὶ M : νῦν A || ψύχειν scripsi : ποιεῖν MA θερμαίνειν coni. Busse quod prob. Strange || **17-18** καὶ θερμαίνειν scripsi : καὶ τὸ καίειν M κατὰ τὸ καίειν A ψύχειν coni. Busse quod prob. Strange || **18** δηλοῖ τὸ δὲ A || **21** τὸ corr. A : τοῦ M || **22** Π. (*Int.*) add. Fel. u. sign. A (dub.) p || αὐτοῖς M : αὐτῆς A || **23** Ἀ. (*Resp.*) add. Fel. u. sign. Ap || **23-24** λέγομεν — ἧττον² MAC : om. p Fel. || **25** λυπεῖσθαι M : ποιεῖσθαι A || **27** Π. (*Int.*) add. Fel. u. sign. p || ὑπὸ A || **28** ante περὶ u. sign. AC haud recte || **29** Ἀ. (*Resp.*) add. Fel. u. sign. Ap **30** ἐστι M : om. A || **31** Π. (*Int.*) add. Fel. u. sign. Ap

tout ce dont Aristote fait état au début[1], pour être en mesure d'y faire entrer chacun des mots simples. Car enfin, il a traité de façon satisfaisante du faire et du subir dans ses exposés *Sur la génération et la corruption*[2]; il a traité du moment, qui indique le temps, et du lieu dans sa *Leçon de physique,* où le lieu et le temps sont un objet même du traité[3]; et il a aussi examiné tout cela dans la *Métaphysique*[4]. Mais pour le moment, tablant sur l'évidence[5] que refroidir et réchauffer indiquent une activité[6], tandis qu'être réchauffé et être refroidi indiquent une affection, il soutient que faire et subir sont susceptibles du contraire, puisque réchauffer est très visiblement le contraire de refroidir, être réchauffé le contraire d'être refroidi, et avoir du plaisir le contraire d'avoir de la peine.

Q. — N'ont-ils donc que la contrariété pour corollaire ?

R. — Pas seulement ! Ils admettent aussi le plus ou moins. Nous disons en effet qu'on peut chauffer plus ou moins et pareillement qu'on peut être réchauffé plus ou moins, ainsi que faire de la peine ou en avoir, parce qu'il est possible de faire et pareillement de subir plus ou moins[7].

Q. — C'est tout ce qu'a dit Aristote du faire et du subir. Mais du positionnement, que peux-tu dire ?

R. — Que la position, on l'a déjà montré, fait partie des relatifs, tandis que le positionnement n'en fait plus partie, mais constitue un dérivé[8]. Il relève en effet d'une autre catégorie, qui est précisément le positionnement.

Q. — Exprime plus clairement ce que tu veux dire.

1. [141.12] Les mots « au début » (restitués justement par Busse, d'après Simplicius, 295, 9) se lisent aussi dans *C*, 11 b 12 (section, semble-t-il, apocryphe), où l'auteur renvoie à *C*, 2 a 1-4.

2. [141.14] Référence à la section *Gen. et corr.*, 323 b 1-327 a 9. Le traité dans son ensemble pourrait avoir été connu anciennement sous le titre Περὶ τοῦ πάσχειν ἢ πεπονθέναι (*cf.* Diogène Laërce, V, 22).

3. [141.15-16] Référence à *Physique*, IV, 1-5 (sur le lieu) et 10-14 (sur le temps).

4. [141.17] Porphyre songe sans doute tout spécialement à *Mét.*, Λ, dont plusieurs chapitres traitent de sujets correspondant à ceux de *C*; mais, contrairement à ce que dit Porphyre, « tout » n'y est pas considéré et les catégories ici négligées le sont pareillement dans la *Métaphysique*, Δ.

5. [141.17-18] L'argument de l'évidence appartient aussi à *C*, 11 b 11, mais il justifie là le silence d'Aristote. La correction du texte que je propose à la ligne 18 (*cf.* apparat critique) assume que les mots transmis ποιεῖν καὶ τὸ καίειν (« faire, c'est aussi brûler ») sont une glose tirée de *C*, 2 a 3-4, qui s'est substituée au texte original.

6. [141.18] *Cf.* Plotin, *En.*, VI, 1, 18, 1-2 (opinion des péripatéticiens). Porphyre, dans tout ce qui suit, s'en tient à l'évidence commune, sans considérer les critiques de Plotin.

7. [140.18-21] Paraphrase de *C*, 11 b 2-4.

8. [141.23-26] Cf. *C*, 11 b 2 et 4-7.

<᾿Α.>῾Η μὲν θέσις, ἐπεὶ τινός ἐστι θέσις, τῶν πρός τι ἂν εἴη· διὸ καὶ ἡ ἀνάκλισις καὶ ἡ στάσις καὶ ἡ καθέδρα θέσεις τινὲς οὖσαι πρός τι ἂν εἶεν
142.1 καὶ αὗται. Τὰ δὲ ἀπὸ τούτων παρωνύμως λεγόμενα οὐκ ἂν εἴη πρός τι, λέγω δὲ τό τε ἀνακεῖσθαι καὶ τὸ ἑστάναι καὶ τὸ καθ⌈ῆ⌉σθαι· ταῦτα γὰρ οὐκ ἔστι πρός τι (διὸ [οὐδὲ] θέσεις εἰσίν), ἀλλὰ ἀπὸ τῶν [θέσε]ων παρωνύμως λεγόμενα. Τοιαῦτα δὲ ὄντα καὶ ἐν ἑτέρῳ [γένει ἐστίν], ἐν τῷ τοῦ κεῖσθαι.

<Π.>῾Υπολείπονται δὲ κατηγορίαι ἔτι [τρεῖς]· ἥ τε τοῦ ποτὲ καὶ ἡ τοῦ ποῦ καὶ ἡ τοῦ ἔχειν, καὶ ὅτι μὲν ὁ ᾿Αριστοτέλης οὐδὲν περὶ αὐτῶν εἴρηκεν, δῆλον· σὺ δὲ τί ἂν εἴ[ποις] περὶ τούτων;

<᾿Α.>Τί ἄλλο ἢ ὅτι ὥσπερ τ⌈ὰ⌉ πρός τι οὐκ ἔστι τῶν προηγουμένως θεωρουμένων πραγμάτων ἀλλὰ τῶν ἐπιγινομένων τούτοις, ὡς ἂν παραφυάδι ἐοικ⌈ό⌉ς, οὕτως ἐπὶ ὑποκειμ[ένῳ] τ⌈ῷ⌉ ποσ⌈ῷ⌉ καὶ τ⌈οῖς⌉ <ἐ>π᾿ ⌈αὐτῷ⌉ ἐπισυνίσταται τὸ ποτὲ καὶ τὸ ποῦ· τόπου γὰρ καὶ χρόνου [μὴ ὄντων], ἅπερ ἐστὶ ποσά, οὐδὲ τὸ ποῦ οὐδὲ τὸ ποτὲ ἂν εἴη· [οὐ μέντοι ἐστὶν ὁ χρόνος ποτέ], οὔτε μὴν ὁ τόπος ποῦ, [οὐδὲ τὸ ποῦ τόπος, <ἀλλὰ> προϋπάρχοντος τόπου, ἔπειτα δὲ] [...]

32 ᾿Α. (*Resp.*) add. Fel. u. sign. p || **142.2** καθῆσθαι p : καθεῖσθαι MAC || **3** οὐδὲ A || θέσεων A || **4** γένει ἐστίν A || **6** Π. (*Int.*) add. Fel. || ἔτι (M) ante κατηγορίαι transp. A || τρεῖς A : γ᾿ M || **8** post δῆλον u. sign. Ap || εἴποις A || **9** ᾿Α. (*Resp.*) add. Fel. u. sign. Ap || τὰ p Simpl. (297,25) : τῶν MAC τὸ Busse || **11** ἐοικός Busse : ἐοικὼς MAC ἔοικεν p || ὑποκειμένῳ coni. Busse (in app.) : ὑποκειμένων A || τῷ ποσῷ p : τὸ ποσὸν MAC || καὶ τοῖς ἐπ᾿ αὐτῷ restitui ex Simpl. (297,27) : καὶ τὸ ποιὸν AC καὶ τῷ ποιῷ p quae delend. esse coni. Busse (in app.) καὶ τοῦ χρόνου καὶ τοῦ τόπου coni. Strange || post ἐπισυνίσταται u. sign. A (dub.) || **12** μὴ ὄντων restitui : μὴ ὄντος A || **13** οὐ — ποτέ A || **13-14** οὔτε — ποῦ MA : delend. esse coni. Busse || **14** οὐδὲ — δὲ A : oblitt. M || post τόπος add. Περὶ τοῦ ποῦ. Τί ἐστι τὸ ποῦ; A || ἀλλὰ add. Busse

R. — La position, dès lors qu'elle est position de quelque chose, doit faire partie des relatifs. C'est précisément pourquoi les positions couchée, debout et assise, qui sont des positions particulières, seront, elles aussi, des relatifs[1]. | Mais les choses qu'on dit par dérivation à partir d'elles, ne seront **142**
pas des relatifs, je veux parler du fait d'être couché ou d'être debout ou d'être assis. Ce ne sont pas en effet des relatifs (ni par conséquent des positions), mais des choses qu'on dit par dérivation à partir des positions. Or de telles réalités ont aussi leur place dans un genre différent, savoir le positionnement.

Q. — Restent cependant encore trois catégories, celle du moment, celle de la localisation et celle de la tenue. Et Aristote n'a rien dit à leur sujet, c'est évident. Mais toi, que peux-tu en dire ?

R. — Quoi, sinon ceci ? De même que les relatifs n'appartiennent pas aux choses qui entrent principalement en considération, mais aux réalités qui s'ajoutent à celles-ci, comme un sorte de rejeton[2], de la même façon, le moment et la localisation se superposent au sujet qui est la quantité et aux réalités qu'elle supporte. Sans le lieu et le temps, en effet, qui sont des quantités, ni la localisation, ni le moment ne peuvent exister. Néanmoins, le temps n'est pas à un moment, ni le lieu quelque part ; et la localisation n'est pas le lieu, mais elle suppose le lieu au préalable, et ensuite [...]

1. [141.29-30] Cf. *C*, 6 b 2 et 12-14, qui est rappelé en détail plus loin (p. 141, 32-141, 5). Ces observations appartiennent aussi à *C*, 11 b 8-10.

2. [142.12] Porphyre s'inspire ici d'un propos de l'*Éth. à Nic.*, I, 4, 1096 a 20-22 : « Ce qui est par soi, c'est-à-dire la substance, a naturellement priorité sur le relatif, car celui-ci a l'air d'un rejeton (παραφυάδι…ἔοικε) et d'un accident de l'être. » Mais ces propos reflètent eux-mêmes une opposition platonicienne (cf. *Sophiste*, 255 C) et c'est à ce titre que Porphyre les a sans doute enregistrés.

INDEX NOMINUM

TABLE DES MATIÈRES

ACHEVÉ D'IMPRIMER
EN SEPTEMBRE 2008
PAR L'IMPRIMERIE
DE LA MANUTENTION
A MAYENNE
FRANCE
N° 221-08

Dépôt légal : 3e trimestre 2008